Jan Semler, Kira Tschierschke

App-Design

Rheinwerk
Design

Liebe Leserin, lieber Leser,

ob Wegweiser, Fitnesstrainer, Kaufberater oder Alleinunterhalter – Apps sind wahre Alleskönner. Smartphone- und Tablet-Besitzer laden jeden Tag etliche dieser kleinen Helferlein herunter. Manche Apps laufen auf Millionen Geräten. Aber wie wird aus einer einfachen App ein echtes Highlight, das die Bestenlisten der App-Stores stürmt?

Nun, ein Patentrezept für den ganz großen Erfolg gibt es nicht. Aber eines für richtig gute Apps, die die Ansprüche ihrer Nutzer voll und ganz erfüllen. In diesem Buch lernen Sie die Gestaltungsgrundlagen attraktiver, moderner Apps. Jan Semler führt Sie dabei durch den gesamten Gestaltungsprozess: von der Ideenfindung und Konzeption über das Design bis hin zur Optimierung für den App Store. Neben Design-Prinzipien spielen Usability und User Experience eine entscheidende Rolle und werden dementsprechend tief behandelt. User-Research-Expertin Kira Tschierschke steuert ein eigenes Kapitel bei, das Ihnen hilft, Ihre Zielgruppe zu verstehen und Apps zu kreieren, die einen echten Mehrwert schaffen.

Nutzen Sie das Buch zum Lernen, Nachschlagen und als Ideengeber: Die vielen App-Beispiele, Link- und Tooltipps versorgen Sie immer wieder mit frischer Inspiration und liefern Ihnen für alle möglichen Arten von Apps wertvolle Hinweise.

Und nun wünsche ich Ihnen viel Erfolg und Spaß dabei, Apps zu gestalten, die gut aussehen und sich gut anfühlen! Sollten Sie Anregungen, Fragen oder Kritik zum Buch haben, so freue ich mich über Ihre Nachricht.

Ihr Stephan Mattescheck
Lektorat Rheinwerk Verlag

stephan.mattescheck@rheinwerk-verlag.de
www.rheinwerk-verlag.de
Rheinwerk Verlag · Rheinwerkallee 4 · 53227 Bonn

Auf einen Blick

Wir hoffen, dass Sie Freude an diesem Buch haben und sich Ihre Erwartungen erfüllen. Ihre Anregungen und Kommentare sind uns jederzeit willkommen. Bitte bewerten Sie doch das Buch auf unserer Website unter **www.rheinwerk-verlag.de/feedback**.

An diesem Buch haben viele mitgewirkt, insbesondere:

Lektorat Stephan Mattescheck, Anne Scheibe
Korrektorat Monika Paff, Langenfeld
Herstellung Norbert Englert
Typografie und Layout Vera Brauner
Illustrationen Marius Jost, Jan Semler, Nadin Pandzic
Einbandgestaltung Eva Schmücker
Satz III-satz, Husby
Druck und Bindung mediaprint solutions, Paderborn

Dieses Buch wurde gesetzt aus der TheAntiquaB (9,35/13,7 pt) in FrameMaker.
Gedruckt wurde es auf chlorfrei gebleichtem Offsetpapier (90 g/m²).
Hergestellt in Deutschland.

Bibliografische Information der Deutschen Nationalbibliothek:
Die Deutsche Nationalbibliothek verzeichnet diese Publikation in der Deutschen Nationalbibliografie; detaillierte bibliografische Daten sind im Internet über *http://dnb.d-nb.de* abrufbar.

ISBN 978-3-8362-7050-2

2., aktualisierte und erweiterte Auflage 2019

Informationen zu unserem Verlag und Kontaktmöglichkeiten finden Sie auf unserer Verlagswebsite **www.rheinwerk-verlag.de**. Dort können Sie sich auch umfassend über unser aktuelles Programm informieren und unsere Bücher und E-Books bestellen.

Inhalt

14 Apps erfolgreich in App Stores präsentieren 629

Vorwort

Es mag zwar ein wenig pathetisch klingen, aber es ist wirklich so: Jeden Morgen stehe ich auf und freue mich darauf, Apps zu gestalten. Als App-Designer setze ich mich tagtäglich mit Problemen von Nutzern auseinander und versuche, möglichst einfache Lösungen zu finden, die das Leben der Anwender verbessern. Manchmal ist dabei die nächstliegende Lösung auch die, die wirklich funktioniert. Häufig muss man aber auch mutig sein und außerhalb von Rastern denken. Ich freue mich stets auf neue technologische Herausforderungen, die uns die heutige Zeit bietet, es gibt nichts Spannenderes.

Anmerkungen zur 2. Auflage

Hallo Leser, Sie besitzen die zweite Auflage des Buchs App-Design. Erst mal Glückwunsch, es freut uns, dass Sie in die Welt des App Designs einsteigen möchten. In der ersten Auflage, die 2016 erschien, versuchte ich (Jan Semler), Sie als Leser in die Welt des App-Designs einzuführen und Sie mit den facettenreichen Eigenheiten einer mobilen App vertraut zu machen.

Für die zweite Auflage habe ich eine Co-Autorin mit an Bord geholt. Kira Tschierschke ist UX-Researcher und wird Sie in Kapitel 4 mit User-Research-Methoden vertraut machen. Ebenso haben wir das Komponenten-Kapitel 8 überarbeitet und darin einen neuen Abschnitt eingeführt, der Ihnen Design-System sowie Atomic Design näherbringen soll. Als letzte, aber auch für mich wichtige Anmerkung: Einige Bilder oder Screenshots zeigen mitunter alte App-Versionen. Der Grund dahinter ist recht einfach: Die dargestellten Screenshots vermitteln recht gut das Gezeigte. Wundern Sie sich aber auch generell nicht, dass die Bebilderung ab einem gewissen Zeitpunkt überholt ist, die Welt der Apps ist schnelllebig. Da wären wir auch schon beim Thema! Los geht's.

App-Designer sind mutig

Für mich ist es ein Abenteuer, in der heutigen Zeit zu leben. Kindheitsträume sind mittlerweile wahr geworden: Waren etwa damals Uhren, mit denen man wie in Dick-Tracy-Comics telefonieren kann, noch reine Fiktion, sind sie heute in Form von Smartwatches Realität. Täglich werden neue Technologien vorgestellt, und wir können uns nur schwer ausmalen, was in den nächsten 20 Jahren alles möglich sein wird.

Die rasante technologische Entwicklung fordert nicht nur von programmiertechnischer Seite her die Bereitschaft, nicht den Anschluss an den technischen Fortschritt zu verlieren, sondern gerade auch App-Designer müssen immer ein offenes Auge und Gespür für Neues mitbringen. Es ist anzunehmen, dass die Mensch-Computer-Interaktion in Zukunft noch wichtiger werden wird, als sie es heute schon ist. Und als App-Designer sind Sie es, der diese Interaktion zwischen Mensch und Technik gestaltet und Technologien damit erst brauchbar macht!

Gutes App-Design: Usability und User Experience

Wenn Sie eine App gestalten, ist Ihre Hauptaufgabe nicht einfach nur, eine App hübsch aussehen zu lassen, sondern im Wesentlichen geht es darum, das Leben des Nutzers einfacher zu machen. Ziel dieses Buches ist es, Ihnen neben gestalterischen Facetten, wie etwa der ansprechenden Verwendung von Farbe und Typografie, auch die Prinzipien gelungenen User-Interface-Designs in Form von User Research, Usability und User Experience nahezubringen. Denn diese Aspekte zeichnen eine gute App aus und machen sie erfolgreich.

Ein weiterer, wesentlicher Punkt, der ebenfalls in diesem Buch behandelt wird, ist die Entwicklung einer Idee, die Konzeption einer App. Die gründliche Evaluierung einer App-Idee und die überzeugende Konzeption legen den Grundstein für eine erfolgreiche App.

Zum Aufbau des Buchs

Noch kurz ein paar Worte zum Aufbau des Buchs: Jeder Designprozess ist anders. Er hängt davon ab, wie groß Ihr Team ist, ob Sie für einen Kunden arbeiten oder sich alleine an eine App wagen. In diesem Buch beschreibe ich daher keinen konkreten Gestaltungsprozess, sondern handle Themen linear ab. Zu Beginn werden Sie lernen, was Apps wirklich sind: Problemlöser. Anschließend werden Ideen für Apps analysiert und ausgewertet, was Ihnen dabei helfen soll, App-Ideen zu finden, die es auch wert sind, verfolgt zu werden. Ebenso beschäftigen wir uns mit dem Nutzer, erstellen Personas und betreiben User-Research. Danach beschäftigen wir uns mit den wichtigsten Themen des App-Designs: der Usability und der User Experience. Im späteren Verlauf wenden wir uns schließlich detailliert der Gestaltung mit Typographie, Farbe und mit Grafiken und Bildern zu und besprechen verschiedene Werkzeuge zum Erstellen von User Interfaces. Abschließend hilft Ihnen dieses Buch dabei, Ihre App richtig in den App Stores zu platzieren.

Danke

Ich danke Ihnen für den Kauf des Buchs und wünsche Ihnen viel Spaß beim Lesen. Lassen Sie uns die Welt ein wenig einfacher gestalten. Danke auch an die Fee und den Magier vom Rheinwerk Verlag, Ariane, die mich super unterstützt hat in der ersten Auflage, sowie an Anne, Ruth und Stephan bei der zweiten. Auch ein großer Dank an Kira für die Einarbeitung des User-Research-Kapitels des Buches, toller Job!

Danke an alle Mitarbeiter von fluidmobile für die technische Beratung hinsichtlich des Buchs, an Sebastian, ohne dich wäre ich niemals App-Designer geworden, an Felix, ohne dich wäre ich nur halb so kreativ, an Mark, Thomas, Christoph, Max, Jonas, Johannes, Tomy, Hanno sowie Dennis und alle anderen Freunde, die ich in den Monaten kaum gesehen habe – ich hab's geschafft! 2. Auflage! Dank an alle, bei denen ich Zuspruch gefunden habe und die sich mit mir gefreut haben, dass ich dieses Buch schreiben durfte.

Aber mein wichtigster Dank geht an meine Mutter Maria. Du hast mich ermutigt, das Buch zu schreiben, mir Hoffnung und Zuversicht gegeben. Es ist auch dein Buch. Ich hab dich lüüüb.

Jan Semler

Wenn Jan als UX-Designer das Ziel hat, mit der Gestaltung von Apps das Leben von Nutzern einfacher zu gestalten, ist es als User Researcherin meine Leidenschaft, die wahren Ziele, Probleme und Bedürfnisse dieser Nutzer zu erforschen. Um Lösungen zu finden, müssen wir zuerst Probleme verstehen. Dieser Schritt zu ehrlicher Nutzerzentrierung ist nicht leicht. Wir müssen offen sein, uns selbst und unsere Annahmen zu hinterfragen, aus Fehlannahmen zu lernen und Konsequenzen zu ziehen. Vor allem aber müssen wir unseren Schreibtisch verlassen und den Menschen, die wir in den Mittelpunkt unserer Überlegungen stellen möchten, gegenübertreten.

Denn: Wahre Nutzerzentrierung erreichen wir nur, wenn wir bereit sind, die Menschen hinter dem Begriff »Nutzer« zu sehen.

Danke an Jan, der mich gebeten hat, Teil dieses Projekts zu werden. Danke an unseren Lektor Stephan für die Unterstützung auf diesem Weg. Und danke an Karen und Flo für euren wertvollen Input zu diesem Projekt. Danke an alle meine Herzensmenschen für eure Unterstützung und Inspiration – besonders an meine Eltern und an Julia, Maren und Katha, deren Bilder ich verwenden durfte.

Kira Tschierschke

Kapitel 1
Der Smartphone- und Tablet-Boom

Anfang 2000 wurden die ersten Mobiltelefone eingeführt, die mehr konnten, als »nur« zu telefonieren. Erstmals war es möglich, über WAP auf Inhalte im Internet zuzugreifen. Diese Entwicklung fand 2007 ihren Höhepunkt, als Apple mit der Einführung des iPhones ein komplett neues Nutzererlebnis kreierte und somit den Grundstein für das App-Design legte.

In diesem Kapitel lesen Sie quasi zum Warmwerden kurz die Geschichte der Smartphones, Tablets und Wearables. Dies soll Ihnen helfen zu verstehen, was in der Vergangenheit gut, aber auch schiefgelaufen ist, und uns heute helfen, richtige oder sogar bessere Entscheidungen zu treffen. Ebenso werfen wir einen kurzen Blick auf die verschiedenen Plattformen, ihre Besonderheiten und die unterschiedlichen Entwicklungsformen von Apps.

1.1 iPhone und iPad als Wegbereiter

Mit Einführung des iPhones 2007 war schnell klar, dass dieses Gerät den Markt mobiler Endgeräte revolutionieren würde. Und tatsächlich versetzte das iPhone den Handymarkt in helle Aufregung. Quasi über Nacht wurde Apple mit dem ersten Smartphone, das sich vollständig über einen großen Touchscreen per Fingergesten bedienen ließ, zum weltweiten Trendsetter. Am ersten Verkaufstag wechselten bereits 270.000 Geräte den Besitzer, und das, obwohl der Einführungspreis des Geräts bei 599 US$ lag (nur drei Monate später senkte Apple den Preis um 200 US$). Heute kostet das Apple-Flagschiff-Smartphone iPhone X über 1.000 €.

Steve Jobs betonte während seiner Vorstellung auf der »Macworld 2007« mehrfach, dass es vor allem um Bedienbarkeit gehe. Jede Funktion des iPhones lasse sich mit wenigen Berührungen steuern und sei sehr einfach zu verstehen. An diesem Prinzip hat sich auch heute nach bald zwölf Jahren und Einführung des iPhone XS nichts wesentlich geändert.

1.1.1 Das iPhone schreibt Geschichte

Wie bereits gesagt, wurde die erste iPhone-Generation am 9. Januar 2007 auf der »Macworld Conference & Expo« in San Francisco vorgestellt. Sieben Jahre zuvor begann man zunächst mit der Konzeption und der Entwicklung eines mobilen Computers mit Touchoberfläche – dem heutigen iPad. Steve Jobs erkannte jedoch, dass es klüger wäre, zunächst ein Mobiltelefon mit einer derartigen Bedienoberfläche zu entwickeln. 2004 begann man mit der Entwicklung des ersten iPhones und stellte die Entwicklung des iPads zunächst ein. Doch was machte das iPhone so besonders? Es war nicht nur ein herkömmliches Mobiltelefon, sondern es vereinigte drei Geräteklassen:

- einen digitalen Mediaplayer (Abspielen von Musik, Videos und Betrachten von Bildern)
- ein Mobiltelefon (Telefonieren, SMS-Versand, E-Mail-Funktionalität)
- ein Internet-Kommunikationsgerät

Für den Erfolg des iPhones war aber auch vor allem die einschneidend neue und intuitive Bedienung des Geräts ausschlaggebend: Bis dato gab es keine Mobiltelefone, die über eine Multitouchoberfläche verfügten. Handys wurden entweder über eine Hardwaretastatur oder mithilfe eines Stylus bedient.

Abbildung 1.1 Nostalgie: alte, relativ klobige Nokia-Handys

> **Stylus**
>
> Ein Stylus ist ein Eingabestift, der zur Bedienung von Touchscreens oder Grafiktabletts verwendet wird.

Apple Pencil

Mit dem iPad Pro, das 2015 von Apple auf den Markt gebracht wurde, ist nun auch der Apple Pencil erhältlich, ein Stylus für das iPad Pro. Damit lässt sich das iPad Pro mit dem Pencil bedienen.

Die Bedienung durch eine Multitouchoberfläche hat einige Aspekte der Nutzerführung vereinfacht. Nahezu der gesamte Bildschirm kann seitdem genutzt werden, denn Tastatur oder andere Bedienelemente werden lediglich eingeblendet, wenn diese auch wirklich benötigt werden. Bis dahin galten Mobiltelefone als unflexible Geräte mit kleinem Bildschirm, in die neue Funktionalitäten nur schwer implementiert werden konnten. Ebenso war die Bedienung meist komplex, und das Einstellen bestimmter Funktionen glich einem Hindernislauf durch eine wenig einladende Einstellungswüste.

Ein weiterer großer Sprung war 2008 die Einführung des *Apple App Stores*. Hier können seitdem Entwickler Applikationen, sogenannte *Apps*, für das iPhone anbieten und jeder Apple-iPhone-Besitzer den Funktionsumfang seines Geräts erweitern und Applikationen auf seinem Smartphone installieren. Bis dato gab es für herkömmliche Mobiltelefone keine vergleichbare Möglichkeit, die Funktionalität auszubauen. Aus dem Mobiltelefon wurde nun ein Smartphone mit nahezu der Leistung eines herkömmlichen Computers. Das iPhone brachte also auch einen komplett neuen Industriezweig auf den Weg – den der App-Entwicklung.

Das iPad

Zehn Jahre nachdem Apple mit der Entwicklung eines iPads begann, wurde dieses am 27. Januar 2010 erstmals der Öffentlichkeit vorgestellt. Das iPad sollte ein genauso großer Erfolg werden wie das iPhone. Alles, was man bei der Entwicklung des iPhones gelernt hatte, fand nun Anwendung im iPad.

Während jedoch das iPhone für den täglichen, mobilen Gebrauch entwickelt wurde, positioniert sich das iPad mehr zwischen dem herkömmlichen Computer und dem Smartphone und dient vorwiegend der Unterhaltung des Nutzers. Zwar greift das iPad auf dieselben technologischen Errungenschaften des iPhones zurück, klassifiziert aber dennoch eine neue Geräteklasse abseits des Smartphones. Auch hier folgten viele Hersteller, die auf Basis von Android Tablet-Geräte für den Markt entwickelten.

1.1.2 Die Konkurrenz schläft nicht: Android

Mit dem iPhone begann die Ära der Smartphones und mit ihr das dauerhafte Bedürfnis nach dem völlig neuen Nutzererlebnis – persönlich, intim und absolut komfortabel. Die Konkurrenz musste reagieren und zunächst den Technologievorsprung von Apple aufholen.

Bereits 2003, parallel zur Entwicklung des iPhones, entwickelte ein kleines Unternehmen namens Android Inc. in Palo Alto, Kalifornien, ein mobiles Betriebssystem auf Basis eines Linux-Kernels. Ursprünglich war die Idee, ein Betriebssystem für digitale Kameras zu entwickeln, jedoch entschloss sich das Unternehmen, in den Mobiltelefonmarkt einzusteigen. Hauptkonkurrenten waren seinerzeit Symbian und Windows Mobile, die beiden damals am häufigsten vertretenen mobilen Betriebssysteme.

2005 kaufte Google Android Inc. auf, entwickelte das Betriebssystem weiter und stellte es für eine große Gruppe Mobiltelefonhersteller (Samsung, HTC, Sony, Motorola etc.) zur Verfügung. Am 22. Oktober 2008 – also rund 1,5 Jahre nach der Veröffentlichung des iPhones – brachte HTC mit dem HTC Dream das erste Smartphone der Android-Klasse auf den Markt. Es folgten weitere Versionen für Smartphones und später auch eine Android-Version für Tablets. Auch wenn Android leichte Startschwierigkeiten hatte, so ist es mittlerweile doch zu einer erwachsenen Plattform mit einer großen Anhängerschaft herangewachsen und das meist genutzte Betriebssystem bei Smartphones.

Wearables

Unter Wearables versteht man tragbare Computer wie eine Smartwatch, Fitnessarmbänder oder Brillen wie die Google Glass. Ohne Frage: Wearables verändern zunehmend den Technikmarkt als Zusatzgeräte zur herkömmlichen Hardware.

Zuletzt brachte Google mit Google Glass ein innovatives Produkt auf den Markt, das als erstes Wearable betrachtet werden kann. 2014 stellte Apple die erste Version der Apple Watch vor.

Anders als beim iPhone und iPad waren hier aber bereits einige Hersteller Apple voraus und schon 2013 mit sogenannten Smartwatches am Markt vertreten. So zeigten Google mit der Moto 360 oder Samsung mit der Galaxy Gear, was technologisch möglich ist. Die Zeit wird zeigen, welcher Ansatz für Smartwatches der richtige ist. Mit der neueren Version der Apple Watch Series 4 ist es nun möglich, sein EKG messen zu lassen. Wearables zeichnen sich aktuell durch Fitness- oder Gesundheits-Features aus.

Vielleicht legen Sie ja die ersten neuen Prinzipien für das Design der Smartwatch fest. Auf jeden Fall erwarten App-Designer auch in den nächsten Jahren spannende Herausforderungen.

1.1.3 PWAs, Hybrid-Apps, React Native und Flutter, andere mischen mit

PWAs, Hybrid-Apps

PWAs oder Hybrid-Apps sind im Grunde Webseiten mit angereicherten nativen Funktionen. Sie können sich hierbei eine responsive Webseite für Ihr Smartphone vorstellen.

PWAs sind Apps die vorzugsweise im Browser genutzt werden. In Teilen ist es möglich, native Funktionen anzusprechen, so kann die Kamera oder die Ortungsfunktion genutzt werden.

Hybrid-Apps sind eine Mischung aus Nativen- oder Webkomponenten. Diese Hybrid-Apps können in den jeweiligen App Stores bereitgestellt und angeboten werden.

Solche Apps werden mit Webtechnologien wie CSS, HTML und Javascript entwickelt.

Ein wichtiger Punkt bei den Hybrid-Apps bzw. PWAs ist es, dass je nach Art der Applikation eine Internetverbindung bestehen muss, um aktuelle Inhalte laden zu können. Ein Offline-Modus der App wird nur einen begrenzten Funktionsumfang haben, da dieser sich ggf. nicht mit Clouddiensten verbinden kann. Bei nativen Apps gibt es andere Technologien der Synchronisierung, von daher hat eine Native App immer den besseren Kompromiss.

React Native

Bei einem internen Hackathon 2013 bei Facebook wurde der Startschuss für React Native gegeben. Eine erste Public Beta wurde 2015 vorgestellt und auf GitHub als Open-Source-Framework zur Verfügung gestellt.

React Native basiert auf React. React ist eine Javascript-Scriptbibliothek und versteht sich als Webframework, welches vorgefertigte User-Interface-Komponenten zur Verfügung stellt. React Native wird genutzt, um mobile Applikationen wie PWAs oder Hybrid-Apps zu entwickeln.

React Native ist ein Open-Source-Mobile-App-Framework für die Entwicklung von mobilen Applikationen. Einer der großen Vorteile von React Native ist es, dass es möglich ist, für beide Plattformen (iOS & Android) zu entwickeln. Das Stichwort lautet Cross-Plattform-Development. So ist es möglich, eine Code-Basis zu nutzen, aber beide Plattformen zu bedienen. Somit können Kosten hinsichtlich der Entwicklung gespart werden.

Ein weiterer Aspekt ist die Tatsache, dass verstärkt Entwickler, die für den Desktop Javascript-Applikationen entwickelt haben, nun mobile Applikationen entwickeln können.

Facebook selbst stellt keine Smartphones, Tablets oder Wearables her, sondern stellt hierzu Technologien zur Verfügung.

Flutter & Fuchsia

Fuchsia ist ein mobiles Open-Source-Betriebssystem, welches sich noch in der Entwicklung von Google befindet. Flutter ist die dazugehörige Open-Source-Mobile-App-Plattform. Wie React Native ist Flutter auch eine Cross-Entwicklungsplattform, die das Ziel hat, beide Plattformen iOS und Android zu bedienen.

Flutter wurde 2017 veröffentlicht; der primäre Ansatz von Flutter ist die Entwicklung von Fuchsia-Applikationen.

Da Fuchsia noch nicht veröffentlicht und noch in der Entwicklung ist (Stand: August 2019), kann bislang nicht viel darüber gesagt werden. Der Ansatz von Fuchsia ist es jedoch nicht, nur auf Smartphones genutzt zu werden, sondern auf allen möglichen digitalen Geräten.

1.2 Immer dabei und always on

Ich kann mich noch gut an die Zeit erinnern, in der man in der Schule mit seinen Freunden ausmachte, wann und wo man sich treffen wollte, um den Tag gemeinsam zu verbringen. Notfalls telefonierte man über das Festnetz und versuchte, seinen Freund zu erreichen; wenn man Glück hatte, war das der Fall. Das klingt alles so, als wäre das viele Jahrzehnte her, aber so alt bin ich noch gar nicht (39 Jahre).

1.2.1 Ständig erreichbar

Heute ist man über Smartphones ständig erreichbar. Während man sich zur Zeit der klassischen Mobiltelefone nur darauf beschränkte, Telefonate zu führen oder SMS-Nachrichten zu versenden, sorgen die neuen technologischen Möglichkeiten der Smartphones für eine wesentlich intensivere Nutzung der Geräte.

Aber auch sekundäre Faktoren spielen eine große Rolle: Immer kostengünstigere Mobilfunkverträge und eine Verbesserung der Bandbreite im mobilen Netz haben Smartphones fest in unseren Lebensalltag integriert. Der nächste Mobilfunkstandard 5G steht bereits in den Startlöchern und bringt uns einen weiteren Geschwindigkeitszuwachs, viele hoffen auf autonome Systeme, die dann möglich wären.

Mit Smartphones sind wir dauerhaft mit dem Internet verbunden und können entsprechende Onlinedienste mobil nutzen. Im Grunde handelt es sich um eine Kommunikationsexplosion, die sich schon in den Zeiten des frühen Internets abzeichnete – als Smartphone-Nutzer ist man immer on(line) und überall erreichbar.

UMTS-Lizenzen

Als im Jahr 2000 die ersten UMTS-Lizenzen in Deutschland vergeben wurden, lobten viele bereits das Potenzial, das dieses Breitband mit sich bringen würde. Aber erst 2007 mit dem iPhone offenbarte sich, was wirklich alles damit möglich war – das Internet in der Hosentasche war geboren.

Abbildung 1.2 Das Smartphone begleitet uns überallhin.

Während man in den frühen Anfängen des Internets noch nicht genau wusste, für was »dieses Internet« eigentlich gut sein sollte, wurde schnell klar, dass die Möglichkeiten fast unbegrenzt waren. Ähnlich war das auch mit der Smartphone-Industrie.

1.2.2 Der besondere Kontext

Designer und Entwickler von Apps müssen die Mechanismen und die entsprechenden kommerziellen Angebote im Internet verstehen lernen und die gewonnenen Erkenntnisse auf mobile Applikationen anwenden. Das bedeutet aber mehr, als einfach nur Internetanwendungen von Desktop-PCs auf mobile Applikationen zu projizieren.

Der Kontext einer mobilen Applikation ist ganz anders: Der Nutzer sitzt nicht am Schreibtisch, sondern ist unterwegs. Ebenso ist die Aufmerksamkeitsspanne eine andere. Bei der Tätigkeit an einem Computer ist man in der Regel fokussiert, bei einem Smartphone muss man davon ausgehen, dass der Anwender abgelenkt und in Bewegung ist.

Es ist bedeutsam, ein Konzept für eine Applikation zu entwickeln, das ebendiese mobilen Bedingungen berücksichtigt und im Designprozess integriert. Genau das will dieses Buch leisten. Ganz konkret sollen in den folgenden Kapiteln entsprechende Designlösungen aufgezeigt werden.

Die Welt in der Hosentasche, im Rucksack oder am Handgelenk

Die Technik der ersten Rechenmaschinen, die noch ganze Lagerhallen füllten, tragen wir heute tausendfach in unserer Hosentasche, im Rucksack und am Handgelenk und neuerdings direkt im Ohr. Doch was bedeutet es, »die Welt mit sich herumzutragen«? Einerseits gibt es positive Szenarien, man kann z. B. ...

- ... mit Menschen an nahezu jedem Ort der Welt telefonieren, whatsappen, SMS-Nachrichten versenden,
- ... auf ortsbezogene Inhalte zurückgreifen und Informationen aus der unmittelbaren Umgebung empfangen und natürlich auch seine eigenen Ortsinformationen teilen.

Anderseits jedoch ...

- ... lenken uns die unglaublichen Möglichkeiten unserer Smartphones auch von direkten sozialen, zwischenmenschlichen Interaktionen ab. Es klingt paradox: Wir kommen uns virtuell immer näher, entfernen uns aber gleichzeitig immer mehr von »Angesicht zu Angesicht«.
- ... können wir uns der Informations- und Kommunikationsgewalt des Smartphones kaum entziehen, ist die ständige Erreichbarkeit doch mittlerweile fest in unserem Alltag verwurzelt. Wenn wir eine *Notification* erhalten, ziehen wir selbstverständlich das Smartphone aus der Hosentasche oder schauen auf die Smartwatch an unserem Handgelenk.

Notification

Notifications sind Nachrichten, die der Nutzer eines Smartphones, Tablets oder Wearables erhält. Diese Nachrichten können Nachrichten von anderen Nutzern oder auch Benachrichtigungen einer App sein. Mehr dazu finden Sie in Abschnitt 6.5, »Informieren Sie den Nutzer darüber, was passiert«.

Geringe Bildschirmgrößen und schlechte Lichtverhältnisse

Der Umstand, dass wir nun den Computer in der Hosentasche mit uns umhertragen, führt dazu, dass uns die äußeren Gegebenheiten bei der Bedienung eines mobilen Endgeräts beeinflussen.

Hier sind Sie als App-Designer gefordert: Berücksichtigen Sie solche Umstände, und finden Sie passende Lösungen, die selbst bei schwierigen Umweltbedingungen oder kleinen Screengrößen funktionieren. Bei einer Fitness-Tracker-App oder einer Reisebegleiter-App – beides Apps, die überwiegend draußen verwendet werden – kann es vorkommen, dass aufgrund der Lichtverhältnisse die Inhalte auf dem kleinen Display schwer zu lesen sind. Die Oberfläche der App sollte daher entsprechend hell sein, und eine dunkle Textfarbe sollte gewählt werden.

Ein anderes Beispiel: Bei einer Navigations-App für ein Auto könnte z. B. ein Nacht- und ein Tagmodus entwickelt werden. So würde am Abend oder bei Nacht eine dunkle Oberfläche angezeigt, damit der Fahrer während der Fahrt nicht von der Helligkeit geblendet wird.

Bei solchen Problemen werden Sie jedoch nicht allein gelassen. Auch die Hersteller von Smartphones entwickeln die Geräte weiter und sind sich der Problematik bewusst. So führte z. B. Apple mit iOS 9.3 einen Nightshift-Modus ein, der abends den blauen Lichtanteil reduziert, was sich positiv auf das Einschlafverhalten von Menschen auswirken soll.

1.3 Was macht eine gute App aus?

Menschen benutzen täglich Werkzeuge, um Probleme zu lösen, von einem Hammer bis hin zu Robotern sind diese Werkzeuge sehr vielfältig. Ein Smartphone, Tablet oder eine Smartwatch sind im Grunde nichts anderes als ein Werkzeug oder – besser gesagt – ein Allzwecktaschenmesser. Jedoch mit dem Unterschied, dass wir selbst bestimmen, mit welchen Werkzeugen wir unser »Taschenmesser« bestücken.

Tausende Apps für verschiedene Betriebssysteme warten in den App Stores auf eine Installation. Manche muss man kaufen, andere sind kostenlos, aber alle haben ein Ziel: das Springboard, den Homescreen Ihres Smartphones.

Laut Flurry (*http://techcrunch.com/2011/12/18/app-ocalypse*) haben Smartphone-Nutzer durchschnittlich 65 Applikationen auf ihrem Smartphone installiert, nutzen aber nur durchschnittlich 15 pro Woche. Was sind die Kriterien, nach denen ein Nutzer entscheidet, eine App zu installieren und im Idealfall auf das Springboard seines Smartphones zu platzieren? Und was müssen App-Designer und Entwickler für einen begehrten und dauerhaften Platz im Repertoire des Nutzers beachten?

Flurry

Flurry ist ein Unternehmen mit dem Ziel, Apps zu verbessern und personalisierte Werbung auf mobilen Plattformen anzubieten. Flurry betreibt ebenso Marktforschung und erhebt Daten, um die Zielgruppe und die Benutzung von Apps zu bestimmen.

1.3.1 Eine gute App erfüllt einen Zweck

Gute Apps konzentrieren sich darauf, dem Nutzer dabei zu helfen, ein bestimmtes individuelles Problem zu lösen. Das kann eine Kalenderapplikation für den täglichen Bedarf sein oder etwa auch ein kurzweiliges Spiel, das die Langeweile bekämpft.

Sinnlose Apps

Es gibt auch immer mehr Apps, die Probleme lösen, von denen man gar nicht wusste, dass man sie überhaupt hat. Sollten Sie mir nicht glauben, dann installieren Sie sich doch einmal die Applikation *Knock on Wood*. Hier können Sie auf virtuelle Holzflächen klopfen, um sich selber Glück zu wünschen.

Leider, wirklich leider ist sie nicht mehr verfügbar im Apple App Store, aber für Android gibt's noch 'ne Knock-on-Wood-App: *https://play.google.com/store/apps/details?id=com.ossibussoftware.knockonwood&hl=de.*

Sie unterstützen einen Anwender also bei der Arbeitsorganisation oder erleichtern ihm einen Arbeitsschritt. Auch jenseits der Arbeitsorganisation und Freizeitverwaltung können es aber auch die kleinen, sehr individuellen Probleme sein, die gute Apps lösen möchten. Als Beispiel sei die App *Toilet Finder* genannt. Diese App sucht für den Anwender die nächstgelegene Toilette in der Umgebung.

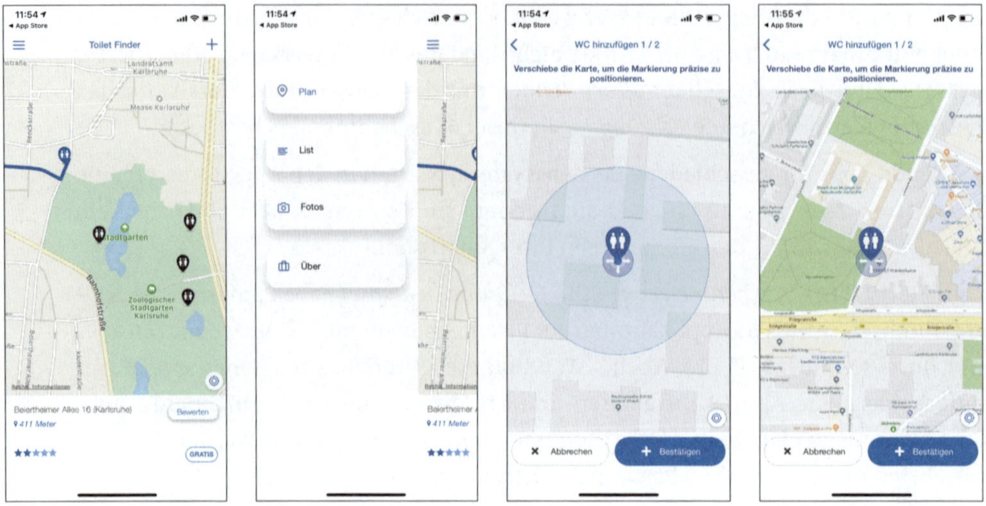

Abbildung 1.3 Die Toiletten-Finder-App ist praktisch und erfüllt ihren Zweck, Toiletten im Umkreis anzuzeigen, voll.

Mag dieses Problem trivial erscheinen, sieht die Sache wieder anders aus, wenn der Nutzer gehbehindert ist und nach einer barrierefreien Toilette sucht. Diese Applikation zeigt nicht nur den Ort der Toilette, sondern klärt den Nutzer auch über deren Zugang und Zustand auf.

Die App *Toilet Finder*, die auf die GPS-Funktion des Smartphones oder Tablets zugreift, zeigt ein weiteres Merkmal guter Apps: Gute Apps schöpfen die Möglichkeiten des Geräts voll aus. Dazu zählen Kriterien, die durch Eigenheiten des entsprechenden Geräts hervorgerufen werden, z. B. das Kommunikationsverhalten und die Spontaneität der Anwender, eine kurze, aber fokussierte Nutzung, insgesamt der mobile Charakter der Nutzung, aber auch technische Besonderheiten wie die Geo-Sensitivität oder andere Sensoren und Kameras.

Gute Apps sind in der Lage, den Kontext der Nutzung zu erschließen und sich auf ein valides, konkretes Problem zu beziehen, das bisher noch nicht oder nur schlecht gelöst wurde.

1.3.2 Eine gute App ist schnell und spart Zeit

Eine App sollte direkt nach der Installation und ohne große Umwege nutzbar sein und den Nutzungskontext des Nutzers beachten: Wird die App auf dem Weg zum Urlaub oder zur Arbeit verwendet, im Ladengeschäft oder privat zu Hause auf der Couch? Auch die Intention des Nutzers ist wichtig: Warum nutzt er die Applikation, was ist seine Absicht? Werden beide Faktoren beachtet, ergibt es sich von selbst, dass wenig bis gar kein Raum für komplexe Menüführungen, Einstellungen oder Einführungen bleibt.

Überhaupt sollte die Überfrachtung einer App mit zahlreichen mehr oder weniger sinnvollen Funktionen vermieden werden. Was nützt eine GPS-Funktion in einer Taschenrechner-App? Auch wenn sie noch so gut funktioniert oder schön anzuschauen ist, ist es doch meist besser, eine App auf ihre wesentliche Funktion zu beschränken und auf weitere Features zu verzichten.

Features

Features sind Bestandteile einer Software. Das Hauptfeature einer App ist die Kernfunktionalität. Weitere kleinere Features erweitern die Funktionalität einer App.

Es gilt: Eine App liefert die Lösung für ein Problem, verursachen Sie durch zusätzliche Features nicht noch neue Probleme! Je besser eine App ihre Aufgabe erfüllt und einen wahren Mehrwert für Nutzer darstellt, desto wahrscheinlicher landet genau diese App auch auf dem Springboard Ihres Smartphones.

Überlegen Sie also nicht, was die App noch alles tun soll, sondern wie ein Problem noch besser und einfacher gelöst werden kann.

Mit zunehmender Nutzerzahl werden sich die Anwender in der Regel selbst bei Ihnen melden und nach weiteren Features fragen, überlassen Sie Ihren Nutzern die Entscheidung. Eine Herausforderung ist dabei, solche Probleme zu identifizieren und herauszufinden, ob das erkannte Problem auch für andere Menschen ein Problem darstellt. In Kapitel 2, »Konzeption und Ideenfindung«, gehe ich genauer auf diese Thematik ein und zeige Ihnen, wie Sie solche Probleme identifizieren und lösen. Auch Kapitel 4, »User Research«, wird Ihnen bei der Identifizierung von Problemen helfen.

Schnelligkeit

Die meisten Smartphone- und App-Nutzer haben viele Termine und Aufgaben und wenig freie Zeit. Eine App, die täglich genutzt werden soll, muss daher *schnell* sein, d. h., sie muss zügig laden, vergebene Aufgaben schnell erfüllen und gleichzeitig performant sein. So ist es sehr wahrscheinlich, dass eine Kalenderapplikation, die eine *gefühlte* Ewigkeit benötigt, um zu laden und sich zu synchronisieren, nach einer Testphase schnell wieder gelöscht wird.

Gestalten Sie Ihre App also performant. Ein Entwickler sollte zum Ziel haben, die App so zu programmieren, dass sie schnellstmöglich lädt und sämtliche Funktionen schnell und flüssig ablaufen. Als Designer sollten Sie sich bewusst sein, Assets so zu gestalten, dass sie keine Performance-Probleme bereiten. So kann ein aufwendig gestaltetes Logo mit Animationen und einem 3 Sekunden langen Introvideo, das bei jedem Start der App erscheint, wie bei der *Logitech UE Smart Radio Controller* App, sehr nervig sein und zu einem Löschgrund werden.

Assets

Assets sind Designelemente, die der Entwickler benötigt, um eine Applikation umzusetzen. Assets sind vorwiegend Bilder, Icons, Schriftarten, Videos und Texte. In Abschnitt 13.4, »Der Export«, gehe ich noch weiter auf Assets ein.

1.3.3 Eine gute App sieht gut aus und fühlt sich gut an

Menschen lieben ästhetisch ansprechende Dinge, das gilt ohne Einschränkung auch für Smartphone, Tablet & Co. Ein Beweis dafür liefert auch der boomende Accessoire-Markt: Es gibt unendlich viele Schutzhüllen, Klebefolien, Stöpsel und sonstige Erfindungen, die diese Geräte verschönern. Menschen möchten aber nicht nur schöne, sondern vor allem auch individuelle Produkte nutzen. Dementsprechend sind der Auswahl an Ausstattung für iPhone & Co. fast keine Grenzen gesetzt.

Abbildung 1.4 Die Auswahl an Accessoires für Smartphone, Tablet & Co. ist riesig, hier zu sehen: Staubschutzstöpsel »Plugy« des japanischen Herstellers Hasyh (hashy-topin.com).

Ein Smartphone ist für viele Menschen ein sehr persönliches Objekt, das oft auch zu einer Art Spiegelbild der Persönlichkeit wird und auf das sein Anwender stolz sein möchte. Das Gleiche gilt auch für Applikationen. Wenn jemand ein Problem über eine App lösen möchte, sucht er in den App Stores nach einer entsprechenden Applikation, die Hilfe bietet.

In der Regel ist es so, dass er sich zwischen mehreren Applikationen für eine entscheiden muss. Meist fällt die Wahl auf eine Applikation, die aus der Perspektive des Nutzers gut gestaltet und aufgeräumt erscheint. Automatisch fühlt er sich bei dieser Applikation gut aufgehoben – und installiert diese.

Schön wird gerne gekauft

Wie wichtig die Optik ist, kann man auch an dem App-Icon erkennen. Besonders im App Store wird die Auswahl bei einer Vielzahl von Apps stark durch die Ästhetik des App-Icons beeinflusst. Mehr zu diesem Thema erfahren Sie noch in Kapitel 14, »Apps erfolgreich in App Stores präsentieren«.

Nehmen wir an, ein Anwender ist auf der Suche nach einer To-do-Liste und hat folgende Applikationen zur Auswahl: *Wunderlist* oder *CalenGoo*. Ich persönlich würde mich für *Wunderlist* entscheiden. Die App wirkt im Aufbau klarer und aufgeräumter und macht auch optisch einiges her.

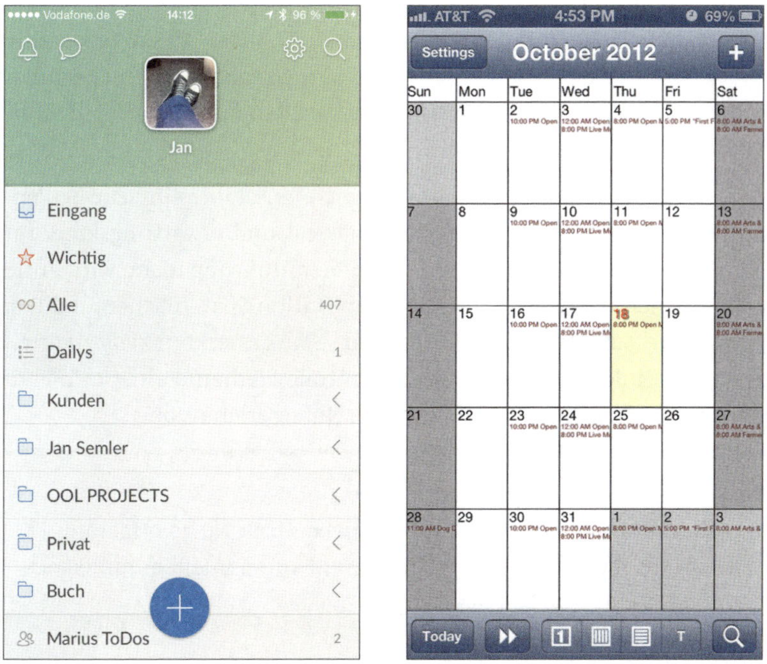

Abbildung 1.5 Links die Wunderlist-App und rechts die CalenGoo-App in einer älteren Version. Die CalenGoo-App hat sich jedoch nicht wesentlich verändert.

Wie so oft im Leben gilt auch bei Apps: Der erste Eindruck zählt, das erste Öffnen und Nutzen der App ist entscheidend. Laut einer Studie des Softwareherstellers Localytics aus den USA werden 20 % der Apps nur einmal geöffnet (*http://info.localytics.com/blog/app-retention-improves*). Es gab zu den letzten Jahren eine Verbesserung des Wertes, was auch darin begründet liegt, dass mehr Apps zielgerichteter funktionieren und sich Unternehmen etabliert haben. Zudem sehen die Apps auch mittlerweile wesentlich besser aus.

Statistik

Rund 30 % der neu installierten Applikationen werden nur einmal genutzt, und weniger als 5 % sind rund einen Monat nach der Installation noch in Gebrauch: *www.pharmaphorum.com/articles/are-apps-medical-devices-part-three-how-do-you-create-an-app-which-also-creates-downloads-and-engagement.*

Eine solide, nach Standards entwickelte, aber unschön gestaltete App nützt also nur wenig. Erfüllt eine App ästhetische Grundbedingungen nicht, hat sie grobe Schnitzer im Bedienkonzept, dann erweckt sie im ungünstigsten Fall einen unseriösen Eindruck und wird ohne Zögern vom Anwender entfernt.

Manche sind der Ansicht, dass ein anspruchsvolles Design die App nicht besser macht. Lösen Sie sich von diesem Gedanken. Aus technischer Perspektive mag das vielleicht richtig sein, und es bedeutet sicher auch deutlich mehr Aufwand, eine App pixelperfekt zu gestalten, aber auch das Aussehen ist entscheidend dafür, ob eine App wahrgenommen, heruntergeladen, installiert und mehr als nur einmal genutzt wird. Optik ist sicher nicht alles, aber sie kann bei einer großen Auswahl an gleichwertigen Apps das ausschlaggebende Kriterium sein.

Ein weiterer, wesentlicher Punkt, der gute Apps auszeichnet, ist ihre einfache Bedienbarkeit. Eine App sollte intuitiv nutzbar, selbsterklärend und erwartungskonform sein. Versteht der Nutzer die Applikation und deren Menüführung nicht, wird er sie schnell wieder deinstallieren. Zudem sollte eine Applikation Spaß machen und den Nutzer ermuntern, seine Aufgaben zu erledigen und seine gesteckten Ziele zu erreichen. Nützlichkeit und einfache Bedienung sind zentrale Elemente einer erfolgreichen *User Experience* und tragen sehr zum positiven Nutzererlebnis bei.

User Experience

User Experience ist der englische Begriff für Nutzererlebnis bzw. Nutzererfahrung. Er umschreibt alle Aspekte, die vom Nutzer erfahren werden, wenn dieser mit einem Produkt (in unserem Fall einer App) interagiert.

Ein gelungenes Beispiel für einfache Bedienbarkeit ist die Applikation *Feedly* für iOS. Feedly ist eine App, die Neuigkeiten sammelt, anzeigt und dabei den Inhalt von ausgewählten Webseiten, Blogs, YouTube-Kanälen usw. als RSS-Feeds aggregiert. Steuern lässt sie sich über nur vier Gesten (mehr zu den Gesten lesen Sie in Abschnitt 3.6.2, »Gesten: drücken, wischen, tippen …«): Swipe up, Swipe down, Swipe left to right und den Touch. Man kann so ganz einfach durch verschiedene Artikel seiner Feeds navigieren und seinen Wunschartikel auswählen. Die Nutzung ist sehr intuitiv und erfordert keinerlei Vorkenntnisse. Zudem macht es Spaß, auf diese Weise interessante Artikel zu entdecken, wenn man unterwegs ist.

RSS-Feed

RSS ist ein Dateiformat, das Änderungen einer Webseite wie Blogs oder Nachrichtenseiten anzeigt. Durch einen RSS-Channel kann der Nutzer auf diesem Kanal über aktualisierte Inhalte, beispielsweise eines Blogs, informiert werden.

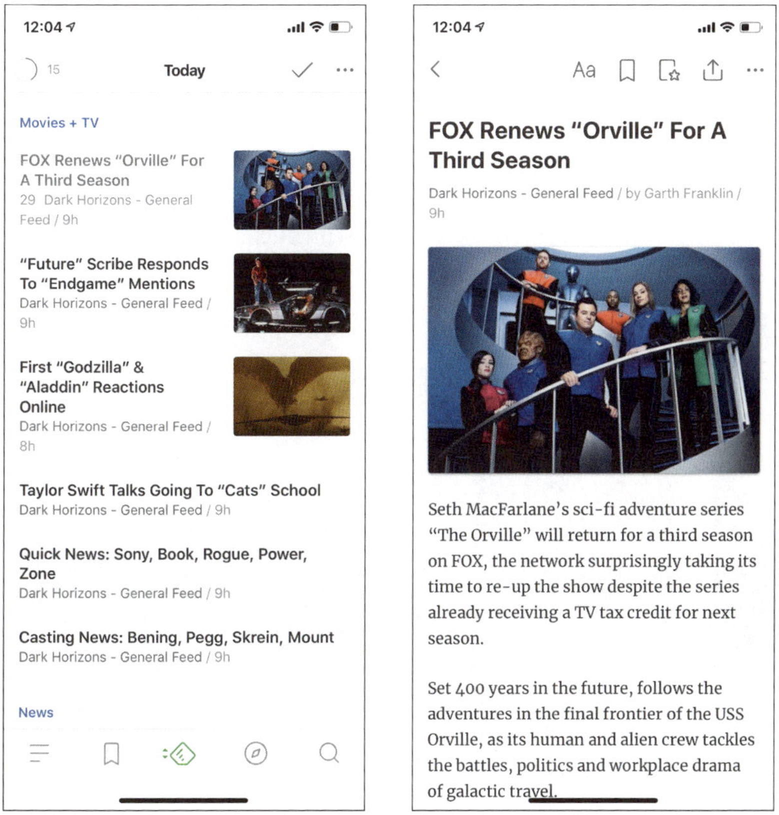

Abbildung 1.6 Einfach schön zu bedienen: die Feedly-App

Versuchen Sie schon bei der Konzeption, die Applikation zu optimieren und schlank zu halten. Je aufwendiger eine App konzeptioniert ist, desto schwieriger ist es, diese zu nutzen.

Überfordern Sie Ihre Nutzer nicht mit langen Listen oder komplizierten Einstellungen, die sie vielleicht gar nicht brauchen. Ebenso stellen zu viele Gesten ein Problem dar. Gesten sind zunächst »versteckt«. Wenn man sie kennt oder aus einem anderen Kontext bereits gelernt hat, funktionieren sie gut, ansonsten muss man sie dem Nutzer erklären, eventuell auch mehrmals. Die App sollte Probleme lösen und keine verursachen, und die Bedienung ist ein wesentlicher Bestandteil der Problemlösung.

1.4 Tablets, Smartphones und Wearables

Bei den vielen Geräten von unterschiedlichen Herstellern mit unterschiedlichen Betriebssystemen kann man als Designer schnell mal den Überblick verlieren. Welche Geräteklasse und Betriebssysteme sollte man unterscheiden? Verschiedene Bildschirmgrößen, unterschiedliche Seitenverhältnisse und variierende Pixeldichten stellen eine echte Herausforderung dar. Betrachten wir zunächst mal die Geräteklassen und deren Merkmale.

1.4.1 Das Smartphone und Phablet

In der Regel passt ein Smartphone in die Hosen- oder Jackentasche. Es ist handlich und lässt sich mit einer Hand bedienen. Es besitzt einen Touchscreen und einige physische Buttons.

Abbildung 1.7 Smartphones verschiedener Hersteller von links nach rechts: Apple iPhone 6, Apple iPhone X, Samsung Galaxy, Google Pixel 3

Unterschieden werden zwei *Formfaktoren* von Smartphones:

- das klassische, handlichere Smartphone
- sogenannte Phablets

Formfaktor

Der Formfaktor kennzeichnet die Abmessung des Gehäuses, die Komponenten, die Baugruppen, Platinen und die Festplatte eines Smartphones oder Tablets.

Phablets werden als Zwischenkategorie von Smartphones zu Tablets gewertet und aufgrund der generellen Anbindung an Edge-, UMTS- oder LTE-Netze zu den Smartphones gezählt. Neben einer Anbindung an ein Breitbandnetz bieten Smartphones und Phablets diverse technologische Eigenschaften wie etwa Sensoren, Kamera- und Videofunktionalitäten und GPS-Ortsbestimmung. Das wesentliche Unterscheidungsmerkmal eines Phablets zu einem Smartphone ist jedoch die Screengröße, die ca. zwischen 5,5 und 7 bis 8 Zoll liegt.

1.4.2 Das Tablet

Tablets besitzen einen wesentlich größeren Formfaktor. Sie lassen sich am besten mit beiden Händen bedienen und decken diverse Größen von 7,9 Zoll an aufwärts ab.

Abbildung 1.8 Apple iPad, Sony Xperia Z2, Amazon Fire

Tablets können mitunter eine Breitbandanbindung beinhalten, in jedem Fall verfügen sie über eine WLAN-Funktion. In der Regel besitzen Tablets neben rudimentären Sensoren (z. B. zur Lagebestimmung) bei einer Breitbandanbindung auch ein GPS-Modul zur Ortsbestimmung. Falls dieses nicht vorhanden ist, besteht die Möglichkeit, durch den Einsatz von Triangulationstechnologien mittels WLAN den Aufenthaltsort zu bestimmen. In neuerer Zeit erhalten Tablets auch hochwertige Kameras zur Erstellung von Bildern oder Videos.

WLAN-Triangulation

Bei der WLAN-Triangulation handelt es sich um eine Dreieckspeilung. Hierbei wird das Smartphone oder Tablet von drei verschiedenen Seiten aus (bei einer WLAN-Triangulation über drei WLANs) angepeilt und mittels einer trigonometrischen Funktion der Standort ermittelt.

1.4.3 Wearables

Wearables bilden die neueste Geräteklasse unter den Mobile-Computing-Produkten. Sie werden direkt am Körper oder an der Kleidung getragen. Der Trend geht derzeit besonders zu sogenannten Smartwatches, also intelligenten Uhren, die über einen besonderen Funktionsumfang verfügen.

Abbildung 1.9 Smartwatches verschiedener Hersteller von links nach rechts: Fossil Sport Smartwatch, Apple Watch, Samsung R805, Fossil Q Explorist

Internet der Dinge

Dies meint die Vernetzung von Gegenständen. So kann z. B. eine Kaffeemaschine als ein »intelligenter« Gegenstand morgens, nachdem der Nutzer aufgestanden ist, automatisch einen Kaffee zubereiten. Hierbei könnte der Nutzer am Handgelenk ein Wearable tragen, das Signale an die Kaffeemaschine sendet.

Wearables wie Smartwatches können eine echte Ergänzung zu einem Smartphone sein. Nutzer erhalten Nachrichten direkt auf ihr Handgelenk und können entscheiden, ob sie direkt oder erst später auf diese antworten wollen. Der Formfaktor einer Smartwatch gleicht nahezu dem einer normalen Uhr. In der Regel können Smartwatches nur in Kombination mit Smartphones genutzt werden und werden daher oft als Companion oder Slave bezeichnet. Das Smartphone übernimmt hierbei die Hauptrechenleistung, und die Smartwatch dient quasi als erweitertes Eingabemedium. Die neue Apple Watch Series 4 ist jedoch imstande, autonom zu funktionieren. So ist es sogar möglich einen Telefonanruf zu initiieren oder eine Textnachricht zu versenden. Hierbei ist kein Smartphone nötig.

Abbildung 1.10 Digitale Krone an der Seite der Apple Watch

Smartwatches werden über einen Touchscreen oder andere Eingabemechanismen wie Schaltknöpfe oder bei der Apple Watch über die digitale Krone bedient. Neuere Smartwatches haben neue Sensoren, die es beispielsweise ermöglichen, den Herzpuls mittels einer EKG-Funktion zu messen, wie bei der Apple Watch Series 4. Es wird zurzeit auch verstärkt an Sensoren geforscht, um den Glucose-Wert des Trägers zu bestimmen. Das könnte in Zukunft sehr interessant für Diabetiker sein. Es ist nicht ausgeschlossen, dass eine Art von Smartwatch irgendwann das Smartphone ablösen wird.

Smart Earphones

Mit Erscheinen des Bragi The Dash Wireless Earbud im Jahre 2015 halten die ersten Smart Earphones einzug. Diese verbinden sich über Bluetooth mit dem Smartphone. Während The Dash anfangs mit mehreren Sensoren ausgestattet war, waren bei den Apple Airpods zu Beginn lediglich Touchbedienung und Sprachsteuerung verfügbar. Apple Airpods verbinden sich ebenso über Bluetooth mit dem Smartphone, und somit können Nutzer mit Sprachsteuerung Befehle an das Smartphone senden. So ist es möglich, alle Siri Funktionen zu nutzen. Ebenso lassen sich die Airpods als Fernbedinung durch Touchgesten am Gehäuse bedienen.

Im April 2019 wurde bekannt, dass Bragi seine Hardware-Sparte verkauft hat, dennoch dürfen wir gespannt sein, was die kommenden Jahre für Smart Earbuds noch bereithalten.

1.4.4 Die Betriebssysteme

Die Wahl des Betriebssystems kann ein entscheidender Faktor beim Kauf eines neuen Geräts sein. Das verbreitetste Betriebssystem ist Googles Android, gefolgt von Apples iOS.

Im Folgenden werde ich näher auf die Verteilung von Android und iOS am Markt eingehen und grundlegende Nutzungsprinzipien erläutern. Denn nicht jedes Smartphone lässt sich gleich nutzen, und jedes Betriebssystem hat seine ganz eigenen Prinzipien und Merkmale.

Android

Android ist ein Betriebssystem für Smartphones, Mobiltelefone, Netbooks und Tablets. Es handelt sich um ein Open-Source-Projekt von Open Handset Alliance (gegründet von Google) und wird quelloffen entwickelt. Von Januar 2018 bis Januar 2019 hatte Android einen weltweiten Marktanteil von 74,45 % (zum Nachlesen: *https://computerwelt.at/news/iphone-vs-android-wer-hat-die-groesseren-marktanteile/*).

Mobile Android-Geräte wie Smartphones und Tablets werden mittels Navigationstasten oder durch einen Touchscreen bedient. Man unterscheidet hier zwischen Software- und Hardwaretasten, welche mit unterschiedlichen Funktionen belegt sein können – die Tastenbelegung kann bei älteren Geräten und Versionen anders und von Hersteller zu Hersteller unterschiedlich sein. Der Homescreen dient dem Starten von Applikationen und wird auch als *Launcher* bezeichnet (Abbildung 1.11).

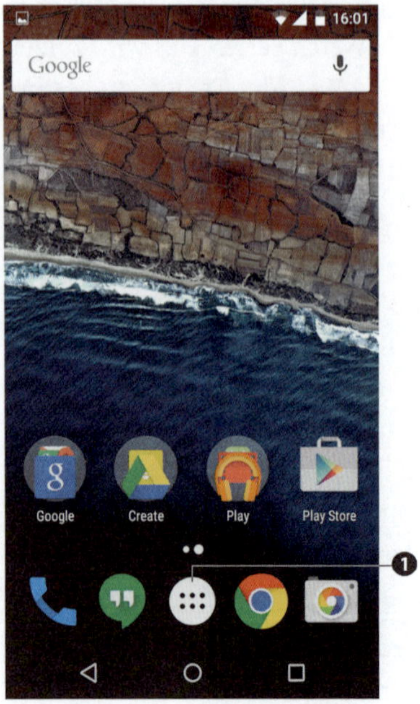

Abbildung 1.11 Der typische Homescreen von Android Marshmallow auf dem Nexus 5

Es müssen sich nicht zwingend alle Applikationen auf einer der Startbildschirmseiten befinden. Alle installierten Apps sind im sogenannten App-Drawer versammelt. Der App-Drawer befindet sich je nach Android-Version an unterschiedlichen Stellen.

App-Drawer

Ein App-Drawer ❶ zeigt die Gesamtansicht aller installierten Apps auf einem Android-Smartphone an. Dieser App-Drawer lässt sich durch einen Shortcut im Dockbereich aufrufen. Je nach Launcher variiert die Darstellung des Drawers.

Im Dock, also im unteren Teil des Homescreens, befinden sich vom Nutzer favorisierte Applikationen, die auf allen Seiten verfügbar sind. Am oberen Rand wird je nach Version des Launchers eine Google-Suchleiste eingeblendet. Darüber befindet sich die Statusleiste, auf der diverse Zustände des Geräts dargestellt werden können, z. B. werden hier der Akku-Ladezustand und Statusmeldungen installierter Apps angezeigt oder ob eine WLAN-Verbindung besteht.

Zwischen der Suchleiste und dem Dock kann der Nutzer innerhalb eines Rasters Applikationen, Lesezeichen, Kontakte oder Widgets ablegen. Widgets können z. B. Uhrzeit und Datum oder aktuelle Termine darstellen. Es können aber auch Widgets installierter Applikationen angezeigt werden.

Es gibt auch alternative Launcher-Apps, die mehr Einstellungen oder andere Bedienkonzepte bieten. Viele Hersteller von Android-Geräten haben daher eine eigene, individuell angepasste Android-Version, z. B. HTC Sense, Xperia UI, One UI und Optimus UI.

Der Android-Gerätemarkt weist eine hohe Diversität an Android-Versionen auf, die es Entwicklern sehr schwer macht, Applikationen zu entwickeln, die auf allen Versionen lauffähig sind. Zwar ist der grundsätzliche Aufbau von Android meist überall gleich, doch die visuelle Erscheinung der Oberfläche variiert oft sehr stark. Es gibt aber auch Geräte, die mit einer »puren« Android-Version wie Vanilla-Android oder Stock-Android arbeiten, etwa die Nexus-Geräte. Diese werden von Google direkt, schnell und lange mit Updates versorgt. Hersteller, die auf eine selbst gestaltete Oberfläche setzen, liefern nur eingeschränkt und entsprechend langsam Updates auf neue Android-Versionen aus, da diese dem Design entsprechend erst umgestaltet bzw. angepasst werden müssen.

Apple iOS

iOS ist ein von Apple entwickeltes Betriebssystem für seine iPhone-, iPad-, iPad-Mini- und Apple-TV-Produktreihen. Apples iOS ist – anders als das Android-Betriebssystem – nicht lizenzierbar, sondern nur auf Apples eigener Hardware lauffähig. Von Januar 2018 bis Januar 2019 hatte iOS einen weltweiten Marktanteil von 22,85 %.

Abbildung 1.12 Die Homescreens von links nach rechts: iPhone iOS 1.0, iPhone 4 iOS 4, iPhone 6 iOS 9, iPhone X iOS 12

3D-Touch

Der 3D-Touch von Apple erlaubt dem Nutzer weitere Interaktionen mit Apple-Geräten. Neben den klassischen Gesten werden nun auch Eingaben durch Druck auf den Bildschirm erkannt.

Der Nutzer bedient iOS-Geräte wie das iPhone oder iPad ausschließlich über den Home-Button und den Multitouchscreen, ab dem iPhone 6s auch mit dem 3D-Touch und beim iPad Pro mit dem Apple Pencil oder der physischen Tastatur, die beide jedoch hinzugekauft werden müssen. Lediglich das Sperren und das Ausschalten des Geräts wird mit dem Lock-Button ausgelöst. Dieser befindet sich beim Smartphone seitlich und beim Tablet oben.

Adaptionsrate

Die Adaptionsrate, also wie schnell Nutzer neue Versionen adaptieren, ist unter iOS sehr hoch. Innerhalb weniger Wochen hat bereits ein Großteil der Nutzer schon die aktuellste Version des iOS-Betriebssystems im Einsatz. So hatten z. B. fünf Tage nach der Veröffentlichung von iOS 9 bereits 50 % der damit lauffähigen Geräte die Version installiert: *http://www.apple.com/pr/library/2015/09/21iPhone-6s-iPhone-6s-Plus-Arrive-on-Friday-September-25.html?1442838721.*

Alle installierten Applikationen werden auf dem Hauptbildschirm oberhalb des Docks dargestellt und können über Seiten verteilt oder in Ordnern abgelegt werden. Jede Interaktion, die eine App startet, beschränkt sich somit lediglich auf den Homescreen, auch *Springboard* genannt. Zusätzlich kann der Nutzer über verschiedene Swipe-Gesten nach unten, nach oben auf dem Homescreen verschiedene Funktionen ansteuern und regeln. Je nach Apple-Gerät nutzen Sie andere Gesten. So fehlt z. B. beim iPhone X ein Homebutton, dieser wird durch eine Swipe-Geste von unten nach oben ersetzt. Ein Swipe von oben nach unten ruft die Notifications und eine Swipe-Geste von oben nach unten im rechten Bereich das Controll-Center auf, in dem Sie verschiedene Funktionen auswählen können. Eine Swipe-Geste nach unten inmitten des Homescreens initiiert die Suche. Gestartet werden Applikationen durch Berührung des App-Icons auf dem Homescreen oder über die Suche.

Der Nutzer kann die App minimieren, indem er den Homebutton drückt oder beim iPhone X von unten nach oben swipt. Apps laufen somit im Hintergrund weiter und können später wieder geöffnet werden. Apps können beendet werden, indem man im Multitasking-Modus die entsprechende App auswählt und nach oben aus dem Bildschirm swipt. In den Multitasking-Modus gelangt man durch einen Doppelklick auf den Homebutton oder durch einen Swipe von unten, welcher leicht gekrümmt nach rechts verläuft, es benötigt eine gewisse Übung, fühlt sich aber beim iPhone X sehr natürlich an. Ich persönlich konnte mich nach wenigen Minuten bereits daran gewöhnen. Nicht jede App, die geschlossen wurde, ist auch tatsächlich beendet. Manche Apps aktualisieren sich im Hintergrund weiter und laufen somit stetig.

Das Bedienkonzept von iOS ist sehr einfach, alles ist quasi eine Applikation auf dem Homescreen. Große Updates erfolgen jährlich und decken einen großen Teil der aktuellen Geräte ab. Somit sind nahezu alle neueren Geräte auf demselben Stand. Gerade für Entwickler ist dies ein großer Vorteil, da man hier frühzeitig neue Features und Funktionen für die eigene App entwickeln kann. Lediglich ältere Geräte werden nicht mehr unterstützt, Apple ist aber bemüht, einen großen Teil der älteren Geräte abzudecken.

Gerätevielfalt vs. App-Design

Zu den bekanntesten Herstellern von Smartphones, Tablets oder Smartwatches zählen Apple, Google, Xiaomi Samsung, HTC, Motorola, Microsoft und Sony. Viele Hersteller setzen auf Gerätevielfalt, um eine möglichst breite Käufergruppe abzudecken. So gibt es unterschiedliche Bildschirmgrößen, Farben und Materialien in allen möglichen Preisklassen, die jeweils auf bestimmte Zielgruppen zugeschnitten sind. Für das herstellende Unternehmen kann dies ein Vorteil sein, für Entwickler und Designer von Applikationen stellt es jedoch ein großes Problem dar. So können Sie als App-Designer nie garantieren, dass Ihre App auf jedem Android-Smartphone gleich aussieht. Daher sollten Sie Ihre App auf verschiedenen Geräten und den unterschiedlichen Bildschirmgrößen testen.

1.4.5 Exkurs: Mobile Geräte verändern unser Verhalten

Dadurch, dass wir ein Smartphone ständig bei uns tragen oder das Tablet immer in Reichweite ist, legen wir uns den Zwang auf, unser E-Mail-Postfach oder andere Applikationen regelmäßig auf neue Nachrichten hin zu prüfen. Durch sogenannte Notifications (dazu in Abschnitt 6.5, »Informieren Sie den Nutzer darüber, was passiert«, mehr) vieler Applikationen wird dieses Verhalten gefördert.

Wir kennen alle die Situation, in der es schwerfällt, das Smartphone *nicht* in die Hand zu nehmen und nur »kurz« drauf zu schauen. Wir möchten nichts verpassen und tagesaktuell informiert sein. Aber Hand aufs Herz: Wenn das Smartphone klingelt, leiden häufig auch unsere direkten persönlichen Beziehungen darunter. Wir unterhalten uns mit einem guten Freund, das Smartphone macht sich durch Klingeln, Vibrieren oder Aufleuchten bemerkbar, und schon schenken wir dem Gespräch keine richtige Beachtung mehr, die Notification ist nun erst einmal wichtiger.

Immer mehr Ruhezonen

Nicht ohne Grund werden immer mehr sogenannte »Ruhezonen« oder handyfreie Bereiche eingerichtet, z. B. im Kino, Theater oder sogar in manchen Restaurants. Gab es solche Zonen zuvor nur in Krankenhäusern aufgrund der Funktechnik, die medizinische Geräte behindern konnte, ist es heute der öffentliche Raum, in dem ebenfalls solche Ruhezonen gelten. Dies soll zum einen natürlich laute und störende Handygespräche unterbinden, zum anderen aber auch zu einer Art »Entschleunigung« und zum »Herunterkommen im Alltag« führen.

Entschleunigung gewünscht?

Es gibt ein nettes Spiel, das Ihnen vielleicht helfen kann, sich ein wenig zu »entschleunigen«, wenn Sie mit Freunden/Familie gemeinsam essen gehen: Alle legen ihre Handys mit dem Bildschirm nach unten und aufeinander auf den Tisch. Der, der zuerst das Handy checkt, zahlt die Rechnung für alle.

Wir als Designer und Entwickler von mobilen Applikationen sollten uns also auch *unserer Verantwortung* bewusst sein und verstehen, welche Verhaltensänderungen wir bei unseren Nutzern hervorrufen.

Es kann z. B. sein, dass ein Nutzer die heruntergeladene App wieder von seinem Endgerät löscht, weil sie ihn oder andere maßgeblich im Alltag gestört hat, ergo haben wir unsere Arbeit im Vorfeld nicht gründlich getan. Wenn wir uns aber bereits bei der App-Erstellung der Auswirkungen bewusst sind, die eine Applikation hervorrufen kann, und diese in den Gestaltungsprozess integrieren, realisieren wir Apps, von denen der Nutzer einen tatsächlichen Nutzen hat – ganz ohne negative Beeinträchtigungen seines Alltags.

Apps drängen sich nicht auf!

In der Regel gilt: *Eine gute Applikation ist da, wenn man sie braucht, ohne sich dabei aufzudrängen*, ganz egal, ob am Handgelenk, im Rucksack oder in der Hosentasche. Aber sie bestimmt nicht das Leben und das Verhalten des Nutzers. Der Nutzer sollte bestimmen, wann er die Applikation nutzt und wie er sich damit arrangiert, und nicht umgekehrt.

1.5 Die richtige Entwicklungsstrategie für die App

In den frühen Jahren beschränkte sich die Hauptfunktionalität des Internets überwiegend darauf, Inhalte bereitzustellen, und es war das höchste der Gefühle, E-Mails schreiben zu können oder über einen Messenger Nachrichten zu senden. Die Anzahl an Webangeboten wie Chats, soziale Netzwerke, Spiele etc. war insgesamt noch deutlich begrenzt.

Heute haben wir eine schier unbegrenzte und unübersichtliche Landschaft an Webseiten. Eine Webseite folgt in der Regel einer hierarchischen Struktur und liefert vorwiegend Informationen – daran hat sich bis heute nichts geändert. Allerdings können diese Informationen mittlerweile äußerst vielfältig dargestellt werden, es kann einfache Textabschnitte geben, aber auch *dynamische Inhalte*. Ein Beispiel eines dynamischen Inhalts wäre eine Slideshow oder ein Videoplayer.

Während eine Webseite als reiner Informationsträger gesehen wird, wird eine Web-App als Problemlöser verstanden. Also wird hier ein entsprechender Programmieraufwand benötigt, um Probleme mittels Algorithmen und Funktionen zu lösen. Eine Webseite erfordert keinen großen Programmieraufwand, wie es z. B. die Webapplikationen von Dropbox (Filehosting-Dienst), Mailchimp (E-Mail-Marketing) und YouTube (Videoportal) tun.

1.5.1 Umsetzbarkeit von Design

App-Designer müssen die technologischen Aspekte, Mechanismen und Möglichkeiten kennen, unter denen Apps entwickelt und gestaltet werden können. Designer möchten nach Möglichkeit keine Grenzen auferlegt bekommen, aber in der Softwareentwicklung lassen sich gewisse technische Rahmenbedingungen nicht umgehen. Einige Funktionalitäten, die sich Designer mitunter wünschen, sind schlichtweg nicht ohne hohen Aufwand und manchmal auf Kosten einer guten App-Usability umsetzbar. Es ist also immer eine Frage des Budgets, der Umsetzbarkeit und vor allem der sinnvollen Funktionalität, was geht und was nicht. Zudem sollte man manche Ideen hinsichtlich Kosten und Nutzung hinterfragen. Wem nützt eine wunderschön gestaltete Funktionalität, die nur 0,2 % der Nutzer einmal im Monat nutzen, wenn zwei Entwickler, ein Designer und ein Produktmanager daran zwei Monate gearbeitet haben.

Einen netten Blogbeitrag zu diesem Thema finden Sie unter *https://blog.intercom.io/the-dribbblisation-of-design*. Hier wird recht gut beschrieben, dass ein ästhetisch hervorragendes Design nicht immer die adäquate Lösung ist.

Um möglichst optimale Apps hinsichtlich der User Experience und der Usability entwickeln zu können, müssen Sie wissen, wie sich solche Apps umsetzen lassen. Zu Beginn einer App-Entwicklung steht damit die Frage im Raum, welchen Entwicklungsansatz man verfolgen sollte. Soll die App als eine native App, eine PWA-App oder gar eine Hybrid-App umgesetzt werden? Es gibt keine perfekte Lösung, jeder Entwicklungsansatz bietet Vor- und Nachteile. Diese werden beeinflusst durch Faktoren wie das Budget, die Zielgruppe oder den Zeitpunkt, an dem die Applikation umgesetzt sein muss. Wichtig ist aber, alle Ansätze inklusive ihrer Stärken und Schwächen zu kennen und zu verstehen.

1.5.2 Was ist eine native App?

Native Apps sind »echte« Programme, die direkt im Betriebssystem laufen. Hinter einer nativen App steckt ein binärer Code, der mit dem Betriebssystem interagiert. Es besteht hierbei Zugriff auf alle APIs, die das jeweilige System zu Verfügung stellt. Der Entwickler hat also die Möglichkeit, voll auf zur Verfügung gestellte Sensoren, Kamerafunktionen, GPS-Module usw. zuzugreifen. Zudem können Besonderheiten des jeweiligen Betriebssystems genutzt werden. So greift z. B. die Instagram-App auf die Kamera zu. Bei der Yelp-App werden die GPS-Daten benötigt, um zu erkennen, wo sich der Nutzer befindet.

API

Eine API *(Application Programming Interface)* ist eine Programmierschnittstelle. Mithilfe dieser Schnittstelle wird anderen Programmen ein Tool zur Verfügung gestellt, über das sie sich an das Softwaresystem anbinden können. So gibt es Schnittstellen zu Facebook, Twitter und weiteren Anbietern, die Entwickler nutzen können.

Eine native App wird in Entwickler-Quellcodes geschrieben. Zusätzlich werden Assets mitgeliefert und beides auf dem Betriebssystem abgelegt. Entwickelt wird bei iOS in Xcode, bei Android in Android SDK oder NDK. Jeder Anbieter von Betriebssystemen stellt hierfür in der Regel Entwicklungsumgebungen für Entwickler bereit.

Ein großer Nachteil der nativen Entwicklung ist, dass der einmal geschriebene Quellcode eines spezifischen Betriebssystems nicht ohne Weiteres in eine andere Entwicklungsumgebung adaptiert werden kann. Hier steigt in dem Fall der Entwicklungsaufwand. Sogenannte Cross-Entwicklungsplattformen wie *appmethod* (*appmethod.com*) bieten die Option, für viele Betriebssysteme gleichzeitig zu entwickeln, hierbei ist es jedoch nicht ohne Kompromisse möglich, alle Funktionalitäten des jeweiligen Betriebssystems zu nutzen.

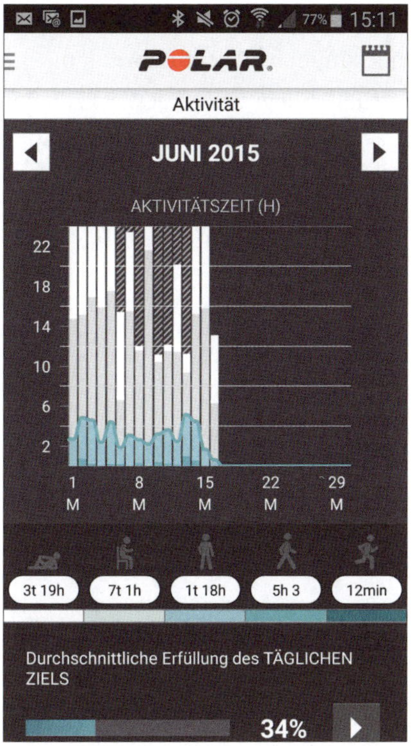

Abbildung 1.13 Eine native Android-App, die Polar-Fitness-App

> **React Native**
>
> React Native ist eine Entwicklungsumgebung, mit der Entwickler auf Basis desselben Codes für mehrere Betriebssysteme entwickeln können. Derzeit werden Plattformen wie Android und iOS unterstützt. Mehr unter: *https://facebook.github.io/react-native*.

Zudem ist die Pflege einer nativen Applikation aufwendig. So müssen Sicherheits-Updates, Bugs oder Erweiterungen erst an den jeweiligen App-Store-Anbieter übermittelt und kontrolliert werden. Hierbei handelt es sich bei den App Stores um den Freigabeprozess der App. Durch diesen soll sichergestellt werden, dass die App zum einen auch das tut, was sie vorgibt, und dass sie zum anderen keine Schadsoftware mit sich führt. Die Installation der Updates unter Android und iOS erfolgt mittlerweile automatisch, solange der Nutzer diese Aktion in seinen Betriebssystem-Einstellungen aktiviert. Die Vor- und Nachteile nativer Apps noch einmal im Überblick:

Pro

- nahezu unbegrenzte Gestaltungsmöglichkeiten
- optimale Ausnutzung von Hardwarekomponenten wie Kamera, GPS-Modul, Mikrofon etc.
- Die Eigenheiten des jeweiligen Betriebssystems können voll genutzt werden.
- Die Anbindung an App Stores ist sehr gut, begründet liegt das bei iOS z. B. an der Entwicklungsumgebung durch Xcode, diese stellt Funktionen bereit, um Apps schneller zu veröffentlichen.
- hohe Performance durch Zugriff auf hardwarebeschleunigte Grafik etc. (wobei der aktuelle Mobile Safari auch WebGL unterstützt)

Contra

- hoher Entwicklungs- und Kostenaufwand
- Kontrolle durch die App Stores kann ein langer Prozess sein
- hoher Pflegeaufwand der App durch Updates, Features und Wartung
- schwierige Anpassung an Multiplattform

1.5.3 Was ist eine Web-App?

Smartphones und Tablets beinhalten qualitativ hochwertige Webbrowser mit HTML5-, CSS3- und JavaScript-Unterstützung. Diese Technologien bieten die Möglichkeit, Webapplikationen zu entwickeln, die im Webbrowser lauffähig sind. Web-Apps sind also Apps, die im Web zu Hause sind und durch Webcode realisiert werden. So können interaktive Elemente genutzt werden, die wir aus dem Web kennen, wobei der Funktionsumfang für eine große Zahl an Apps durchaus ausreichend ist. Es handelt sich quasi um eine Website bzw. Web-Applikation im App-Gewand.

HTML5, CSS3 und JavaScript

- HTML5 ist die fünfte Version der Hypertext Markup Language. HTML ist eine Computersprache zur Auszeichnung und Vernetzung von Texten und anderen Inhalten elektronischer Dokumente im Internet.
- CSS3 ist die dritte Version der Cascading Style Sheets und ist eine Gestaltungshilfe für Webseiten. In CSS werden Objekte gestaltet. So können Form, Größe, Farbe, Positionierung etc. definiert werden.
- JavaScript ist eine Ergänzung zu HTML und eine echte Programmiersprache und wird in ein HTML-Dokument eingebettet. JavaScript macht Webprodukte interaktiver und dynamischer.

Solange sich die Entwicklung auf die oben genannten Webtechnologien beschränkt, können Webentwickler mobile Applikationen selbst entwickeln. Es wird kein spezielles Wissen für C++ und ähnliche Programmiersprachen benötigt. Sobald ein neues Update aufgespielt werden soll, lädt man die aktualisierten Daten auf den Webserver hoch. Das Update wird daraufhin dem User direkt und ohne Umweg über einen App Store zur Verfügung gestellt.

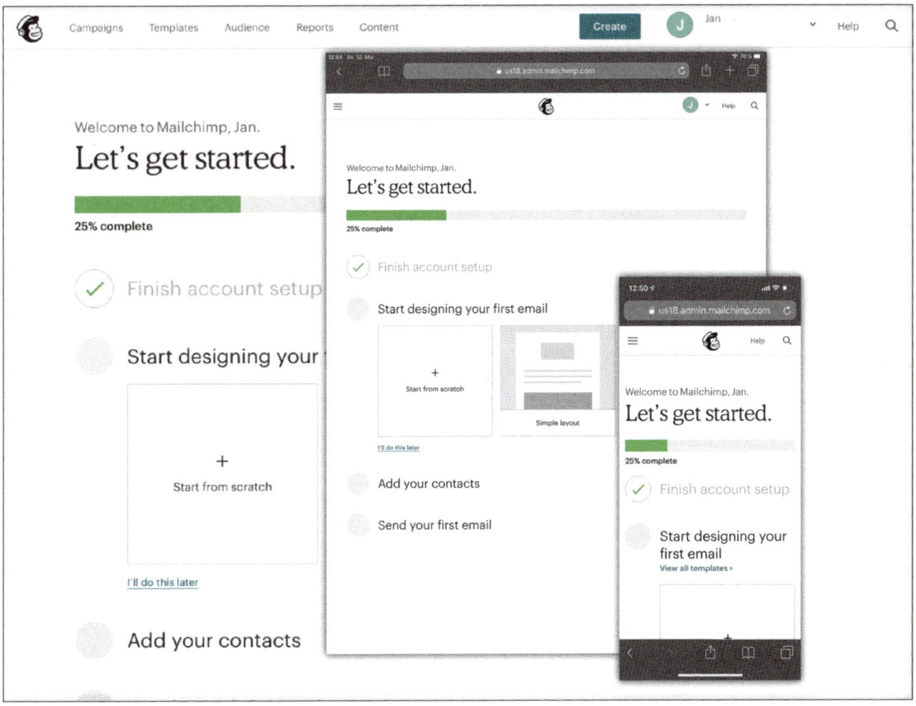

Abbildung 1.14 Mailchimp im Webbrowser auf dem Desktop, auf dem Tablet oder auf dem Smartphone als Webapplikation

Der wesentliche Vorteil der Web-Apps besteht darin, dass betriebssystem- und sogar geräteunabhängig entwickelt werden kann, denn die Laufzeitumgebung ist der normale Webbrowser. Webbasierte Apps können sich somit der Designästhetik von Webseiten bedienen. Es gibt aber webbasierte Apps, die vom Aussehen her einer nativen App in nichts nachstehen.

Ursprünglich war genau das das Konzept des ersten iPhones. Die heutigen Apps sollten also im Grunde webbasierte Applikationen sein. Apple hatte diesen Plan jedoch verworfen, nachdem der erste Jailbreak des iPhones dazu führte, dass Entwickler native Apps auf dem iPhone installieren konnten. Es gab interne Diskussionen, wie man mit einem solchen Jailbreak umgehen sollte. Mitarbeiter sahen die Chance, einen Marktplatz für Apps zu entwickeln, und konnten auch Steve Jobs von dieser Idee überzeugen. Somit eröffnete Apple den App Store für das iPhone sowie ein SDK, womit Entwickler Third-Party-Apps für das iPhone entwickeln konnten.

Jailbreak

Ein Jailbreak ist die Öffnung eines geschlossenen Betriebssystems. Hierbei wird das Dateiverzeichnis geöffnet, und Sicherheitsmerkmale werden außer Kraft gesetzt. Nun besteht die Möglichkeit, Apps von Drittanbietern zu installieren oder das Betriebssystem umzugestalten und zu modifizieren.

Bei allen Vorteilen, die eine webbasierte App hat, gibt es aber auch Nachteile. Die Web-Apps laufen innerhalb einer nativen App – dem Webbrowser. Das bedeutet, es gibt nur eingeschränkten Zugriff auf APIs. So können webbasierte Apps nicht auf Hardwarekomponenten zugreifen und laufen dementsprechend nicht performant, sondern bewegen sich immer innerhalb der Möglichkeiten des Webbrowsers.

Für Webdienste wie *Feedly* oder andere RSS-Reader mag das sinnvoll sein, in anderen Fällen stößt man aber schnell an Grenzen, vor allem wenn man auf Hardwarekomponenten wie Bluetooth oder die Sensoren zugreifen möchte. Ein anderes Problem ist, dass Web-Apps mitunter eine ständige Onlineverbindung benötigen. Sollte keine Verbindung bestehen, kann diese je nach Art der App nicht vollwertig genutzt werden.

Pro

- Know-how aus Webtechnologien kann genutzt werden.
- plattformübergreifend nutzbar
- kostengünstige Entwicklung
- schnelle und häufige Updates
- Durch HTML5, CSS3 und JavaScript ist allein schon vieles möglich.

Contra

- Läuft immer nur in der Browserumgebung (auch ohne das grafische User Interface des Browsers).
- weniger komfortabel als native Apps aufgrund der mitunter fehlenden Internetverbindung oder des fehlenden Zugriffs auf APIs
- eingeschränkter Offline-Betrieb
- schlechte Performance

1.5.4 Was ist eine Hybrid- bzw. PWA-App?

Eine Hybrid-App bzw. Progressive Web App ist eine Applikation, die größtenteils mit Webtechnologien programmiert wird, während gleichzeitig Zugang zu nativen APIs besteht. Die Begriffe sind hierbei fließend. So werden teilweise Hybrid-Apps über App Stores vertrieben, während PWA-Apps über den Browser mit dem Homescreen verknüpft werden können. PWAs bestehen ausschließlich aus Webtechnologien, während Hybrid-Apps auch native Komponenten beinhalten können.

Dadurch versuchen Hybrid-Apps die Vorteile einer nativen App mit denen einer Web-App zu verbinden. Der native Teil der App läuft damit auf dem Betriebssystem und stellt eine HTML-Rendering-Engine bereit, die Browserfunktionalität bietet und darüber hinaus eine Brücke zum Betriebssystem darstellt. So läuft der Webquellcode innerhalb seiner Umgebung, gleichzeitig kann aber auch auf die APIs und Features des Betriebssystems zugegriffen werden. Das Funktionsprinzip einer PWA-App besteht vorwiegend aus den Webtechnologien CSS, Javascript und HTML.

App-Entwickler können theoretisch eigene Brücken entwickeln oder auf bereits fertige Lösungen wie *PhoneGap* zurückgreifen, eine Open-Source-Bibliothek, die auf JavaScript basiert. Der HTML-Teil dieser Bibliothek kann auf einem Server gehostet werden, wodurch Updates live möglich sind und ohne dass der native Teil der Applikation aktualisiert werden muss. Leider funktioniert dies nicht offline, denn sobald keine Internetverbindung besteht, können auch keine Inhalte mehr eingespielt und die App nicht mehr aktualisiert werden.

Open Source

Bei Open-Source-Projekten werden die Programme sowie der Quellcode zu diesen Programmen ausgeliefert. Jeder darf diesen Code einsehen und verändern. So gibt es für Android andere Derivate, etwa FireOS von Amazon. FireOS bietet dabei andere zusätzliche Funktionalitäten, die nicht in der Basis-Android-Version enthalten sind. Mehr unter: *https://developer.amazon.com/de/android-fireos*.

Pro

- Kombination aus webbasierter App und nativen Entwicklungsansätzen
- nutzbar auf allen unterstützten Betriebssystemen

Contra

- Benötigt Brücke zwischen nativer App und Webcode.
- Performance-Einbußen bei Zugriff auf Webinhalte
- keine häufigen Updates

Es ist wichtig zu wissen, wie die Plattformen funktionieren und welche Entwicklungsstrategien es für Apps gibt. Manchmal ertappe ich mich dabei, wie ich ein Konzept für eine App entwickle und dabei Funktionen entwerfe, die man sonst nur in iOS, aber nicht unter Android kennt. Versuchen Sie, jede Plattform getrennt voneinander zu betrachten und die Merkmale der Plattformen so zu nutzen, wie sie gedacht sind. So sprechen Sie Ihre Nutzer geziel mit Objekten oder Funktionalitäten an, die sie bereits kennen.

1.6 Design und Technik

Egal, ob Sie ein Designer oder Entwickler sind, ab jetzt sind Sie ein App-Designer. Dieser Abschnitt möchte Ihre Perspektive auf App-Design nun noch etwas weiter schärfen. Designer und Entwickler haben eines gemeinsam, Sie arbeiten kreativ. Während dies bei einem Designer sehr offensichtlich ist, kommt die Kreativität eines Entwicklers z. B. bei punktgenauen Lösungsansätzen in komplexen Abläufen zum Ausdruck.

Als App-Designer sind Sie gefordert, ein pixelperfektes Design zu kreieren, das aber nicht ohne funktionierenden Quellcode entwickelt werden kann und vice versa. Als App-Designer arbeiten Sie interdisziplinär, Sie verstehen das Konstrukt und die entsprechenden Rahmenbedingungen, um Applikationen zu erstellen – Sie bewegen sich in einem eng abgesteckten Raum an technisch Möglichem. Es liegt an Ihnen, diese Mauern einzureißen. Wichtig ist dafür, dass Sie Ihre Stärken und Schwächen kennen.

1.6.1 Designer

Designer wissen in der Regel ganz gut über Gestaltung Bescheid. Sie kennen die Regeln, die man für gutes und ästhetisches Design befolgen muss. Ihre Stärken liegen darin, ...

- ... verschiedene Designlayouts für ein und dasselbe Problem erstellen zu können.
- ... die Betrachterposition der Zielgruppe einnehmen und für diese ein ansprechendes und ästhetisch wertvolles Design erstellen zu können.
- ... sich auch konzeptionell mit dem Produkt auseinanderzusetzen. Sie prüfen, ob die Idee konsistent ist und verfeinert werden kann, und beachten im Idealfall all das, was man gemeinhin unter dem Begriff »Design Thinking« versteht, um dann im nächsten Schritt die erwähnten Layouts etc. (also die visuelle Übersetzung der Vorüberlegungen) zu erstellen.
- ... sich mit Designtrends auszukennen und zu wissen, wo diese funktionieren und wo es klug ist, gestalterisch Grenzen zu durchbrechen – um selbst Trends zu kreieren. Doch selbst hier bewegen sie sich in Rahmenbedingungen und halten Konventionen ein.

Design Thinking

Design Thinking ist ein Ansatz zum Lösen von Problemen und zur Entwicklung neuer, innovativer Ideen. Im Gegensatz zur Forschung werden Lösungen aus Anwendersicht gesucht. Auf diesem Weg sollen Innovationen hervorgebracht werden, die sich am Nutzer orientieren und dessen Bedürfnisse erfüllen.

Die Schwächen eines Designers sind in der Regel die nicht vorhandenen Programmierkenntnisse. Abgesehen von Webdesignern verfügen nur wenige über diese.

Designern fällt es daher oft schwer abzuschätzen, wie aufwendig einfache Funktionalitäten entwickelt werden müssen. Man kennt meist nur das Endprodukt, weiß aber nicht, wie viel Aufwand hinter einer einfachen Funktion stecken kann. Darüber hinaus fehlt das Verständnis für programmrelevante Konsequenzen, die sich aus bestimmten Funktionen ergeben, wie z. B. Warnmeldungen bei Fehlern. Diese werden erst gar nicht erkannt und dementsprechend auch nicht im Designprozess berücksichtigt. Ohne Kenntnis solcher Systematiken fällt es schwer, ein gelungenes und rundum stimmiges Nutzererlebnis zu kreieren.

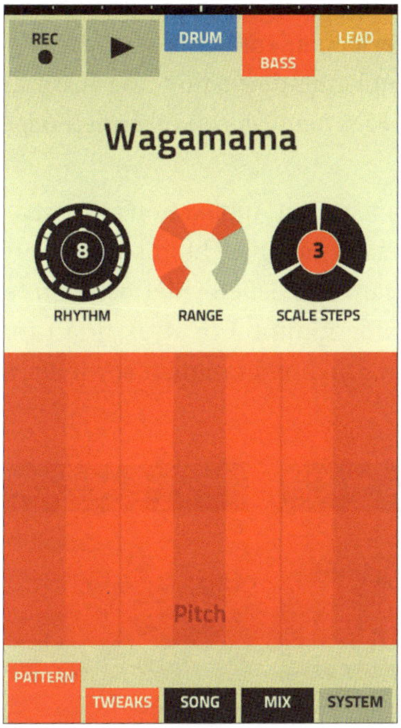

Abbildung 1.15 Eine überdesignte App: Bei Figure wurde zu viel Wert auf Gestaltung und zu wenig auf die Nutzbarkeit gelegt.

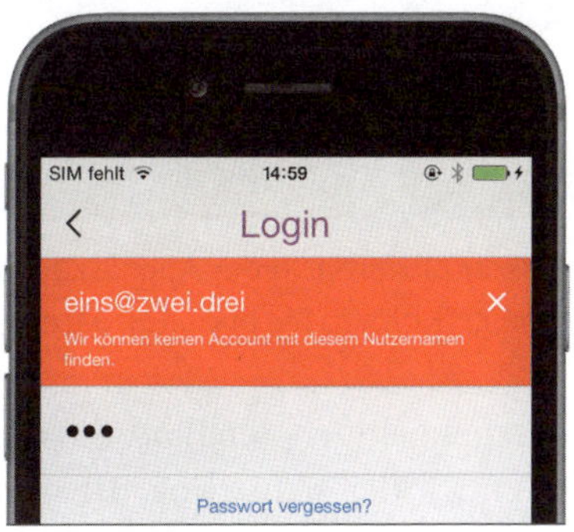

Abbildung 1.16 Warnmeldung bei einem Kontaktformular. Oft werden solche Fälle im Design vergessen.

1.6.2 Entwickler

Entwickler sind in erster Linie für die softwaretechnische Umsetzung einer Idee zuständig. Der überwiegende Teil des Tagesgeschäfts besteht im sogenannten Coding. Grundsätzlich können sich aber Entwickler an jedem Schritt der App-Entstehung beteiligen und ihre Kreativität einbringen. Die Stärken eines Entwicklers sind folgende:

- Er kann Abläufe und Funktionen programmieren.
- Er kennt sich mit Programmiersprachen, Schnittstellen und Plattformen aus.
- Er kann Funktionen erstellen und deren Auswirkungen verstehen. So plant er bei der Programmierung z. B. direkt ein, dass Nutzer bei einem Login ihr Passwort auch mal falsch eingeben oder vergessen, und implementiert dafür eine entsprechende Lösung, die es Nutzern ermöglicht, eine Falscheingabe zu erkennen oder ein neues Passwort anzufordern.
- Darüber hinaus weiß ein Entwickler, dass Funktionen einer Applikation anpassbar und flexibel bleiben müssen, damit neue Features zukünftig leicht implementiert werden können. Entwickler arbeiten meist in Teams, in denen jeder bestimmte Teilbereiche der Entwicklung einer Applikation übernimmt. Um strukturiert im Team arbeiten zu können, zählen Konventionen, Dokumentationen sowie Rahmenbedingungen zum täglichen Handwerk.

Abbildung 1.17 Entwickler neigen dazu, Funktionen zu verkomplizieren. In der App Oskar-Impuls werden dem Nutzer in Teilen sehr viele Inhalte gezeigt. Können Sie etwas erfassen?

Die Schwächen des Entwicklers fußen auf dem oftmals mangelnden Verständnis von ästhetischem und präzisem Oberflächendesign. Ein Entwickler sieht zunächst nur die Funktionalität, die eine Applikation bieten und gewährleisten muss.

Oft wird das Design als zweitrangig bewertet und halbherzig umgesetzt. Zudem fehlt die Perspektive des Nutzers. Entwickler kennen die zu entwickelnden Applikationen in- und auswendig und wissen, wie diese zu nutzen sind. Dabei vergessen sie oft, dass dieses Vorwissen den zukünftigen App-Anwendern fehlt. Was für den Entwickler in der Nutzung selbstverständlich erscheint, ist für den Erstnutzer komplettes Neuland.

1.6.3 Das Beste aus beiden Welten

Als kreativer App-Designer sollten Sie versuchen, die Schnittmenge aus beiden Welten zu bilden und die Stärken der Designer mit denen der Entwickler zu kombinieren. Sie verstehen Funktionalitäten und die daraus resultierenden Risiken, wissen, wie Nutzer auf Probleme reagieren, und finden gestalterische Lösungen für diese Probleme. Sie wissen, wie Ihre Nutzer »ticken« und was sie von Ihrer Applikation erwarten. Ihnen ist klar, dass das ästhetische Design genauso wichtig ist wie die technische Funktionalität. Und ganz wichtig: Im Fokus der App-Gestaltung stehen bei Ihnen stets die Nutzer Ihrer Applikation und nicht die Bedürfnisse eines Designers oder Entwicklers.

App-Designer verstehen es, Probleme auf kreative Art zu lösen und auch schon mal Grenzen zu überwinden. Sie haben verinnerlicht, dass die Bedienung einer Applikation einfach und benutzerfreundlich entwickelt und gestaltet werden muss. Schlechte App-Usability und der fehlende Bezug zum mobilen Nutzungskontext sind App-Designern ein Dorn im Auge. Lange, unübersichtliche Listen und zu viele komplizierte Einstellungsmöglichkeiten werden vermieden.

Tinder – eine gelungene App

Ein gelungenes Beispiel für das Beste aus beiden Welten ist die Dating-Applikation *Tinder*.

Die Bedienung von *Tinder* besticht durch ihre Einfachheit. Bei anderen Partnerbörsen ist die Anmeldung mit einem hohen Aufwand verbunden. Beispielsweise kann bereits das Hochladen eines Profilbildes für Anwender eine große Hürde darstellen, ganz zu schweigen von den zig Formularen, die gewälzt werden müssen, bis man endlich einen ersten Partnervorschlag erhält – falls man sich nicht sogar erst selbst durch Tausende Profile wühlen muss. Bei der App *Tinder* meldet sich der Nutzer über Facebook Connect an und erhält sofort Partnervorschläge.

Facebook Connect

Facebook Connect ist eine sogenannte Single-Sign-in-Applikation. Es erlaubt einem Nutzer, sich bei fremden Webdiensten bzw. Apps anzumelden, wobei dann die auf Facebook hinterlegten Daten, wie z. B. die E-Mail-Adresse, abgerufen und für die Anmeldung verwendet werden.

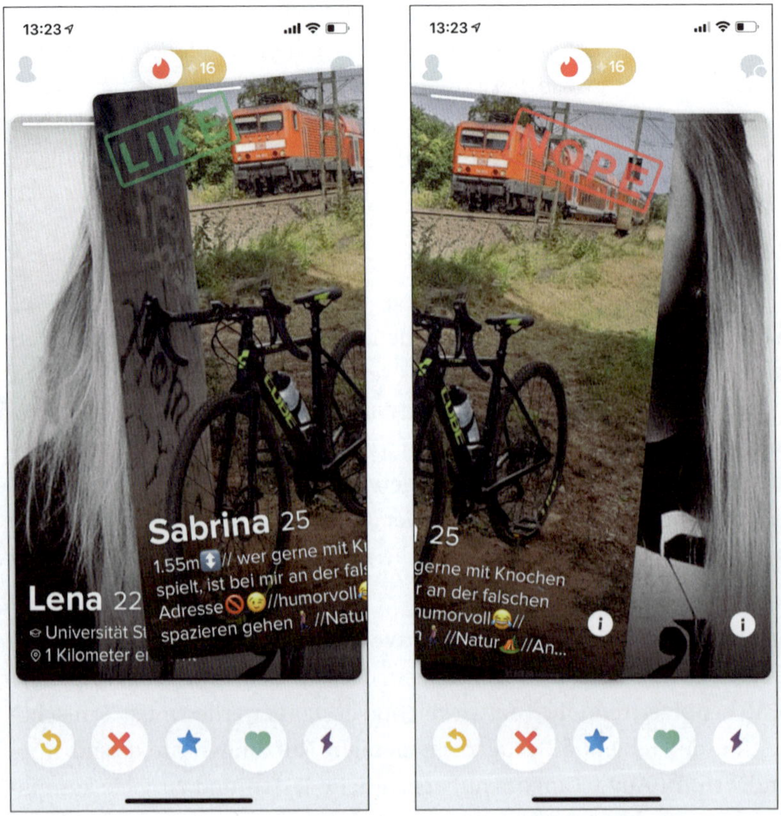

Abbildung 1.18 Eine rundum gelungene App: die beliebte Dating-App »Tinder«. Komisch bleibt, dass manche ihr Fahrrad als Profilfoto zur Verfügung stellen ...

Durch eine einfache Wischgeste nach rechts zeigt der Nutzer an, dass ihm die gerade vorgestellte Person gefällt und er diese kennenlernen möchte, und durch einen Wisch nach links signalisiert der Nutzer sein Desinteresse. Sollte sich das Gegenüber auch positiv für einen entscheiden, gibt es eine Übereinstimmung und man kann miteinander chatten.

> *»Tinder works like walking into a room, looking around and subconsciously going ›yes, no, yes, no‹ while scanning people. If you give someone across the room that look and they give you that look back, you're now both responding in the moment and that's a match.« – Sean Rad, Co-Gründer von Tinder*

Das ist eine sehr kreative Lösung und zugleich der USP der App. Man hat den Ursprung der Partnersuche auf die äußerliche Erscheinung des möglichen Partners reduziert. Mit einem schnellen Blick entscheidet der App-Anwender, ob der angezeigte Kandidat im engeren Kreis der Partnerauswahl ist oder nicht. Der Prozess, den der Nutzer durchschreiten muss, ist sehr einfach und schnell durchzuführen. Das Anmeldeprozedere wurde durch Facebook Connect gelöst, die Partnervorschläge ergeben sich aus dem Facebook-Profil und dem dort angegebenen Wohnort, dem Alter, den Freunden und den Interessen. Direkt nach der Anmeldung startet die App eine Umkreissuche, basierend auf dieser bekommt man Vorschläge für einen Partner präsentiert.

USP

USP (*Unique Selling Proposition*) beschreibt ein einzigartiges Verkaufsversprechen eines Produkts oder einer Leistung. Ein USP soll den einzigartigen Nutzen eines Produkts herausstellen, sich von der Konkurrenz abheben und den Konsumenten zum Kauf anregen.

Was zunächst sehr plausibel und logisch aussieht, ist recht umständlich in der Programmierung. Es gibt viele Daten zu berücksichtigen, die in Kombination und durch einen ausgefeilten Algorithmus zu einem Partnervorschlag führen. Probleme vieler anderer Dating-Plattformen, wie etwa eine wenig intuitive Bedienung, umständliche Eingabe von Daten, mangelnde Nutzerführung, wurden hier also äußerst pragmatisch und intelligent gelöst.

»Einfach« ist nicht einfach

Wie wir bereits im letzten Kapitel gelernt haben, sollte der Nutzer mit einer App ein zu bewältigendes Problem schnell lösen können. Das war auch der Kerngedanke der Tinder-App. Hier hat man Dating auf mobilen Endgeräten verstanden. Durch die Einbindung von Facebook konnte man eine große Anzahl an Daten erhalten, die der Nutzer nicht eingeben muss. All das sind Kenntnisse, die einen guten App-Designer auszeichnen: Er versteht Prozesse, Technologien und funktionierendes Design und kreiert daraus innovative, neue und kreative Lösungen für alte Probleme. Zudem versteht er es, digitale Anbieter von Sondertechnologien und deren Dienstleistungen zu nutzen.

Es ist mitunter schwer, solche Lösungen zu finden, nicht immer werden Sie ein Problem so einfach und kreativ lösen können, wie es hier gelungen ist. Manche Probleme lassen sich nur durch große Innovationen lösen, wie z. B. das iPhone, das eine innovative Lösung für einen alten Mobilfunkmarkt war.

Um Probleme auf kreative Art und Weise zu lösen, ist zunächst wichtig, das Problem überhaupt zu verstehen. Versuchen Sie, sich selber dem Problem zu stellen und eine Lösung dafür zu finden. Visualisieren Sie das Problem, und machen Sie es physisch, experimentieren Sie. Zeigen Sie anderen, die dasselbe Problem haben, Ihren Lösungsvorschlag, und fragen Sie sie, wie sie das Problem lösen würden. Selbst Menschen, die sich gerne mal als unkreativ bezeichnen, haben oft erstaunlich gute Ideen. Der Austausch untereinander ist immer belebend und gibt neue Impulse und Ideen.

Ich spreche viel lieber mit Entwicklern über meine Arbeit als mit anderen Designern, da es bei Entwicklern immer wieder neue tolle Themen gibt, während es bei den Designern immer um dieselben Themen geht. Kommen Sie aus Ihrer Komfortzone und wagen Sie sich in die Entwicklerhöhle.

Damit wären wir auch schon beim nächsten Kapitel. Dort soll es ganz konkret um die Ideenfindung und Konzeption einer App gehen.

Kapitel 2
Konzeption und Ideenfindung

»Ich habe eine großartige Idee für eine App!« Vielleicht ist das der Grund, der Sie zu diesem Buch greifen ließ. Sie haben schon sehr konkrete Vorstellungen von den Funktionen und dem Aussehen Ihrer App, und Sie glauben, wenn jeder diese App nutzen würde, würde es die Welt verändern. – Stopp, treten wir erst einmal einen Schritt zurück und betrachten die Idee aus der Perspektive eines App-Designers.

In diesem Kapitel möchte ich mit Ihnen eruieren, was eine gute App-Idee auszeichnet, und Ihnen zeigen, wie Sie Ihre App-Ideen kritisch auf ihre tatsächliche Tragfähigkeit hin prüfen können.

2.1 Die App-Idee

Vielleicht haben Sie schon selbst erkannt, dass eine gute Idee allein nicht ausreicht, um erfolgreich im App-Business durchzustarten, sondern dass eine gute und erfolgreiche App auf mehreren Säulen fußt: der Idee, guter Bedienbarkeit, einer gelungenen Zielgruppenansprache, Design und dem gewissen Etwas. Natürlich gehört auch eine Portion Glück dazu.

Aber was genau sind die Schritte, die Sie als App-Designer gehen müssen, um von einer guten Idee zu einer von den Nutzern hochgelobten Fünf-Sterne-App zu gelangen?

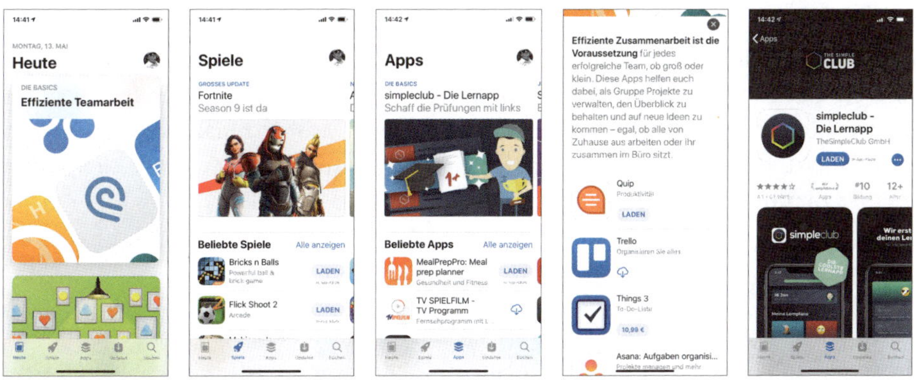

Abbildung 2.1 Apple-App-Store-Features in den jeweiligen Kategorien (links: Heute-Tab, Spiel-Tab und Apps-Tab, Mitte: detaillierter Heute-Tab, rechts: geöffnete App-Details-Seite)

Featuring

Featuring ist ein Begriff aus dem App-Marketing. Hiermit ist gemeint, dass man im App Store promotet bzw. beworben, eben »gefeatured« wird (Abbildung 2.1). Vorwiegend ist man auf den Startseiten des App Stores zu sehen. Hierbei wählen die App Stores selbstständig die Apps aus. Der Publisher hat nicht die Möglichkeit, diesen promoteten Platz zu kaufen.

2.1.1 Am Anfang steht die Idee

Zu Beginn steht die App-Idee, also der Gedanke oder die Eingebung, die wir für eine App haben. Manchmal haben wir solche Ideen in den komischsten Situationen: beim Duschen, beim Spazierengehen oder bei der Hausarbeit. Das sind Situationen, in denen wir uns nicht wirklich mit der Ideenfindung beschäftigen. Unser Gehirn läuft scheinbar im Leerlauf, und plötzlich trifft uns der Gedankenblitz. Ideen können aber auch durch kreative Techniken, wie z. B. Brainstorming, hervorgebracht werden. Wird so eine Technik eingesetzt, bewegen wir uns im Kontext und beschäftigen uns mit einer konkreten Problemstellung. In Brainstorming-Sessions lassen sich recht schnell Listen mit 20 bis 100 oder mehr Ideen erarbeiten, nicht unwahrscheinlich also, dass hier einige gute Ideen dabei sind, vielleicht auch *die eine großartige* Idee.

Brainstorming

Brainstorming ist eine Kreativitätstechnik, bei der Ideen generiert werden. Dies kann im Team stattfinden oder auch allein. Hierbei werden Ideen durch freies Denken entwickelt. Mehr dazu in Abschnitt 2.1.3, »Hilfestellung bei der Ideenfindung: Kreativitätstechniken«.

Egal, auf welche Weise Sie Ihre Idee gefunden haben, Sie sollten nicht direkt davon ausgehen, dass es die Idee sein wird, die Sie zum großen neuen Star der Start-up-Szene machen wird, auch wenn es sich im ersten Moment so anfühlen sollte. Erscheint der Einfall in einem Moment noch genial und weltverändernd, so kann er sich am nächsten Tag mit heruntergekühlter Euphorie und im blassen Bürolicht als wenig durchdacht und realitätsfern herausstellen. Darüber hinaus sind die ersten Ideen meist die, die alle anderen auch haben. Daher ist es immer wichtig, sich genug Zeit einzuräumen, um Ideen kritisch zu prüfen.

2.1.2 Ideen brauchen Kontext und fundierte Kenntnisse

Gute Ideen entstehen in der Regel durch den Kontext, in dem man sich befindet und in dem man ein Problem zu lösen versucht. Täglich werden wir mit Problemen konfrontiert, die durch Apps gelöst werden.

Der einfachste »Problemlöser«, der auch ins Standardrepertoire der meisten App-Anwender gehört, ist wohl die weltbekannte Internetsuchmaschine »Google«. Larry Page und Sergey Brin gründeten 1998 Google Inc. Im selben Jahr ging die Internetsuchmaschine ans Netz. Die Idee, die Sergey Brin und Larry Page hatten, war recht simpel: Informationen aus aller Welt sollten für jedermann verfügbar sein. Zu dieser Zeit gab es bereits andere Internetsuchmaschinen wie AltaVista oder Yahoo. Die anderen Anbieter lieferten keine schlechteren Suchergebnisse, dennoch setzte sich Google bereits nach kurzer Zeit durch. Was machte Google damals schon so erfolgreich? Reduktion!

Die anderen Suchplattformen hatten sich zu umfangreichen Webportalen entwickelt, in denen entsprechend viele mediale Inhalte für den Besucher bereitgestellt wurden. Das führte allerdings auch dazu, dass diese Websites entsprechend lange geladen werden mussten – und das in Zeiten von 56K-Modems & Co. Die eigentliche Intention des Nutzers, also eine Suche im Web durchzuführen, konnte so mitunter mehrere Minuten dauern. Der Aufbau von Google hingegen war einfach und reduziert, auch heute finden wir auf der Google-Startseite nur das Logo und ein Eingabefeld – die Suche kann sofort beginnen.

Abbildung 2.2 Die Startseite von Google Ende der 1990er-Jahre

Probleme erkennen

Sergey Brin und Larry Page erkannten das Problem aus Nutzersicht (»Im Web etwas zu suchen dauert ewig!«) und die damit verbundenen Engstellen (Ladezeiten, keine klare Nutzerführung). Sie kannten ihr Metier und schätzten das Bedürfnis der Anwender richtig ein. Beide hatten zuvor bereits jahrelang Suchmaschinen entwickelt, kannten also Konkurrenz, Zielgruppe, Technologien etc. genau.

An diesem Beispiel können Sie sehr gut erkennen, dass eine zunächst sehr simple Idee erst mit den richtigen Kenntnissen und einer klaren Vision funktionieren kann und erst Erfolg hat, wenn diese auch gut umgesetzt und durchgeführt werden. Neue Technologien sowie iterative und agile Prozesse unterstützen hierbei die Fortentwicklung eines digitalen Produktes. Google hat schließlich nicht nach der ersten Version aufgehört, sondern stetig an seinem Produkt entwickelt.

2.1.3 Hilfestellung bei der Ideenfindung: Kreativitätstechniken

Es gibt viele Möglichkeiten, Ideen zu finden und zu entwickeln. Sogenannte Kreativitätstechniken werden gerne eingesetzt, um gezielt neue Ideen, Visionen und Einfälle zu generieren. Einige dieser Methoden sind recht kompliziert, andere wiederum einfach umzusetzen. Wichtig ist, dass Ihnen die Technik Spaß macht und zu einem guten Ergebnis führt. Im Folgenden möchte ich einige Techniken vorstellen, die sich gut zur Generierung einer App-Idee einsetzen lassen.

Brainstorming

Jeder, der aus der Werbebranche kommt, kennt diese Technik. Brainstorming ist eine Methode, die zur gezielten Erzeugung neuer Ideen genutzt wird. Mitunter wird diese Technik auch zum Finden von Lösungsansätzen für Probleme eingesetzt, z. B. in der Produktentwicklung, in unserem Fall für eine App-Idee.

Diese Technik kann allein, aber auch sehr gut in einer Gruppe genutzt werden. Dabei ist unerheblich, ob es Laien oder Experten sind, wichtig ist, dass die teilnehmenden Personen ein Interesse an dem Projekt haben. Es sollte mit einer Fragestellung begonnen werden, die nicht zu breit (Was muss die beste App können?) oder zu spezifisch (Welche Primärfarbe braucht ein Sende-Button?) angelegt ist.

Abbildung 2.3 Brainstormen kann man auch gut zusammen in der Gruppe.

Nach dem Beginn des Brainstormings nennen nun alle Teilnehmer spontan ihre Ideen. Im optimalen Fall inspirieren sich Teilnehmer dabei gegenseitig. Alle Ideen werden protokolliert und später bewertet. Fünf grundsätzliche Regeln sollten während des Brainstormings eingehalten werden:

1. Ideen sollten miteinander kombiniert und neu aufgegriffen werden. Die eine Idee führt zu anderen.
2. Kommentare zu, Argumente für oder gegen, Korrekturen und Kritik an Ideen sind nicht erlaubt. Als Team arbeitet man zusammen, nicht gegeneinander. Selbst aus auf den ersten Blick abwegigen Ideen können sich die besten Lösungen entwickeln lassen.
3. Es sollten sehr viele Ideen in kürzester Zeit gesammelt werden. Durch die schnelle Abfolge der Ideen entwickelt sich in der Gruppe ein Impuls, der zu gewagteren Ideen führen kann.
4. Freies Assoziieren ist gewünscht, und der Fantasie sollten keine Grenzen gesetzt werden.
5. Je verrückter und mutiger eine Idee ist, desto größer wird der Ideenraum. Verrückte Ideen öffnen mitunter eine neue Perspektive, und dadurch können andere Blickwinkel eingenommen werden, die zuvor noch nicht bedacht wurden.

Post-its

Beim Brainstormen ist der Einsatz von Post-its sehr beliebt. Mit diesen kann man schnell und gut Ideen sammeln, an eine Wand hängen und in Phase 2 auch gruppieren oder entfernen.

Brainstorming ist eine Kreativitätstechnik, die sich schnell einsetzen lässt und die keine besonderen Voraussetzungen von den Teilnehmern verlangt. Wird das Brainstorming innerhalb einer Gruppe eingesetzt, können auch sogenannte Synergieeffekte genutzt werden.

Synergieeffekte

Synergieeffekte sind positive Effekte, die sich aus dem Zusammenschluss zweier oder mehrerer Individuen oder Organisationen ergeben.

Da das Brainstorming eine sehr offene Kreativitätstechnik ist, besteht allerdings die Gefahr, dass Teilnehmer schnell vom Hauptthema abweichen. Auch kann die Selektion der Ideen bei der Vielzahl an Einfällen sehr aufwendig sein.

Umkehrmethode

In der Umkehrmethode wird das Problem bzw. die Aufgabenstellung quasi auf den Kopf gestellt, weswegen die Methode auch oft Kopfstandtechnik genannt wird. Man nimmt eine umgekehrte Perspektive ein, also einen anderen Kontext. Der Hauptgedanke ist, darüber nachzudenken, was unterlassen oder unternommen werden muss, um das Gegenteil zu erreichen. Dadurch, dass wir die Perspektive, aus der wir das Problem bzw. Ziel betrachten, wechseln, erhalten wir andere, kreativere Ideen.

Beispiel: »Wie bekommen wir mit unserer App Menschen ins Theater?« wird zu »Wie schaffen wir es mit unserer App, dass die Menschen nicht ins Theater kommen?«. Im Folgenden werden dann die Ideen diskutiert, die verhindern sollen, dass Menschen ein Theater besuchen. So könnte man z. B. mit schlechten Theaterstücken und negativen Rezensionen von Aufführungen die Theaterbesucher vergraulen.

Sobald man genügend solcher »negativen« Ideen entwickelt hat, werden alle Einfälle wieder aus der umgekehrten, richtigen Perspektive betrachtet. Durch die Kopfstandtechnik ergeben sich nun ganz neue Standpunkte und Sichtweisen auf das Problem. Aus den genannten Einfällen lässt sich z. B. ableiten, dass man mit guten Theaterstücken und einer App, die positive Rezensionen zu diesen Theaterstücken teilt, Besucher ins Theater locken könnte. Gerade bei der Ideengenerierung von mobilen Applikationen ist diese Technik recht interessant, da die technologische Umsetzung der App hier vorerst ausgeklammert werden kann.

Die App-Kombinationsmethode

Die App-Kombinationsmethode richtet sich vor allem an App-Entwickler und ist eigentlich keine wirkliche Kreativitäts-, sondern vielmehr eine Produktenwicklungstechnik, die sich aber sehr gut eignet, neue Produktideen zu kreieren. Hierbei steht nicht – wie bei allen anderen Ideenfindungstechniken – ein Problem im Vordergrund, sondern die Entdeckung eines neuen, nicht vorhandenen Produkts. Diese Technik eignet sich also besonders gut, wenn noch keine konkrete App-Idee bzw. Problemstellung vorliegt.

Das Prinzip der Methode ist einfach: Zunächst werden alle Apps, die einem persönlich gefallen, in eine Tabelle bzw. Matrix eingetragen. Wichtig ist, dass wirklich unterschiedliche Apps eingetragen werden, die keine Gemeinsamkeiten haben. Beispielsweise sollten nicht zwei Messenger-Applikationen in der Tabelle auftauchen. Je unterschiedlicher die Hauptfunktionalität der App ist, desto besser das Ergebnis.

Anschließend werden Kategorien von Apps oder auch konkrete Apps in der Horizontalen, aber auch in der Vertikalen eingetragen.

	Foto-App	Dating-App	To-do-App
Foto-App	–	Tinder	Wunderlist
Dating-App	Tinder	–	?
To-do-App	Wunderlist	?	–

Tabelle 2.1 Beispielmatrix von Apps, die mit anderen Apps kombiniert werden

Anschließend werden über die Matrix entsprechende Apps durch Kombination ermittelt. Eventuell ergeben sich schon bekannte Apps, die es bereits im App Store gibt. Je wilder die Kombination ist, desto ungewöhnlichere Kombination ergeben sich. Recherchieren Sie nach Ihrer Kombinationsfindung, ob es diese App-Kombination wirklich noch nicht gibt. Recherchieren Sie in den jeweiligen App Stores, auf »Product-Hunt«- oder ähnlichen Seiten. Durchsuchen Sie auch englischsprachige Websites, das erhöht die Reichweite Ihrer Recherche ungemein. Auf mögliche Inspirationsquellen im Internet gehe ich noch ausführlich in Abschnitt 10.1, »Inspiration im Netz«, ein.

Kreativitätstechniken

Es gibt eine Menge Kreativitätstechniken. Um sich einen Überblick zu verschaffen, lohnt sich ein Blick auf Wikipedia: *https://de.wikipedia.org/wiki/Kreativitätstechniken*. Hier werden einige der bekanntesten Kreativitätstechniken vorgestellt.

Natürlich bieten auch zahlreiche Bücher ansprechenden Lesestoff. Zwei Titel möchte ich an dieser Stelle empfehlen:

- »Kribbeln im Kopf« von Mario Pricken, ISBN 978-3-87439-582-3
- »Denkmotor: Nichts ist gefährlicher als eine Idee, wenn es die einzige ist« von Chris Brügger und Jiri Scherer, ISBN 978-3-86936-597-8

In unserem Beispiel gibt es keine App, die eine Dating-App mit einer To-do-App kombiniert hat. Zugegeben, das ist jetzt ein sehr ungewöhnliches Beispiel. Wie kombiniert man die Aufgabenfunktion mit einem möglichen Flirt? Vielleicht mit der Möglichkeit, bei Tinder-Matches Notifications einstellen zu können, wann man sich mal wieder melden sollte, und der Möglichkeit, Leute als To-do »abzuhaken«. Zugegebenermaßen wäre die Funktion in *Wundertinder* nicht sehr freundlich, das Beispiel zeigt aber, wie man schnell zu App-Kombinationen gelangt, die zu neuen App-Ideen führen können. Wer hätte gedacht, dass Snap (ehemals Snapchat) mit sich selbst löschenden Bildern ein Erfolg werden würde, dass das Unternehmen an die Börse führt.

Es müssen nicht zwangsläufig Apps oder Kategorien sein, eine abgewandelte Form, in der nur reine Funktionen einer App gegeneinander ins Rennen geschickt werden, ist auch denkbar. Hierdurch entwickeln Sie ungewöhnliche Konzepte.

Fazit

Neben den genannten Methoden gibt es viele weitere Kreativitätstechniken, die Sie bei der Ideenfindung unterstützen können. Einige werden Ihnen mehr zusagen als andere. Wichtig ist, dass Ihnen die eingesetzte Technik auch Spaß macht und zu einem Workflow führt, der vielversprechende Resultate hervorbringt.

Probieren Sie auch immer wieder mal neue Techniken aus – denn je fester Sie in Ihren Routinen stecken, desto eingefahrener und standardisierter werden die hervorgebrachten Lösungen sein. Nutzen Sie Kreativitätstechniken nicht nur, um neue App-Ideen zu generieren, sondern nutzen Sie die Methoden auch, um andere Probleme beim App-Design zu lösen.

2.1.4 Ideen konkretisieren

Wenn Sie mehrere Ideen haben, die Sie umsetzen möchten, sollten Sie sich zunächst für die handfestere Variante entscheiden. Es ist vielleicht die Idee, die aus Ihrer Perspektive die erfolgreichere oder einfacher umzusetzende ist. In jedem Fall sollten Sie sich mit Ihrer Idee identifizieren können und eine klare Vision von ihr haben. Der anschließende Schritt, die Idee tatsächlich auf Papier zu bringen, ist gar nicht so leicht. Denn auch hier steckt der Teufel im Detail.

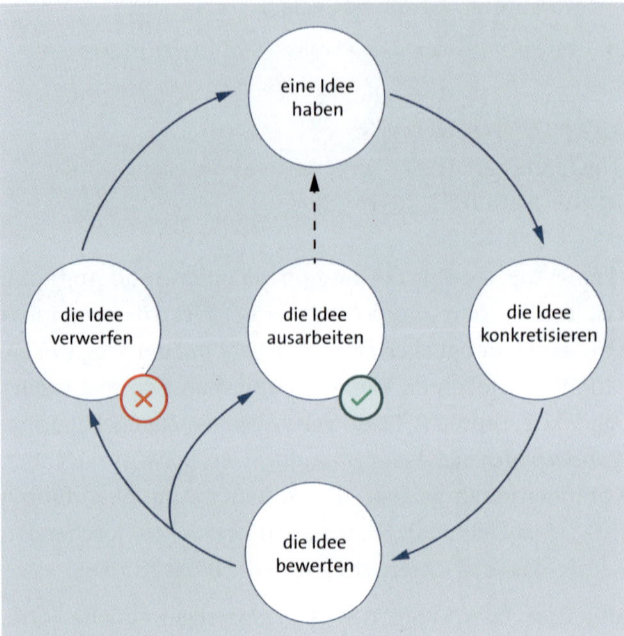

Abbildung 2.4 Ideenkreis

Der erste Schritt zur Umsetzung und Verwirklichung Ihrer App-Idee ist das strukturierte Aufschreiben dieser Idee. Je mehr Gedanken Sie hier auf Papier bringen können, desto realer wird sie. Und je realer und konkreter die Idee wird, desto wertvoller wird sie. Hierbei muss die Idee eine Form annehmen, die sich auch anderen erklärt. Formulieren Sie klare Ziele, und verlieren Sie sich nicht in Details. Treten Sie anschließend einen Schritt zurück – lässt sich diese Idee so umsetzen? Ist sie tragfähig? Gibt es eine ausreichend große Zielgruppe? Bewerten Sie Ihre Idee kritisch, und hinterfragen Sie sie.

Macht *Wundertinder*, die Idee aus dem Beispiel oben, wirklich Sinn? Würde die Funktion, nach Zeitplan Flirtkontakte »abzuarbeiten« und abzuhaken, zu unsympathisch wirken? Stellen Sie Ihre App-Idee immer wieder kritisch infrage, aber handeln Sie dabei immer rational, suchen Sie sich keine Gründe, warum es vielleicht doch funktionieren könnte. Reden Sie mit Ihrer Zielgruppe, also mit den zukünftigen Nutzern, fragen sie andere Technologie-Begeisterte und holen Sie sich Feedback. Gehen Sie ernsthaft mit Ihrem Thema um. Nichts ist schlimmer, als Zeit zu verlieren mit einem Projekt, das nicht den Erfolg bringt, den man einst erhofft hatte.

Elevator Pitch

Interessant ist in diesem Zusammenhang auch der sogenannte Elevator Pitch, auch Aufzugspräsentation genannt. Der Begriff stammt daher, dass der Pitch in der kurzen Zeit einer Fahrstuhlfahrt durchgeführt werden kann. Man hat also nur eine sehr begrenzte Zeitspanne – eine Aufzugfahrt lang –, um seine Idee zu präsentieren und mit ihr zu überzeugen. Daraus lassen sich verwandte Methoden ableiten, wie eine Idee in max. 140 Zeichen oder weniger zu formulieren.

In den USA, allen voran in San Francisco, werden Pitches vor Investoren teilweise mit lediglich fünf Präsentationsfolien gemacht, und Investitionen in Millionenhöhe resultieren aus diesen Präsentationen. *Airbnb* z. B. hatte eine Präsentation von zehn Folien. Einige dieser Präsentationen finden Sie hier: *https://piktochart.com/blog/startup-pitch-decks-what-you-can-learn/*.

Und was, wenn sich herausstellt, dass eine Idee nicht funktioniert? Auch das gehört zum Prozess dazu. Ideen kommen und gehen. Ich persönlich scheitere lieber mit zehn Ideen für eine App, als diese eine, die funktioniert, niemals umgesetzt zu haben. Aus jedem Scheitern nehmen Sie Kenntnisse mit, die Ihnen bei der Umsetzung des nächsten Projekts helfen. Mit jeder Erfahrung, die Sie machen, werden Sie neuer Möglichkeiten gewahr, mit Problemstellungen umzugehen.

2.1.5 Von erfolgreichen Apps lernen

Oft ist im ersten Moment nicht klar, warum eine App, wie z. B. *YO*, zu einem Unternehmenswert zwischen 6 und 10 Millionen US$ führen kann. Schließlich sendet diese Messaging-App keine richtigen Nachrichten, sondern einfach nur ein »YO« an einen Freund. Was macht diese Applikation so besonders und wertvoll? Was ist der Sinn dieser App, und welches Problem löst man mit ihr?

> **YO**
>
> Der Erfolg von *YO* zum Nachlesen: *dealbook.nytimes.com/2014/07/18/yo-one-word-messaging-app-is-valued-at-up-to-10-million*

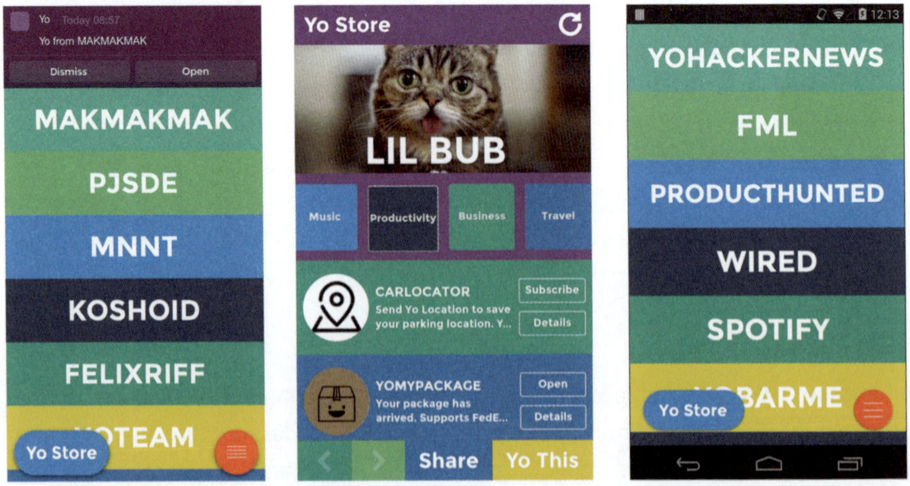

Abbildung 2.5 Die YO-App in einer älteren Version startete als Spielerei, mittlerweile wurde der Funktionsumfang der App stark ausgebaut.

Hinter der vermeintlich banalen Software steckt ein cleveres Geschäftsmodell. Offensichtlich ist, dass das Senden einer Notification wie »YO« Aufmerksamkeit erregt. Die App wird gerne von jungen Menschen der YOLO-Generation genutzt – sei es als Gag, kleine Aufmerksamkeit oder zur Kommunikation zwischen zwei Freunden, die schon wissen, was der andere sagen will. Das »YO« zur richtigen Zeit kann zum Ausdruck bringen, dass man verstanden und wertgeschätzt wird. »YO« – das ist also quasi das Destillat des Kommunikationsbedürfnisses einer jungen Generation und trifft augenzwinkernd den Zeitgeist der Anwender.

YOLO

YOLO ist eine umgangssprachliche Abkürzung der englischen Phrase »you only live once« und eine Aufforderung, eine Chance zu nutzen und sein Leben zu genießen.

Der Erfolg und der daraus resultierende Unternehmenswert von *YO* basiert auf der in kürzester Zeit aufgebauten hohen Nutzerschar. Auch wenn *YO* mittlerweile weitere Funktionen erhalten hat, ist diese App weiterhin ein gutes Beispiel für Apps, die sehr erfolgreich sind, ohne dass auf den ersten Blick erkennbar ist, warum. Als App-Designer können Sie daraus einige Dinge lernen:

- Auch wenn Sie den Erfolg mancher App nicht immer nachvollziehen können, versuchen Sie, hinter die Fassade zu schauen und zu verstehen, was diese App so erfolgreich macht. Je mehr Apps Sie kennen, deren Lösungsansätze Sie verstehen, desto mehr Wissen erlangen Sie. So lernen Sie auch Lösungsansätze kennen, die Sie noch gar nicht bedacht haben, und können sich das ein oder andere abschauen.

- Bauen Sie sich eine Art Bibliothek von Apps auf, die Sie für kreativ und inspirierend halten, und nutzen Sie diese hin und wieder. Halten Sie sich auf dem Laufenden, und werden Sie ruhig zu einem »Fanboy« (respektive »Fangirl«), der als Erster im Freundeskreis das neueste Smartphone und die neueste noch so verrückte App installiert hat.
- Fragen Sie Ihre Freunde, welche Apps sie nutzen und warum. Je mehr Sie die verschiedenen Bedürfnisse Ihrer Freunde und die Gründe für die von ihnen genutzten Apps verstehen, desto besser verstehen Sie auch den Nutzer generell.
- Überhaupt kommt Erstaunliches zutage, wenn Sie Ihre Freunde aus der Perspektive des App-Designers betrachten: Wann und wie werden Smartphone, Tablet & Co. genutzt, welche Apps sind installiert? Sie werden sehen, dass neben tollen Apps auch solche genutzt werden, die nicht gut entwickelt und designt wurden. Fragen Sie sich, woran das liegt und was diese Apps dennoch auszeichnet. Holen Sie sich hier Inspiration – vielleicht finden Sie genau hier Ihre neueste App-Idee.
- Seien Sie also hungrig nach Apps, Smartphones, Wearables, Gadgets aller Art, und saugen Sie alles auf. Schauen Sie sich die beworbenen Apps in den App Stores an, und gehen Sie einmal in der Woche auf die Jagd nach neuen Apps. Erstellen Sie jetzt eine Erinnerung auf Ihrem Smartphone, die Sie montags daran erinnert, sich drei neue Apps zu installieren.

Hohe Nutzerzahlen

Die Nutzeranzahl ist quasi die Währung von Apps. Je größer die Nutzergemeinschaft ist, desto wertvoller ist die App.

2.2 Markt und Aufbau von App Stores

Ihre App wird irgendwann mal in einem oder mehreren App Stores landen. Um eine bestmögliche Ausrichtung und Platzierung für Ihre App zu gewährleisten, hilft es, sich schon im Vorfeld mit den App Stores und ihrem Aufbau auseinanderzusetzen. Denn hier erhalten Sie Einblick, wie der App-Markt strukturiert ist, welche Produktpositionierung möglich ist und welche eventuellen Konkurrenten sich bereits dort tummeln. In der Marktanalyse suchen Sie alle Informationen zusammen, die das Projekt und die Zielgruppe beeinflussen.

2.2.1 Kategorien von App Stores: Spiele, Social Media & Co.

Die App Stores der verschiedenen Plattformen sind in verschiedene Kategorien aufgeteilt und decken alle Bedürfnisse des Nutzers ab. Schauen wir uns zunächst einmal einige Zahlen zu den einzelnen Rubriken der App Stores an (Stand: August 2019). Die Zahlen aus Tabelle 2.2 stammen aus folgenden Quellen:

- Apple App Store: *http://www.statista.com/statistics/270291/popular-categories-in-the-app-store*
- Google Play Store: *https://www.appbrain.com/stats/android-market-app-categories*

Apple App Store	Google Play Store
Spiele 24,63 %	Lernen 16,09 %
Unternehmen 9,76 %	Unternehmen 12,02 %
Bildung 8,52 %	Musik & Audio 11,58 %
Lifestyle 8,33 %	Unterhaltung 11,23 %
Unterhaltung 5,99 %	Lifestyle 10,78 %
Werkzeuge 5,18 %	Werkzeuge 9,76 %
Reisen 3,89 %	Bücher & Referenzen 8,62 %
Gesundheit & Fitness 3,04 %	Personalisierung 7,56 %
Lebensmittel 2,92 %	Produktivität 6,22 %
Bücher 2,87 %	Gesundheit 6,10 %

Tabelle 2.2 Prozentualer Anteil von Apps in den jeweiligen Kategorien bei Apple App Store und Google Play Store

Aber Achtung, die Anzahl der Apps in einer Kategorie zeigt nicht, wie profitabel eine Kategorie ist. Dazu betrachten Sie besser die Umsätze oder die Downloadzahlen der jeweiligen Kategorien. Mehr dazu lesen Sie in Kapitel 14, »Apps erfolgreich in App Stores präsentieren«.

Trauen Sie sich ruhig, auch in überlaufenen Kategorien eine App-Idee zu platzieren.

2.2.2 Die populärsten Kategorien

Die populärsten Kategorien in den App Stores sind natürlich auch die, die am heißesten umkämpft und mitunter überpubliziert sind. Jede Kategorie wird von bestimmten Apps dominiert, und die Apps kleinerer, unbekannter Unternehmen haben es bisweilen sehr schwer. Im Folgenden stelle ich Ihnen die wichtigsten Kategorien vor.

Spiele

Die Spielekategorie ist wohl die stärkste der App Stores. Es ist sicher die profitabelste – aber auch die am stärksten umkämpfte. All die großen Spieleentwickler-Studios haben hier ihren festen Platz. Aber auch kleine, unbekannte Entwicklerstudios haben hier schon große Erfolge erzielen können, darunter z. B. die Macher von *Angry Birds* (Rovio Entertainment).

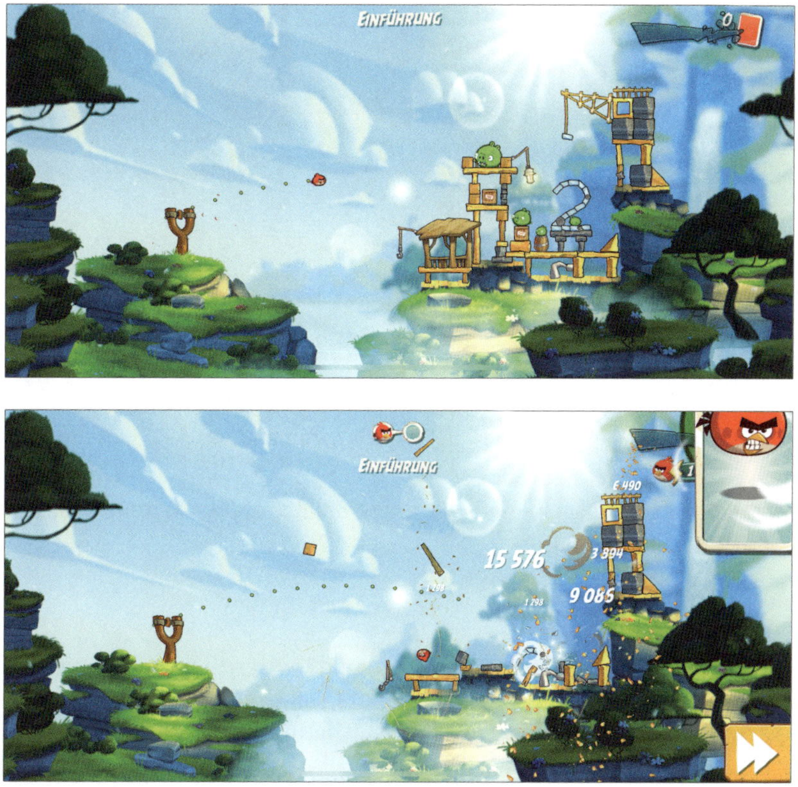

Abbildung 2.6 Die unglaublich erfolgreiche Spiele-App »Angry Birds«

Während die großen Entwicklerstudios auf anderen Plattformen (PC, Konsole) gut laufende Spiele für den mobilen Markt exportieren, zeichnen sich gerade die kleinen Studios mit spannenden Spielideen für den mobilen Markt aus, die das Portable-Gaming-Prinzip optimal umsetzen.

> **Portable Gaming**
>
> Das Portable Gaming beschreibt Computerspiele, die nicht an stationären Computern oder Konsolen gespielt werden. Bekannte Beispiele für Portable Gaming sind der Gameboy von Nintendo oder die Playstation Portable von Sony.

Ein Beispiel für ein solches Spiel eines kleinen Studios ist *Monument Valley* (erhältlich für iOS, Android) von USTWO Games. Es zeigt, dass selbst die kleinen Studios hervorragende Spiele entwickeln können, die auch toll aussehen.

Abbildung 2.7 Die schöne und erfolgreiche Spiele-App »Monument Valley«

Um hier erfolgreich zu sein, ist neben einem guten Spielkonzept ein hohes Maß an Entwickler-Know-how notwendig.

Social-Media-Apps & Co.

In dieser Kategorie wollen die meisten mitmischen und Twitter, Facebook, Instagram und Snapchat Konkurrenz machen. Es ist aber sehr schwierig, in dieser Kategorie Fuß zu fassen, da es hier enorm wichtig ist, eine möglichst hohe Zahl von Nutzern aufzubauen, die regelmäßig über diese App miteinander interagieren. Der Tipping-Point ist schwer zu erreichen und setzt neben einer tollen und wertvollen Idee Hartnäckigkeit und Durchhaltevermögen voraus.

Tipping-Point

Der Tipping-Point bezeichnet den Moment, an dem eine vorher geradlinige und eindeutige Entwicklung abrupt die Richtung wechselt. Im App-Bereich ist es der Punkt, an dem die App den Durchbruch geschafft hat, und einen großen Bekanntheitsgrad erreicht.

Der Tipping-Point von Facebook kann z. B. zwischen Mai und Juli 2007 bestimmt werden. Damals hatte Facebook rund 20 Millionen Nutzer. Im Oktober 2007 waren es bereits 50 Millionen und im August 2008 100 Millionen. Heute hat Facebook rund 1,52 Milliarden aktive Nutzer pro Tag.

Abbildung 2.8 Weltweit erfolgreich und durch die riesigen Nutzerscharen Milliarden wert: WhatsApp (ältere Version)

Produktive Apps

In der Produktivitätskategorie sind recht viele Applikationen enthalten, die Nutzer bei ihren täglichen Aufgaben unterstützen. Hier sind Apps wie Microsoft *Word* oder Apples *Keynote* zu nennen, aber auch To-do-Applikationen wie *Wunderlist*.

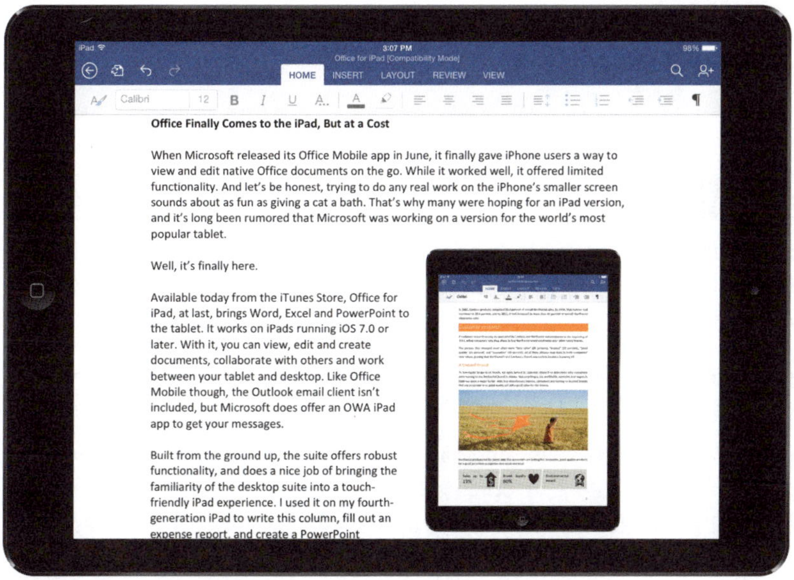

Abbildung 2.9 Microsoft Word, hier auf dem Apple iPad

Haben Sie vor, eine App zu entwickeln, mit der ein Nutzer arbeiten oder Aufgaben strukturieren soll, sind Sie in dieser Kategorie richtig. Natürlich gibt es auch in dieser Sparte Platzhirsche, aber auch viele junge Unternehmen, die versuchen, ihre Produkte zu platzieren.

Dienstprogramme

In dieser Kategorie finden Nutzer kleine Helfer des Alltags wie Taschenrechner- oder Wasserwaagen-Apps, alternative Webbrowser oder die TV-Fernbedienung für ihr Smart-TV. Es sind meist Apps, die nebenbei genutzt werden, und das mitunter sehr häufig. Tolle Beispiele sind die App *Brings* und *1Password*. Die meisten Apps dieser Sparte sind in der Regel kostenlos erhältlich und können durch In-App-Purchases um eine Vollversion oder um Guthaben, sogenannte Credits, erweitert werden.

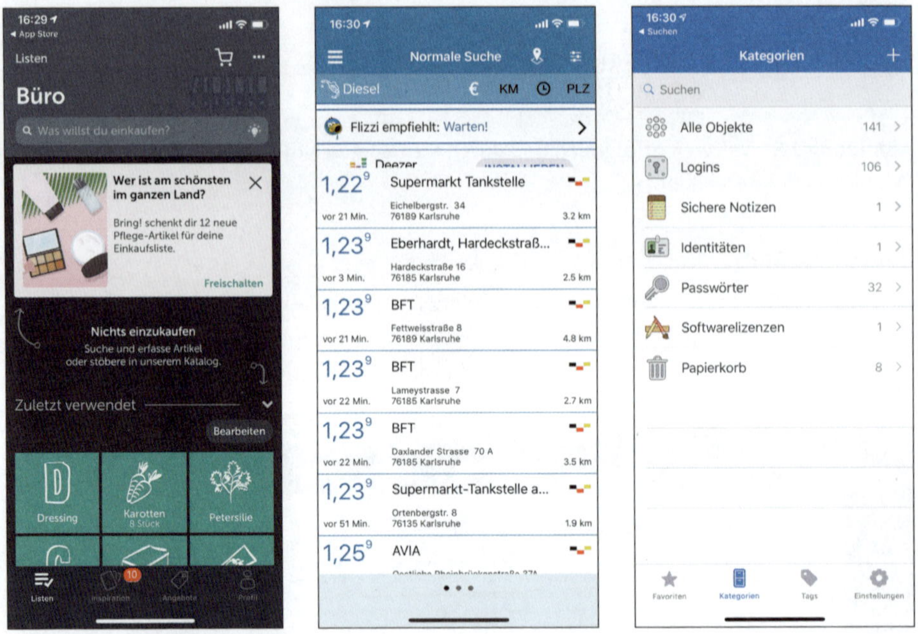

Abbildung 2.10 Helfer im Alltag: Brings-App für die gemeinsame Einkaufsliste (links), Mehr-Tanken-App für die Suche der günstigsten Tankstelle (Mitte), 1Password-App (rechts), eine Passwortverwaltungs-App

> **In-App-Purchase**
>
> Ein In-App-Purchase ist der Einkauf innerhalb einer Anwendung. Meist wird hierbei die App kostenlos angeboten und durch getätigte In-App-Purchases um weitere Funktionen erweitert. So können durch einen In-App-Purchase weitere Features hinzugekauft werden, die nicht in der ursprünglichen Version enthalten sind.

Unterhaltung

In der Unterhaltungskategorie finden sich vor allem Apps der großen Entertainment-Industrie. So sind es Apps für Streaming-Dienste von Sky, Netflix oder Amazons Prime Video. Mitunter finden sich auch Programmzeitschriften, YouTube-Player und Apps von Portalen wie IMDB, Imgur oder Kino.de. Hier finden Nutzer Applikationen zu Diensten, die bereits online existieren und die eine Streaming-Möglichkeit für das jeweilige Gerät bieten. Ohne massives Investment in eine Idee ist es in dieser Kategorie nur sehr schwer, Fuß zu fassen.

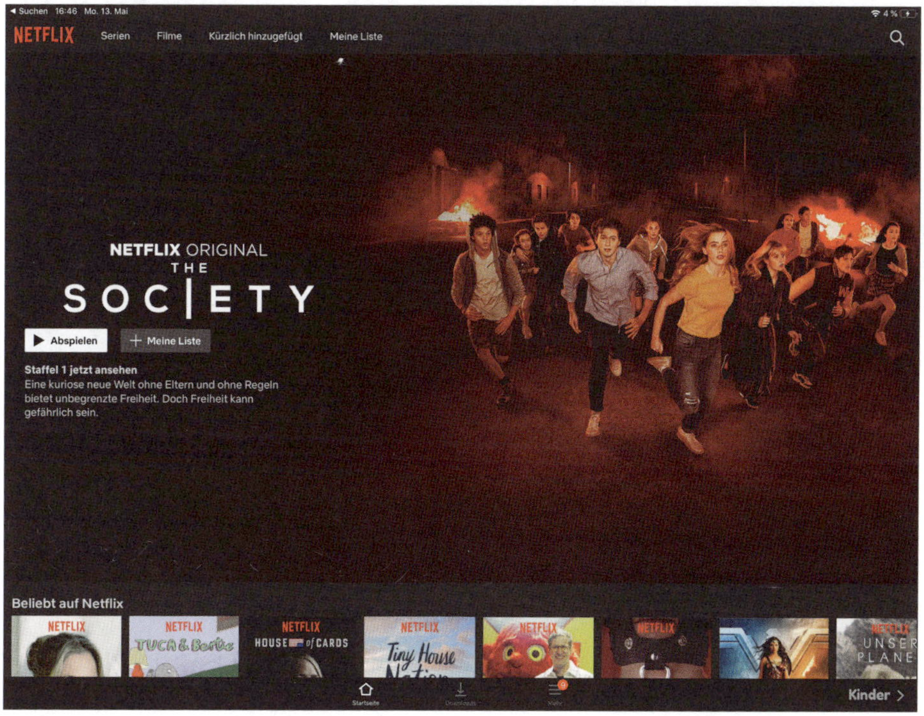

Abbildung 2.11 Die Netflix-App macht sich auch auf einem Tablet gut.

Gesundheit und Fitness

Hier tummeln sich täglich neue Apps, die den Nutzern die Möglichkeit bieten, etwa ihr Gewicht zu kontrollieren oder gesünder zu leben. Hier ergeben sich vor allem auch in Kombination mit einer Smartwatch tolle Möglichkeiten für innovative App-Ideen und -Konzepte.

Allein die Tatsache, dass Apple bereits ein rudimentäres EKG für die Apple Watch entwickelt hat, öffnet neue Möglichkeiten für die nächste Generation in der Entwicklung von Gesundheits-Apps.

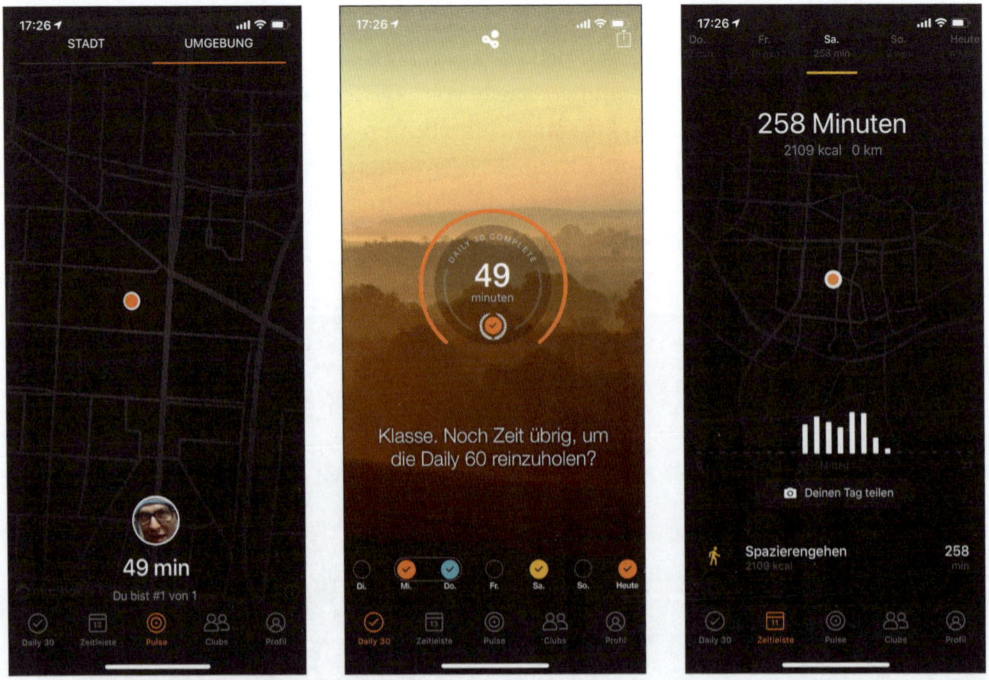

Abbildung 2.12 Die Human-App trackt alle Aktivitäten des Nutzers und vergleicht sie mit denen anderer Nutzer.

Einige Anbieter schaffen sogar den Spagat zwischen einer Fitness- und einer Social-Media-App, vereinen also Funktionalitäten aus beiden Rubriken. Ein Beispiel ist die App *Human*. Hier können Nutzer andere Nutzer in Clubs einladen und ihre Aktivitäten vergleichen. Sie erinnern sich an die App-Kombinationsmethode?

Durch Sensoren in den mobilen Endgeräten und deren stetige Weiterentwicklung bietet diese Kategorie noch ungeahnte Möglichkeiten und Potenziale für interessante Apps. Wenn Sie das passende Know-how und die richtige Idee mitbringen, kann es sich durchaus lohnen, hier einzusteigen.

Foto und Video

Hier gibt es unzählige Applikationen, mit denen der Nutzer auf vielfältigste Art und Weise Fotos/Videos machen, bearbeiten oder teilen kann. Dazu zählen Kamera-Apps, aber auch z. B. *Instagram*. Meist finden sich hier Editierapplikationen für Bilder, mit denen man Fotos mit Filtern belegen und anschließend speichern kann. Die Filter werden häufig über In-App-Purchases kostenpflichtig angeboten, wodurch etwaige Folgekäufe möglich sind.

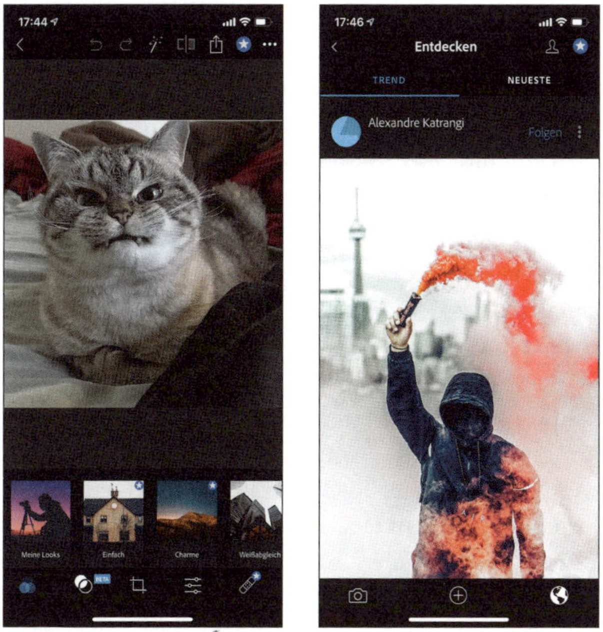

Abbildung 2.13 Die bekannte Bildbearbeitungs-Software Photoshop auf dem Smartphone in einer Lite-Variante.

2.2.3 Vom Angebot lernen

Egal, für welche Kategorie Sie sich entscheiden, analysieren Sie zunächst den Markt, auf den Sie sich begeben wollen. Jede Kategorie hat ihre Spitzenreiter bzw. Platzhirsche, von denen Sie sicher einiges lernen können. Versuchen Sie aber nicht, mit diesen direkt zu konkurrieren oder gar komplette Apps nachzuentwickeln, sondern versuchen Sie, Ihre eigene Idee umzusetzen und Schwächen anderer Apps in Ihrer App besser zu lösen.

Nutzen Sie Standards für das Login oder die Registrierung in Ihrer App. Facebook, Instagram oder Twitter tüfteln bereits seit Jahren an optimalen Registrierungsprozessen für eine App, lassen Sie sich davon inspirieren. Nutzen Sie den App Store zur Konkurrenzanalyse und als Basis Ihres Know-hows. Sie müssen nicht das Rad neu erfinden, sondern können Best Practices aufgreifen und diese gegebenenfalls noch weiter verbessern.

2.3 Welches Problem lösen Sie mit Ihrer App?

Laut unterschiedlicher Studien verdienen rund 60 bis 80 % der App-Entwickler lediglich 500 US$ im Monat (*https://venturebeat.com/2017/09/24/your-chances-of-making-*

a-successful-mobile-app-are-almost-nil/). Warum ist das so? Ist es nicht vorhandenes Marketing? Schlechte Qualität der App oder schlechtes Design? Oft treffen sicher viele dieser Faktoren zu, aber am wahrscheinlichsten liegt es wohl daran, dass viele der angebotenen Apps überhaupt kein Problem lösen – es also nicht wirklich einen oder nur einen sehr kleinen Bedarf für die Apps gibt!

Break-even-Point

Der Break-even-Point oder auch der Kostendeckungspunkt ist der Punkt, ab dem das Unternehmen mit einem Produkt erstmals Gewinne erzielt. So sind die zur Entwicklung eines Produkts angefallenen Kosten beglichen.

Sie können an einer Idee hart und konzentriert arbeiten und etwas Tolles entwickeln, das hilft aber alles nichts, wenn keiner bereit ist, die App zu nutzen oder dafür Geld auszugeben. Auch wird es die App schwer haben, überhaupt in den Fokus einer Zielgruppe zu rücken. Apps, die Lösungen zu einem tatsächlichen Problem bieten, sind für den Nutzer weitaus interessanter als Apps, die für den Nutzer überhaupt keinen Zweck erfüllen. Was nicht heißen soll, dass es solche Apps überhaupt nicht gibt und diese unter Umständen nicht auch sehr erfolgreich laufen können! Allgemein wird es für Sie aber leichter sein, mit einer App Fuß zu fassen, wenn Ihre Ideen spezifisch und problemorientiert sind und ganz konkret ein Bedürfnis der Zielgruppe bedienen.

Marktpotenzial der App-Idee prüfen

Wie erkennen Sie, ob Ihre App-Idee ein Problem löst und Nutzer bereit sein werden, diese App zu kaufen oder zu nutzen? Zunächst sollten Sie reflektieren, ob und was für ein Problem Ihre App-Idee lösen kann bzw. wie Sie das Leben eines Anwenders erleichtern, verbessern oder erweitern kann.

Fragen Sie z. B. Menschen aus Ihrem Familien- und Freundeskreis, ob sie ein ähnliches Problem haben und ob sie bereit wären, die von Ihnen vorgestellte Applikation zu nutzen. Hören Sie gut zu, machen Sie sich Notizen, und nehmen Sie auch kritische Töne dankbar entgegen. Erhalten Sie ein durchweg positives Feedback, ist es wahrscheinlich, dass Ihre Idee wirklich Potenzial hat. Nimmt man Ihre Idee dagegen nicht wirklich ernst oder wird der Sinn der App kritisch hinterfragt, sollten Sie Ihre Idee selbst noch einmal auf den Prüfstand stellen.

2.3.1 Kategorien von Problemlösungen

In diesem Abschnitt möchte ich Ihnen verschiedene Arten von Problemlösungen in der App-Welt vorstellen. Hier geht es auch darum, Ihre Idee auf den Prüfstand zu stellen. Versuchen Sie, Ihre Idee in eine der vier Problemkategorien einzuordnen. Es geht immer darum herauszufinden, welche Art von Problem Ihre App lösen will – nicht jede Idee löst ein reales Problem.

Abbildung 2.14 Vielleicht für einen Lacher gut, löst aber kein Problem: die Zips-App, leider nicht mehr verfügbar

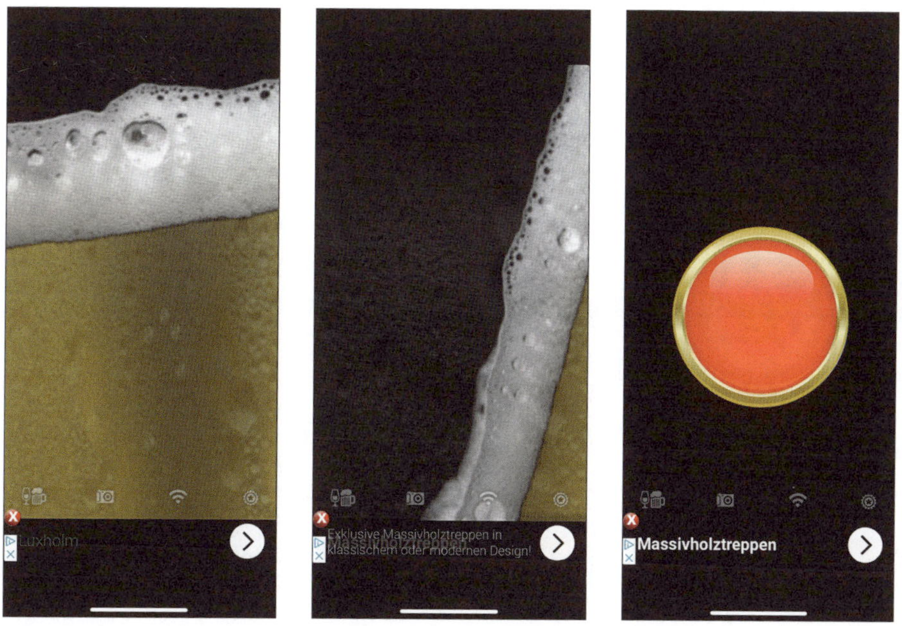

Abbildung 2.15 Die iBeer-App: Sobald das »Smartphone« leer ist, wird es mit einem Rülps-Soundeffekt bestätigt.

Das Grey-Sheep-Problem: ein Problem, das keine Lösung braucht

Jeder kennt es, das graue Schäfchen auf der Weide, das keine Beachtung findet und von allen gemieden wird. Keiner interessiert sich für das kleine graue Schäfchen, das nicht weiß und auch nicht schwarz ist. Genauso »grau« wirkt ein belangloses Problem. Keiner interessiert sich dafür, es zu lösen, weil es so unscheinbar klein ist, dass wir es gar nicht oder nicht als Problem wahrnehmen.

Ein sehr gutes Beispiel ist die App *iBeer*. Mit der App können Nutzer digitales Bier von Ihrem Bildschirm trinken. Es gibt ebenso weitere Apps mit anderen Geschmacksrichtungen. Wer kauft eine derartige App und nutzt sie täglich? Hier hat der Entwickler oder Designer Zeit und Mühe in eine Applikation investiert, die wohl niemand ernsthaft nutzen wird, außer für einen kleinen Partygag. Besser ist es, sich auf eine App zu konzentrieren, die Ihnen und Ihren Nutzern einen Mehrwert bringt, und zwar langfristig. Schauen Sie sich mal diese Apps an: *Vivino*, *Untappd*.

Das White-Sheep-Problem: ein Problem mit vielen Lösungen

Das ist das Otto-Normal-Schaf, das auf der Weide bei den anderen Schafen steht und sein Gras frisst. Ein solches Schaf symbolisiert Probleme, die wir tagtäglich haben und die mitunter auch schon gelöst sind, was aber nicht heißt, dass die Probleme bislang gut oder angemessen gelöst worden sind und es keinen Raum mehr für Verbesserungen gibt.

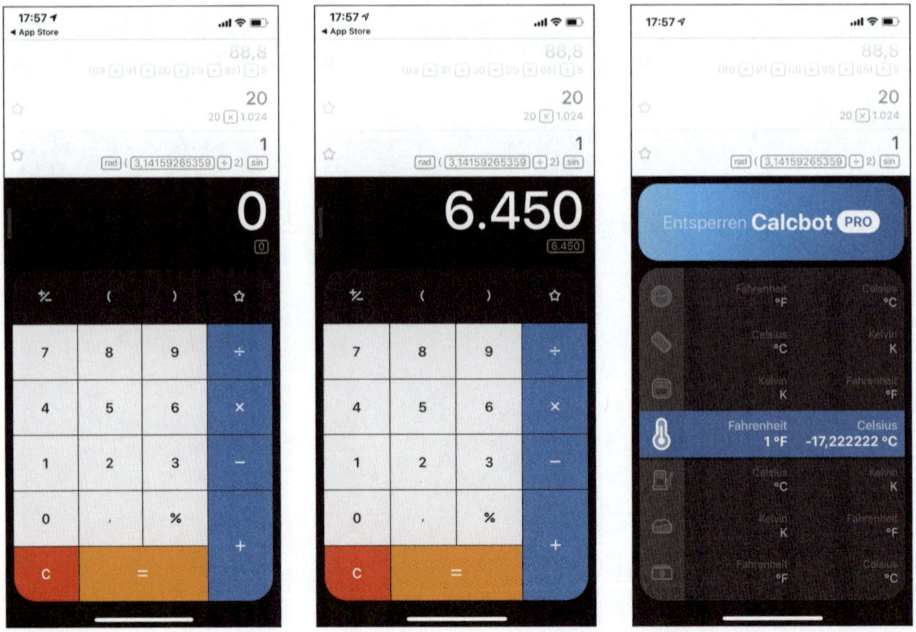

Abbildung 2.16 Taschenrechner-Apps gibt es viele, aber die Calcbot-App überzeugt mit ihrem Funktionsumfang.

Ein Beispiel für eine App, die ein Alltagsproblem besser löst, ist die Calcbot-App, eine Taschenrechnerapplikation. Es gibt unzählige Taschenrechnerapplikationen in den App Stores zu erwerben, und in der Regel sind Taschenrechner-Apps bereits auf dem Smartphone oder Tablet vorinstalliert. Wieso sollte ein Anwender also nun die Calcbot-App kaufen?

Calcbot bietet weitaus mehr Funktionen als die vorinstallierte Taschenrechner-App. Anwender haben hier eine Historie ihrer Rechnungen, sehen komplette Rechenaufgaben, und ein Währungsrechner ist auch bereits in die App integriert. Der Funktionsumfang mitgelieferter und vieler kostenloser Taschenrechner-Apps wird also übertroffen.

Sie werden in den App Stores auf viele Apps treffen, die alle ein und dasselbe Problem lösen, dies aber auf sehr unterschiedliche Weise, mal mit größerem oder kleinerem Funktionsumfang, mal mit einem komplexen oder einem extrem einfachen grafischen User Interface. Diese Vielfalt ist ein Zeichen dafür, dass es für ein Problem durchaus viele verschiedene Lösungsansätze geben kann und dass Apps, die sich gut an ihrer Zielgruppe ausrichten, trotz großer Konkurrenz erfolgreich sein können.

Zählt das Problem, das Ihre App lösen soll, zu den White-Sheep-Problemen? Dann sollten Sie drauf achten, dass Sie nicht bloß ein weiteres Derivat bekannter Apps produzieren. Verfolgen Sie einen radikal neuen Ansatz, kann es sich hier noch lohnen, tätig zu werden. Hier ist Ihre Kreativität gefragt.

Das Golden-Sheep-Problem: ein Problem, das alle lösen wollen

Das ist das seltenste Schäfchen auf der Weide, es rennt vor anderen weg und ist auch für den Schäfer nur schwer zu fangen. Es repräsentiert ein Problem, das jeder gelöst haben möchte, das mitunter sogar sehr einfach zu realisieren ist, zumindest auf den ersten Blick. Meistens stehen dem jedoch sehr hohe technische Anforderungen oder Investitionskosten entgegen. Oft zählen hier aber auch das Durchhaltevermögen des Entwicklers und der Wille zum Erfolg.

Ein treffendes Beispiel für so ein Problem ist die App *WhatsApp*. Vor der Smartphone-Ära waren SMS-Nachrichten die einzige Möglichkeit, Kurznachrichten an andere Mobiltelefone zu senden, und diese waren nicht kostenlos. Mit der Verbreitung der Smartphones war *WhatsApp* die erste Applikation, die das kostenlose Senden von Nachrichten über das Internet ermöglichte. Auch Bilder und lange Textnachrichten konnten nun kostenfrei an alle WhatsApp-Nutzer verschickt werden.

Wie sich herausgestellt hat, war diese Idee sehr lukrativ. Mit *WhatsApp* werden täglich von ca. 700 Millionen Nutzern rund 30 Milliarden Nachrichten weltweit gesendet. So überrascht es wenig, dass *WhatsApp* 2014 für unglaubliche 19 Milliarden US$ von Facebook gekauft wurde. Das ursprüngliche WhatsApp-Team hatte 55 Mitarbeiter, und davon waren 32 Entwickler – eine unglaubliche Leistung, wenn man die Zahl der Nutzer und täglichen Nachrichten bedenkt.

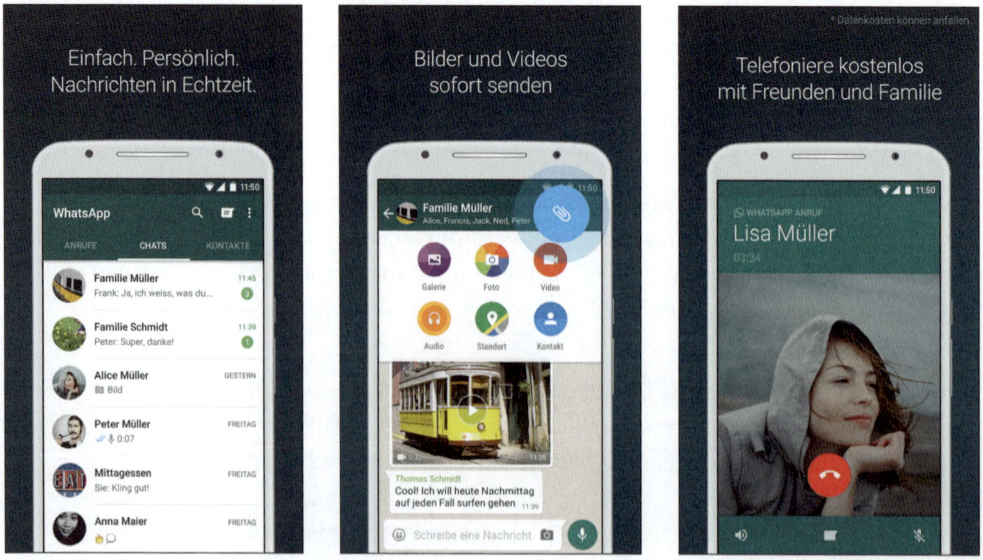

Abbildung 2.17 Ade, SMS! WhatsApp hat unser Kommunikationsverhalten verändert.

Nicht viele finden ein solches goldenes Schaf. Hier gilt es, aufmerksam und am Puls der Zeit zu sein. Meist sind das Probleme, die auch Ihnen in Ihrem beruflichen Alltag begegnen und die Sie mit Ihren Nutzern gemeinsam haben. Diese Probleme sind recht offensichtlich, und die Entwicklung einer Lösung muss schnell stattfinden, sonst kommt jemand anderes und entwickelt die Idee schneller als Sie.

Das Black-Sheep-Problem: ein zunächst unlösbares Problem

Dieses schwarze Schäfchen steht auf der Weide und eckt bei den anderen an, alle anderen Schäfchen tuscheln bereits. Das schwarze Schäfchen ist eines, das sich aber durchaus zu einem goldenen Schäfchen entwickeln kann.

Das schwarze Schaf steht für ein Problem, für das es zunächst keine Lösungsansätze gibt. Meist sind die Hürden für die Problemlösung hier technischer Natur. Aber durch den stetigen und rasanten technologischen Fortschritt ist es mit der Zeit möglich, Lösungen für diese Probleme zu entwickeln.

Ein Beispiel für eine App, die durch den technischen Fortschritt nun in der Lage ist, ein Problem zu lösen, das vor drei Jahren noch nicht zufriedenstellend gelöst werden konnte, ist die Periscope-App. Mit dieser App kann der Nutzer live einen Broadcast eröffnen, d. h., eine Fernsehsendung übertragen. Andere Nutzer können dabei zuschauen und das Gesehene kommentieren und liken. Wir Menschen teilen uns gerne mit, deswegen sind Facebook, Twitter und Instagram so erfolgreich. Bisher war dies live in Bewegtbild und für eine große Masse über Smartphone oder Tablet in einer zufriedenstellenden Qualität nur schwierig möglich. *Periscope* ist nur der nächste logische Schritt im Social-Media-App-Bereich. Twitter und Facebook bieten diese Funktion bereits ebenso in Ihren Diensten an.

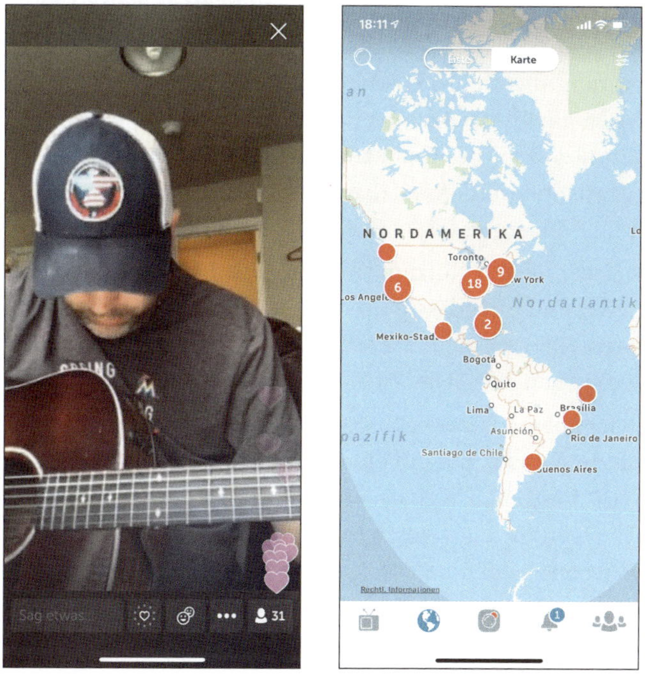

Abbildung 2.18 Mit der Periscope-App können Nutzer ein Live-Video starten, und andere können kommentieren und liken.

Sie werden Ideen haben, bei denen Sie an technische Grenzen stoßen. Vielleicht können Sie dieses Problem noch nicht heute, sondern erst in drei Jahren lösen, vielleicht auch niemals. Dennoch lohnt es sich, hier dranzubleiben. Entwickeln Sie eine Basis-App, die sich durch einen iterativen Entwicklungsprozess Ihrer Vision annähert. Implementieren Sie neue Funktionalitäten nach und nach am besten im Abgleich mit Nutzerfeedback. Dann wird aus einem schwarzen Schäfchen vielleicht ein goldenes.

2.3.2 Was macht Ihre App zu etwas Besonderem?

Ihre App sollte im besten Fall nicht nur ein Problem für den Anwender lösen, sondern sich auch gerade durch die Art und Weise auszeichnen, wie das Problem gelöst wird. Eine gelungene Problemlösung zeichnet sich durch einen oder mehrere der folgenden Faktoren aus:

- *Schneller:* Das Problem wird durch Ihre App schnell oder schneller gelöst als durch andere Apps. Mit wenigen Aktionen erreicht der Nutzer das Ziel. Das bedeutet eine Zeitersparnis für den Anwender. Beispiele: *Tinder, Clear, Shazam*

- *Einfacher:* Das Problem wird einfach und leicht verständlich gelöst, ohne dass komplizierte Eingaben vom Nutzer getätigt werden müssen. Nutzer können mit vorgefertigten Profilen oder Methoden arbeiten oder benutzerdefinierte Profile erstellen. Beispiele: *WhatsApp, Eventbrite, Notizen*
- *Zielgerichtet:* Gerade bei Apps, die mehrere Funktionen in sich vereinen, ist das zielgerichtete Problemlösen ein großer Mehrwert. Es gilt, den Nutzer durch eine durchdachte Nutzerführung durch die Applikation zu geleiten. Hier kann mit einem stufigen Prozess gearbeitet werden, bei dem der Nutzer bestimmte Schritte durchlaufen muss, um sein Problem zu lösen. Beispiele: *Evernote, Dropbox*
- *Zuverlässig und vertrauenswürdig:* Der Nutzer kann sich darauf verlassen, dass die App das Versprochene hält und zuverlässig arbeitet. Wichtig ist dies bei allen Applikationen. Funktioniert eine App nicht wie versprochen, wird sich der Anwender zügig eine Alternative suchen. Beispiele: *Threema, Yelp, Airbnb*
- *Mit Design und Stil – der »It«-Faktor:* Für viele Nutzer ist ein wesentlicher Faktor für die Entscheidung zur Nutzung und zum Kauf einer App, ob diese auch gut gestaltet ist. Gutes Design schafft Vertrauen, signalisiert Professionalität und wird von dem potenziellen Käufer als Indiz dafür gesehen, ob es sich um eine qualitativ gute Software handelt. Beispiele: *Human, Slack, Spotify*
- *Synchronisierungsdienste (Cloud-Lösung):* Synchronisierungsdienste bieten einen hohen Mehrwert. Die Smartphone-App kann parallel mit der iPad-App und einem Webdienst genutzt werden. Alle Daten sind auf allen Geräten verfügbar. So sind alle Inhalte und Funktionen von jedem Gerät aus abrufbar. Beispiele: *Dropbox, Evernote, Twitter, Facebook*

Cloud-Lösung

Bei einer Cloud-Lösung werden Daten zentral in einem Rechenzentrum gespeichert und können von unterschiedlichen Geräten aus über das Internet oder ein Netzwerk aufgerufen werden.

2.4 Wer ist Ihre Zielgruppe?

Bevor Sie Ihre App-Idee umsetzen, ist es von zentraler Bedeutung, dass Sie sich eingehend mit Ihrer potenziellen Zielgruppe auseinandersetzen. Die App sollte sich in Gestaltung und Inhalt konsequent an den Bedürfnissen der Zielgruppe orientieren. Versuchen Sie, sich hier bewusst zu reduzieren.

Mit einer App können Sie niemals »alle« Nutzer ansprechen, sondern immer nur einen bestimmten Personenkreis. Um eine erfolgreiche App zu entwickeln, müssen Sie Ihre Zielgruppe kennenlernen und deren Bedürfnisse kennen. Nutzen Sie dafür

Statistiken, Umfragen, und analysieren Sie Konkurrenzprodukte. Alles, was Ihnen hilft, Ihre Zielgruppe besser zu verstehen, ist willkommen. Stellen Sie sich folgende Fragen:

- Gibt es für Ihre Produktidee eine Zielgruppe, die eine derartige App braucht und auch nutzen wird?
- Wer genau zählt zu Ihrer Zielgruppe?
- Was erwarten die Kunden von Ihrer App?

2.4.1 Die Zielgruppe definieren

Eine wichtige Voraussetzung für den Erfolg Ihrer App ist, dass Sie verstehen, worum es geht und wer Ihre Zielgruppe ist. Um dies zu erfüllen und die richtige Zielgruppe für Ihre App-Idee zu finden, ist zunächst einiges an Recherche notwendig.

Zu Beginn ist es ratsam, sich in dem Metier zu bewegen, in dem Sie Ihre App-Idee umsetzen wollen. Wollen Sie z. B. eine Erinnerungs-App für Diabetiker gestalten, ist es wichtig, dass Sie sich zunächst fundiert mit der Krankheit und den Betroffenen auseinandersetzen. Nur so werden Sie die Bedürfnisse der zukünftigen Nutzer verstehen und die App zielgruppengerecht aufbereiten können.

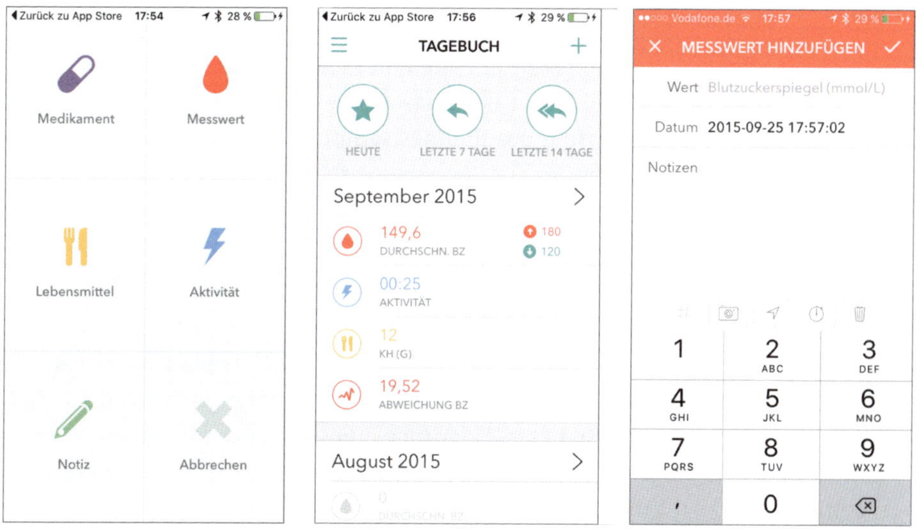

Abbildung 2.19 Mit der richtigen Anwendung fällt das Diabetes-Management leichter: die Diabetik-App.

Denn es ist nahezu unmöglich, eine App für eine Branche umzusetzen, in dem man sich absolut nicht auskennt. Während es für Designer noch recht einfach ist, eine App über Farbgestaltung zu machen, ist es schon schwieriger, eine App für einen Pharmakonzern zu entwickeln. Suchen Sie Ihre Zielgruppe innerhalb Ihres Kenntnisbereichs, oder eignen Sie sich notwendige Kenntnisse an. Auch wenn dies bisweilen ein mühseliges Unterfangen ist – es lohnt sich. Je passender Sie Ihre Zielgruppe mit Ihrer App ansprechen, desto besser wird die App vom Publikum angenommen werden.

Es ist wichtig, dass Sie sich direkt zu Beginn mit der Zielgruppe Ihrer App auseinandersetzen und prüfen, ob Ihre Idee auch für diese angestrebte Zielgruppe tauglich ist. Nutzen Sie die Zielgruppendefinition als weiteres Evaluierungsmodell Ihrer Idee.

Was wäre aber, wenn Sie eine Idee für die Wünsche einer schon bestehenden Zielgruppe eines Unternehmens entwickeln würden? Das ist mitunter möglich, setzt aber gute Kenntnisse im Marketingbereich voraus und würde den Rahmen des Buchs sprengen. Meist sind es große Unternehmen, die einem solchen Prinzip folgen. Sie haben eine bestehende Zielgruppe und versuchen nun, eine App für diese zu entwickeln. Denken Sie einfach an die Deutsche Bahn und ihre App, mit der Nutzer den Zugfahrplan einsehen und sich Fahrkarten kaufen können. So hat die Deutsche Bahn eine App für ihre Zielgruppe entwickelt.

2.4.2 Braucht Ihre Zielgruppe diese App?

Diese Frage klingt zunächst recht banal, hat aber, wie Sie schon in Abschnitt 2.3, »Welches Problem lösen Sie mit Ihrer App?«, gesehen haben, durchaus ihre Berechtigung.

Unternehmen mit einer bereits existierenden Kundschaft sind schnell davon überzeugt, dass Sie ihren Kunden eine App anbieten müssen, um anzuzeigen, dass Sie auf dem neuesten Stand sind. Ich selbst habe das erlebt und Apps für Unternehmen gestaltet, die sich mit dem Erfolg des iPhones schmücken wollten. Häufig ist das Problem hierbei, dass die App für den Anwender schlicht und ergreifend keinen weiteren Nutzen hat. In den meisten Fällen wird einfach die Unternehmens-Website auf das mobile Endgerät übertragen, ohne Mehrwert für den Anwender. Es gibt weitere Fragen, die Sie sich in Bezug auf Ihre Zielgruppe dringend stellen sollten:

- *Besitzt Ihre Zielgruppe ein Smartphone, Tablet oder Wearable?* Auch ich habe schon von Ideen gelesen oder auch selbst welche entwickelt, bei denen ich im späteren Verlauf erkennen musste, dass keine wirkliche Zielgruppe vorhanden ist, weil schlichtweg keine Person in dieser Zielgruppe eines dieser Geräte besaß. Vorwiegend betrifft das Ideen für nicht technikaffine Kunden, aber auch Ältere oder Behinderte zählen dazu.
- *Nutzt Ihre Zielgruppe überhaupt Apps?* Es gibt durchaus Smartphone- oder Tablet-Nutzer, die nur drei bis vier Apps regelmäßig nutzen und damit vollkommen zufrieden sind. Meist sind dies vorinstallierte Apps. Fragen Sie mal im privaten Kreis nach, wie viele Apps regelmäßig genutzt werden. Sie werden überrascht sein, wie wenige Apps tatsächlich im Einsatz sind.
- *Ist Ihre Idee Mobile-Centric?* Versuchen Sie, eine Applikation, die Sie bereits entwickelt haben (Computersoftware, Webapplikation), auf ein Smartphone zu portie-

ren? Falls ja, müssen Sie unbedingt darauf achten, die App Mobile-Centric zu gestalten. Eine Business-App, die sowieso nur am Schreibtisch verwendet wird, z. B. um komplexe Umfragebögen zu erstellen, wäre nicht Mobile-Centric. Mobile-Centric wäre es einzusehen, wie viele bereits einen Fragebogen ausgefüllt haben und wie die Ergebnisse lauten. Versuchen Sie nicht, Ihre bisherige Applikation auf dem Smartphone oder Tablet 1 zu 1 nachzubilden, sondern sehen Sie Ihre App als nützlichen Begleiter Ihres Kernproduktes.

Mobile-Centric

Mobile-Centric ist ein Prinzip, das die Nutzung von Apps oder anderen Anwendungen beschreibt, die speziell für den mobilen Gebrauch gedacht sind.

2.4.3 Personas

Haben Sie Antworten auf alle oben genannten Fragen und Ihre Idee hat immer noch Bestand, sollten Sie die demografischen Zahlen Ihrer Zielgruppe genauer betrachten. Hierzu helfen Ihnen folgende Fragen:

- Ist Ihre Zielgruppe eher männlich oder weiblich?
- Welches Durchschnittsalter hat Ihre Zielgruppe?
- Wo lebt Ihre Zielgruppe?
- Hat Ihre Zielgruppe Kinder?
- Ist Ihre Zielgruppe verheiratet?
- Wo ist Ihre Zielgruppe, wenn sie die App nutzt?
- Nutzt Ihre Zielgruppe eine vergleichbare App eines Konkurrenten? Warum?
- Warum ist Ihre Zielgruppe an dem Thema interessiert?
- Was sind die Ängste Ihrer Zielgruppe?
- Was sind die Wünsche Ihrer Zielgruppe?
- Was für Webtools nutzt Ihre Zielgruppe?
- Wie führt Ihre Zielgruppe Entscheidungen herbei?
- Kann sich die Zielgruppe Ihre App leisten? Ja, wie viel genau?
- Können Sie Ihre Zielgruppe mit Ihrer Idee erreichen?
- Ist die Zielgruppe groß genug, um profitabel zu sein?
- Wie berührt Ihre Idee die Zielgruppe auf einer emotionalen Ebene?

Wenn Sie zu jeder Frage eine Antwort haben, können Sie nun *Personas* kreieren. Personas sind praktische Helfer, die Sie dabei unterstützen, sich die eigene Zielgruppe plastisch vorzustellen und sich besser in sie einzufühlen. Unter Personas versteht man archetypische Nutzer, deren Bedürfnisse möglichst anschaulich und realitätsnah bestimmt werden. Diese Personas helfen Ihnen auch im späteren Verlauf der Entwicklung der App, bei der Gestaltung der Nutzerführung, der Designausrichtung und beim Marketing. Sie sollten mehrere Personas erstellen, im Allgemeinen sind aber vier bis fünf Personas vollkommen ausreichend. Sie können diese Personas auch unterteilen in primäre und sekundäre Personas. Primäre Personas repräsentieren Ihre Hauptzielgruppe, also die Gruppe, die die Hauptfunktionalität Ihrer Applikation nutzt, während sekundäre Personas dabei helfen, zusätzliche Eigenschaften der Applikation umzusetzen. Personas sind sehr hilfreich in Diskussions- oder Abstimmungsrunden bei agilen Entwicklungsprozessen. So werden Fragen und Antworten immer unter der Perspektive der Personas gestellt und beantwortet. So vermeiden Sie fehlgeleitetes Feedback im Sinne von: Die Lösung ist viel zu kompliziert, aber vielleicht versteht es unsere Persona Manfred dadurch besser?

Folgende Inhalte benötigen Sie für die Erstellung einer Persona:

- realistischer Name
- realistisches Foto der Person
- Beruf und Hauptaufgaben
- Ziele, Wünsche, Erwartungen, Bedürfnisse (an die App)
- Vorlieben, Abneigungen und Hobbys
- ein Zitat der Person, das ein wichtiges Merkmal der Person zum Ausdruck bringt

Verfassen Sie einen kurzen Steckbrief, aber in jedem Fall einen ausführlichen Text über maximal zwei Personen. Es sollte eine Geschichte dieser Person sein. Geschichten prägen sich besser ein als eine formale Aufzählung.

Personas können für produktbezogene Entscheidungen herangezogen werden. Der Vorteil von Personas ist, dass Beteiligte eine konkrete Vorstellung von der Zielgruppe und ihren Bedürfnissen und Wünschen vor Augen haben. So werden keine abstrakten Ziele verfolgt. Personas sollten auch in Diskussionen konkret eingesetzt werden (»Petra würde so was niemals nutzen, weil ...«).

Ebenso können Personas in Cognitive Walktroughs, bei der Entwicklung von Storyboards oder Usability-Aktivitäten genutzt werden. Der Einsatz von Personas priorisiert Designvorhaben und evaluiert und verbessert Ihre App. Auch sind Personas eine schöne Methode, mit Kunden gemeinsam an einer App zu arbeiten. Nicht-Kreative können sich mithilfe von Personas viel besser in Prozesse, Ideen und Bedürfnisse eindenken (jedenfalls ist das meine Erfahrung). Kira Tschierschke wird in Kapitel 4, »User Research«, tiefer in diese Thematik einsteigen.

Cognitive Walktrough

Bei einem Cognitive Walktrough versetzt sich ein UI-Experte in einen Benutzer und analysiert die vorgegebenen Handlungsabläufe.

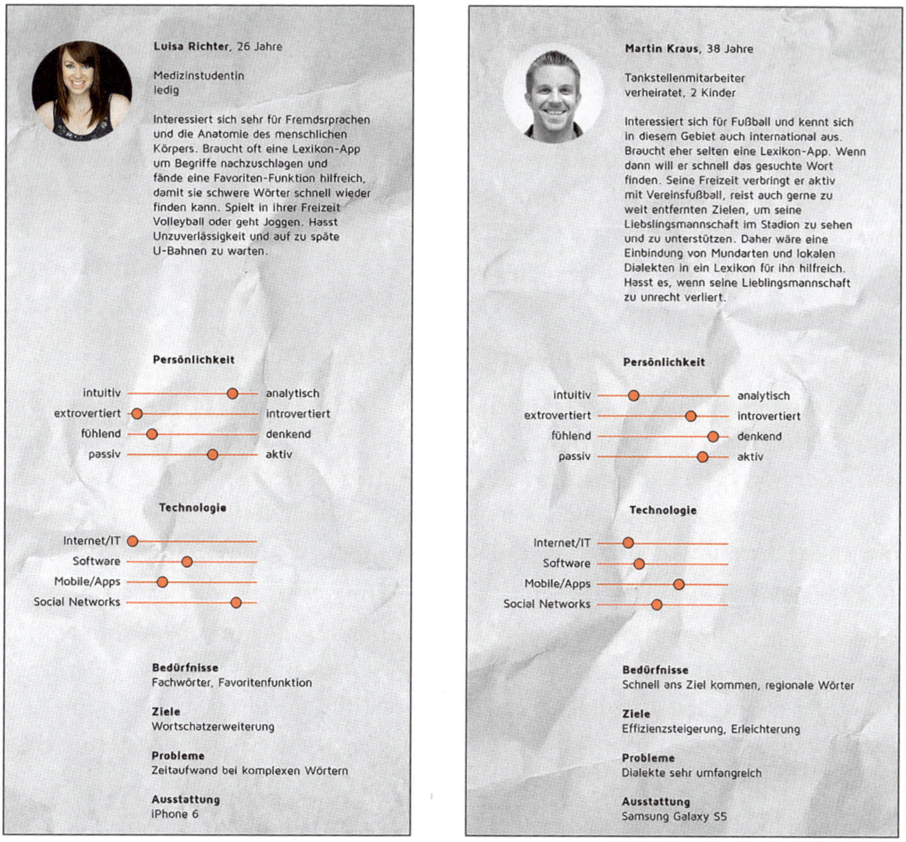

Abbildung 2.20 Beispiele für Personas, die mögliche Nutzer einer Lexikon-App abbilden

Wie Sie sehen, bestimmt die Zielgruppe, welche App sich durchsetzt und gebraucht wird. Ihre Idee ist zweitrangig und muss den Test einer Zielgruppe bestehen. Versuchen Sie nicht, Ihren Kopf durchzusetzen und Ihre Idee so umzusetzen, wie Sie es für richtig halten, sondern orientieren Sie sich an Ihrer Zielgruppe, denn diese entscheidet letztlich über den Erfolg.

2.4.4 Konkurrenz- und Mitbewerberanalyse

Früher oder später werden Sie mit Ihrer App auf einen Konkurrenten treffen, vielleicht haben Sie schon direkt zu Beginn einen. Zunächst einmal ist Konkurrenz ein gutes Zeichen, zeigt es doch, dass es einen potenziellen Markt für Ihre Idee gibt.

Schwierig ist nur, sich gegen einen Konkurrenten zu behaupten. Mein Rat: Gehen Sie keinen direkten Konkurrenzkampf ein, versuchen Sie nicht, blind gleichwertige Features der Konkurrenz nachzuformen. Ihre Konkurrenz hat vielleicht eine ganz andere Vorstellung von der App als Sie. Verfolgen Sie Ihre App-Vision konsequent, und versuchen Sie lieber aus den Fehlern Ihrer Konkurrenz zu lernen.

Schauen Sie sich genau an, welches Feedback die Konkurrenz-App von ihren Nutzern erhält. Analysieren Sie mögliche Schwachstellen, und nutzen Sie die daraus resultierenden Erkenntnisse für die Entwicklung Ihrer App. Die Konkurrenzanalyse hilft Ihnen, ein nachhaltiges und solides Produkt zu entwickeln. Ein solches Produkt trifft bei Nutzern auf mehr Wertschätzung als ein Aufbieten von Funktionalitäten der Konkurrenz. Verfolgen Sie Ihr eigenes Ziel und Ihren eigenen Plan. Überlassen Sie den Konkurrenten das Kampffeld, während Sie sich auf Ihre Zielgruppe konzentrieren und mit Ihrer Vision beim Nutzer punkten.

2.4.5 Apps für die Masse oder nur für einen kleinen Kreis?

Beide Optionen haben Vor- und Nachteile. Je größer Ihre Zielgruppe ist, desto mehr Nutzer können Sie ansprechen und desto mehr Nutzer könnte Ihre App später haben. Der Nachteil ist jedoch, dass Sie Kompromisse eingehen müssen, so werden einige Nutzer eine Funktion nicht benötigen, während andere diese wünschen. Sie entwickeln also eine App für einen großen Markt und versuchen dann automatisch immer die größtmögliche Gruppe mit neuen Features anzusprechen.

Ebenso müssen Sie mitunter Support leisten und Hilfestellungen für Ihre Nutzer bereitstellen. All das kostet Zeit, Geld und Nerven. Als einzelner App-Designer ist es eine Mammutaufgabe, eine solche Leistung ohne Hilfe zu bewerkstelligen. Eine App in einem großen Markt bzw. für eine breite Zielgruppe zu platzieren, ist ohne Hilfe nicht zu schaffen.

Die Entwicklung einer App für eine kleine Zielgruppe hat den Vorteil, dass die Entwicklung Ihrer App in einem kleinen Rahmen stattfindet. So können Sie flexibel Ihre App auf die Bedürfnisse Ihrer Nutzer zuschneiden. Sie sind weiter Herr Ihrer Idee und Vision, und Ihre Nutzer sind gleichzeitig Ihre Fans und freuen sich auf neue tolle Features. Der Nachteil ist das Wachstum, es wird schwieriger sein, Ihre kleine Zielgruppe stetig zu erweitern. Halten Sie Nutzer bei Laune, seien Sie offen, und laden Sie Ihre Nutzer zu Betatests ein, somit gewinnen Sie neue Nutzer und bestehende freuen sich.

Es ist ein gutes Mittel, als Einzelner erst eine App für eine kleine Gruppe zu erschließen und langsam zu wachsen. Verzeichnen Sie dann erste Erfolge und entsprechenden Umsatz, können Sie Mitarbeiter einstellen und langsam wachsen, ganz ähnlich wie bei einem Lean Start-up. Ihre App und somit auch Ihr Unternehmen fußen dann auch auf einem soliden Fundament.

Lean Start-up

Bei einem Lean Start-up werden bei der Unternehmensgründung alle Prozesse so schlank wie nur möglich gehalten. Es wird ein Produkt-Launch angestrebt, bei dem mit möglichst wenig Kapital ein erfolgreiches Unternehmen gegründet werden soll.

Der Fokus liegt hierbei auf Learning by Doing. Eine Vorabplanung einer App soll es nicht geben. Das Produkt wird in schnellen iterativen Phasen entwickelt und veröffentlicht. Mehr zum Thema finden Sie hier: *https://en.wikipedia.org/wiki/Lean_startup.*

2.5 Die Bewertung Ihrer Idee

Sie haben Ihre App-Idee kritisch auf den Prüfstand gestellt und haben dabei die Zielgruppe ebenso wie die Konkurrenz betrachtet. Nun möchten Sie evaluieren, ob Ihre Idee tatsächlich tragfähig ist oder welche Ihrer Ideen das größte Potenzial hat. Im Folgenden möchte ich Ihnen vier Bewertungsverfahren vorstellen, die Ihnen dabei helfen, das Potenzial Ihrer Idee auszuloten. Jede Methode hat ihre eigenen Vorzüge. Am Ende des Bewertungsprozesses sollte eine Idee stehen, die bereit ist, umgesetzt zu werden.

2.5.1 Dotmocracy: Bewertung mit Punkten

Die Bewertung mit Punkten ist die schnellste Methode zur Ideenbewertung. Jede Idee wird mit Punkten von 1 bis 3 bewertet; sollte man in einer Gruppe arbeiten, so hat jeder Teilnehmer eine bestimmte Anzahl von Punkten (z. B. 20), die er im gesamten Auswahlverfahren vergeben darf. Maximal darf jeder Teilnehmer drei Punkte pro Idee vergeben. Das gesamte Punktekontingent soll im Auswahlverfahren verwendet werden. Danach werden alle Punkte zusammengezählt, und die Idee mit den meisten Punkten ist die favorisierte Idee.

Abbildung 2.21 Ideenbewertung mit Punkten

2.5.2 Bewertung nach vordefinierten Kriterien

Bei dieser Methode werden die Ideen anhand von vorher definierten Kriterien geprüft. Anschließend werden die Ergebnisse miteinander verglichen und K.-o.-Kandidaten aussortiert. K.-o.-Kandidaten sind Ideen, die mindestens ein Kriterium überhaupt nicht erfüllen und selbst durch Änderung nicht erfüllen können.

Kriterien können z. B. Kosten, Zeit, Umsetzbarkeit sein. Weitere Beispiele für solche Kriterien sind: Ressourcen, Dauer, Angemessenheit, Zielgruppe, Mobile-Centric oder auch selbst auferlegte Kriterien, die der entsprechenden Problemlösung gedient haben. So können Sie Kriterien selbst bestimmen, z. B. dass sich die App an eine ältere Zielgruppe richten soll, die trotz Sehschwäche die App nutzen können muss. Nehmen wir als Beispiel eine Wartungs-App für einen Rauchwarnmelder, hier zählen etwa Kriterien wie:

- Kann die App schnell genutzt werden?
- Versteht der Nutzer den Vorgang?
- Ist eine klare visuelle Kommunikation möglich?
- Prozesssicherheit
- Sind alle Rauchwarnmelder-Typen erkennbar?

Übrig gebliebene Ideen werden aussortiert oder nach dem Punktemodell gewichtet. Zu diesem Zeitpunkt ist es möglich, nicht nur eine Top-Idee weiterzuverfolgen, sondern mehrere, da vielleicht einige Ideen gleichwertig bewertet wurden. Ist dies der Fall, können weitere Kriterien aufgestellt und eine weitere Auswahlrunde angesetzt werden, um die übrig gebliebenen Ideen erneut zu bewerten.

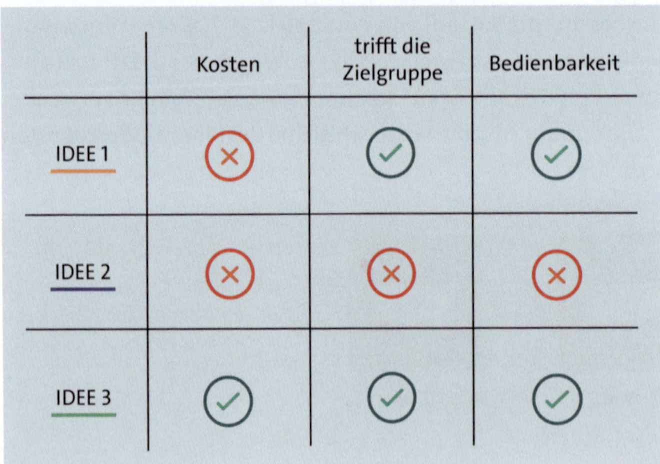

Abbildung 2.22 Bewertung nach Kriterien

2.5.3 Bewertung mit der Nutzwertanalyse

Bei dieser Methode erfolgt die Bewertung auch wieder ausschließlich nach Punkten. Jedoch werden die Ideen hier im Einzelnen nicht inhaltlich diskutiert. Um eine Bewertung vorzunehmen, wird eine Tabelle angelegt, die alle wichtigen Kriterien enthält, nach denen die Ideen bewertet werden sollen. Anschließend werden für jede

Idee Punkte innerhalb einer Skala von 1 bis 10 vergeben, wobei 1 schlecht und 10 sehr gut ist. Es ist auch möglich, Unterkriterien zu erstellen, um ein Hauptkriterium besser bewerten zu können. Die favorisierte Idee ist die, die insgesamt die meisten Punkte hat. Anhand der Einzelpunktevergabe können zudem die Schwächen und Stärken einer Idee analysiert werden.

	Kosten	trifft die Zielgruppe	Bedienbarkeit
IDEE 1	4	8	7
IDEE 2	2	4	1
IDEE 3	9	7	10

Abbildung 2.23 Beispiel Nutzwertanalyse

2.5.4 Bewertung durch SWOT-Analyse

Die Bewertung einer Idee durch die SWOT-Analyse ist eine komplexe, aber auch aussagekräftige Methode. Bei diesem Bewertungsfahren werden für jede Idee die Stärken (**S**trengths), Schwächen (**W**eaknesses), Chancen (**O**pportunities) und Risiken (**T**hreats) ausgearbeitet. Diese werden dann in eine Matrix eingetragen. Da die SWOT-Analyse aufwendiger ist als die vorangegangenen Methoden, wird empfohlen, eine Vorauswahl der Ideen zu treffen. Aus dieser Matrix ergeben sich verschiedene Handlungsoptionen sowie Selektionskriterien, die bei jeder Idee unterschiedlich ausfallen. Folgende Handlungsoptionen sind etwa denkbar:

- S/O (Strengths/Opportunities):
  Welche Chancen und Stärken können besonders genutzt werden?
- S/T (Strengths/Threats):
  Welche Stärken können genutzt werden, um das Risiko zu minimieren?
- W/O (Weaknesses/Opportunities):
  Wie können Schwächen eliminiert werden, um Chancen zu nutzen?
- W/T (Weaknesses/Threats):
  Welche Verteidigungsstrategien können entwickelt werden?

Exemplarisch habe ich hier per SWOT die Dubsmash-App analysiert. Mit der Dubsmash-App können Nutzer bekannte Audioinhalte wie Sprüche von Dieter Bohlen oder Zitate aus bekannten Filmen wie Star Wars durch ein Video nachsynchronisieren. Diese Videos können dann auf anderen sozialen Netzwerken oder in Messengern versendet werden.

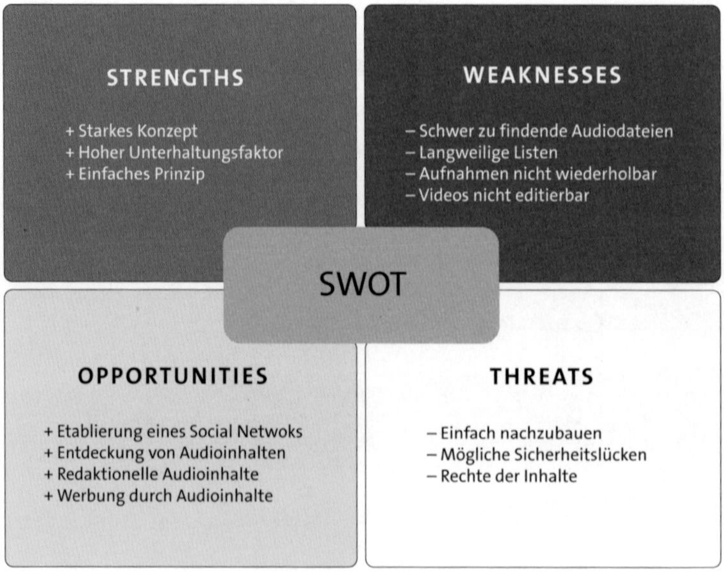

Abbildung 2.24 Beispiel SWOT-Analyse der Dubsmash-App

Wie Sie sehen, lässt sich die SWOT-Analyse nicht nur auf neue Ideen anwenden, sondern auch auf bestehende Produkte. Mit dieser Methode werden Ideen miteinander verglichen, und es bildet sich eine Idee heraus, die besonders vielversprechend ist. Eine SWOT-Analyse ist hervorragend für ein spontanes Gründungsprojekt geeignet, da hier viele Ideen schnell evaluiert werden können.

Lesetipp

Ein gutes Buch zum kreativen Prozess, zur Analyse und zum Verdichten von Ideen ist »Branded Interactions: Lebendige Markenerlebnisse für eine neue Zeit« von Marco Spies, ISBN 978-3-87439-907-4.

Ihre Idee besteht nun alle Tests? Dann legen Sie los, und setzen Sie Ihre Idee in die Tat um. Ab jetzt gibt es andere Hürden zu bewältigen. Aber nun können Sie sicher sein, dass Sie eine gute Idee haben, die es zu verfolgen lohnt. Bevor Sie allerdings mit der Umsetzung starten, sollten Sie noch einmal genau prüfen, für welche Plattform Sie eigentlich Ihre App produzieren möchten. Denn alle Plattformen haben ihre Vor- und Nachteile.

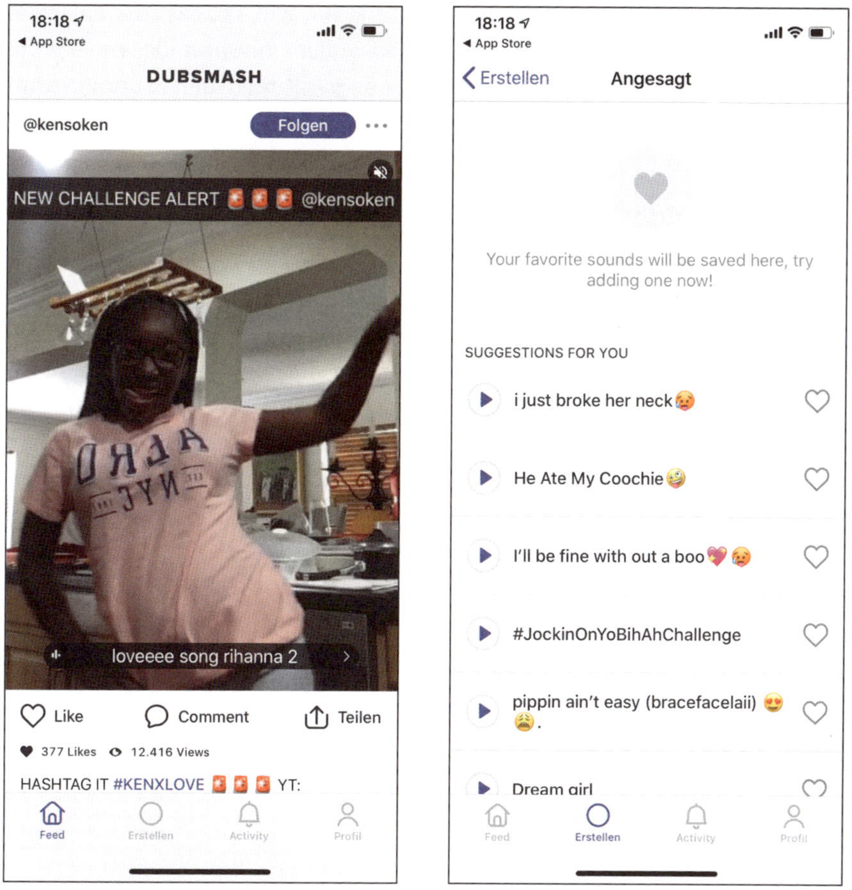

Abbildung 2.25 Die Dubsmash-App

2.6 Auf welcher Plattform sollten Sie Ihre Idee umsetzen?

Sie werden sicherlich schon eine Präferenz haben, für welche Plattform Sie Ihre App entwickeln möchten. Ich möchte hier an dieser Stelle kurz ausführen, warum die Wahl der Plattform auch bereits während der Konzeptionsphase der App beachtet werden muss und entscheidend für die anschließende Umsetzung Ihrer Idee ist. Je nach strategischer Ausrichtung Ihres Unternehmens und kann die Wahl der unterstützten Plattformen und des richtigen Frameworks eine wichtige sein. So kann es beispielsweise sein, dass die Entwicklungskosten unter iOS im Gegensatz zu React-Native-Umsetzungen kostenintensiver sind. Andersrum gesehen bedient React Native beide Plattformen unter einer Codebasis und ist kostengünstiger. Das Problem ist jedoch, dass React Native vielleicht irgendwann nicht mehr weiter mit Updates gepflegt und dann nicht mehr lauffähig sein wird. Anderseits veröffentlicht Apple mit iOS ständig neue Features, die Sie für Ihr Unternehmen nutzen können

(ARkit, HomeKit, usw.) Was ich im Grunde damit sagen will, ist, dass die Entscheidung, wie und auf welchen Plattformen sie starten wollen, mitunter die strategische Ausrichtung Ihres Unternehmens beeinflusst. Wenn das Kind in den Brunnen gefallen ist, gibt es kein zurück, da hilft nur ein Neustart.

2.6.1 Native versus Cross-Plattform-Entwicklung

Mit nativer Entwicklung werden Applikationen plattformspezifisch entwickelt, d. h. ein Quellcode für eine Plattform. Unter Android können mehrere Programmiersprachen genutzt werden, um Apps zu entwickeln, z. B. JAVA, Kotlin, Python. Für iOS sind es Objective-C oder Swift. Diese Programmiersprachen sind darauf optimiert, auf den jeweiligen Geräten ausgeführt zu werden und performant zu laufen. Zudem sprechen diese Programmiersprachen die Schnittstellen zu Sensoren oder andere Funktionalitäten wie Fingerabdruck-Erkennung gesichert und optimal an.

Mit Cross-Plattform-Development bezeichnet man die Entwicklung einer Applikation plattformübergreifend. Diese Applikationen haben einen einzigen Quellcode, welcher alle Plattformen, z. B. iOS und Android, bedient. Es könnte als All-in-one-Lösung bezeichnet werden. Die Idee ist hier, Investitionen zu sparen, aber zeitgleich auf allen Plattformen verfügbar zu sein.

Es gibt verschiedene sogenannte Frameworks, die eine Cross-Plattform-Entwicklung ermöglichen. Zwei der bekanntesten sind React Native und Flatter von Google.

2.6.2 Die Besonderheiten von iOS

Apple bietet in seinem App Store rund zwei Millionen Apps zum Download an (Stand: 3. Quartal 2018, Quelle: *http://de.statista.com/statistik/daten/studie/208599/umfrage/anzahl-der-apps-in-den-top-app-stores*).

Es gibt nur einen App Store für iOS-Geräte, der wohl von allen verfügbaren Betriebssystemen der lukrativste App Store für App-Entwickler ist. Alle eingereichten Apps werden von Apple auf Schadsoftware hin geprüft, somit soll garantiert werden, dass keine gefährlichen Apps beim Endkunden installiert werden.

Das Design

Nach dem großen Redesign von iOS 7 hat die Plattform eine neue, moderne Oberfläche erhalten. Solide Animationen während des Navigierens vermitteln eine Tiefe und ein leichtes Verständnis der Nutzerführung. Die Nutzerführung hat sich seit 2007 nicht wesentlich verändert und wurde also auch in der aktuellen Version beibehalten. Zwischen iOS 7 und iOS 12 kamen neue Eingabemethoden wie Face-ID, 3D Touch hinzu, und das Design des Interfaces hat sich stetig verbessert und sich an neue Gerätegrößen angepasst.

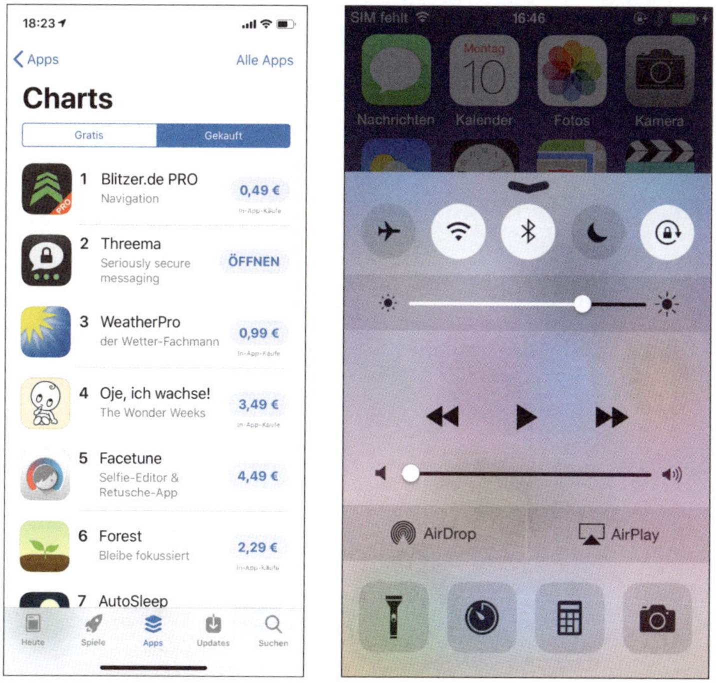

Abbildung 2.26 Links die Top-Charts kostenpflichtiger Apps des Apple App Stores und rechts ein Teil des iOS-9-Interface

Eine weitere Neuerung ist ARKit, mit dem sich Agumented-Reality-Apps entwickeln lassen können, sowie eine verbesserte Homekit-Integration. Aktuelle Apple-Geräte besitzen zudem spezielle Chips (Core ML 2), die Machine-Learning in Apps unterstützen. Außerdem besteht demnächst die Möglichkeit, entwickelte iOS-Apps auf macOS zu portieren und dort auszuführen.

Der typische iOS-Nutzer besitzt in der Regel mehrere Apple-Geräte (*www.kantarworldpanel.com/global/News/58-of-US-smartphone-owners-also-own-tablets*) und gibt verhältnismäßig mehr Geld für Apps aus als Nutzer anderer mobiler Betriebssysteme (*http://fortune.com/2014/06/27/apples-users-spend-4x-as-much-as-googles*). Natürlich sollten Apps für iOS-Geräte nicht nur funktionieren, sondern – wie bei allen anderen Betriebssystemen auch – gut aussehen. Das Design spielt bei Apple-Produkten bekanntermaßen eine wichtige Rolle.

Die Update-Politik

Jedes Jahr gibt es für Apple-Nutzer ein großes Release auf die nächste Version. Zudem gibt es kleinere Updates über das Jahr hinweg, die vorwiegend der Sicherheit des Betriebssystems dienen.

Das aktuelle iOS-Release

Wer mehr über das aktuelle iOS-Release wissen will, findet weiterführende Informationen unter: *https://developer.apple.com/ios*.

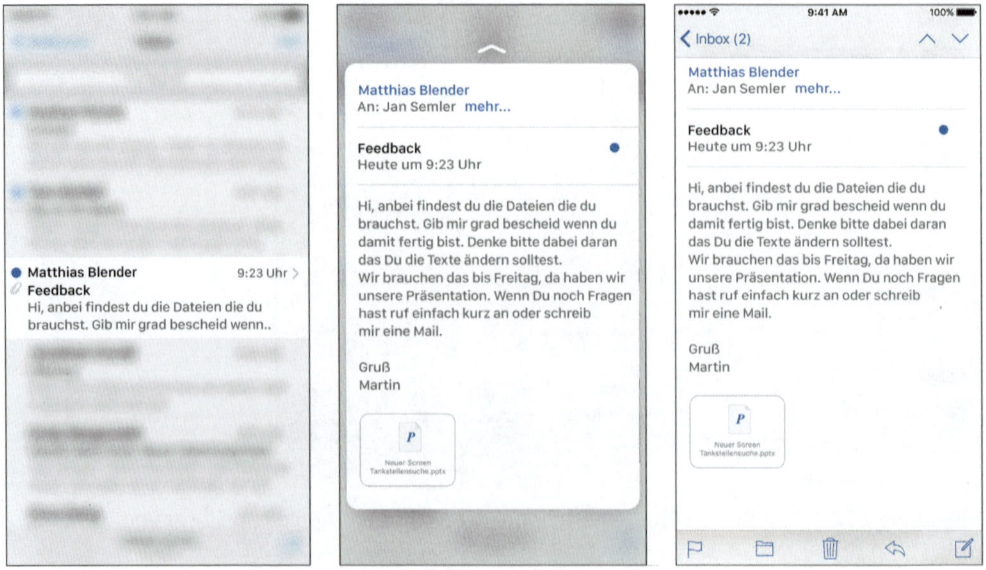

Abbildung 2.27 Peek-und-Pop: Links sehen Sie die E-Mail-Liste. Durch einen 3D Touch gelangt der Nutzer in den Peek-Modus (Mitte), durch Druck auf den Bildschirm poppt die eigentliche E-Mail auf (rechts).

Die kleineren Updates verbessern die laufende Version, während bei einer neuen Version neue Features implementiert werden. So wurde in iOS 9 der 3D Touch eingeführt, der ein sogenanntes Peek und Pop zulässt (siehe Abbildung 2.27). So kann der Nutzer auf dem Homescreen auf ein App-Icon einen 3D Touch durchführen und bekommt kontextuelle Aktionen der App angezeigt. Der Peek ist hierbei eine Art kurze Vorschau, während der Pop den eigentlichen Screen öffnet.

Die Verbreitung der aktuellsten Version unter iOS ist immer recht hoch, ein Großteil der Nutzer hat auch die aktuellste Version auf ihrem Gerät. Ein Update eines iOS-Geräts erfolgt seit iOS 7 auf dem Gerät selbstständig und benötigt keine Verbindung mit einem Computer, sofern der Nutzer dies zulässt.

Bis zu einem gewissen Grad werden auch ältere Geräte mit der neuesten Version aktualisiert. Das bedeutet für Sie als App-Entwickler, dass Sie damit rechnen können, dass auf nahezu allen iOS-Geräten das gleiche Betriebssystem installiert und ein ähnlicher Funktionsumfang zu erwarten ist – ein Umstand, der die Gestaltung und Entwicklung von iOS-Apps deutlich einfacher macht als von anderen Betriebssystemen.

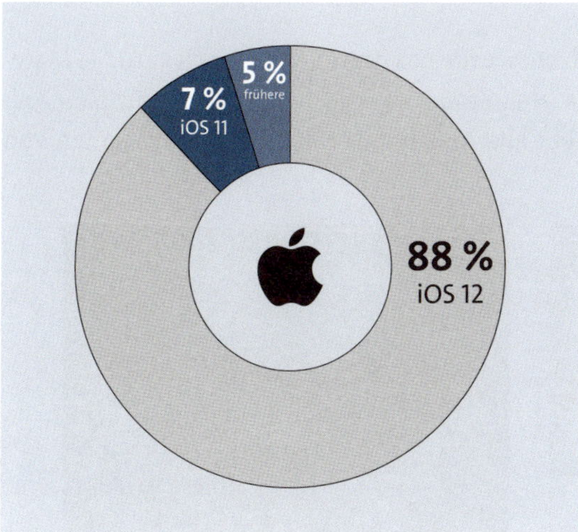

Abbildung 2.28 iOS-Verteilung, Stand August 2019 (Quelle: https://developer.apple.com/support/app-store, hier finden Sie die aktuellen Zahlen)

Die iOS-Plattform hat eine große Nutzergemeinschaft und bietet dem Nutzer ein kohärentes Nutzererlebnis auf allen Endgeräten mit einer großen Zahl an qualitativ hochwertigen, geprüften Apps. Allerdings ist der Marktanteil im Gegensatz zu Android niedriger, da die Geräte teurer sind als Android-Geräte.

2.6.3 Die Besonderheiten von Android

Der gesamte App-Markt unter Android umfasst mehr als 2,1 Millionen Apps (Stand: 3. Quartal 2018, Quelle: *http://de.statista.com/statistik/daten/studie/208599/umfrage/anzahl-der-apps-in-den-top-app-stores*). Android-Apps kann man nicht nur über den Google Play Store erwerben, sondern auch in anderen App Stores wie dem Amazon App-Shop (*https://www.amazon.de/androidapp*, 450.000 Apps). Zudem ist es möglich, die App einzeln auszuspielen, also ohne einen App Store zu nutzen. Empfehlen würde ich das nicht, denn wer mag schon eine App installieren, die nicht geprüft wurde?

Verbreitung Android

Wer mehr über die relative Verbreitung einzelner Android-Versionen wissen will, sollte sich folgenden Link genauer anschauen: *https://developer.android.com/about/dashboards/index.html*.

In der Regel werden in diesen App Stores die Apps vor der Veröffentlichung auf schadhafte Software geprüft, es kann aber auch Ausnahmen geben.

Das Design

Mit der Lollipop-Oberfläche von Android wurde das derzeit auch noch aktuelle Material Design von Google eingeführt. Es ist ein minimalistischer Look mit simplen Animationen, der sich kontinuierlich über alle Android-Geräte und Applikationen von Google erstrecken soll.

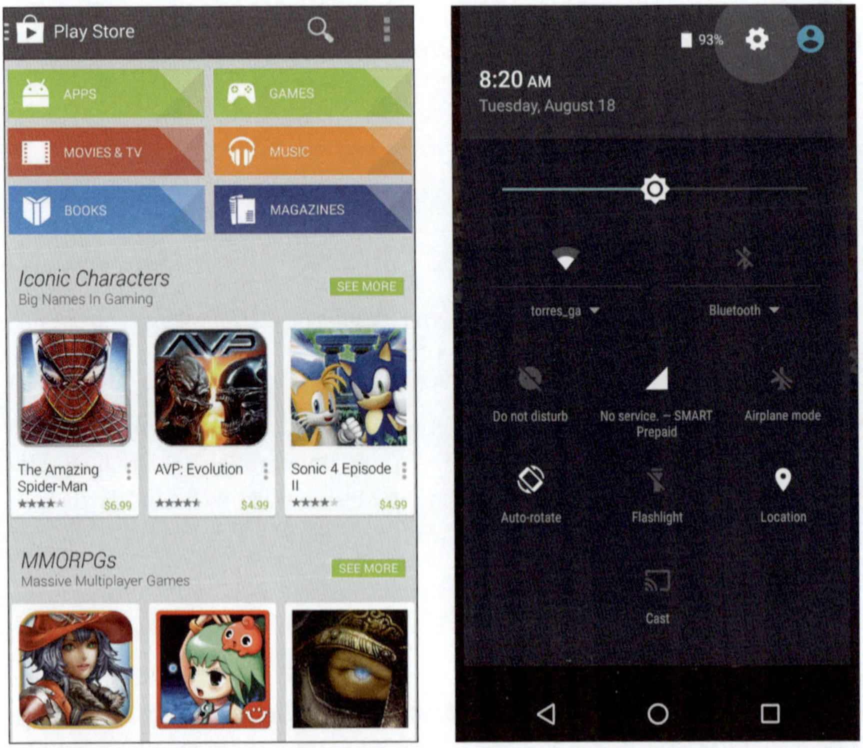

Abbildung 2.29 Links der Google Play Store und rechts ein Screenshot aus dem Marshmallow-Betriebssystem

Die aktuelle Android-Version 9.0 Pie ist eine Fortführung dessen, was wir in Android Lollipop kennengelernt hatten, und sieht dementsprechend seinem Vorgänger sehr ähnlich. Es bleibt beim Material Design, dessen Elemente konsequenter ins gesamte Erlebnis integriert wurden. Auf das Material Design gehe ich umfangreich in Kapitel 8, »Von Controls, Views und Komponenten bis Atomic Design und Design-Systemen«, ein. Den aktuellen Styleguide zum Material Design finden Sie hier: *https://material.io*.

Die Update-Politik

Auch unter Android gibt es regelmäßig Updates für das Betriebssystem. Jedoch steht durch die Fragmentierung der verschiedenen Hersteller nicht immer ein Update auf die aktuellste Version bereit. Die Hersteller müssen nach einem Update von Google ihre eigenen Versionen noch einmal überarbeiten und anpassen, dadurch kommt es zu einem verzögerten Update des Geräts.

Nicht jeder Android-Nutzer hat die aktuellste Version von Android. Ältere Geräte unterstützen meist nicht die aktuelle Version, oder es werden schlichtweg keine Updates von den Herstellern entwickelt. Die ungleichmäßige Update- und Versionsverteilung unter Android ist problematisch und erschwert vor allem den Entwicklern den Entwicklungsprozess von Apps. Vor allem bei Einführung von neuen Software-Features, die man nutzen möchte, kann man nicht sicherstellen, dass alle Geräte auch unterstützt werden.

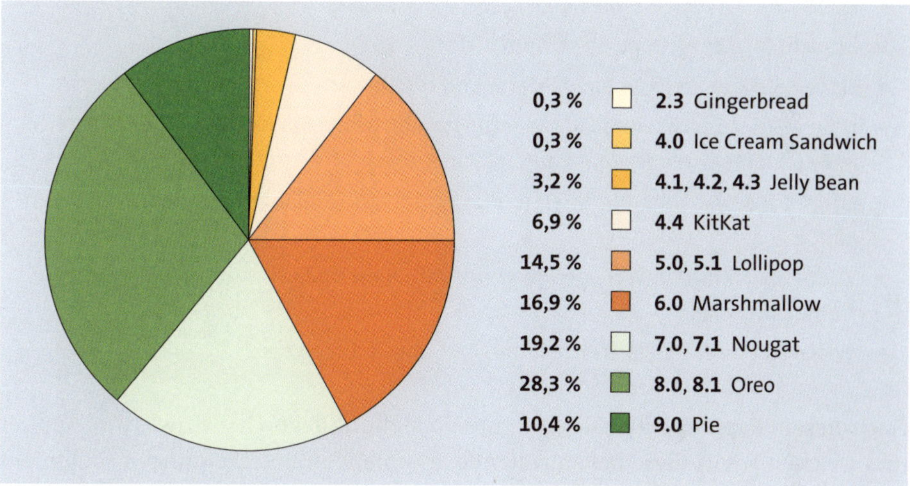

Abbildung 2.30 Android-Verteilung, Stand Mai 2019 (Quelle: https://developer.android.com/about/dashboards/index.html

Die Android-Plattform ist der Allrounder, der dem Nutzer die größte App-Auswahl bietet. Der Nutzer hat schon beim Kauf eines Smartphones oder Tablets die Wahl, welchen Gerätehersteller er verwenden möchte. Das ist bei Apple-Produkten nicht der Fall. Auch die Anzahl der Apps steht der auf der iOS-Plattform in nichts nach. Dennoch ist es herausfordernd für den Android-Markt, eine App zu entwickeln. Gerade die Gerätevielzahl und die Update-Politik führen zu Problemen und Irritationen beim Nutzer, da dieser die Problematik nicht nachvollziehen kann.

Jedoch haben Entwickler bessere Möglichkeiten, Apps zu entwickeln, da die Android-Plattform tiefere Eingriffe in das Betriebssystem erlaubt. So können selbst Teile des Betriebssystems durch eine App geändert werden, was das Angebot von App-Launcher oder anderen Icon Packs gestattet.

Checkliste: eine solide App-Idee

Wenn Sie alle der folgenden Fragen mit Ja beantworten können, haben Sie eine solide Basis für eine evaluierte Idee und somit ein Konzept für Ihre App und Ihr Unternehmen:

- Löst Ihre Idee ein Problem?
- Ist Ihre App etwas Besonderes?
- Fällt Ihre App in eine der App-Store-Kategorien?
- Ist Ihre Idee Mobile-Centric?
- Haben Sie eine definierte Zielgruppe?
- Haben Sie Personas zu dieser Zielgruppe definiert?
- Braucht Ihre Zielgruppe diese App?
- Haben Sie Ihre Idee mit einer oder mehreren Bewertungstechniken evaluiert?
- Haben Sie Möglichkeiten zur Monetarisierung (siehe Kapitel 14, »Apps erfolgreich in App Stores präsentieren«) durchdacht?
- Ist Ihre Idee so konkret, dass Sie diese anderen in einem Satz schnell erklären können?
- Können Sie aus den vorliegenden Informationen und Erkenntnissen einen Wireframe entwickeln?
- Wissen Sie, welche Plattformen Ihre App unterstützen soll?

Nach diesem Kapitel sollten Sie eine gute Vorstellung davon haben, was Ihre App tut und welchen Fokus diese haben soll. Alle kommenden Entscheidungen sollten auf den vorangegangenen Erkenntnissen fußen.

Das folgende Kapitel führt Sie weiter in die Gedankenwelt des Nutzers ein und widmet sich ausführlich auch der besonderen Bedienung von Smartphone, Tablet & Co.: der Touch-Bedienung.

Kapitel 3
Think big, but build small

Je kleiner ein Bildschirm, desto größer ist die Herausforderung, ein intuitives Nutzererlebnis zu schaffen. Viele Faktoren spielen hierbei eine Rolle: So gilt es, sowohl feststehenden physischen Rahmenbedingungen gerecht zu werden, die das Nutzerverhalten prägen, als auch virtuelle Gegebenheiten zu berücksichtigen, auf die wir jedoch Einfluss nehmen können. In diesem Kapitel des Buchs beschäftigen wir uns im Wesentlichen mit der physischen Handhabung und den daraus resultierenden virtuellen Gegebenheiten von mobilen Endgeräten.

Die App-Idee ist evaluiert, der Markt analysiert und die Zielgruppe bestimmt. Bevor Sie nun mit den ersten Gestaltungsentwürfen Ihrer App starten, sollten wir noch einen Blick auf die Besonderheiten von Smartphone, Tablet & Co. werfen und uns in den Nutzer dieser Geräte hineinversetzen.

3.1 Wie Anwender Ihre Geräte und Apps nutzen

Smartphone und Tablet sind längst Verbindungsstellen unseres täglichen Lebens geworden: Beziehungen, Arbeit, Shopping, die Suche nach Informationen, das Erleben neuester Ereignisse und Nachrichten – für nahezu alles gibt es die passende App. Wie keine andere Geräteklasse sind die mobilen Endgeräte so zu unseren ständigen Wegbegleitern und zu Portalen geworden, durch die wir uns mit jedem und allem verbinden können.

In diesem Kapitel soll der Blick vor allem darauf gerichtet werden, wie der private Nutzer sein Smartphone, Tablet oder Wearable nutzt und welche Konsequenzen dieses Nutzungsverhalten für die Bedienung und letztendlich auch für die Gestaltung einer App hat.

3.1.1 Daten zur Smartphone-, Tablet- und Wearable-Nutzung

Wird das Smartphone vorwiegend als Kommunikations- und Informationswerkzeug genutzt, dient das Tablet überwiegend dem Konsumieren von digitalen Inhalten wie Filmen, Bildern oder Videospielen.

Mobil – und das weltweit!

Weltweit nutzen Menschen Smartphones, Tablets und Wearables. Die Smartphone-Märkte in Asien, dem mittleren Osten sowie in Afrika sind die am stärksten wachsenden Märkte. Immer mehr Smartphone-Nutzer besitzen parallel auch ein Tablet. Und in den kommenden Jahren werden Wearables den mobilen Endgerätemarkt weiter erobern. 2018 gab es rund 3 Milliarden Smartphone-Nutzer und rund 1,19 Milliarden Tablet-Nutzer.

- Zahlen Smartphone: *www.statista.com/statistics/330695/number-of-smartphone-users-worldwide*
- Zahlen Tablet: *www.statista.com/statistics/377977/tablet-users-worldwide-forecast*
- Zahlen Wearables: *www.statista.com/topics/1556/wearable-technology*

Tablets werden jedoch auch immer mehr im beruflichen Kontext in Unternehmen eingesetzt. Unternehmen haben schon längst erkannt, dass Tablets hervorragend geeignet sind, um Prozesse mit mobilen Geräten zu begleiten. Doch fehlen derzeit noch Programme bzw. Apps sowie die digitale Infrastruktur.

Laut verschiedener Studien ...

- ... sagen 85 % der Smartphone-Besitzer, dass ihr Smartphone ein zentraler Bestandteil ihres täglichen Lebens ist (Salesforge 2014: *https://www.salesforce.com/blog/2014/02/mobile-behavior-report.html*).
- ... ist ein Smartphone durchschnittlich mehr als fünf Stunden im täglichen Einsatz (Blue Corona 2018: *https://www.bluecorona.com/blog/mobile-marketing-statistics*).
- ... sagen fast 90 % der Smartphone-Besitzer, dass sie das Smartphone für soziale Medien nutzen, um mit ihrer Familie und ihren Freunden in Kontakt zu bleiben. Ebenso häufig kommt das Smartphone zum Einsatz, um sich über das aktuelle Weltgeschehen zu informieren und Nachrichten zu verfolgen (Salesforge 2014).
- ... besitzen 73 % der Smartphone-Nutzer auch ein Tablet (Salesforge 2014).
- ... fallen 70 % der Internetnutzung auf Smartphones zurück (Blue Corona 2018).
- ... nutzen 51 % aller Nutzer ihr Smartphone, um neue Marken und Produkte zu finden (Blue Corona 2018).

Von Tablet-Nutzern weiß man, dass ...

- ... 65 % der Tablet-Nutzer das Tablet nutzen, während sie eine TV-Sendung ansehen (Salesforge 2014).

- ... das Tablet durchschnittlich 3,1 Stunden pro Tag im Einsatz ist.
- ... 41 % ihr Tablet und Smartphone parallel nutzen (Salesforge 2014).
- ... Tablet-Nutzer vorwiegend 30+ Jahre alt sind (und sich dieses zusätzliche »Gadget« leisten können, Salesforge 2014).
- ... das Tablet in der Regel weniger mobil, sondern vor allem im häuslichen Umfeld eingesetzt wird. Dabei wird es vorrangig passiv genutzt, zum Anschauen von Filmen oder Lesen von Büchern (Salesforge 2014).
- ... weitere große Einsatzgebiete von Tablets das Schreiben von E-Mails oder die Informationssuche sind (Salesforge 2014).

Neben Smartphone und Tablet starten aktuell Fitnessarmbänder und Smartwatches durch: Wearables verändern den Technikmarkt als Zusatzgeräte zur herkömmlichen Hardware. Im 3. Quartal 2018 hatte Xiaomi bei Wearables einen Marktanteil von 21,5 %, Apple 13,1 %, gefolgt von Fitbit mit 10,9 %, Huawai 5,9 % und Samsung mit 5,6 %.

Mobile Endgeräte in Unternehmen

Der Einsatz von Smartphones und Tablets in Unternehmen ist im Kommen. Im Business-to-Consumer-Bereich (B2C) werden Applikationen und mobile Endgeräte vorwiegend für verkaufsfördernde Maßnahmen genutzt, z. B. als Infoposten für Messestände. Der Nutzer kann hier interaktiv die angebotenen Produkte betrachten, sich detailliert über diese informieren und sie direkt bestellen. Bei der visuellen Produktpräsentation hält dabei auch die *Augmented Reality* immer stärker Einzug.

Augmented Reality

Augmented Reality oder auch AR bezeichnet ein Verfahren einer Überlagerung von digital gerenderten Bildern auf eine reale Umgebung über einen Bildschirm. Diese Überlagerung erfolgt so, dass sich Objekte verhalten, als wären sie Teil der Umgebung. Somit können reale Umgebungen mit digitalen Informationen angereichert werden.

Mit der App *BMW Individual 7 Series AR* können sich Nutzer ihr Wunschauto konfigurieren und über einen zu platzierenden Marker das Auto in der realen Welt positionieren. Das Auto wird dann auf dem Bildschirm an der entsprechenden Stelle gezeigt. In meinem Fall auf meinem Schreibtisch:

Abbildung 3.1 Ein Beispiel für Augmented Reality: ein BMW auf meinem Schreibtisch

Weiterhin finden Tablets Einsatz in herstellenden Großunternehmen. Meist sind die verwendeten Apps Speziallösungen für die Steuerung von Produktionsprozessen, schaffen einen Überblick über die Qualitätssicherung oder dienen der Unterstützung im Vertrieb.

3.1.2 Eine Woche ohne Computer

Sie als Entwickler oder Gestalter arbeiten sicherlich vorwiegend mit einem Computer samt Tastatur und Maus, evtl. sogar schon mit dem Trackpad? Können Sie sich vorstellen, eine Woche lang komplett darauf zu verzichten? Machen Sie den Selbstversuch, und nutzen Sie eine Woche lang nur Ihr Tablet oder Ihr Smartphone, und verzichten Sie darauf, bestimmte Aufgaben mit dem Computer zu erledigen.

Abbildung 3.2 Was auf dem PC problemlos funktioniert, lässt sich auf dem Tablet oder Smartphone oft nur begrenzt umsetzen.

Sie werden schnell feststellen, wie gut oder auch wie schlecht sich bestimmte Tätigkeiten auf mobilen Endgeräten ausführen lassen. Und vor allem lernen Sie die Tücken und Hindernisse der Bedienung von Smartphone, Tablet & Co. ungeschönt und im Detail kennen.

Probleme werden sichtbar

Ihnen werden vermutlich Probleme in der Bedienung und Nutzung von Apps auffallen, die Ihnen bisher nicht bewusst waren. Vorwiegend werden es Geschwindigkeits- oder Performance-Probleme sein, darüber hinaus sicherlich auch Kompatibilitätsprobleme der unterschiedlichen Geräte. Aber vor allem werden Sie am eigenen Leib erfahren, welche Schwierigkeiten und Grenzen die Art der Bedienung von mobilen Endgeräten mit sich bringt.

Im privaten Umfeld stoßen Sie dabei vermutlich auf weniger große Hindernisse: Inhalte wie Filme, Spiele oder andere Unterhaltungsapplikationen lassen sich problemlos und komfortabel auf dem Tablet oder Smartphone konsumieren.

Tablet und Smartphone für berufliche Tätigkeiten

Schwieriger gestaltet sich der Verzicht auf den PC im beruflichen Alltag. Aber auch bereits das Schreiben einer E-Mail oder das Anlegen einer To-do-Liste kann mit einer schlecht gestalteten und wenig benutzerfreundlichen App zu einer wahren Herausforderung und Geduldsprobe werden – auch wenn das nicht unbedingt an der geringen Bildschirmgröße des Endgeräts liegen muss, sondern an der verwendeten App.

Kreativ mit dem Tablet

Nicht alles ist auf dem Tablet schwieriger. Beim Erarbeiten von Konzepten wie Moodboards, Klickdemos oder illustrativen Konzepten werden Sie sicherlich feststellen, wie gut das Tablet für diese Arbeiten geeignet ist. Als Nutzer können Sie an jedem Ort und zu jeder Zeit schnell und effektiv arbeiten – Sie können Ihrer Kreativität freien Lauf lassen und erste Überlegungen festhalten.

Im beruflichen Umfeld werden Sie bei Ihrem Selbstversuch gerade bei kreativen Tätigkeiten wie dem Erstellen eines Screendesigns oder Ähnlichem an Grenzen stoßen, verlangen diese Aufgaben doch ein großes Maß an Präzision und den flexiblen Einsatz von Werkzeugen, etwas, das auf einem kleinen Display schwierig umzusetzen ist. Aber versuchen Sie es doch mal mit der App *Protosketch* oder *Affinity Designer* für das iPad. Hiermit können Sie ähnlich wie in den großen Programmen recht viel machen. Zudem bieten alle großen Hersteller und Marken Tastaturen oder andere Eingabemittel zur Nutzung des Tablets an.

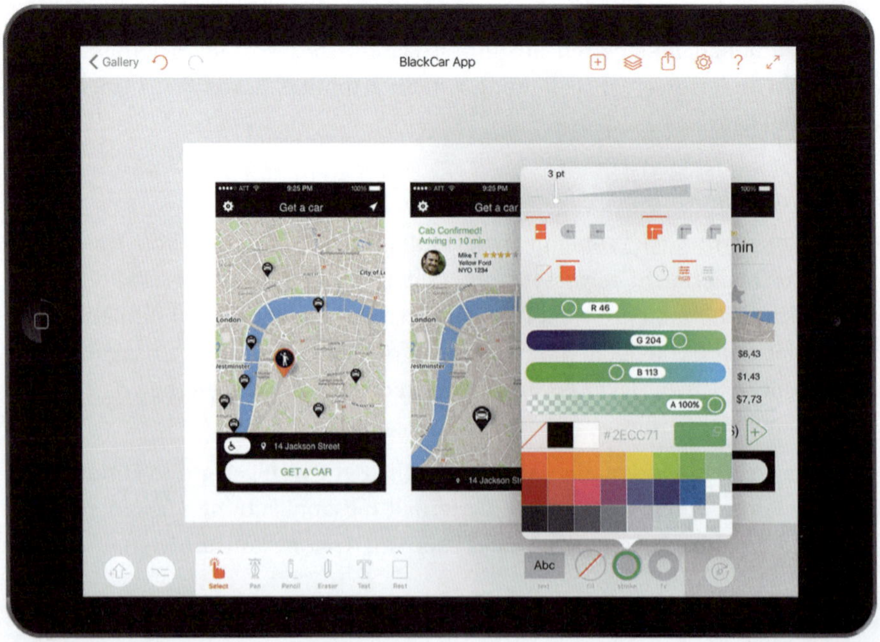

Abbildung 3.3 Manche Arbeiten gehen auch auf einem Tablet leicht von der Hand: hier ProtoSketch für das iPad.

Abbildung 3.4 Affinity Designer für das Apple iPad. Damit können Sie Ihr Design auf dem Desktop-Computer weiter bearbeiten.

Als Entwickler werden weitere Probleme offensichtlich: eine schlechte Anbindung an Dienste wie *GitHub*, unflexible Editoren für das Coding oder Probleme bei der Anbindung an Netzwerke oder Entwicklungsumgebungen.

GitHub

GitHub ist ein Versionsverwaltungssystem für Programme. Es ist ein webbasierter Hosting-Service für Software-Entwicklungsprojekte. In der öffentlichen Version von GitHub können die dort hochgeladenen Programme oder Applikationen von anderen Entwicklern genutzt oder weiterentwickelt werden. In der nicht öffentlichen Variante können Unternehmen diesen Versionierungsdienst nutzen.

Unterschiede erkennen und beachten

Versuchen Sie dennoch, zumindest ein kleines Projekt mit den Werkzeugen, die Ihnen das Tablet oder das Smartphone bietet, abzuschließen. Sie werden sehen, was auf dem Desktop funktioniert, funktioniert nicht auch zwangsläufig auf Smartphone oder Tablet! Das gilt übrigens auch umgekehrt. Viel zu oft wird dieser einfache Grundsatz ignoriert, und Desktop-Anwendungen werden fast 1 zu 1 auf Smartphone und Tablet übertragen. Auf die andere Art der Bedienung und den Nutzungskontext der mobilen Geräte wird hierbei wenig geachtet. Adobe verspricht 2019 die vollwertige Portierung von Photoshop auf iOS. Somit können Sie Photoshop im vollen Umfang demnächst auf dem Tablet nutzen.

Hier erfahren Sie mehr: *https://www.golem.de/news/bildbearbeitung-photoshop-vollversion-soll-2019-aufs-ipad-kommen-1810-137130.html*

Lernen Sie aus den Problemen, die Ihnen bei diesem Experiment begegnen, und merken Sie sich die Hindernisse, die Sie in der Bedienung stark eingeschränkt haben. Lagen Buttons zu nah beieinander, oder war etwa die Schriftgröße zu klein? Wurden Bildschirminhalte abgeschnitten? Versuchen Sie zu verstehen, was bei der Benutzung der verschiedenen Applikationen zu Problemen geführt hat, und überlegen Sie, wie man diese Dinge auf Smartphone und Tablet besser lösen kann.

3.1.3 Weniger ist mehr

»Weniger ist mehr« oder »Keep it simple« sind gute Leitsätze im App-Design. Nicht umsonst ist einer der großen Trends bei der Gestaltung von mobilen Applikationen die *Simplizität* (hierauf komme ich noch später in Kapitel 10, »Inspiration und Trends«, zu sprechen). Das beinhaltet auch eine saubere und intuitive Nutzerführung, die nicht durch eine Übergestaltung oder durch komplizierte Umwege von der Problemlösung ablenkt.

Viele App-Gestalter neigen dazu, das erlernte User-Interface-Design von Desktop- oder Webapplikation auf mobile Applikationen zu übertragen. Jedoch liegt genau hier das Problem.

Mobile Applikationen und der Use Case

Mobile Applikationen sind bestimmten Besonderheiten und gewissen Grenzen unterworfen. Zunächst ist ein Smartphone, Tablet oder Wearable kein Miniatur-Desktop. Ein kleines Gerät bedeutet in der Regel weniger Speicher und weniger Prozessorleistung, auch wenn zugegebenermaßen die Hersteller bei der Produktentwicklung immer größere Fortschritte machen, gerade zuletzt implementierte Apple Chips für Machine Learning direkt auf dem Smartphone.

Dennoch können wir derzeit bereits rein über diese quantitativen Werte erkennen, dass ein mobiles Endgerät nicht die Fähigkeiten eines Desktop-Computers haben kann. Microsoft versuchte mit Windows 8 (und nun auch mit Windows 10) genau diese Lücke mit ihren Tablets zu schließen und einen nahtlosen Übergang zwischen beiden Welten zu schaffen. So können Tablets, die ab Windows 8 an aufwärts betrieben werden, als Desktop-Computer oder als Tablet genutzt werden. Sie haben also die Wahl zwischen der Modern-UI-Oberfläche oder dem klassischen Desktop.

iOS- und Android-Endgeräte können das nicht, sie sind für einen anderen Use Case gedacht. Mit dem iPad Pro, das 2015 erschienen ist, ist leistungstechnisch gesehen mehr möglich. Die Leistungsfähigkeit ist aber nicht der zentrale Punkt, sondern immer noch die Dateneingabe und die daraus resultierende Interaktion und deren Geschwindigkeit.

Use Case

Ein *Use Case* (dt. Anwendungsfall) vereinigt alle möglichen Szenarien, die eintreten können, wenn der Nutzer versucht, ein bestimmtes Ziel zu erreichen. Er beschreibt zudem, was auf dem Weg zur Zielerreichung passieren kann. Das Ergebnis sollte im Idealfall ein Erfolg sein.

Was hat ein iOS- oder Android-Nutzer mit einem Foto vor, das er soeben gemacht hat? Vielleicht schneidet er es zu, verschönert das Bild mit einem Farbfilter und lädt es anschließend auf sein Facebook-Profil oder sendet es per E-Mail an seine Familie. Niemand würde versuchen, eine Unternehmensbroschüre auf einem Smartphone zu gestalten. Dafür ist ein Smartphone auch nicht gedacht. Vielleicht würde er aber ein Fotobuch oder einen kurzen Clip über die letzte Urlaubsreise basteln wollen. Der Trend geht jedenfalls in diese Richtung. Es kommt immer darauf an, wie »professionell« man mit mobilen Endgeräten arbeiten will und welcher Use Case vorliegt.

3.1.4 Mentale Modelle

Oft werden sogenannte »mentale Modelle« verwendet, um technische Geräte zu verstehen und zu nutzen. Das mentale Modell bezieht sich auf die Art und Weise, wie sich ein Nutzer in einer bestimmten Situation verhält, wenn er versucht, eine bestimmte Aufgabe zu vervollständigen. Anders gesagt: Der Nutzer glaubt bereits vor der Nutzung zu wissen, wie etwa das User Interface einer Applikation funktioniert und wie er Aufgaben damit meistern kann. Im Idealfall entspricht das mentale Modell eines Nutzers der Funktionalität eines technischen Geräts.

Ein Beispiel dazu: Stellen Sie sich vor, Sie händigen einem guten Freund ein Tablet aus, der zuvor noch niemals dieses Gerät gesehen und genutzt hat, und sagen ihm, dass er darauf Bücher lesen kann. Noch bevor er das Gerät eingeschaltet hat, wird er sich im Geiste den Prozess des Bücherlesens auf diesem Gerät vorstellen. Er wird mutmaßen, wie wohl die Bildschirmanzeige aussehen wird, wie man Buchseiten umblättern kann, und sich vielleicht fragen, ob es auch so etwas wie Lesezeichen gibt und wie diese realisiert sind. Diese bereits im Vorfeld getroffenen Annahmen über das User Interface beeinflussen den Nutzer anschließend auch bei der Nutzung.

Mentale Modelle für bessere Apps

Fehlangepasste mentale Modelle führen zu Problemen. Vor allem Designs, die etwas Neues ausprobieren, werden Opfer falscher im Vorfeld getroffener Annahmen, etwa wenn Bedienelemente eingesetzt werden, die Nutzer noch nicht kennen oder die ihnen fremd erscheinen.

Während der Recherche für das User Interface Ihrer Applikation ist es also zwingend erforderlich, sich auch mit den möglichen mentalen Modellen Ihrer Nutzer abhängig vom Betriebssystem und dem Typ (Smartphone, Tablet, Wearable) genau auseinanderzusetzen. Versuchen Sie zu verstehen, wie Anwender Applikationen nutzen und wie hoch der Kenntnisgrad des Nutzers über ein User Interface sein wird. Unterstützen Sie eine fehlerfreie Bedienung Ihrer App, indem Sie das mentale Modell Ihrer Nutzer beachten. Betrachten Sie Ihre Applikation aus der Perspektive Ihrer Zielgruppe, um ein konsistentes Nutzererlebnis in Ihrer Applikation zu gewährleisten. Ist der Nutzer ein Smartphone-Kenner oder eher jemand, der nicht weiß, wie so ein Gerät zu bedienen ist?

3.1.5 Jedes Betriebssystem ist eine in sich geschlossene Welt

Die zwei populärsten Betriebssysteme sowie deren unterschiedliche Benutzermodelle stellen uns vor eine weitere Herausforderung: Die Gestaltung einer Applikation für mehrere Plattformen erfordert mehr als nur ein Design-Mockup. Jedes Betriebssystem hat seine eigenen Richtlinien und sogenannte *Standard-Controls* (dazu später mehr in Kapitel 8, »Von Controls, Views und Komponenten bis Atomic Design und Design-Systemen«), die genutzt werden können.

Hält man diese Richtlinien ein und nutzt betriebssystemeigene Standard-Controls, kann die Applikation vom Anwender sehr intuitiv genutzt werden. Diese Controls sind in der Regel im kompletten Betriebssystem enthalten, der Nutzer kennt diese also und weiß damit umzugehen. Alle neu entwickelten Controls oder Neuinterpretationen von bestehenden Controls erhöhen den sogenannten *Cognitive Load* und erschweren es dem Nutzer, die Applikation intuitiv zu nutzen.

Cognitive Load

Der Cognitive Load beschreibt die Menge an Informationen, die sich ein Nutzer merken muss, um ein System vollständig oder zum Grad der Nutzbarkeit zu erlernen. Je mehr der Nutzer über ein System und die Controls lernen muss, desto schwieriger ist es zu bedienen.

Greifen Sie wenn möglich auf die Richtlinien und Controls des jeweiligen Betriebssystems zurück. Scheuen Sie sich aber nicht, auch individuelle Lösungen für Bedienelemente oder Funktionen zu entwickeln. Wichtig ist dabei aber, den Nutzer nicht zu verwirren oder ihn ratlos allein zu lassen. Führen Sie neue Funktionen und Bedienelemente also bewusst ein. Haben Sie immer im Auge, ob der Nutzer auch versteht, wofür das jeweilige Bedienelement eingesetzt wird. Auf individuelle Designlösungen werde ich noch später in Abschnitt 8.4, »Custom-Controls und Custom-Components«, zu sprechen kommen.

Standard-Controls

Controls oder auch Steuerelemente sind Interaktionselemente für grafische User Interfaces. Schaltflächen, Eingabefelder, Auswahlkästchen zählen zu den gängigsten Controls. Jedes Betriebssystem hat seine eigenen vordefinierten Controls, die von jedem Entwickler genutzt, aber auch visuell geändert werden können. Ein Control kann auch ein komplett neu entwickeltes Interaktionselement sein, diese nennt man Custom-Controls.

Betrachten Sie das User Interface im Rahmen der Nutzung, und streben Sie eine störungsfreie, intuitive Nutzerführung an. Schaffen Sie dabei Raum für die wirklich grundlegenden Bedienelemente, die im tatsächlichen Nutzungskontext der App entscheidend sind, und helfen Sie dem Nutzer so, in allen Belangen sein Ziel zu erreichen.

3.2 Der Nutzungskontext

Es gibt viele äußere, nicht veränderbare Umstände, die die Nutzung einer Applikation beeinflussen. Allen voran ist der Nutzungskontext entscheidend, in dem eine App verwendet wird. Wichtige Punkte sind hierbei:

- momentaner Aufenthaltsort und vorherige Orte (Aufenthaltsorte, an denen sich der Nutzer vorher befand)
- Geschwindigkeit (die Geschwindigkeit, mit der sich der Nutzer bewegt)
- Zeit, Tag oder Nacht
- Beleuchtung, Geräuschpegel und Temperatur der Umgebung
- Netzwerkverfügbarkeit (z. B. ob sich der Nutzer im WLAN, im UMTS- oder LTE-Netz befindet)
- Netzwerkbandbreite (die Down- und Uploadstärke des angebundenen Netzwerkes) und die verbleibende Batterieleistung
- Gerätebewegung (die Lage des Geräts)
- Nutzeraktivität und Tagesablauf (das persönliche Verhalten des Nutzers über den Tag und die zugehörige Nutzung des Geräts)
- die Stimmung des Nutzers und die Personenanzahl in der Umgebung
- Gruppenkonstellationen (ob der Nutzer mit anderen digital oder »analog« verbunden ist)

Bei der Gestaltung einer App ist es wichtig zu verstehen, wann und in welcher Umgebung der Nutzer Ihre Applikation nutzt bzw. nutzen will. Diese Vorüberlegungen, die bereits im letzten Kapitel hinsichtlich des Kontextes erörtert wurden, werden Ihnen helfen, eine Applikation zu entwickeln, die auf die Bedürfnisse des Nutzers abgestimmt ist. Der Nutzer wird es Ihnen danken, indem er Ihre Applikation weiter nutzt und womöglich bereit ist, dafür Geld auszugeben.

3.2.1 Beispiele für Apps, die den Nutzungskontext beachten

Handelt es sich z. B. um eine App, die vorwiegend in der Nacht genutzt wird, sollte das ästhetische und farbliche Konzept entsprechend der Umgebung angepasst werden. Ein gutes Beispiel ist *Apple Books*. Diese App hat einen Nachtmodus, in dem Nutzer ihr Buch in einer Nachtumgebung besser lesen können.

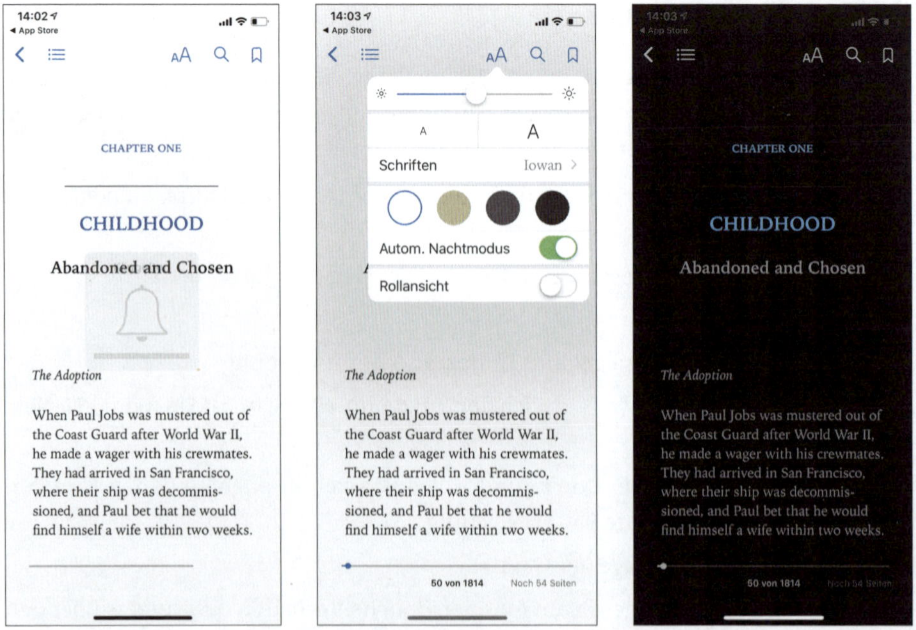

Abbildung 3.5 Apple-Books-App im Tag- und Nachtmodus

Ein anderes Beispiel ist die Applikation *Noom Coach*, die Anwendern hilft abzunehmen und nützliche Tipps gibt, die über den Tag verteilt werden und sich dem Nutzungsverhalten der Anwender anpassen.

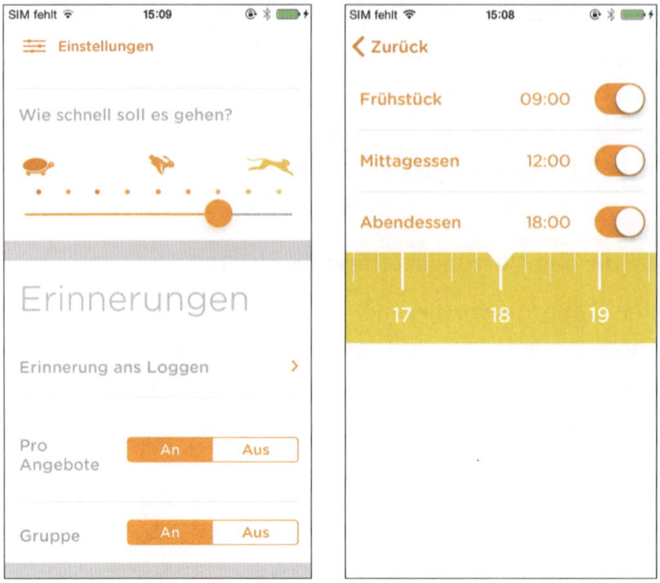

Abbildung 3.6 Noom-Coach-App in einer älteren Version

Die Herausforderung der Entwickler war es, Anwender nicht zu stören oder zu stark zu beeinflussen. Anwender können selbst entscheiden, welche Notifications und Zusatznachrichtern sie erhalten möchten und vor allem wann diese erscheinen sollen.

3.2.2 Nutzungssituationen

Das Bild eines Geschäftsmannes, der in der einen Hand den Aktenkoffer und in der anderen das Smartphone hält und hektisch durch die Bahnhofshalle rennt, ist ein klassisches Anwendungsbeispiel. Darüber hinaus gibt es viele weitere Anwendungsfälle, wann eine App zum Einsatz kommt.

Aus Langweile

Es gibt sehr viele Menschen, die ihr Smartphone oder Tablet nutzen, wenn sie gelangweilt sind, und sich in solchen Momenten auf den *Unterhaltungswert* einer App verlassen. Vorwiegend sind das Situationen, in denen der Nutzer versucht, sich abzulenken oder sich die Zeit zu vertreiben, z. B. Jugendliche in der Straßenbahn, die sich tief versunken mit ihren Smartphones beschäftigen.

Abbildung 3.7 »Snap«, ehemals Snapchat unterwegs gegen Langweile

Vorwiegend werden in diesen kurzen Momenten Statusmeldungen über Social-Media-Plattformen gepostet oder Chat- bzw. SMS-Nachrichten gesendet. In längeren Zeiträumen werden Videospiele gespielt oder mediale Inhalte konsumiert. Applikationen, die in solchen Situationen zum Einsatz kommen, bieten meist den Vorteil, dass man nach einer Unterbrechung sofort und schnell wieder zurück zum Ausgangspunkt in der Applikation gelangen kann. Beispiele solcher Applikationen sind Social-Media-Apps wie *Facebook*, *Twitter*, *XING*, *WhatsApp*, *Snap* oder *Tinder*, ebenso Spiele wie *Angry Birds*, *Doodle Jump*, *Tiny Wings*.

Aufgabenerfüllung

Hat der Anwendertyp grundsätzlich wenig Zeit zur Verfügung und neigt dazu, gestresst zu sein, wünscht er sich Apps, mit denen er Mikroaufgaben schnell und zuverlässig mit einer Hand in einem hektischen Umfeld erledigen kann. Der Nutzer verlässt sich dabei auf die Fähigkeiten, die eine App ihm hier verspricht. Bei solchen Applikationen ist ein User Interface entscheidend, das den Nutzer sofort zum Ziel führt.

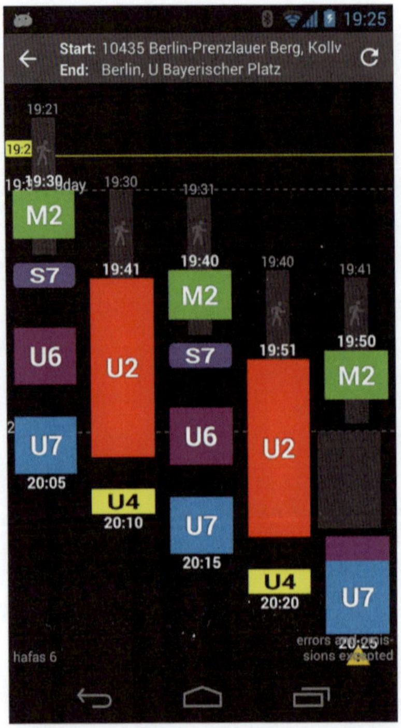

Abbildung 3.8 Auf einen Blick wissen, welcher Nahverkehr wann abfährt: »Öffi« (ältere Version). Die App lässt sich auch gut mit einer Hand bedienen.

Sollte die Applikation hierbei versagen, ist damit vermutlich die Chance vertan – mit größter Wahrscheinlichkeit wird der Anwender die App deinstallieren und ein Konkurrenzprodukt suchen. Beispiele solcher Applikationen für gestresste Anwender sind: Kalender- und E-Banking-Apps und Applikationen wie *TripIt*, *Notes*, *Wunderlist*, *Clear* oder auch Apps des Nahverkehrs wie *Öffi*.

Informationssuche

In einem solchen Kontext versucht der Nutzer, schnelle und korrekte Informationen zu erhalten. Der Nutzer befindet sich also in einer Situation, in der er nach einer Antwort sucht. Dies kann in einem bekannten oder in einem unbekannten Umfeld sein.

Stellen Sie sich z. B. einen Geschäftsreisenden vor. Dieser sucht mitunter die Adresse des nächsten Geschäftstermins, seines Hotels oder die eines Restaurants. Ziel einer Applikation in diesem Kontext sollte es sein, den Nutzer schnell ans Ziel zu bringen und ihm z. B. passende Empfehlungen für Restaurants oder Hotels in der Nähe auszusprechen.

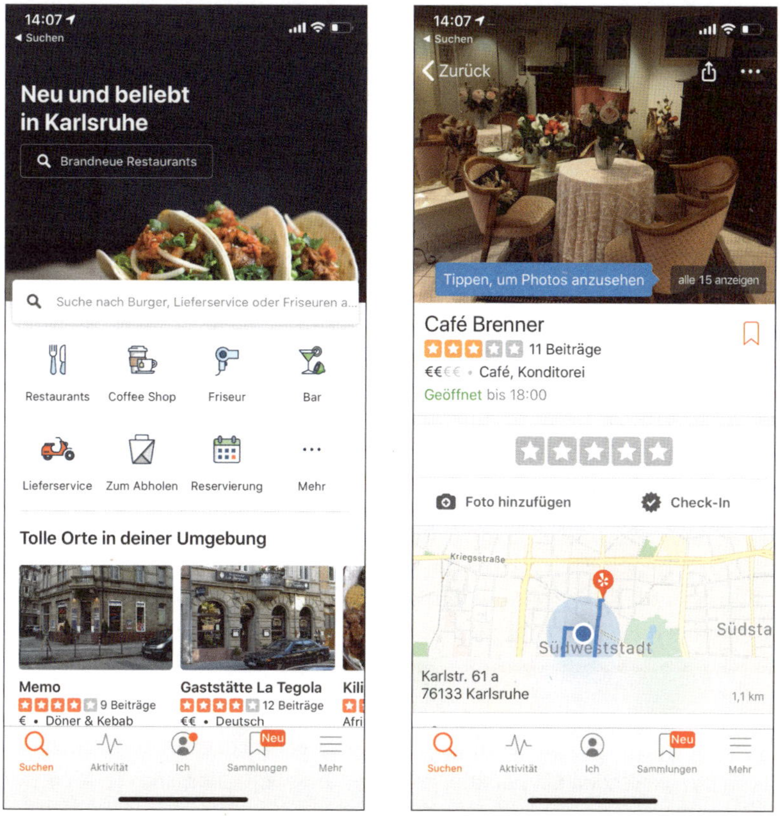

Abbildung 3.9 »Yelp« hilft, die beste Dönerbude in der Umgebung zu finden.

In diesem Zusammenhang ist es wichtig, dass die äußeren, kontextbezogenen Umstände zutreffen. So sind Faktoren wie verbleibende Batterieleistung, Netzkonnektivität und die Fähigkeit der GPS-Ortsbestimmung zu berücksichtigen.

Die Applikation funktioniert nur dann, wenn diese Umstände kein Hindernis darstellen: In ländlichen Gebieten ist z. B. die gewünschte Netzwerkbandbreite oft nicht vorhanden, und dementsprechend können Informationen in einer App nicht schnell geladen werden. Auf den ersten Blick kann der Applikation die Schuld daran gegeben werden, dass die gewünschten Informationen nicht geladen werden. Erst auf den zweiten Blick erkennt man, dass es an der Bandbreite liegt. Beispiele für solche Applikationen sind: *GoogleMaps, Yelp, Foursquare, Wikipedia, Wolfram Alpha*.

3.3 Kleine Bildschirme, aber großes Design

Wer eine App designen möchte, der steht vor einer großen Herausforderung – es gibt eine Vielzahl von Faktoren zu berücksichtigen, abhängig von Technologie-Trends, Eigenheiten der Betriebssysteme bis hin zu den Vorlieben der Verbraucher.

Es ist einfach, sich z. B. nur auf iOS-Endgeräte zu konzentrieren, aber gerade wenn die App nicht nur auf den Geräten eines Herstellers, sondern auf allen gängigen Betriebssystemen laufen soll, ist der Designaufwand deutlich höher. Verschiedene Bildschirmgrößen, unterschiedliche Seitenverhältnisse und variierende Pixeldichten sind Fallstricke, die es als App-Designer stets im Blick zu behalten gilt.

3.3.1 Der Touchscreen

Dreh- und Angelpunkt der App-Bedienung ist der Touchscreen. Der Touchscreen ist eine Kombination aus einem Ein- und Ausgabegerät. Durch Berührungen von Interaktionselementen können bestimmte Funktionen bzw. Programmabläufe gestartet werden. Die Befehlseingabe erfolgt dabei für den Nutzer unsichtbar, der Finger ersetzt die Funktion der Maus an einem Computer.

Einen Touchscreen kann man in drei Messgrößen unterteilen: die physikalische Bildschirmdiagonale, die in Zoll bzw. Inch angegeben wird, die Bildschirmauflösung in Pixeln sowie die Pixeldichte in PPI. Je dichter die Pixel nebeneinanderliegen, desto schärfer wird das Bild. Ab einer Pixeldichte von 300 ppi erkennt das menschliche Auge in der Regel einzelne Pixel nicht mehr.

PPI/DPI

Das Maß PPI (Pixel bzw. Points per Inch) oder DPI (Dots per Inch) beschreibt die genaue Anzahl von physikalischen Bildpunkten bei einer Länge von einem Inch (2,54 cm).

3.3.2 Bildschirmgrößen bei Android-Geräten

Jedes Betriebssystem hat seine eigenen Merkmale und Angaben für Bildschirmgrößen und Pixeldichte. Während man für Android eine unzählige Menge an möglichen Bildschirmgrößen hat, sieht es bei iOS-Geräten etwas anders aus. Hier ist die Anzahl an unterschiedlichen Bildschirmgrößen samt Auflösung und Pixeldichte überschaubarer.

Aufgrund der Tatsache, dass Android ein *offenes Betriebssystem* ist, verwenden viele Smartphone- und Tablet-Hersteller Android als Betriebssystem ihrer Wahl. Die Hersteller von Android-Smartphones stellen Dutzende von Geräteklassen her, um unterschiedliche Bedürfnisse der Kunden zu befriedigen, was zu einer großen Zersplitterung der Geräteleistung und Spezifikationen führt. Es gibt keine Standard-Android-Bildschirmgröße oder -Auflösung. Die Fragmentierung der Bildschirmgröße führt zu erheblichen Problemen für Designer und Entwickler. Hierbei ist es notwendig, sich an den zurzeit meistvertriebenen Smartphones und deren Bildschirmgröße zu orientieren. Versuchen Sie bereits bei der Zielgruppenanalyse zu ermitteln, welche Geräte genutzt werden.

3.3.3 Bildschirmgrößen bei iOS-Geräten

Anders sieht es bei iOS-Geräten aus. Hier ist die Anzahl der Bildschirmgrößen und Auflösungen sehr überschaubar und durchdacht von Apple angelegt. Sie basieren meist auf Verdopplung der Auflösung und Pixeldichte bei gleichbleibender Bildschirmgröße. Zudem gibt Apple den Entwicklern Werkzeuge an die Hand, um ihre Applikationen leicht an neue Bildschirmgrößen und Geräte anpassen zu können.

Aufgrund der Tatsache, dass die Hersteller verschiedene Geräte mit unterschiedlichen Auflösungen und Pixeldichten anbieten, ergeben sich Probleme in der Entwicklung einer mobilen Applikation. Eine App sollte möglichst auf vielen Endgeräten und auf unterschiedlichen Bildschirmen gestalterisch funktionieren. Jedes Betriebssystem hat hierbei sein eigenes Schema, wie Bilder bzw. Assets zu benennen und abzulegen sind.

3.3.4 Bildbenennung bei iOS-Geräten

Anhand Apples iOS kann man gut erkennen, wie diese Schemata funktionieren: Stellen Sie sich einen Bildpunkt vor. Ein Bildpunkt beschreibt einen Bereich, der aus einem oder mehreren Pixeln bestehen kann. Der Bildpunkt ermöglicht es, unabhängig von der Auflösung und Pixeldichte Objekte auf dem Screen zu positionieren. Die Bilder, sogenannte *Assets*, passen sich dann entsprechend der Auflösung und Pixeldichte an die vom Entwickler vorgegebene Positionierung der Bildpunkte an.

Asset-Handling iOS-Geräte

Wer an dieser Stelle gerne mehr über die Auflösungen und das Handling der Bilder unter iOS erfahren möchte, dem kann ich folgende Seite empfehlen: *www.paintcodeapp.com/news/iphone-6-screens-demystified*.

Bei einer Auflösung des Bildschirms von 163 ppi wird das Bild mit der Benennung »Icon@1x.png« verwendet. Bei einer Auflösung von 326 ppi wird das Bild »Icon@2x.png« angezeigt usw. Es sind zwei verschiedene Bilder mit unterschiedlichen Auflösungen. Während unter @1x ein Pixel angezeigt wird, sind es unter @2x schon vier Pixel. Entsprechend korrekt angelegte Bilder können also schärfer dargestellt werden. Mit dem iPhone 6 Plus wurde die Palette um ein @3x ergänzt.

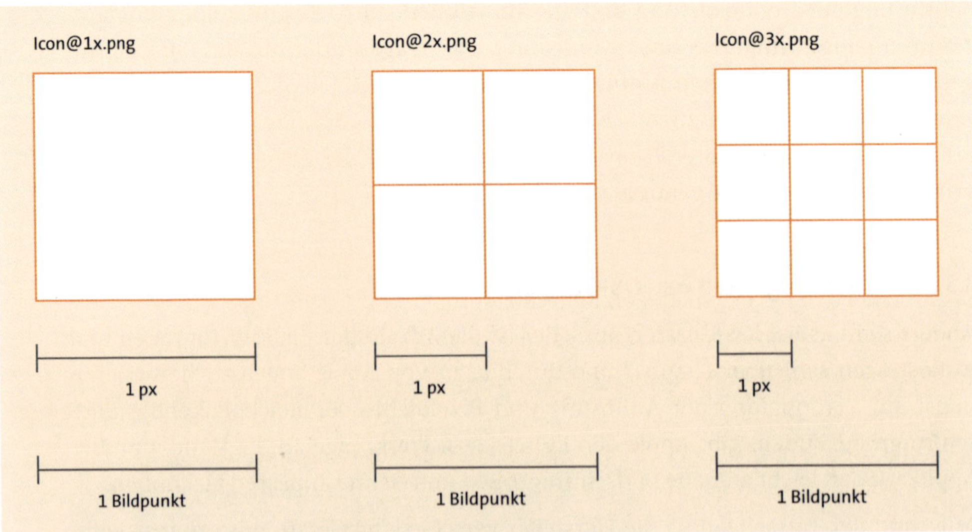

Abbildung 3.10 iOS-Schema der Bildbenennung

3.3.5 Bildbenennung bei Android-Geräten

Unter Android ist das Verfahren ähnlich, jedoch werden die Bilder in entsprechenden Verzeichnissen angelegt. Android erkennt, welche Auflösung das Gerät besitzt, und bestimmt selbstständig, welches Bild verwendet wird. Das Betriebssystem bedient sich also immer am bestmöglichen Bildelement, was zwangsläufig dazu führt, dass ein nicht an die Auflösung angepasstes Bild verwendet wird.

Skalierung	1×	1,5×	2×	3×	4×
Verzeichnis	MDPI	HDPI	XHDPI	XXHDPI	XXXHDPI
PPI	160 ppi	240 ppi	320 ppi	480 ppi	640 ppi

Tabelle 3.1 Android-Verzeichnisschema, abhängig von der Pixeldichte

3.3.6 Bildschirme von Wearables

Bei Wearables hingegen sind es vorwiegend sehr kleine Bildschirme in unterschiedlichen Größen und Auflösungen. Da diese Produktgruppe noch recht jung ist, hat sich hier noch kein Standard etabliert.

Die Apple Watch besitzt neben dem Touchscreen auch einen integrierten drucksensitiven Bildschirm. Dieser erkennt neben der Berührung eines Fingers auf dem Bildschirm auch den Druck auf diesen. Es kommt somit eine zusätzliche Eingabemethode zur Touchoberfläche hinzu. Diese Eingabemethode gilt jedoch für den gesamten Screen und kann nicht punktuell für Interaktionselemente verwendet werden, wie es beim iPhone 3D Touch möglich ist. Sie nennt sich Forced Touch und ruft nur ein Kontextmenü für die entsprechende Seite der Applikation auf.

3.3.7 Fazit

Am schwierigsten ist es sicherlich, eine App zu gestalten, die auf möglichst vielen Endgeräten und Betriebssystemen funktioniert. Eine Mammutaufgabe wird man aufgrund der vielen verschiedenen Bildschirmgrößen und Auflösungen bei Android haben, während man sich bei iOS auf eine etwas solidere Basis an Bildschirmgrößen konzentrieren kann.

In Zukunft wird es neuere Geräte und Geräteklassen geben, und somit werden die Probleme aufgrund der Vielzahl der Bildschirmgrößen und Auflösungen nicht der Ausnahme-, sondern eher der Standardfall sein. Dabei sind die unterschiedlichen Arten an Bildschirmauflösungen und -größen nicht nur für Entwickler problematisch, sondern auch für den Designer. Je kleiner ein Bildschirm ist, desto komplexer wird es, ein verständliches *Interaktionsmodell* zu gestalten. Man ist begrenzt auf die Bildschirmgröße. Eine manuelle Texteingabe auf einem Wearable ist faktisch nicht möglich, auf einem Smartphone oder Tablet hingegen schon. Machen Sie sich bewusst, dass die Anzahl an Funktionen mit der Bildschirmgröße sinkt oder steigt. Versuchen Sie nicht, eine Applikationen mit hohem Funktionsumfang auf einen kleinen Bildschirm abzubilden.

Interaktionsmodell

Ein Interaktionsmodell hält eine Applikation zusammen. Es formuliert und beschreibt, wie Objekte und Aktionen einer Applikation verknüpft sind. Es sorgt dafür, dass der Nutzer orientiert bleibt, und versteht, wie er von einem zum nächsten Platz gelangt.

3.4 Portrait und Landscape

Mobile Endgeräte können mittels eingebauter Sensoren erkennen, ob das Gerät gerade horizontal oder vertikal gehalten wird, und richten den Bildschirminhalt entsprechend in den *Portrait- oder Landscape-Modus* aus. Gleichzeitig hat der Nutzer die Möglichkeit, die Bildschirmorientierung für die aktuelle Lage zu sperren.

Die Fähigkeit der Bildschirmorientierung ermöglicht uns, ein besseres Nutzererlebnis zu kreieren. Die Standardausrichtung aller Geräte ist der Portrait-Modus. Sie können Ihre Applikation aber auch im Landscape-Modus starten lassen.

Abbildung 3.11 Portrait- und Landscape-Modus

Designtechnisch eröffnet der Landscape-Modus die Möglichkeit, ein zusätzliches Layout durch eine Neuorientierung der Lage des Geräts darzustellen. Diese erweiterten Gestaltungsmöglichkeiten bergen aber auch neue Herausforderungen, denen wir uns stellen müssen. Hier gilt es, vor allem zu berücksichtigen, in welchem Kontext Ihre Applikation genutzt werden soll.

Nicht immer ist der Einsatz des Portrait-Modus sinnvoll, und auch nicht jede App profitiert vom Landscape-Modus. Während es für Spiele sicherlich oftmals sinnvoll ist, auf den Landscape-Modus zurückzugreifen, ist es z. B. bei Anwendungen, die vorwiegend auf Listen basieren, zweckmäßiger, den Portrait-Modus zu nutzen. In jedem Fall gilt: Sollten Sie beide Ausrichtungen für Ihre Applikation nutzen, vergewissern Sie sich, dass in der Hauptausrichtung alle wichtigen bedien- und interaktiven Elemente vorhanden sind.

3.4.1 Orientation Design Models

Apps auf Smartphones werden vorzugsweise für den Portraitmodus entwickelt und genutzt, während das Tablet in beiden Ausrichtungen gleichermaßen genutzt wird. Sogenannte *Orientation Design Models* beschreiben Methoden, die man anwenden kann, um die aktuelle View mit weiteren Inhalten anzureichern oder zu erweitern.

Ein Beispiel für den Einsatz gelungenen Orientation Designs ist die YouTube-App. Im Portrait-Modus bietet die YouTube-App funktionsreiche Möglichkeiten für die Entdeckung neuer Videos. Im Landscape-Modus hingegen wird das ausgewählte Video im Vollbildmodus mit Wiedergabesteuerung gezeigt. Hierbei kommt das abgespielte Video voll zur Geltung und steigert das Nutzererlebnis.

Nicht immer gelingt die Umsetzung des Landscape-Modus, und nicht wenige Apps hätten besser auf den Landscape-Modus verzichtet. Das ist besonders dann der Fall, wenn dieser keinen nennenswerten Mehrwert für die App darstellt oder er sogar darüber hinaus zu Schwierigkeiten bei der Bedienung führt. Nicht selten kommt es zu solchen Problemen, wenn es auf der Nutzeroberfläche der App keine visuellen Elemente gibt, die auf den vorhandenen Landscape-Modus hinweisen. Das frustriert mitunter den Nutzer, vor allem wenn er die Applikation im Portrait-Modus startet und dann aus Versehen im Landscape-Modus landet.

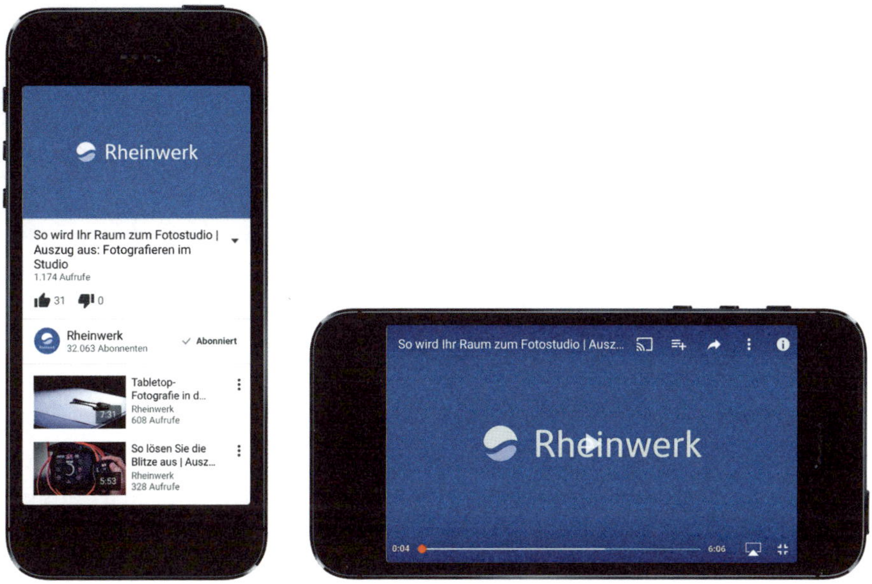

Abbildung 3.12 YouTube-App im Portrait- und Landscape-Modus

Die Funktionalität für das Erkennen der Lage übernimmt das Betriebssystem. In der App-Entwicklung greift man auf diese Funktionalität zurück und implementiert diese in die Applikation. Ob diese dann angemessen funktioniert, ist also vom Betriebssystem abhängig und nicht von der App. Hier kann die Funktionalität gut oder schlecht arbeiten, was sich aber definitiv auf das Nutzungserlebnis auswirkt.

Landscape- und Portrait-Modus?

Wenn Sie Ihre App konzipieren und vor der Frage stehen, ob Sie auch einen Landscape-Modus anbieten sollten, beziehen Sie auch die äußeren Umstände mit ein, in der Ihre App genutzt wird. Der Landscape-Modus macht es angenehmer, Videos zu betrachten, der Portrait-Modus hingegen ist besser für das Lesen von langen Texten geeignet. Stellen Sie sich z. B. eine Kochbuch-App vor. Im Portrait-Modus erhält der Anwender die Zutatenliste und das Rezept, im Landscape-Modus hingegen zusätzlich eine interaktive Kochvideoanleitung, anhand der er aktiv das entsprechende Rezept nachkochen kann (Abbildung 3.13).

Abbildung 3.13 Eine Koch-App mit Hinweis auf ein Video, das im Landscape-Modus abgespielt wird (hier: die App »Kitchen Stories«)

Orientation Design ist nicht neu, sollte aber zweitrangig gegenüber dem Design der Hauptausrichtung behandelt werden. Nutzen Sie beide Ausrichtungen nur dann, wenn es in Ihr Konzept passt. Es sollte die Applikation um Funktionalitäten erweitern und somit das Nutzererlebnis verbessern. Nutzen Sie es nicht, um unnötige Inhalte oder Informationen darzustellen. Signalisieren Sie in jedem Fall visuell, dass es einen Landscape-Modus gibt. Andernfalls haben Sie unnötig Zeit verwendet auf eine Funktion, die der Benutzer womöglich gar nicht kennt oder nutzen möchte. Das können Sie z. B. beim On-Boarding (dazu mehr in Kapitel 6, »Nutzerzentriertes Design«) machen oder in dem entsprechenden Bereich als Hinweis in der Laufzeit der Applikation.

Es gibt verschiedene Orientation Models, die Sie einsetzen können. Diese bieten verschiedene Funktionalitäten und Möglichkeiten, entsprechende Inhalte der Applikation darzustellen; im Folgenden sollen die gängigsten vorgestellt werden.

Responsive Model

Das Responsive Model passt den Bildinhalt an die Ausrichtung an und stellt alle UI-Elemente in beiden Orientierungen gleichermaßen dar. Dieses Model bietet sich dann an, wenn man in beiden Orientierungen dieselbe Funktionalität bieten möchte. Das Ziel ist, dem Nutzer die Möglichkeit zu überlassen, wie das Gerät zu halten ist. Vorzugsweise wird diese Methode bei Tablet-Apps genutzt, da die Ausrichtung keinen sonderlichen Einfluss auf den Inhalt hat, weil die Bildschirmgröße recht hoch ist.

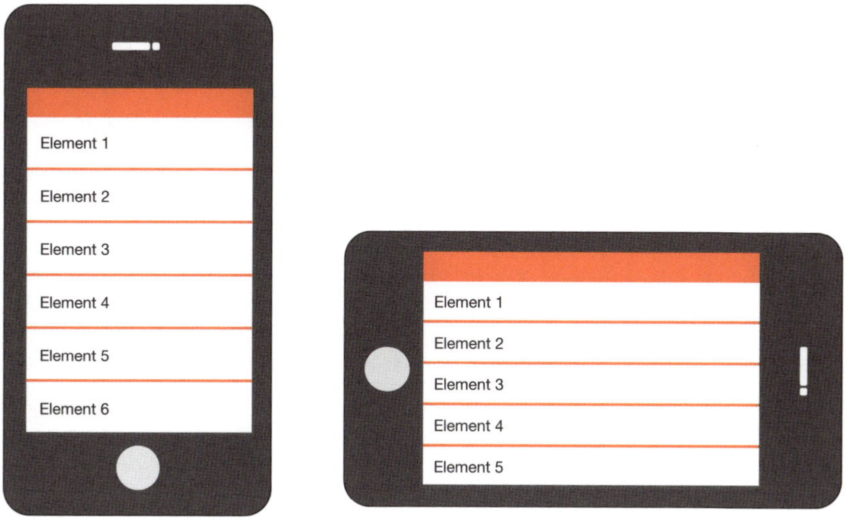

Abbildung 3.14 Orientation Design Model: Responsive

Additional Model

Das Additional Model erweitert oder reduziert das Interface, je nach Ausrichtung des Geräts, um Layout- oder Interaktionselemente. So können im Landscape-Modus zusätzliche Bedienelemente oder Inhalte angezeigt werden. Meistens werden im linken Bereich Listen oder das Hauptmenü angezeigt.

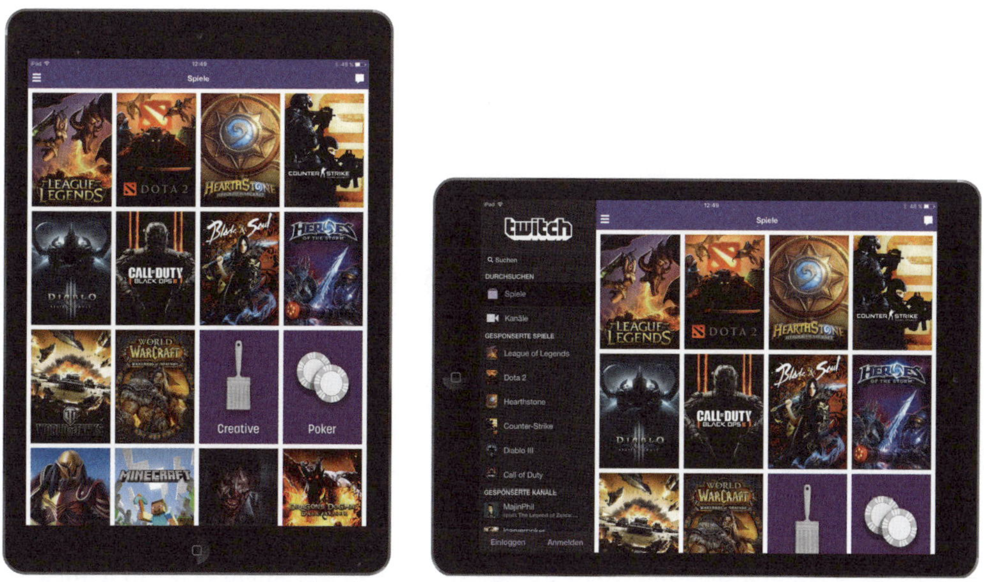

Abbildung 3.15 Orientation Design Model: Additional, hier die Twitch-App auf dem iPad

Dieses Model bietet sich dann an, wenn der Nutzer längerfristig in einer Sektion arbeitet, hier werden dann weitere Bedienelemente angezeigt, die z. B. im Portrait-Modus erst über einen Dialog zu erreichen sind. Auch ein gegenteiliger Effekt kann erzielt werden, so können z. B. Inhalte »leichter« konsumiert werden, indem man auf Bedienelemente in einem Landscape-Modus verzichtet.

Die iPad-App *Twitch* ist ein gutes Beispiel für das Additional Model. Hier kann der Nutzer selber entscheiden, ob eine Seitennavigation angezeigt wird oder nicht.

Complementary Model

Dieses Model ergänzt durch eine veränderte Ausrichtung des Geräts die momentane Ansicht um einen zusätzlichen »Hilfsscreen«. Ein Beispiel wäre eine Datenanalyse-Applikation mit Diagrammdaten, die im Portrait-Modus eingegeben werden kann und durch Drehung in den Landscape-Modus das entsprechende visuelle Diagramm anzeigt (Abbildung 3.16). Die Neuausrichtung zeigt ähnliche oder ergänzende Inhalte vom Portrait-Modus an.

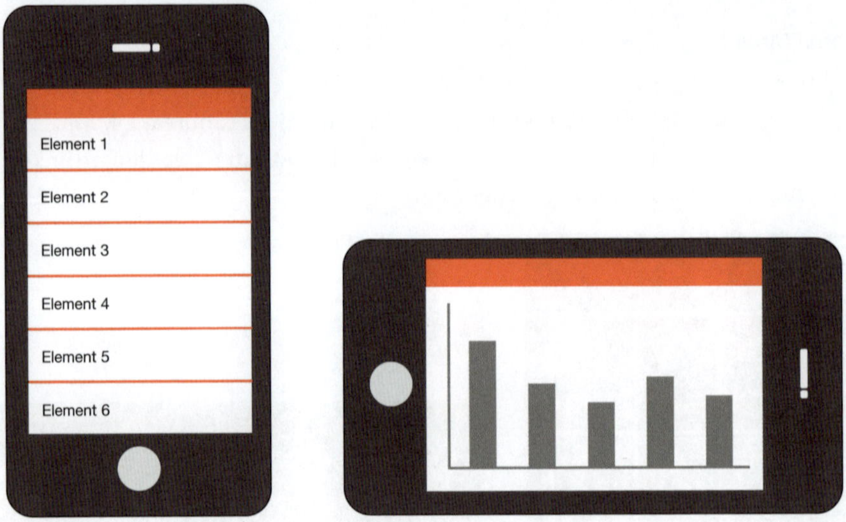

Abbildung 3.16 Orientation Design Model: Complementary

Dieses Model bietet sich vor allem an, um ergänzende und nicht zwingend notwendige Inhalte darzustellen. Wichtig ist hierbei, den Nutzer auf diese Funktionalität aufmerksam zu machen. Solche komplementären Inhalte steigern das Nutzererlebnis und können mitunter die Applikation einzigartig machen. Ein Beispiel ist die Aktien-App von Apple. Während im Portrait-Modus eine Liste mit den Aktien angezeigt wird, wird die ausgewählte Aktie im Landscape-Modus in einem Diagramm mit dem entsprechenden Kursverlauf angezeigt.

Chameleon Model

Das Chameleon Model ermöglicht es dem Nutzer, dieselbe Funktionalität in beiden Ausrichtungen darzustellen. Der Unterschied besteht jedoch in der Darstellung der Funktionalität. Dabei können die Elemente entsprechend dem Screen angepasst werden.

Als Beispiel sei eine Fernbedienungs-App genannt. Im Portrait-Modus können Kanäle gewechselt werden, während im Landscape-Modus das aktuelle TV-Programm in einem Zeitstrahl gezeigt wird und man entsprechende Sendungen auswählen kann. Dieses Model ist dem Responsive Model sehr ähnlich. Der Unterschied besteht jedoch darin, dass die dargestellte Funktionalität anders interpretiert und somit anders betrachtet und bedient wird. Dem Nutzer bleibt es überlassen, wie er die Applikation nutzen möchte bzw. wann er welche Orientierung nutzen möchte. Es gibt somit zwei unterschiedliche Interpretationen ein und derselben Grundfunktionalität.

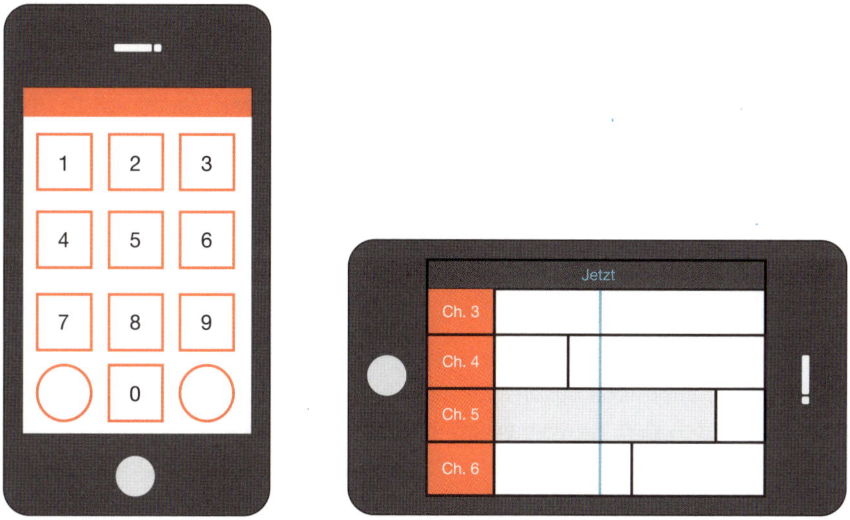

Abbildung 3.17 Orientation Design Mode: Chameleon

3.5 Die Bedienung per Finger

Die Herausforderung eines Bogenschützen ist es, sein Ziel aus großer Entfernung zu treffen. Das Bild eines zielenden Schützen kann man auch auf die UI-Elemente moderner Geräte mit Touchbedienung übertragen.

3.5.1 Kleine Bedienelemente, große Probleme

Kleine Interaktionselemente sind für Nutzer nur schwer zu treffen. Als Designer von mobilen Applikationen sollten Sie also Ihre Flächen so groß wie möglich gestalten.

Doch was ist die richtige Größe eines Bedienelements für den Großteil der Nutzer? Jedes Betriebssystem gibt darüber in seinen *Human Interface Guidelines* Auskunft.

Human Interface Guidelines

Human Interface Guidelines unterstützen den Entwickler bei der Erstellung von Applikationen. Sie geben Empfehlungen und Richtlinien vor, auf die Entwickler zurückgreifen können. Das Ziel einer sogenannten HIG ist es, ein konsistentes und intuitives Nutzererlebnis zu schaffen. Jedes Betriebssystem hat seine eigenen Vorgaben.

- Guidelines für Android: *https://developer.android.com/design/index.html*
- Guidelines für iOS : *https://developer.apple.com/library/ios/documentation/UserExperience/Conceptual/MobileHIG/*

Die Angaben zu den Größen sind in den Guidelines der verschiedenen Plattformen nicht konsistent und nicht im Einklang mit der tatsächlichen Größe des menschlichen Fingers. Die vorgeschlagenen Größen sind sogar wesentlich kleiner als die Durchschnittsgröße des menschlichen Fingers: Apples Human Interface Guidelines empfehlen eine Mindestzielgröße von 44 × 44 Bildpunkten. Microsofts »UI Design- und Interaktions-Leitfaden« für Windows Phone schlägt eine Größe von 34 Bildpunkten mit einer minimalen Größe von 26 Bildpunkten vor. Android schlägt sogar eine physische Größe von 7 bis 10 mm vor.

3.5.2 Zeigefinger und Daumen

Vorwiegend werden zur Bedienung einer App Zeigefinger oder Daumen genutzt. Generell gilt, dass kleine Interaktionselemente von Benutzern nur sehr schwer mit Genauigkeit zu treffen sind. Im Web erhalten Nutzer über ein Mouseover ein visuelles Feedback darüber, wann sie ein Bedienelement bedienen können. Dieses Prinzip fehlt aber auf mobilen Endgeräten. Der Nutzer muss mit seinem Finger die Schaltfläche verdecken und erhält in der Regel kein visuelles Feedback, ob sich seine Fingerkuppe korrekt über dem Ziel befindet.

Der Benutzer muss bei kleineren Zielen den Finger stetig in Bewegung halten, um das Ziel zu treffen, sollte er es zunächst verfehlen. Er braucht also mehrere Anläufe. Je öfter ein Nutzer die gleiche oder dieselbe Aktion ausführen muss, desto frustrierter wird er.

Schwierigkeiten in der Bedienung treten zudem häufig auf, wenn verschiedene Interaktionselemente in Gruppen zusammengefasst werden, so wie es z. B. bei einem Menü der Fall ist. Ist der Spielraum hier in der Gestaltung zu eng bemessen worden, ist die Wahrscheinlichkeit groß, dass der Anwender mit seiner Fingerkuppe versehentlich benachbarte Interaktionselemente trifft und damit eine andere Aktion initiiert als gewünscht.

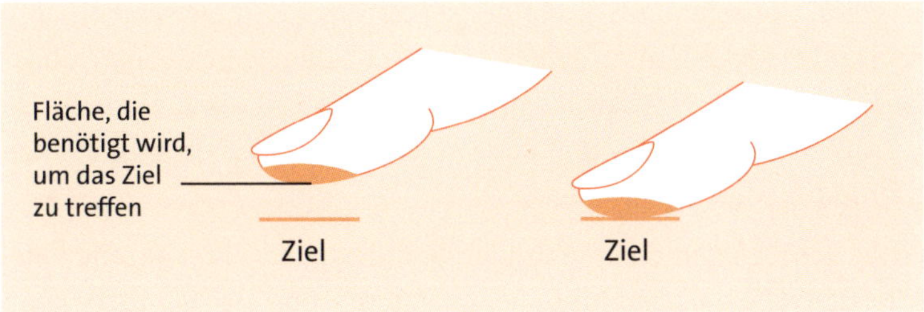

Abbildung 3.18 Die Fingerkuppenfläche wird benötigt, um das Ziel zu treffen.

Jede Plattform gibt in ihren Guidelines, wie bereits erwähnt, unterschiedliche Mindestgrößen für Bedienelemente vor. Ich persönlich halte mich mindestens an die 44-×-44-Bildpunkte-Regel. Wichtiger ist, dass man im Vorfeld schon ein gutes User-Interface-Konzept entwickelt, das möglichst wenige Bedienelemente enthält. Denn je mehr Bedienelemente auf einem Bildschirm versammelt sind, desto kleiner fallen diese aus. Im Grunde sollte also nicht die Größe der Bildelemente auf dem Endgerät Ihre größte Sorge sein, sondern die Entwicklung einer cleveren Nutzerführung in der Applikation. Eine gute Größe der Bedienelemente ergibt sich dann von selbst.

3.5.3 Pixelbreite von Fingern

Laut dem *Massachusetts Institute of Technology* (kurz MIT) beträgt die durchschnittliche Zeigefingerbreite 16 bis 20 mm. Umgerechnet sind das zwischen 45 bis 57 Bildpunkten, was wesentlich breiter ist, als in den oben genannten Richtlinien der Betriebssysteme vorgegeben.

Der Daumen ist noch einmal wesentlich breiter als ein Zeigefinger. So beträgt die durchschnittliche Breite eines Daumens ca. 2,5 cm, was ca. 72 Bildpunkten entspricht. Eine Interaktionsfläche, die eine entsprechende Breite von 45 bis 57 Bildpunkten bzw. 72 Bildpunkten hat, ermöglicht es, dass der Finger oder Daumen satt auf das Ziel passt.

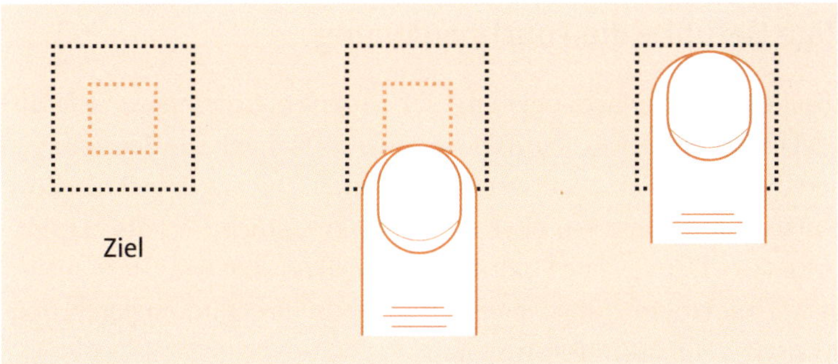

Abbildung 3.19 Die Fingerkuppe verdeckt das Ziel.

Die Kanten eines Interaktionselements um einen Zeigefinger (z. B. bei einem Icon) können eine klare visuelle Rückmeldung geben. Sie können dem Icon z. B. eine quadratische oder kreisrunde Hintergrundfarbfläche geben, die größer als das Icon ist. So erzeugen Sie eine größere Grundfläche, und der Nutzer erkennt, dass er sich mit seinem Finger über der Aktionsfläche befindet.

Alternativ können Sie dem Icon einen kreisrunden Rahmen geben. Frei liegende Elemente sind schwerer zu treffen als gerahmte oder gefasste Icons. Der Benutzer kann somit eindeutiger das Ziel bzw. das Icon treffen. Ebenso kann er schneller mit der Nutzeroberfläche interagieren, da die Interaktionsflächen größer und somit besser zu erreichen sind. Dies geht auch einher mit dem sogenannten *Fitts Gesetz*.

Fitts Gesetz

Fitts Gesetz besagt, dass die benötigte Zeit, um eine Zielfläche zu erreichen bzw. mit dem Finger zu berühren, eine Funktion der Distanz zu dieser Fläche und deren Größe ist. Das heißt, es Bedarf mehr Zeit, ein Ziel zu erreichen, je kleiner oder weiter weg es ist.

Mein Plädoyer an dieser Stelle klingt fast banal, findet in der Praxis aber viel zu oft zu wenig Gehör: Je größer eine Interaktionsfläche ist, desto besser kann sie vom Finger des Anwenders getroffen werden. Unterschreiten Sie daher nicht die angegebenen Mindestgrößen, die vom jeweiligen Betriebssystem empfohlen werden. Je kleiner Objekte sind, desto schwieriger ist es für den Nutzer, flüssig und intuitiv mit Ihrer App zu arbeiten, und das führt beim Anwender zu Frustration und zur anschließenden Deinstallation der App. Sie werden aber auch nicht auf kleinere Interaktionsflächen verzichten können. Nutzen Sie für Hauptaktionen stets große Interaktionsflächen und für sekundäre Funktionen kleinere Flächen. Erzeugen Sie eine Hierarchie, die dem Nutzer zeigt, was wichtige Aktionen und was sekundäre Aktionen sind.

3.6 Das richtige Gefühl – die Touchbedienung

Traditionelle grafische User Interfaces oder englisch *Graphical User Interfaces* (GUIs) werden vorwiegend mit Mäusen, Keyboards oder Joysticks bedient. Die Bewegungen einer Maus werden digital über eine Software interpretiert und auf dem Bildschirm dargestellt. Der Nutzer manipuliert ein physisches Objekt, zeitlich wird die Manipulation digital interpretiert. Der visuelle Eindruck, der dabei erzeugt wird, verschleiert die Tatsache, dass wir mit einem grafischen Interface nicht direkt interagieren, sondern dafür ein physisches Hilfsmittel verwenden.

Anders ist es bei der Touchbedienung. Hier interagieren wir direkt mit dem grafischen Interface ohne physische Hilfsmittel.

3.6.1 Besonderheiten der Bedienung

Es ist noch nicht so lange her, da waren bei den Vorgängern heutiger Smartphones und Tablets Tastaturen fester integraler Bestandteil dieser Geräte. Man versuchte, das bestehende Konzept des Desktop-User-Interfaces auf Mobiltelefone zu adaptieren, was aber nur begrenzt funktionierte.

Durch den Touchscreen haben Entwickler und Designer heute die Möglichkeit, die Bedienoberfläche ihrer Apps ihren Wünschen anzupassen. Keine fixe mechanische Tastatur gibt mehr die Bedienung vor, die Applikation selbst stellt das grafische User Interface und das Endgerät mit einem Touchscreen die Eingabemethode. Eine Tastatur erscheint nur noch dann, wenn der Anwender diese tatsächlich braucht, und der Finger ersetzt die Maus.

All dies führt dazu, dass Nutzer dem Interface und somit der Applikation näher sind und damit schneller interagieren können als jemals zuvor. Sie interagieren direkt mit den auf dem Screen angezeigten Objekten und können diese verändern und manipulieren. Das bietet uns Designern und Entwicklern ein hohes Potenzial für kreative Ideen, die auf einem Desktop-Computer nicht umsetzbar wären.

Wichtig ist hierbei, dass Apps auch performant gestaltet und programmiert werden, d. h., sobald ein Bedienelement berührt wird, muss die Applikation sofort reagieren und signalisieren, dass die entsprechende Aktion ausgeführt wird. Allenfalls wirkt das User Interface träge oder sogar funktionsuntüchtig und spielt nicht die Vorzüge der Touchoberfläche aus.

Eine gute Touchbedienung ...

- ... ist direkt und intuitiv (sie reagiert sofort und zeigt an, was bedienbar ist).
- ... verhält sich natürlich (ein Swipe von 5 cm bewegt ein Objekt über dieselbe Distanz auf dem Bildschirm).
- ... verhält sich wie ein reales physisches Objekt.
- ... passt sich an (je nach Use Case wird genau das angezeigt, was benötigt wird).
- ... nutzt den verfügbaren Platz optimal aus.
- ... ist klar, simpel und sofort als solche erkennbar (ein Bedienelement ist ein Bedienelement).
- ... ist so plakativ wie möglich und setzt am besten wenig bis kein Vorwissen beim User voraus.

Swipe?

Auf die verschiedenen gängigen Gesten wie Swipe gehe ich in Abschnitt 3.6.2, »Gesten: drücken, wischen, tippen ...«, noch ausführlich ein.

Das fast physische Interface

Die meisten mobilen Endgeräte besitzen kein wirkliches physisches Interface. Jede Taste oder jeder Schalter an einem Tablet, Smartphone oder Wearable ist meist Funktionen des Betriebssystems vorbehalten. Ausnahmen sind Apps, die eine Kamerafunktion integriert haben und als Auslöser etwa den Lautstärkeregler des Geräts verwenden.

Jede Applikation stellt ihre eigenen Bedienelemente über den Bildschirm dar. Das Einzige, was einem physischen Interface nahekommt, sind die Eingabemethoden mittels Sensoren. So sind fast alle Smartphones in der Lage, das Schütteln des Geräts zu erkennen. In Musikapplikationen wird diese Funktion beispielsweise für die Aktivierung der Shuffle-Funktion genutzt. Alternativ kann diese Eingabemethode auch das Rückgängigmachen einer zuvor ausgeführten Aktion zur Folge haben. Unter anderem kann über Sensoren die Lage des Geräts erkannt und als Eingabemethode verwendet werden, z. B. für einen Kompass oder eine Wasserwaage.

3.6.2 Gesten: drücken, wischen, tippen ...

Touchscreens gibt es nicht erst seit dem ersten iPhone. Bankautomaten oder andere Terminals waren schon einige Jahre mit touchfähigen Bildschirmen ausgestattet, allerdings konnten diese lediglich nur eine einzige Berührung erkennen – den sogenannten *Tap*.

Mit der Einführung des ersten iPhones wurde eine neue Technologie etabliert, sogenannte *Multitouchdisplays*. Diese Displays sind in der Lage, neben dem Tap Wischgesten, mehrere Finger und Bewegungen auf dem Bildschirm zu erkennen. Diese Gesten leiten sich teilweise aus der klassischen Mausbedienung ab, viele der Gesten wurden auch in Anlehnung an die reale Welt entwickelt. Im Laufe der Zeit haben sich nach und nach einige Gesten beim Nutzer für bestimmte Einsatzgebiete etabliert.

Einige Sondergesten sind dem Betriebssystem vorbehalten und können nicht von Applikationen verwendet werden. Es handelt sich hierbei um sehr exotische Gesten, die den Einsatz mehrerer Finger benötigen. In Tabelle 3.2 finden Sie einen Überblick über die gängigsten Touchgesten.

Auf der sicheren Seite stehen Sie als Designer und Entwickler, wenn Sie auf die gängigsten Touchgesten zurückgreifen und diese nicht für andere Interaktionsmodelle zweckentfremden. Natürlich steht es Ihnen frei, auch eigene Gesten zu entwickeln, hierbei müssen Sie aber darauf achten, dass unbekannte Gesten hinreichend eingeführt werden und die Anwender Ihrer App wissen, wie und wann man diese anwenden muss.

Tap (Berührung) Berührung eines Bedienelements mit einem Finger **Beispiel:** Ausführen von Aktion, gleicht dem Klick der Maus bei Computern.		**Double Tap** doppelte Berührung eines Bedienelements mit einem Finger **Beispiel:** Vergleichbar dem Doppelklick mit der Maus	
Swipe (Wischen) Der Finger bewegt sich durchgängig über den Touchscreen, ohne den Kontakt zu diesem zu verlieren. **Beispiel:** Verschieben von Bildern in einer Galerie		**Double Swipe** Zwei Finger bewegen sich durchgängig über den Touchscreen, ohne den Kontakt zu diesem zu verlieren. **Beispiel:** Verschieben von Seiten bzw. Views	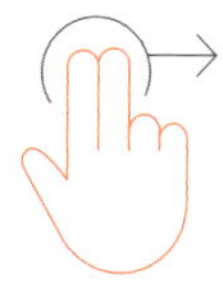
Flick Der Finger fegt schnell und wiederholt über den Touchscreen. **Beispiel:** Schnelles Verschieben von Bildern in einer Bildergalerie	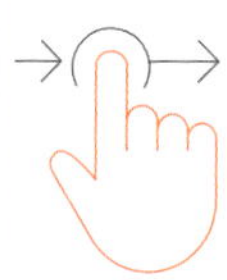	**Press** Der Finger berührt dauerhaft ein Objekt. **Beispiel:** Hochzählen von Eingabedaten	
Drag&Drop Der Finger berührt ein Objekt für eine bestimmte Dauer, und nach visuellem Feedback kann das Objekt bewegt werden. **Beispiel:** Ähnlich dem Drag & Drop auf dem Desktop		**Pinch-in/-out** Der Zeigefinger und der Daumen werden zusammen- oder auseinandergeführt. **Beispiel:** Ein- und Auszoomen aus einer Landkarte	
Rotate Der Daumen und der Zeigefinger berühren beide ein Bedienelement, zeitgleich wird die Hand gedreht. Funktioniert auch mit beiden Zeigefingern. **Beispiel:** Drehen von Bildern und Objekten			

Tabelle 3.2 Die gängigsten Touchgesten für mobile Applikationen und deren Einsatzgebiete

Zukunft der Gesten

Durch die Neuentwicklung von Force Touch (Apple Watch) und 3D Touch (iPhone-6S-Reihe) sind weitere Eingabemethoden denkbar, hier schlägt Apple quasi mit Peek und Pop auf. Auch die Hersteller von Android-Smartphones arbeiten an druckempfindlichen Bildschirmen. Im Moment simuliert Android solche Eingaben durch verschiedene sensorische Events wie Erschütterung, Stärke und Touch sowie Bewegung.

3.6.3 Hotspots: Wohin schaut der Nutzer?

Es gibt auf Smartphones und Tablets Bereiche, die besonders die Aufmerksamkeit des Nutzers erregen. Sogenannte *Hotspots* sind Bereiche auf einem Bildschirm, in denen der Nutzer bestimmte Inhalte oder Interaktionselemente erwartet.

In westlichen Ländern erwartet der Nutzer den Beginn eines Inhalts im oberen linken Bereich des Inhaltsbereichs. Man spricht hier von einer rechtsläufigen waagerechten Leserichtung. In anderen Ländern der Erde gibt es andere Leserichtungen. Sollten Sie also für den arabischen oder asiatischen Raum eine Applikation entwickeln, so sollten Sie auch die Leserichtung des jeweiligen Landes berücksichtigen.

Abbildung 3.20 Standard View einer Hauptseite mit Tabnavigation und ggf. scrollbarem Inhaltsbereich

Der Nutzer erwartet den wichtigsten Inhalt in der Regel im oberen Bereich. So sollte bei einer Nachrichtenliste der neueste Artikel immer oben stehen und nicht unten. Im unteren Bereich sollten eher sekundäre oder weiterführende Inhalte gezeigt werden. Alle Betriebssysteme beinhalten im oberen Bereich die sogenannte Navigationsbar oder auch Navigationsheader genannt. Diese sollte die wichtigsten Menüelemente beinhalten.

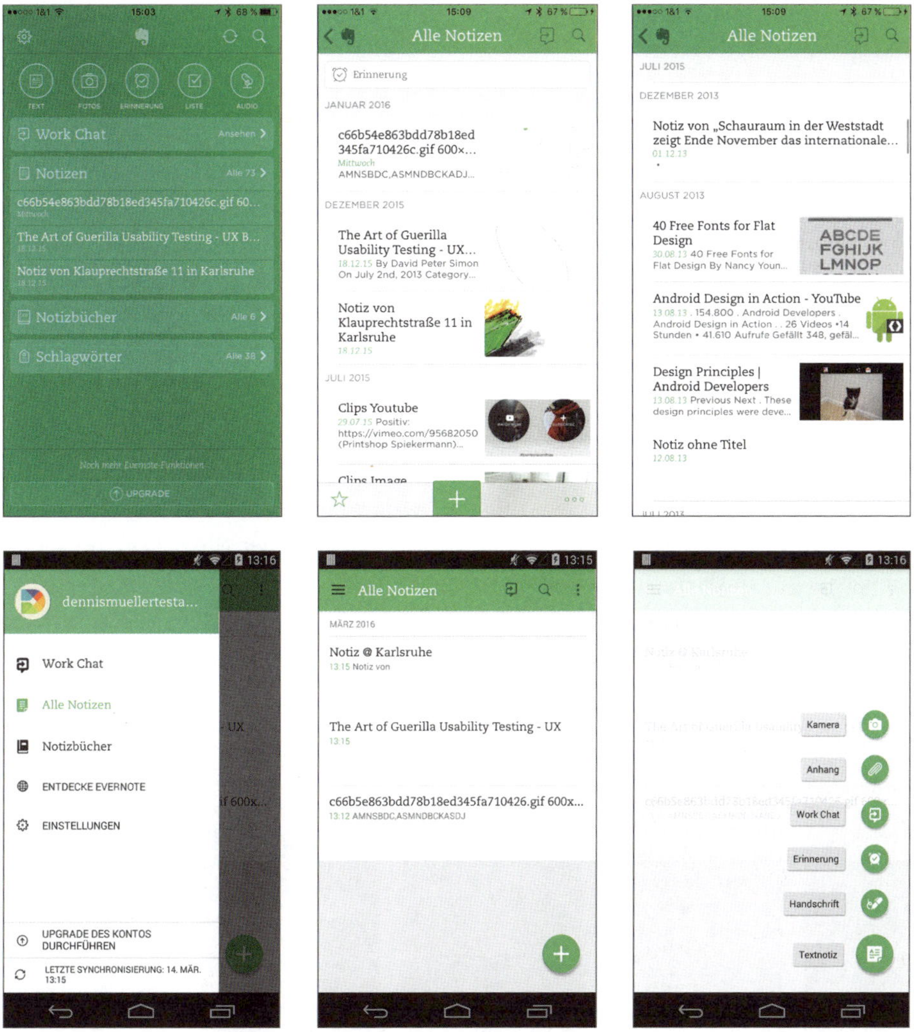

Abbildung 3.21 Evernote-App in einer älteren Version mit gelungener Positionierung und gelungenem Einsatz der Elemente (oben iOS, unten Android)

Der Nutzer wird immer an dieser Stelle die Navigationselemente suchen. Im unteren Bereich erwartet er eine Tabnavigation, sollte er sich auf einer Hauptseite befinden.

Auf Unterseiten kann man auf die Tabnavigation verzichten, sofern man bspw. in einem Prozess wie dem Checkout einer Bestellung ist. Im Inhaltsbereich befinden sich die Hauptfunktionalitäten der Applikation. Einige Apps listen aber auch im unteren Bereich die verschiedenen Rubriken auf wie z. B. *Home, Profil* oder bringen dort die Hauptfunktion unter.

Versuchen Sie, die wichtigsten Inhalte und Funktionen im Hauptbereich unterzubringen. Setzen Sie Ihre Hauptnavigation in den unteren Bereich, und zeigen Sie Navigationsmöglichkeiten im oberen Bereich (Zurück-Navigation oder Aktionen). Wenn möglich, vermeiden Sie das Scrollen vom Hauptbereich, versuchen Sie, geschickt Ihre Inhalte anzuordnen und Überblick für den Nutzer zu schaffen.

Ein schönes Beispiel ist die Evernote-App. Diese zeigt, wie Navigations- und Aktionselemente zu positionieren sind. Die wichtigsten Elemente befinden sich im oberen Bereich, und der untere ist sekundären Aktionen in der Tabbar vorbehalten. So verschwindet die Tabbar im unteren Bereich, wenn der Nutzer in einer Liste scrollt, und schafft so mehr sichtbaren Platz für den Nutzer.

Besser keinen scrollbaren Hauptbereich

Es gibt auch Applikationen, in denen der Hauptbereich scrollbar gestaltet ist. Während das bei reinen textlichen Übersichtslisten durchaus Sinn machen kann, ist es z. B. bei einem langen Fragebogen mit sehr vielen Eingabefeldern schnell unübersichtlich. Bei einer langen Liste voller Eingabefelder wird der Nutzer entsprechend länger suchen müssen, um das entsprechende Eingabefeld zu finden.

Besser ist es, Sie strukturieren Ihre Eingabefelder über verschiedene Seiten. So verliert der Nutzer nicht die Übersicht und kann jederzeit zurückgehen und seine Eingaben korrigieren.

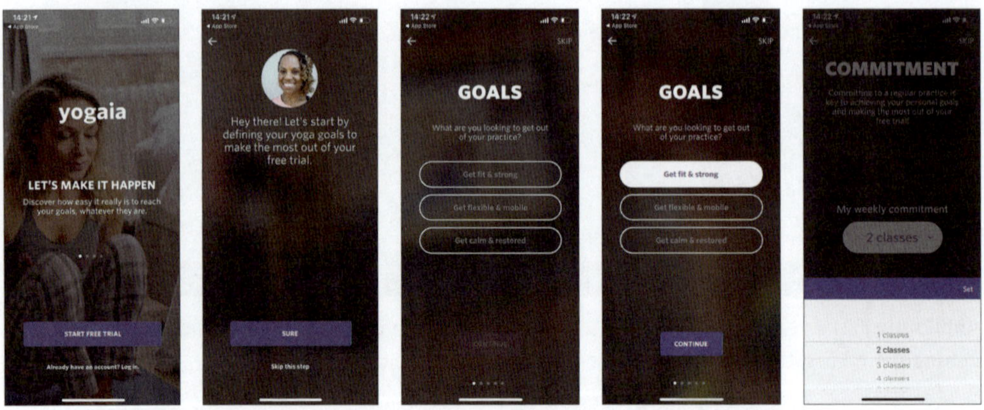

Abbildung 3.22 Die Yoga-App »yogaia« zeigt recht gut, wie man Eingaben durch den Nutzer auf mehrere Seiten verteilen sollte. Sehr hilfreich ist dies bei On-Boarding-Prozessen.

3.7 Die Smartphone-Bedienung

Auf die grundlegend andere Bedienung von Touchgeräten im Vergleich zu Desktop-PCs bin ich ja bereits eingegangen. Aber auch die einzelnen Geräte unterscheiden sich voneinander, und so wird ein Smartphone (Phablet) etwas anders bedient als ein Tablet.

Bei Smartphones agieren die Nutzer direkt mit dem Interface und führen ohne Umweg Aktionen mit einer Berührung aus. Somit entstehen neue Faktoren, die zu berücksichtigen sind, wenn wir Applikationen für solche Interfaces gestalten. Die Eingabemöglichkeiten sind vielfältig und können individuell auf Apps abgestimmt werden.

3.7.1 Mit nur einer Hand

Wenn Sie Ihr Smartphone benutzen, wie halten Sie es dann in der Hand? Anders als ein Computer werden Smartphones nicht ausschließlich im Sitzen, sondern häufig gerade im Stehen oder Gehen benutzt, wobei das Smartphone dabei oft nicht mit beiden, sondern mit nur einer Hand bedient wird.

Häufig erfolgt der Smartphone-Einsatz dabei parallel zur Laufbewegung. In solchen Fällen hält der Nutzer das Gerät so, dass er die Möglichkeit hat, so viel wie möglich von dem Screen zu sehen, und zeitgleich mit einer Hand Eingaben tätigen kann. Hinzu kommt, dass der Nutzer mitunter in Bewegung ist und es dadurch zum Verwackeln des Bildschirms kommt. Vorwiegend verwendet der Nutzer seinen Zeigefinger oder seinen Daumen für die Nutzung von Applikationen. Teilweise wird der Daumen auch gekippt, um Elemente zu bedienen. Dies tut der Nutzer, um die Auflagefläche des Daumens zu verändern, um weiter entfernte Objekte zu erreichen.

3.7.2 Haltung im Portrait-Modus/Landscape-Modus

Im Landscape-Modus halten nahezu alle Nutzer das Smartphone mit beiden Händen. Im Portrait-Modus bedient die Hälfte der Nutzer das Smartphone mit einer Hand. Ein Drittel hält das Smartphone gebettet in der einen Hand, sodass sie das Smartphone mit der freien Hand bedienen können. 15 % halten und bedienen das Smartphone beidhändig.

Abbildung 3.23 Einhändige, gebettete und beidhändige Haltung

Die einhändige Haltung wird vorwiegend zum Scrollen von Inhalten genutzt, wie es z. B. in E-Mail-Programmen oder beim Browsen im Internet vorkommt. Das Smartphone wird aus der Hosentasche geholt, direkt bedient und auch gleich wieder in der Hosentasche verstaut. In bequemerer Umgebung, wie z. B. im Sitzen bei Zugfahrten, kommt die gebettete Variante zum Einsatz, wohingegen die beidhändige Nutzung ihren Einsatz vorwiegend beim Schreiben längerer Texte findet.

Unterschiede in der Nutzung

Vor allem männliche Nutzer bedienen ihr Smartphone gerne und vorwiegend mit einer Hand, da es für sie durch die meist größeren Hände einfacher ist, Bedienelemente mit dem Daumen zu erreichen. Weibliche Nutzer bedienen das Smartphone überwiegend mit beiden Händen.

Ein weiterer Aspekt, den Sie bei der Planung berücksichtigen sollten, ist, dass die Haltung, in der Ihre App vom Nutzer bedient wird, oftmals auch innerhalb einer Session geändert werden wird. Warum? Bei bestimmten Haltungen werden Teile des Bildschirms verdeckt, somit ändert der Nutzer intuitiv die Haltung des Geräts, um bestimmte Bereiche der Applikation zu sehen. Der Nutzer wird also Inhalte verdecken, um bestimmte Bedienelemente zu erreichen. Sie sollten also alle drei vorgestellten Handhaltungen bei dem Design Ihrer App berücksichtigen.

3.7.3 Der Daumen als Entdecker

Dem Daumen kommt bei der Smartphone-Benutzung eine Sonderrolle zu, denn er ist der am häufigsten genutzte Finger bei der Bedienung eines Smartphones. Aufgrund des Daumengelenks ist es uns möglich, den Daumen in verschiedene Positionen zu drehen. Dabei hat der Daumen je nach Nutzer (Rechtshänder/Linkshänder) und Daumengröße einen ganz bestimmten Aktionsradius (Abbildung 3.24). Leider ist der Daumen aber auch der kürzeste aller Finger und hat somit nur eine kurze Reichweite.

Ein ganz besonderer Finger

Der Daumen nimmt unter den fünf Fingern eine Sonderstellung ein: Er ist kürzer und beweglicher als unsere anderen Finger, und ihm verdanken alle Primaten – so also auch der Mensch – ihre ausgeprägte manuelle Geschicklichkeit.

Die durchschnittliche Länge eines Daumens liegt bei einem Mann bei ca. 6,95 cm und bei Frauen bei ca. 6,32 cm. Gehen Sie in jedem Fall von einer Länge von rund 5,5 cm aus, denn auch Jugendliche oder Kinder bedienen Smartphones. Jedoch kann der Daumen je nach Smartphone und abhängig von der Bildschirmgröße einen großen

Teil der Bedienelemente erreichen. Durch Kippen und Neigen des Smartphones lassen sich somit auch weit entfernte Bedienelemente benutzen.

Abbildung 3.24 Aktionsradius des Daumens: Grün dargestellt ist der optimale Bereich, orange der Grenzbereich, während der rote Bereich schwer zu erreichen ist.

Positionieren Sie die wichtigsten Interaktionselemente Ihrer App immer im unteren mittleren Bereich, in Reichweite des Daumens. Berücksichtigen Sie unbedingt auch die Gestensteuerung in Ihrer Applikation, so kann z. B. ein Swipe von links nach rechts, beispielsweise ein Blättern durch Seiten einer Buchapplikation, dieselbe Aktion ausführen wie ein vom Daumen weit entferntes Bedienelement, womit man zur nächsten Seite gelangt.

Bei Phablets sind weit entfernte Bedienelemente schlichtweg nicht erreichbar. Hier muss der Nutzer umgreifen, das Smartphone direkt mit beiden Händen nutzen oder auf einen *One-Handed-Mode* zurückgreifen.

One-Handed-Mode

Apple hat aufgrund der größeren Displays beim iPhone 6 und iPhone 6 Plus einen sogenannten One-Handed-Mode eingeführt. Dieser erlaubt es, Bereiche, die weiter weg sind, näher an den Daumen heranzuholen. Um den One-Handed-Mode zu aktivieren, muss man lediglich den Home-Button zweimal kurz hintereinander berühren. Der komplette Bildschirm wandert daraufhin nach unten, sodass Objekte, die vom Daumen nicht erreichbar waren, nun in die Reichweite des Daumens rücken.

Bei Android kann man solche Funktionen durch Apps aufrüsten, z. B. mit *One-Handed Mode: https://play.google.com/store/apps/details?id=com.xda.onehandedmode&hl=en_US*.

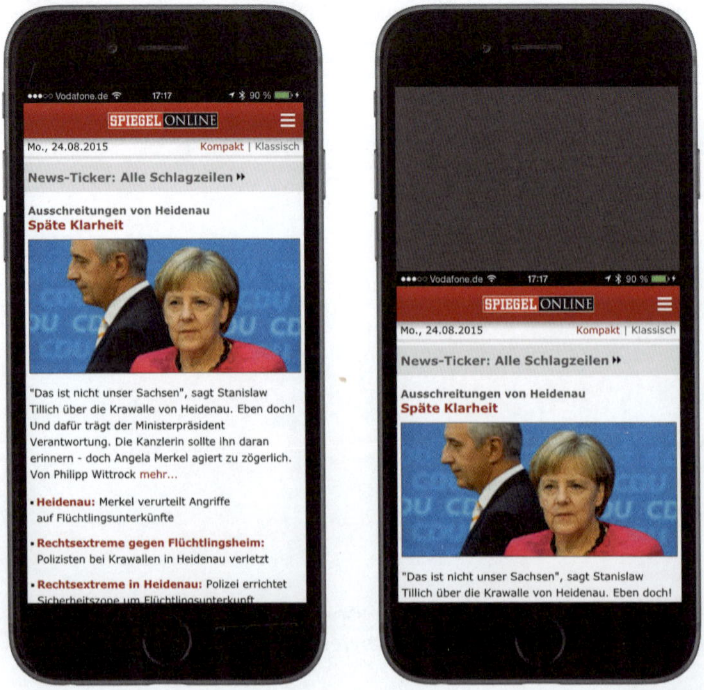

Abbildung 3.25 One-Handed-Mode während der Nutzung der Spiegel-App

3.7.4 Die Home-Buttons

Smartphones und Tablets haben wenige physische Bedienelemente. Am stärksten fällt dies bei iOS-Geräten auf. Unter iOS haben wir lediglich den Home-Button, der uns bei Betätigung zurück zum Homescreen bringt. Alle anderen Buttons bedienen z. B. die Lautstärke oder starten das Smartphone oder Tablet.

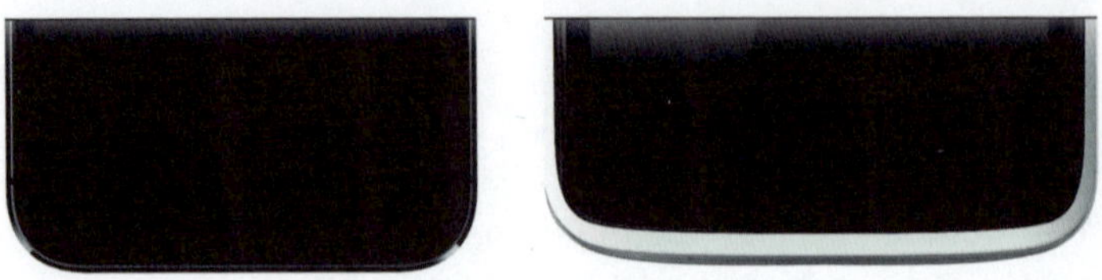

Abbildung 3.26 Physische Buttons von links nach rechts: iPhone, Android

Der Home-Button hat unter iOS noch andere Interaktionsmöglichkeiten, die jedoch betriebssystemspezifischen Aufgaben vorbehalten sind. Seit dem iPhone 5s dient der Home-Button unter anderem auch als Fingerabdruck-Sensor und schaltet das iPhone für den Nutzer frei. Wird der Home-Button zweimal hintereinander betätigt, öffnet sich der Multitasking-Modus, und der Nutzer kann hierbei in andere geöffnete Applikationen wechseln.

Seit dem iPhone X, welches ein nahezu randloses Display hat, verzichtet Apple auf den Homebutton. Die Funktionalität des Homebuttons hat sich aufgrund mehrere Technologischen Änderungen gewandelt. Um das iPhone zu entsperren oder um auf den Homescreen zu gelangen, genügt ein Swipe von der unteren Gerätekante nach oben. Das Multitasking wird ähnlich aufgerufen, benötigt aber bei Swipe nach oben eine zusätzliche Rechtsbewegung, um weitere Screens aufzurufen.

Unter Android steuert der Nutzer mittels verschiedener sogenannter Navigationstasten sein Gerät. Bei neuen Geräten bestehen diese aus dem Zurück-, dem Home- und dem Multitasking-Button. Der Zurück-Button geht zur vorherigen Aktivität, der Home-Button öffnet den Startbildschirm bzw. Launcher, und der Multitasking-Button öffnet die Multitasking-Ansicht.

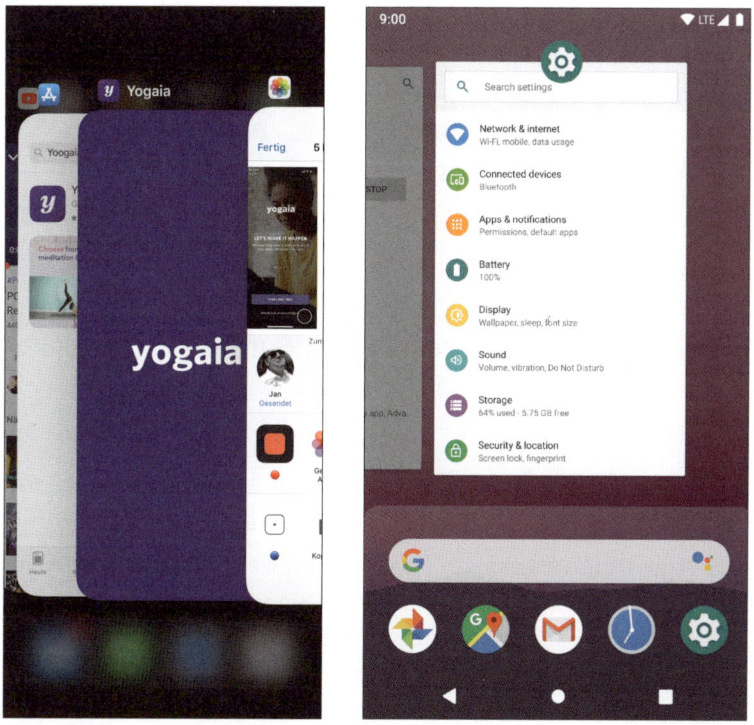

Abbildung 3.27 Links die Multitasking-Ansicht unter iOS und rechts unter Android

Bei älteren Geräten muss der Home-Button länger gedrückt werden, um in die Multitasking-Ansicht zu gelangen. Der Multitasking-Button ist bei älteren Samsung-Geräten der Option-Button.

Samsung setzte lange Zeit in seinen Geräten auf den Option- statt Multitasking-Button und vertauschte diesen auch von der Position her mit dem Zurück-Button. Nutzer haben je nach Gerät und Hersteller die Möglichkeit, die Navigationsleiste anzupassen. Erst in neueren Modellen wird der von Google empfohlene Button verwendet. In neueren Geräten, z. B. in der Nexus-Reihe, entfallen die physischen Buttons und werden allein über den Touchscreen realisiert. Unter Android sollten Sie die Funktionalität des Zurück-Buttons und des Menü- bzw. Option-Buttons in Ihrer App berücksichtigen.

3.8 Die Tablet-Bedienung

Ein Tablet wird anders im Alltag genutzt als ein Smartphone, jedoch gibt es auch Gemeinsamkeiten. Die Bedienoberfläche gleicht dem der Smartphone-Pendants. Das Tablet wird vorwiegend für den Konsum von Inhalten genutzt. Man spricht hier von einem Lean-Back-Medium.

Lean-Back-/Forward-Medium

Ein Lean-Forward-Medium beschreibt ein Medium, das Anwender nutzen, um sich mit Inhalten aktiv zu beschäftigen. So sucht der Anwender aktiv bestimmte Inhalte. Bei einem Lean-Back-Medium ist die Nutzung dagegen passiv, und er beschäftigt sich ohne Ziel mit Inhalten.

Ebenso wie das Smartphone hat das Tablet einen Portrait- und Landscape-Modus. Hier haben wir die Möglichkeit, anzusetzen und das Nutzungserlebnis zu steigern. Der Nutzer hält das Tablet je nach Applikation so, wie er es für nötig und unterhaltsam hält.

3.8.1 Frei-, ein- oder zweihändig?

Ein Tablet hat eine durchschnittliche Größe, die zwischen der Größe eines DIN-A5- und DIN-A3-Blattes liegt. Aufgrund der Größe ist ein Tablet zwar schwerer als ein Smartphone, aber dennoch leicht genug, um es mit beiden Händen gut und sicher halten zu können. Je nach Anwendungsfall kann es aber auch flach auf dem Tisch liegen oder mittels Vorrichtungen aufgerichtet werden. Wie ein Tablet vom Nutzer gehalten wird, hängt von verschiedenen Faktoren ab: dem Kontext, dem Nutzungsvorhaben, der körperlichen Haltung und der daraus resultierenden optimalen Lage des Tablets.

Zweihändig

Die zweihändige Nutzung ist bei Tablets der wohl am häufigsten vorkommende Fall – anders also als bei Smartphones werden viele Aufgaben von Tablet-Nutzern zweihändig erledigt, egal, ob die Bedienung im Stehen, im Sitzen oder im Liegen erfolgt. Dabei hält der Nutzer das Tablet im Portrait- oder auch im Landscape-Modus und bedient es überwiegend mit den Daumen. App-Designer und -Entwickler müssen bei der Konzeption und Gestaltung von Tablet-Apps also auch wie bei Smartphone-Apps vor allem den Aktionsradius der Daumen berücksichtigen.

Abbildung 3.28 Aktionsradius des Daumens auf Tablets

Freihändig

Möchte der Nutzer längere Texte eingeben, so sitzt er meist an einem Tisch. Das Tablet liegt dann flach oder mithilfe einer Vorrichtung leicht aufgerichtet auf dem Tisch. Der Nutzer nutzt es quasi freihändig und eigentlich immer im Landscape-Modus. Meist kommen beide Zeigefinger zum Einsatz für das Eintippen längerer Texte, oder er nutzt eine Tastatur und bedient das Tablet mit dem Finger. Die Lage und Position sind dafür optimal geeignet.

Einhändig

»Einhändig« wird das Tablet meist im Stehen und im Portrait-Modus genutzt. Oft werden hierbei kurze Eingaben mit der freien Hand getätigt, während der Nutzer das Tablet mit der anderen hält. Ergonomisch ist dies für ein Tablet, das sich im Portrait-Modus befindet, die optimale Haltung und kommt der Haltung eines Klemmbretts nahe. Im Landscape-Modus wirkt das Tablet bei einhändiger Haltung deutlich schwerer. Die einhändige Bedienung ist z. B. auf Messen häufig zu sehen, wo das Tablet als Präsentationsmedium von einem Kundenberater genutzt wird, aber z. B. auch, wenn das Tablet als Dokumentersatz in Unternehmen für Produktionsprozesse eingesetzt wird. In beiden Fällen kommt das Tablet mobil zum Einsatz.

Zudem wird das Tablet auch gerne in bequemen Sitz- und Liegepositionen einhändig gehalten. Der Nutzer legt das Tablet hochkant z. B. auf den Beinen ab, hält mit der einen Hand das Tablet in Position und bedient es mit der freien Hand, z. B. beim Lesen eines Buchs im Bett oder im Sessel.

Abbildung 3.29 Tablets werden gerne im Liegen verwendet.

Je nach Applikation und Vorhaben des Nutzers wird dieser für sich die optimale körperliche Lage aussuchen und das Tablet danach ausrichten. Stellen Sie sich vor, wie Ihr Nutzer Ihre Applikation nutzt, und nicht so, wie er es nutzen soll. Beobachten Sie sich selbst, wenn Sie bestimmte Applikationen nutzen, und versuchen Sie zu erkennen, was funktioniert und was nicht. Das Schreiben eines langen Textes wird auf dem Bauch liegend nicht gut funktionieren, im Sitzen aber schon. Planen Sie im Vorfeld genau, für welchen Kontext Ihre App genutzt wird, und entwickeln Sie darauf abgestimmt Ihre Applikation. Stellen Sie in jedem Fall beide Orientierungen (Portrait- und Landscape-Modus) für Ihre Tablet-Apps bereit.

Smartphone-Apps auf Tablets?

Soll eine App für beide Plattformen entwickelt werden, sollte dies unabhängig voneinander geschehen. Das heißt nicht, dass sich die Gestaltung der App unterscheiden sollte, sondern die zugrunde liegenden Interaktionsmodelle. Eine Tablet-App kann mitunter mehr Funktionalitäten bereitstellen und somit komplexer sein als eine Smartphone-App. Dabei kann es unter Umständen zu anderen und vermehrten Eingaben durch den Nutzer kommen. Überlegen Sie sich also gut, wie der Anwender das Tablet oder das Smartphone nutzen soll, und berücksichtigen Sie dabei, dass ein Tablet anders genutzt wird als ein Smartphone.

3.8.2 Schutzzonen einrichten

Aufgrund der Tatsache, dass der Bildschirm eines Tablets verhältnismäßig größer ist als der eines Smartphones, halten wir Tablets meist in etwa so, wie wir ein Buch halten würden. Dabei passiert es mitunter, dass Handballen Teile des Bildschirms berühren. Der Touchscreen interpretiert dies als Eingabe. Versuchen Sie also, Bedienelemente nicht direkt am Rand zu platzieren. Beachten Sie bei der Gestaltung, dass

Sie eine Schutzzone definieren, in der keine Bedienelemente vorhanden sind, deren Aktionen aus Versehen ausgelöst werden könnten.

Abbildung 3.30 Schutzzone, um versehentliche Berührungen zu vermeiden

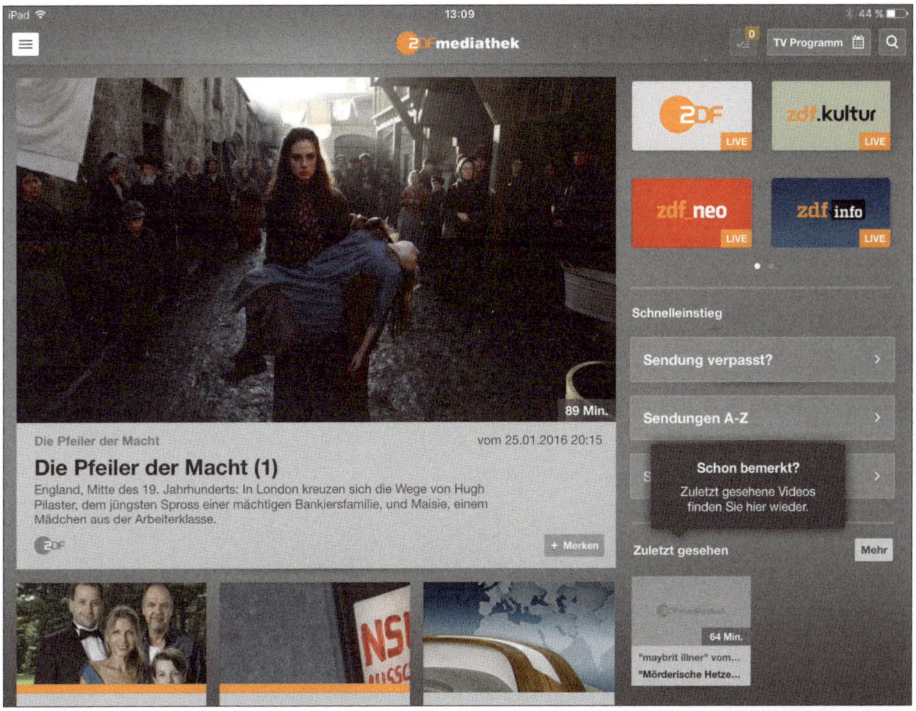

Abbildung 3.31 Ein gutes Beispiel, wie diese Schutzzonen genutzt werden, zeigt die ZDF-Mediathek-App. Hier wird an den Seiten ein Rand eingehalten. Der untere Teil liegt im Anschnitt und suggeriert, dass dort weitere Inhalte folgen, sobald der Nutzer scrollt.

Eine irrtümliche Berührung und eine daraus resultierende Interaktion mit der Applikation irritiert Nutzer. Wenn diese irrtümlichen Interaktionen öfter vorkommen, steigt das Frustrationslevel, und die User Experience wird deutlich getrübt.

3.8.3 Accessoires

Für Tablets gibt es eine Vielzahl an Accessoires. Dazu zählen vorwiegend Eingabegeräte für unterschiedliche Szenarien. Neben Tastaturen, Stiften, Game-Controllern gibt es auch diverse Accessoires aus den Bereichen Musik, Forschung und Bildung. Während Tastaturen, Stifte und Controller einem klaren Eingabemodell folgen, können spezielle Accessoires Tablets um ein neues Konzept erweitern.

Der Nutzer kann z. B. mittels einer Tastatur das Tablet wie einen Laptop bedienen. Wie gut das funktionieren kann, zeigt Microsoft mit seinen Surface-Tablets und der dazugehörigen Schutzhülle mit integrierter Tastatur. Microsoft verfolgt hier das Konzept eines Tablet-Laptop-Hybriden. Das Surface beinhaltet schließlich auch ein vollwertiges Betriebssystem. So kann der Nutzer das Tablet auf der Couch nutzen oder flexibel als Computer im Büroalltag.

Apple verfolgt mit dem iPad Pro mittlerweile einen ähnlichen Weg und bietet für diese Version sogar eine Tastatur und einen Stylus an, auch wenn dies nicht mit einem vollwertigen Desktop-Betriebssystem zu vergleichen ist. Das Apple TV kann zudem als Accessoire bezeichnet werden. Mittels Airplay können Inhalte, die auf dem Tablet oder Smartphone dargestellt werden, auf einen Fernseher übertragen werden.

Viel interessantes Zubehör für Android- und Apple-Tablets findet man im Musikbereich, so können über Midi-Adapter Schnittstellen zu Synthesizer oder Sequenzer genutzt werden. Das Tablet dient hierbei als Kontrollstation und steuert externe Geräte. Dadurch bietet es dem Musiker enorme Flexibilität. Mit der App *TouchAblePro* (*https://zerodebug.com/touchablepro*) kann z. B. Ableton Live über das Tablet gesteuert werden. Damit die App funktioniert, muss die Software jedoch zusätzlich auf dem Desktop-Computer installiert werden.

Abbildung 3.32 TouchAblePro-App

Verlassen Sie sich jedoch nicht darauf, dass die Nutzer Ihrer Applikation eine Tastatur besitzen. Entwickeln Sie Ihre App nur für den Einsatz, der für ein Tablet gedacht ist.

3.9 Die Bedienung von Wearables

Momentan klingt es vielleicht noch etwas nach Zukunftsmusik, aber Wearables werden wohl die nächste wichtige Plattform für Entwickler und Designer sein. Mit speziellen Mikro-Chips, winzigen Akkus und besonderer Software lassen sich die Geräte in jeder Form tragen: von Schuh bis Brille.

Von der Bedienung her sind Wearables aktuell den Smartphones sehr ähnlich. Im Regelfall benötigen Wearables derzeit noch einen großen Bruder, und zwar ein Smartphone oder Tablet, das die Hauptrechenaufgaben übernimmt.

Viele Wearables werden am Handgelenk getragen. Smartwatches ermöglichen z. B., dass ein Nutzer sehr schnell ankommende Nachrichten oder Inhalte lesen und sofort darauf reagieren und antworten kann. Entsprechend sollten Apps auf diesen Geräten gestaltet und entwickelt werden.

Abbildung 3.33 Vom Handgelenk aus auf Nachrichten antworten – mit einer Smartwatch kein Problem

Ein Wearable ist ein weitaus persönlicheres Gerät, als es ein Smartphone ist. Es wird am Körper getragen und ist somit auch ein Statement des persönlichen Stils. Ein

Wearable kann man zum Teil als Fashionprodukt sehen. Man trägt Armbanduhren, um sich damit zu schmücken. Eine Smartwatch ist ein interessantes Konzept, das die herkömmliche Armbanduhr auf eine neue Entwicklungsstufe hebt.

Smartwatches haben – wie Smartphones oder Tablets auch – einen Touchscreen und lassen sich also auch per Berührung bedienen.

Apple Watch

Die Apple Watch jedoch beinhaltet zwei weitere Eingabemöglichkeiten. So kann der Nutzer über einen Klick auf die digitale Krone auf den Homescreen gelangen. Durch Drehung der Krone kann er auf dem Homescreen hinein- oder herauszoomen oder durch Listen innerhalb von Apps scrollen. Der Vorteil der digitalen Krone ist, dass der Nutzer den Bildschirm komplett betrachten kann und ihn nicht mit dem Finger verdeckt.

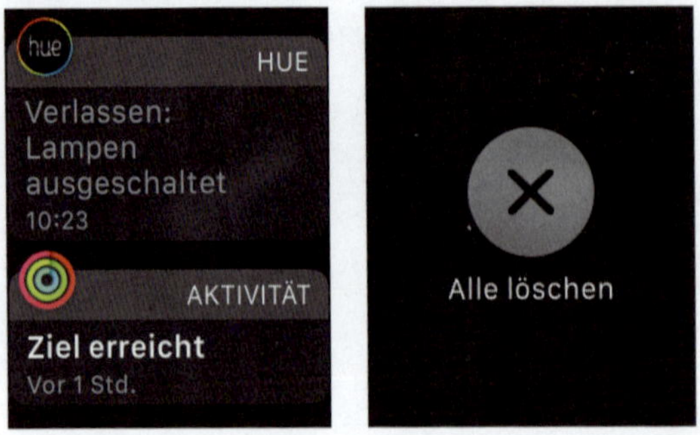

Abbildung 3.34 Kontextmenü der Apple Watch (normal links, Kontextmenü rechts)

Neben der Touchbedienung und der digitalen Krone besitzt die Apple Watch auch einen drucksensitiven Bildschirm. Der Bildschirm erkennt somit Berührungen oder einen durch den Finger ausgeübten Druck. Durch Druck auf den Bildschirm kann ein Kontextmenü in der jeweiligen Applikation aufgerufen werden (Abbildung 3.34).

Android-Smartwatch

Die Nutzung einer Android-Smartwatch wie Motorola Moto 360 funktioniert durch zwei Möglichkeiten. In der Hauptansicht gelangen Anwender durch Swipe-Gesten nach oben in eine Timeline mit aktuellen Benachrichtigungen. Ein Tap auf eine Benachrichtigung öffnet diese, und er kann die Benachrichtigung lesen. Die Benachrichtigungen kommen vom mit der Smartwatch verbundenen Smartphone und den dort installierten Apps. Durch eine Swipe-Geste nach links auf eine solche Karte hat der Anwender weitere Funktionen, die er abhängig von dieser Benachrichtigung tätigen kann. Eine Swipe-Geste nach rechts entfernt diese Benachrichtigung von seiner Smartwatch.

Wear OS, ehemals Android Wear

Wear OS ist ein von Google angepasstes Android-Betriebssystem für Wearables. Dieses Betriebssystem wird unter anderem von Herstellern wie Samsung, Motorola und Sony für Smartwatch-Produkte genutzt.

Installierte Apps öffnet der Anwender durch einen Tap auf die Uhr und durch eine Auswahl aus der dort erscheinenden Liste. Hier kann er dann in die jeweils ausgewählte Applikation gelangen.

Gemeinsamkeiten und Zukunftsmusik

Bei beiden Betriebssystemen lassen sich Spracheingaben tätigen. Dadurch ist es möglich, Diktate von Texteingaben zu tätigen oder das Betriebssystem zu bedienen. Bedenken Sie auch: Eine Smartwatch länger als eine Minute zu bedienen, ist anstrengender als die Bedienung eines Smartphones. Ein flüchtiger Blick sollte für den Anwender genügen, um Inhalte erfassen zu können. Nutzen Sie z. B. die Vibrationsfunktion, um dem Nutzer Inhalte zu vermitteln. Ein Beispiel ist die Maps-App von Apple. Durch bestimmte Vibrations-Rhythmen wird dem Nutzer signalisiert, ob er z. B. rechts oder links abbiegen soll.

Mit Sicherheit werden in Zukunft weitere Eingabemöglichkeiten entwickelt werden, die das Nutzererlebnis verbessern, dabei wird die Spracheingabe sehr wichtig werden. Sehr interessant ist das neue Pixel 4 von Google. Es wird wohl das erste Smartphone mit Radartechnologie sein. Google forscht schon seit 5 Jahren an dieser Technik. Diese ermöglicht es, Gesten in Form von Gebärden als Eingabemethode zu nutzen. Sie müssen als nicht mehr den Screen berühren, um eine neue Seite in einer Buch-App aufzuschlagen, sondern Sie wischen, praktisch, in der Luft. Über die Radartechnologie Soli erfahren Sie mehr auf *https://atap.google.com/soli*.

Die noch junge Geräteklasse wird mit Sicherheit noch einiges an Überraschungen bringen. Behalten Sie aber im Hinterkopf, dass eine Smartwatch ein Statement des Trägers ist. Kein Träger möchte eine schlecht gestaltete Applikation auf dem Handgelenk tragen, die keinen Mehrwert bringt. Der Träger will die Smartwatch nicht produktiv nutzen, sondern Inhalte konsumieren und schnell darauf reagieren können.

3.10 Internet der Dinge oder Industrie 4.0

Ein neuer Aspekt bei der Nutzung von Applikationen ist die Interaktion mit physischen Objekten des alltäglichen Lebens: *das Internet der Dinge* oder in Unternehmen *Industrie 4.0*. – von der Bedienung der Heimbeleuchtung über die Kaffeemaschine bis hin zur Überwachungskamera ist alles möglich. Mittels der Bluetooth-Technologie sind auch weitere Einsatzmöglichkeiten denkbar. So kann sich z. B. über eine App eine Glühbirne anschalten, sobald sich der Nutzer im Raum befindet. Die Technologie erkennt, dass der Nutzer den Raum betritt oder diesen verlässt.

Inzwischen gibt es schon einige Hersteller solcher Geräte, auch wenn dieses Thema noch recht jung ist. Das große Potenzial ist verlockend.

HomeKit

HomeKit ist ein Framework für iOS ab Version 8. Es bietet die Möglichkeit, innerhalb einer Wohnung mit Geräten, die diese Technologie unterstützen, zu kommunizieren oder sie zu kontrollieren. Nutzer können über ein iOS-Gerät definierte Aktionen kreieren, gruppieren und mit Siri steuern.

Hersteller, die zunächst keine Schnittmengen mit der digitalen, mobilen Welt hatten, können inzwischen Zugang dazu bekommen. Apple bietet hierfür seit iOS 8 ein *Framework* mit Namen *HomeKit* an. Auch Google arbeitet an solchen Funktionalitäten mit Namen Brillo bzw. Weave. Brillo ist hierbei die Technologie, die eingesetzt werden kann, und Weave das Protokoll, mit dem die Geräte bedient werden können.

Checkliste: »Think big, but build small«

- Beziehen Sie den Anwendungskontext bei der Planung Ihrer App mit ein: Wann wird die App hauptsächlich genutzt werden? Unterwegs, zu Hause oder im Büro?
- Beachten Sie die Unterschiede von Portrait- und Landscape-Modus, und machen Sie sich im Vorfeld Gedanken darüber, in welcher Ausrichtung Ihre App vor allem genutzt werden wird.
- Sollte Ihre App einen Landscape-Modus besitzen, sollte dieser grafisch angezeigt werden und nicht aus dem Nichts erscheinen.
- Beziehen Sie bei der Gestaltung Ihrer App auch ergonomische Besonderheiten mit ein, die bei der Bedienung Ihrer App eine Rolle spielen (Größe von Objekten, Aktionsreichweite des Daumens, anzunehmende Haltung von Smartphone und Tablet etc.). Wichtige Bedienelemente sollten immer gut erreichbar sein.
- Nutzen Sie vor allem die gängigen Touchgesten. Besondere/abweichende Touchgesten sollten ausreichend eingeführt werden.
- Verlieren Sie bei der Anordnung von Bedienelementen die Hotspots nicht aus den Augen.
- Beachten Sie bei der Anordnung von Bedienelementen eine gewisse Schutzzone, die verhindert, dass Aktionen vom Anwender versehentlich gestartet werden können.
- Testen Sie erfolgreiche Apps, und versuchen Sie zu verstehen, was sie großartig und unterhaltsam macht. Das kann Ihnen Lösungsansätze bringen, die Sie noch nicht kannten.
- Aber in jedem Fall seien Sie kreativ, denn der App-Markt ist noch jung und jede kreative Lösung willkommen.

Ich hoffe, dass Ihnen dieses Kapitel die Besonderheiten der Bedienung von Smartphone, Tablet & Co. anschaulich vermitteln konnte. Es gibt viele Arten, wie Nutzer mit Apps interagieren, und für ein gelungenes App-Design ist es wichtig, diese zu kennen und zu verstehen.

Im nächsten Kapitel werden wir die Erkenntnisse, die Sie in diesem Kapitel gewonnen haben, vertiefen. Während wir in diesem Kapitel sprichwörtlich »an der Oberfläche gekratzt« haben, tauchen wir nun vollends in die Gedankenwelt des Nutzers ab und beschäftigen uns mit dem User Research. Ab hier schreibt also Kira Tschierschke!

Kapitel 4
User Research

Bevor Sie selbst Ihre App-Idee entwickeln und auf Tragfähigkeit prüfen, beschäftige ich mich zusammen mit Ihnen mit der Disziplin »User Research«. Sie lernen in diesem Kapitel, wie Sie ein Gefühl für Ihre späteren Nutzer bekommen und sicherstellen, dass Ihre App echten Mehrwert schafft. Einige Aspekte in diesem Kapitel hat Jan Semler bereits aus der Design-Perspektive betrachtet. Ich gehe nun tiefer darauf ein.

Um eine App zu entwickeln, die eine großartige User Experience bietet, orientieren wir uns in diesem Buch am Ansatz des *nutzerzentrierten Designs*. Ihre Ziele, Probleme und Bedürfnisse stehen im Mittelpunkt des Prozesses. Doch welche Ziele haben die Menschen wirklich? Wie können Sie sicher sein, dass Sie ein echtes Problem lösen? Und welche Bedürfnisse haben die Menschen bei der Zielerreichung und Lösung Ihres Problems?

Um diese Bedürfnisse zu befriedigen, müssen Sie ein tiefes Verständnis für Ihre Nutzer entwickeln. Und wie können Sie dieses Verständnis entwickeln? Der CEO der Innovations- und Design-Agentur IDEO Tim Brown sagt: »Empathy is at the heart of design. Without the understanding of what others see, feel, and experience, design is a pointless task.« Um diese Empathie zu entwickeln, müssen Sie die Nutzer kennenlernen und ihre Ziele, Probleme und Bedürfnisse wirklich verstehen. Das macht User Research zu einem Kernelement des User-Centered Design-Prozesses. Die Nielsen Norman Group, eine der führenden Beratungsunternehmen im Bereich User Experience (*https://www.nngroup.com/articles/ux-without-user-research*), formuliert es wie folgt: »UX without User Research is not UX.«

User Experience

User Experience beschreibt alle Wahrnehmungen einer Person mit einem Service, einem Produkt oder einer Dienstleistung. Diese Wahrnehmungen sind subjektiv und von den individuellen Erwartungen dieser Person abhängig. Werden diese Erwartungen übertroffen, stellt sich ein Glücksgefühl bei den Nutzern ein – man spricht dann von Joy of Use.

4.1 Was ist User Research und warum ist sie so wichtig?

Erinnern Sie sich an den Segway? Das Fortbewegungsmittel, das Anfang der 2000er unsere gesamte Mobilität auf den Kopf stellen sollte. Entwickelt von dem amerikanischen Unternehmer und Erfinder Dean Kamen, wurde der Segway vor seiner Einführung mit Risikokapital überschüttet und von prominenten Köpfen der Innovations-Szene wie Jeff Bezos und Steve Jobs gefeiert. Steve Jobs verglich den Segway mit dem PC, auch wenn er schon vor Einführung des Produktes Kritik äußerte. Nichtsdestotrotz eilten dem Segway Lobeshymnen voraus. Er solle die Straßen entlasten und die perfekte Alternative zu Autos für kürzere Strecken bieten. Im Dezember 2001 wurde der Segway in der Show »Good Morning America« vorgestellt – und blieb erschreckend hinter den Erwartungen zurück. Statt zum neuen Fortbewegungsmittel der Menschen in Großstädten zu werden und den Erfinder in eine Riege mit Steve Jobs und Jeff Bezos zu stellen, dient der Segway als Slapstick-Einlage in Hollywood-Filmen und höchstens zur Fortbewegung von Kaufhaus-Mitarbeitern und Touristen.

Wie konnte das passieren? Bis zu diesem Zeitpunkt gab es vier grundsätzliche Möglichkeiten der Fortbewegung: zu Fuß (oder im Rollstuhl), auf dem Fahrrad, auf dem Motorrad und im Auto. Jede dieser Möglichkeiten hilft den Nutzern, ihr Ziel zu erreichen (von A nach B zu kommen), hat dabei gewisse Vor- und Nachteile gegenüber den anderen Möglichkeiten und erfüllt einen gewissen Nutzen, z. B. Schnelligkeit, Komfort, Freude oder Bewegung.

Der Segway passte schlicht nicht in dieses Raster. Auch wenn er zur Zielerreichung genutzt werden konnte, brachte er einige Nachteile mit sich wie die Kosten von knapp 5000 US$, eine unklare Regelung im Straßenverkehr und eine gewisse Albernheit in der Nutzung. Das größte Hindernis jedoch war, dass er aus Sicht der Menschen keinen offensichtlichen Mehrwert gegenüber den bestehenden Alternativen bot – wohlgemerkt aus Sicht der Menschen.

Aus Sicht des Erfinders, der Kapitalgeber sowie der prominenten Experten und Fürsprecher bot der Segway einen Mehrwert, jedoch waren sie es nicht, die letztlich über den Erfolg oder Misserfolg dieser Innovation entschieden. Es waren die Nutzer. Mit ihnen wollen wir uns in diesem Kapitel besonders beschäftigen. (Mehr zur Geschichte des Segways können Sie in diesem Artikel lesen: *www.wired.com/2015/01/well-didnt-work-segway-technological-marvel-bad-doesnt-make-sense/*).

4.1.1 Begriffsdefinition User Research

Der Begriff »User Research« beschreibt eine Methodenbox, um Ziele, Probleme und Bedürfnisse von Menschen zu verstehen. Diese Methodenbox ist von anderen Research-Arten wie der (Sozial-) Wissenschaft oder der Marktforschung inspiriert und somit mit ihnen verwandt. Jede dieser Disziplinen hat das Ziel, Antworten auf bestimmte Fragen zu liefern. Und teilweise nutzen sie die gleichen Methoden, um Antworten zu finden. Der große Unterschied ist dabei, auf welche Fragen Antworten gesucht werden und wie eine erfolgreiche Zielerreichung definiert ist. Während in der Wissenschaft grundlegende Phänomene unserer Welt untersucht werden und die Marktforschung erkunden möchte, ob es einen Markt für Produkte gibt, ist das vorrangige Ziel der User Research, Design-Projekte so zu informieren, dass Nutzer beim Erfüllen ihrer Ziele unterstützt werden können. Sie müssen keinen Laborkittel tragen, um User Research durchzuführen. Dennoch bedienen Sie sich einiger Methoden dieser anderen Research-Disziplinen, um Ihre Nutzer kennenzulernen und ein Verständnis für sie zu entwickeln. Dabei können Sie Methoden so anpassen, wie es für Sie passt, jedoch sollten Sie dabei genau wissen, was Sie tun. Christian Rohrer formulierte es in einem Artikel über die verschiedenen Methoden der User Research so:

> *»While many user-experience research methods have their roots in scientific practice, their aims are not purely scientific and still need to be adjusted to meet stakeholder needs (...) the success of your work will be determined by how much of an impact it has on improving the user experience of the website or product in question.« (Quelle: www.nngroup.com/articles/which-ux-research-methods)*

Neben dem Begriff User Research werden oft die Begriffe UX (User Experience) Research oder Design Research verwendet. Die Abgrenzung dieser Begriffe fällt häufig nicht trennscharf aus und wird immer wieder diskutiert. Letztlich kann man sagen, dass sie alle die oben beschriebene Absicht teilen, »Ziele, Probleme und Bedürfnisse von Menschen zu verstehen«, dabei jeweils aber einen anderen Fokus legen.

Design Research entstand in den 1960ern und bezog sich auf das Studium von Design-Prozessen. Im Kontext der Gestaltung digitaler Produkte wie Apps beschreibt der Begriff das Verstehen von Nutzern im Design-Prozess dieser Produkte, also welche Ziele, Probleme und Bedürfnisse für das Design relevant sind.

UX Research bezieht sich auf das Verstehen von Nutzern im Zuge der Gestaltung der User Experience digitaler Produkte, also welche Ziele, Probleme und Bedürfnisse bei der Gestaltung der User Experience eines Produktes berücksichtigt werden müssen.

User Research möchte die Nutzer in einem größeren Kontext kennenlernen und bezeichnet daher deren Verstehen im Kontext der digitalen Produktentwicklung und darüber hinaus, also welche Ziele, Probleme und Bedürfnisse die Nutzer grundsätzlich haben und wie wir hier ansetzen können.

> *»Research in it's essence is about going out into the world, looking at reality and making sense of it. Why not let it inspire our empahty? Why not let it spark our imagination?« – Jane Fulton Suri (in einem sehr empfehlenswerten Vortrag: www.youtube.com/watch?v=-FT3qmJEvsO&t=326s)*

Usability Testing ist ein weiterer Begriff, der häufig in diesem Zusammenhang fällt. Usability Testing ist dabei eine Methode aus der Methodenbox der User Research, die unter anderem dafür verwendet wird, die Benutzbarkeit von Apps zu testen. Diese Methode betrachten wir in Abschnitt 4.5.3 genauer.

4.1.2 Gründe für User Research

Das Beispiel der Markteinführung des Segways zeigt deutlich, wie wichtig es ist, nicht von uns auf andere zu schließen und den Kontext unserer Ideen zu betrachten, also uns selbst und unsere Einstellungen aus der Gleichung herauszunehmen und uns zu fragen: Welche Verhaltensweisen und Einstellungen haben Menschen? Welche Ziele haben sie? Welche Probleme treten hierbei für die Menschen auf? Wie können wir helfen, diese Probleme zu lösen? Welche Bedürfnisse müssen wir dafür befriedigen? Und: Wie können wir das besser machen als schon bestehende Lösungen?

Jede Idee ist erst einmal eine Hypothese, eine Annahme über das Bedürfnis eines Nutzers.

Diese Annahme sollten Sie deshalb überprüfen, bevor Sie weitere Entscheidungen treffen. Hierbei hilft Ihnen User Research, denn:

> *»It helps us identify and prove or disprove our assumptions, find commonalities across our target audience members, and recognize their needs, goals, and mental models. Overall, research informs our work, improves our understanding, and make our work better.« (Quelle: www.uxbooth.com/articles/complete-beginners-guide-to-design-research).*

Was bedeutet das? Theodor Levitt, ein amerikanischer Ökonom, soll gesagt haben: »People don't want to buy a quarter-inch drill. They want a quarter-inch hole!« Damit beschreibt er genau die Erkenntnis, nach der wir suchen, wenn wir Menschen mit Methoden der User Research besser verstehen möchten. Denn wenn wir diese Ziele und Probleme und die damit verbundenen Bedürfnisse der Menschen kennen, können wir Lösungen entwickeln, die begeistern. Auch lässt uns der Blick hin zu Problemen und Bedürfnissen der Menschen einen größeren Freiraum zur Lösungsfindung. Das beschriebene Beispiel können wir sogar noch weiterdenken und könnten uns überlegen, wie wir die Menschen mit einer glatten Wand (Problem) dabei unterstützen können, ihr Bild aufzuhängen (Ziel), ohne die Wand zu beschädigen (Bedürfnis), und hätten plötzlich eine Innovation: Tesa Powerstrips.

Drei wesentliche Gründe, User Research durchzuführen:

- um Produkte zu entwickeln, die einen echten Mehrwert für Nutzer schaffen,
- um Designs zu gestalten, die einfach zu bedienen sind (Usability) und Freude bereiten (Joy of Use),
- um den ROI (Return on Investment) von Design nachvollziehbar zu machen.

Je nachdem, an welchem Punkt der App-Entwicklung Sie sich gerade befinden, ist einer dieser Gründe für Sie wichtiger. Diesen Aspekt betrachten wir genauer in Abschnitt 4.2.

4.1.3 Vorurteile und Gründe gegen User Research

Dass User Research einen Mehrwert in Projekte bringen kann, konnte ich Ihnen auf den letzten Seiten hoffentlich vermitteln. Dennoch wird User Research weit weniger häufig eingesetzt, als es sinnvoll wäre. Drei Argumente gegen User Research, die mir immer wieder in Gesprächen begegnen, sind:

- keine Notwendigkeit
- keine Zeit und kein Budget
- keine Expertise

Lassen Sie uns diese Argumente im Detail betrachten.

Vorurteil 1: Keine Notwendigkeit

Wir kennen unsere Nutzer und wissen, was diese brauchen.

Ein gutes Gefühl für die eigene Zielgruppe zu haben, ist absolut notwendig, um gute Produkte zu gestalten. Empathie ist eine der wichtigsten Fähigkeiten in der nutzerzentrierten Gestaltung von Produkten. Jedoch reicht Empathie nicht aus, um die wirklichen Ziele, Probleme und Bedürfnisse Ihrer Zielgruppe in der Tiefe zu verstehen, die Sie brauchen, um Lösungen mit großartiger User Experience zu entwickeln.

> *»For a design to be successful, it must serve the needs and desires of actual humans. Strangely, simply being human is insufficient for understanding most of our fellows.« – Erika Hall: Just enough Research, S. 6*

Im schlimmsten Fall schließen Sie von sich auf andere und treffen richtungsweisende Entscheidungen, die auf gravierenden Fehlannahmen beruhen. Denken Sie kurz zurück an die Geschichte von Segway.

> **Fakten statt Bauchgefühl**
>
> User Research hilft Ihnen dabei herauszufinden, wo Sie falschliegen, und dann die richtigen Entscheidungen zu treffen. Die Fakten ersetzen ein Bauchgefühl.

Vorurteil 2: Keine Zeit und kein Budget

Wir haben keine Zeit und kein Budget für User Research.

Zeit ist in den meisten digitalen Produktentwicklungs-Projekten ein kritischer Faktor. In einer Welt, in der Innovation maßgeblich erfolgsentscheidend ist, sind die Schnelleren oft die Gewinner. Um allerdings am Ziel anzukommen, müssen Sie wissen, wohin Sie laufen müssen.

> *»You might not be going the right way, but who cares because you need to get there fast.« – Erika Hall: Just enough Research, S. 3*

Deshalb sparen viele Teams die Zeit und die Kosten für User Research und verlassen sich auf die getroffenen Annahmen. Eine Vorgehensweise, die ich gerade schon als kritisch beschrieben habe.

IBM hat dieses Paradoxon schon früh erkannt und schrieb hierzu:

> *»Every dollar invested in ease of use returns $10 to $100.«*
> *(Quelle: https://stratabeat.com/roi-of-ux)*

Damit ist gemeint, dass es 10- bis 100-mal so teuer sein kann, einen Fehler zu korrigieren, je später er in der Entwicklung entdeckt wird, als ihn durch Research zu vermeiden – oder immerhin möglichst schnell zu entdecken.

Formel für den Mehrwert von User Research

Das Verständnis von IBM kann man auch wie folgt formulieren:
(Anzahl der Fehler) × (durchschnittliche Zeit, diese Fehler zu beheben) × (Anzahl der Mitarbeiter) × (Kosten der Mitarbeiter) = Kosten, die durch Research gespart werden können

Wenn Sie eine Fehlannahme treffen und diese mit einem Prototypen-Testing aufgedeckt wird, sind Ihnen kaum Kosten entstanden. Wenn Sie diese Fehlannahme aber erst nach dem Design, der Entwicklung und im schlimmsten Fall nach dem Launch Ihrer App entdecken, übersteigen die Kosten, den Fehler zu korrigieren, die der User Research um ein Vielfaches.

Merksatz

Seien Sie sich bewusst, dass es schneller und günstiger ist, einen Fehler zu entdecken, bevor Sie ihn machen, als ihn zu korrigieren.

Vorurteil 3: Keine Expertise

Wir wissen nicht, wie wir User Research angehen sollen.

Diese Argumentation mag stimmen. Glücklicherweise halten Sie aber dieses Buch in Ihren Händen. Auf den nächsten Seiten erhalten Sie ein gutes Verständnis darüber, wie Sie User Research in Ihr Projekt integrieren können und was dabei wichtig ist.

4.2 Welche Arten von User Research gibt es?

Die Methodenbox der User Research ist breit gefächert. Vergleicht man sie mit einer Werkzeugkiste, so reicht sie vom Schraubenzieher über den Hammer bis hin zur Kreissäge – und wie bei einer Werkzeugkiste wird jedes Werkzeug für einen bestimmten Zweck und zu einer bestimmten Zielerreichung eingesetzt. Möchte ich einen

Nagel in die Wand schlagen, werde ich zum Hammer greifen und mein Ziel damit erreichen. Wenn ich aber einen Baum in meinem Garten fällen möchte, komme ich mit dem Hammer nicht zum Ziel. Genauso verhält es sich mit den unterschiedlichen Arten von User-Research-Methoden.

Dabei sind die Methoden so vielfältig wie die Werkzeuge in einer Werkzeugkiste – so reichen sie beispielsweise von Interviews und Kontextanalysen über Tagebuchstudien und Usability-Tests bis hin zu Auswertungen des Klickverhaltens von Nutzern. Jede Methode hilft Ihnen, Daten zu sammeln, die Sie dann analysieren und synthetisieren können, um ein bestimmtes Ziel zu erreichen. Das übergeordnete Ziel der User Research ist es, Erkenntnisse zu sammeln, die dann ein individuelles Erkenntnisinteresse befriedigen. Das Erkenntnisinteresse beschreibt das, was Sie mit der User Research herausfinden möchten – diesen Aspekt betrachten wir im Abschnitt »Erkenntnisinteresse und Leitfaden« in Abschnitt 4.4.2 genauer. Alle User-Research-Methoden haben dabei eines gemeinsam: Sie helfen Ihnen dabei, Ihre Nutzer in den Mittelpunkt Ihrer Überlegungen im Designprozess zu stellen.

Sie begeben sich als User Researcher mit Ihrer Methodenbox also auf die Suche nach den Zielen, Problemen und Bedürfnissen von Menschen, um Erkenntnisse für das Design Ihrer Lösung zu finden.

Hierbei kann man vereinfacht sagen, dass die vielfältigen Methoden drei Möglichkeiten bieten, Menschen kennenzulernen. Sie können:

- Menschen befragen,
- Menschen beobachten,
- Menschen mit dem Produkt interagieren lassen.

Auf diese drei Möglichkeiten komme ich in Abschnitt 4.5 zurück.

Einen Blick in die Werkzeugkiste können Sie mit der Übersicht über gängige Methoden der User Research in Abbildung 4.1 erhalten.

Die verschiedenen User-Research-Methoden können hierbei in unterschiedliche Methoden-Sets gruppiert werden. Die 20 Methoden aus der hier gezeigten Übersicht lassen sich in die folgenden drei Dimensionen einteilen:

- qualitativ und quantitativ
- attitudinal und behavioral
- Context of Use

Die meisten dieser Methoden können sich über die Achsen der drei Dimensionen mal mehr zur einen Ausprägung und mal mehr zur anderen Ausprägung bewegen; das hängt von der Ausgestaltung und dem konkreten Einsatz ab. Beispielsweise davon, ob die Teilnehmer Ihrer User-Research-Studie (Ihre Probanden) bei Ihnen vor Ort sind oder ob Sie die Studie über das Internet durchführen (Remote). Davon, ob Sie mit den Probanden interagieren und sie z. B. durch den Usability-Test führen (Moderated) oder ob Sie nicht interagieren (Unmoderated).

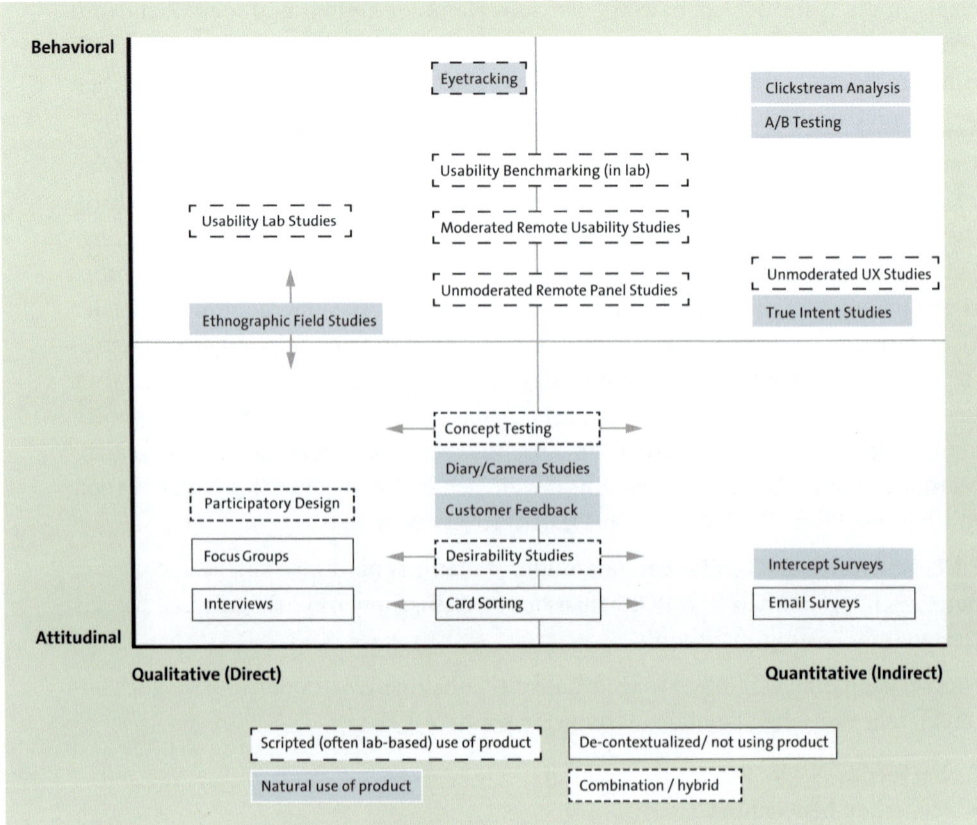

Abbildung 4.1 Übersicht über gängige Methoden der User Research, eingeordnet in die Dimensionen Qualitativ/Quantitativ, Attitudinal/Behavioral und Context of Use. (eigene Darstellung. Quelle: https://www.nngroup.com/articles/which-ux-research-methods)

Um die Komplexität der Methodenvielfalt zu reduzieren, betrachte ich die einzelnen Dimensionen nacheinander im Detail.

4.2.1 Qualitative und quantitative Dimension

Die Einteilung in qualitative und quantitative Methoden ist eine der am häufigsten genutzten. Grundsätzlich unterscheiden sich die beiden Dimensionen durch die Frage, die beantwortet werden soll.

Die Fragestellung der quantitativen und qualitativen Dimension

Quantitative Methoden fragen nach dem »Was«. Antworten hierauf geben Ihnen ein breites Verständnis für das allgemeine Verhalten vieler Nutzer – Sie lernen durch erhobene Zahlen und Metriken. Qualitative Methoden fragen nach dem »Warum«:

Antworten hierauf geben Ihnen ein tiefgehendes Verständnis für das spezielle Verhalten und die individuellen Einstellungen einzelner Nutzer – Sie lernen durch Fragen, Zuhören und Beobachten.

In der *quantitativen Research* dreht es sich um harte, replizierbare Daten und das Erkennen von Zusammenhängen aufgrund statistischer Analyse. Ist die Stichprobe hinsichtlich Größe und Zusammensetzung repräsentativ zur Zielgruppe, lassen sich die gewonnenen Erkenntnisse auf diese übertragen. Daten sind hier Verteilungen, demografische Attribute etc. und werden oft indirekt in großer Zahl erhoben. Entsprechend müssen die Stichproben in der quantitativen Research in ihrer Größe repräsentativ sein. Beispiele für quantitative Methoden sind: Umfragen, A/B-Testings, Auswertungen von Klickverhalten (beispielsweise Google Analytics).

In der *qualitativen Research* dreht es sich mehr um weiche, reichhaltige Daten, um die Erforschung von Lebenswelten und Interaktionen. Daten sind hier Geschichten, Zitate, Bilder etc. und werden meist direkt in der Interaktion mit den Probanden erhoben. Entsprechend müssen die Stichproben aus Personen der relevanten Zielgruppen bestehen. Doch ist die Größe sehr viel kleiner als in der quantitativen Research. Beispiele für qualitative Methoden sind: qualitative Interviews (diese Methode betrachten wir genauer in Abschnitt 4.5.1), Fokus-Gruppen, Co-Creation Sessions (sogenanntes *Participatory Design*).

Usability Testing ist ein Beispiel für eine Methode, die sich auf der Achse dieser Dimension bewegt und entweder quantitativ oder qualitativ eingeordnet werden kann – je nachdem, wie sie gestaltet wird: Unmoderated Remote vs Moderated Lab-Based. Diese Methode erkläre ich genauer in Abschnitt 4.5.3.

4.2.2 Attitudinal und Behavioral-Dimension

Die Einteilung in »Attitudinal« (einstellungsbezogen) und »Behavioral« (verhaltensbezogen) ist eine weitere häufig genutzte. Sie gibt Ihnen Erkenntnisse darüber, was Ihre Probanden denken oder was sie tun.

Die Fragestellung der attitudinal und der behavioral Dimension

Attitudinal Research beantwortet die Frage, welche Einstellung und Meinungen Menschen haben und was sie sagen. Behavioral Research beantwortet die Frage, welche Verhaltensweisen Menschen haben und was sie tun.

Diese Dimension ist besonders interessant, da sie ein Spannungsfeld aufmacht, denn: Was Menschen sagen und was Menschen tun, ist oft nicht dasselbe. Besonders wenn es um sensible Themen wie Sport, Ernährung oder Finanzen geht, weichen die geäußerten Einstellungen der Probanden in Studien oft von ihrem tatsächlichen Verhalten ab. Das ist nicht verwunderlich, ein Blick auf uns selbst verrät uns: Wir verhalten uns nicht immer so, wie wir es eigentlich richtig finden. Das geht mir so, Ihnen vermutlich auch – und Ihren Probanden ganz sicher ebenfalls.

> *»To design the best UX, pay attention to what users do, not what they say.«*
> *– Jakob Nielsen (Quelle: https://www.nngroup.com/articles/first-rule-of-usability-dont-listen-to-users)*

Der CEO von Computop Ralf Gladis brachte dazu auf dem Bankenforum der Versicherungsgruppe »Die Bayerische« in Bezug auf Datenschutz ein gutes Beispiel:

> *»Wenn man auf Umfragen hört, dann scheinen den Kunden Themen wie Sicherheit oder Datenschutz dramatisch wichtig zu sein. De facto spielen sie aber eine untergeordnete Rolle, solange der Komfort stimmt. Komfort ist der Treiber im Zahlungsverkehr.« (Quelle: https://www.computerwoche.de/a/das-bargeld-wird-verschwinden,3546766)*

Hier gibt es also ein Spannungsfeld zwischen dem, was Menschen sagen, und dem, was sie tatsächlich tun. Um Lösungen für die Probleme dieser Menschen zu entwickeln, interessiert uns daher beides: was sie wichtig finden und was sie dann in die Tat umsetzen. Entdecken wir hier Widersprüche, lohnt es sich, weiter zu erforschen. Denn hier scheint es ein Bedürfnis zu geben, das zwar latent bewusst ist, jedoch nicht in Verhalten umgesetzt wird. Auf diese Weise können Sie Ansatzpunkte für innovative Lösungen entdecken. In dem Beispiel von Ralf Gladis könnten Sie beispielsweise erforschen, wie Sie das Thema Datenschutz in digitalen Produkten für Nutzer einfacher gestalten könnten, damit Menschen ihr Bedürfnis nach Sicherheit und Datenschutz befriedigen können, aber dabei trotzdem beim Thema Komfort keine Abstriche machen müssen. (Grundsätzlich ein sehr spannendes Thema – vielleicht arbeiten Sie ja gerade an einer Lösung.)

Zu beachten ist hierbei auch der *Effekt der sozialen Erwünschtheit*. Er beschreibt, dass Menschen in Studien oft das sagen, von dem sie glauben, dass es die sozial anerkannte Antwort ist, anstatt das zu sagen, was sie wirklich denken oder tun. Diesen Effekt, wie Sie ihn bemerken und wie er vermieden werden kann, beschreibe ich Ihnen im Zuge der qualitativen Interviews in Abschnitt 4.5.1 genauer.

Bei welchen Themen sich der Effekt der sozialen Erwünschtheit stärker einstellt, hängt von den grundsätzlichen Glaubenssätzen der Menschen ab, ihren sogenannten *Mental Models*. Diese bestimmen, mit welchen Vorstellungen sich Menschen einer Sache nähern und was, ganz allgemein gesprochen, ihrem Weltbild entspricht.

4.2.3 Context of Use-Dimension

Die dritte Dimension, die wir betrachten, bezieht sich darauf, ob die Probanden während der Studie mit dem Produkt (also beispielsweise Ihrer App) interagieren oder nicht. Die Interaktion kann in vier verschiedenen Stufen ablaufen:

- **Natürliche Interaktion:** Hier interagieren die Probanden nahezu natürlich mit Ihrem Produkt. Das heißt, sie benutzen es in einem möglichst natürlichen Umfeld, um ihre echten Ziele damit zu erfüllen. Hierbei erhalten Sie einen sehr realitätsgetreuen Einblick in die Interaktion mit Ihrem Produkt, können allerdings weniger stark kontrollieren, welche Aspekte des Produkts getestet werden.
- **Szenarienbasierte Interaktion:** Hier geben Sie den Probanden ein Szenario vor und stellen Ihnen Aufgaben, die Sie mit Ihrem Produkt lösen müssen. Diese Form ist die meistgenutzte in Usability-Tests. Durch die Aufgaben können Sie gut kontrollieren, welche Aspekte des Produktes getestet werden. Dadurch, dass Sie ein Szenario vorgeben, erhalten Sie aber weniger realitätsgetreue Einblicke.
- **Keine Interaktion:** In einigen Methoden gibt es keinerlei Interaktion mit dem Produkt. Besonders bei der Attitudinal Research interessieren Sie sich für allgemeine Einstellungen der Menschen – diese sind zunächst oft unabhängig von dem konkreten Produkt, informieren dann aber die Produktentwicklung.
- **Hybrid:** In der Praxis ist eine Mischung der verschiedenen Interaktionsstufen die am häufigsten angewandte Form. Gerade in frühen Stadien der Produktentwicklung (siehe Abschnitt 4.3), wenn Sie Konzepte testen, bietet sich diese Form an.

4.2.4 Mixed Methods

Um auf das Beispiel vom Anfang dieses Kapitels zurückzukommen, können Sie Ihr User-Research-Projekt wie ein Renovierungsprojekt betrachten. Statt nur einen einzelnen Nagel in die Wand hämmern zu wollen, ist es Ihr Ziel, das gesamte Zimmer zu renovieren. Hierfür benötigen Sie nicht nur den Hammer, sondern auch andere Werkzeuge wie das Tapeziermesser, Spachtel und Pinsel – jedes dieser Werkzeuge hilft Ihnen dabei, ein bestimmtes Ziel zu erreichen: die alte Tapete herunternehmen, die Wand streichen und zuletzt das Bild aufhängen.

Welche der oben skizzierten User-Research-Methoden die richtige für Sie ist und in welcher Dimension Sie sich bewegen sollten, ist somit stark von Ihrem Erkenntnisinteresse abhängig. Sie müssen entscheiden, was Sie herausfinden möchten und welche Daten Sie dafür erheben müssen.

Merksatz

Seien Sie sich darüber im Klaren, was Sie herausfinden möchten, bevor Sie eine Methode auswählen.

Grundsätzlich kann man festhalten, dass jedes Projekt von einem Mix an verschiedenen Methoden profitiert. Die sogenannte Mixed-Methods-Herangehensweise beschreibt dabei eine Mischung aus Erkenntnisinteressen, die aufeinander aufbauen können, ähnlich wie Sie in Ihrem Renovierungsprojekt mehrere Werkzeuge nacheinander benutzen.

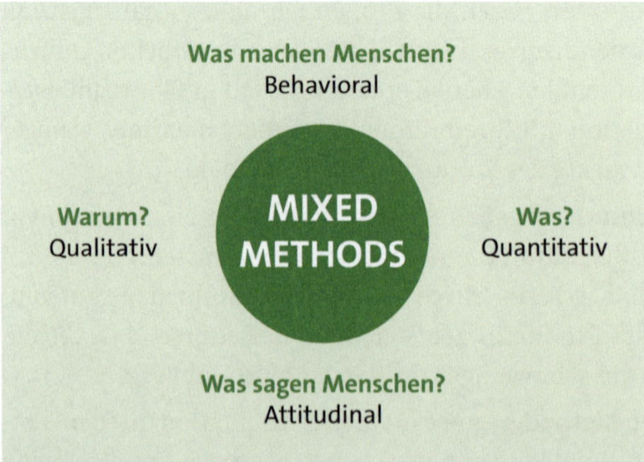

Abbildung 4.2 Die verschiedenen Methoden der User Research geben Ihnen Antwort auf unterschiedliche Fragen. Meist ist es sinnvoll, einen Mix an Methoden einzusetzen.

So können Sie sich einer Thematik beispielsweise nähern, indem Sie zuerst eine Umfrage durchführen (quantitativ & attitudinal), um ein erstes Verständnis zu erlangen. Die Antworten, die Sie tiefer erforschen möchten – beispielsweise weil Sie sie überrascht haben –, können Sie dann in Interviews (qualitativ & attitudinal) vertiefen. Und schließlich können Sie diese in Kontextanalysen, also kontextbezogenen Erhebungen, bei denen Probanden sowohl interviewt als auch beobachtet werden, (qualitativ & attitudinal & behavioral) auf Widersprüche überprüfen.

Im weiteren Verlauf des Buchs konzentrieren wir uns auf die qualitative User Research, da diese über die Fragestellung nach dem »Warum« die Grundlage darstellt, die wirklichen Ziele, Probleme und Bedürfnisse von Menschen freizulegen.

4.3 Wann sollte man User Research durchführen?

Die einfache Antwort auf diese Frage lautet: immer. Da einfache Antworten aber selten zufriedenstellend sind, möchte ich mich in diesem Kapitel genauer damit beschäftigen, wann der Einsatz von User Research in Ihrem Projekt sinnvoll ist.

Wie Sie in Abschnitt 4.2 gelernt haben, entfaltet die User Research ihre volle Kraft am besten durch die Kombination verschiedener Methoden, die Mixed-Methods-Herangehensweise. Gleichzeitig ist es sinnvoll, verschiedene Methoden zu verschiedenen Zeiten im Projekt zu betrachten.

4.3.1 Die Phasen in nutzerzentrierten Innovationsprojekten

Bevor wir uns den Einsatz der verschiedenen Methoden anschauen, möchte ich mit Ihnen einen Blick auf die Zyklen in nutzerzentrierten Innovationsprojekten werfen.

Design Thinking, Human-Centered Design, Social Enterprise Thinking ... je nachdem, welchen nutzerzentrierten Ansatz Sie betrachten, finden Sie leicht unterschiedliche Zyklen, die durchlaufen werden. Wichtig hierbei zu verstehen ist, dass die verschiedenen Ansätze sich nicht widersprechen, sondern eine allgemeine Herangehensweise beschreiben, die sie unterschiedlich interpretieren oder zu verschiedenen Phasen im Projekt zum Tragen kommt. Die Innovationsagentur Dark Horse aus Berlin hat in ihrem Buch »Digital Innovation Playbook« den Innovationsprozess auf drei Phasen heruntergebrochen: *Explore, Create, Evaluate*.

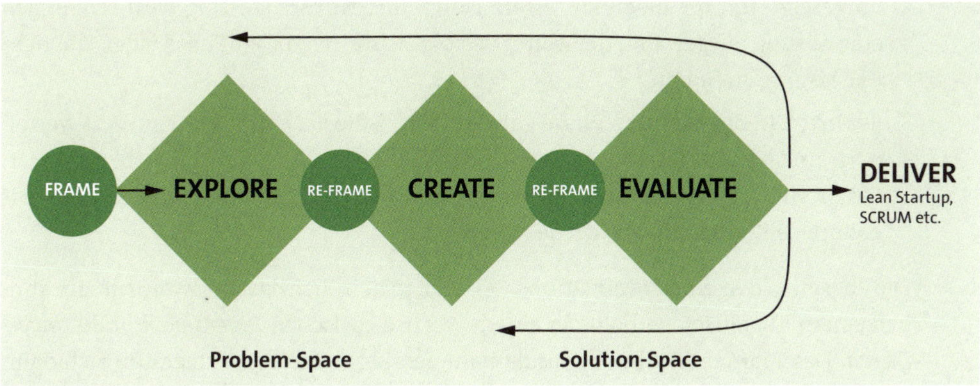

Abbildung 4.3 Die Phasen des Innovationsprozesses angelehnt an Dark Horse Innovation. Quelle: Dark Horse Innovation – eigene Darstellung.

Diesen drei Phasen geht die Phase *Frame* voraus, in der der Rahmen der Innovationsentwicklung abgesteckt wird. Dafür werden alle bekannten Informationen gesichtet (*Desk Research*), um die Datenlage zum Problem zu verstehen und die richtigen Personen für das Innovationsprojekt zu finden, und dann das Spielfeld für die Innovation festgelegt. Dieses initiale Framing kann mit dem Aufkommen neuer Informationen in den Phasen Explore und Create feinjustiert werden (*Re-Framing*). Nach den drei Phasen geht es entweder in die Iteration des Innovationsprozesses oder weiter in die Deliver-Phase, also in die Umsetzung der Idee für die Markteinführung. Hierzu können weitere nutzerzentrierte Frameworks wie *Lean Startup*, in dem ein Minimum Viable Product schnell am Markt getestet und anhand des Feedbacks iteriert wird, oder *SCRUM*, bei dem aus den Erkenntnissen der Explore-, Create- und Evaluate-Phasen in weiteren iterativen Zyklen ein konkretes Produkt entwickelt wird, genutzt werden.

Auf das Wesentliche heruntergebrochen, können die drei Innovationsphasen wie folgt beschrieben werden:

1. **Explore:** In der Explore-Phase geht es darum, den abgesteckten Rahmen mithilfe von Research-Methoden zu erforschen. Das Innovationsteam erforscht diesen sogenannten Problem-Space, indem es mit Menschen interagiert und deren Ziele,

Probleme und Bedürfnisse betrachtet. Ziel dieser Phase ist es, ein echtes Problem von Menschen identifiziert zu haben – sollten mehrere identifiziert worden sein, sollte eines ausgewählt werden, das dann durch die Innovation gelöst werden soll.

2. **Create:** In der Create-Phase wechselt das Innovationsteam in den Lösungs-Space und begibt sich auf die Suche nach Lösungen für das identifizierte Problem. Hierbei werden in der sogenannten Ideation (die Phase, in der so viele Ideen wie möglich generiert werden und die somit einem Ideensturm gleichkommt) zuerst viele verschiedene Lösungen aufgetan. Diese Lösungen werden dann in Prototypen umgesetzt, um die Ideen zu testen. Durch dieses frühe Testing wird schließlich eine Lösung ausgewählt, die weiter verfolgt wird. Ziel dieser Phase ist es, die richtige Lösung zu finden.
3. **Evaluate:** In der Evaluate-Phase geht es darum, die ausgewählte Lösung zu verfeinern und sie immer wieder mit Probanden zu testen. Die wichtigste Frage ist: Lösen wir das in der Explore-Phase identifizierte Problem, und schaffen wir dadurch einen Mehrwert für die Nutzer?

Die Phasen bilden einen Innovationskreislauf, in dem sich das Innovationsteam ähnlich einem Kugelfisch verhält – in einem Wechsel zwischen *Divergieren* und *Konvergieren*: Das Team erforscht alle fundamentalen Probleme der Nutzer, um sich dann auf eines zu konzentrieren. Die einzelnen Aspekte des Problems werden erfasst, um viele mögliche Lösungen zu finden, um dann eine auszuwählen. Die Perspektive wird groß und dann wieder sehr zielgerichtet. Der Denkraum weitet und fokussiert sich.

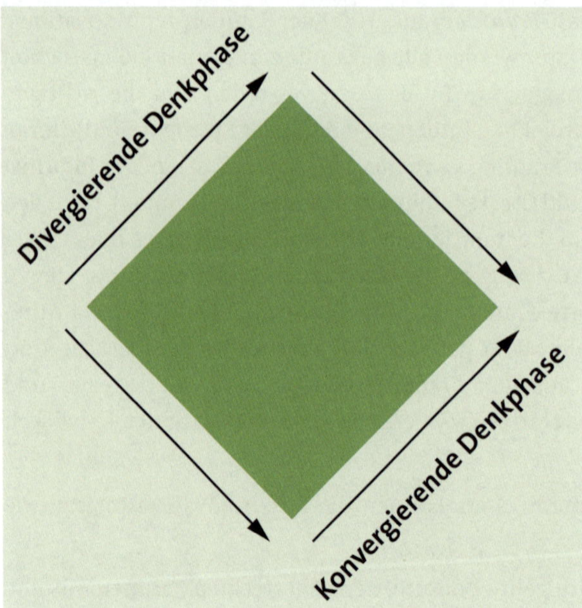

Abbildung 4.4 Der Diamant der divergierenden und konvergierenden Denkphasen

Divergierendes und konvergierendes Denken

Divergierendes und konvergierendes Denken sind die zwei Säulen der Kreativität. Divergieren beschreibt dabei eine unvoreingenommene und breite Suche nach vielen unterschiedlichen Ideen, Möglichkeiten und Alternativen, der Denkraum weitet sich. Konvergieren beschreibt eine fokussierte, dabei positive Evaluation dieser Alternativen und die Entscheidung für eine von ihnen, der Denkraum fokussiert sich. Durch die saubere Trennung dieser beiden Denkphasen kann Kreativität zielgerichtet eingesetzt werden. Mehr dazu können Sie hier lesen: *https://www.creaffective.de/de/ueber-uns/arbeitsweise/innovationsprozesse/divergieren-und-konvergieren/*.

Das British Design Council bezeichnet diese Herangehensweise des Divergierens und Konvergierens – bezogen auf ein leicht abgewandeltes Zwei-Phasen-Innovationsmodell aus Problemdefinition und Lösungsfindung – als Double-Diamond-Modell. In unserem Fall könnte man also durch das Hinzunehmen der für das Testing dedizierten Phase Evaluate von einem Triple-Diamond-Modell sprechen.

Ebenso laufen die Phasen iterativ ab. Das heißt, sie wiederholen sich und das Team wechselt zwischen den verschiedenen Phasen. Sollte sich in der Evaluate-Phase herausstellen, dass die entwickelte Lösung das Problem der Menschen nicht löst, muss das Innovationsteam wieder in die Create-Phase zurückkehren. Falls sich herausstellt, dass das Problem zwar gelöst wird, dadurch aus Sicht der Nutzer aber kein echter Mehrwert entsteht, muss das Innovationsteam wieder zurück in die Explore-Phase und den Problem-Space neu erkunden. Im Zweifelsfall muss wie oben beschrieben auch der Frame des Projekts im Re-Framing neu gesteckt werden. Bei positivem Feedback kann das Innovationsteam durch Rückkehr in die Explore- oder Create-Phase weiteres Potenzial erkunden oder neue Ideen entwickeln. Letztlich können so unendlich viele iterative Diamanten aufeinander folgen.

Diese Phasen sollten nicht zu starr gesehen werden, sondern vielmehr Orientierung geben und ein Mindset vermitteln (mehr dazu unter: *https://medium.com/swlh/mindset-process-method-a-comprehensive-descriptive-model-for-design-thinking-27a501bf80cf*). Dieses Mindset ist durch die grundlegenden Prinzipien des Design Thinkings geprägt, die auf der Arbeit verschiedener Denker dieser Richtung basieren, bspw. Veröffentlichungen von Lotta Hassi und Miko Laakso (*https://www.researchgate.net/publication/274066130_Making_sense_of_design_thinking*) oder Lisa Carlgren, Ingo Rauth und Maria Elmquist (*https://www.chalmers.se/SiteCollectionDocuments/Teknikens%20ekonomi%20och%20organisation/Carlgren%20Rauth%20Elmquist%20 2016%20CIM%20Framing%20Design%20Thinking%20.pdf*).

Das Mindset beschreibt:

1. **User Focus:** Seien Sie empathisch, neugierig, offen und unvoreingenommen.
2. **Problem-Framing:** Gehen Sie von Problemen aus und erwarten Sie Unvorhersehbares.

3. **Experimentation:** Seien Sie offen für Feedback und Experimente, gehen Sie spielerisch und intuitiv vor, nutzen Sie Prototypen, um schnell aus Fehlern zu lernen.
4. **Visualization:** Denken Sie visuell, denken Sie durch Umsetzen, und kommen Sie ins Handeln.
5. **Diversity** und **Collaboration:** Seien Sie integrativ, interdisziplinär, demokratisch sowie offen gegenüber fremden Persönlichkeiten und Hintergründen. Nutzen Sie die Kraft der Kollaboration.

4.3.2 Einsatz von User Research in Ihrem Projekt

Wenn wir uns die drei Phasen der nutzerzentrierten Innovationsprojekte anschauen, können wir den Mehrwert von Research grob wie folgt beschreiben:

1. **Explore:** Hier führen Sie Research durch, um Ansatzpunkte für Ihre Produkte zu finden, die für Ihre Nutzer echten Mehrwert bieten.
2. **Create:** Hier führen Sie Research durch, um herauszufinden, ob Ihre Lösungsideen die Probleme der Nutzer lösen.
3. **Evaluate:** Hier führen Sie Research durch, um sicherzustellen, dass Ihre Lösung echten Mehrwert bietet und dabei eine großartige User Experience schafft. Für Sie selbst können Sie hier den Return on Investment Ihrer Arbeit zeigen. Auch hier gehen Sie divergierend und konvergierend vor. Zu Beginn möchten Sie ein allgemeines Feedback zu Ihrer Lösung bekommen: z. B. was Ihre Nutzer grundsätzlich von Ihrer Lösung halten. Je weiter Sie in der Umsetzung sind, desto spezifischer kann Ihr Erkenntnisinteresse werden: bspw. welche Umsetzungsvariante den größeren Mehrwert für Ihre Nutzer schafft.

Darüber hinaus möchte ich an diesem Punkt auf zwei Arten von User-Research-Studien eingehen: die *Foundational Research* und die *Directional Research*.

- **Foundational Research** bezeichnet die Studien, die Sie in der gerade betrachteten Phasen-Einteilung zu Beginn der Explore-Phase durchführen. Foundational Research will Antworten auf grundlegende Fragen finden und hilft Ihnen zu ergründen, an welchem Problem Sie mit Ihrer Ideenentwicklung ansetzen können. Die Erkenntnisse der Foundational Research sind langfristig relevant und bilden oft die Basis für Ihr Produkt. Methoden der Foundational Research können ethnografische Studien, qualitative Interviews, Diary Studies, aber auch Markt- und Wettbewerber-Analysen sein.
- **Directional Research** bezeichnet die Studien, die Ihnen im Projekt immer dann Antworten geben, wenn Sie sich gerade an einer Entscheidungs-Weggabelung befinden und entscheiden müssen, welchen Weg Sie einschlagen. Dabei geht es um sehr spezifische Fragen, die häufig das User Interface betreffen und in kurzen Zyklen entschieden werden. Die Erkenntnisse der Directional Research sind daher

für spezifische Entscheidungen relevant, aber nicht allgemeingültig. Methoden der Directional Research können Usability-Tests, Umfragen zu spezifischen Fragestellungen oder A/B-Testings sein, die in iterativen Zyklen durchgeführt werden.

In Ihrem Projekt ist es nun sinnvoll, diese beiden Research-Arten möglichst miteinander zu kombinieren und von den Erkenntnissen beider Herangehensweisen zu profitieren. Während Sie Foundational Research immer dann durchführen, wenn Sie ein grundlegendes Erkenntnisinteresse zu Zielen, Problemen und Bedürfnissen Ihrer Nutzer, zur Situation im Markt oder Entwicklungen in der Gesellschaft befriedigen wollen, führen Sie Directional Research sehr viel häufiger durch, um Ihre Hypothesen in der Design-Entwicklung immer wieder zu testen.

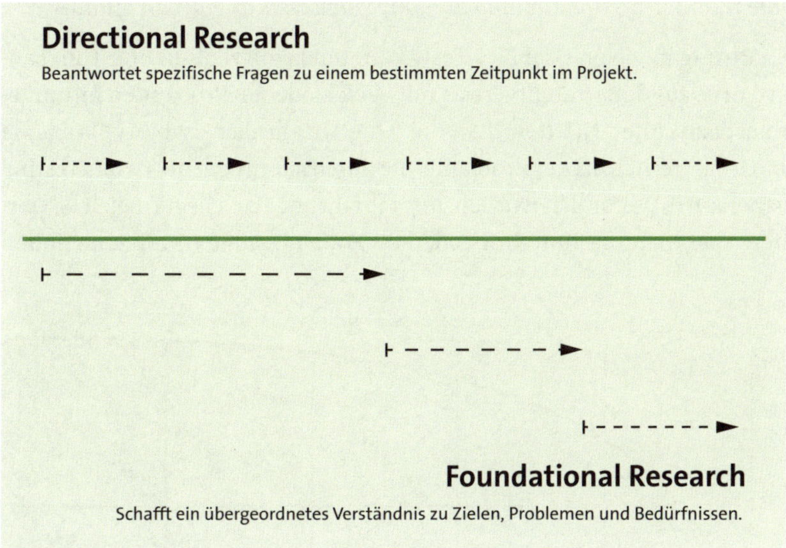

Abbildung 4.5 Die Kombination von Foundational und Directional Research im Projekt nach einem Medium-Artikel von Ben Ralph (Quelle: https://medium.com/beakerandflint/how-to-stop-ux-research-being-a-blocker-225d91105de8)

4.3.3 Wie beginnen Sie mit User Research?

Die beschriebene Herangehensweise mag auf Sie zu groß wirken. In der Tat habe ich hier die optimale Einbindung von User Research in ein größeres Innovations-Projekt beschrieben. Die grundlegende Überlegung behält aber auch in einem kleineren Umfang ihre Gültigkeit. Daher ist es wichtig für Sie zu verstehen, welche Art von Research welchen Zweck erfüllt – Sie erinnern sich an die Werkzeugkiste aus Abschnitt 4.2? Einen Hammer brauchen Sie sowohl in einem kleinen Heimwerkerprojekt als auch in einem großen Hausbauprojekt, das von professionellen Handwerkern durchgeführt wird. Wichtig ist, dass Ihnen bewusst ist, wann und wofür Sie zum Hammer greifen.

Sollten Sie für Ihr App-Projekt stark limitierte Ressourcen haben – was häufig der Fall sein wird –, fangen Sie klein an. Start small! Selbst die Durchführung einiger weniger Interviews und Usability-Tests wird Ihnen wertvolle Erkenntnisse liefern. Hier können Sie sich am Pareto-Prinzip orientieren: 80 % der Ergebnisse werden durch 20 % des Gesamtaufwands erreicht, wobei für die übrigen 20 % Ergebnisse ganze 80 % des Aufwands benötigt werden.

In der User Research können bei einem bereits bestehenden Produkt bereits fünf Nutzer 80 % der grundlegenden Usability-Probleme sichtbar machen. Jakob Nielsen schrieb dazu im Jahr 2000 einen berühmten Artikel, in dem er die These vertrat:

> *»Elaborate usability tests are a waste of resources. The best results come from testing no more than 5 users and running as many small tests as you can afford.«*

Durch ihre Erfahrung in vielen Usability-Tests konnten Jakob Nielsen und Tom Landauer die Lernkurve aus den Usability-Tests mit verschiedenen Probanden formulieren. Ihre Formel dazu lautet: $N(1-(1-L)^n)$, wobei N die Anzahl aller Usability-Probleme beschreibt und L das Verhältnis der Probleme, die durchschnittlich durch das Testing mit einer Testperson (n) gefunden wurden. Ihrer Erfahrung nach liegt L bei 31 %, woraus sie ableiten, dass man mit fünf Probanden 80 % aller Usability-Probleme finden kann.

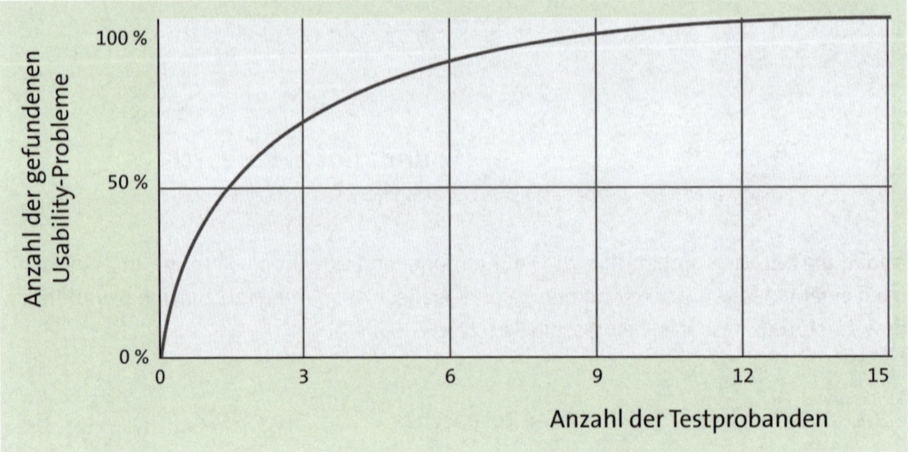

Abbildung 4.6 Die Lernkurve in Usability-Tests nach Jakob Nielsen und Tom Landauer

Merksatz

Selbst von wenig User Research lernen Sie mehr als von keiner User Research.

Seien Sie sich aber bewusst, dass Sie nur mit einigen Menschen gesprochen haben, die vielleicht nicht sorgfältig genug ausgewählt waren, um Ihre Erkenntnisse repräsentativ für die Gesamtheit Ihrer Zielgruppe sein zu lassen. Dem können Sie begegnen, indem Sie im weiteren Projektablauf weitere Testings planen, um Ihre Erkenntnisse zu validieren.

Identifizieren Sie zudem extreme Nutzer und Nicht-Nutzer, also diejenigen, die für Ihre Gesamtheit nicht repräsentativ sind und deren Bedürfnisse daher keine zu große Rolle einnehmen dürfen. Dennoch geben diese Ihnen oft einige spannende Einblicke und können Sie somit weiterbringen. Versuchen Sie zudem, durch den Mixed-Methods-Ansatz eine Ausgewogenheit an qualitativen und quantitativen Maßnahmen zu erreichen.

Das Wichtigste aber ist, dass Sie User Research einplanen und als wichtiges Element in Ihrem Design-Prozess etablieren. Planen Sie Zeit für die Vorbereitung, Durchführung und Synthese, aber auch für die Umsetzung der Erkenntnisse aus der User Research ein. Beachten Sie Ihre eigenen Entwicklungszyklen, und stellen Sie sicher, dass Sie noch auf Änderungen reagieren können. Je früher Sie Feedback für Ihre Ideen einholen, desto besser. Erinnern Sie sich an die Faustregel von IBM in Abschnitt 4.1.3.

Am Ende dieses Kapitels verrate ich Ihnen zudem fünf Methoden, mit denen Sie User Research direkt in Ihren Arbeitsalltag integrieren können.

4.4 Wie geht man bei der User Research vor?

Meiner Erfahrung nach scheitern User-Research-Projekte häufig gleich zu Beginn, weil kein klares Verständnis über die Vorgehensweise herrscht. Umso wichtiger ist es mir, Ihnen ein Verständnis dafür zu vermitteln.

Eine qualitative User-Research-Studie läuft typischerweise in fünf Schritten ab:

1. **Definition des Scopes:** Definieren Sie den Umfang (den sogenannten Scope) der Research.
2. **Vorbereitung der Research:** Stellen Sie einen Plan auf und bereiten Sie die User Research vor.
3. **Durchführung der Research:** Sammeln Sie die Daten, die Sie brauchen.
4. **Analyse und Synthese der Research:** Analysieren Sie die Research, synthetisieren Sie die Daten, und leiten Sie Erkenntnisse ab.
5. **Kommunikation der Erkenntnisse:** Bereiten Sie Ihre Erkenntnisse auf, und kommunizieren Sie sie an das Team – und alle anderen Personen, für welche die Erkenntnisse relevant sind.

Damit Sie sich in der Planung und Durchführung von User Research sicher fühlen, möchte ich die einzelnen Schritte im Folgenden mit Ihnen im Detail betrachten.

4.4.1 Definition des Scopes

Die erstmalige Definition des Scopes ist einer der wichtigsten Schritte in Ihrem gesamten User-Research-Projekt, denn der Scope definiert den Umfang – oder besser gesagt den Suchradius –, in dem Sie sich mit der Research bewegen. Hierbei ist es wichtig, den Scope nicht zu weit und somit zu umfangreich zu formulieren, aber den Denkraum von vorneherein auch nicht zu eng zu gestalten. Denken Sie daran, dass Sie auf der Suche nach echten Problemen sind, die Sie dann im besten Fall lösen können. Es geht nicht darum, für ein fiktives Problem die innovativste Lösung zu gestalten, sondern darum, echte Probleme zu lösen. Don Norman schreibt dazu in seinem Klassiker »The Design of Everyday Things«:

> *»Eine brillante Lösung für das falsche Problem kann schlimmer sein als gar keine Lösung: Das richtige Problem muss gelöst werden!« – Don Norman: The Design of Everyday Things. S. 206*

Die Definition des Scopes kann im Rahmen der Phase Frame (Abschnitt 4.3.1) stattfinden. Dennoch kann innerhalb dieses definierten Frames der Scope für die User Research noch einmal enger gesteckt werden. Ebenso kann der Scope im Laufe des Projekts und durch Erkenntnisse, die gesammelt wurden, neu definiert werden. Analog zu den anderen Phasen des Projekts handelt es sich hier um ein iteratives Vorgehen.

Eine gute Regel für die Definition des Scopes ist: Er sollte groß genug sein, dass Sie sich nicht von vorneherein nur auf ein Problem fokussieren. Er sollte aber auch überschaubar genug sein, dass Sie genügend Zeit haben, ihn zu erforschen und tiefere Erkenntnisse zu gewinnen.

4.4.2 Vorbereitung der Research

Wenn Sie den Scope definiert haben, können Sie damit beginnen, Ihre Research vorzubereiten. Wie bei jedem Projekt sollten Sie sich zuerst die Zeit nehmen, sich zu überlegen, was Sie erreichen möchten. Mit anderen Worten:

> **Merksatz**
>
> Überlegen Sie sich, wo Sie hinwollen, bevor Sie loslaufen.

Speziell auf User-Research-Projekte bezogen bedeutet das, dass Sie den abgesteckten Scope in einen sogenannten Research-Plan überführen, der den Zweck, die Methodik und Ihre Vorgehensweise beschreibt.

Research-Plan

Den Research-Plan schreiben Sie in erster Linie für sich selbst, um sicherzustellen, dass Sie an alles gedacht haben. Gerade in größeren Projekten dient er aber auch zur

Abstimmung mit anderen Projektteilnehmern und manchmal als Informationsgrundlage für wichtige Stakeholder.

Der Umfang Ihres Research-Plans kann je nach Größe der Studie und je nach Zielgruppe des Plans variieren. Wichtige Elemente des Plans sind die folgenden:

- **Grund der Research (Purpose):** Was ist der Sinn und Zweck Ihrer Research?
  Hier beschreiben Sie die Zielsetzung des Projekts und gehen auf den Scope ein. Die Beschreibung des Sinns und Zwecks Ihrer Research hilft allen Projektbeteiligten, ein Verständnis dafür zu entwickeln, wofür sie gemeinsam ihre Energie einsetzen.
- **Zielgruppe**: Wen möchten Sie kennenlernen? Wie rekrutieren Sie diese Personen?
  An dieser Stelle beschreiben Sie die Menschen, die Sie kennenlernen möchten. Hier berücksichtigen Sie nicht nur demografische Kriterien, sondern auch weitere Aspekte, die für die Nutzung Ihrer App wichtig sind, wie z. B. Experten oder Beginner. Ebenso legen Sie hier fest, in welcher Form Sie planen, diese Menschen für Ihre Studie zu rekrutieren. Der Rekrutierung von Probanden widme ich mich in Abschnitt 4.4.2 noch ein wenig detaillierter.
- **Methode:** Welche Methode(n) setzen Sie ein?
  Wie Sie in Abschnitt 4.2 gesehen haben, sind die verschiedenen Methoden der User Research Werkzeuge für verschiedene Aufgaben und hängen somit stark von Ihren Zielen und dem damit zusammenhängenden Erkenntnisinteresse ab. An dieser Stelle beschreiben Sie daher die Methode(n), die Sie in der Research einsetzen möchten. Hier kann die Entscheidung auch noch einmal im Team diskutiert werden.
- **Durchführungsort:** Wo führen Sie die Research durch?
  Abhängig von Ihrer Zielgruppe und der ausgewählten Methode bestimmen Sie hier die Location zur Durchführung der User Research. Sie können User Research remote (also an einem anderen Ort), im Test-Labor oder in der Arbeits-/Lebenswelt Ihrer Probanden durchführen.
- **Benötigtes Equipment:** Welches Equipment brauchen Sie dafür?
  Der Einsatz von Equipment für die Durchführung von User Research reicht von Equipment für die Dokumentation (Foto- und Videokameras mit entsprechenden Stativen, Voice-Recorder, Speicherkarten mit genug Speicherplatz, Software zur Bildschirm-Aufnahme, Post-Its, Klemmbretter, Stifte etc.) bis zu dem Equipment, das Sie beispielsweise zur Durchführung von Usability-Tests benötigen (Laptops, Prototypen etc.). Sie beschreiben das hier, damit noch genug Zeit ist, fehlendes Equipment für Ihre Studie zur Verfügung zu stellen.
- **Einverständniserklärung/NDA:** Was müssen Sie bzgl. Vertraulichkeit und Datenschutz beachten?
  Ein sehr wichtiges Thema in jeder Studie ist der Datenschutz. In der Regel werden Sie Audio- und Videomaterial Ihrer Probanden für die Dokumentation, Synthese

und die Kommunikation Ihrer Erkenntnisse aufnehmen wollen. Stellen Sie sicher, dass der Datenschutz hierfür geklärt ist. Ebenso kann es sein, dass Sie von Ihren Probanden Vertraulichkeitsvereinbarungen unterzeichnen lassen müssen, um sicherzustellen, dass keine sensiblen Informationen aus dem Projekt an die Öffentlichkeit geraten. Der Thematik des Umgangs mit den Daten der Probanden betrachte ich in Abschnitt 4.7 im Kontext der ethischen Aspekte der User Research genauer.

- **Frameworks:** In welcher Form sollen Ihre Erkenntnisse aufbereitet werden?
  Es hilft, wenn Sie sich bereits an dieser Stelle Gedanken darüber machen, in welcher Form Sie Ihre Erkenntnisse voraussichtlich aufbereiten möchten. Ich schreibe »voraussichtlich«, denn ich bin davon überzeugt, dass man sich eine gewisse Flexibilität in diesem Punkt erhalten sollte. Frameworks dienen der Aufbereitung von Erkenntnissen; das Framework sollte nicht den Inhalt bestimmen, sondern der Inhalt das Framework. Die Entscheidung für ein Framework sollte deshalb bewusst getroffen werden – auch hier gilt der Leitsatz »form follows function«. Nichtsdestotrotz hilft es Ihnen während der Durchführung Ihrer Research, schon über diesen Punkt nachgedacht zu haben, um nicht am Ende zu merken, dass Sie noch weitere Daten hätten erheben müssen. Der Aufbereitung von Research-Erkenntnissen in Frameworks widme ich mich in Abschnitt 4.6 im Detail.

Beispiel für einen Research-Plan

In einem Workshop habe ich kürzlich mit den Teilnehmern betrachtet, wie wir eine Studie zum Thema »Netzwerken auf einer Konferenz« aufsetzen könnten. Wir wollten herausfinden, welche Ziele, Probleme und Bedürfnisse Besucher einer bestimmten Konferenz in Bezug auf das Thema Netzwerken haben. Ein Research-Plan könnte hierbei wie folgt aussehen:

- **Grund der Research (Purpose):** Wir möchten ergründen, welche Ziele, Probleme und Bedürfnisse Besucher dieser Konferenz haben, um daraufhin das Netzwerk-Erlebnis für sie zu verbessern.
- **Zielgruppe:** Hierzu möchten wir mit fünf bis acht Teilnehmern der Konferenz sprechen. Unsere Kriterien, die über unsere Gesprächspartner hinweg ungefähr gleich verteilt sein sollen:
  - m/w/d
  - selbstständig/angestellt
  - regelmäßige Konferenzbesucher/unregelmäßige Konferenzbesucher
    Die Rekrutierung läuft über den Veranstalter der Konferenz, der sich ebenso um die Aufwandsentschädigung kümmert.
- **Methode:** Um ein tiefgreifendes Verständnis für das Themenfeld und die Probanden zu bekommen, möchten wir ein- bis eineinhalbstündige qualitative Interviews durchführen.

- **Durchführungsort:** Wir planen, die Teilnehmer vor Ort auf der Konferenz zu interviewen.
- **Benötigtes Equipment:** Zur Dokumentation der Interviews möchten wir das Audio der Interviews aufzeichnen und Bilder der Probanden machen. Hierfür benötigen wir Voice-Recorder und Kameras inkl. Speicherkarten sowie eine externe Festplatte, um die Daten zu sichern.
- **Einverständniserklärung/NDA**: Für die Aufzeichnung der Interviews benötigen wir eine Datenschutzerklärung, die wir von den Teilnehmern unterzeichnen lassen. Eine Vertraulichkeitserklärung benötigen wir für dieses Studienthema nicht.
- **Frameworks:** Wir planen, die Daten in Empathy Maps aufzubereiten und die Erkenntnisse dann in das Jobs-to-be-Done-Framework zu überführen.

Dies ist eine auf das Wesentliche reduzierte Form eines Research-Plans, daher dient er vorrangig dem Projektteam zur Orientierung und Planung. Sollte der Fokus mehr auf der Kommunikation und Abstimmung mit Stakeholdern liegen, kann es sinnvoll sein, die einzelnen Punkte weiter auszuführen und die Hintergründe für Entscheidungen zu erläutern.

Rekrutierung

Die Rekrutierung von Probanden ist ein umfangreiches Thema, dem ich mich in diesem Buch leider nicht in aller Ausführlichkeit widmen kann. Dennoch möchte ich Ihnen ein paar wichtige Punkte mit auf den Weg geben.

Zuerst sollten Sie entscheiden, wie viele Probanden Sie für Ihre Studie benötigen. Im qualitativen Spektrum der User Research ist die Größe der Stichprobe – je nach Methode und nach Weite des Scopes – meist zwischen 5 und 20 Probanden je Zielgruppe. Wie immer kann hier keine eindeutige Aussage getroffen werden, es kommt vielmehr auf Ihr individuelles Projekt an und liegt in Ihrem Ermessen. Je mehr Studien Sie durchgeführt haben, desto besser wird Ihr Gefühl dafür sein.

> **Stichprobengröße**
>
> Grundsätzlich gilt: Je diverser Ihre Zielgruppe ist, desto größer sollte Ihre Stichprobe sein.

Kriterien für die Rekrutierung von Probanden

Bevor Sie Probanden rekrutieren können, sollten Sie einige Kriterien festlegen, die diese Personen verkörpern sollten.

- **Demografische Daten:** Auch wenn in der qualitativen Research Einstellungen wichtiger als demografische Daten sind, ist es dennoch sinnvoll, einige demografische Daten wie Altersspanne, Geschlecht, Familienstand, Einkommen etc. festzulegen, um eine Ausgewogenheit in Ihrer Stichprobe zu gewährleisten. Jedoch nur, wenn diese Daten für Ihre Studie relevant sind.

- **Einstellungen:** Wichtiger als rein demografische Daten sind in der Regel die Einstellungen Ihrer Probanden zu bestimmten Themen, beispielsweise zur Nutzung digitaler Produkte, sozialer Medien, ihrer Anzahl von Versicherungen, ihrer Wohngegend oder der Nutzung von Angeboten des öffentlichen Nahverkehrs.
- **Thematische Kriterien:** Thematische Kriterien sind sehr speziell auf Ihre Studie abgestimmte Kriterien. In dem oben beschriebenen Beispiel mit dem Netzwerken auf Konferenzen wäre es wichtig, dass die Probanden grundsätzlich auf Konferenzen gehen. Schließlich wollen wir mit ihnen über ihre Einstellungen hierzu sprechen, um ihre Ziele, Probleme und Bedürfnisse in Bezug auf das Netzwerken zu ergründen. Gleichwohl kann es auch sinnvoll sein, mit Menschen zu sprechen, die nicht auf Konferenzen gehen oder überdurchschnittlich viel auf Konferenzen unterwegs sind, um deren besondere Ansichten kennenzulernen. Die Design-Agentur IDEO bezeichnet dies als *Extremes-and-Mainstreams-Methode*. Sollten Sie aber nur begrenzte Ressourcen haben, sollten Sie sich tendenziell auf die Probanden konzentrieren, welche die Gesamtheit Ihrer Zielgruppe bestmöglich abbilden.
- **Kommunikation:** Ein wichtiges Kriterium für Ihre Rekrutierung ist die Ausdrucksfähigkeit Ihrer Probanden. Stellen Sie sicher, dass Sie Menschen einladen, die sich ausdrücken können und nicht nur einsilbige Antworten geben. Oft hilft hierfür ein kurzes Telefonat als Einordnung.

Achtung bei Testprofis

Seien Sie vorsichtig bei sogenannten »Testprofis«. Das sind Menschen, die regelmäßig an Testings und anderen Studien teilnehmen, daher in ihrer Ausdrucksweise auf Testszenarien eingestellt sind und deshalb nicht mehr ganz unvoreingenommen sind. Als User Researcher interessieren Sie sich für die echten Ansichten von Menschen, nicht für die (unbewusst) einstudierten Antworten routinierter Profis.

Wege zur Rekrutierung

Grundsätzlich gibt es mehrere Wege, wie Sie Probanden für Ihre Testings finden.

- **Selbst rekrutieren:** Sie können auf Ihre Kunden (oder die des Unternehmens, für das Sie arbeiten) zurückgreifen. Diese sind oft aufgeschlossen, mit Unternehmen zusammenzuarbeiten, wenn sie das Gefühl haben, an der Verbesserung von Prozessen beteiligt sein zu können. Ebenso können Sie beispielsweise einen Aufruf über soziale Netzwerke starten oder für explorative Interviews Menschen auf der Straße (oder der von Ihnen ausgewählten Location) ansprechen.

- **Rekrutierung über Marktforschungsagenturen:** Sie können mit Marktforschungsagenturen arbeiten, die einen Pool an Probanden haben und Testpersonen aufgrund der von Ihnen gewählten Kriterien auswählen.
- **Rekrutierung im Umfeld:** Für ein erstes Feedback können Sie auch mit Ihren Kollegen, mit der Familie oder Freunden starten und diese für Ihre User Research rekrutieren. Hierbei sollten Sie sich aber bewusst sein, dass diese oftmals kein repräsentatives Abbild der Gesamtheit Ihrer Zielgruppe sind und zudem meist nicht mehr unvoreingenommen über Ihr Thema, Ihre Idee oder Ihr Produkt sprechen können, weil sie in einer persönlichen Beziehung zu Ihnen stehen und bereits Informationen zu Ihrem Projekt erhalten haben.

Aufwandsentschädigung für Ihre Probanden

Ein weiterer wichtiger Aspekt in der Rekrutierung von Probanden ist die Vergütung und Aufwandsentschädigung. Seien Sie sich bewusst, dass Menschen in der Regel nicht ohne Gegenleistung an Ihrer Studie teilnehmen werden. Außerdem sollten Sie den Wert der Erkenntnisse, die Sie aus der Research ziehen, durch die Entschädigung Ihrer Probanden ausdrücken. Je nach Aufwand und der individuellen Beziehung zu Ihnen und Ihrem Produkt kann die Vergütung sehr unterschiedlich ausfallen: Entschädigungen können von Gutscheinen und Rabattcodes für Ihre Produkte über Barauszahlungen bis hin zu anderen Goodies oder Gefallen reichen. Sollten Sie im kleinen Rahmen mit Freunden und Familie testen, reicht vielleicht eine Einladung zum Abendessen. Wichtig ist, dass Sie die Zeit und die Offenheit Ihrer Probanden zu schätzen wissen, und ihnen das auch zeigen.

Erkenntnisinteresse und Leitfaden

Für jede Durchführung von User-Research-Maßnahmen sollten Sie ein dediziertes Erkenntnisinteresse formulieren. Dieses Erkenntnisinteresse ist konkreter als Ihr übergeordneter Scope und speziell auf das ausgelegt, was Sie durch den Einsatz dieser spezifischen Maßnahme erfahren möchten. Das Erkenntnisinteresse wird häufig von wichtigen Stakeholdern wie Produktmanager oder dem Design-Team informiert und in der Form von *Hypothesen* abgebildet. Eine Hypothese beschreibt dabei Ihre Annahmen, die Sie getroffen haben und die Sie überprüfen möchten.

In jedem Projekt gibt es Bereiche, über die Sie aus anderen Quellen schon einiges wissen, und Bereiche, über die Sie noch nicht so viel wissen. Überlegen Sie sich daher: Was wissen Sie schon? Was wissen Sie noch nicht? Was vermuten Sie?

> *»As we know, there are known knowns; there are things we know we know. We also know there are known unknowns; that is to say we know there are some things we do not know. But there are also unknown unknowns – the ones we don't know we don't know.« – Donald Rumsfeld (Quelle: https://de.wikipedia.org/wiki/There_are_known_knowns)*

Diese von dem ehemaligen US-Verteidigungsminister Donald Rumsfeld – zugegebenermaßen in einem anderen Kontext – bezeichneten »Unknown Unknowns« beschreiben unbekannte Wissenslücken, die Ihr Projekt gefährden können. Diese möchten Sie mit Ihrer User Research identifizieren und Ihre Vermutungen (Ihre Hypothesen) validieren oder widerlegen.

Vermutungen und Annahmen sind großartig, um Ihr Projekt zu starten. Allerdings ist es gefährlich, diese Annahmen als Fakten zu betrachten, ohne sie zu überprüfen. Einige Annahmen bergen für Sie dabei ein höheres Risiko als andere, da Sie über Erfolg und Misserfolg Ihres Projekts entscheiden können.

Erika Hall schreibt dazu in ihrem Buch »Just enough Research«:

> *»To make the best use of your time and truly do just enough research, try to identify your highest-priority questions – your assumptions that carry the biggest risks.« – Erika Hall: Just enough Research, S. 34*

Ein Beispiel: Nehmen wir an, Sie möchten eine App für Elektriker entwickeln, die diese bei der Montage und Wartung komplexer Systeme unterstützt. Sie gehen hierbei davon aus, dass Elektriker Unterstützung brauchen (und möchten). Die erste kritische Hypothese. Sollte das nicht der Fall sein, kann Ihre App noch so hilfreich sein, sie wird nicht genutzt werden. Eine weitere kritische Hypothese wäre, dass Ihre Zielgruppe ein Smartphone oder Tablet während der Arbeit nutzen kann. Für Handwerker ist es wichtig, dass ihr Smartphone »Baustellen-geeignet« ist, wie ein Artikel im Handwerkermagazin zeigt (*https://www.handwerk-magazin.de/outdoor-smartphones-handys-im-baustellentest/150/381/208019*). Möglicherweise gibt es Handwerker, die überhaupt kein Smartphone, sondern ein altes Mobiltelefon auf den Baustellen nutzen.

Wenn Ihre beiden kritischen Hypothesen (Elektriker brauchen/möchten Unterstützung, und Elektriker nutzen ein Smartphone auf Baustellen) widerlegt werden, ist Ihr gesamtes Projekt gefährdet. Ihr Fokus gilt somit im ersten Schritt diesen kritischen Hypothesen.

Kritische Hypothesen zuerst testen

Ein weiteres Beispiel zu dieser Herangehensweise ist die Erfolgsgeschichte des Onlineshops Zappos, der in den USA zu den erfolgreichsten Schuhversandhändlern gehört. Der Gründer von Zappos hatte im Jahr 1998 die Idee für einen Schuh-Onlineshop, nachdem er selbst einen frustrierenden Tag mit der Suche nach den richtigen Schuhen in einer Einkaufsmall verbracht hatte. Um herauszufinden, ob Menschen Schuhe wirklich online bestellen würden (im Jahr 1998 war das noch keine Selbstverständlichkeit), entschied er sich dafür, diese Annahme (seine kritische Hypothese) zu testen. Bevor er also ein Lager von Schuhen anlegte und ein aufwendiges Bestellsystem integrierte, erstellte er eine einfache Webseite, auf der er Schuhe anbot, die er de facto nicht hatte, und wartete auf Bestellungen. Als die Bestellungen kamen, ging er in den lokalen Schuhhandel, kaufte die Schuhe und verschickte sie. Erst als er sich sicher war, dass die seiner Idee zugrunde liegende Hypothese validiert war, begann er damit, sein Unternehmen aufzubauen.

Diese Lean-Startup-Herangehensweise von Zappos können Sie hier nachlesen: *https://decidedly.com/3-examples-of-lean-startup.*

Abgrenzung von Erkenntnisinteresse und Leitfaden

Ihr Erkenntnisinteresse formulieren Sie in Forschungsfragen. Auf Basis dieser Forschungsfragen erstellen Sie dann einen Leitfaden für die Durchführung Ihrer User Research. Diese Forschungsfragen sind dabei nicht die Fragen, die Sie Ihren Probanden stellen, sondern die Sie im Hinterkopf haben und beantworten möchten. Sie transferieren Ihr Erkenntnisinteresse in Fragen oder Aufgaben, die Sie mit Ihren Probanden erforschen, um das herauszufinden, was Sie wissen möchten. Auf die Erstellung des Leitfadens für die Methoden qualitativer Interviews, Kontextanalysen und Usability-Tests gehe ich in Abschnitt 4.5 genauer ein.

Abgrenzung von Research Plan und Leitfaden

Im Gegensatz zum Leitfaden für die Durchführung einer konkreten Methode wie qualitative Interviews oder Usability-Tests ist der Research-Plan übergeordnet und kann seine Gültigkeit über die Durchführung mehrerer Methoden hinweg behalten. Wenn Sie beispielsweise einen Research-Plan für das iterative Testing eines Produktes mit Usability-Tests aufsetzen, würden Sie diesen nicht für jeden Testdurchlauf anpassen, den Test-Leitfaden hingegen schon.

4.4.3 Durchführung der Research

Bei der Durchführung Ihrer Research kommen Sie nun endlich mit Ihren Nutzern in Kontakt. Ihr Ziel ist es, alle Daten zu erheben, die Ihr Erkenntnisinteresse befriedigen. Sie packen also Ihre Research-Tasche, ziehen in die Welt und kommen mit einer prall gefüllten Erkenntnis-Tasche zurück. Diese enthält Geschichten, Bilder und Zitate Ihrer Nutzer. Diese Phase in Ihrer User Research ist die unberechenbarste, weil Sie nicht wissen, was Sie erwartet. Gleichzeitig ist es eine der spannendsten Phasen.

> *»Es existieren keine Alternativen zu direkten Beobachtungen und Interaktionen mit den Menschen, die das Produkt nutzen werden.« – Don Norman: The Design of Everyday Things. S. 211*

Die Durchführung der Research hängt dabei von Ihrer ausgewählten Methode ab. In Abschnitt 4.5 betrachte ich mit Ihnen die Durchführung von qualitativen Interviews, Kontextanalysen und Usability-Tests.

Ich packe meine Research-Tasche und nehme mit ...

Wie Sie Ihre Research-Tasche packen, hängt natürlich von Ihren persönlichen Präferenzen ab, als Inspiration lasse ich Sie einen Blick in meine Tasche werfen.

- **Dokumente:** Leitfaden für die Durchführung der Research, Datenschutzerklärungen und Vertraulichkeitsvereinbarungen, mögliche Aufwandsentschädigungen für die Probanden wie z. B. Gutscheine sowie Quittungen zur Bestätigung, dass ich diese ausgehändigt habe
- **Schreibmaterial:** Klemmbrett, Post-Its, Stifte, Papier
- **Technik:** Camcorder, Audiorecorder, Spiegelreflex, Speicherkarten, externe Festplatte, Stative, Laptop oder Tablet und Ladegeräte für alle Geräte
- **Informationen:** Anfahrtsbeschreibungen und Informationen zu den Probanden
- **Verpflegung:** Ich habe immer einen Apfel oder einen Müsliriegel und etwas zu trinken dabei.

Drei Phasen der Durchführung

Grundsätzlich läuft jede User-Research-Methode, bei der Sie persönlich mit den Probanden interagieren, grob in drei Phasen ab.

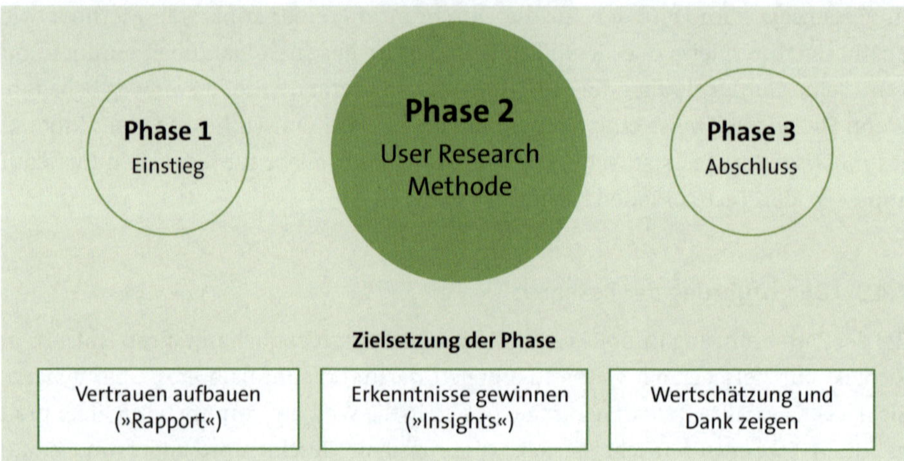

Abbildung 4.7 Die Phasen der Durchführung von User Research

1. **Einstieg: Rapport**
   In dieser Phase geht es darum, alle formellen Themen zu klären und eine Verbindung aufzubauen. Sie begrüßen die Probanden, stellen sich und das Projekt vor und geben einen Überblick über das, was Sie vorhaben. Sie weisen die Probanden auf ihre persönliche Freiheit hin, die Teilnahme jederzeit zu beenden. Erklären Sie ihnen, dass Sie mit ihnen offen sprechen möchten, es keine Tabu-Themen gibt,

und widmen Sie sich dem Datenschutz. Geben Sie an dieser Stelle der Testperson die Möglichkeit, Rückfragen zu stellen.

Dann steigen Sie mit Small Talk und einigen Eisbrecherfragen in die Durchführung ein.

Ziel der Eisbrecherfragen ist es zum einen, ein gutes Verhältnis zu Ihren Probanden aufzubauen, und zum anderen, die Insights aus der Research in einen Kontext setzen zu können. Wenn eine Testperson Ihnen zu Beginn erzählt, dass sie E-Mails in der Regel nur an ihrem Laptop und nur in Ausnahmefällen auf ihrem Smartphone schreibt, gibt Ihnen das Aufschluss über ihr digitales Verhalten. Dies kann wiederum für Ihr Produkt relevant sein.

2. **Methode: Insights**

   Hier wenden Sie nun die gewählte User-Research-Methode an und nutzen dabei Ihre Handwerkskünste, um so viele spannende Daten wie möglich zu sammeln und Erkenntnisse zu enthüllen. In Abschnitt 4.5 gehe ich dafür auf die Durchführung von drei Methoden ein.

3. **Abschluss: Wertschätzung**

   Wenn Sie Ihr Erkenntnisinteresse befriedigt haben, kommen Sie zu einem Abschluss. Dafür geben Sie Ihren Probanden die Möglichkeit, noch etwas hinzuzufügen, über das Sie noch nicht gesprochen haben, oder Rückfragen an Sie zu stellen.

   Zum Abschluss bedanken Sie sich für die Zeit, heben hervor, wie wertvoll die Teilnahme der Probanden für Sie war, und verabschieden sich.

Voraussetzung für gute User Research

Ihre Probanden sollen sich wohlfühlen. Egal, welche Methode Sie anwenden, sie wird nicht zum Erfolg führen, wenn sich Ihr Gegenüber unwohl fühlt. Stellen Sie daher immer sicher, dass eine angenehme Gesprächsatmosphäre herrscht, dass Getränke und ein paar Snacks zur Verfügung stehen, dass es warm genug ist und dass Ihre Probanden nicht unnötig warten müssen.

Seien Sie immer aufrichtig dankbar – ohne diese Menschen wäre Ihre Arbeit nicht möglich.

Drei Aspekte der Durchführung

An dieser Stelle möchte ich zudem auf drei Aspekte eingehen, die für die Durchführung jeder User-Research-Maßnahme wichtig sind:

- Mindset
- Bias
- Dokumentation

Aspekt 1: Mindset

Wenn Sie mit der Research beginnen, wissen Sie noch nicht genau, wo sich die spannendsten Erkenntnisse verbergen. Daher sollten Sie jederzeit aufmerksam und neugierig bleiben. Diese Einstellung wird auch »Lehrlings-Mindset« genannt. Sie sind in der Research nicht mehr Designer, Produktverantwortlicher oder Entwickler, Sie sind Forscher. Legen Sie all Ihr Wissen über das Produkt und die Branche ab. Seien Sie ehrlich interessiert an Ihren Probanden und dem, was Sie erzählen. Hören Sie zu, beobachten Sie, und seien Sie offen für neue Wege, die sich in der Interaktion ergeben. Diese können Sie zu spannenden Erkenntnissen führen.

Haben Sie dabei aber jederzeit Ihr Erkenntnisinteresse im Blick. Sie sind derjenige, der den Rahmen vorgibt. Sollten die Probanden zu sehr abschweifen, ohne dass Ihr Erkenntnisinteresse befriedigt wird, ist es Ihre Aufgabe, sie wieder auf Ihren Weg zurückzuführen.

Aspekt 2: Bias

Der Begriff *Bias* beschreibt eine Voreingenommenheit, die jeder von uns in sich trägt. In der User Research kann Bias in vielfacher Form und zu verschiedenen Zeitpunkten auftreten – von der Definition des Scopes über die Auswahl der Probanden, in der Entwicklung des Leitfadens, bei der Durchführung der Maßnahmen bis hin zur Analyse und Synthese der Research.

Ihren Ursprung hat Bias in unserer Natur, denn ein schnelles Vor-Urteil von Situationen, potenziellen Gefahren und Interaktionspartnern kann im Ernstfall über Leben und Tod entscheiden. Und in unserem Alltag, in dem wir täglich Millionen kleiner Entscheidungen treffen müssen, hilft uns dieses Vor-Urteil, die Optionenvielfalt zu reduzieren.

Bias wird aber dann zum Problem, wenn Sie sich von ihr leiten lassen, dieses Vor-Urteil in einem wirklichen Urteil über einen Sachverhalt oder eine Person manifestieren und somit die Realität verfälschen. Es liegt in der Natur der User Research, dass Bias überwunden werden muss. Denn wie Sie wissen, sind wir als User Researcher an den wirklichen Zielen, Problemen und Bedürfnissen der Menschen interessiert und nicht an einem vorschnellen Urteil.

> *»Wherever there is research there is bias. (...) You can't eliminate it completely – but the simple act of noting potential or obvious bias in your research process or results will allow you to weigh the results more appropriately.« – Erika Hall: Just enough Research, S. 28*

Die Vermeidung von Bias ist dabei ein sehr vielschichtiges und komplexes Thema. An dieser Stelle möchte ich Ihnen drei Tipps geben:

- Seien Sie sich Ihrer Bias bewusst: Selbsterkenntnis ist der erste Schritt zur Besserung.

- Arbeiten Sie so divers wie möglich: Sowohl in Ihrem Projektteam als auch bei Ihren Probanden ist eine Vielfalt von Hintergrund, Herkunft und Einstellungen hilfreich, um ein möglichst realistisches Bild zu zeichnen.
- Hinterfragen Sie sich selbst und Ihre Kollegen: Es hilft ungemein, die eigenen Eindrücke noch einmal mit Kollegen durchzusprechen. Wie haben andere Personen die Situation wahrgenommen? Hierbei lassen sich vorschnell gezogene Schlüsse oft identifizieren und korrigieren.

Aspekt 3: Dokumentation

Schon während der Durchführung Ihrer Research ist es sinnvoll, über die Dokumentation nachzudenken. So können Sie sich im Nachgang Arbeit sparen. Das reicht von den Notizen während der Durchführung über die Aufnahmen bis hin zu den Rückfragen, die Sie stellen.

Halten Sie alles fest, was Ihre Probanden mit Ihnen teilen. Oft wissen Sie an diesem Punkt noch nicht, ob es später relevant sein wird oder nicht. Sie können jederzeit darauf verzichten, ein Video anzuschauen oder abfotografierte Unterlagen noch einmal zu betrachten. Sie können aber nicht zu dem Moment zurückkehren, in dem Ihr Gegenüber über die intimsten Gedanken spricht, und nachfragen, was genau damit gemeint ist.

Da Sie Ihre Erkenntnisse später mit dem Team teilen, ist es wichtig, auch Dinge festzuhalten, die Sie nebenbei wahrnehmen (wie der Raum, in dem Sie sich mit den Probanden unterhalten, deren Erscheinungsbild oder andere besondere Merkmale). Nur so können Sie später ein Gesamtbild zeichnen.

Am besten führen Sie direkt im Anschluss an die Durchführung der User Research eine kurze Dokumentation durch, in der Sie Ihre Notizen und die Aufnahmen zusammenführen. Zu diesem Zeitpunkt erinnern Sie sich noch genau an das Gespräch und die Person, die Sie getroffen haben. Je mehr Gespräche Sie geführt haben, desto schwieriger wird es, sich zu einem späteren Zeitpunkt noch genau an Einzelheiten zu erinnern.

Sie können die Dokumentation je nach Umfang der Studie und Größe des Teams unterschiedlich ausgestalten. Ihr Ziel ist es, das Erlebte mit Ihren Teamkollegen zu teilen. Hierfür bieten sich Empathy Maps oder kleine Steckbriefe an. Ebenso können Sie hier aber auch mit Transkriptionen, Auszügen aus Videos oder anderen Storytelling-Methoden arbeiten. Mehr dazu lesen Sie in Abschnitt 4.6. Wichtig hierfür ist, dass Sie Ihren Kollegen die Personen so vorstellen, dass diese sich in sie hineinversetzen können und fast das Gefühl bekommen, dabei gewesen zu sein.

Allerdings ist es wichtig, bereits an dieser Stelle die Anonymität Ihrer Probanden sicherzustellen. Verwenden Sie keine echten Namen, keine genauen Angaben zum Wohnort oder andere personenbezogene Daten, die nicht für die Dokumentation der Research relevant sind.

Bruno, 56 Jahre

Kontext

Wir haben **Bruno** getroffen, der begeisterter Rennradfahrer ist. Wir haben mit ihm vor seinem lokalen Fahrradhändler gesprochen, wo er gerade einen neuen Fahrradmantel gekauft hat.

Einstellungen

Bruno fährt seit 35 Jahren passioniert Fahrrad. Im Jahr fährt er durchschnittlich 6.000 km. Fahrradzubehör kauft er lokal bei einem Händler, dem er vertraut. Für ihn ist es wichtig, mit jemandem sprechen zu können, der seine Bedürfnisse versteht und ihn auf einem hohen Niveau beraten kann. Er hat selbst ein hohes technisches Verständnis.

3 TOP Zitate

1. »Ich fahre auf einem Niveau, auf dem ich froh bin, einen guten Händler zu haben.«
2. »Dass er selbst Rad fährt, ist wichtig, weil er Erfahrungswerte weitergeben kann.«
3. »Das ist ein Segment, wo du dieses Geld ausgeben musst, damit du Fahrfreude hast.«

3 Bedürfnishypothesen

1. In der Beratung für Zubehör baut er Vertrauen zu seinem Händler auf, die für ihn wichtig ist.
2. Die Inspektion am Rad kann er im Internet nicht machen.
3. Auf sein Rad und sein Equipment muss er sich verlassen können, um seine Leistung abzurufen.

3 Potenziale

1. Schnelligkeit, Zuverlässigkeit und Qualität sind für ihn wichtiger als Preis.
2. Eine Community mit Erfahrungsaustausch.
3. Er ist loyal und kommt dorthin zurück, wo er zufrieden war.

Abbildung 4.8 Steckbriefartige Dokumentation eines explorativen Interviews im Kontext einer Studie zum Onlineshopping im Bereich Fahrradzubehör

4.4.4 Analyse und Synthese der Research

In der Analyse und Synthese der Research geht es darum, in den individuellen Geschichten Ihrer Probanden Muster zu erkennen, die für alle gültig sind oder zumindest eine Teilgruppe Ihrer Probanden repräsentieren. Aus diesen Mustern können Sie dann übergeordnete Erkenntnisse ableiten.

Der Prozess der Analyse und Synthese kann sich chaotisch anfühlen und manchmal »sieht man den Wald vor lauter Bäumen nicht«. Das ist aber ein ganz normaler Zustand. Ganz ähnlich wie zu Beginn bei einem Puzzle mit über 1.500 Teilen. Diesen Zustand des Noch-nicht-Wissens muss man aushalten; nach und nach stellt sich immer mehr Klarheit ein. Selbst erfahrene Researcher fühlen häufig diese Überforderung, wenn sie vor all den Daten stehen, die sie aus dem Feld mitgebracht haben – sie sind nur an dieses Gefühl gewöhnt und wissen, dass sich die Klarheit einstellen wird.

Es gibt verschiedene Wege, sich der Analyse und Synthese zu nähern. Sie können diesen Prozess alleine oder im Team mit Research-Kollegen und ausgewählten Team-Mitgliedern durchführen. Da viele Augen mehr sehen und verschiedene Perspektiven wertvoll sind, empfehle ich Ihnen aber, die folgenden Schritte mindestens mit einer weiteren Person im Tandem durchzuführen.

Im Folgenden beschreibe ich Ihnen mein präferiertes Vorgehen, das grob in vier Schritten abläuft: Reliving, Coding/Bottom-Up, Clustering, Making Sense.

Reliving

Im ersten Schritt betrachten Sie gemeinsam mit Ihren Research-Kollegen die Dokumentation der Research – beispielsweise anhand der aufbereiteten Steckbriefe oder Empathy Maps. Diejenigen, welche die Research durchgeführt haben, erzählen den anderen Personen von ihren Erlebnissen. Die anderen haben die Möglichkeit, Rückfragen zu stellen. So schaffen Sie ein erstes gemeinsames Verständnis für die Probanden und die Daten.

Daten sind hier: Informationen zur Lebenssituation der Probanden, zu Einstellungen, Zielen, Problemen, Bedürfnissen, aber auch Zitate, Bilder.

Coding/Bottom-Up-Methode

Im nächsten Schritt werden Ihre Daten kodiert. Hierbei gehen Sie von den einzelnen Rohdaten aus, die Sie gesammelt haben, um aus diesen dann Erkenntnisse (Insights) ableiten zu können. Das bedeutet, dass Sie die Daten hinsichtlich Einstellungen, Gedanken, Gefühlen, Zielen, Bedürfnissen, Motivationen und Verhalten durchforsten.

In unserem Beispiel mit dem Netzwerken auf Konferenzen könnte das beispielsweise sein: allgemeine Einstellungen zu Konferenzen, Ziele, Probleme, Bedürfnisse beim Netzwerken, tatsächliches Verhalten etc.

Das Coding kann entweder durch Markieren der Stellen in einer Transkription stattfinden oder aber – und das ist mein präferierter Weg – indem die wichtigen Daten auf Post-Its geschrieben werden. Dabei können Sie verschiedene Farben für verschiedene Aspekte einsetzen, beispielsweise Orange für Ziele, Blau für Bedürfnisse, Rot für Probleme, Grün für allgemeine Einstellungen und Ideen etc. Durch die verschiedenfarbigen Post-Its können Sie so auf einen Blick erkennen, welchen Aspekt einzelne Daten repräsentieren. Wichtige Regel: ein Post-It pro Gedanke. Notieren Sie hierbei auf den Post-ist, von welchen Probanden die Daten kommen. Am einfachsten funktioniert das, wenn Sie Ihre Probanden durchnummerieren und diese Zahl auf die Post-Its schreiben.

Mehr zum Thema Coding finden Sie beispielsweise hier: *https://en.m.wikipedia.org/wiki/Top-down_and_bottom-up_design* und *https://en.wikipedia.org/wiki/Open_coding*

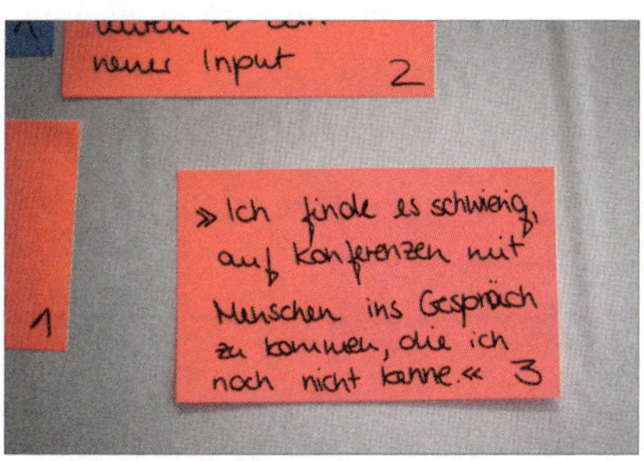

Abbildung 4.9 Ein Beispiel für ein Post-It im Coding-Prozess

Clustering

Im Clustering bringen Sie nun die verschiedenen Daten zusammen. Hier begeben Sie sich nun auf die Suche nach Mustern, die in den Daten auftauchen, und fügen diese zu Datensets zusammen. Wenn Sie mit Post-Its arbeiten, empfehle ich Ihnen, sich eine große freie Wand zu suchen und dort alles zusammenzuhängen, was zusammengehört. Fangen Sie an einer Stelle an, und arbeiten Sie sich vor, hängen Sie um und diskutieren Sie dabei. Dadurch arbeiten Sie die Daten noch einmal durch und finden so übergeordnete Themenkomplexe. Am Ende des Clusterings haben Sie so eine bunte Wand voller Themenkomplexe vor sich, die Sie nun benennen können.

Abbildung 4.10 Ein Beispiel für eine geclusterte Wand

Making Sense

Nun kommt der spannendste Teil der Analyse-Phase. Sie stellen sich die alles entscheidende Frage: Was bedeutet das alles? Sie versuchen, die Zusammenhänge zwischen den Daten und den Datensets (Clustern) zu verstehen. Hierfür betrachten Sie Ihre Cluster und leiten daraus schließlich Erkenntnisse ab, die für Ihr Projekt relevant sind. Dabei hilft es Ihnen, besonderes Augenmerk auf Konflikte und Widersprüche zu legen. Widersprüche zwischen Bedürfnissen und Handlungen – also dem, was Menschen sich wünschen, und dem, was sie tatsächlich tun – sind oft ein Indiz dafür, dass Probleme zugrunde liegen, die einer Zielerreichung im Weg stehen. Stellen Sie hierzu Hypothesen auf, und versuchen Sie die tiefergehenden Motivationen zu ergründen. Hilfreich ist es dabei, mit Visualisierungen zu arbeiten – beispielsweise mit Mindmaps.

Sie befinden sich hier in der konvergierenden Phase des Zyklus. Das heißt, dass Sie sich nun auf das für Sie Wesentliche konzentrieren. Was ist das Essenzielle, und was bedeutet das für Sie und Ihr Projekt?

Ein Beispiel für abgeleitete Erkenntnisse

In unserem Beispiel mit den Konferenzen hatten wir durch die Interviews unter anderem gelernt, dass die meisten Probanden Probleme hatten, Zeit zum Netzwerken zu finden. Dies führten sie auf das weitläufige Gelände der Konferenz und die verschiedenen Bühnen zurück. Auch hatten sie das Gefühl, dass sie immer wieder Gesprächspartnern verpassten. Hier hatten wir ein Bedürfnis nach einem dedizierten Ort zum Treffen abgeleitet.

Nun gab es auf dieser Konferenz sogar eine Netzwerk-Lounge. Diese wurde jedoch nicht genutzt. Hier hatten wir somit einen Konflikt zwischen Bedürfnis und Handlung entdeckt.

In den Interviews konnten wir lernen, dass für die Probanden das Konzept der Netzwerk-Lounge nicht klar war. Was sollten sie dort? Die Netzwerk-Lounge bot keine natürlichen Gründe zum Aufeinandertreffen (wie Kaffee, Essen etc.), vielmehr lag sie etwas abseits und wurde von den meisten Personen dann genutzt, um sich zurückzuziehen und in Ruhe zu arbeiten. Personen, die dort angeregt sprachen, sah man kaum. Somit war die Netzwerk-Lounge für die soziale Interaktion sogar kontraproduktiv.

An diesem Beispiel sieht man gut, wie ein bestehendes Bedürfnis (dedizierter Ort zum Netzwerken) nicht im Sinne der Nutzer gelöst wurde. Dies führte dazu, dass nicht nur das Bedürfnis nicht befriedigt, sondern darüber hinaus weitere Probleme kreiert wurden. Unsere Empfehlung war somit, die Netzwerk-Lounge neu zu gestalten und mit Angeboten natürlicher Interaktion anzureichern.

Ohne die Betrachtung beider Themencluster wäre der Konflikt nicht aufgefallen, und die Schlussfolgerung, dass die Besucher der Konferenz doch keine Netzwerk-Lounge möchten, hätte nahegelegen.

4.4.5 Kommunikation der Erkenntnisse

Die Kommunikation Ihrer Erkenntnisse ist fast die wichtigste Aufgabe Ihrer Research. Schließlich führen Sie die Research durch, um ein Projekt, wie in Ihrem Fall das Design einer App, zu informieren und dabei sicherzustellen, dass die Bedürfnisse Ihrer Nutzer befriedigt werden.

Wenn Sie es nicht schaffen, Ihre wertvollen Erkenntnisse so zu kommunizieren, dass alle relevanten Stakeholder verstehen, was diese für das Projekt bedeuten, landen Ihre Erkenntnisse häufig in irgendeiner Schublade und somit auf dem Friedhof der vergessenen Erkenntnisse. Und die Nutzerzentrierung, für die Sie so viel Arbeit geleistet haben, wird ebenfalls dort begraben.

Je nach Projekt, Research-Methode und Zielgruppe Ihrer Arbeit können Sie hier den besten Weg wählen. In Abschnitt 4.6 stelle ich Ihnen einige Frameworks vor, die sich für die weitere Arbeit mit Ihren Erkenntnissen eignen. Dennoch möchte ich schon hier darauf hinweisen, dass Frameworks nur dann gut sind, wenn sie dem Zweck dienen. Ähnlich wie bei der Wahl Ihrer Research-Methode sollten Sie sich fragen, welche

Aufbereitung Ihrem Ziel dient, ein Verständnis für die Bedürfnisse der Nutzer zu schaffen und Ihre Team-Mitglieder handlungsfähig zu machen.

Betreiben Sie hier *Storytelling*. Seien Sie visuell. Machen Sie Ihre Erkenntnisse greifbar.

4.5 Wie führt man einzelne User-Research-Methoden durch?

In Abschnitt 4.2 haben Sie bereits einen Überblick über verschiedene Arten der User Research und die Vielfalt der Methoden bekommen, die Ihnen zur Verfügung stehen. In diesem Abschnitt möchte ich einen detaillierten Blick auf drei dieser Methoden werfen.

- qualitative Interviews: die Nutzer befragen
- Kontextanalysen: die Nutzer beobachten
- Usability-Tests: die Nutzer mit Ihrem Produkt interagieren lassen

4.5.1 Qualitative Interviews – die Nutzer befragen

Das Interview ist eine klassische Methode, um Einstellungen und vergangene Erfahrungen von Menschen kennenzulernen. Das qualitative Interview ist oftmals der erste Schritt, mit Ihren Nutzern in Kontakt zu treten.

Was ist ein qualitatives Interview?

Ein Interview sollte nicht mit quantitativen (Meinungs-)Befragungen verwechselt werden. Beides sind Möglichkeiten, Ihre Nutzer zu befragen. Bei Meinungsumfragen geht es jedoch darum, ein allgemeines Stimmungsbild zu bekommen, das meist aus einer repräsentativen Stichprobe herausgeht. Bei Interviews versuchen Sie hinter das Allgemeine zu blicken und zu verstehen, was dieses Stimmungsbild bei einzelnen Vertretern dieser Zielgruppe geprägt hat.

Doch auch bei Interviews selbst gibt es verschiedene Arten:

- **Narrative Interviews:** Hier wird den Gesprächspartnern ein Thema vorgegeben, zu dem diese dann frei erzählen. Der oder die Interviewte gibt hier die Struktur vor.
- **Strukturierte Interviews:** Es wird einem festen Fragebogen gefolgt, der meist auch in einer bestimmten Reihenfolge abgearbeitet wird. Oftmals handelt es sich hier um einfache und geschlossene Fragen. Der Interviewende gibt hier die Struktur vor, der Interviewte antwortet nur – eine Befragung.
- **Halbstrukturierte Interviews:** Hierbei handelt es sich um eine Mischung aus narrativem und strukturiertem Interview. Es gibt zwar einen Leitfaden, dieser ist aber flexibel genug, im Gespräch angepasst zu werden. Obwohl der Interviewende das Gespräch leitet, geht es darum, eine möglichst natürliche Gesprächssituation zu

schaffen, und weniger um ein Frage-Antwort-Spiel. Diese Form bildet die Grundlage für qualitative Interviews.

- **Fokussierte Interviews:** Es wird zu einem sehr eingegrenzten Thema nach den Einstellungen und Meinungen gefragt. Fokussierte Interviews finden Sie häufig in Kombination mit Usability-Tests. Hierzu mehr in Abschnitt 4.5.3.
- **Explorative Interviews:** Explorative Interviews sind eine abgespeckte Form der semistrukturierten Interviews. Hierbei sprechen Sie Menschen spontan in ihrem natürlichen Umfeld (auf der Straße, in einem Café, beim Einkaufen etc.) an und versuchen, in einem kurzen Interview Einblicke in Ihre Einstellungen und (wenn Sie die Menschen zusätzlich beobachten) Verhaltensweisen zu bekommen.
- **Tiefeninterviews:** Diese Form der Interviews kommt aus der Psychologie und ist auf der Suche nach unbewussten Motivationen von Menschen. In abgewandelter, weniger wissenschaftlicher Form finden Sie diese Form in unserem qualitativen Interview.
- **Fokusgruppen:** In dieser speziellen Form geht es darum, Gruppendiskussionen zu moderieren. Diese sind vor allem spannend, um in der Gruppendynamik Diskussionen zu Einstellungen zu beobachten. Weniger geeignet sind sie, um tiefgehende Bedürfnisse Einzelner zu ermitteln.

Diese Liste ist nicht vollständig, soll Ihnen an dieser Stelle aber einen Einblick in die vielfältigen Ausgestaltungsformen der Methode Interviews geben.

Das qualitative Interview kann als eine Mischform aus halbstrukturiertem Interview und Tiefeninterview beschrieben werden. Es verfolgt ein klares Erkenntnisinteresse, bietet Ihnen genug Flexibilität, auf neue inhaltliche Aspekte im Gespräch zu reagieren, und hat eine tiefgehende Betrachtung der Gesprächspartner zum Ziel.

Wann setzt man ein qualitatives Interview ein?

Die Innovationsberatung Dark Horse Innovation nennt das qualitative Interview die »Königsdisziplin« in ihrem Werkzeugkasten und erklärt weiter:

> *»Es gibt keine Innovationsentwicklung, bei der wir nicht mindestens einmal mit dieser am häufigsten angewandten Recherchemethode arbeiten.« – Dark Horse Innovation: Digital Innovation Playbook. S. 78*

Warum ist das so?

Das qualitative Interview ist die Methode, mit der Sie die wirklichen Bedürfnisse und Motivationen von Menschen ergründen können, um Empathie zu entwickeln und nutzerzentriert gestalten zu können.

Die Bedürfnisse und Motivationen sind tief im individuellen Wertesystem von Menschen verankert, wodurch sie auf Anhieb für die meisten schwer zu artikulieren sind.

Über ihr grundlegendes Wertesystem können die wenigsten Menschen direkt sprechen, da sie sich dessen Einfluss auf ihre Entscheidungen oft selbst nicht bewusst sind. Kaufpräferenzen sind leichter zu artikulieren als Bedürfnisse, die Menschen mit einem Produkt befriedigen möchten.

Daher nutzen wir das qualitative Interview als Werkzeug, um diese verborgenen Bedürfnisse Schicht für Schicht freizulegen.

Um das besser zu verstehen, hilft uns die Bedürfniszwiebel von Dark Horse Innovation. Diese zeigt, wie Sie sich in der User Research durch die offensichtlichen, leicht zu benennenden Präferenzen über die verborgenen Wünsche bis hin zu den zugrunde liegenden Werten »hindurchfragen«.

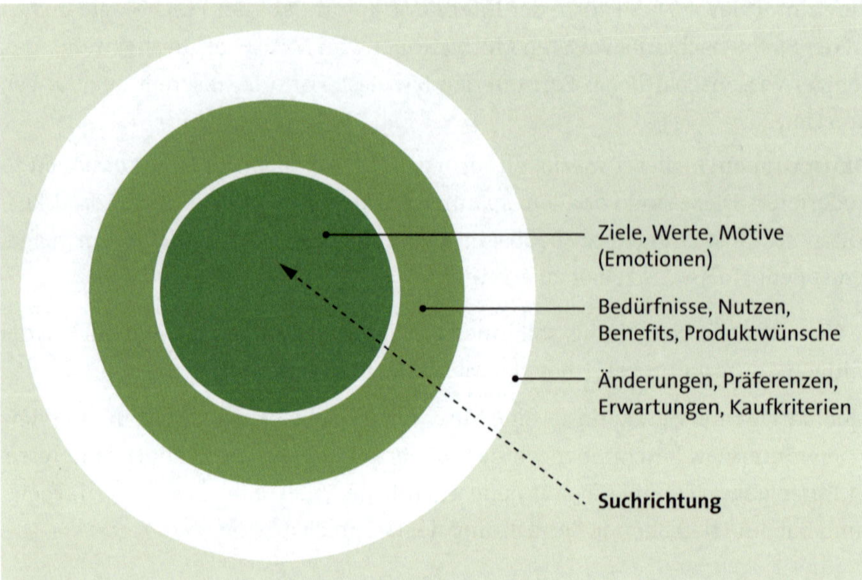

Abbildung 4.11 Die Bedürfniszwiebel von Dark Horse Innovation (eigene Darstellung)

Das qualitative Interview setzen Sie daher vor allem in der Foundational Research zu Beginn Ihres Projekts ein, um ein tiefgreifendes Verständnis für Ihre Nutzer zu bekommen und eine Basis für Ihr Projekt zu schaffen. Doch auch später im Projekt kann es hilfreich sein, auf diese Methode zurückzugreifen – besonders dann, wenn Sie neue Zielgruppen erreichen oder weitere Aspekte Ihres Produktes ergründen möchten.

Weitere Einsatzmöglichkeiten von Interviews

Neben der Befragung von Nutzern können Sie das qualitative Interview übrigens auch einsetzen, um Stakeholder oder Experten zu befragen.

Wie führt man ein qualitatives Interview durch?

Um im qualitativen Interview Schritt für Schritt in die innerste Schicht der Bedürfniszwiebel Ihrer Gesprächspartner vorzudringen, müssen Sie eine sichere Gesprächsatmosphäre schaffen. Ihre Gesprächspartner sollen sich wohlfühlen, um sich öffnen zu können. Das qualitative Interview fühlt sich für die Probanden daher mehr wie ein Gespräch als eine Befragung an.

Allerdings sollten Sie beachten, dass zwischen einer Unterhaltung und einem Interview ein riesiger Unterschied besteht.

Worin dieser Unterschied im Detail besteht, betrachten wir im Folgenden.

1. Vorgehen: Machen Sie sich einen Plan und erstellen Sie einen Leitfaden.

Einer der größten Unterschiede zwischen einer Unterhaltung und einem Interview besteht in Ihrer Intention. Sie möchten gezielt etwas herausfinden und bereiten das Interview deshalb genau vor. Eine Unterhaltung bereiten Sie in der Regel nicht vor, die Unterhaltung entsteht, und Sie nehmen daran teil, ohne sich groß darüber Gedanken zu machen.

In der Vorbereitung auf Ihr Interview erstellen Sie einen Leitfaden. Dieser Leitfaden dient als Orientierung im Interview, allerdings sollte er kein strikter Fragebogen sein, an dem Sie sich entlanghangeln. Vielmehr stellt er sicher, dass Sie Ihr definiertes Erkenntnisinteresse im Blick haben und befriedigen können. Unterscheiden Sie hierbei zwischen Ihren Forschungsfragen, also den Fragen, die Sie für Ihr Projekt beantworten möchten, und den Fragen an Ihre Probanden.

Das berühmte Henry-Ford-Zitat

»Wenn ich die Menschen gefragt hätte, was sie wollen, hätten sie gesagt: schnellere Pferde.« Das berühmte Zitat, das Henry Ford zugeschrieben wird, bringt es auf den Punkt. Ihre Probanden wissen oft nicht, was sie wollen. Sie sollen Ihnen deshalb von Ihren Erlebnissen und Ihren Problemen erzählen. Ihre Aufgabe ist es, daraus die wahren Bedürfnisse abzuleiten. Übrigens: Obwohl vielfach zitiert, findet sich keine verbriefte Originalquelle für dieses Zitat. Doch selbst wenn Ford es nicht gesagt haben sollte, schmälert das nicht die Stärke des Ausspruchs.

Für die Durchführung hilft es, wenn Sie in Ihrem Leitfaden sowohl Ihre Forschungsfragen als auch die Fragen für Ihre Probanden aufführen. So haben Sie Ihre Forschungsfragen immer im Hinterkopf.

Für die Erstellung des Leitfadens und die Durchführung können Sie sich an den in Abschnitt 4.3.1 beschriebenen Phasen orientieren:

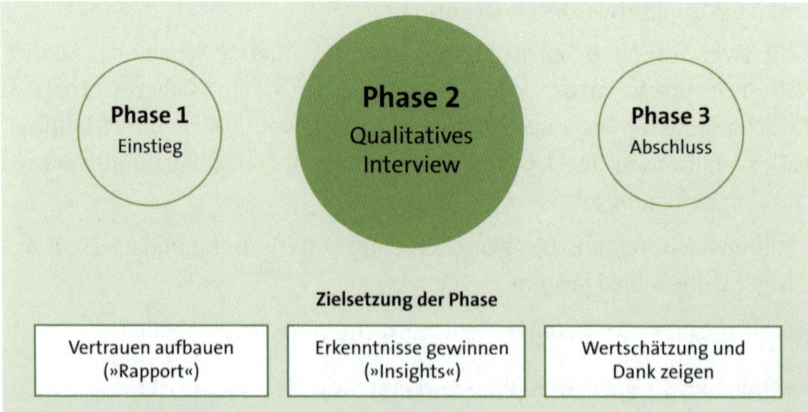

Abbildung 4.12 Auch qualitative Interviews orientieren sich an den in Abschnitt 4.4.3 beschriebenen Phasen.

- **Einstieg: Rapport (Begrüßung, Vorstellung, Persönliche Freiheit, Datenschutz – Eisbrecherfragen)**
  Um eine angenehme Atmosphäre zu schaffen, starten Sie mit etwas Small Talk. Lassen Sie Ihre Interviewpartner etwas von sich erzählen. Das muss nicht zwangsläufig mit Ihrem Forschungsthema zu tun haben, sondern soll Ihnen mehr über die Person erzählen, mit der Sie es zu tun haben. Gehen Sie auf das Erzählte ein, fragen Sie nach, zeigen Sie Interesse, und (falls es passt) erzählen Sie auch etwas von sich.

  Ein Beispiel, warum diese Phase so wichtig ist: In einem Projekt traf ich auf eine Probandin, die wegen der Kamera unsicher war, die wir zur Dokumentation des Interviews nutzten. Zu Beginn bat ich sie, mir etwas von sich zu erzählen. Zögernd und einsilbig nannte sie ihr Alter, ihren Beruf und erwähnte, dass sie im Chor singe. Zufälligerweise hatte ich einige Tage zuvor jemanden kennengelernt, der Teil der Hamburger Goldkehlchen war – einem Männerchor mit dem Motto »70 Männer, ein Chor, keiner kann singen«. Spontan fragte ich sie, ob sie diesen Chor kenne. Sie war überrascht, bejahte und musste lachen. Wir sprachen kurz über den Chor und kamen dann zu unserem Thema zurück. Sie war vollkommen gelöst und meinte nach dem Interview, dass sie die Kamera überhaupt nicht mehr bemerkt hätte.

Beispiele für Eisbrecherfragen

- Möchten Sie zu Beginn ein bisschen von sich erzählen?
- Was machen Sie so?
- Wie leben Sie? Erzählen Sie mir einfach das, was Sie mit mir teilen möchten.
- Was gefällt Ihnen (besonders) an Ihrem Job/Ihrer Wohnung/Ihrem Hobby? Warum?

- **Interview: Insights (Interviewtechniken – thematische Fragen)**
  Wenn Sie ein gutes Gefühl für Ihr Gegenüber bekommen haben, gehen Sie zur Hauptphase über: dem eigentlichen Interview. Hier stellen Sie geschickt Fragen, um Ihr Erkenntnisinteresse zu befriedigen. Sie wenden hierfür Interviewtechniken an, starten mit allgemeinen Fragen und graben mit Erlebnisfragen sowie spezifischen Fragen tiefer.

  Sollten Sie mehrere Themenkomplexe ergründen möchten, führen Sie diese Phase für jedes Thema durch.

Beispiele für thematische Fragen

- Was sind Ihre Gedanken zu XY?
- Machen Sie XY? Benutzen Sie XY? Warum?
- Haben Sie schon immer XY genutzt?
- Was haben Sie vor XY genutzt? Warum?
- Was bedeutet XY für Sie? Warum?
- Wie kommunizieren Sie normalerweise mit XY? Warum?
- Würden Sie gerne über andere Kanäle mit XY kommunizieren? Warum?
- Sprechen Sie mit anderen über XY? Worüber genau?
- Wie kommunizieren Sie normalerweise mit XY? Warum?
- Können Sie mir von einer prägenden Erfahrung mit XY erzählen? Warum war die Erfahrung prägend?
- Haben Sie sich schon einmal über XY geärgert? Worüber genau?
- Hatten Sie schon einmal eine richtig gute Erfahrung mit XY? Wie war das? Warum?

- **Abschluss: Wertschätzung (Möglichkeit für Ergänzungen und Rückfragen, Bedanken – Abschlussfragen)**
  Wenn Sie Ihr Erkenntnisinteresse befriedigt haben, kommen Sie zum Abschluss.

  Geben Sie hier den Probanden die Möglichkeit, etwas zu ergänzen, das Ihnen wichtig ist, oder Rückfragen an Sie zu stellen. An dieser Stelle können Sie auch Wunschfragen stellen und mit den Probanden in die Zukunft blicken.

  Dann bedanken und verabschieden Sie sich.

Beispiele für Abschlussfragen

- Wie würde das perfekte Erlebnis mit XY für Sie aussehen?
- Über welchen Aspekt bezüglich XY haben wir noch nicht gesprochen?
- Wenn Sie eine Sache an XY komplett neu gestalten könnten, was wäre das? Warum?

Ihr Leitfaden kann dabei, je nach Länge des Interviews, von einer DIN-A4-Seite bis zu mehreren Seiten lang sein. Wichtig ist, dass Sie vertraut sind mit dem, was Sie fragen bzw. erfahren möchten, und der Leitfaden nur eine Unterstützung für Sie darstellt. Sie sollten vermeiden, während des Gesprächs die ganze Zeit in Ihren Unterlagen kramen zu müssen, damit Sie sich auf Ihre Probanden fokussieren können.

2. Research-Technik: Nutzen Sie Fragetechniken, um tiefliegende Bedürfnisse zu erkunden.

Ihr Leitfaden ist, wie schon erwähnt, nur ein leitender Faden. Wichtiger ist es, dass Sie im Interview Ihre Probanden mit Fragetechniken befähigen, Ihre Gedanken zu ordnen und Ihnen so erzählen zu können, was Sie wissen möchten. Sie arbeiten hier ein bisschen wie eine Hebamme und helfen Ihren Probanden dabei, ihre »Gedankenkinder« auf die Welt zu bringen.

»To learn something new, requires interviewing, not just chatting.« – Steve Portigal (Quelle: https://www.shopify.com/partners/blog/user-interview)

Hier finden Sie einige Fragetechniken, die Sie hierfür nutzen können:

- **5 Whys**: Ihnen ist vielleicht aufgefallen, dass jede Gruppe der Beispielfragen im Leitfaden oben mit »Warum?« abschließt. Das ist kein Zufall. Die 5-Whys-Methode – auch 5-Whys-Route-Cause-Analysis genannt – ist eine der wichtigsten Fragetechniken, wenn Sie den Ursachen und Wurzeln von Problemen auf den Grund gehen wollen. Sie wurde von Sakichi Toyoda entwickelt und besagt, dass man fünfmal nachfragen muss, um die wirkliche Ursache eines Problems zu erfahren. Die Anzahl 5 ist hier symbolisch zu verstehen. Sie fragen so lange nach, bis Sie den Ursprung des Problems entdeckt haben bzw. in der Bedürfniszwiebel im innersten Kern angelangt sind.

5-Whys-Beispiel

Beispiel: 1.200 € für ein Smartphone

1. **Warum** kaufen Sie das neueste iPhone?
   Weil es das beste Smartphone auf dem Markt ist.
2. **Warum** ist es Ihnen wichtig, das beste Smartphone auf dem Markt zu haben?
   Weil ich einen hohen Anspruch an die technische Leistung meines Smartphone habe.
3. **Warum** haben Sie diesen hohen Anspruch an die technische Leistung?
   Weil ich mit meinem Smartphone arbeite.
4. **Warum** genau ist die technische Leistung Ihres Smartphones in Ihrem Job wichtig?
   Weil ich alle wichtigen Daten zu meinen Kunden auf meinem Smartphone habe.

5. **Warum** haben Sie alle Daten zu Ihren Kunden auf Ihrem Smartphone – und nicht auf Ihrem Laptop?
   Weil ich eigentlich gar nicht mehr mit meinem Laptop arbeite, der steht nur noch in der Ecke.

In diesem Fall ersetzt das Smartphone den Laptop und nimmt damit einen ganz anderen Stellenwert ein, der sich auch in der Zahlungsbereitschaft zeigt.

- **20:80:** Die 20:80-Technik bezieht sich auf den Redeanteil von Ihnen und Ihrem Gegenüber. Der Fokus liegt auf Ihren Probanden – diese sprechen, Sie hören zu. Natürlich variiert Ihr Redeanteil über das Interview hinweg: Im Einstieg und im Abschluss sprechen Sie mehr, während des Interviews halten Sie sich hauptsächlich zurück. Die 20:80-Technik bietet Ihnen dafür einen guten Anhaltspunkt und eine stetige Erinnerung daran, sich zurückzuhalten und aufmerksam zuzuhören.
- **Pausen:** Zuhören ist ein gutes Stichwort. Lassen Sie Pausen zu, und halten Sie sie auch mal länger aus, als es sich natürlich anfühlt – schauen Sie Ihre Probanden weiter aufmerksam an und warten Sie ab. In einem Interview meinte eine Probandin auf eine Frage kürzlich zu mir »Das ist eine interessante Frage, das kann ich gar nicht genau formulieren.« Durch die Pause geben Sie Ihren Probanden den Raum, zu reflektieren und so vielleicht auf ganz neue Gedanken zu kommen. Falls nicht, auch kein Problem. Dann stellen Sie Ihre nächste Frage.
- **Offene Fragen:** Vermeiden Sie so weit möglich geschlossene Fragen, also diese Fragen, auf welche Ihre Probanden mit nur einem Wort antworten können: ja oder nein. Fragen Sie offen, um die Lebenswelt Ihrer Gesprächspartner ergründen zu können. Tipp: Sollten Sie doch eine geschlossene Frage stellen – keine Sorge, das passiert auch mir immer mal wieder –, können Sie mit »Warum« nachhaken, um mehr zu erfahren.

Offene-Fragen-Beispiel

Beispiel: Sind Sie zufrieden mit Ihrem Telefondienstleister? – Ja.

Hier wissen Sie nicht, warum Ihr Gegenüber mit dem Telefondienstleister zufrieden ist oder was eine Zufriedenheit für ihn oder sie bedeutet.

Besser: Sind Sie zufrieden mit Ihrem Telefondienstleister? – Ja. – Warum genau sind Sie zufrieden? – Weil ich immer jemanden erreiche, wenn ich ein Problem habe. – Warum ist es Ihnen wichtig, immer jemanden zu erreichen? – Weil ich nicht möchte, dass mein Telefon nicht funktioniert. – Was wäre schlimm daran, wenn Ihr Telefon nicht funktionieren würde? – Ich wäre nicht erreichbar. – Warum ist es Ihnen wichtig, erreichbar zu sein? – Damit mich meine Kinder erreichen können. – Gab es schon mal eine Situation, in der Ihre Kinder Sie nicht erreichen konnten? – Ja. Vor zwei Jahren hat mich meine Tochter versucht zu erreichen, als sie früher Schule aus hatte, aber mein Telefon hat nicht funktioniert. Sie ist dann alleine von der Schule nach Hause gelaufen. Da hätte sonst was passieren können. Danach habe ich den Anbieter gewechselt, und jetzt bin ich sehr zufrieden.

An diesem Punkt haben Sie bereits viel über die emotionalen Bedürfnisse Ihres Gegenübers gelernt und können darauf aufbauen.

- **Wiederholen:** Während des Gesprächs werden Sie versucht sein, Dinge aus den Aussagen Ihres Gegenübers abzuleiten. Es ist wichtig, dass Sie sich sicher sind, keine falschen Schlüsse zu ziehen. Eine Technik hierfür ist, mit eigenen Worten zu wiederholen, was Ihre Interviewpartner gesagt haben, um die Aussage bestätigen zu lassen. Oft fügen Ihre Gesprächspartner in diesem Zusammenhang sogar noch etwas hinzu, weil es sie noch auf neue Gedanken bringt, wenn sie ihre Aussagen noch einmal hören.
- **Körpersprache:** Achten Sie auf die Mimik und Gestik Ihrer Gesprächspartner. Daran können Sie oft ablesen, ob diese sich wohlfühlen und weitersprechen möchten oder ob es ein heikles Thema ist. Passen Sie Ihre Gesprächsführung darauf an. Zudem unterstreichen Mimik und Gestik oft Aussagen. Wenn die Augen Ihrer Probanden aufleuchten, sagt das manchmal mehr als eine mit Worten formulierte Zufriedenheit.
- **Widersprüche:** Menschen widersprechen sich. Auch sagen sie manchmal das eine und tun das andere. Hier könnten Probleme und unbefriedigte Bedürfnisse zugrunde liegen – könnten, aber müssen nicht. In jedem Fall lohnt es sich, hier weiter zu graben. Werden Sie hellhörig, wenn Aussagen untereinander oder Aussagen mit der Mimik und Gestik Ihrer Probanden nicht übereinstimmen, und fragen Sie nach.
- **Empathie:** Eine grundlegende Fähigkeit, die in der User Research unabdingbar ist. Versetzen Sie sich in Ihre Gesprächspartner. Verstehen Sie sie, und fühlen Sie mit Ihnen. Gerade bei schwierigen Themen ist das unheimlich wichtig. Bestärken Sie sie mit einem mitfühlenden Blick oder aufmunternden Worten. Es kann auch helfen, an der richtigen Stelle etwas von sich selbst zu erzählen. Aber denken Sie daran: Es geht dabei nicht darum, sich zu unterhalten. Der Autor Stephen R. Covey sagt dazu:

  »Most people do not listen with the intent to understand. They listen with the intent to reply.« Sie aber möchten zuhören, um Ihre Gesprächspartner zu verstehen. (Quelle: https://en.wikiquote.org/wiki/Stephen_Covey)

3. Rollen und Set-up: Nehmen Sie gezielt Ihre Rolle im Interview ein.

Ein weiterer wichtiger Unterschied zwischen einer Unterhaltung und einem Interview besteht darin, dass Sie gezielt eine Rolle einnehmen.

In der Regel ist es sinnvoll, Interviews zu zweit durchzuführen, denn zwei Augen- und Ohrenpaare sehen und hören mehr als eins. Das Ungleichgewicht, das dadurch entsteht, dass zwei Personen einer Person gegenübersitzen, lösen Sie durch ein gezieltes Steuern der Dynamik und eine klare Rollenverteilung auf.

In jedem Interview gibt es deshalb drei Rollen:

- der Interviewte
- der Interviewer
- der Beobachter

Rollen in Interviews

Wenn Sie Interviews alleine durchführen, nehmen Sie die interviewende und die beobachtende Rolle gleichzeitig ein. Sollten Sie zu dritt sein, übernimmt einer die Rolle des Interviewenden, und zwei schlüpfen in die beobachtende Rolle.

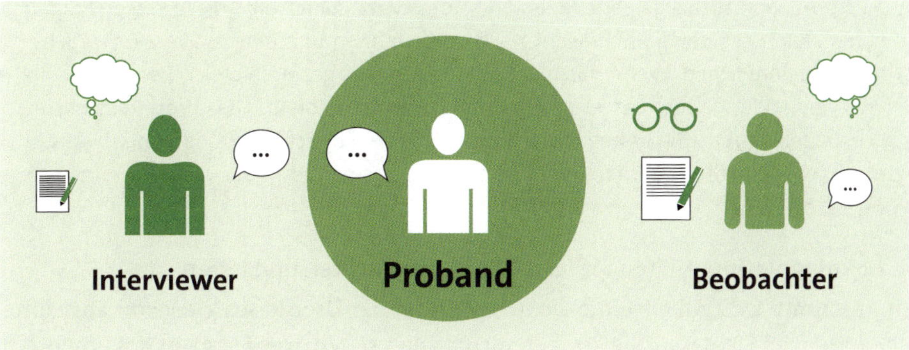

Abbildung 4.13 Eine klare Rollenverteilung ist essenziell für die Durchführung qualitativer Interviews.

Interviewende Rolle

In dieser Rolle stellen Sie Fragen, konzentrieren sich auf das Gespräch und bauen eine Vertrauensbasis mit der Testperson auf. Ihre ganze Aufmerksamkeit gehört daher dem Gesprächspartner. Notizen machen Sie sich vorrangig, um auf einzelne Aspekte im späteren Verlauf noch einmal einzugehen und um Zitate wörtlich mitzuschreiben. Einige meiner Kollegen empfehlen, als Interviewender keine Notizen zu machen. Ich bin der Meinung, dass man seine eigenen Notizen machen sollte, denn Sie sollten sich nicht darauf verlassen, dass Ihr Kollege genau den Punkt, der Ihnen wichtig erscheint, dokumentiert. Dabei müssen Sie jedoch ein gutes Gleichgewicht zwischen den Notizen und der Gesprächsführung finden – das erfordert Übung, ist aber möglich. Besonders hilfreich sind Ihre eigenen Notizen auch, um später wieder auf Aussagen der Probanden zurückkommen zu können.

Beobachtende Rolle

In dieser Rolle hören Sie zu, beobachten die Gesprächsdynamik und halten sich im Hintergrund. Sie machen Notizen für die Dokumentation und fragen nach, wenn Ihnen etwas unklar ist. Die Distanz im Gespräch ermöglicht es Ihnen in dieser Rolle, die Aussagen der Probanden in der Analyse noch mal kritischer zu bewerten.

Rollen-Dynamik

Zwischen den Rollen Interviewer und Beobachter sollte es durch Körpersprache und Blickkontakt eine unsichtbare Interaktion geben, durch die Sie die Dynamik steuern. Das Schlimmste, was passieren kann, ist, dass Sie sich gegenseitig ins Wort fallen oder die Probanden nicht wissen, mit wem sie sprechen sollen. So schaffen Sie es nicht, die nötige Verbindung aufzubauen.

Tipp zur Rollen-Dynamik

Setzen Sie sich so, dass der Interviewende näher an der Testperson sitzt und sich das Gespräch so ganz natürlich zwischen diesen beiden Personen entwickelt. Der Beobachtern kann zurückgelehnt sitzen und Notizen machen. Sollte diese Person Fragen haben, kann er oder sie sich leicht nach vorne lehnen und eine aktivere Gesprächshaltung einnehmen. Wenn das als Zeichen vorher abgesprochen ist, können Sie als Interviewender darauf reagieren, Blickkontakt aufnehmen und das Wort ganz natürlich an den Beobachter geben. Auch das erfordert ein bisschen Übung, funktioniert in einem eingespielten Team meiner Erfahrung nach aber sehr gut.

4. Dokumentation: Halten Sie fest, was Sie beobachten und hören.

In Abschnitt 4.4.3 habe ich die Dokumentation der User Research schon angesprochen. Denken Sie daran, Sie können nichts analysieren, was Sie nicht dokumentiert haben. Halten Sie daher während des Interviews alles fest, was Sie hören und beobachten. Auch wenn Sie das Interview aufzeichnen, ist es sinnvoll, dass Sie sich zusätzlich Notizen machen. Nicht immer haben Sie Zeit, alle Aufzeichnungen im Nachgang zu sichten. Auch kann es passieren, dass Aufzeichnungen verloren gehen. Grundsätzlich sollten Sie sich dagegen mit zusätzlichen Sicherungen der Dateien auf externen Festplatten absichern, dennoch können Sie es nicht ausschließen.

Ob Sie auf Ihrem Computer mitschreiben oder sich handschriftlich Notizen machen, bleibt Ihnen überlassen. Ich persönlich mache mir lieber handschriftliche Notizen mithilfe eines Klemmbretts. Ich habe das Gefühl, flexibler mitschreiben zu können und vor allem weniger Barrieren zu meinem Gegenüber aufzubauen. Sollten Sie einen Computer verwenden, achten Sie darauf, dass Sie durch den Bildschirm keine Mauer aufbauen – je kleiner der Laptop, desto besser.

Vergessen Sie außerdem nicht, ein Bild Ihrer Probanden zu machen. Das hilft Ihnen dabei, sich an sie zu erinnern und die Geschichte Ihrer Begegnung zu erzählen.

Was gilt es bei einem qualitativen Interview besonders zu beachten?

1. Bias und soziale Erwünschtheit: Seien Sie sich dieser Effekte bewusst

Über die Problematik von Bias habe ich in Abschnitt 4.4.3 bereits gesprochen. Auch habe ich einige Ansätze zur Vermeidung besprochen. Allen voran: Seien Sie sich Ihrer eigenen Bias bewusst.

Der Effekt der sozialen Erwünschtheit ist eine spezielle Art von Bias, auf die ich hier eingehen möchte. Die Social Desirability Bias beschreibt, dass Probanden oft zuerst die »sozial akzeptierte« Antwort geben. Wer gibt schon gerne zu, dass man keinen Müll trennt? Wer spricht gerne darüber, dass man das Abo im Fitness-Studio nicht nutzt? Manchmal bekommen Sie Antworten, mit denen Ihr Gegenüber Ihnen gefallen möchte. Diese Antworten interessieren Sie aber nicht, denn sie geben keinerlei Aufschluss über die wirklichen Bedürfnisse von Menschen. Sie möchten erfahren, was die Menschen wirklich bewegt.

Hierfür müssen Sie ein Bauchgefühl entwickeln. Ein Indiz für ein sozial akzeptiertes Antwortverhalten ist die Verallgemeinerung. Wenn Ihre Probanden von »man macht das so« oder »in der Regel« sprechen, haken Sie nach. Warum macht man das so? Machen Sie das auch so?

Ein Beispiel für soziale Erwünschtheit

Bei einem Interview vor einigen Wochen erzählte mir eine Probandin, dass Sie sich bei Telefonaten mit dem Kundenservice von Unternehmen immer genau die Uhrzeit und die Ansprechpartner notiere, und fügte dann schnell hinzu »Aber nicht dass Sie denken, dass ich alles immer so kontrolliere.« Dieser Probandin war offensichtlich wichtig, nicht als »Kontrollfreak« dazustehen. Hätten wir dieses Verhalten weiter untersuchen wollen, wäre es wichtig gewesen, ihr ein gutes Gefühl zu geben, um ehrliche Antworten zu bekommen.

Bei sensiblen Themen wie Gesundheit, Ernährung oder Finanzen kann es helfen, wenn Sie auch etwas von sich offenbaren, um klarzustellen, dass Sie nicht urteilen. Manchmal reicht ein verschwörerisches Grinsen über die »formale« Mitgliedschaft im Fitnessstudio – Sie wissen genau, wovon Ihr Gegenüber redet. Passen Sie hier aber auf, nicht zu beeinflussen.

2. Redselige und schweigsame Probanden: Lenken Sie immer wieder auf Ihren Fokus zurück.

Anhand Ihres Leitfadens navigieren Sie sich durch das qualitative Interview. Allerdings sollten Sie jederzeit bereit sein, Ihr Gespräch beliebig anzupassen. Folgen Sie Ihren Probanden, wenn diese im Gespräch den Weg verlassen – Sie wissen nie, wohin Sie sie führen und welche spannenden Erkenntnisse dort auf Sie warten.

Manchmal schweifen Ihre Probanden aber zu weit ab. Bleiben Sie fokussiert, und leiten Sie das Gespräch immer wieder auf Ihren Fokus zurück. Andere Probanden reden kaum mit Ihnen und tun sich schwer, sich Ihnen zu öffnen. Hierbei helfen Ihnen die oben beschriebenen Techniken. Wenn Sie aber einfach nicht miteinander warm werden, kann es auch helfen, Ihren Beobachter in Ihre Rolle zu bringen und sich zurückzuziehen. Sollte alles nichts helfen, bleiben Sie ruhig, und ziehen Sie die wenigen Erkenntnisse aus dem Interview, die Ihnen offenbart werden. Sie haben noch weitere Probanden, mit denen es sicherlich besser läuft.

Was ist das Ergebnis eines qualitativen Interviews?

Als Ergebnis des qualitativen Interviews haben Sie zuerst Ihre Dokumentation aus Notizen, Aufnahmen und Bildern. Sie können eine Transkription des Interviews anfertigen (lassen), aber das empfehle ich Ihnen nicht unbedingt. Ein schnelles Austauschen mit Ihren Kollegen – möglichst unmittelbar nach dem Interview – und ein Zusammenfassen der wichtigsten Erkenntnisse ist oft zielführender. Für die Analyse hilft es Ihnen, noch einmal über Ihre Notizen zu gehen und die Aufzeichnungen noch einmal anzusehen oder anzuhören.

Um die Ergebnisse des Interviews mit dem Team zu teilen, eignen sich beispielsweise Empathy Maps oder Personas. Mehr dazu finden Sie in Abschnitt 4.6.

Qualitative Interviews auf einen Blick

- Zweck: Bedürfnisse und Motivationen von Menschen ergründen
- Dauer: Richtwert zwischen 60 und 180 Minuten
- Stichprobe: ca. 8 bis 20 Personen, je nach Diversität Ihrer Zielgruppe
- Einsatz: Foundational Research in der Explore-Phase
- Ergebnis: beispielsweise Personas oder Empathy Maps

4.5.2 Kontextanalysen – die Nutzer beobachten

Bei Kontextanalysen, auch bekannt als Contextual Inquiries, handelt es sich um eine Methode, Ihre Nutzer in ihrem gewohnten Umfeld zu beobachten. Ziel ist es, ihre Lebenswelt (zumindest in einigen relevanten Aspekten) zu durchdringen und so Rückschlüsse auf die Nutzung Ihres Produktes zu ziehen – oder die Nutzer direkt mit dem Produkt zu beobachten.

Was ist eine Kontextanalyse?

Die Grundlage für Kontextanalysen sind ethnografische Methoden. User Research ist, wie Sie aus Abschnitt 4.1 wissen, keine reine Wissenschaft, daher können verschiedene Methoden gemischt werden, um das Ziel – die Nutzer zu erforschen und zu verstehen – zu erreichen. Die Methoden der Ethnologie helfen Ihnen dabei, Nutzer in Ihrer natürlichen Umgebung kennenzulernen. Daher spricht man hier auch von ethnografischen Studien.

Ethnologie

Die Ethnologie befasst sich mit der Erforschung fremder Völker, um deren Verhaltensweisen, Sozialstrukturen und Kultur zu verstehen.

Kontextanalysen liegen als Methode sozusagen zwischen dem qualitativen Interview und Usability-Tests. Häufig werden Sie mit einer dieser beiden Methoden – oder sogar beiden – kombiniert, je nachdem, welchen Forschungsfokus Sie setzen möchten. Hierbei besuchen Sie Ihre Nutzer in ihrem Zuhause, an ihrem Arbeitsplatz oder an einem anderen Ort, der für Ihre Probanden einen wichtigen Lebensmittelpunkt und für Sie einen relevanten Ansatzpunkt in Ihrem Projekt darstellt.

Im Gegensatz zu der Methode Shadowing, bei der die Probanden lediglich still beobachtet werden, können Sie während der Kontextanalysen Rückfragen stellen, z. B. warum eine Person etwas macht. Das Ziel ist es aber, dass sich die Probanden so verhalten, als wären Sie nicht dabei – und Sie davon lernen.

Wann setzt man eine Kontextanalyse ein?

Eine Kontextanalyse führen Sie immer dann durch, wenn Sie die Lebenswelt Ihrer Nutzer erkunden und Zusammenhänge verstehen möchten. Sie zahlt auf den Konflikt ein, dass Menschen oft etwas sagen, aber etwas anderes tun. Mit Kontextanalysen erforschen Sie beide Bereiche. Sie können diese Methode in jeder Phase des Projekts einsetzen und dabei einen unterschiedlichen Fokus setzen.

Fokus Attitudinal Research

In der Explore-Phase nutzt die Kontextanalyse Ihnen, um im Zuge der Foundational Research spannende Fragen zu Einstellungen Ihrer Probanden zu beantworten und ein grundlegendes Verständnis für ihre Lebenswelt zu gewinnen. Wie leben Ihre Nutzer? Was ist für sie wichtig? Was bedeutet Verbundenheit und Kommunikation für sie? Diese Fragen können beispielsweise für Sie relevant sein, wenn Sie in einem Projekt mit einem Telekommunikationsdienstleister arbeiten. Hierfür kombinieren Sie die Kontextanalyse mit einem qualitativen Interview und erforschen die Einstellungen Ihrer Probanden.

Erinnerung aus Abschnitt 4.2

Das Erforschen der *Einstellungen* Ihrer Probanden nennt man *Attitudinal Research.*

Das Erforschen des *Verhaltens* Ihrer Probanden nennt man *Behavioral Research.*

Fokus Behavioral Research

Genauso können Sie Kontextanalysen aber in der Create- und Evaluate-Phase einsetzen, sowohl für Foundational als auch für Directional Research. Dies bietet sich beispielsweise an, wenn Sie ein Navigationssystem entwickeln und testen möchten. Selbstverständlich könnten Sie hier auch mit Ihren Nutzern in einem Labor testen, jedoch werden Sie bessere Erkenntnisse erlangen, wenn Sie Ihre Probanden in ihrem eigenen Auto damit interagieren lassen und dort ein realitätsnahes Verhalten beobachten. Als Daumenregel kann man sagen, je praktischer die Nutzung, desto besser eignet sich eine Kontextanalyse, um sie zu erforschen. Hierfür kombinieren Sie die Kontextanalyse mit einem Usability-Test und erforschen das Verhalten Ihrer Probanden.

Wie führt man eine Kontextanalyse durch?

Auch für Kontextanalysen entwickeln Sie einen Leitfaden. Dieser enthält jedoch mehr Forschungsfragen als Fragen für Ihre Probanden und mehr Hinweise für Sie und Ihre Kollegen, worauf sie besonders achten möchten.

1. Vorgehen: Überlegen Sie sich, was Sie herausfinden möchten, und ziehen Sie »ins Feld«.

Für Kontextanalysen reisen Sie zu Ihren Probanden, um Sie in einem für Ihre Studie relevanten Kontext zu beobachten.

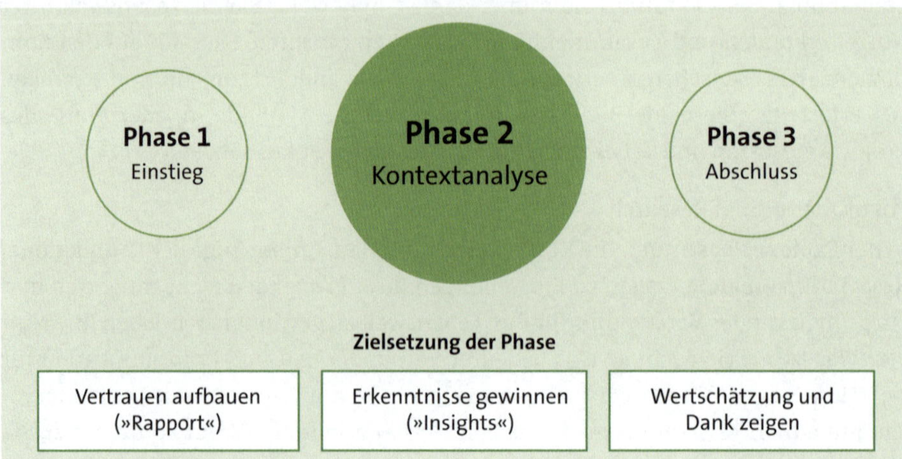

Abbildung 4.14 Für die Durchführung können Sie sich dabei wieder an den drei Phasen aus Abschnitt 4.4.3 orientieren.

- **Einstieg: Rapport (Begrüßung, Vorstellung, persönliche Freiheit, Datenschutz – Eisbrecherfragen)**
  Auch hier geht es zuerst vorrangig darum, ein Gefühl für Ihr Gegenüber zu bekom-

men und eine Bindung aufzubauen. Orientieren Sie sich hier an der Beschreibung in Abschnitt 4.5.1 zu den qualitativen Interviews.

- **Kontextanalyse: Insights (Techniken der Ethnografie – qualitatives Interview oder Usability-Test)**
  Je nach Forschungsfokus kombinieren Sie hier die Beobachtungen der Kontextanalyse mit qualitativen Interviews oder Usability-Tests.
  - **Fokus Attitudinal Research – Kombination mit qualitativen Interviews**
    Führen Sie Ihr Interview durch, und versuchen Sie, dabei so viel wie möglich von der Lebensrealität Ihrer Probanden aufzunehmen. Wenn Sie die Einstellung zum Thema Kommunikation und Verbundenheit untersuchen möchten, fragen Sie nicht nur nach der Familie und Freunden, sondern achten Sie auf die Wohnräume. Hängen dort viele Bilder? Fragen Sie auch nach Artefakten, die für Ihre Probanden Verbundenheit repräsentieren. Wenn Ihre Probanden vom Tisch aufstehen, um etwas zu holen, fragen Sie sie, ob Sie mitkommen können.
  - **Fokus Behavioral Research – Kombination mit Usability Testing**
    Führen Sie Ihren Usability-Test durch, und achten Sie auf alles, was die Tätigkeit umfasst. Wenn Sie Ihre Probanden bitten, das Navigationssystem in ihrem Auto zu testen, interessieren Sie neben der reinen Handlung beispielsweise auch diese Fragen: Um was für ein Auto handelt es sich? Steht es in der Garage oder auf der Straße? Ist es abgeschlossen? Wie sieht es von innen aus? Gibt es eine Freisprech-Einrichtung im Auto? Gibt es im Auto bereits ein vorinstalliertes Navigationssystem? Fragen Sie nach, wenn Sie etwas besonders interessiert. Beispielsweise: Warum ist Ihr Auto nicht abgeschlossen? All diese Punkte können später spannende Erkenntnisse für Sie liefern.

  Wichtig: Seien Sie in der Durchführung der Kontextanalyse besonders sensibel, und überschreiten Sie keine Grenzen. Sie befinden sich hier in den Lebensräumen der Menschen, das sollten Sie unbedingt respektieren.
- **Abschluss: Wertschätzung (Möglichkeit für Ergänzungen und Rückfragen, Bedanken)**
  Fragen Sie nach Anmerkungen Ihrer Probanden, geben Sie die Chance für Rückfragen, bedanken Sie sich, und verabschieden Sie sich.

2. Research-Technik: Tauchen Sie in die Welt Ihrer Probanden ein.

Die wichtigste Technik der Kontextanalyse ist die des aufmerksamen Beobachtens. Selbst kleine Details können viel über einen Menschen verraten, so z. B., welche Milch auf dem Tisch steht. Saugen Sie alle Informationen auf, die für Sie und Ihr Erkenntnisinteresse spannend scheinen.

Wie in Abschnitt 4.4.3 beschrieben, nehmen Sie in der User Research ein Lehrlings-Mindset an. Dies ist besonders wichtig, wenn Sie Menschen dabei beobachten, wie sie etwas tun, und immer wieder nachfragen, warum sie das tun. Vermitteln Sie Ihren

Probanden, dass Sie diese nicht kontrollieren, sondern von ihnen lernen möchten: Lassen Sie sich genau erklären, wie es geht. Wenn Sie jemanden am Arbeitsplatz besuchen, hilft es oft zu sagen: »Stellen Sie sich vor, ich sei eine neue Kollegin oder ein neuer Kollege, und erklären Sie mir, was Sie tun.«

3. Rollen und Set-up: Ziehen Sie nicht alleine ins Feld.

Bei Kontextanalysen ist es noch empfehlenswerter, die Research zu zweit durchzuführen. Gerade, wenn Sie die Research zu Probanden nach Hause bringt, empfehle ich es Ihnen. Es macht es für Sie und die Probanden angenehmer und wirkt oft auf eine positive Weise professioneller, wenn Sie zu zweit auftauchen. Mehr als drei Personen empfehle ich für diese Methode nicht. Die Aufteilung der Rollen orientiert sich an der in Abschnitt 4.5.1 beschriebenen Rollen der qualitativen Interviews, wobei der oder die Beobachter zusätzlich für die Handhabung der Technik zuständig ist und gegebenenfalls mit der Kamera durch das Haus folgt.

4. Dokumentation: Füllen Sie Ihre Research-Tasche mit der Lebensrealität der Menschen.

In der Dokumentation der Kontextanalyse liegt Ihr Fokus vor allem auch auf der Lebensrealität der Menschen. Hierzu gehören Bilder vom Haus, der Straße, dem Auto oder von der Briefmarkensammlung, auf die Ihr Gegenüber besonders stolz zu sein scheint. Neben der Datenschutzerklärung und der Erklärung, wofür Sie diese Aufnahmen verwenden, ist es bei dieser Methode zusätzlich wichtig, jedes Mal zu fragen, bevor Sie ein Bild machen. Respektieren Sie die Privatsphäre Ihrer Probanden.

Was gilt es bei einer Kontextanalyse besonders zu beachten?

1. Seien Sie ein guter Gast

In der Kontextanalyse besuchen Sie Menschen meist zu Hause oder an Ihrem Arbeitsplatz und laden sich somit oft an intime Orte ein. Seien Sie sich dessen bewusst, und verhalten Sie sich entsprechend respektvoll.

2. Seien Sie sensibel mit der Dokumentation

Wenn Ihre Probanden irritiert davon sind, dass Sie beispielsweise von den Unterlagen auf dem Schreibtisch Bilder machen möchten, erklären Sie Ihnen, wofür Sie die Bilder brauchen. Und dass Sie wirklich daran interessiert sind, sie zu verstehen, und den übrigen Team-Mitgliedern ein möglichst realitätsnahes Bild von ihnen zeigen möchten. Wenn Sie das Gefühl haben, dass die Probanden sich nicht wohl damit fühlen, verzichten Sie auf ein Bild.

3. Seien Sie vorbereitet – auf alles

Die Kontextanalyse ist meiner Meinung nach eine der spannendsten, aber auch unberechenbarsten Methoden der User Research. Sie begeben sich hier tief in die

Lebensrealitäten der Menschen und wissen nie, was Sie erwartet, wenn die Tür aufgeht. Hier habe ich schon wirklich vieles gesehen: von sehr müden Menschen, die auf ihrer Couch während des Interviews fast einschlafen, über ständiges Kindergeschrei bis hin zu Menschen, bei denen ich sonst lieber nicht zu Hause wäre. Auch aus diesem Grund ist es hilfreich, wenn Sie zu zweit sind. So fühlen Sie sich sicherer, und im Zweifelsfall kann eine Person die Kinder bespaßen, während die andere die Research durchführt.

Was ist das Ergebnis einer Kontextanalyse?

Die Daten, die Sie in der Kontextanalyse sammeln, sind sehr umfangreich. Ihre Research-Tasche wird nach diesem Ausflug mehr als prall gefüllt sein. Die Erkenntnisse, die Sie gesammelt haben, können Sie aufgrund Ihres tiefgreifendes Verständnisses für die Menschen, die Sie getroffen haben, beispielsweise in Personas, Jobs to be Done oder User Journey Maps fließen lassen. Mehr dazu finden Sie in Abschnitt 4.6.

Kontextanalysen auf einen Blick

- **Zweck:** Lebenswelten von Menschen erkunden und Nutzung von Produkten im Kontext beobachten
- **Dauer:** Richtwert mindestens 90 Minuten (je nach Forschungsfokus kann die Beobachtung deutlich länger gehen)
- **Stichprobe:** ca. 8 bis 20 Personen, je nach Diversität Ihrer Zielgruppe
- **Einsatz:** Foundational Research in der Explore-Phase
- **Ergebnis:** z. B. Personas, Jobs to be Done, User Journey Maps

4.5.3 Usability Testing – die Nutzer mit Ihrem Produkt interagieren lassen

Usability Testing ist eine der bekanntesten Methoden der User Research. Sie ist Teil der Behavioral Research, bei ihr steht also das Verhalten der Testpersonen im Mittelpunkt, nicht deren Einstellungen. Wichtig zu verinnerlichen ist dabei, dass Sie Ihr Produkt testen und nicht die Probanden. Daher finde ich den auch geläufigen Begriff »User Testing« irreführend und versuche ihn zu vermeiden.

»If the user is having a problem, it's our problem.« – Steve Jobs

Was ist ein Usability-Test?

Zweck eines Usability-Tests ist es herauszufinden, wie Ihre Probanden mit Ihrem Produkt interagieren, ob und wie einfach sie ihr Ziel damit erreichen können. Usability-Tests können dabei für jedes Produkt eingesetzt werden – egal, ob Webseite, App oder Schraubenzieher.

> **Hinweis**
> In Kapitel 5 finden Sie mehr zu den Aspekten von Usability und grundlegenden Design-Prinzipien.

Grundsätzlich gibt es unterschiedliche Möglichkeiten, einen Usability-Test durchzuführen:

- **Moderated und Unmoderated Usability Testing:** Sie können die Probanden durch den Test führen oder diese alleine durch den Test gehen lassen.
- **Remote und Lab-Based Usability Testing:** Sie können für die Tests mit den Probanden in einem Raum (oft einem sogenannten Test-Lab) sein oder den Test remote (also an einem anderen Ort) über das Internet durchführen.

Diese Möglichkeiten werden oft kombiniert. Es gibt somit Remote-Moderated Usability-Tests, Remote-Unmoderated Usability-Tests, Moderated und Unmoderated Usability-Tests im Test-Lab.

Im Folgenden konzentrieren wir uns auf Moderated Usability-Tests im Test-Lab, bei denen Sie also mit den Probanden in einem Raum sind und sie durch den Test führen.

Wann setzt man einen Usability-Test ein?

Usability-Tests können Sie einsetzen, um Ihre Konzeptideen, Prototypen und Produkte zu testen. Somit kommen Sie vor allem in der Create- und Evaluate-Phase zum Einsatz. Sie liefern Ihnen konkrete Erkenntnisse, die direkt umgesetzt werden können. Grundsätzlich lässt sich sagen: Je früher Sie Usability-Tests einsetzen, desto besser.

Schon das Testen erster Papierprototypen hilft Ihnen dabei, Ihre grundsätzliche Idee mit Nutzern zu testen. Bevor Sie die Entwicklung Ihrer App starten, können Sie das User Interface und die Informationsarchitektur über Click-Dummies testen. Und während des Entwicklungsprozesses können Sie Usability-Tests einsetzen, um Entscheidungen über die nächsten Schritte zur Weiterentwicklung zu treffen.

Wichtig hierbei ist, dass Sie genügend Zeit für die Tests, aber auch für die Implikation des Feedbacks einplanen. Ein denkbar ungünstiges Szenario wäre es, eine Woche vor Launch Ihrer App den ersten Usability-Test durchzuführen und grundlegende Probleme (Blocker) zu identifizieren, die Sie dann nicht mehr lösen können. Je früher und häufiger Sie testen, desto weniger Blocker werden Sie identifizieren, weil Sie von Anfang an nutzerzentriert gearbeitet haben.

Wie führt man einen Usability-Test durch?

Bei einem Usability-Test ist Ihr Erkenntnisinteresse in der Regel sehr viel spezieller als bei einem qualitativen Interview. Sie führen Usability-Tests durch, um Entscheidungen zu treffen, daher sollten Sie genau überlegen, was Sie mit einem Usability-Test herausbekommen möchten und wie Sie das testen können. Hierfür verwendet man meist die Methodik der Aufgabenanalyse, bei der Sie Ihren Probanden Aufgaben stellen, die diese mit Ihrer Software lösen müssen.

Auch für Usability-Tests erstellen Sie einen Leitfaden. Dieser wird oft Test-Skript genannt und enthält neben Ihren Hypothesen und Ihren Interviewfragen die Aufgaben, die Sie mit den Testpersonen durchgehen möchten. Im Gegensatz zu qualitativen Interviews halten Sie sich bei Usability-Tests relativ stark an den Leitfaden, da die Aufgaben häufig aufeinander aufbauen.

1. Vorgehen: Lassen Sie Probanden mit Ihrem Produkt interagieren

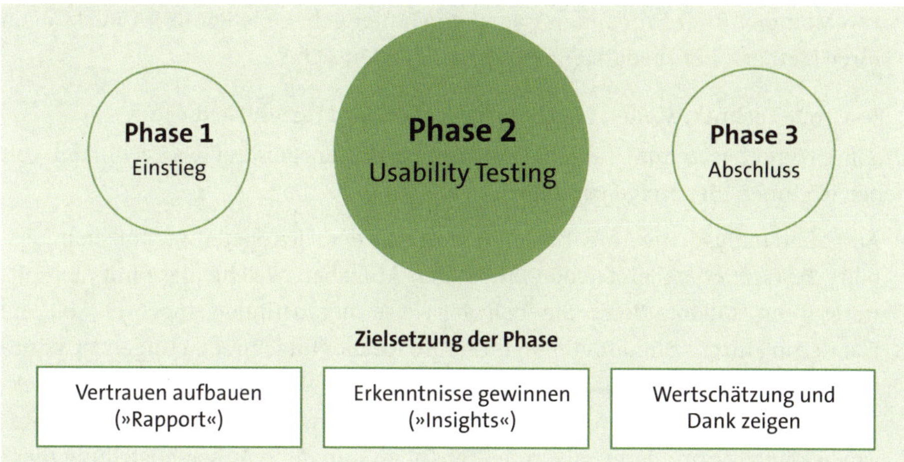

Abbildung 4.15 Sie können sich für die Durchführung wieder an den drei Phasen aus Abschnitt 4.5.1 orientieren.

- **Einstieg: Rapport (Begrüßung, Vorstellung, persönliche Freiheit, Datenschutz – Eisbrecherfragen)**
  Auch bei Usability-Tests ist es wichtig, eine Verbindung aufzubauen. Selbst wenn Ihr Fokus hier nicht auf der Suche nach den innersten Motivationen Ihrer Probanden liegt, müssen sich diese in der Testsituation wohl und sicher fühlen. Neben dem Einstieg und der Klärung des Datenschutzes versichern Sie Ihren Probanden daher vor allem, dass Sie das System testen und nicht Ihre Testpersonen. Für den Start des Tests bieten sich Eisbrecherfragen an, Beispiele finden Sie in der Beschreibung der qualitativen Interviews in Abschnitt 4.5.1.
- **Usability Testing: Insights (Lassen Sie Aufgaben lösen, und testen Sie Ihre Hypothesen)**
  Für die Durchführung des Usability-Tests ist es wichtig, dass Sie eine Dynamik zwischen dem Lösen der Aufgaben durch Ihre Probanden und Ihren Rückfragen fin-

den. Eine Best Practice ist hier, dass Sie die Probanden erst einmal alleine mit der Aufgabe und Ihrem Produkt zurechtkommen lassen, sich dabei Notizen machen und im Anschluss (in der Retro) mit den Probanden die Aufgabe oder den gesamten Prototypen noch einmal durchsprechen. Hierbei gehen Sie auf das ein, was Sie beobachtet haben. Es besteht zwar die Gefahr, dass die Testpersonen sich dann nicht mehr genau daran erinnern, was sie gedacht haben, allerdings wird im ersten Durchgang so die natürliche Nutzung nicht verfälscht.

- **Abschluss: Wertschätzung (Abschlussbefragung, Rückfragen, Bedanken)**
  Am Ende des Testings führen Sie in der Regel eine Abschlussbefragung durch, bei der die Probanden eine allgemeine Bewertung der Lösung geben. Hier können Sie neben klassischen Metriken wie dem NPS (siehe Seite 211) auch nach der subjektiven Meinung Ihrer Probanden fragen. Auch hier geben Sie Raum für Rückfragen Ihrer Testpersonen, bedanken und verabschieden sich.

2. Research-Technik: Stellen Sie Hypothesen auf und testen Sie diese

Um Ihre Hypothesen mit Usability-Tests zu überprüfen, gibt es viele Techniken, von denen ich Ihnen hier einige vorstelle:

- **Aufgabenanalyse:** Die Aufgabenanalyse ist eine der wichtigsten Techniken in Usability-Tests. Hier stellen Sie den Probanden Aufgaben, welche diese mit der Software lösen sollen. Wenn Sie beispielsweise herausfinden möchten, ob die Platzierung Ihrer Kontaktdaten in Ihrer App für die Nutzer gut zu finden ist, könnten Sie Ihnen folgende Aufgabe stellen: Sie möchten über die App Kontakt zu dem Unternehmen aufnehmen. Was würden Sie jetzt tun? Wichtig hierbei ist, die Aufgaben klar zu formulieren, aber die Probanden durch die Aufgabenstellung nicht schon auf die Lösung zu stoßen. Sie möchten eine realitätsnahe Antwort auf Ihre Fragen.
- **Szenarien:** Ihre Probanden sollen sich in die Situation der Aufgabe hineinversetzen können. Hierzu ist es ist häufig sinnvoll, Ihren Probanden für das Erfüllen der Aufgaben Szenarien vorzugeben. Beispiel: Stellen Sie sich vor, Sie haben einen Pullover über die App bestellt. Dieser ist gerade geliefert worden und hat ein Loch. Was würden Sie jetzt tun? Die meisten Probanden werden aussagen, dass Sie Kontakt aufnehmen möchten. So können Sie zu Ihrer nächsten Aufgabe überleiten und testen, ob Ihre Kontaktmöglichkeit richtig platziert ist.
- **Laut denken:** Die Laut-denken-Methode ist zentraler Bestandteil Ihres Tests. Sie bitten die Probanden dabei, alles laut auszusprechen, was Ihnen während des Tests durch den Kopf geht. Diese Technik gibt Ihnen die Chance, nicht nur zu sehen, wie Ihre Testpersonen mit Ihrem Produkt interagieren, sondern auch, warum sie etwas machen und was sie dabei denken.
- **5-Sekunden-Test:** Den 5-Sekunden-Test setzen Sie gezielt ein, um den ersten Eindruck Ihrer Probanden einzufangen. Hierbei zeigen Sie den Probanden Ihre App

(oder Ihre Webseite etc.) für nur 5 Sekunden und fragen Sie danach, an was Sie sich erinnern. Ist Ihre Kernbotschaft bei den Probanden angekommen? Diese Technik kann Ihnen eine gute erste Einschätzung für die Platzierung wichtiger Elemente, die Formatierung von Text oder den Einsatz von Bildern geben.

3. Rollen und Set-up: Setzen Sie das technische Set-up auf

Oft werden Usability-Tests in einem sogenannten Test-Lab durchgeführt, in dem der Test von Ihnen als User Researcher durchgeführt und von Teammitgliedern (UX-Designer, Product Manager, ggf. Entwickler etc.) in einem zweiten Raum verfolgt wird. Die Rollenverteilung ist hier ähnlich wie bei den qualitativen Interviews oder den Kontextanalysen – Sie führen durch den Test, die anderen beobachten.

Falls Sie kein Test-Lab zur Verfügung haben, können Sie den Test auch über eine Bildschirmübertragung per Skype oder Google Hangouts in einen anderen Raum übertragen. Hierbei sehen Ihre Kollegen zwar die Probanden nicht direkt, können Ihnen aber zuhören und sehen die Interaktion mit der Software – und das ist der wichtigste Aspekt.

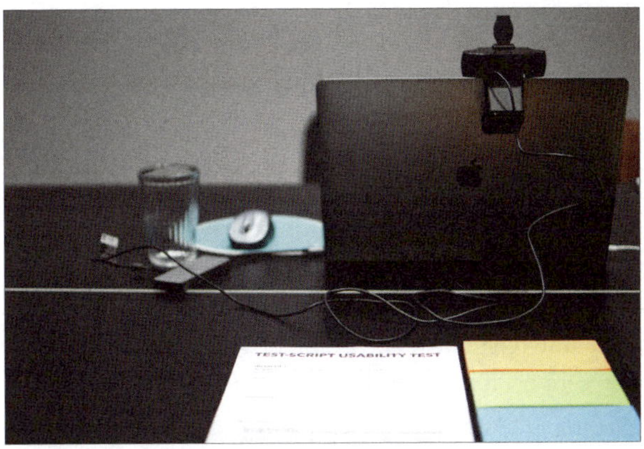

Abbildung 4.16 Set-up für einen Usability-Test

4. Dokumentation: Halten Sie Ihre Beobachtungen direkt fest

Die Dokumentation von Usability-Tests geschieht meist ad hoc, eine erste Analyse wird oft schon während des Tests im Beobachtungsraum vorgenommen. Dennoch ist es wichtig, dass Sie den Test dokumentieren, um sicherzustellen, dass keine vorschnellen Schlüsse gezogen wurden.

Während des Tests beobachten Sie Ihre Probanden und machen sich Notizen. Zusätzlich nehmen Sie den Test auf. Hierbei möchten Sie zum einen die Interaktion der Probanden mit der Software festhalten und zum anderen die Reaktionen der Probanden. Daher bieten sich Software-Produkte an, die Sie den Bildschirm sowie über eine Webcam die Probanden filmen lassen. Zusätzlich empfehle ich Ihnen, einen Camcorder zu nutzen, der das Testszenario aufnimmt. Hierdurch haben Sie noch eine weitere

Perspektive, die den Fokus auf den Kontext, beispielsweise die Körpersprache Ihrer Probanden, legt, und zusätzlich haben Sie ein Back-up für die Aufnahme des Tests.

Usability-Testing-Software

Beispiele für Software zur Aufnahme von Usability-Tests sind neben vielen anderen Screenflow, Camtasia oder Lookback.

Was gilt es bei einem Usability-Test besonders zu beachten?

1. Formulieren Sie testbare Hypothesen

Das Kernstück des Usability-Tests sind die von Ihnen aufgestellten Hypothesen. Sie beschreiben Ihr Erkenntnisinteresse und sollen durch den Test validiert oder widerlegt werden. Diese Hypothesen sind konkreter als jene, welche beispielsweise den qualitativen Interviews zugrunde liegen.

Hypothesen können Sie z. B. wie folgt formulieren:

Wir glauben, dass unsere Nutzer ... (Hypothese).
Wir glauben das, weil ... (Beispiele: Rückschlüsse aus Ihrer Foundational Research oder Best Practices der Gestaltung oder Inspiration aus Benchmarking).

Wir wissen, dass wir richtig liegen, wenn ... (Metrik zur Messung).

Beispiel für eine Hypothese für eine Musik-App

Wir glauben, dass unsere Nutzer (im besten Fall Personas, die Sie entwickelt haben) die Empfehlungen für ähnliche Künstler und Songs als Mehrwert empfinden.

Wir glauben das, weil wir in den qualitativen Interviews gelernt haben, dass sie ein großes Interesse an neuer Musik haben, ihnen aber oft die Zeit fehlt, diese zu entdecken.

Wir wissen, dass wir richtig liegen, wenn die Probanden im Test diese Funktion nutzen, um neue Musik zu finden.

2. Verwenden Sie Metriken

Der Einsatz und somit auch die Auswertung von Usability-Tests sind konkreter als die mancher anderer User-Research-Methoden. Aus diesem Grund ist es wichtig, dass Sie Metriken haben, die Sie (auch bei einer kleinen Stichprobe) quantitativ auswerten können. Hierfür gibt es verschiedene Metriken, die Sie während des Tests oder in der Abschlussbefragung einsetzen können.

> *»If you can't measure something, you can't understand it. If you can't understand it, you can't control it. If you can't control it, you can't improve it.« – H. James Harrington (Quelle: CIO Enterprise Section 2, September 1999. https://books.google.co.in/books?id=YgkAAAAAMBAJ&pg=PA10&hl=de#v=onepage&q&f=false)*

- **Zeit:** Sie können die Zeit messen, die Probanden benötigen, um die ihnen gestellte Aufgabe zu lösen. Dies gibt Ihnen Aufschluss darüber, wie einfach und intuitiv Ihre Lösung ist. Es bietet sich an, Ihre Probanden hier zusätzlich nach Ihrer wahrgenommenen Zeit zu fragen. Manchmal lassen gut gestaltete Interfaces die subjektiv wahrgenommene Zeit geringer erscheinen als die tatsächlich vergangene Zeit.
- **Erfolgs- und Misserfolgsquote:** Hierbei geht es darum, ob Ihre Probanden die ihnen gestellten Aufgaben erfüllen konnten oder nicht. Diese Metrik wird objektiv und ausschließlich nach Erfolg oder Misserfolg bewertet. Wie intuitiv, angenehm oder schnell die Nutzung für Ihre Probanden war, wird dabei in der Regel nicht betrachtet.
- **Bewertungsskalen:** Sie können einzelne Aspekte der Usability mit Bewertungsskalen bewerten lassen, z. B. wie einfach, übersichtlich oder ansprechend die Nutzung des Produktes war. Dafür können Sie Likert-Skalen einsetzen, die Ihre Probanden direkt nach dem Test auswerten. Hierzu bietet sich das Messinstrument AttrakDiff an, mit dem Sie die Usability Ihrer App, aber auch die wahrgenommene Attraktivität messen können. Das Tool können Sie kostenlos nutzen: *http://www.attrakdiff.de/*.
- **NPS:** Der NPS ist eine bekannte Metrik, um die Customer Experience zu messen und Rückschlüsse auf das erwartete Wachstum eines Unternehmens zu geben. Hierbei fragen Sie die Probanden, wie wahrscheinlich es ist, dass sie den Service, das Produkt oder das Unternehmen weiterempfehlen – auf einer Skala von 1 bis 10. Die Skalen 9 und 10 stehen hier für Promotoren Ihres Produktes, die Skalen 7 und 8 für Ihnen gegenüber passiv eingestellte Personen und die Skalen 0 bis 6 für diejenigen, die potenziell negativ über Sie sprechen werden. In der Auswertung ziehen Sie die Prozentzahl der Promotors von der der Detractors ab und erhalten so Ihren Net Promoter Score. Wenn Sie regelmäßig testen, können Sie den NPS über Ihr Projekt hinweg messen und so die Entwicklung bewerten.

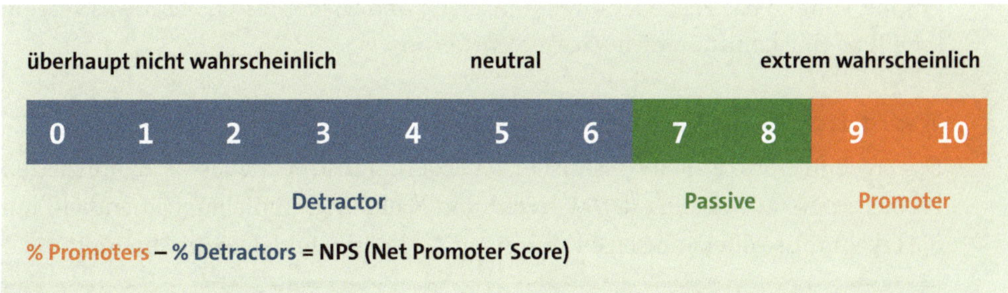

Abbildung 4.17 Der Net Promoter Score hilft Ihnen, die Kundenzufriedenheit anhand der Bereitschaft zur Weiterempfehlung zu bewerten. Mehr zum NPS finden Sie auf https://www.netpromoter.com/know.

3. Vermeiden Sie Prüfungssituationen

Auch wenn Sie sich bemühen, Ihren Probanden eine angenehme Atmosphäre zu vermitteln, werden sich einige Testpersonen dennoch wie in einer Prüfung fühlen. »Ich bin vielleicht einfach zu dumm, um das zu finden« ist ein Satz, den ich während Usability-Tests unzählige Male gehört habe. Niemand möchte sich dumm fühlen. Versichern Sie Ihren Probanden immer wieder, dass Sie nicht sie testen, sondern das Produkt. Dass der Fehler, wenn sie etwas nicht lösen können, nicht bei ihnen liegt, sondern im Produkt. Und wie dankbar Sie sind, dass sie Ihnen helfen, diese Fehler zu finden.

4. Animieren Sie, laut zu denken

Der Einsatz der Laut-denken-Technik ist so simpel wie erkenntnisreich. Dennoch fällt es Menschen oft schwer, alles auszusprechen, was sie denken. Im Alltag bemühen wir uns oft, nicht sofort das zu sagen, was uns durch den Kopf geht.

Erinnern Sie Ihre Probanden deshalb immer wieder daran, Ihre Gedanken mit Ihnen zu teilen, und erläutern Sie, dass Sie nur dadurch wirklich verstehen können, was in ihrem Kopf vorgeht. Sprechen Sie die Testpersonen hierfür auch gerne auf Ihre Körpersprache an, und animieren Sie sie dadurch, mehr zu teilen. »Sie runzeln die Stirn, was denken Sie?«

Testen Sie auch mit kleineren Gruppen, dafür häufiger: Wie bei jeder Methode stellt sich bei Usability Testing immer wieder die Frage, wie groß Ihre Stichprobe für Tests sein muss. Der Autor Steve Krug sagt hierzu:

> *»Jeder Test mit jedem noch so unpassenden Nutzer bringt mehr als gar kein Test.« (Quelle: https://www.benutzerfreun.de/newsletter/usability-tests-durchfuehren-newsletter-12016)*

Sie werden auf jeden Fall mehr lernen, als wenn Sie nicht testen. Auch hier gilt das Pareto-Prinzip, auf das ich in Abschnitt 4.3.3 eingegangen bin.

Optimal ist es, wenn Sie regelmäßig testen, dafür lieber mit kleineren Gruppen. So bekommen Sie über einen längeren Zeitraum einen Blick für eine größere Zielgruppe, können das Feedback direkt umsetzen und wieder testen. Iteratives Testing schafft so eine kontinuierliche Nutzerzentrierung.

Was ist das Ergebnis eines Usability-Tests?

Das Ergebnis eines Usability-Tests ist in der Regel ein Testreport, der die identifizierten Probleme, die Auswertung der Metriken und Handlungsempfehlungen enthält, um die Erkenntnisse direkt umsetzen zu können. Mehr dazu finden Sie in Abschnitt 4.6.

Usability Testing auf einen Blick

- Zweck: Hypothesen testen, um konkrete Entscheidungen zu treffen
- Dauer: Richtwert zwischen 30 und 120 Minuten

- Stichprobe: ca. 5 bis 8 Personen, je nach Entwicklungszyklus und Diversität Ihrer Zielgruppe
- Einsatz: Directional Research in der Create- und Evaluate-Phase
- Ergebnis: z. B. Testbericht

4.6 Wie bereitet man Erkenntnisse der User Research auf?

Sie haben Ihre User-Research-Studie durchgeführt, Menschen getroffen, ein tiefgehendes Verständnis für deren Bedürfnisse aufgebaut und spannende Erkenntnisse abgeleitet.

Was ich dann leider viel zu oft erlebe, ist Folgendes: tolle Studie, spannende Erkenntnisse, ausführlicher Bericht. Und doch ist nichts passiert!

Die Wichtigkeit, Forschungsergebnisse klar darzustellen und überzeugend zu kommunizieren, wird oft unterschätzt, und so landen die wichtigen Erkenntnisse häufig in irgendeiner Schublade.

Das Ziel Ihrer Research sind nutzerzentrierte Produkte. Eine Software, welche die Bedürfnisse Ihrer Nutzer befriedigt, geht daher über eine ausführliche Dokumentation.

Die Aufbereitung Ihrer Forschungsergebnisse muss sich also an den Adressaten anpassen. Überlegen Sie sich, wer Ihre Ergebnisse verstehen muss und in welcher Sprache Sie diese am besten kommunizieren. Auch in diesem Schritt sollten Sie also nutzerzentriert denken, um Ihr Ziel zu erreichen. Und Ihr Ziel ist es in diesem Fall, allen Projektbeteiligten ein Verständnis für die Ziele, Probleme und Bedürfnisse Ihrer Nutzer zu vermitteln, damit diese Empathie entwickeln können.

4.6.1 Frameworks zur klaren Darstellung Ihrer Erkenntnisse

Im Folgenden stelle ich Ihnen einige Frameworks zur Aufbereitung Ihrer Research an verschiedenen Punkten im Projekt vor. Hier gibt es noch viele weitere Frameworks, die für Ihr Projekt sinnvoll sein könnten. Leider kann ich an dieser Stelle nur auf einige wenige eingehen. Wichtig für Sie ist jedoch vor allem eins: Seien Sie kreativ in der Aufbereitung Ihrer Erkenntnisse, und passen Sie Frameworks auch für Ihre Erkenntnisse an.

Wie bereits in Abschnitt 4.4.2 angerissen, gilt hier der Leitsatz »Form follows function«.

Darüber hinaus helfen Ihnen diese Frameworks, Ansatzpunkte für weitere Research zu finden. Dort, wo Sie noch keine Daten haben, um die Frameworks zu füllen, haben Sie möglicherweise ein neues Erkenntnisinteresse identifiziert. Bis Sie das Erkenntnisinteresse befriedigt haben, können Sie hypothesenbasiert arbeiten, d. h., von Ihrem bisherigem Verständnis für Ihre Nutzer Annahmen ableiten und diese festhalten. Sie sollten aber in den Frameworks kennzeichnen, welche Aspekte durch Ihre Research gestützt sind und welche nicht.

Empathy Maps

Empathy Maps sind eine gute Möglichkeit, ein erstes schnelles Bild Ihrer Nutzer zu zeichnen und dennoch die Komplexität menschlicher Wesen darzustellen. Empathy Maps bestehen aus den vier Kategorien: Say, Think, Feel und Do. Also alles, was Ihre Probanden gesagt und getan haben, aber auch was sie bezüglich ihrer Gedanken und Gefühle direkt und indirekt gelernt haben.

Ich persönlich setze Empathy Maps gerne für die Dokumentation von qualitativen Interviews ein. Hierfür dokumentieren Sie alles, was Ihre Probanden mit Ihnen geteilt und was Sie beobachtet haben, in einer Empathy Map.

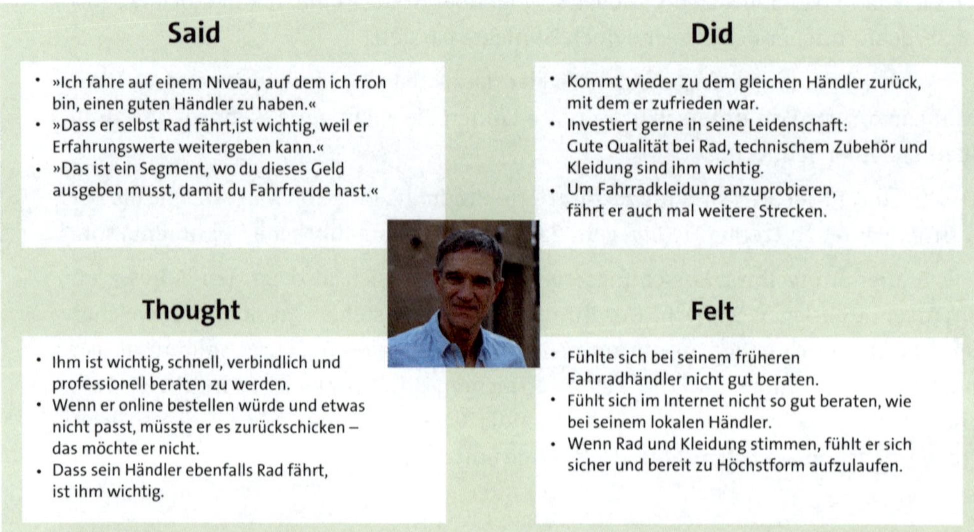

Abbildung 4.18 Eine beispielhafte Aufbereitung des Interviews mit Bruno aus Abschnitt 4.4.3 in einer Empathy Map

So zeichnen Sie schnell ein ganzheitliches Bild Ihrer Probanden. Dabei ist es ganz natürlich, dass manchmal die Einteilung Ihrer Beobachtungen in die Quadranten schwerfällt. Wenn Sie das Gefühl haben, dass ein Aspekt beispielsweise sowohl in Say als auch in Think passt, halten Sie sich nicht zu lange daran auf, sondern tragen Sie ihn in einem der beiden Felder ein. Wichtig ist, dass Sie Ihr neu errungenes Wissen festhalten.

Wenn Sie Spannungsfelder zwischen den Quadranten wahrnehmen und irritiert sind, dass eine Person das eine gesagt, aber das andere getan hat, können Sie sich auf die Schulter klopfen. Sie könnten gerade einen spannenden Ansatzpunkt für die weitere Gestaltung Ihrer Lösung gefunden haben.

»This is when empathy maps become treasure maps that can uncover nuggets of understanding about our user. It is our job as UX professionals to investigate the cause of the conflict and resolve it.« (Quelle: https://www.nngroup.com/articles/empathy-mapping)

Manchmal werden Empathy Maps bereits mit der Ableitung von Pains (Schmerzpunkten) und Gains (Potenzialen) versehen. Diese Schmerzpunkte stellen oft die gerade beschriebenen Spannungsfelder dar, die Potenziale sind Ideen für Lösungsansätze, die Sie entdeckt haben.

Um ein möglichst genaues Bild Ihrer Probanden zu zeichnen und so Empathie aufzubauen, empfehle ich Ihnen, im Quadranten Say hauptsächlich mit Zitaten zu arbeiten sowie ein Bild Ihrer Probanden in die Mitte zu setzen. Achten Sie hier aber auf Anonymität und Datenschutz. Solange Ihre Probanden eingewilligt haben, dass ihre Bilder zur Dokumentation verwendet werden, können Sie diese für diesen Zweck verwenden. Empathy Maps können Sie sowohl für einzelne Probanden als auch für die Synthese mehrerer Probanden verwenden.

Persona-Synthese-Cluster

Ein weiteres Framework, das zur Synthese Ihrer Daten gedacht ist, ist das Persona-Synthese-Cluster. Hierbei führen Sie die Daten, die Sie aus den Begegnungen mit den einzelnen Probanden gesammelt haben, in einer Matrix zusammen, stellen Widersprüche, Gemeinsamkeiten, allgemeine Motivationen und Überraschungen fest und können so übergeordnete Erkenntnisse ableiten.

Abbildung 4.19 Das Persona-Synthese-Cluster von Dark Horse Innovation

Dabei können Sie entweder ein Cluster für alle Daten erstellen oder bereits identifizierte Subgruppen in Ihren Probanden zusammenführen und so mehrere Cluster erstellen, die Sie beispielsweise als Grundlage für Ihre Persona-Entwicklung nutzen können.

Personas

Personas haben Sie schon in Abschnitt 2.4.3 kennengelernt. Sie sind eines der bekanntesten Frameworks der nutzerzentrierten Gestaltung. In der Entwicklung von Personas kreieren Sie fiktive Idealvertreter Ihrer Zielgruppe, um eine abstrakte Zielgruppenbeschreibung greifbar zu machen und den Menschen hinter Zahlen ein Gesicht zu verleihen.

Um Ihnen den Wert von Personas zu verdeutlichen, möchte ich Sie bitten, sich kurz die abstrakte Zielgruppe »Lehrer und Lehrerinnen im Alter von 28 bis 64 Jahren« vorzustellen, für die Sie eine neue digitale Lösung zur Abstimmung im Lehrer-Gremium gestalten sollen. Haben Sie ein Bild im Kopf? Hervorragend, ich auch. Das Bild, das Sie gerade im Kopf haben, weicht vermutlich von meinem Bild stark ab.

Wenn ich Ihnen aber von Rainer oder Lisa erzähle, könnte das anders aussehen. Rainer ist ein 58-jähriger Kunstlehrer, der ein Samsung S4 hat und WhatsApp nutzt, um mit seinen Kindern und seiner Frau zu kommunizieren, sonst aber recht wenig digitale Affinität hat. Und Lisa ist eine 32-jährige Mathematiklehrerin, die sich immer wieder über den Status quo von digitalen Produkten im Lehrkontext informiert, ein iPhone X hat und viele Messenger nutzt, Instagram hat und mit anderen Lehrern in Facebook-Gruppen vernetzt ist. Ich bin mir sicher, wenn wir nun jeweils ein Bild dieser Personen (Personas) malen müssten, wären unsere Bilder um einiges ähnlicher als nach meiner ersten Beschreibung. Und darum geht es, wenn wir ein Verständnis für die Bedürfnisse von Menschen entwickeln und Empathie aufbauen möchten.

> *»Mit diesen Bildern der Persona im Kopf kann nun jeder innerhalb des UX-Design-Prozesses weiterarbeiten und dabei immer wieder auf die Persona reflektieren.« (Quelle: https://wirtschaftslexikon.gabler.de/definition/persona-119156/version-368104)*

Eine Persona beschreibt dabei nicht eine tatsächliche Person, sondern basiert auf den synthetisierten Daten, also den Erkenntnissen Ihrer User Research – aufbereitet als eine Art Fahndungsplakat.

Dieses Fahndungsplakat kann aus folgenden Elementen bestehen:

- **Name:** Geben Sie Ihrer Persona einen Namen.
- **Bild(er):** Verleihen Sie Ihrer Persona ein Bild. Hierfür können Sie kostenlose Bilddatenbanken wie *Unsplash.com* verwenden. Zeigen Sie auch die Lebensrealität dieser Person, wenn Sie Informationen hierzu haben.
- **Zitat:** Wählen Sie ein Zitat, am besten direkt aus Ihrer User Research, das diese Persona in Bezug auf Ihr Projekt am besten beschreibt.

- **Charakteristika:** Hier passt Ihre Zielgruppenbeschreibung am ehesten. Beschreiben Sie Charakteristika wie das Alter Ihrer Persona, ihren Beruf und ihre Lebenssituation. Im Gegensatz zu einer Zielgruppenbeschreibung, in der Sie eine Spannweite aufmachen, entscheiden Sie sich hier für fixe Zahlen. Werden Sie persönlich.
- **Allgemeine Einstellungen:** Unterfüttern Sie die allgemeinen Charakteristika mit Informationen zu Themen, die für Ihr Produkt relevant sind, beispielsweise Sport und Ernährung, Digitalisierung, Online-Kaufverhalten etc.
- **Ziele:** Welche Ziele möchte Ihre Persona erreichen?
- **Probleme:** Welche Probleme entstehen dabei für sie?
- **Bedürfnisse:** Welche Bedürfnisse hat sie, die bisher noch nicht befriedigt werden?
- **Potenziale:** Wo sehen Sie Potenziale, Ihrer Persona dabei zu helfen, Ihre Ziele zu erreichen, indem Sie bestehende Probleme lösen und unbefriedigte Bedürfnisse adressieren?

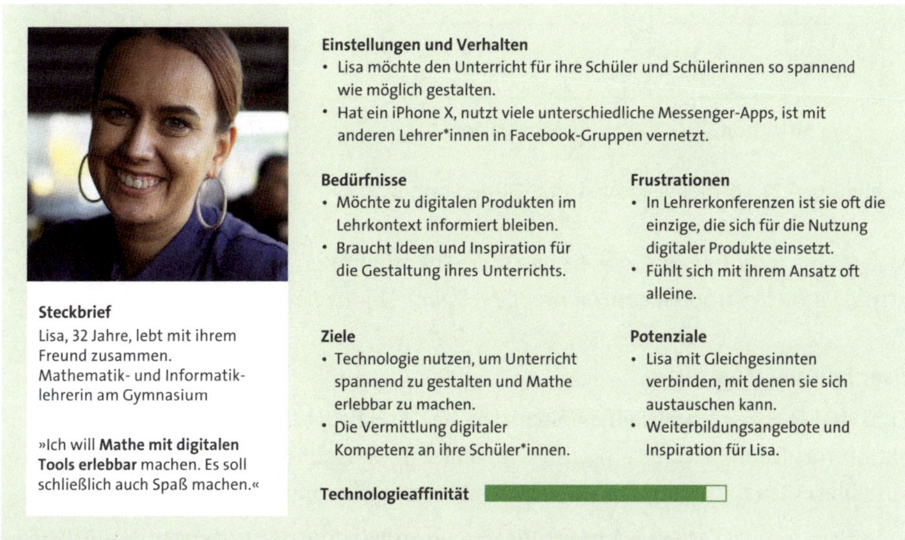

Abbildung 4.20 Erkenntnisse aus der Research, aufbereitet als Persona

Jobs to be Done

Jobs to be Done ist ein weiteres viel genutztes Framework, das vor allem von dem Harvard-Business-School-Professor Clayton Christensen geprägt wurde. Die zugrunde liegende Theorie besagt, dass Kunden nicht das Ziel verfolgen, Produkte zu kaufen, sondern Produkte und Services gezielt einsetzen, um ihre Ziele zu erreichen.

> *»Customers Don't Simply Buy Products. They Hire Them.« – Clayton Christensen (Quelle: https://www.forbes.com/sites/hbsworkingknowledge/2016/10/04/clayton-christensen-customers-dont-simply-buy-products-they-hire-them/#503b308db5cf)*

Dieser Perspektivenwechsel eröffnet eine komplett neue Sichtweise auf den Markt, die Wettbewerber und den Mehrwert, den Sie Ihrer Zielgruppe bieten. So können Sie Produkte schaffen, die die wirklichen Bedürfnisse Ihrer Nutzer befriedigen.

Christensens Lieblingsbeispiel ist eine Studie zum Thema Milkshakes, die er vor einigen Jahren durchgeführt hat. In diesem Video erklärt er auf eindrucksvolle Art und Weise, wie er und sein Team den wahren Job herausgefunden haben, den der Milkshake für die Kunden erfüllt und mit welchen anderen Produkten er konkurriert. Nehmen Sie sich fünf Minuten Zeit, und schauen Sie sich das Video an – es lohnt sich: *https://www.youtube.com/watch?v=sfGtw2C95Ms.*

Um einen Job to be Done für Ihre Produkte zu definieren, wenden Sie die folgende Formel an:

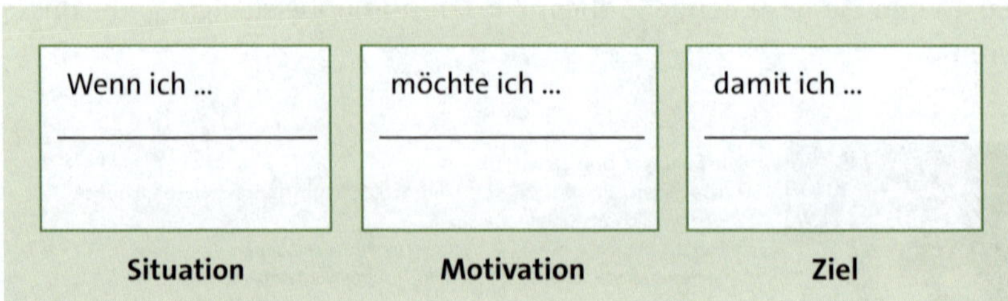

Abbildung 4.21 Formel des Jobs-to-be-Done-Framework.

Mehr Informationen zur Jobs-to-be-Done-Theorie finden Sie hier: *http://innovatorstoolkit.com/content/technique-1-jobs-be-done.*

User Journey Map

Eine User Journey Map ist eine Visualisierung der Schritte Ihrer Nutzer durch die Interaktion mit Ihrem Produkt in einer chronologischen Abfolge. Die wichtigen Aspekte sind hier: Visualisierung, Schritte, Nutzer, Interaktion und chronologische Abfolge.

Eine User Journey Map verknüpft Ihre Erkenntnisse aus der Research zu den Erwartungen und Bedürfnissen Ihrer Nutzer mit den bestehenden Touchpoints mit Ihrem Produkt und den Emotionen, die Ihre Nutzer während der Interaktion empfinden. So hilft sie Ihnen, auf einen Blick Ansatzpunkte für Ideen zu erfassen.

Eine User Journey Map ist dabei in Lanes, also Bahnen, aufgebaut:

1. **Phasen** – wo befinden sich Ihre Nutzer? Sie betrachten hierbei die Phasen vor, während und nach der Interaktion.
2. **Aktivitäten** – was tun Ihre Nutzer? Hier beschreiben Sie alle Aktivitäten, die Ihre Nutzer durchführen.
3. **Bedürfnisse** – was brauchen Ihre Nutzer hier? Sie führen die Bedürfnisse auf, die Sie aus der Research gezogen haben.

4. **Ideen** – wie können Sie die Bedürfnisse Ihrer Nutzer während der jeweiligen Aktivitäten befriedigen? An dieser Stelle können Sie erste Ideen sammeln.
5. **Emotionskurve** – wie fühlen sich Ihre Nutzer dabei? Zur Veranschaulichung können Sie die Emotionen als Kurve abbilden.

Abbildung 4.22 Mit einer User Journey Map setzen Sie die Interaktionspunkte mit Ihrer Software in einen Nutzungskontext und bringen sie mit den Bedürfnissen und Emotionen Ihrer Nutzer zusammen.

Testberichte der Usability-Tests

Usability-Tests verhalten sich auch in der Kommunikation Ihrer Erkenntnisse etwas anders als qualitative Interviews und Kontextanalysen. Hier möchten Sie nicht nur Empathie schaffen, sondern ganz konkrete Handlungsfelder aufzeigen und Empfehlungen für die Weiterentwicklung geben.

Die einfachste Form der Aufbereitung Ihrer Erkenntnisse ist dabei die folgende Matrix:

- **Was war gut:** Halten Sie hier fest, was gut funktioniert hat. Dieser Aspekt ist nicht nur für die Teammoral wichtig, sondern auch, um zu verhindern, dass Gutes verändert und so oft verschlimmert wird.
- **Was war schlecht:** Fügen Sie hier alle Punkte auf, die nicht funktioniert haben. Nehmen Sie hierbei direkt eine Priorisierung vor. Sie werden vermutlich nicht alles anpassen können. Was ist also ein Blocker, was ist kritisch, und was ist weniger dringend?

- **Ideen:** Welche Ideen sind durch die Interaktion mit den Probanden aufgekommen? Selbst wenn diese nicht (direkt) umgesetzt werden, ist es wichtig, sie festzuhalten.
- **Handlungsempfehlungen:** Welche Empfehlungen haben Sie, um die Probleme zu beheben?

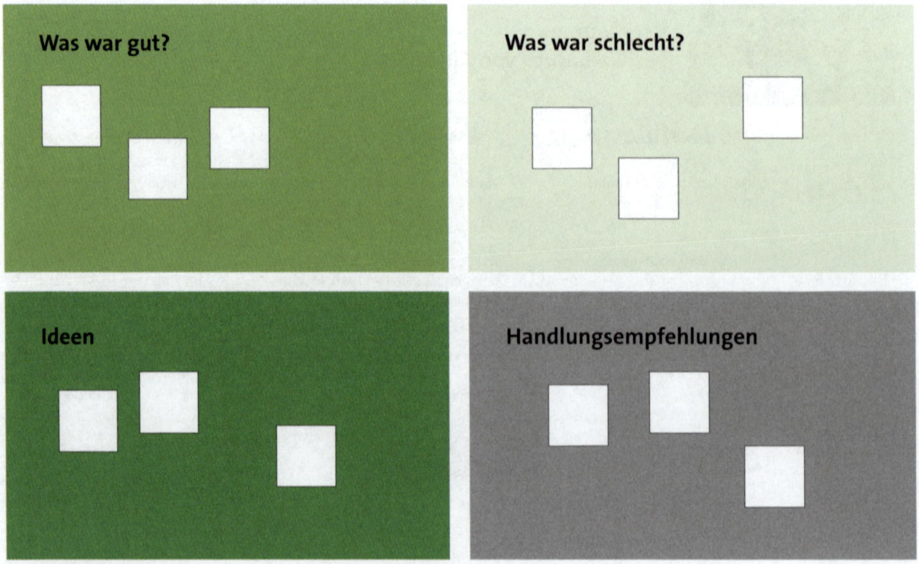

Abbildung 4.23 Schnelle Matrix zur Analyse von Usability-Tests

Diese Analyse und Dokumentation können Sie bereits während des Tests oder direkt danach mit Ihren Kollegen durchführen, jedoch sollten Sie gerade in größeren Projekten eine tiefgreifende Analyse vornehmen und diese im Detail in einem Testbericht ausführen.

Starten Sie hierfür mit einer Übersicht über Ihre Methode und die Testpersonen. Zeigen Sie Ihre übergeordneten Top-Erkenntnisse: Was funktioniert gut? Was funktioniert schlecht? Und betrachten Sie dann jede Aufgabe, die Sie den Probanden gestellt haben, im Detail und bewerten diese nach den Metriken, die Sie in Ihren Hypothesen definiert haben. Sinnvoll ist es, den Bericht mit Zitaten aus den Testings anzureichern. Nichts überzeugt mehr als die offen zur Schau gestellte Frustration Ihrer Testpersonen. Zum Abschluss betrachten Sie die Metriken wie z. B. NPS und halten Ihre Handlungsempfehlungen fest.

Tipp

Fügen Sie Ihrem Bericht Screenshots des aktuellen Produktes bei, so sind die Erkenntnisse auch noch nachvollziehbar, wenn sich das Produkt geändert hat.

4.6.2 Ideen zur überzeugenden Kommunikation Ihrer Erkenntnisse

Die Aufbereitung Ihrer Erkenntnisse in Frameworks ist der erste Schritt, jedoch sollten Sie hier nicht stehen bleiben. Im nächsten Schritt möchten Sie die klar aufbereiteten Ergebnisse überzeugend kommunizieren, um sie nachhaltig im Team zu verankern.

Wichtig ist hier wieder, dass Sie die Sprache Ihres Teams sprechen und die Erkenntnisse für sie erlebbar machen.

Sie können hierfür Poster erstellen, Videos produzieren, Diskussionsrunden anbieten, Rollenspiele durchführen oder vieles mehr. Lassen Sie Ihrer Fantasie und Kreativität freien Lauf.

Ganz grundsätzlich möchte ich Ihnen aber empfehlen, Ihre Ergebnisse immer persönlich vorzustellen. Erzählen Sie dabei die Geschichten, die Sie erlebt haben. Kleine Anekdoten schaffen ein viel stärkeres Verständnis für die Lebensrealität von Menschen als seitenlange Berichte. Werden Sie zum Anwalt der Nutzerzentrierung, und verteidigen Sie die Bedürfnisse, die Sie entdeckt haben.

Einen guten Überblick über Möglichkeiten zur Aufbereitung von Erkenntnissen bietet dieser Blogartikel von Laurissa Wolfram-Hvass aus dem Jahr 2014, in dem sie ihre Erfahrungen als Lehrerin mit der Kommunikation von Research-Erkenntnissen vergleicht.

https://www.uxbooth.com/articles/research-right-audience/

4.7 Welche ethischen Aspekte sind zu beachten?

In der User Research begeben wir uns auf die Suche nach den wahren Zielen, Problemen und Bedürfnissen der Menschen. Wir schälen mit unserer Technik bewusst die Schichten der Bedürfniszwiebel (siehe Abschnitt 4.5.1), bis wir am innersten Kern angekommen sind.

Das schaffen wir, weil wir eine Vertrauensbasis mit unseren Probanden etabliert haben. Ohne dieses Vertrauen wäre unsere Arbeit nicht möglich.

> *»We ... rarely spend time articulating just how important a trust-based approach is to uncovering valuable insights.« – Jane Fulton Suri*
> *(Quelle: https://www.designboom.com/design/jane-fulton-suri-interview-ideo-little-book-of-design-research-ethics-04-25-2016)*

Dieses Vertrauen müssen wir wertschätzen und dürfen es nicht missbrauchen.

Ethik ist ein Wort, das gut klingt, das aber vor allem mit Leben gefüllt werden muss, damit es nicht nur eine schöne Worthülse bleibt. Die Designagentur IDEO hat hierfür »The Little Book of Design Research Ethics« veröffentlicht, in dem Jane Fulton Suri, eine prägende Figur der Design oder User Research, die dem ethischen Ansatz von IDEO zugrunde liegenden Prinzipien sorgfältig ausführt und durch Beispiele mit Leben füllt.

Die IDEO-Prinzipien der ethischen Research sind:

- Respect: We honor participants' limits and value their comfort.
- Responsibility: We act to protect people's current and future interests.
- Honesty: We're truthful and timely in communication.

Diese Prinzipien sind in jeder Phase der User Research gültig: in der Planung, der Durchführung und der Analyse sowie der Kommunikation der Ergebnisse.

Einige wichtige Aspekte dieser Prinzipien sind:

- **Seien Sie ehrlich zu Ihren Probanden, wenn Sie über das Projekt sprechen.** Geben Sie Ihnen die Chance, ihre Einwilligung auf der Basis aller für Sie relevanten Informationen zu geben. So möchte beispielsweise nicht jeder Proband an einer Studie zu Alkoholkonsum oder für die Verbesserung bestimmter Produkte teilnehmen. Erklären Sie ihren Probanden außerdem, dass Sie ihre Einwilligung jederzeit widerrufen und die Research abbrechen können.
- **Holen Sie die schriftliche Einwilligung Ihrer Testpersonen für den Datenschutz ein.** Erklären Sie Ihnen, wofür Sie die erhobenen Daten verwenden und wer sie sehen wird.
- **Nehmen Sie die Gefühle Ihrer Probanden wahr, und respektieren Sie ihre Grenzen.** Hören Sie auf nachzufragen, wenn Sie merken, dass Ihr Gegenüber sich nicht wohlfühlt.
- **Legen Sie zudem ein Augenmerk auf kulturelle Normen, und verhalten Sie sich entsprechend.** Wenn Sie Ihre Research in ein fremdes Land oder zu Probanden Ihnen fremder Kulturen bringt, versichern Sie sich, dass Sie wissen, wie Sie sich zu verhalten haben, oder nehmen Sie einen Kollegen mit.
- **Stellen Sie Ihre Probanden angemessen dar.** Gerade bei sensiblen Themen müssen Sie sicherstellen, dass die Menschen mit der Art und Weise einverstanden sind, in der Sie deren Geschichte erzählen. Im Zweifelsfall sollten Sie nachfragen und Ihren Probanden Ihre Ergebnisse zeigen, bevor Sie diese Dritten präsentieren.
- **Schützen Sie die gesammelten Daten Ihrer Probanden** – das bezieht sich auf die sichere Datenhaltung, aber auch darauf, dass Sie die Daten nicht einfach an Stakeholder weitergeben.

Die Anwendung dieser Prinzipien hängt an vielen kleinen Entscheidungen, die Sie in Ihrer Arbeit jeden Tag treffen. Sie werden auf Interessenkonflikte stoßen, wenn es um die Ziele mancher Stakeholder und die Ihrer Probanden geht. In diesen Konflikten vertreten Sie die Interessen Ihrer Probanden. Das sollten Sie nicht vergessen.

Eine Richtlinie, die ich in meiner Arbeit anwende, ist hierbei: Wie würde ich mich fühlen, wenn jemand so mit mir und meinen Daten umgeht? Wenn ich kein gutes Gefühl habe, mache ich es nicht und erkläre das so.

Sie können es auch mit dem kleinen Prinzen halten:

> *»Du bist zeitlebens für das verantwortlich, was du dir vertraut gemacht hast.« – Antoine de Saint-Exupéry: Der kleine Prinz.*

Checkliste

- **Schließen Sie nicht von sich auf andere,** und überprüfen Sie Ihre Annahmen. Jede Idee ist eine Hypothese über das Bedürfnis Ihrer Nutzer.
- **Testen Sie früh.** Seien Sie sich bewusst, dass es günstiger ist, einen Fehler zu entdecken, bevor Sie ihn machen, als ihn zu korrigieren.
- **Erstellen Sie einen Research-Plan**: Seien Sie sich darüber im Klaren, was Sie herausfinden möchten, bevor Sie eine Methodik wählen, und überlegen Sie sich, wo Sie hinwollen, bevor Sie loslaufen.
- **Formulieren Sie ein Erkenntnisinteresse**: Was wissen Sie schon? Was wissen Sie noch nicht? Was vermuten Sie? Welche dieser Annahmen würden Ihr Projekt am meisten riskieren, sollten sie sich als falsch herausstellen?
- **Begeben Sie sich in die Lehrlings-Rolle**, seien Sie aufrichtig interessiert, und bauen Sie Hürden ab.
- **Fragen Sie nach**, und wenden Sie Research-Techniken an, um tiefe Einblicke zu bekommen und echte Erkenntnisse zu sammeln.
- **Seien Sie sich Ihrer eigenen Bias bewusst** und des Effekts der sozialen Erwünschtheit.
- **Begeben Sie sich in der Analyse auf die Suche** nach den zugrunde liegenden Zielen, Problemen und Bedürfnissen, und identifizieren Sie Muster.
- **Leiten Sie Erkenntnisse ab**, die für das Projekt relevant sind.
- **Teilen Sie Ihr Wissen**, und erzählen Sie von Ihren Begegnungen. Stellen Sie dabei die Anonymität Ihrer Probanden sicher.
- **Seien Sie kreativ in der Aufbereitung Ihrer Erkenntnisse**, sodass Ihre Kollegen wirkliche Empathie aufbauen können.
- **Halten Sie sich zu jedem Zeitpunkt der Research an ethische Grundsätze.** Leitlinie können Ihnen die IDEO-Prinzipien sein: Respect, Responsibility, Honesty.

Ich hoffe, dieses Kapitel hat Ihnen einen Überblick darüber gegeben, was User Research ist, welchen Mehrwert Sie Ihnen bringt sowie wann und wie Sie sie im Projekt einsetzen können.

Zum Abschluss gebe ich Ihnen noch fünf Ideen mit, die Sie sofort in Ihrem Projekt einsetzen können:

- **Try your own dog food** (auch: Dogfooding): Testen Sie Ihre Produkte selbst. Die Theorie hinter dieser Technik besagt, dass Hundefutter niemals so schmecken würde, wenn die Entwickler es selbst mal probiert hätten.
- **Peer Interviews & Observations:** Beobachten Sie Ihre Kollegen. Diese sind zwar oft in das Projekt involviert, aber selbst hier können Sie erste Erkenntnisse gewinnen.
- **Explorative Interviews:** Sprechen Sie Menschen auf der Straße, im Büro oder wo Sie Ihnen sonst begegnen, an, und fragen Sie sie nach Ihrer Meinung. Bereiten Sie auch hier einen Leitfaden mit einem Erkenntnisinteresse vor, halten Sie diesen aber wesentlich kürzer, und seien Sie noch flexibler bei der Durchführung.
- **Expert Reviews:** Lassen Sie heuristische Reviews Ihrer App durchführen, und hören Sie auf die Empfehlungen der Experten. Diese sind zwar keine Nutzer, können Ihnen aber wertvolle Informationen zu Design-Prinzipien und Best Practices geben. Mehr dazu: *https://www.nngroup.com/articles/ten-usability-heuristics*.
- **Explorer-Mindset:** Machen Sie das Explorer-Mindset zum integralen Bestandteil Ihrer Arbeitsweise. Fragen, beobachten und hören Sie zu, wann immer Sie können.

Da wir nun wissen, wer unser Nutzer ist und welche Wünsche er hat, müssen wir nun versuchen, unsere App-Idee in Form zu gießen. Im folgenden Kapitel widmen wir uns dem Hauptthema des Buchs der Usability und der User Experience. Ab hier schreibt nun wieder Jan Semler!

Kapitel 5
Usability, User Experience und Barrierefreiheit

Eine App lebt maßgeblich auch von dem Erlebnis, das wir haben, wenn wir sie nutzen. Doch warum macht die Nutzung von bestimmten Applikationen Spaß und von anderen überhaupt nicht? Zum einen ist das Produktkonzept dafür verantwortlich, ob wir Spaß bei der Nutzung einer App haben oder nicht. Zum anderen aber sind es die Usability und die User Experience (UX), die über den Unterhaltungs- und Spaßfaktor der App entscheiden.

In diesem Kapitel schauen wir uns die sehr wichtigen Bereiche Usability und User Experience des Interaktionsdesigns genauer an und wenden uns abschließend dem Thema Barrierefreiheit zu.

5.1 Was ist Usability?

Usability beschreibt den Aufwand, der vom Nutzer benötigt wird, um ein Produkt effektiv zu nutzen. Hierbei werden Kriterien wie Effektivität und Effizienz betrachtet, die den Nutzer zu einem zufriedenstellenden Ergebnis führen. Der Begriff Usability stammt aus dem Englischen und ist eine Wortschöpfung aus *to use* (benutzen) und *ability* (Möglichkeit). Im Deutschen wird oft von Gebrauchstauglichkeit gesprochen, ein anderer Begriff für Usability – und für den Bereich App-Design wohl auch der treffendere – ist Benutzerfreundlichkeit. Je einfacher und intuitiver ein Anwender seine persönlichen Ziele mit einem technischen Produkt, z. B. einer App, erreichen kann, desto benutzerfreundlicher ist es.

Usability ist bereits seit den Anfängen der Computertechnologie ein Thema. Allerdings wurde der Begriff erst 1980 mit Einzug der ersten Personal Computer (PC) und der Entwicklung von Software für die breite Masse populär. Mit dem Aufkommen der ersten grafischen User Interfaces (GUI) wurde der Begriff Usability maßgebend für die funktionierende Beziehung zwischen Nutzer und Computer.

Mittlerweile ist die Bedeutung einer guten Usability weiter gestiegen. Gerade bei Applikationen auf Smartphones, Tablets und Wearables ist eine unkomplizierte und benutzerfreundliche Nutzung enorm wichtig. Nicht nur ist die Bildschirmfläche auf

Smartphone, Tablet & Co. wesentlich kleiner als auf dem PC, auch die Zugriffszeit auf eine Applikation ist weitaus kürzer bemessen als etwa bei einer Desktop-Anwendung. Die Anforderungen an die Funktionalität sind gestiegen. Viele Dinge sind selbstverständlich geworden und werden vorausgesetzt – z. B. die Tatsache, dass man mit Pinchen etwas groß und klein machen kann.

5.1.1 Merkmale guter Usability

Eine gute Usability macht eine App erst zu dem Problemlöser, den sich Anwender wünschen. Sie ist ein wesentlicher Teil dessen, was ein gutes Interaktionsmodell ausmacht. Ohne gute Usability ist eine App im schlimmsten Fall eine Krücke, die ein Anwender nur unter Zwang und aufgrund von Alternativlosigkeit nutzen wird.

Warum und wie profitiert ein Nutzer von guter Usability?

- Der Nutzer kommt schnell ans Ziel, und zwar effizient und effektiv.
- Der Nutzer ist begeistert und nicht frustriert bei der Nutzung einer App. Die Kundenzufriedenheit steigt.
- Der Nutzer genießt die Interaktion mit dem Produkt und hat es gegebenenfalls öfter in Gebrauch.
- Der Nutzer baut Vertrauen zu der Applikation auf.
- Wenn alle Faktoren gegeben sind, wird der Anwender ein loyaler Nutzer, der das Produkt weiterempfiehlt.

Warum profitiert auch ein Unternehmen von einer guten Usability?

- reduzierte Entwicklungszeit und Kosten unter der Voraussetzung, dass in der Konzeptionsphase auf eine gute Usability geachtet wird
- Die App wird unter ähnlichen Konkurrenzprodukten bevorzugt.
- Das Produkt wird eher positiv bewertet.
- geringere Supportkosten
- weniger Nutzerfehler
- reduzierte Trainingszeiten und -kosten

Eine gute Usability ist ohne Frage ein entscheidendes Qualitätsmerkmal einer guten App. Hat eine App eine hohe Usability, ist sie einfach zu bedienen und wird in der Regel von Anwendern gerne eingesetzt.

Usability-Norm EN ISO 9241

Es gibt sogar eine internationale Norm, die die Richtlinien der Computer-Mensch-Interaktion beschreibt: EN ISO 9241. Dort werden unter anderem auch »sieben Grundsätze der Dialoggestaltung« zusammengefasst. Mehr dazu unter: *https://www.weka-manager-ce.de/betriebsanleitung/grundsaetze-dialoggestaltung-iso-9241-110*:

- Aufgabenangemessenheit
- Erwartungskonformität
- Steuerbarkeit
- Lernförderlichkeit
- Selbstbeschreibungsfähigkeit
- Fehlertoleranz
- Individualisierbarkeit

5.1.2 Usability-Vergleich zweier To-do-Apps

Im folgenden Beispiel sollen unter Usability-Gesichtspunkten zwei To-do-Apps miteinander verglichen werden. Ziel ist es, eine Aufgabe zu erstellen. Hierbei betrachten wir, wie aussagekräftig das User Interface ist und wie viele Schritte zur Aufgabenerstellung benötigt werden.

Die Wunderlist-App (iOS, Android, Windows) wird mit der Visual To-Do-Plus-App (iOS) verglichen. Falls möglich, installieren und öffnen Sie doch mal beide Apps bei sich:

- Visual To-Do Plus:
  https://itunes.apple.com/de/app/visual-to-do-plus/id485860283?mt=8
- Wunderlist:
  https://itunes.apple.com/de/app/wunderlist-to-do-liste/id406644151?mt=8

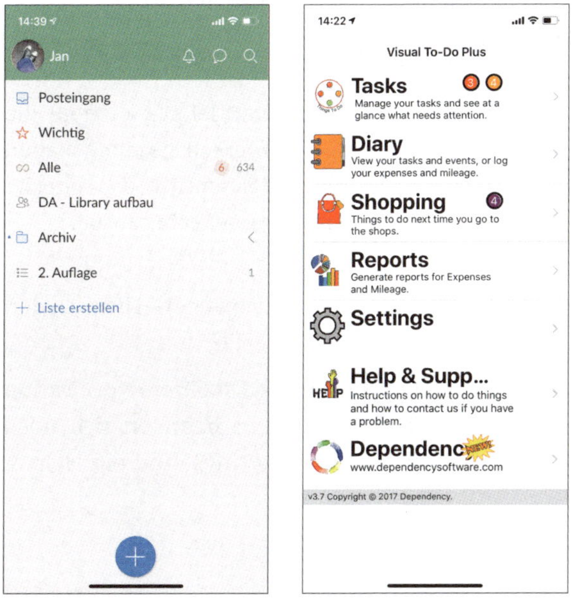

Abbildung 5.1 Links der Startscreen der Wunderlist-App und rechts der Startscreen der Visual To-Do-Plus-App

Mit beiden Apps können laut Beschreibung Aufgaben erstellt sowie Erinnerungen für zu erledigende Aufgaben eingestellt werden. Zudem kann der Nutzer die Aufgaben in Listen eintragen, um diese so in verschiedene Aufgabenbereiche zu trennen.

Der Funktionsumfang der Wunderlist-App ist dabei größer als der der Visual To-Do-Plus-App.

Der Aufbau der Apps

Betrachten Sie zunächst den Startbildschirm der Wunderlist-Applikation. Hier sehen Sie in der oberen Leiste ❶ die Hauptfunktionen. Das Glocken-Icon informiert den Anwender darüber, ob er Meldungen von anderen Nutzern hat. Solche Meldungen können darüber Auskunft geben, ob ein To-do bereits abgearbeitet wurde oder ob der Nutzer ein neues To-do erhalten hat.

Daneben befindet sich eine Sprechblase, die gegebenenfalls über aktuelle Diskussionen zu Aufgaben informiert. Über das Lupe-Icon kann der Anwender die Suchfunktion der App aufrufen.

Um in die Profileinstellungen zu gelangen, muss der Nutzer lediglich auf sein Avatar tippen, um Einstellungen vornehmen zu können.

Visuelles Feedback

Durch visuelles Feedback wird dem Benutzer gezeigt, dass seine Interaktionen mit einer App ermittelt, interpretiert und behandelt werden. Visuelles Feedback kann ihn zu einer verstärkten Interaktion ermutigen. Erfolgreiche Interaktionen verstärken beim Benutzer das Gefühl der Kontrolle.

Im Hauptbereich ❷ finden Sie schließlich die Listen sowie als letztes Element die Funktion »+ Liste erstellen«. Zentriert im unteren Bereich bemerken Sie einen blauen Button mit einem Plus-Icon. Dieser signalisiert dem Anwender deutlich, dass ein Element hinzugefügt werden kann. Unter Android wird dieser gerne rechts ausgerichtet und nennt sich *Floating Action Button*.

Auf dem Startbildschirm der Visual To-Do-Plus-App sehen Sie im oberen Bereich den Titel der App, darunter eine Liste mit verschiedenen Einträgen.

Die Liste ist recht bunt gestaltet und beinhaltet unter den Tasks mehrere Notification Badges, ebenso einen unter Shopping. Neben den Aufgaben befinden sich noch andere Bereiche wie Diary, Reports sowie Einstellungen (Settings) und ein Help & Support-Bereich.

Im Grunde sehr unübersichtlich und bunt, zu bunt!

Eine Aufgabe mit der Wunderlist-App anlegen

Um eine neue Aufgabe in der Wunderlist-App anzulegen, muss das Plus-Icon berührt werden ❸. Direkt darauf erscheint ein Modal, in dem als Platzhalter geschrieben steht: Was möchten Sie tun? Darunter finden Sie dann einen Eintrag »Posteingang« sowie ein Kalender- und Uhren-Icon und den Eintrag »Erledigt«.

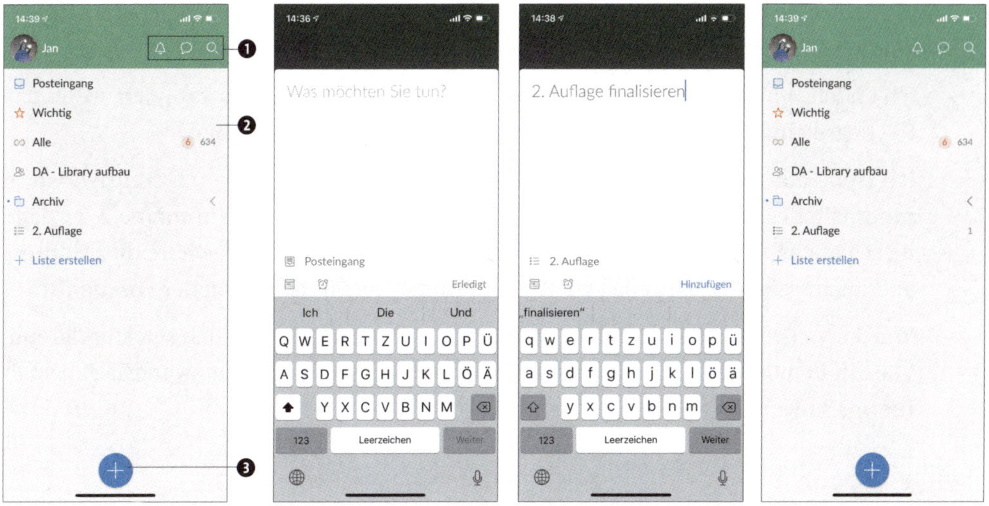

Abbildung 5.2 Wunderlist – Ablauf des Erstellens einer Aufgabe

Alle Bedienelemente auf dem Weg der Aufgabenerstellung sind selbsterklärend, schnell zu erreichen und einfach in der Umsetzung. Die Aufgabe ist schnell angelegt und individuell konfiguriert. Insgesamt hat der Anwender ein gutes, flüssiges Anwendungserlebnis.

Eine Aufgabe mit der Visual To-Do-Plus-App anlegen

Bei der Visual To-Do-Plus-App ist zunächst nicht klar ersichtlich, wo eine Aufgabe erstellt werden kann. So tappe ich auf *Tasks*, um eine neue Aufgabe zu erstellen. Hierbei lande ich auf einem neuen Screen, der mir eine Kreisillustration mit verschiedenen Bereiche zeigt: Birthdays, Work, Home, Other. Darunter gibt es eine Art Toolbar mit verschiedenen – und ich muss sagen – kryptischen Texteinträgen: List, +R, +A, +T, Delete, Complete. Ich traue mich nicht, drauf zu tippen, weil ich Angst habe, etwas falsch zu machen. Mir wird nicht erklärt, was es mit +R, +A und +T zu tun hat. Ich entscheide mich, auf *Work* zu tippen, da meine Aufgabe arbeitsrelevant ist.

Darauf folgend bekomme ich eine weitere Kreisillustration mit folgenden Punkten gezeigt, die noch mehr Informationen bereithalten: 10:00 AM, Bill Gates @ Cafe 1d. Ich weiß immer noch nicht, wie ich ein To-do anlege.

Nicht sonderlich auffällig ist die Zwischenanimation, eine sogenannte Transition, die die Kreisillustration animiert und in sie hineinzoomt. Ich versuche zu pinchen, und siehe da, ich komme immer tiefer in den Bereich. Warum auch immer.

Ich bin, so vermute ich, bei einem Task gelandet: 10:00 AM, Bill Gates @ Cafe. Ich tappe nun im oberen Bereich auf *Edit* und kann den Eintrag bearbeiten, zugegeben in einem sehr kaputten Screen. Eine Aufgabe habe ich nicht erstellt.

Ich entscheide mich, auf +R, +A und +T zu tippen, und erhalte die Möglichkeit, mit +R einen Reminder, mit +A ein Appointment oder mit +T einen Task zu erstellen.

Ich erstelle einen Task in einem dieser kaputten Screens. Zudem kann ich, wenn das Keyboard eingeblendet wird, nicht den *Notes*-Bereich gut erreichen.

Ich tippe auf *Done*, um meine Aufgabe zu erstellen. Nun habe ich traurigerweise innerhalb des Appointments mit Bill Gates ein To-do gesetzt, um meine 2. Auflage dieses Buchs zu finalisieren. Ich hätte gerne eine andere Liste gewählt, dies war mir aber nicht möglich. Ich gebe gefrustet auf und wende mich wieder der *Wunderlist* zu.

Wie Sie vielleicht erkannt haben, war das Interface nicht sonderlich selbsterklärend. Was für den Entwickler sehr logisch und natürlich ist, muss nicht zwangsläufig auch für uns Anwender gelten.

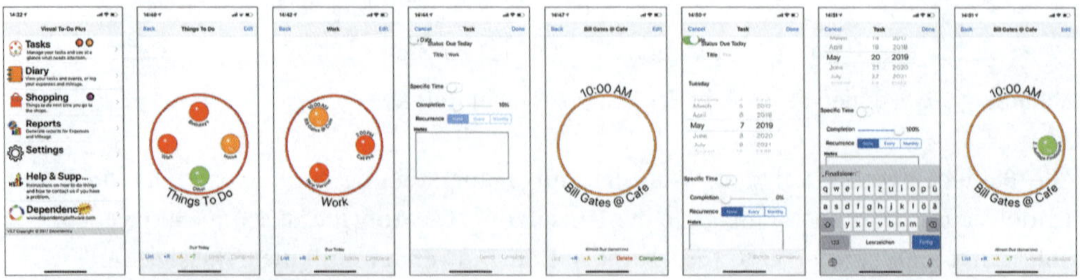

Abbildung 5.3 Visual To-Do-Plus-App – Ablauf des Erstellens einer Aufgabe

Was zeigt der Vergleich?

Schon am Umfang der Beschreibung können Sie erkennen, welche Applikationen dem Nutzer eine gute, zielführende und einfache Usability bieten. *Wunderlist* ist klarer Gewinner. Vom Startscreen aus reicht hier eine Interaktion, um in die Aufgabenerstellung zu gelangen. Die Nutzerführung der Wunderlist-App ist dabei sehr eindeutig in der Sprache.

Bei der Visual To-Do-Plus-App hat der Nutzer Schwierigkeiten zu erkennen, wie eine Aufgabe überhaupt angelegt werden kann. Wenig intuitiv muss er zunächst in den Task-Bereich und sich durchkämpfen, um zu verstehen, wie eine Aufgabe angelegt ist. Im Endeffekt sind auch hier nur wenige Schritte notwendig, um eine Aufgabe zu erstellen, jedoch war das visuelle Feedback wesentlich schlechter. Erst durch ein Trial-and-Error-Verfahren kann eine Aufgabe erstellt werden, bis man den Dreh raus hat. Wer weiß denn schon, dass +T für das Hinzufügen einer Aufgabe steht?

Trial and Error

»Trial and Error« steht übersetzt für »Versuch und Irrtum« und beschreibt eine Methode zur Lösung eines Problems, bei der so lange Lösungsmöglichkeiten ausprobiert werden, bis das vorliegende Problem gelöst wurde.

5.1.3 Zentrale Aspekte einer gelungenen Usability

Genau an dieser Stelle wird es interessant für App-Designer. Versuchen Sie, eine App so zu gestalten, dass Nutzer intuitiv und mit so wenigen Schritten wie möglich ihr Ziel (hier: eine neue Aufgabe anlegen) erreichen können. Signalisieren Sie grafisch, was der Nutzer als Nächstes tun muss, zeigen Sie ihm eindeutig, wo er welche Einstellungen vornehmen kann. Belassen Sie es nicht dabei, dass der Nutzer über Trial and Error versucht, sein Ziel zu erreichen. Seien Sie nicht kryptisch in Ihren Texten und Begriffen. Befüllen Sie leere Textfelder mit Hinweisen. Wie wäre es, statt »Suche« zu schreiben, Folgendes als Platzhaltertext zu verwenden: »Suchen Sie nach Tag, Name, Uhrzeit«.

Usability sollte dem Anwender stets Orientierung bieten und ihm ermöglichen, ohne großen Aufwand und zügig (effizient) seine Ziele zu erreichen (effektiv). Über die Jahre haben sich bestimmte Nutzungskonventionen für gute Usability herauskristallisiert, etwa dass die Suchfunktion einer App in der Regel in der Kopfleiste einer App vermutet wird, häufig durch ein Lupen-Icon symbolisiert. Ein Burger-Icon, also drei Querbalken, stehen für ein Menü oder das X für das Schließen eines Dialogs. Auch dass in ein Bild durch doppeltes Tippen eingezoomt werden kann, ist inzwischen erwarteter Standard.

In der Regel ist es ratsam, sich an diesen Konventionen zu orientieren, was aber nicht heißt, dass Sie sich sklavisch daran halten müssen. Dennoch sollten Sie vor einem »Regelbruch« immer die Erwartungshaltung des Nutzers an Ihre App abwägen. Hier heißt es wieder, nutzen Sie ständig neue Apps und erweitern Sie Ihre Kenntnisse.

5.1.4 Usability vs. Aussehen: Entweder oder?

Schon im antiken Griechenland sagte man: »Schönheit liegt im Auge des Betrachters.« Die visuelle Gestaltung kann optisch noch so schön und ansprechend sein, wenn eine App für den Anwender nicht oder nur schwierig nutzbar ist, hat sie in einem wichtigen Punkt versagt. Allerdings bringt die beste Usability wenig, wenn Anwender optisch nicht stimuliert werden, sich mit einem Produkt auseinanderzusetzen.

Als Beispiel kann hier die Google-Suchergebnisliste dienen. Sie ist vielleicht aus Designerperspektive nicht sonderlich schön, aber unheimlich funktional. Der Nutzer erkennt sofort, was ein Link und was die Informationen sind, die sich dahinter verbergen. Das ist mit optischer und ästhetischer Stimulanz gemeint. Höchste Punktzahl für die Google-Suchergebnisseite bei der Kombination von Usability und Design.

In den frühen 1990er-Jahren folgten die ersten Webdesigner einer abgewandelten Form des bekannten Leitsatzes »form follows function«. Der neue Leitsatz lautete: »form follows content«. Die Form – also das Aussehen – kommt nach dem Inhalt bzw. den Daten. Dieser Ansatz sorgte für neue Spannungen im Feld der Mensch-Computer-

Interaktion, in der die ästhetische Gestaltung nun nur noch nebensächlich abgehandelt wurde. Der Nutzer sollte Informationen möglichst schnell erhalten, das Design war zunächst uninteressant. Das lag an der nicht verfügbaren Bandbreite und den damaligen Technologien. Es dauerte, bis eine Seite geladen wurde, schwer vorzustellen, aber je nach Verbindung durchaus 3 bis 5 Minuten, abhängig natürlich vom Inhalt.

Design ist wichtig

Nicht nur aus der Werbepsychologie weiß man, wie wichtig eine ansprechende Gestaltung ist. Das Produkt soll möglichst vorab positive Erwartungen beim Konsumenten wecken. Das ist bei einem modernen User Interface im Grunde nichts anderes als bei einer ansprechenden Keksverpackung.

Eine Studie von Tractinsky, Katz und Ikar (für Interessierte zum Nachlesen: *www.ise.bgu.ac.il/faculty/noam/papers/00_nt_ask_di_iwc.pdf*) aus dem Jahr 2000 unterstreicht diese Erkenntnis. Die Autoren experimentierten mit den ästhetischen Merkmalen eines Geldautomaten, veränderten das User Interface, das Layout und die Usability-Eigenschaften. Sie änderten das Design bewusst so, dass es zwar schwieriger zu nutzen, aber ästhetisch wesentlich ansprechender war.

Die Probanden bewerteten das veränderte Interface als sehr ansprechend *und* nutzbar. Die Bewertung der Probanden hinsichtlich der Usability wurde mehr von den ästhetischen Aspekten beeinflusst als durch die tatsächlich vorliegenden Usability-Eigenschaften. Aber genau hier ist es, wo Gestaltung und Usability ineinander übergreifen. Tractinsky, Katz und Ikar haben mit ihrer Versuchsreihe gezeigt, dass die ästhetische Gestaltung die Bewertung der subjektiv wahrgenommenen Usability beeinflussen kann.

Stellen Sie sich eine Banking-App vor, die Sie einfach und intuitiv nutzen können, die aber ästhetisch abschreckend und unseriös wirkt. Nun stellen Sie sich eine Banking-App vor, die ästhetisch ausgefeilt gestaltet auftritt, aber umständlich und kompliziert zu nutzen ist. Welche App würden Sie sich auf Ihr Smartphone laden? Welcher App würden Sie Ihre privaten Finanzinformationen anvertrauen?

Die Vereinigung zwischen einer gelungenen Usability und einem ansprechenden Design sollte das Ziel Ihrer App-Gestaltung sein. Entscheiden Sie *aus der Perspektive des Nutzers* und weder aus rein ästhetischen noch allein aus Gründen der Nutzbarkeit. Eine hohe Usability gewährleistet, dass der Anwender sein Ziel effektiv, effizient und zufriedenstellend erreicht.

5.2 Was ist User Experience?

User Experience (UX) oder auch Nutzererlebnis beschreibt, wie ein Nutzer sich fühlt, wenn er ein System bzw. ein Objekt der Mensch-Computer-Interaktion nutzt, in unserem Fall eine App. Dabei ist die User Experience das Zusammenspiel aus Usability, dem Aussehen und Verhalten einer App (*Look & Feel*) und dem *Joy of Use*. User Experience ist ein Bestand der CX, der Customer Experience. Die Customer Experience beschreibt das komplette Kundenerlebnis mit einem Unternehmen bzw. Produkt über verschiedene Kanäle wie Marketing, Hilfe und Support, Entwicklung, Design, Content Marketing u.v.m.

Die Usability sorgt dafür, dass die App intuitiv und ohne Einschränkungen genutzt werden kann. Das Look & Feel sorgt dafür, dass die App Attribute wie Vertrauen und Glaubwürdigkeit ausstrahlt und über ein ansprechendes ästhetisches Auftreten verfügt. Der Joy of Use sorgt schließlich für Freude an der Benutzung.

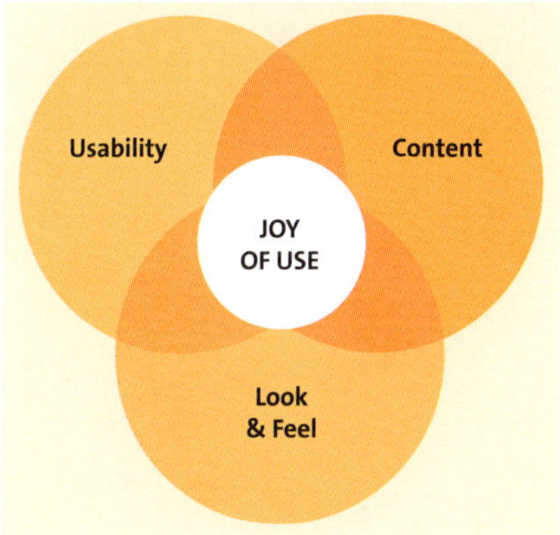

Abbildung 5.4 Joy of Use ist die Vereinigung von Inhalt (Content), Usability und Look & Feel.

Nicht jede App lässt sich angenehm und intuitiv bedienen. Bei der massiven Konkurrenz in den unterschiedlichen App Stores sollte der User Experience daher besondere Beachtung geschenkt werden, denn der Spaß an der Benutzung spielt eine immer größere Rolle bei der Vermarktung.

Für eine überzeugende User Experience müssen Kenntnisse aus vielen verschiedenen Teilbereichen beachtet werden, dazu gehören die Emotionen des Nutzers, die psychologischen und physiologischen Reaktionen, seine Erwartungen und allgemein sein Nutzungsverhalten. Aspekte der Zielgruppe, mögliche andere Wettbewerber, aber auch die technologischen Möglichkeiten spielen hier eine große Rolle. Ein langsames und träges System kann z. B. erheblich zu einem schlechten Nutzererlebnis beitragen.

5.2.1 User Experience und Informationsarchitektur

Einer überzeugenden User Experience liegt immer auch eine gut durchdachte Informationsarchitektur zugrunde, also wie Informationen in der App sortiert und strukturiert sind. Diese stellt sicher, dass Inhalte sinnvoll unterteilt und für den Nutzer systematisch aufbereitet sind. Navigationswege und Suchoptionen innerhalb des Angebots sollten z. B. für den Anwender nachvollziehbar angelegt und leicht zu finden sein.

Die Informationsarchitektur stellt sicher, dass sich ein Nutzer nicht »in eine Sackgasse verläuft« oder frustriert ist, weil er gezwungen ist, stetig mit denselben Informationen und Daten auf verschiedenen Wegen zu interagieren (so ist z. B. ein ständiger neuer Login in einer App mühsam, hierbei könnte zumindest der Nutzername automatisch angegeben werden oder generell ein Social Connect genutzt werden).

Social Connect

Größere soziale Netzwerke wie Facebook, Twitter oder Gmail bieten für deren Nutzer einen sogenannten Social Connect an. Hierbei kann sich der Nutzer auf anderen Plattformen oder Diensten mit seinen bei diesen Netzwerken hinterlegten Daten anmelden, wodurch die wiederholte Eingabe dieser Daten entfällt. Der Nutzer muss so nicht unnötigerweise immer wieder den mitunter komplizierten Registrierungsprozess durchlaufen. Auf den Social Connect werde ich noch in Abschnitt 6.3.2, »Die Registrierung«, zu sprechen kommen.

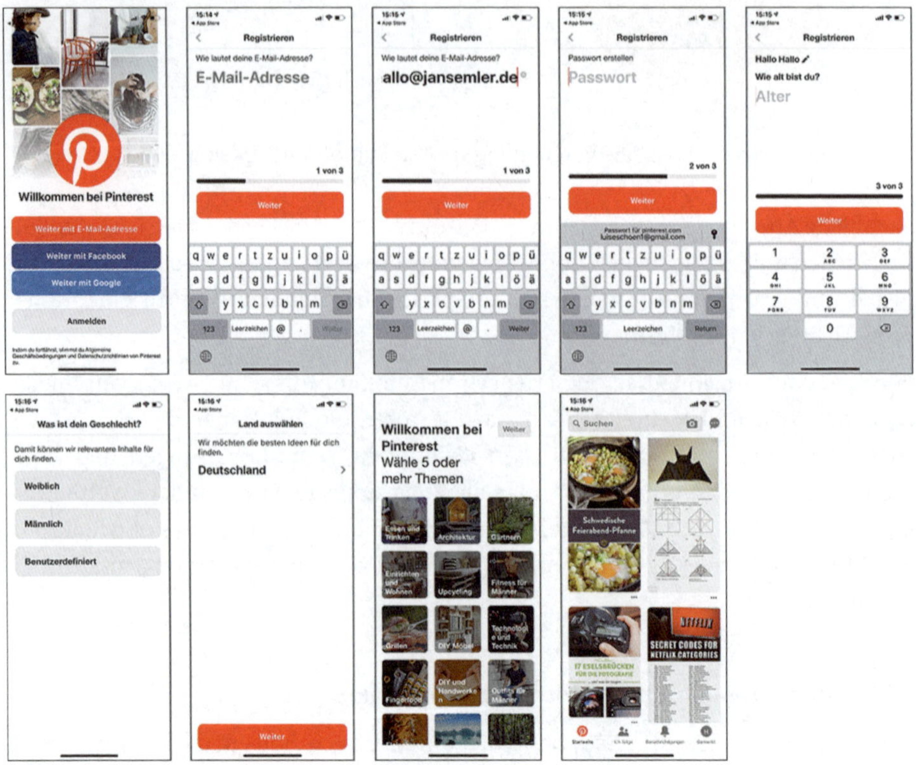

Abbildung 5.5 Gelungener und schneller Registrierungsprozess der Pinterest-App mit automatischer Landesabfrage zur Bestätigung

UX-Designer prüfen, was ein Anwender bei der Nutzung eines Systems fühlt, und evaluieren Dinge wie Nutzbarkeit, Wahrnehmung des Nutzers auf das System, Zweckmäßigkeit, Effizienz der auszuführenden Aufgaben usw. Beispielsweise sollte geprüft werden, ob ein anfallender Registrierungsprozess einer App leicht und angenehm für den Nutzer ist. Es ist nicht zu unterschätzen, wie häufig Registrierungsprozesse für einen Service abgebrochen und eine App anschließend deinstalliert wird, »nur« weil der Registrierungsvorgang unnötig kompliziert war bzw. sich einfach schlecht und wenig vertrauenerweckend »angefühlt« hat oder weil sehr viel Informationen abgefragt werden, die lediglich dem Marketing dienen und nicht der Nutzung der App.

Ein gelungenes Beispiel ist der kurze und einfache Registrierungsprozess der Pinterest-App: E-Mail eingeben, Passwort, Benutzernamen und Geschlecht festlegen – und schon kann der Service genutzt werden. Die Registrierung ist dabei in so einfache Häppchen aufgeteilt, dass auch wirklich jeder Anwender mitkommt.

Zehn Tipps für eine gelungene User Experience

Beachtet man bei der Konzeption einer App gewisse Regeln, ist eine positive UX kein Hexenwerk. Sie sollten folgende zehn Dinge bei der Gestaltung Ihrer App beachten:

1. **Zurück zum Reißbrett**
   Neben den Gemeinsamkeiten im Web- und Softwaredesign sollte man das Nutzererlebnis auf einem mobilen Endgerät anders betrachten. Sie sollten nicht versuchen, ein Desktop-Erlebnis auf einem Smartphone in Gänze abzubilden. Es ist zum Scheitern verurteilt. Um ein gutes Nutzererlebnis für eine mobile App zu kreieren, sollten Sie das primäre Nutzungserlebnis zur Basis Ihrer App machen. Bauen Sie darauf auf, und ergänzen Sie hierbei stetig das Nutzererlebnis um weitere Funktionen. Nutzen Sie hierbei die Möglichkeiten der mobilen Plattformen und deren Sensoren oder Funktionalitäten, um Ihr primäres Nutzererlebnis zu verbessern. Versuchen Sie nicht das große Ganze wiederholt abzubilden. Ein gutes Beispiel ist die Slack-App, die stetig und langsam die Funktionalität der Desktop-Variante in der App-Variante integriert hat, ohne dabei die mobilen Besonderheiten zu vergessen.

Das primäre Nutzungserlebnis

Das primäre Nutzungserlebnis ist die Funktionalität, die der Nutzer im Ursprung nutzen möchte. Bei Microsoft Word wäre es das Texteschreiben, bei Excel die Tabellenkalkulationen.

2. **Identifizieren Sie Ihren Nutzer**
   In der Regel zählt der mobile Anwender zu einem von zwei Lagern: zu dem der Jäger (derjenigen, die schnell ihre Information haben oder ihre Aufgabe erledigen

wollen) und dem der Sammler (derjenigen, die gerne Apps installieren und sammeln und sich mit ihnen die Zeit vertreiben). Wenn Sie davon ausgehen, dass die Anwender Ihrer App eher vom Typ Jäger sind, fokussieren Sie sich darauf, sie bei ihren Aufgaben zu unterstützen. Berücksichtigen Sie hier im besonderen Maße die Usability-Regeln, und versuchen Sie, die Anwender effizient und effektiv zu ihrem Ziel zu bringen.

Wenn Sie glauben, dass Ihre App eher von Anwendern der Gruppe Sammler genutzt werden wird, geben Sie diesen die Möglichkeit, schnell an eine breite Palette von Informationen zu gelangen. Versuchen Sie, Wege zu identifizieren, wie Sie den Nutzer dazu bringen können, länger in der App zu verweilen. Man spricht hier von Nutzerbindung oder Retention-Rate. Im Marketing ist es ein wichtiger Begriff, der darüber Auskunft gibt, wie oft eine App nach der Installation genutzt wird. So ergab eine Untersuchung von Adjust im Jahre 2018, bei der rund 11.000 Apps untersucht wurden, dass von 100 Nutzern, die eine App installierten, nach 30 Tagen nur noch 10 die App weiterhin nutzen (Hier finden Sie mehr Informationen zum Adjust Mobile Benchmark 2018: *https://learn.adjust.com/rs/108-GAZ-487/images/Adjust%20Mobile%20Benchmarks%202018%20Edition.pdf*). Versuchen Sie also mit Ihrer App nicht, beide Typen zu bedienen, sondern fokussieren Sie sich auf einen der beiden.

Ein Beispiel für eine Jäger-App wäre *Feedly*. Hier kann der Nutzer RSS-Feeds integrieren und aus den Bereichen Wirtschaft, Technologie, Kultur etc. seine Nachrichtenkanäle zusammenstellen.

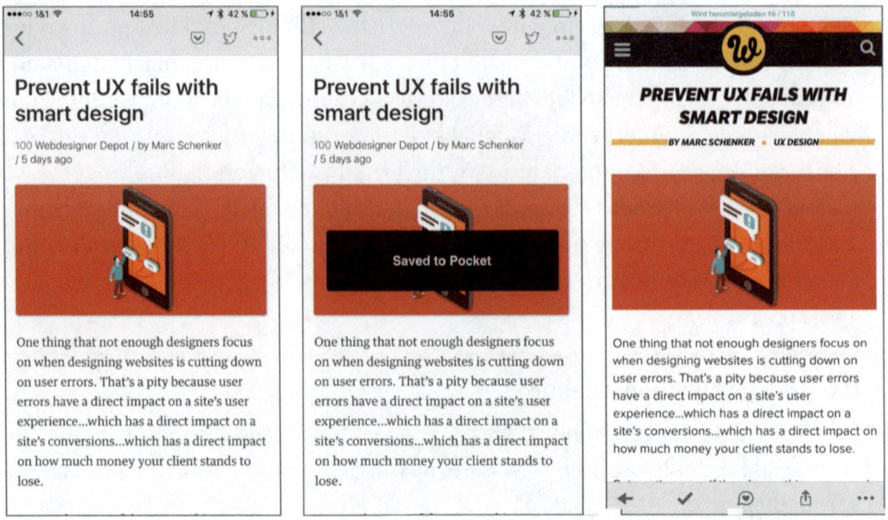

Abbildung 5.6 In Feedly (links) jagt der User selbst seine Artikel zusammen, während rechts in der Pocket-App die Sammelarbeit interessanter Artikel von der App verrichtet wird.

Pocket ist ein Beispiel für eine Sammler-App. Hier werden über verschiedene Dienste Links gesammelt. Die Linksammlung generiert der Nutzer über den Browser seines Computers oder über das Tablet bzw. Smartphone. Am Ende erhält er eine Liste mit interessanten Artikeln, die er später in Ruhe lesen kann.

3. **Die 80-zu-20-Regel**

   In der Regel werden lediglich 20 % des Funktionsumfangs einer App genutzt. Diese 20 % sind der Kern der App, die Hauptfunktionalität. Die restlichen 80 % sind lediglich »Beiwerk«. Das heißt, 80 % des Funktionsumfangs einer App bleiben von den meisten Nutzern unberührt. Konzentrierten Sie sich daher vor allem darauf, dass die Hauptfunktionalität Ihrer App gut umgesetzt ist. Sollte Ihre App bereits über eine Onlineversion verfügen und Sie wollen ergänzend eine mobile Variante bereitstellen, fokussieren Sie sich darauf, das Hauptfeature in die App zu bringen und mit mobilen Features zu erweitern bzw. zu verbessern. Analysieren Sie vorab, welche Features Ihre Nutzer in der Webapplikation wirklich häufig nutzen.

Das Paretoprinzip (80-zu-20-Regel)

Die 80-zu-20-Regel besagt, dass 80 % der Ergebnisse mit 20 % des Gesamtaufwandes erreicht werden. Für die restlichen 20 % der Ergebnisse wird mit 80 % die meiste Arbeit benötigt. Aktuelle Beispiele:

- 80 % des Umsatzes eines Unternehmens wird meist mit 20 % der Produkte erzielt.
- 80 % der Anrufe werden mit 20 % der gespeicherten Kontakte geführt.

Gut umgesetzt ist die 80-zu-20-Regel in der App der Verkehrsbetriebe Karlsruhe.

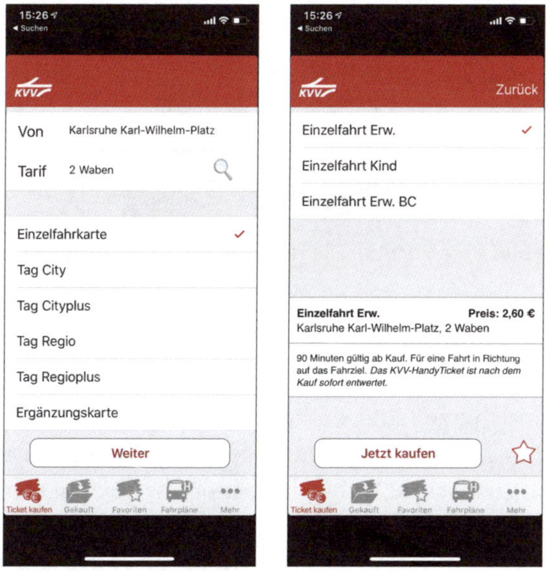

Abbildung 5.7 KVV-App der Verkehrsbetriebe Karlsruhe

Was zählt zu der Hauptfunktionalität einer Nahverkehrs-App? Die Fahrplanauskunft und der Kauf von Fahrkarten. Beides ist in der App des KVV leicht über die Tabbar für den User zu erreichen.

4. **Verwenden Sie aufgabenbasiertes Design**
   Wie Sie wissen, möchte der mobile Nutzer breit angelegte (z. B. das Lesen von Nachrichten) oder spezifische Aufgaben (z. B. Abfahrtszeiten des gebuchten Zuges prüfen) erledigen. Jede Funktion Ihrer App sollte auf die Hauptfunktionalität ausgerichtet sein. Der mobile Nutzer tendiert dazu, keine Zeit zu haben. Zeigen Sie dem Nutzer Ihrer App daher sofort nach dem Öffnen der App eine Möglichkeit, die Hauptfunktionalität der App auszuführen, z. B. die Fahrplanauskunft aufzurufen. Andere Bespiele sind die Instagram- und die Vine-App. In beiden Apps ist unmittelbar nach dem Start ersichtlich, wie man ein Foto machen kann.

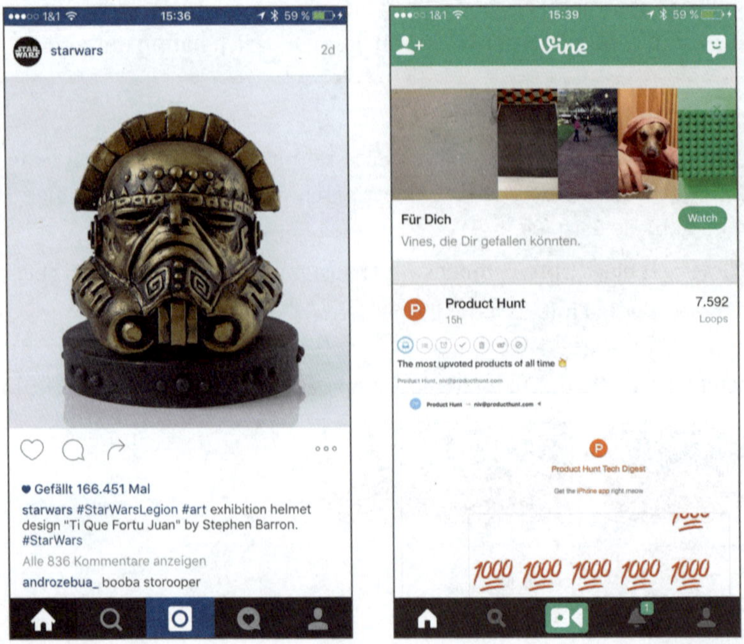

Abbildung 5.8 Instagram (links) und Vine (rechts): Die Hauptaktion ist im Zentrum der Bottom Bar.

5. **KISS – Keep it simple, stupid**
   Ein mobiler Nutzer wird sich niemals eine lange Anleitung durchlesen wollen, die ihm erklärt, wie Applikationen zu nutzen sind. Kurze Anmerkungen oder ein kurzes On-Boarding sind in Ordnung, sollten aber genügen, um den Anwender mit Funktionen einer App vertraut zu machen. Wenn Sie dennoch das Gefühl haben, ein FAQ in Ihrer App unterzubringen zu müssen, ist es sehr wahrscheinlich, dass etwas in der Planung und Konzeption der App schiefgelaufen ist. Versuchen Sie, den Grund zu erkennen, warum Sie ein FAQ benötigen, und versuchen Sie, Ihre

App dahingehend zu verbessern, um auf ein ausführliches und umfangreiches FAQ verzichten zu können. Kann es z. B. helfen, mit Icons zu arbeiten, um eindeutig zu kommunizieren, sodass der Nutzer schnell erfasst, wo er hinnavigieren muss? Je einfacher die App zu bedienen ist, desto besser ist sie.

KISS-Prinzip

Dies ist die Abkürzung für »Keep it simple, stupid« und besagt, dass strategische und operative Maßnahmen und Lösungen möglichst einfach gehalten werden sollen.

FAQ

»Frequently Asked Questions« bedeutet »häufig« oder »meist gestellte Fragen« und versammelt neben den Fragen die zugehörigen Antworten zum jeweiligen Thema.

6. **Ignorieren Sie nicht die UX der Plattform**
   Apple, Google und andere Unternehmen haben in die Entwicklung ihrer mobilen Plattformen mehrere Millionen Dollar investiert.

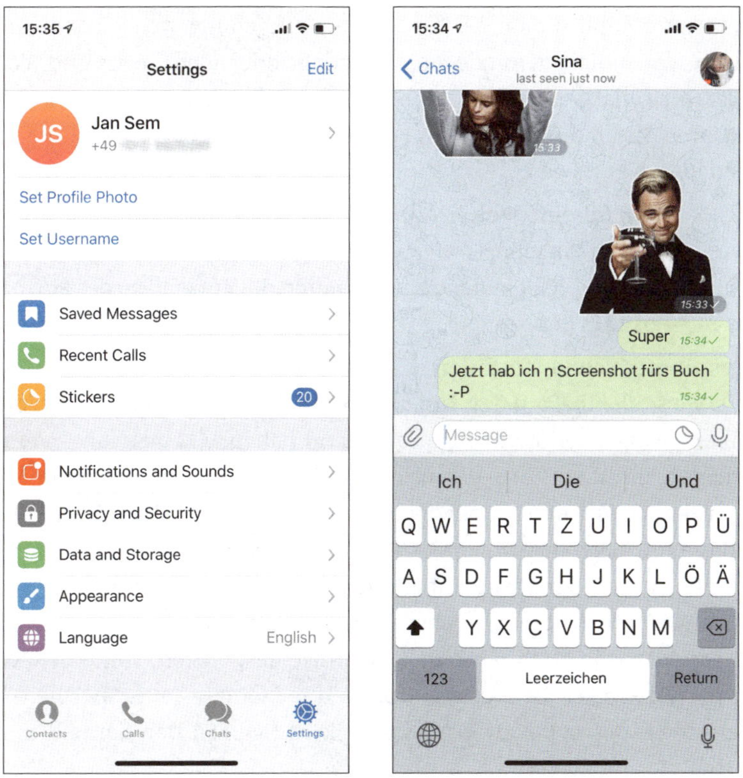

Abbildung 5.9 Es ist kein Zufall, dass die Telegram-App sehr nach einer iOS-App aussieht.

Ein großer Teil davon ist auch in die Entwicklung der plattformeigenen UX geflossen. Dies stellt sicher, dass der Nutzer genau weiß, was passiert, wenn er eine Berührungsgeste ausführt. Apps wie *Telegram* oder *WhatsApp* zeigen sehr gut, wie man mit den betriebssystemeigenen Komponenten eine gelungene App gestalten kann.

Wenn Sie abseits dieser UX-Konventionen ein außergewöhnliches und äußerst individuelles Interface erstellen wollen, kann es sein, dass Ihr Nutzer nicht damit umgehen kann. Es kann sogar eine so große Hürde für Ihre Nutzer sein, dass diese von der weiteren Nutzung Ihrer App absehen werden. Daher die dringende Empfehlung: Lesen Sie die *Human Interface Guidelines* der Plattformen (siehe Kasten »Human Interface Guidelines« in Abschnitt 8.2 und in Abschnitt 8.2.5), und übertragen Sie die Grundprinzipien und die damit verbundenen gelernten Gesten auf Ihre App.

7. **Beachten Sie den Nutzungskontext**
   Der Nutzer generiert wesentlich mehr Daten, als man auf den ersten Blick vermuten würde. Die Eingabe über den Touchscreen ist zwar ein nicht unwesentlicher Teil, aber es gibt auch andere Informationen, die genutzt werden können, um das Erlebnis Ihrer App zu optimieren. Der Ort und die Umgebung, wo sich der Nutzer befindet, die Geschwindigkeit, mit der er sich bewegt, oder auch die Art und Weise, in der soziale Netzwerke genutzt werden, sollten bei der Gestaltung berücksichtigt werden. Beachten Sie all diese Aspekte in der Gestaltung Ihrer App, kommen Sie dem Nutzer deutlich entgegen.

   So können GPS-Daten für eine Wetter-App sehr hilfreich sein, der Nutzer muss so nicht selbst den Standort eingeben. Auch bei der Tinder-App ist die Integration der GPS-Daten ein gelungener Aspekt der UX, so basieren die Vorschläge des Flirtpartners auf der GPS-Position des Nutzers.

8. **Rechnen Sie mit möglichen Störfällen**
   Sie können noch so flexibel auf den Nutzungskontext Ihrer Anwender reagieren, dennoch gibt es Dinge, die Sie nicht in der Hand haben: Akkuleistung, Verbindungsabbrüche, technische Störungen usw. sind lästige, aber unvermeidbare Störfälle. Bereiten Sie sich und den Nutzer darauf vor, und bieten Sie Lösungsmöglichkeiten für diese Störfälle an. Sorgen Sie etwa dafür, dass ein Nutzer bei einem Verbindungsabbruch wieder auf die Inhalte zugreifen kann, mit denen er sich vor dem Verbindungsabbruch beschäftigt hat. Bei E-Mail-Diensten wie Gmail z. B. werden gerade geschriebene Nachrichten als Entwürfe gespeichert, sollte der Akku nicht mehr reichen. Teilen Sie größere Aufgaben in kleinere Teile. Speichern Sie Zwischenbereiche in der Applikation, und berücksichtigen Sie den Kontext.

9. **Ihr Design ist niemals perfekt**
   Selbst die am sorgfältigsten durchdachte User Experience wird unvorhergesehene Fehler beinhalten, die erst zum Vorschein kommen, sobald die App veröffentlicht

ist und sich im Nutzungsalltag der Anwender behaupten muss. In der Entwicklung Ihrer App werden Sie sicherlich Lösungen für Probleme haben, die sich aber technisch nicht umsetzen lassen. Werfen Sie diese nicht über Bord, und versuchen Sie darüber weiterhin eine Annäherung an Ihre Problemlösung. Schließen Sie die Entwicklung Ihrer App nicht ab, entwickeln Sie die App weiter! Es gibt keine fertige App, Plattformen aktualisieren sich, und Ihre App sollte folgen. In meinen Projekten zeichne ich immer eine Vision und stelle diese vor, die Lösung jedoch ist in der Regel wesentlich rudimentärer. Die Vision wird nicht umgesetzt, sie wird stetig weiterentwickelt und hilft bei Lösungsansätzen.

10. **Beobachten Sie Entwicklungen**
    Bleiben Sie am Puls der Zeit. Die mobile digitale Revolution steht noch an ihrem Anfang. Orientieren Sie sich an Best Practices. Lernen Sie aus Ihren eigenen Fehlern oder aus den Fehlern anderer. Selbst eine radikale Lösung für ein Problem kann ein Durchbruch im mobilen Markt bedeuten. Die beste Anlaufstelle ist mit Sicherheit *Producthunt.com*. Besuchen Sie auch *Mashable.com* oder *Techcrunch.com*. Sind Sie Twitter-Nutzer? Dann folgen Sie: @andybudd, @bobulate, @aarron, @jmspool, @bokardo, @jjg oder auch mir: @jansemler. Die Liste ist endlos. Mehr Anregung erhalten Sie in Kapitel 10, »Inspiration und Trends«.

Best Practices

Der Begriff Best Practice (»hervorragende Praxis«) stammt ursprünglich aus der Betriebswirtschaftslehre und bezeichnet optimale Methoden, Praktiken oder Vorgehensweisen in einem Unternehmen.

5.2.2 Warum es sich lohnt, in eine gute UX zu investieren

Sicherlich kennen Sie eine App, die nicht so funktioniert, wie Sie es vermutet haben, oder die sich sogar komplett anders verhält.

In der Regel gilt: Werden die Erwartungen eines Nutzers an ein Produkt erfüllt, ist es für ihn angenehm, das Produkt zu benutzen. Das heißt, es wird im Idealfall oft und gerne eingesetzt und weiterempfohlen. Umgekehrt bedeutet dies allerdings auch: Wird der Erwartungshaltung nicht entsprochen, wird das Produkt nur ungern und widerstrebend genutzt werden. Sehr wahrscheinlich wird sich der Nutzer nach einem Alternativprodukt umschauen.

Die schönen Details

Delightful Details hingegen, also kleinere Besonderheiten der App, wie schöne, flüssige Mikro-Animationen, nette »versteckte« Grafiken, sind aber natürlich erlaubt und können angenehm für den User sein!

Zuletzt hatte ich persönlich ein eher unerfreuliches Erlebnis mit der Präsentations-App eines sehr bekannten Softwaregiganten. Während der Nutzung habe ich mich ständig aufgeregt und war frustriert, und dementsprechend sahen auch die von mir erstellten Präsentationen aus. Ich machte kurzen Prozess: Die App flog von meinem Tablet, und eine alternative App (Keynote) wurde installiert.

User Experience und Loyalität der Kunden

Die User Experience hat einen großen Einfluss auf die Loyalität des Kunden. Hat ein Nutzer erst einmal schlechte Erfahrungen mit einer App gemacht, wird er mit Glück die App noch so lange nutzen, bis er eine bessere App gefunden hat. Da hilft es wenig, die App mit neuen Features und Funktionen auszustatten – verloren gegangene Kunden wird das nicht zurückholen.

Auf der anderen Seite bedeutet das allerdings auch, dass Nutzer, die eine Applikation gerne nutzen, in der Regel auch bereit sind, diese weiterzuempfehlen, und sich loyal zu der App verhalten. Sind sie vollkommen von einem Produkt überzeugt, können Sie sogar zu *Brand-Evangelisten* werden.

Brand-Evangelisten

Brand-Evangelisten sind Kunden, die sich einer Marke (einem Brand) oder einem Produkt so stark verbunden fühlen, dass sie diese nicht nur anderen empfehlen, sondern auch andere potenzielle Kunden aus eigenem Antrieb und völlig unvergütet überzeugen wollen.

Ein gutes Nutzererlebnis sorgt dafür, dass all die zuvor getätigten Ausgaben für die Entwicklung der Applikation wieder eingespielt werden. Aus Nutzern, die regelmäßig Ihre App nutzen, können verlässliche und stetige Kunden werden. Das hat z. B. auch positive Auswirkungen auf Ihre *Conversion Rate*. Ein überzeugendes und gut designtes Nutzererlebnis hilft dem Anwender, seine Aufgaben schneller zu erledigen. Je weniger Zeit der Nutzer benötigt, um seine Aufgabe abzuschließen, desto mehr Aufgaben kann er an einem Tag erledigen. Ist für einen Nutzer einer Shopping-App z. B. der Bestellvorgang einfach und intuitiv durchzuführen, ist die Wahrscheinlichkeit groß, dass der Nutzer hier weitere Produkte kaufen wird. Die Zalando-Shopping-App ist ein gutes Beispiel. Eine Aktion reicht, um zu bestellen. Man wählt dann nur noch die Bezahlmethode aus – und fertig.

Conversion Rate

Die Conversion Rate ist eine Kennzahl, die den Erfolg einer digitalen Anwendung bei der Erreichung eines ausgewählten Ziels misst.

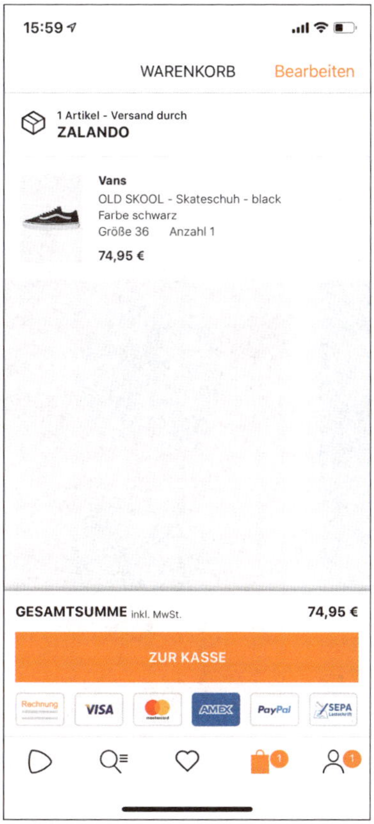

Abbildung 5.10 Die Zalando-Shopping-App

User Experience ist mehr als nur Usability und/oder ein schönes Interface-Design. User Experience ist die Kunst, dem Nutzer das Gefühl zu geben, immer zu wissen, wie etwas funktioniert. Ihr Ziel sollte es sein, dem Nutzer ein gutes Gefühl zu vermitteln, wenn er Ihre App nutzt. Dies können Sie hervorrufen durch kleine Gesten oder durch eine einfache Bedienung Ihrer App. Während Sie durch Usability-Tests erkennen können, wo Probleme liegen, und den Probanden fragen können, wie er das Bedienelement oder den Prozess *versteht*, fragt man in der User Experience danach, was der Anwender *fühlt*.

5.2.3 Schönheit und Emotionalität

Schöne Dinge sprechen uns an. Dabei ist es egal, um was für ein Objekt es sich handelt. Menschen lieben schöne Dinge und umgeben sich gerne mit ihnen.

In einer App kommt jedoch eine weitere Ebene dazu. Wir beurteilen eine App nicht nur nach ihrer optischen Gestaltung, sondern das gesamte Look & Feel der App spielt bei der Bewertung eine Rolle, also die Funktionalität, die Komplexität, das Aussehen und das Benutzererlebnis, das wir haben, wenn wir die App bedienen. Je komplexer die Funktionalität ist, desto einfacher sollte nach Möglichkeit die Gestaltung sein. Die Blackbox-App für das iPhone ist ein gutes Beispiel für eine schön gestaltete App mit kniffeligen Rätseln rund um die Sensorik des iOS Smartphones.

Abbildung 5.11 Die Blackbox-App für das iPhone

Heute wird ein digitales Medium oft mit dem Ziel einer emotionalen Ansprache entwickelt. Man redet von Joy of Use. Man unterscheidet hierbei zwischen Spaß (Fun) und Freude (Joy). Es geht nicht darum, eine Bank-App so zu gestalten, dass es Spaß macht, diese zu nutzen, sondern vielmehr darum, dem Nutzer Freude zu bereiten, das Nutzungsziel mithilfe der App zu erreichen.

Hierbei ist jedoch das Erfolgserlebnis das, was am meisten Freude bringt. Daher ist ein Interaktionsdesign (dazu gleich in Abschnitt 5.3 noch mehr), das effektiv und effizient ist, die beste Voraussetzung für einen nachhaltigen Joy of Use. Die Nutzungsfreude wird nicht durch ein attraktives grafisches Design erreicht, sondern durch eine systematische Optimierung der Struktur der App, eine iterative Anpassung des Interaktionsdesigns und durch ein nutzerorientiertes Layout.

An dieser Stelle noch eine kleine Empfehlung für meine App des Jahres 2018. Die App *Blackbox* nutzt spielerisch alle möglichen Sensoren des iOS Smartphones, um kniffflige Rätsel zu erzeugen. Ich empfehle Ihnen wirklich, diese Spiele-App zu testen, so erlernen Sie, was alles mit den verfügbaren Sensoren möglich ist. Ein kleiner Tipp noch von mir: Versuchen Sie »andere« Bereiche des Screens durch Swipe zu erreichen. Seien Sie hartnäckig, evtl. erwarten Sie neue Rätsel.

Funktionale Schönheit

Wenn ein Objekt gut gemacht ist und dem Zweck dient, aber nicht gut aussieht, wird es verkannt und als nicht »gut genug« verurteilt. Ein Beispiel hierfür: Die ersten Mobiltelefone verschoben die Grenzen des technisch Machbaren, waren aber klobig und mit einem wenig ansprechenden grafischen Interface ausgestattet. Sie erfüllten ihren Zweck, aber vermutlich hätte niemand, auch nicht zu der Zeit, diese Telefone als Augenweide bezeichnet.

Einige Jahre später prägte der Begriff des *Design Thinkings* auch Benutzerfreundlichkeit und Innovation neu. »Man sollte mit dem Kundenerlebnis beginnen und rückwärtsgewandt technologisch arbeiten«, sagte Steve Jobs. Das ist ein guter Rat: Um funktionale Schönheit zu kreieren, beginnt man beim Kundenerlebnis und endet mit der technologischen Umsetzung.

Design Thinking

Design Thinking ist ein Ansatz zum Lösen von Problemen und zur Entwicklung neuer, innovativer Ideen. Im Gegensatz zur Forschung werden Lösungen aus Anwendersicht gesucht. Auf diesem Wege sollen Innovationen hervorgebracht werden, die sich am Nutzer orientieren und dessen Bedürfnisse erfüllen.

Funktionale Schönheit ist ein Schlüsselelement für eine gelungene User Experience. Funktionale Schönheit ist Teil eines langen, gut dokumentierten Prozesses, innerhalb dessen der Weg des *Design Thinkings* und nicht der des *Design Makings* von einer Idee bis hin zu einer fertigen App beschritten wird. Das Diagramm in Abbildung 5.12 zeigt, wie sich funktionale Schönheit aus den folgenden Hauptkomponenten eines gut gestalteten Produkts ergibt. Neben der Benutzerfreundlichkeit sind weitere Komponenten darunter: Einfallsreichtum, Ästhetik und Persönlichkeit.

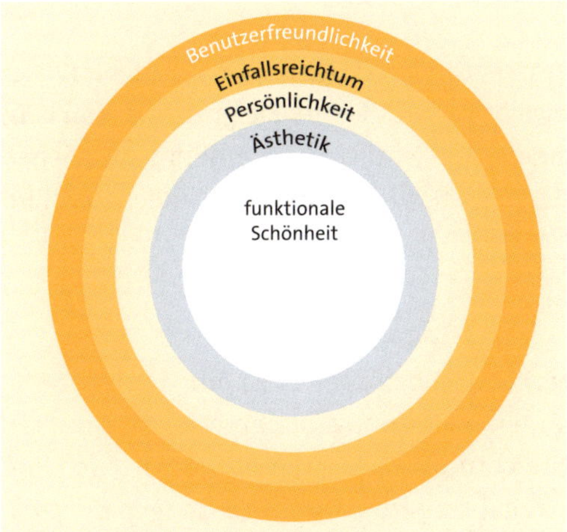

Abbildung 5.12 Aufbau von außen nach innen zur funktionalen Schönheit

Ein gutes Beispiel ist die IFTTT-App (IFTTT steht für »if this then that«). Die App bedient sich der Wenn-Dann-Logik und verbindet Lieblings-Apps und -geräte. So kann ein Nutzer z. B. einrichten, dass er beim Upload einer neuen Datei in der Dropbox eine Notification erhält.

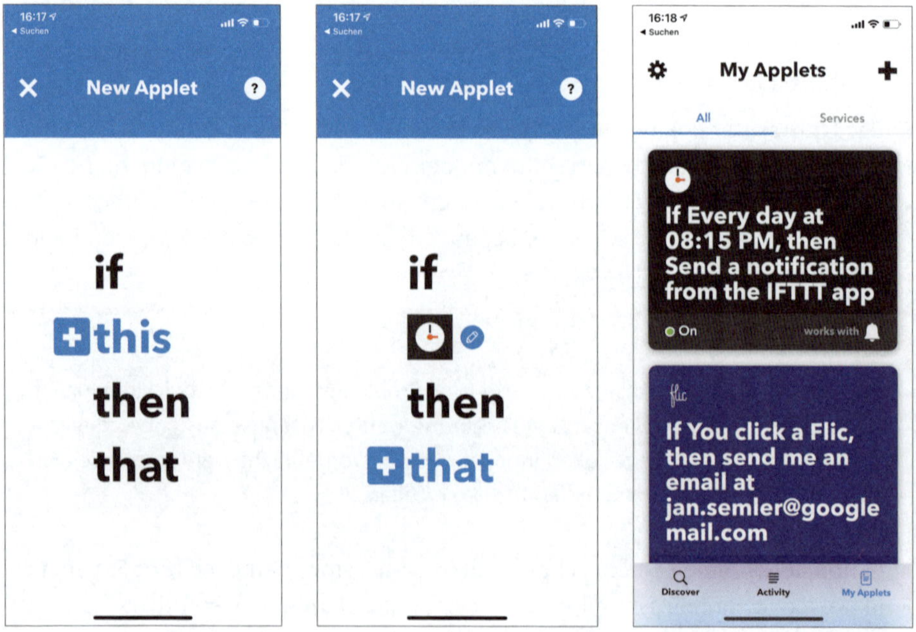

Abbildung 5.13 Die IFTTT-App kombiniert Apps und Geräte.

Die funktionale Schönheit dieser App ergibt sich schon rein aus dem Prinzip »if this then that«, und auch die ästhetische Umsetzung ist gelungen und klar verständlich. Der Nutzer weiß sofort, was zu tun ist und wie er die App bzw. die Funktionalität handhaben muss.

Beachten Sie aber, dass die Wirkung der Ästhetik und das emotionale Erleben Ihrer App individuell sind. Deshalb ist es sehr wichtig, dass Sie Ihre Zielgruppe genau kennen und einschätzen können. Gelingt Ihnen dies, wird sich das emotionale Erleben Ihrer App positiv auf die Kundenzufriedenheit auswirken und Ihre Nutzer zum Einsatz Ihrer App motivieren.

Einfallsreichtum

Meistens verkaufen sich innovative Ideen von selbst, aber es ist eine Herausforderung, die UX-Designleitung zu übernehmen, weil Innovationen schwer mit alten Designmethoden vereinbar sind. Einfallsreichtum entsteht meist am Ende einer einsamen Reise, in der der Designer Möglichkeiten außerhalb von Erfahrungen mit existierenden Produkten erkundet. Mit einer ordentlichen Portion Einfallsreichtum können wundervolle, überraschende und schöne Lösungen entstehen, die *Early Adopters* in begeisterte Fans verwandeln können.

Early Adopters

Dies ist eine Person, die die neuesten technischen Errungenschaften oder neuesten Produktversionen zu einem frühestmöglichen Zeitpunkt erwirbt. Early Adopter schrecken nicht vor teuren oder unausgereiften Produkten zurück.

Ästhetik

Ansprechende Interface-Gestaltung bricht das erste Eis zwischen der App und dem Nutzer. Eine App sollte möglichst vorab positive Erwartungen beim Konsumenten wecken, hier kann die grafische Ausgestaltung durchaus ein Türöffner sein. Optisch ansprechende Interfaces können überraschend einfach sein, wenn sie von einer ganzheitlichen Perspektive aus kreiert wurden, in der der Designer die Bedürfnisse des Nutzers beachtet hat.

So ist z. B. die eher vertikal ausgerichtete Gestaltung einer App, in der die dominante Aktivität ist zu lesen, intuitiver. Die Kombination aus einer guter Usability, User Experience und ansprechender Gestaltung sollte das Ziel eines App-Designers sein.

Persönlichkeit

Es gibt den Spruch »ein Haus ist noch kein Heim«. Eine App kann gut aussehen und alle Usability-Tests mit Bravour bestehen, ohne dass sich ein Nutzer von ihr emotional angesprochen und mit ihr verbunden fühlt. Ein effektiver Weg, die emotionale Verbindung herzustellen, ist, dass Sie jedem Design, das Sie entwickeln, eine Persönlichkeit geben.

Schöne Produkte ohne Persönlichkeit haben keine emotionale Kraft. Sie bieten kaum Raum für Identifikation. Um einer App eine Persönlichkeit zu geben, ist es ratsam, mittels Untersuchungen und User Testings herauszufinden, was der Nutzer von der App erwartet. Machen Sie sich Gedanken zu Ihrer Zielgruppe, und erstellen Sie Personas (mehr dazu in Kapitel 2, »Konzeption und Ideenfindung«, und in Kapitel 4, »User Research«).

App-Designer können funktionelle Schönheit zum Leben erwecken, indem sie ansprechende und innovative Apps gestalten, die einen ästhetischen Reiz ausüben und sich um die dominierende Funktionalität der App drehen. Bevor Sie also Ihr pixelperfektes Design entwickeln, denken Sie auch immer darüber nach, ob es für die Hauptfunktionalität Ihrer App zweckdienlich ist und was Ihre Zielgruppe von der App erwartet.

5.3 Zehn Regeln für gutes Interaktionsdesign

Interaktionsdesign beschreibt das Entwickeln eines Designs für eine bestimmte Aufgabe innerhalb der Interaktion zwischen dem System und dem Nutzer. Interaktionsdesigner folgen den Grundsätzen des *User-Centered Designs*, während sie ein tiefes Verständnis für die Ziele, Aufgaben, Erfahrungen sowie die Erwartungen und die Bedürfnisse des Nutzers haben. Sie entwickeln Interaktionsdesigns aus einer nutzerzentrischen Perspektive, während sie eine Balance zwischen den Erwartungen des Nutzers und den Unternehmenszielen sowie den technischen Möglichkeiten anstreben. Eine der wesentlichen Aufgaben für einen Interaktionsdesigner ist die Vereinigung von Usability und User Experience mit neuen Technologien.

User-Centered Design

Auf Aspekte des User-Centered Designs gehe ich noch ausführlich in Kapitel 6, »Nutzerzentriertes Design« ein.

Jakob Nielsen hat zehn heuristische Regeln für Interaktionsdesign aufgestellt (*www.nngroup.com/articles/ten-usability-heuristics*), die helfen sollen, den Menschen als Nutzer von Anfang an in der Designentwicklung zu berücksichtigen, um so Produkte zu schaffen, die neben einem hohen Maß an Ästhetik auch die Interaktion und das Erlebnis von digitalen Produkten miteinbeziehen. Jakob Nielsen ist ein aus Dänemark stammender Autor und Berater im Bereich Usability. Nielsen ist durch seine Publikationen und seine Website *nngroup.com* (früher *useit.com*) eine der führenden Persönlichkeiten auf dem Gebiet der Benutzerfreundlichkeit. Eine wahre Instanz die man im UX-Design kennen muss.

1. **Die Sichtbarkeit des Systemstatus**
   Eine Applikation sollte den Nutzer immer über den aktuellen Systemstatus informieren. Der Nutzer sollte erkennen, ob sich eine Applikation im aktiven oder inaktiven Status befindet. Beispiel: Batteriezustand unter iOS. Grün bedeutet, das System läuft, und es verbleibt genug Akkulaufzeit. Orange zeigt an, dass die Batterieleistung kurz vor dem kritischen Zustand ist, und Rot signalisiert, dass sich die Akkuleistung in einem kritischen Zustand befindet; dies wird unterstützt durch eine Pop-up-Meldung.

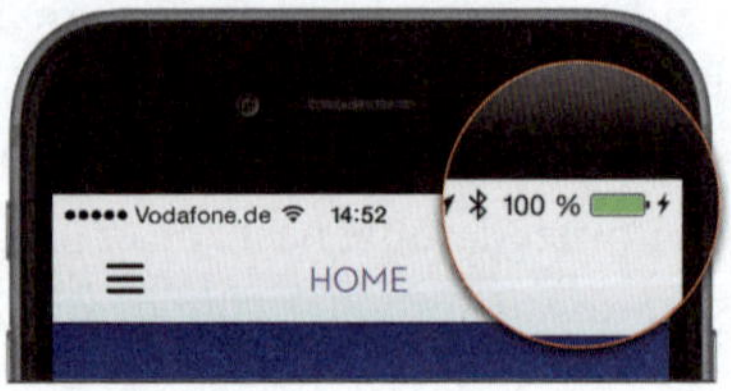

Abbildung 5.14 iOS-Batterie-Systemstatus

2. **Die Übereinstimmung zwischen dem System und der realen Welt**
   Eine Applikation sollte die Sprache des Nutzers sprechen, und zwar in den Worten und Phrasen, die dem Nutzer geläufig sind, und nicht in einer Terminologie, die sich an dem System der Applikation orientiert. Es sollten Konventionen und Prinzipien aus der realen Welt verfolgt werden. Ebenso sollte die Darstellung der Informationen in einer natürlichen und logischen Ordnung erfolgen. Beispiel: ein On-Boarding für eine Applikation, in diesem Fall die IFTTT-App. Das sogenannte progressive On-Boarding zeigt sehr einfach, wie die Applikation funktioniert, und das in einer einfachen Darstellung, die Nutzer sehr schnell und ohne Vorkenntnisse verstehen können. Ich werde Abschnitt 6.3.1, »Das On-Boarding«, detaillierter auf On-Boarding-Arten eingehen.

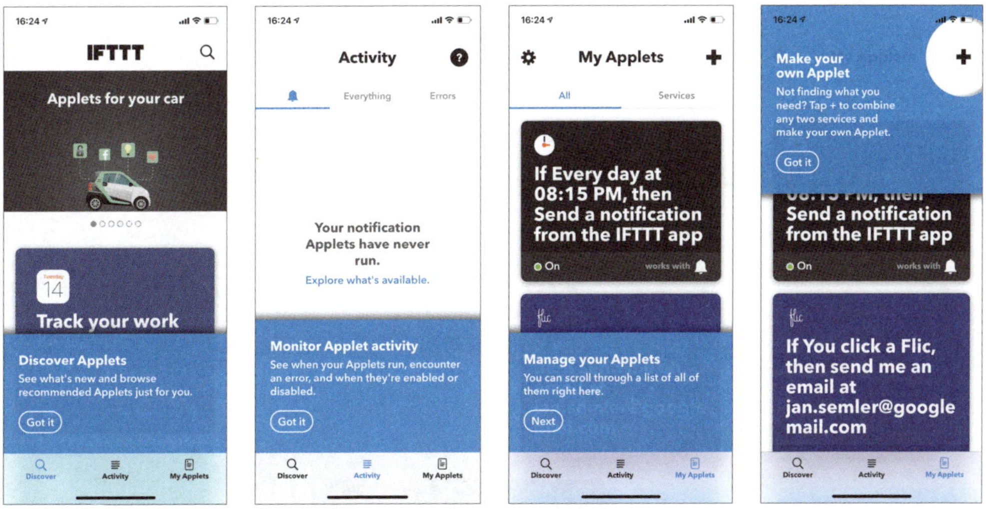

Abbildung 5.15 IFTTT progressives On-Boarding

3. **Nutzerkontrolle und Freiheit**
   Oft machen Nutzer aus Versehen falsche Eingaben. Nutzer sollten immer die Möglichkeit haben, den getätigten Fehler wieder zu beheben. Bekanntes Beispiel: der Zurück-Button des Smartphones, der den Nutzer wieder auf die vorherige Seite bringt. Auch die bekannten Undo-Aktionen aus verschiedenen Applikationen unterstützen den Nutzer bei der Behebung von Fehleingaben.

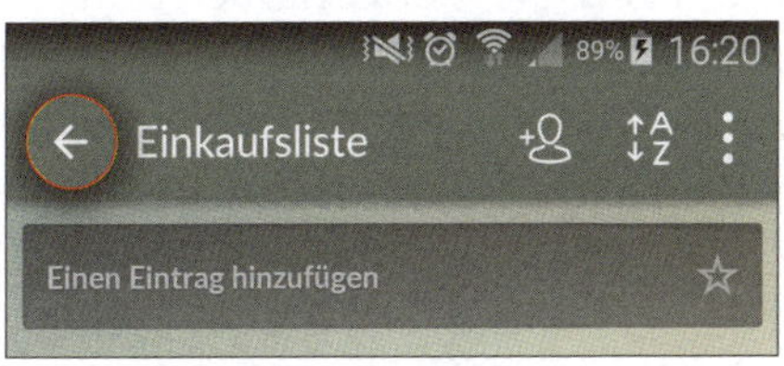

Abbildung 5.16 Zurück-Button in der Wunderlist-Android-App

4. **Konsistenz und Standards**
   Der Nutzer sollte nicht durch die Verwendung von unterschiedlichen, uneinheitlichen Bedienelementen oder abweichenden Begriffen für ein und dieselbe Funktion irritiert werden. Schaffen Sie einheitliche Standards und Konventionen, damit der Nutzer nicht neue Bedienelemente kennenlernen muss. Beispiel: die App *Evernote*. Sämtliche Bedienelemente haben dieselbe grüne Farbe, somit ist für den Nutzer immer klar ersichtlich, welche Elemente auf dem Screen bedienbar sind. Denken Sie hier an den Cognitive Load!

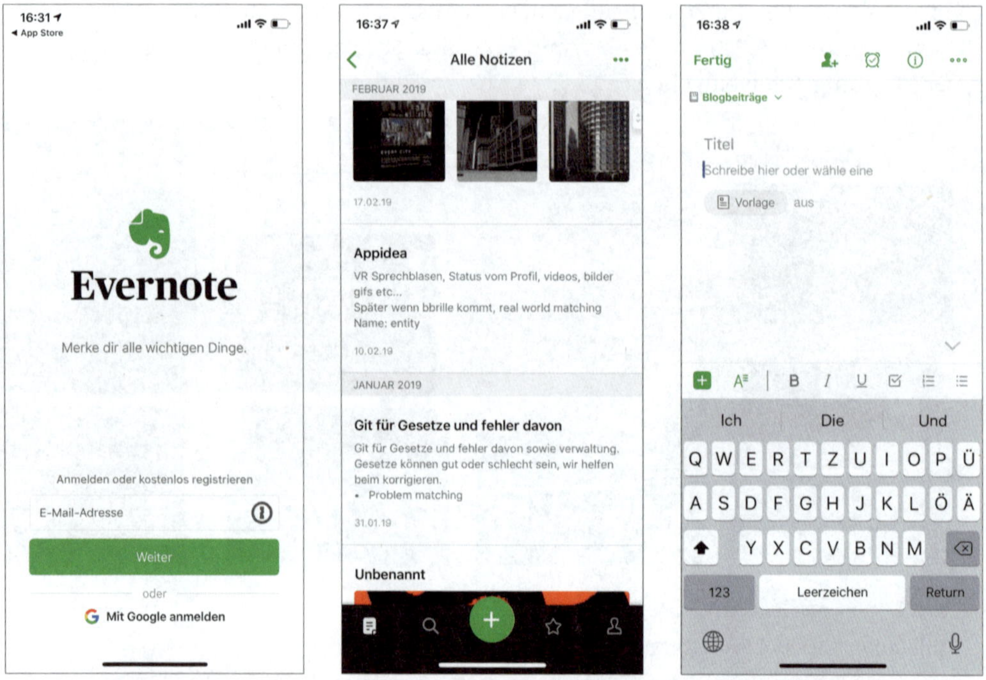

Abbildung 5.17 In der Evernote-App sind alle Bedienelemente grün eingefärbt.

5. **Anwendungsfehler vermeiden**
   Besser als jede Fehlermeldung ist ein sorgfältiges Produktdesign. Die App sollte im Idealfall so entwickelt werden, dass Anwendungsfehler erst gar nicht auftreten können. Oft lassen sich Fehler jedoch nicht ganz vermeiden, daher sollten Sie in der Gestaltung Ihrer App auch immer Meldungen integrieren, die den Nutzer vor Aktionen warnen, die zu einem Fehler führen. So könnte der Nutzer einer Fahrplan-App aus Versehen einen Reisezeitpunkt in der Vergangenheit angeben. Die App sollte entsprechend einen Warnmeldung »Achtung, Ihr Reisezeitpunkt liegt in der Vergangenheit!« ausgeben.

6. **Wiedererkennung statt Erinnern**
   Minimieren Sie den Aufwand, den ein Nutzer benötigt, um sich an alle Bedienelemente und Vorgänge zu erinnern. Machen Sie alle benötigten Objekte, Aktionen

und Optionen deutlich sichtbar. Verwenden Sie Icons, deren Gebrauch den Anwendern bekannt sein sollte, sodass der Nutzer diese wiedererkennt. Instruktionen zur Nutzung einer Applikation sollten stets sichtbar oder leicht zu erreichen sein. Beispiel: das Burger-Icon. Fast jede Applikation unter iOS beinhaltet das berühmte Burger-Icon. Unter diesem Icon befindet sich in der Regel das Hauptmenü der Applikation. Jeder iOS-Nutzer kennt dieses Symbol und weiß, was sich darunter verbirgt.

Abbildung 5.18 Der Burger-Button in der Feedly-App

7. **Flexibilität und Effizienz im Gebrauch**
   Für Ihre Applikation gibt es immer den Profi und einen Anfänger. Profis sollten die Möglichkeit haben, die Applikation schneller zu nutzen, als der Amateur das zu Beginn kann. Ein Beispiel, auch wenn nicht aus der App-Welt: In Adobe Photoshop klickt der Anfänger einzeln die Werkzeuge an, der Profi bedient sich der Tastenkürzel.
8. **Ästhetisches und minimalistisches Design**
   Dialoge und Bedienelemente sollten nur Informationen enthalten, die relevant sind. Jede zusätzliche unnötige Information konkurriert mit den relevanten Informationen in einem Design und kann zu einem überfrachteten unästhetischen Design führen. Beispiel: Die WWF-Together-App überzeugt durch ein ästhetisches, minimalistisches, zeitloses Design.

Abbildung 5.19 WWF-Together-App

9. **Helfen Sie den Nutzern bei Fehlern**
   Eine Fehlermeldung sollte das Problem erklären und eine Lösung für das vorliegende Problem beinhalten. Lassen Sie den Nutzer nicht mit einem Fehlercode allein. Beispiel: der Windows-Bluescreen-of-Death. Ohne Vorhersage stürzt der Computer ab und gibt uns keine adäquate Auskunft, warum das passiert ist.

10. **Hilfe und Dokumentation**
    Selbst wenn eine Applikation ohne eine Anleitung genutzt werden kann, ist es sinnvoll, den Nutzern eine Anleitung über eine Suche oder einen FAQ-Bereich bereitzustellen. Die hinterlegten Hilfestellungen sollten sich auf die Problemstellungen des Nutzers fokussieren. Diese Hilfestellungen sind leicht zu verstehen und nicht zu umfangreich.

    Beispiel: Viele Apps bieten die Möglichkeit, eine Feedback-E-Mail an die Entwickler zu senden, um Fragen zu stellen oder auf Probleme innerhalb der App hinzuweisen. Die Facebook-App bietet z. B. umfangreiche Hilfestellung. Meist findet man aber auch online auf der Webseite der Applikation einen Hilfebereich oder ein Support-Forum für Probleme bei der Handhabung der App.

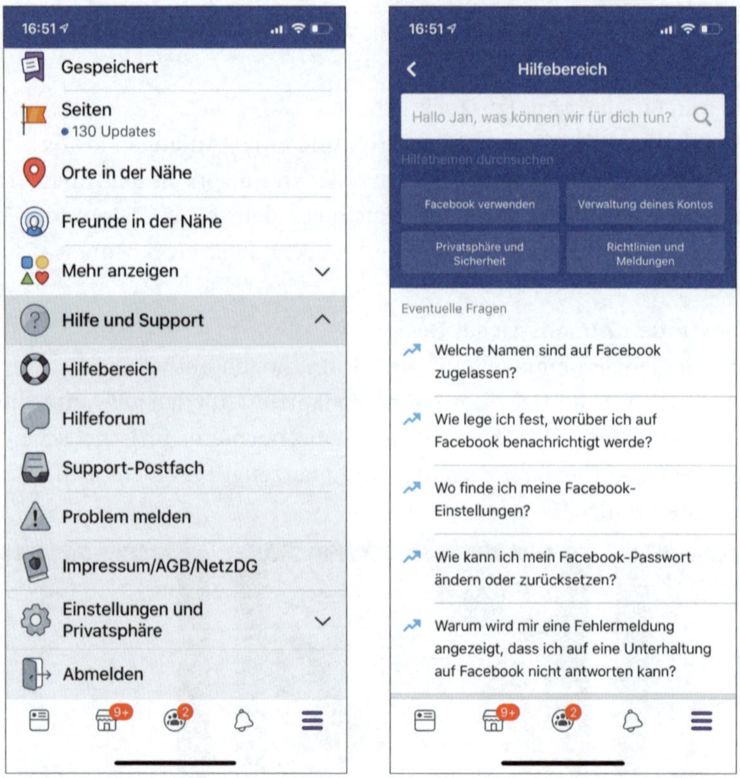

Abbildung 5.20 Hilfebereich in der Facebook-App

5.4 Barrierefreiheit

Sobald wir über Interaktionsdesign und damit verbunden von Usability und User Experience sprechen, sollten wir auch die Barrierefreiheit der Apps in Betracht ziehen und auf die eigentliche Selbstverständlichkeit hinweisen, dass eine App auch für

Menschen mit einer Behinderung nutzbar sein sollte. Doch bereits eine Sehschwäche wie die Rot-Grün-Sehschwäche kann den Umgang mit einer App schwierig gestalten. Viele Apps und App-Konzepte berücksichtigen diesen Fall nicht, außer es handelt sich um Apps, die sich speziell an eine entsprechende Zielgruppe richten.

Rot-Grün-Sehschwäche

Die Rot-Grün-Sehschwäche ist eine Farbfehlsichtigkeit der Augen, durch die Betroffene die Farben Rot und Grün nicht deutlich erkennen und unterscheiden können wie Normalsichtige. 8 % aller Männer sind von dieser Rot-Grün-Sehschwäche betroffen und 0,4 % aller Frauen.

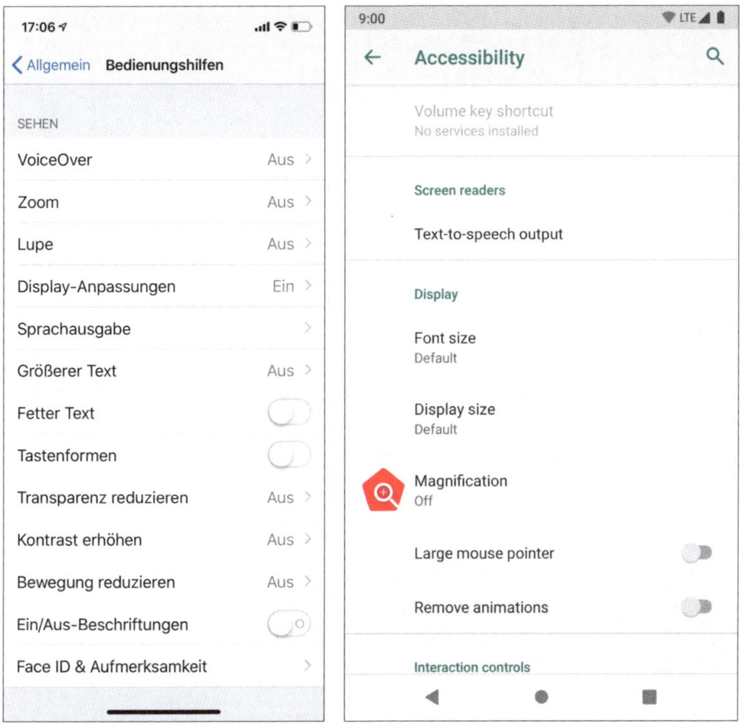

Abbildung 5.21 Verschiedene Bedienungs- und Eingabehilfen der Betriebssysteme (links iOS und rechts Android)

Jede Plattform bietet API-Schnittstellen, auf die Entwickler zurückgreifen können, um die Applikation auch barrierefrei entwickeln zu können. Diese Schnittstellen decken einen großen Teil der notwendigen Funktion ab. So sind es beispielsweise Lupen-, Vorlese- oder Farbänderungsfunktionen, die die Bedienung von Apps für behinderte Menschen erleichtern sollen. Diese Einstellungen finden Sie in den Einstellungsmenüs der Plattformen.

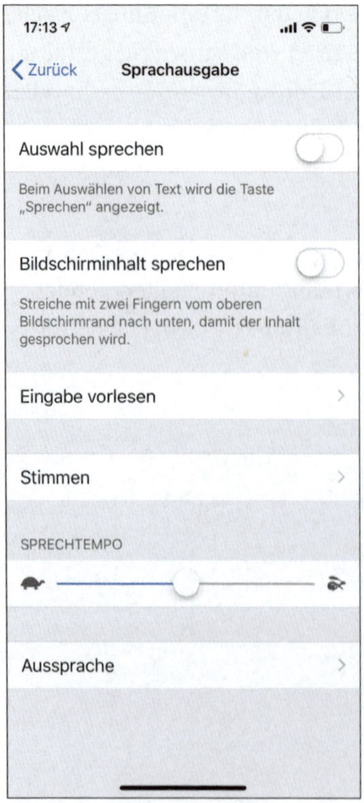

Abbildung 5.22 Sprachausgabe-Einstellungen unter iOS

5.4.1 Grenzen und Möglichkeiten der Betriebssysteme

Jedes Betriebssystem bietet nahezu dieselben Funktionen in etwas unterschiedlichen Variationen. Im Folgenden möchte ich die vom Betriebssystem gegebenen Möglichkeiten (hier beispielhaft unter iOS, die es aber auch so in Android gibt!) kurz erläutern. In der Regel funktionieren die Prinzipien auf beiden Plattformen gleich.

Sprachausgabe/Voice Over

Diese Funktion ist für blinde oder sehschwache Menschen implementiert worden. Hier kann sich der Nutzer Inhalte auf dem Screen vorlesen lassen. Diese Funktionen ändern das Verhalten des Betriebssystems maßgeblich. Ich kann nur empfehlen, diese Funktion einmal auszutesten und ein wenig damit zu arbeiten. Sie werden merken, wie es für Menschen mit starker Sehschwäche ist, eine App zu nutzen, und können Ihre App dahingehend verbessern, Barrieren für diese Menschen abzubauen. Sehr viele blinde Menschen nutzen Smartphones und berichten, wie maßgeblich Smartphones ihnen helfen (Hier finden Sie einen kleinen Eindruck davon: *https://www.spiegel.de/netzwelt/gadgets/barrierefrei-durch-touchscreens-warum-viele-blinde-das-iphone-lieben-a-722400.html*).

Farbinvertierung/Graustufen

Die Farbinvertierung kehrt alle Farben der Plattform um. So werden z. B. aus weißen Farbflächen schwarze Farbflächen. Zu Beginn mag sich der Sinn dieser Funktion nicht erschließen. Jedoch ist sie für Nutzer gedacht, die farbenblind sind oder Probleme mit dem Kontrast haben. In ihrem Fall kann die Einstellung dabei helfen, Inhalte und Bedienelemente besser zu erkennen, als es die herkömmliche Ansicht ermöglicht. Bitte verwechseln Sie diese Funktion nicht mit einem Dark Mode, dieser, so wird vermutet, erscheint erst in iOS 13.

Abbildung 5.23 Farbinvertierung unter iOS (links: normale Farbgebung, rechts: invertiert)

Lupenfunktion

Auch diese Funktion ist ebenfalls für sehschwache Menschen gedacht. Hierbei können sämtliche Inhalte auf dem Bildschirm vergrößert werden.

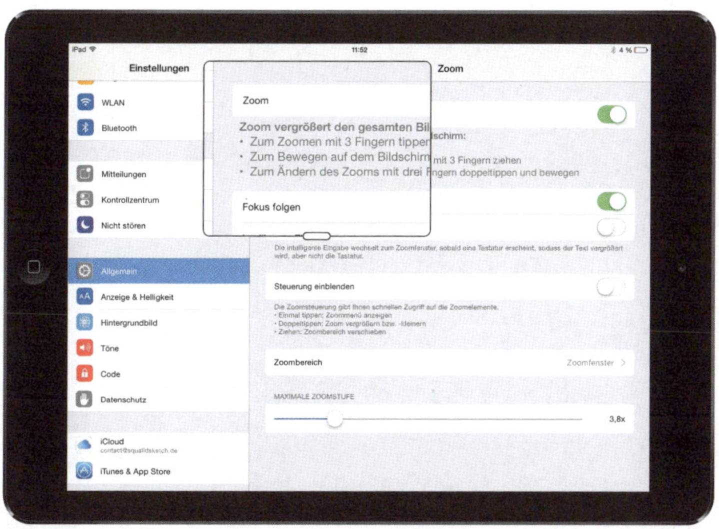

Abbildung 5.24 Lupenfunktion bei einem iPad

Bluetooth, Headset und Blitzlicht

Während sich die meisten Einstellungen an sehbehinderte Nutzer richten, gibt es auch einige Funktionen für hörgeschädigte Nutzer. Mittels einer Bluetooth-Verbindung können z. B. Hörgeräte angeschlossen werden und so Telefonate geführt oder Meldungen empfangen werden. Ebenfalls gibt es die Funktion, dass der Kamerablitz für Meldungen verwendet wird. Statt eines akustischen Signals leuchtet der Blitz kurz auf, wenn z. B. eine SMS-Nachricht erhalten wurde.

5.4.2 Was Sie als App-Designer tun können

Als App-Designer haben Sie aber auch neben den verfügbaren API-Schnittstellen Möglichkeiten, die Nutzung für behinderte Menschen zu erleichtern. Hierbei können Ihnen zuvor entwickelte Personas, die Sie bei der Zielgruppendefinition ermittelt haben, nützlich sein. Können Sie darüber bereits erkennen, dass vielleicht viele ältere Menschen Ihre Applikation nutzen werden, können Sie Ihre App dementsprechend ausrichten. Ältere Nutzer haben vermehrt Sehschwächen – beachten Sie das bei der Größe der Schrift und Gestaltung von Buttons und Icons.

Versuchen Sie mittels der Personas zu identifizieren, welche Behinderungen und Schwächen bei Ihren Nutzern auftreten können, und versuchen Sie, hierfür Lösungen zu anzubieten.

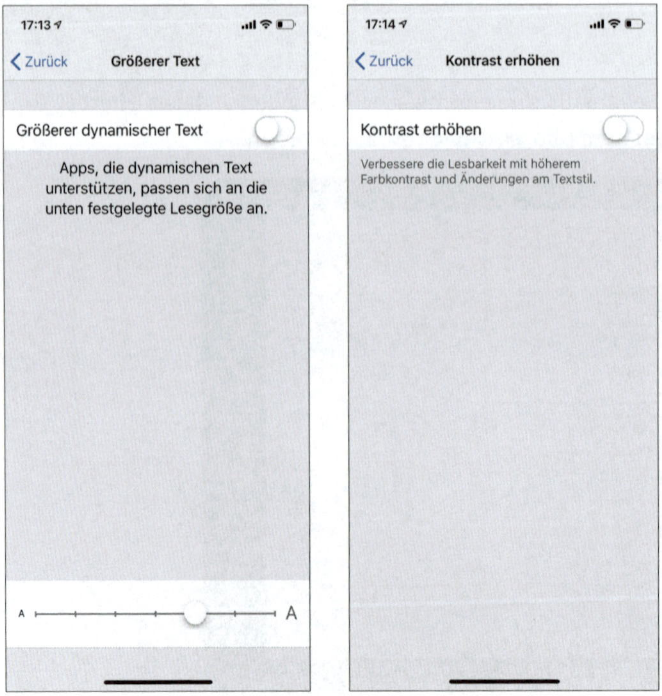

Abbildung 5.25 Schriftgrößen- und Kontrasteinstellungen unter iOS

Auch der Kontrast bei Farben sollte ausreichend sein, um Unterschiede zwischen den einzelnen Elementen und dem Hintergrund erkennen zu können. Leichte Farbschattierungen werden von manchen Nutzern gar nicht erkannt. Grelle Farben schrecken ebenso ab, während dunkle Farben nicht erkennbar sind. Versuchen Sie in jedem Fall, ein gesundes Mittelmaß in Ihrem Design zu finden. Wägen Sie ab, wie Sie Typografie und Farben einsetzen. Von einer angemessenen Schriftgröße und klaren Kontrasten profitieren nicht nur Nutzer mit Behinderungen, sondern auch alle anderen Anwender Ihrer Apps. Im späteren Verlauf des Buchs werde ich noch auf verschiedene Tools eingehen, und hierbei gibt es einige, die bei der Beurteilung des Kontrastes helfen werden.

5.5 Weiter geht's

Sie kennen jetzt nicht nur Ihre Zielgruppe, sondern Sie verstehen ihre Bedürfnisse, Ängste und Kenntnisse. Viele der in diesem Kapitel beschriebenen Punkte, die zu einem positiven Nutzererlebnis führen, sind nicht neu, sondern sogar offensichtlich, wenn man sich mal mit ihnen auseinandergesetzt hat. Leider werden diese einfachen Regeln dennoch häufig nicht beachtet.

Es mag banal klingen, aber einer der wesentlichen Faktoren auf dem Weg zu einer guten User Experience ist, dass Sie als Designer mit den mobilen Betriebssystemen und den Geräten, für die Sie gestalten, sehr gut vertraut sind – und zwar aus Nutzersicht!

Im kommenden Kapitel geht es auch genau darum, es widmet sich dem nutzerzentrierten Design von Apps. All die Erkenntnisse zur Usability, User Experience und Barrierefreiheit fließen hier ein und sollten bei der Konzeption, Planung und während der Gestaltung Ihrer App fest im Blick behalten werden.

Kapitel 6
Nutzerzentriertes Design

Während der Entwicklung einer App kommt es des Öfteren vor, dass Sie den Nutzer aus dem Auge verlieren. Sie sind so in Ihre Materie vertieft, kennen Funktionsabläufe in- und auswendig und mutmaßen, dass der Nutzer diese genauso gut versteht wie Sie – ein Trugschluss. Oft sind es gerade die Abläufe, die Sie als selbstverständlich erachten, die beim Nutzer Probleme verursachen. Daher ist es wichtig, dass Sie im gesamten Produktionsprozess einer App den Anwender nie aus den Augen verlieren.

Ein nutzerzentriertes Design zielt darauf ab, interaktive Produkte so zu gestalten, dass Sie sich an dem Nutzer des Produkts orientieren. Man spricht hierbei vom *User-Centered Design*, bei dem vor allem Aspekte der Usability berücksichtigt werden. Im Designprozess steht stets der Nutzer im Mittelpunkt mitsamt all seiner Aufgaben, Ziele und Eigenschaften.

User-Centered Design

Das Ziel des User-Centered Designs (der nutzerorientierten Gestaltung) ist es, ein Produkt so zu gestalten, dass für Nutzer eine hohe Gebrauchstauglichkeit (Usability) entsteht. Im Mittelpunkt des Bestrebens liegt der zukünftige Nutzer.

Gerade wenn ein Anwender die App von unterwegs nutzt, hat er meist nicht viel Zeit oder befindet sich in einem hektischen Umfeld.

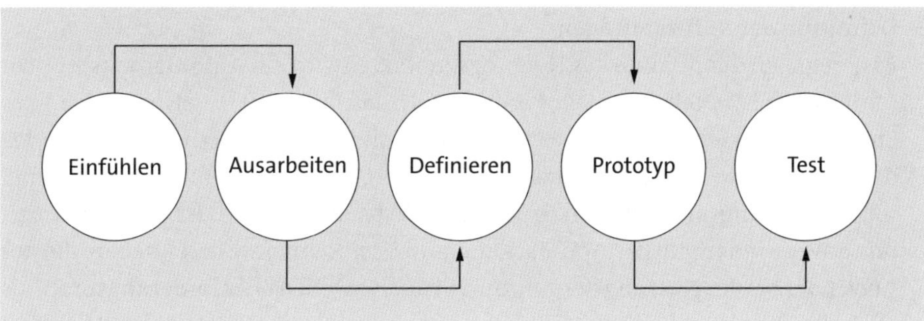

Abbildung 6.1 Nutzerorientierter Prozess

Daher ist wichtig, dass ihm die App durch eine nutzerzentrierte Gestaltung entgegenkommt und ihn bei seinen Aufgaben, so gut es geht, unterstützt. In diesem Kapitel möchte ich Ihnen einige wichtige Techniken zeigen, wie Sie Ihre Nutzer bei der Bedienung Ihrer App möglichst optimal unterstützen können.

6.1 Phasen nutzerorientierten Designs

Um den späteren Nutzer besser zu verstehen und um ein gelungenes Interface gestalten zu können, müssen bestimmte Phasen durchlaufen werden. Ziel ist es hierbei, den Nutzer kennenzulernen und aus den gewonnenen Erkenntnissen Anforderungen abzuleiten. Der nutzerorientierte Prozess beinhaltet folgende Phasen und wird Schritt für Schritt durchgeführt:

1. **Empathisierung**
   Bei der Entwicklung einer App sollen die Probleme, die der Anwender mit der App lösen will, im Mittelpunkt stehen und nicht die Probleme, die Sie als Designer oder Entwickler haben. Sie müssen sich in den Nutzer hineindenken und verstehen, wie er tickt. Nutzen Sie hierbei Empathy Maps oder Personas. Betrachten Sie Ihre App durch die Augen des Nutzers. Was erwartet er? Was sind seine Ziele? Und was sind mögliche Stolpersteine auf dem Weg, diese zu erreichen? Sie möchten eine To-do-App speziell für Ärzte entwickeln samt Zeiterfassung? Dann müssen Sie verstehen, wie Ärzte arbeiten und abrechnen.
2. **Analyse des Nutzungskontextes**
   In dieser Phase werden alle möglichen Daten zum zukünftigen Nutzer gesammelt und ein Nutzerprofil bzw. Personas erstellt. Hierzu zählen Informationen zu Aufgaben, Zielen, Arbeitsabläufen, Arbeitsumgebung, aber auch ebenso technische Rahmenbedingungen (siehe Kapitel 3, »Think big, but build small«). Diese Informationen werden anschließend analysiert. Hier werden die ersten Entscheidungen getroffen, welche Haupt- und Nebenfunktionalitäten die App tatsächlich beinhalten soll.
3. **Definition der Anforderungen**
   Basierend auf der Analyse des Nutzungskontextes wird ein Anforderungsprofil in schriftlicher bzw. tabellarischer Form erstellt, das in Schritt 4 – also während des Entwurf-Prozesses – beachtet wird. Das Anforderungsprofil ist im Kern die Idee der App, die jedoch so umgesetzt wird, dass der Anwender damit umgehen kann. Im Anforderungsprofil, das im Grunde eine Liste aller Features ist, werden funktionale Wege innerhalb der App – sogenannte *User Journeys* – beschrieben, die der Anwender bei der Nutzung der App durchläuft. Sowohl das Anforderungsprofil als auch die User-Workflows helfen Ihnen dabei, Ihr Konzept in kurzen Worten zu umfassen. Es kann stichpunktartig sein oder als kurzer Text vorgelegt werden.

Anforderungsprofil einer Hörbuch-App

Ein Beispiel für das Anforderungsprofil einer Hörbuch-App. Der Nutzer soll:

- schnell umfangreiche Audioinhalte (MP3, WAV, M4U, ZIP, RAR etc.) importieren und sofort hören können
- einen Sleeptimer einstellen können
- die Kapitel eines Hörbuchs einsehen können
- die Metadaten des Hörbuchs bearbeiten können
- Bookmarks setzen können
- einen individuellen Player ausgerichtet für Hörbücher nutzen können

4. **Konzeption und Entwurf**
   In dieser Phase werden verschiedene Konzepte für das zukünftige Produkt entwickelt. Als Basis dienen die User Journeys, die dabei helfen, erste Wireframes zu entwickeln. In dieser Phase wird auch zum ersten Mal der Prozess visualisiert, den der Nutzer in der App durchläuft. Hierzu werden Wireframes oder auch Klick-Dummys erstellt, die als erste Basis dienen, um mit weiteren Iterationen das Wireframe-Konzept zu optimieren. In diesem Stadium erkennt man erste Schwachstellen, Zustände und Funktionen, die man zuvor noch nicht im Blick hatte. Wichtig ist hierbei auch die Absprache mit dem Entwicklungsbereich, um sicherzustellen, dass auch alles technisch und im Zeitrahmen umsetzbar ist. Die Entwicklung wird durchaus Einwände, aber auch Verbesserungsvorschläge haben, die Sie in der App-Konzeption berücksichtigen sollten. Ein guter Designer sollte auch die Prozesse, die nicht in seinem direkten Tätigkeitsbereich liegen, im Auge haben.
5. **Evaluierung**
   In diesem Schritt werden die erstellten Konzepte und Entwürfe mit einer repräsentativen Nutzergruppe besprochen und getestet. Zum einen dient das dazu zu prüfen, ob das Anforderungsprofil erfüllt wurde, und zum anderen, ob der Anwender die App auch versteht und nutzen kann. Erst wenn der Wireframe bzw. der Klick-Dummy dem Anforderungsprofil entspricht und den Test der Nutzer besteht, kann er von der Entwicklung umgesetzt werden.

Als App-Designer sollten Sie die Anforderungen, die Anwender an ein Produkt stellen, verstehen und alle Facetten, die zu einer App-Entwicklung gehören, nutzen, um ein Gesamtprodukt zu schaffen, das den Bedürfnissen der Anwender optimal begegnet.

Basierend auf einem starken Konzept können Interaktionen als Erlebnis gestaltet werden. So wird die App nicht nur zum Problemlöser, sondern auch immer zu einem Erlebnis, das Spaß macht und den Nutzer bindet. Im folgenden Abschnitt werden wir uns diesem Thema widmen.

6.2 Die Interaktion als Erlebnis designen

Gute Apps werden nicht benutzt, sie werden *erlebt*. Dieser Abschnitt widmet sich daher dem ganzheitlichen *Erlebnis* der App. Apps, die Spaß machen und emotional erlebt werden, sind das Ergebnis genauer Planung und psychologischer Vorüberlegungen. Hier gibt es verschiedene Möglichkeiten, diesen Effekt zu erzielen, z. B. durch die intuitive Benutzbarkeit der App, witzige und unerwartete »Gimmicks«, ein flüssiges und ineinandergreifendes App-Erlebnis.

Die Anreicherung von Apps mit spaßigen Extras, einem bestimmten Image oder dem Gefühl der Zugehörigkeit ist dabei nicht uneigennützig. Denn es gibt immer mehr gleichwertige Produkte, die sich in ihren Nutzwerten kaum mehr unterscheiden.

Beispiel: Clear-App

Die iOS-App *Clear Todos* ist ein gutes Beispiel für einen erlebnisreichen Umgang mit dem Interface. Viele To-do-Apps sind langweilig, man hat Listen, die abgehakt werden. *Clear Todos* ist anders: Die App punktet beim Anwender mit einem reduzierten Design, einer spielerischen Bedienung und cleverer Navigation mit Farben, Heatmaps und Tönen.

Abbildung 6.2 Die Clear-Todos-App zeigt recht gut, wie ein interaktives Erlebnis aussehen kann.

Die App lässt sich mit einfachen Gesten steuern, To-do-Listen lassen sich problemlos erstellen und verwalten. Gerade der Umgang mit den Listenelementen bereitet in *Clear Todos* Vergnügen. Aufgaben lassen sich per Flick bzw. Swipe sortieren, löschen oder erledigen. Zudem kann der Anwender die Fälligkeit seiner Aufgaben nicht nur mit Zeit und Datum angeben, sondern auch mit Farbverläufen visualisieren. Beim Anwender hervorgerufene Emotionen machen hier den Unterschied.

Eine gelungene Interaktion muss aber nicht immer ausgefallen sein. Ein Beispiel dafür und ein wahrer Klassiker: der Prozessbalken. Ein Prozessbalken signalisiert dem Anwender das Voranschreiten der eigenen Arbeit. Dadurch entsteht das befriedigende Gefühl der Erfüllung einer Teil- oder Gesamtaufgabe.

6.2.1 Gamification

Was tun Sie, wenn Sie ein nutzerzentriertes Konzept und Design entwickelt haben, das durchaus gut funktioniert und auch vom Nutzer angenommen wird, die App aber dennoch nur selten bei ihm zum Einsatz kommt?

Um einen Nutzer zu unterhalten und zu einem häufigeren Einsatz der App zu animieren, gibt es die Möglichkeit, spieltypische Elemente in einem spielfremden Kontext – z. B. in einer Kamera- oder Wecker-App – zu integrieren. Man spricht hier von der sogenannten Gamification.

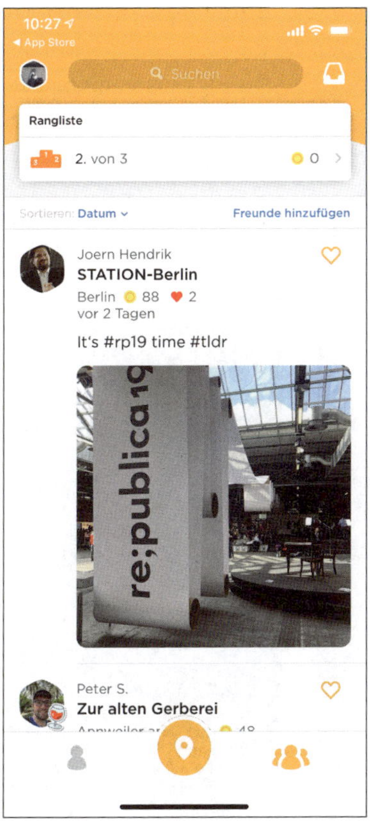

Abbildung 6.3 Foursquare-App »Swarm«

Zu diesen spieltypischen Elementen zählen etwa das Anlegen von Highscores und Ranglisten, die Verwendung von Fortschrittsbalken oder das Sammeln von Awards und vieles mehr. Die Integration derartiger Elemente dient in erster Linie der Motivationssteigerung der Anwender. Ein klassisches Beispiel ist die Swarm-App von Foursquare, bei der man durch Check-ins an Locations Punkte und Badges sammeln kann. Selbst das Reisen in andere Länder wird mit Badges belohnt. Im nächsten Abschnitt soll auf weitere App-Beispiele für Gamification eingegangen werden.

6.2.2 Gamification in Apps

Ganz neu ist das Prinzip der Gamification nicht: Um die Kundenbindung zu erhöhen, setzen Unternehmen schon lange auf die Strategie, Interaktionen möglichst unterhaltsam und kompetitiv zu gestalten. Gerade in Apps, in denen Anwender wenig herausfordernde und als monoton empfundene Aufgaben erledigen müssen, kann eine spielerische Umsetzung den entscheidenden Motivationsfaktor liefern, um die App zu nutzen. Zudem enthält der spielerische Umgang mit Software immer einen Lerneffekt, welcher sich positiv auf den Cognitive Load auswirkt.

Eine App, die das Gamification-Prinzip wunderbar umsetzt und den Nutzer sogar dazu bringt, den inneren Schweinehund zu überwinden, ist die Fitness-App *Zombies, run!*. In 200 Audiomissionen wird der Anwender während des Joggens in eine postapokalyptische Spielwelt geschickt, in der er etwa Versorgungsgüter in einem von Zombies belagerten Gebiet verteilen soll.

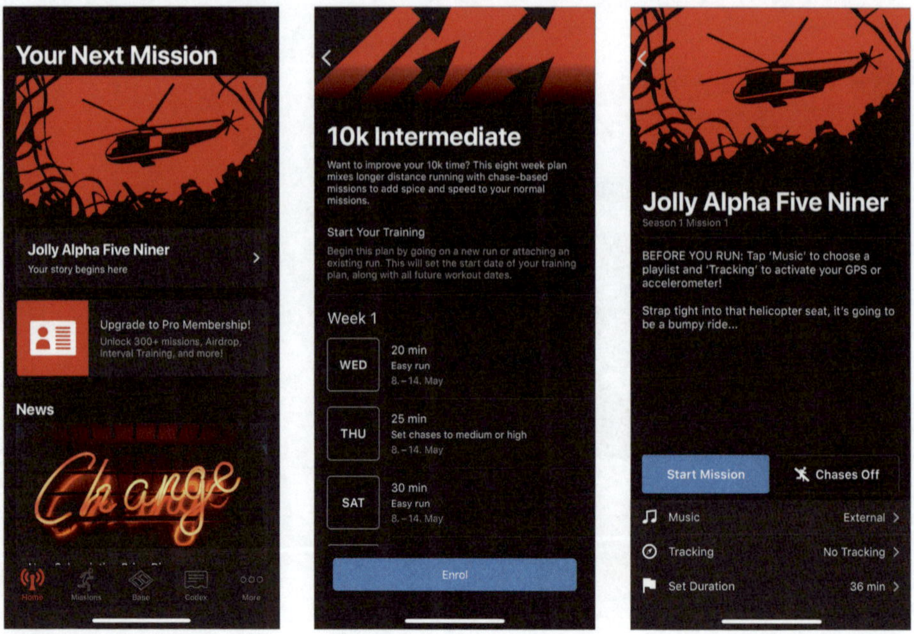

Abbildung 6.4 Zombie-Missionen motivieren in der Fitness-App »Zombies, run!« zum Laufen.

Per GPS-Signal wird dabei der Standort des Spielers erfasst, kommen Zombies zu nahe, muss der Spieler an Lauftempo zulegen.

Eine andere Jogging-App und eines der wohl langlebigsten gamifizierten Produkte ist Nike+. In der Nike+-Running-App werden Bewegungsdaten des Laufs statistisch aufbereitet und lassen sich auf einer Karte nachvollziehen. Für erfolgreiche Trainings steigt man ein Level höher. Besonderer Clou: Der direkte Vergleich mit Freunden aus der Community spornt zusätzlich an und bindet Nutzer dauerhaft.

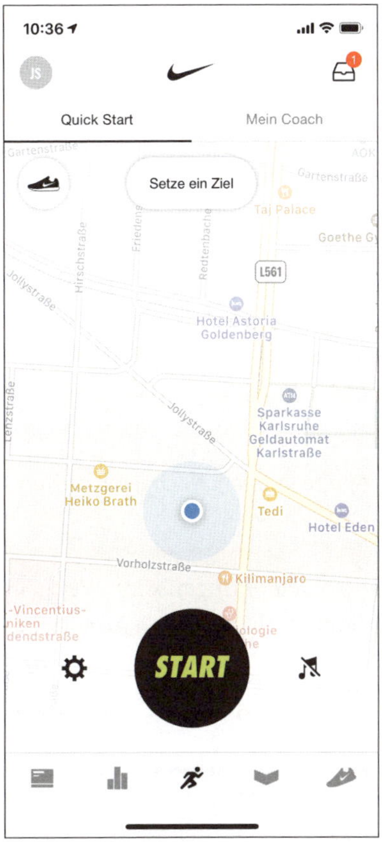

Abbildung 6.5 Nike-Run-Club-App – der Vergleich mit anderen Läufern spornt besonders an.

Abbildung 6.6 Die Nike-Run-Club-App ist auch für Smartwatches verfügbar.

In Ihrer App sollten Sie Ihren Nutzer ermuntern, seine Ziele zu erreichen. Das kann in ganz unterschiedlichen Bereichen passieren, sei es im Registrierungsprozess, beim Ausfüllen des Profils eines sozialen Netzwerkes oder einfach nur durch den Anreiz, ein Foto zu machen für eine Foto-App. Klassisches Beispiel sind hier die Sprachlern-Apps wie *Babel* oder *Duolingo*, bei denen eine abgeschlossene Aufgabe eine weitere freischaltet.

Abbildung 6.7 Der Fortschrittsbalken in der Duolingo-App zeigt es an: Noch neun weitere Fragen und die Übung ist geschafft!

Aber Achtung, bei aller Freude, die Gamification dem Nutzer bringen kann: Verzichten Sie bei klassischen Apps, die wirklich rein funktional sein und einen Arbeitsprozess erleichtern sollen, gänzlich auf spielerische Elemente. Die Usability einer App sollte niemals aufgrund von Gamification leiden. Wir sind Problemlöser und keine Indie-Game-Schmiede.

Gamification, ja oder nein?

Gamification trägt erheblich zum Erlebnischarakter einer App bei. Der Erlebnischarakter einer App hilft, dass diese häufiger und intensiver genutzt wird. In Apps von sozialen Netzwerken sieht man das besonders häufig, denn hier gibt es immer wieder etwas Neues zu entdecken, und Gamification ist sogar Teil des Prinzips. Es steigert die Neugier auf Neues und ermuntert den Anwender, die App in regelmäßigen Abständen zu nutzen. In sozialen Netzwerken ist der Content entscheidend, der von Freunden oder Followern publiziert wird.

Was in sozialen Netzwerken einfach ist, kann für rein funktionale Apps schwierig sein. Wie kann man dem Handwerker, der eine App zur Wartungsdokumentation nutzt, ein tolles Erlebnis vermitteln? Nicht über Gamification. Die App muss hier im

Fokus haben, dass der Handwerker mit der Erledigung seiner Aufgaben mithilfe der App zufrieden ist. Es können zusätzlich nützliche Funktionen integriert werden, wie etwa die Möglichkeit, das Wartungsprotokoll per E-Mail zu versenden. Je schneller und einfacher er seine Arbeit erledigen kann, desto besser. Prüfen Sie also immer im Vorfeld, ob Gamification in Ihrer App Sinn macht und für den Erlebnischarakter der App förderlich ist.

6.3 Holen Sie Ihre Nutzer ab

Es hat einen Grund, warum sich der Nutzer genau für Ihre Applikation entschieden hat. Meist wird so eine Entscheidung erst nach einiger Recherche im App Store getroffen. Halten Sie das Versprechen, das Sie dem Anwender im App Store gegeben haben. Wenn Sie den Nutzer davon überzeugt haben, Ihre App zu installieren, haben Sie bereits einen ersten Erfolg erzielt, über den Sie sich freuen dürfen.

Damit der Nutzer nun auch die nächsten Schritte in Ihrer App geht und sich gegebenenfalls für die App registriert und bei Ihrem Service anmeldet, müssen Sie jedoch am Ball bleiben. In jeder App gibt es Hürden, die vom Nutzer erst einmal genommen werden müssen. Zu Beginn ist es meist die Registrierung und das Anlegen eines neuen Profils. Es gibt hierbei verschiedene Techniken, dem Nutzer den Einstieg möglichst einfach zu gestalten und ihn bei diesen Prozessen zu unterstützen.

6.3.1 Das On-Boarding

Kaum haben Sie Ihre App im App Store gelauncht und freuen sich über die Downloadzahlen, da holt Sie auch schon die Realität ein: Nach nur einem Start und wenigen Minuten Aufenthalt in der App wird diese von den Nutzern wieder deinstalliert. Warum?

Vielleicht stört der zwingende Registrierungsvorgang? Vielleicht weiß der Nutzer nicht, was er als Nächstes tun soll? Gestalten Sie den Einstieg in die App möglichst so, dass der Nutzer den vollen Umfang der App nutzen kann, ohne sich zu registrieren. Die Registrierung sollte erst dann erfolgen, wenn ein Account zwingend notwendig ist.

Stellen Sie sich eine Shopping-App vor. Es wäre doch recht ungeschickt, den Nutzer zunächst zu zwingen, sich zu registrieren, bevor er sich die Produkte in der App anschauen kann. Geschickter wäre es, den Nutzer nach Produkten suchen zu lassen, sodass er Produkte in den Warenkorb legen kann. Erst wenn der sogenannte Checkout, also der Bezahlvorgang ansteht, kann der Nutzer sich registrieren. Somit verringern Sie die Wahrscheinlichkeit, dass der Nutzer die App deinstalliert, und erhöhen zeitgleich die Verkaufsmöglichkeit des Shops.

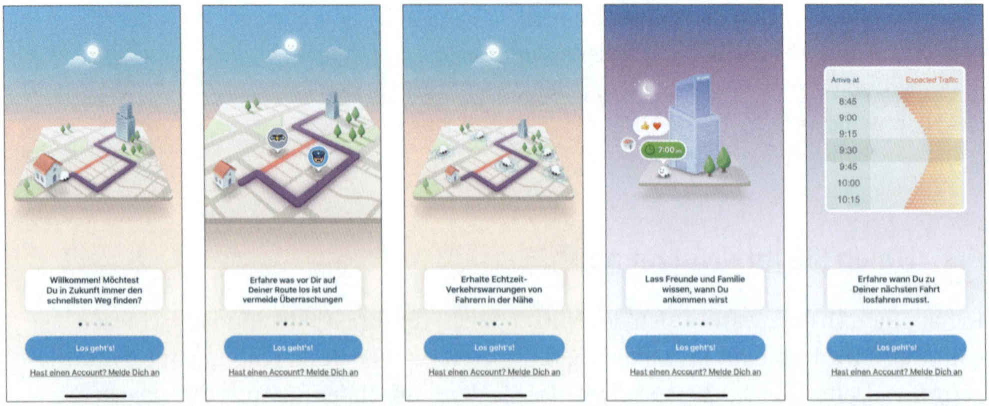

Abbildung 6.8 Die Waze-App bietet ein gelungenes On-Boarding an, das Lust macht, die Welt zu erkunden.

Ihre Idee haben Sie im Vorfeld bereits gewissenhaft auf Markt- und Tragfähigkeit hin geprüft, und auch scheint sie gut zu funktionieren – schließlich wird die App im App Store gefunden und heruntergeladen. Woran könnte es also liegen, dass es mit der Nutzerbindung nicht klappen will? Nicht selten liegt es daran, dass der Prozess des On-Boardings in der App vernachlässigt wird.

Was ist On-Boarding?

Das Nutzer-On-Boarding ist einer der wichtigsten Schritte für eine neue App. Es ist der Teil der App, der einmalig vor der Nutzung der eigentlichen App gezeigt wird. Hierbei werden durch Animationen oder einfach nur mit Grafiken die Funktionen der App erläutert. Ein On-Boarding kann sehr hilfreich sein, um den Nutzer frühzeitig abzuholen, in die Applikation einzuführen und grundsätzliche Funktionen der App zu erklären.

Der Nutzer wird bei den ersten Schritten in der App an die Hand genommen und durch die Seiten geführt. Sie sollten dafür sorgen, dass die Nutzer Ihrer App direkt damit beginnen können, etwas in der App zu tun. Ein On-Boarding ist nicht immer zwingend notwendig, kann aber – richtig eingesetzt – maßgeblich zu User Experience beitragen, vor allem bei komplexeren Apps.

Vorteilsorientiertes On-Boarding

Das vorteilsorientierte On-Boarding ist selbsterklärend. Es erläutert, was die App tut, wie der Nutzer sie in sein Leben integrieren kann und was für einen Mehrwert diese Integration für sein Leben bedeutet. Es beschreibt den Nutzen der App, also den Vorteil, den der Anwender daraus zieht, wenn er die App installiert. Wenn Sie sich für diese Art des On-Boardings entscheiden, sollten Sie folgende Prinzipien beachten:

1. **Präsentieren Sie auf minimal drei und maximal fünf Seiten den Nutzen der App**
   Diese Zahl ist nicht in Stein gemeißelt, aber drei Seiten zzgl. der Titelseite sollten in der Regel ausreichen, um Ihre App zu erklären. Sie sind lang genug, um zu zeigen, was die App alles kann, und kurz genug, um den Nutzer nicht aufzuhalten.
2. **Eine Seite – ein Inhalt**
   Halten Sie die Seiten kurz und knapp, und beschränken Sie sich auf die Hauptinformation, die Sie dem Nutzer beschreiben wollen. Die Regel »Eine Seite für einen Inhalt« hat sich in der Praxis als praktikabel erwiesen. Zu überladene Seiten wirken kontraproduktiv und werden von Anwendern gerne übersprungen.

Abbildung 6.9 In einer Vorgänger-Version arbeitete die Kleiderkreisel-App mit einem vorteilsorientierten On-Boarding.

3. **Setzen Sie Prioritäten, und zeigen Sie nicht alles**
   Reduzieren Sie sich. Widerstehen Sie der Versuchung, alle Features Ihrer App vorstellen zu wollen. Besinnen Sie sich darauf, dem Nutzer nur das zu zeigen, was Ihre Daten zur Zielgruppe bzw. Persona ergeben haben. Stellen Sie das Problem, das der Nutzer zu lösen versucht, in den Vordergrund, und zeigen Sie dem Nutzer im On-Boarding, wie die App genau dieses Problem löst.
4. **Konsistente Sprache**
   Seien Sie einfach in dem, was Sie sagen möchten. Nutzen Sie keine komplizierten Fachbegriffe, sondern ein einfaches Wording. So können Sie nur Verben als Überschriften benutzen, um klar zu zeigen, was die App macht. Seien Sie sowohl

sprachlich als auch visuell über alle Seiten hinweg konsistent, und sprechen Sie die Sprache des Nutzers.

5. **Erst on-boarden, dann registrieren**
   Zeigen Sie zuerst, was die App kann, bevor der Nutzer sich registrieren muss. Sobald ein Nutzer sich registriert und eingeloggt hat, will er die App nutzen und nicht zwingend einen weiteren Prozess durchlaufen, der zeigt, wie die App zu nutzen ist.
6. **Halten Sie sich kurz**
   Wiederholen Sie nicht die Beschreibung aus dem App Store. Das On-Boarding sollte prägnant gehalten sein. Zeigen Sie dem Nutzer direkt, was die App wirklich macht.

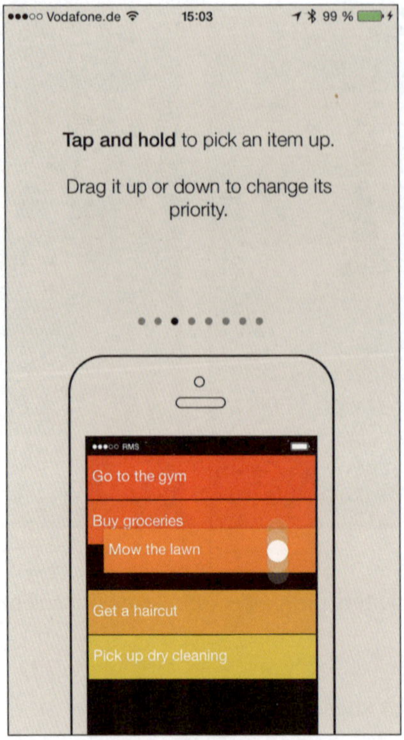

Abbildung 6.10 Halten Sie sich inhaltlich kurz, und zeigen Sie visuell, wie die Features bzw. Funktionen zu nutzen sind, wie es hier das On-Boarding der Clear-App vormacht.

Funktionsorientiertes On-Boarding

Eine andere Möglichkeit ist es, beim On-Boarding nicht den Nutzen in den Vordergrund zu stellen, wie es beim vorteilsorientierten On-Boarding der Fall ist, sondern die Hauptfunktionalität der App zu veranschaulichen. Es geht darum, die Funktionen zu beschreiben, nicht den Vorteil. Beachten Sie hierbei folgende Prinzipien:

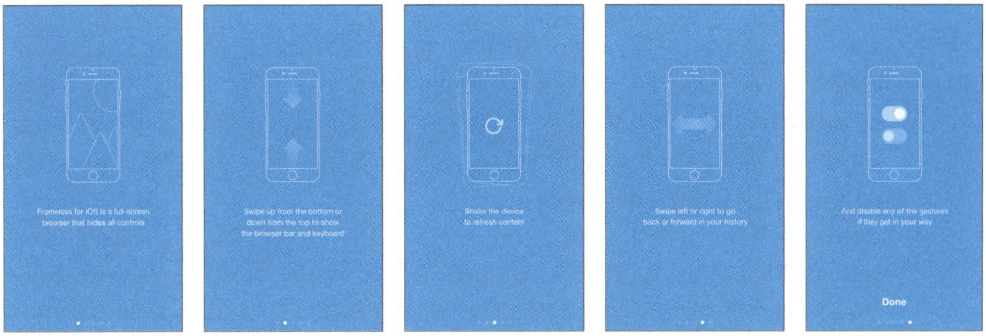

Abbildung 6.11 Komplettes On-Boarding der Frameless-App. Frameless ist ein rahmenloser Browser. Im On-Boarding wird sehr gut beschrieben, wie der Browser zu nutzen ist. Leider auch nicht mehr verfügbar.

1. **Erklären Sie nicht das Offensichtliche**
   Seit dem frühen Internet und der ersten Software bis hin zu jetzigen Apps gibt es einige Funktionen, die wir alle als Nutzer kennen. So steht ein X rechts oben in der Ecke für Schließen, Abbrechen oder Beenden. Das weiß der Nutzer. Zeigen Sie ihm lieber, was er noch nicht kennt und welche Bedienelemente was für Funktionen haben.

Abbildung 6.12 In diesem Beispiel der Deutsche-Bahn-App wird ein Feature erklärt, das Nutzer bereits kennen, dieser Schritt wäre verzichtbar.

2. **Drei Seiten – je eine Funktion**
   Auch hier gilt die gleiche Regel wie beim vorteilsorientierten On-Boarding: Wenige Seiten sollten ausreichen, um Ihre Hauptfunktionalität der App zu beschreiben. Im Idealfall sollte es eine Funktion pro Seite sein. Die Faustregel lautet: nicht weniger als drei, nicht mehr als fünf Seiten.
3. **Helfen Sie dem Nutzer loszulegen**
   Wenn Ihre App zu Beginn in einem sogenannten Empty State ist, also z. B. ein Todo nicht angelegt ist, berücksichtigen Sie dies in Ihrem Design. Zeigen Sie hier kurz, wo der Nutzer die erste auszulösende Aktion findet. Ohne diesen Hinweis ist er hilflos und weiß nicht, was zu tun ist.
4. **Erst on-boarden, dann registrieren**
   Wie auch beim vorteilsorientierten On-Boarding sollte erst das On-Boarding vollzogen werden, bevor sich der Nutzer für den Service der App registriert.

Progressives On-Boarding

Learning by Doing beschreibt diese On-Boarding-Variante am besten. Hierbei wird der Nutzer nicht über Einleitungsseiten »an Bord geholt«, sondern nutzt bereits aktiv die App, während diese erklärt wird.

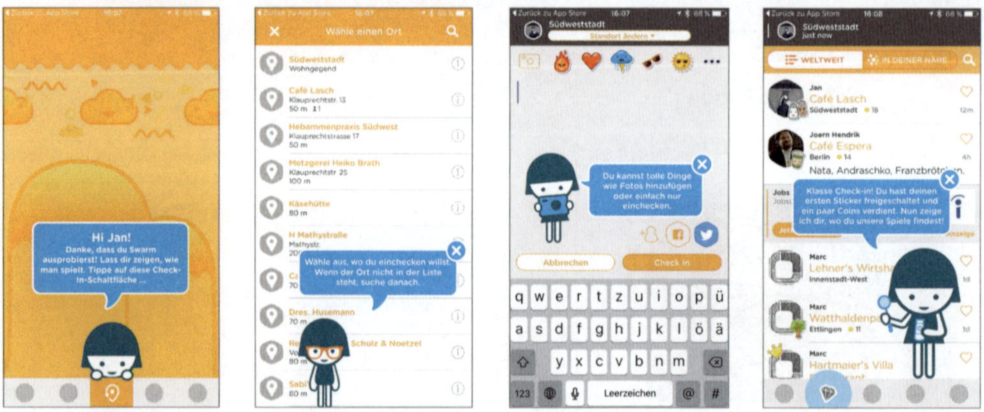

Abbildung 6.13 Beim On-Boarding einer älteren Version der Swarm-App von Foursquare ist der Nutzer direkt mitten im Geschehen.

Dies kann zum einen in einem vorgeschriebenen Prozess ablaufen oder frei, sodass jeder Screen, der zum ersten Mal geöffnet wird, erklärt wird. Auch hier gibt es Prinzipien, die Sie beachten sollten:

1. **Progressiv dann, wenn es kompliziert wird**
   Wenn Ihre App komplexe Vorgänge ausführt oder Aufgaben schwierig ablaufen, wie z. B. bei Apps, die sich mit Finanzen oder Statistiken beschäftigen, wird das progressive On-Boarding dem Nutzer helfen, sich in der App zurechtzufinden. Der

Nutzer wird basierend auf dem Workflow in die Applikation und deren Funktionen eingeführt.

2. **Erst registrieren, dann on-boarden**
   Im progressiven On-Boarding ist es nötig, die Registrierung vorzuschalten. Am besten integrieren Sie die Registrierung in den On-Boarding-Prozess.
3. **Bei versteckten Funktionalitäten nutzen**
   Nutzen Sie das progressive On-Boarding, um versteckte Funktionalitäten anzuzeigen. Aufgrund der Tatsache, dass wir auf einem kleinen Screen nicht sämtliche Bedienelemente abbilden können, werden häufig bestimmte Menüs und Funktionen »versteckt«. Nutzen Sie das progressive On-Boarding, um genau auf diese versteckten Funktionen aufmerksam zu machen.

Neue Gesten

Das progressive On-Boarding eignet sich auch, um bestimmte Gesten, die dem Nutzer noch nicht bekannt sind, einzuführen.

4. **Ideal für gestengesteuerte Apps**
   Wenn Ihre App im Wesentlichen über Gesten bedient wird, sollten Sie in jedem Fall auf progressives On-Boarding setzen. Hier können Sie alle Funktionen, die auf Gesten basieren, erklären und visualisieren. Der Nutzer wird dadurch in die intuitive Nutzung der App eingeführt.
5. **Bleiben Sie konsistent**
   Sollte Ihre App gestengesteuert sein, sollten Sie immer die Möglichkeit für den Nutzer bereitstellen, Einblick in alle nutzbaren Gesten zu erhalten. Ändern Sie nicht die Eingabemethode von einer zur anderen Version. Zeigen Sie dem Nutzer am Ende des On-Boardings, wo er eine Hilfefunktion findet, die ihm beispielsweise das On-Boarding erneut vorspielt.
6. **Am Ball bleiben**
   Führen Sie auch bei neuen Funktionen das progressive On-Boarding weiter. Haben Sie z. B. ein komplett neues Feature, das sich Nutzer schon lange gewünscht haben, in Ihre App integriert, halten Sie auch dafür ein On-Boarding bereit.
7. **Flexibel bleiben**
   Sie werden Ihre App weiterentwickeln und neue Funktionen dafür entwickeln, gestalten Sie den On-Boarding-Prozess so, dass dieser auch später einfach pfleg- und erweiterbar bleibt.

Methoden miteinander kombinieren

Natürlich können Sie alle bisher genannten Methoden miteinander kombinieren. Setzen Sie sich in jedem Fall zum Ziel, dem Nutzer den Einstieg in die App so einfach wie möglich zu gestalten.

Ein On-Boarding hilft Ihnen dabei, schon zu Beginn einen guten Eindruck zu hinterlassen. Der Nutzer wird sich abgeholt und umsorgt fühlen. Er wird eher geneigt sein, Feedback und Verbesserungsvorschläge an Sie zu richten. In jedem Fall sollten Sie berücksichtigen, dass der Nutzer im Fokus des On-Boardings steht und nicht marketingrelevante Interessen. Sehen Sie beim On-Boarding also von einer bloßen Bewerbung Ihrer App ab, und führen Sie den Nutzer in die Funktionen Ihrer App ein.

On-Boarding überspringen

Egal, für welche On-Boarding-Methode Sie sich entscheiden, räumen Sie den Anwendern in jedem Fall die Option ein, das On-Boarding überspringen zu können (Abbildung 6.14). Denn nicht jeder Anwender wird diese Funktion nutzen und sich vielleicht lieber selbst in die App einarbeiten wollen, oder er kennt diese bereits.

Abbildung 6.14 Unverzichtbar: die Möglichkeit, das On-Boarding zu überspringen

> **On-Boarding per Video**
>
> Ein On-Boarding per Video, das zeigt, was die App macht oder wie die App zu bedienen ist, ist natürlich auch möglich. Überlassen Sie in diesem Fall dem Nutzer, ob er das Video abspielen möchte oder nicht. Viele Nutzer mögen keine Videos, die sofort abgespielt werden, wenn man eine App das erste Mal startet. Zudem sollten Sie bedenken, dass bei einem Video diese auch aktualisiert werden müssen, sofern sich etwas in der App ändert. Weiterhin ein Problem: Mehrsprachigkeit. Sie müssten, sofern ein Sprecher oder Texte im Video erscheinen, für jede unterstützte Sprache ein Video erstellen, was natürlich recht aufwendig und mit Kosten verbunden ist.

Der nächste Abschnitt widmet sich einer Funktion, die wohl den meisten Nutzern »auf den Geist geht«. Jedoch ist sie für manche Apps zwingend notwendig, da ohne diese Funktionalität der Nutzer die App nicht nutzen kann: Die Rede ist von der Registrierung.

6.3.2 Die Registrierung

In manchen Apps ist es notwendig, dass Nutzer sich für einen bestimmten Service registrieren müssen. Um einen Account anlegen zu können, muss der Nutzer zunächst bestimmte Daten über sich eingeben. Eine Registrierung kann aus verschiedenen

Gründen notwendig sein. Etwa benötigt das System einen Nutzer, an den bestimmte Rechte vergeben werden. Oder die Registrierung dient dazu, Missbrauch vorzubeugen und zu bestätigen, dass es sich um einen echten Nutzer handelt und nicht um einen Registrierungs-BOT.

BOT

Ein BOT ist ein Computerprogramm, das automatisch wiederholende Aufgaben abarbeitet, ohne dabei auf einen menschlichen Nutzer angewiesen zu sein.

Früher waren diese Registrierungsprozesse sehr umfangreich und trugen nicht sonderlich zu einer gelungenen User Experience bei. Heute hat man begriffen, dass es im Kunden- und eigenen Interesse ist, diesen Prozess möglichst schlank zu halten. Auf mobilen Endgeräten stehen verschiedene Wege zur Registrierung offen.

Abbruchrate bei Registrierungen

Nicht jeder Kunde, der eine App herunterlädt und installiert, durchläuft tatsächlich erfolgreich den Registrierungsprozess. Die Abbruchquote bei Registrierungsprozessen ist hoch. In der Regel kann man sagen, je langwieriger der Registrierungsprozess ist, desto wahrscheinlicher ist es, dass die Registrierung abgebrochen wird. Eine Möglichkeit, den Abbruch zu verhindern, ist es, den Prozess auf mehrere Screens mit wenigen Feldern zu verteilen. Denn niemand füllt gerne lange Formulare aus. Experimentieren Sie, um die Abbruchquote zu senken.

Klassisch per E-Mail

Den klassischen Weg, sich per E-Mail für einen Dienst zu registrieren, kennen wir alle. Wir tragen unsere E-Mail-Adresse ein und geben unser Wunschpasswort ein. Die Registrierung erfolgt dadurch, dass wir vom System der App eine Bestätigungs-E-Mail erhalten, in der ein Bestätigungslink enthalten ist. Ein Klick auf diesen Link schaltet die App frei, und der Nutzer kann den zugehörigen Dienst nutzen.

Dieser Registrierungsweg eignet sich vor allem dann, wenn Sie eine App für Unternehmen entwickeln. Hierbei haben Sie mehr Kontrolle über die Nutzerdaten. Mitunter müssen Sie vielleicht Rechnungen erzeugen und diese dem Nutzer zukommen lassen und benötigen dafür die E-Mail-Adresse. Sollten Sie jedoch eine Consumer-App entwickeln, ist dieser Weg quasi veraltet. Hier nutzen Sie lieber andere Möglichkeiten, wie z. B. das Login über einen Facebook-, Twitter- oder Google-Account, denn dieser Weg bietet Ihnen mehr Vorteile (dazu im nächsten Abschnitt mehr).

Pro

- eigene Nutzerverwaltung
- Datenschutz in eigener Hand

Contra

- längerer Registrierungsprozess
- mitunter aufwendige Nutzerverwaltung

Social Connect: Facebook, Twitter, Googlemail

Diese Möglichkeit funktioniert nur dann, wenn der Nutzer einen aktiven Account in einem der sozialen Netzwerke hat, der die Funktion *Social Connect* anbietet. Beim Social Connect greift die App auf den Account des sozialen Netzwerkes zu und fragt den Nutzer, ob er bestimmte Informationen vom sozialen Netzwerk erhalten darf. Hierbei kreiert der Dienst bzw. die App einen Account auf Basis der Daten, die vom Nutzer im sozialen Netzwerk vorliegen.

Dadurch ergeben sich für die App erweiterte Möglichkeiten. So können z. B. weiterführende Informationen zum Anwender genutzt werden. Im Fall von einem Facebook-Connect kann dies der Freundestatus sein, also mit welchen Menschen der Anwender in Kontakt steht, aber auch Interessengebiete, Wohnort, Beruf usw. können abgefragt werden, je nachdem was die API und der Nutzer freigeben.

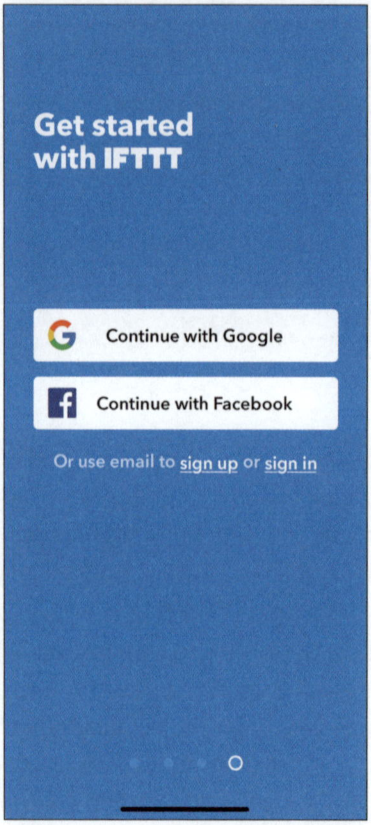

Abbildung 6.15 Login über den eigenen Facebook-Account – IFTTT-App

Mittlerweile setzen einige Apps, z. B. *Tinder* oder *IFTTT*, einen solchen Social Connect voraus, wobei auch die Bilder vom Nutzer automatisch über Facebook bezogen werden. Innerhalb der App werden zudem bestimmte, auf den Nutzer zugeschnittene Funktionen bereitgehalten, die aus den Informationen von Facebook gespeist werden.

Zum einen erleichtert dieser Ansatz, eine Nutzerschar aufzubauen, da man auf ein bestehendes Social Network zurückgreifen kann, zum anderen können Sie Daten, sofern der Anwender diese freigibt, für Ihre App nutzen. Der Prozess hat sich in der Praxis bewährt, und viele Apps nutzen dieses Verfahren, weil es vieles vereinfacht. Der Nachteil ist, dass hierbei alle möglichen Daten über den Nutzer einsehbar werden, was Nutzer mitunter nicht wollen. Datenschutz ist hier ein heikles Thema. So greifen Facebook oder Twitter auf diese Daten zurück, um gezielte Werbebotschaften an Nutzer zu senden. Auch können Plattformen gehackt werden und Nutzerdaten in falsche Hände gelangen.

Dennoch, wenn Sie eine Konsumenten-App mit einer lebendigen Community entwickeln wollen, ist dieser Weg auf jeden Fall ein guter und schneller.

Pro

- einfach und bequem
- Registrierung ist schnell abgeschlossen
- Inhalte sind persönlich auf den Anwender zugeschnitten.

Contra

- Datenschutz: Der Nutzer weiß nicht, was mit seinen Daten passiert.
- wird gegebenenfalls für gezielte Werbebotschaften genutzt
- Gefahr, dass Daten der Anwender gehackt werden

Registrierung innerhalb der App

Als weitere Alternative haben Sie die Möglichkeit, den Registrierungsprozess ausschließlich über die App abzuwickeln. Die App ist nach der Installation sofort nutzbar. Es bedarf keiner zusätzlichen Bestätigung etwa per E-Mail oder der Eingabe einer Telefonnummer.

Registrierungsprozesse sollten schlank und kurz gehalten werden. Ich werde im späteren Teil des Buchs näher auf den Aufbau eines Registrierungsprozesses eingehen und zeigen, wie schnell dieser sein kann und was grundsätzlich dafür notwendig ist.

Registrierung mit Rufnummer

Einige Apps nutzen auch die Registrierung mittels einer Telefonnummer oder setzen diese gar voraus. Die Idee dahinter ist es, den Nutzer eindeutig mittels der Rufnummer identifizieren zu können. Fake-Accounts können somit fast ausgeschlossen werden. Zudem ist es hilfreich für eine sogenannte 2-Faktor-Authentifizierung, die Rufnummer mit abzufragen.

Die Registrierung erfolgt durch die Angabe einer Rufnummer, an welche im Prozess ein SMS-Validierungscode gesendet wird, somit wird der Nutzer identifiziert, da er ja höchstwahrscheinlich sein Smartphone bei sich hat.

Pro

- einfach und schnell
- eindeutige Identifizierung des Nutzers

Contra

- Nutzer geben nicht gerne Rufnummer an

2FA – 2-Faktor-Authentifizierung

Eine 2-Faktor-Authentifizierung beschreibt eine Methode, bei der Nutzer zwei oder mehr Angaben machen müssen um ihre Identität zu bestätigen. Hierbei gibt es verschiedene Möglichkeiten: So können Sie einen Code per SMS an Ihre Nutzer senden und parallel das Nutzerpasswort abfragen.

Apple nutzt hierbei sogar verschiedene Geräte untereinander, um zu erkennen, ob es sich um den besagten Nutzer handelt.

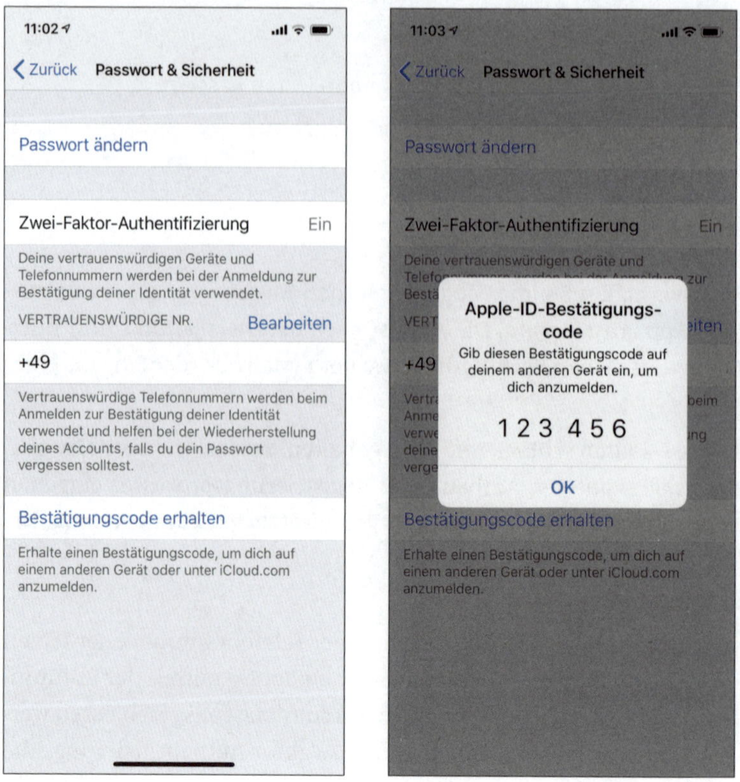

Abbildung 6.16 Zwei-Faktor-Einstellungen und Code unter iOS

Video Ident, Post Ident und Co.

Bei manchen Apps, allen voran bei sogenannten Finetech (Finanz-Technologie)-Apps, ist eine Überprüfung der Identität zwingend erforderlich, da es vom Gesetzgeber so vorgegeben wird. Hierfür gibt es verschiedene Dienstleister wie PostID oder IDnow. Diese Dienstleister bieten Schnittstellen zu ihren Diensten an, und Sie können diese Verfahren in Ihrer App nutzen.

Über eine bereitgestellte API-Schnittstelle wird eine Videoverbindung mit Ihrem Smartphone aufgebaut, und Sie müssen mit einem Sachbearbeiter verschiedene Fragen beantworten sowie Ihren fälschungssicheren Personalausweis in die Kamera halten, um Ihre Identität zu bestätigen. Bei der PostID können Sie sogar zur nächsten Postfiliale gehen und Ihre Identität bestätigen.

6.3.3 Den Nutzer im Blick

Sie haben den Nutzer bereits von sich überzeugt. Er hat Ihre App installiert, das On-Boarding durchlaufen und sich gegebenenfalls für Ihren Service registriert. Halten Sie den positiven Eindruck aufrecht, und vermeiden Sie den folgenden Fehler.

Frustration als App-Killer

Wenn eine App einen Nutzer überfordert, führt das meist zu Frust – und Frust ist ein sicherer App-Killer. Im schlimmsten Fall deinstalliert der Nutzer die App gleich und sucht sich eine Alternative, im besseren Fall schreibt er den Entwickler an und bittet um die Beseitigung eines Bugs oder teilt einen Funktionswunsch mit. Grundvoraussetzung hierfür ist allerdings, dass die App über eine Feedback-Funktion verfügt.

Ein einfaches Kontaktformular oder eine E-Mail-Adresse reichen oft aus. Alternativ besteht die Möglichkeit, professionelle Feedback-Dienste in die App zu integrieren, die ein vollwertiges Feedback-System samt Forum umfassen. Am besten geeignet sind solche Dienste für groß angelegte Projekte mit Alpha- und Betaphasen. Solch ein Dienst wäre z. B. Uservoice (*www.uservoice.com*).

Nehmen Sie solche Anfragen sehr ernst, und schreiben Sie in jedem Fall zurück. Sobald Ihnen jemand schreibt und Feedback gibt, hat er Interesse an Ihrer App und will sie nutzen. Das ist ein gutes Zeichen und kann Ihnen helfen, Ihre App entscheidend zu verbessern. Jeder Nutzer verdient dieselbe Aufmerksamkeit.

6.3.4 Transitional Interfaces

User Interfaces werden statisch gestaltet, d. h., es werden einzelne Screens erstellt und alle möglichen Zustände von Bedienelementen dargestellt. Jedoch verhält sich ein User Interface dynamisch, der Nutzer wandert von einem Screen zum nächsten.

Was zwischen den Screens bzw. den Zuständen passiert, wird meistens nicht dargestellt. Erstellte Einträge erscheinen, und gelöschte Einträge verschwinden einfach.

Es ist aber wichtig, dem Nutzer zu signalisieren, dass der entsprechende Eintrag auch gelöscht oder erstellt wurde oder dass der Nutzer von einem Screen zum nächsten gelangt. Animationen vermitteln dem Nutzer, dass die Applikation mit einer ausgelösten Aktion auf die Eingabe reagiert, was wiederum das positive Nutzererlebnis steigert. Man spricht hierbei von *Transitional Interfaces*.

Transitional Interfaces beinhalten zwei Typen von Animationen. Die Transition beschreibt einen Übergang von einem Zustand in den nächsten, also z. B. einen Screenwechsel oder die Änderung eines Zustands eines Interaktionselements. Die Animation hingegen beschreibt das Verhalten einer Transition, also wie diese Transition aussieht.

Bedienung als Film

Transitional Interfaces kann man sich wie einen durchgängigen Film vorstellen. Der Nutzer spielt hierbei die Rolle des Regisseurs. Er entscheidet, welcher Teil vom Film abgespielt wird, alle Übergänge fließen ineinander über. Der Vorteil eines Transitional Interface ist die Aufwertung der User Experience.

Ein gutes grafisches User Interface oder ein guter Film zeichnen sich dabei dadurch aus, dass ein Nutzer oder Zuschauer sich unterhalten fühlt. Je interessanter, überzeugender und reeller ein Film oder ein grafisches User Interface ist, desto höher ist der Unterhaltungswert. Zudem sind Transitional Interfaces oftmals auch intuitiver zu nutzen, da sich die Animationen an die reale Welt anlehnen.

Als Beispiel sei die Musik-Applikation *Keezy* genannt. Beim Long-Tap auf den schwarzen Kreis ❶ füllt dieser den Screen und zeigt Einstellungsmöglichkeiten. Ohne eine Animation würde der Bildschirm komplett wechseln (schwarz werden), und der User wäre irritiert.

Abbildung 6.17 Keezy-App

Transitional Interfaces sind in der Entwicklung recht komplex und erfordern Kenntnisse in der geometrischen Mathematik. Es ist keineswegs mit Programmen wie *After Effects* oder *Cinema 4D* vergleichbar, da die Animationen in Apps quasi von Hand programmiert werden müssen.

Applikationen mit Transitional Interfaces bieten dem Nutzer ein tolles Nutzungserlebnis und haben durchaus einen Wow-Faktor. Der Aufwand lohnt sich bei kleinen, einfachen Aufgaben, die eine klare und einfache Struktur haben, z. B. bei einem Fragebogen. Niemand füllt gerne Fragebögen aus, aber wenn diese schön und benutzerfreundlich animiert sind, sind Nutzer eher dazu bereit. Transitional Interfaces bieten sich also sehr für lineare Use Cases an. Die im Folgenden genannten Aspekte sollten bei Transitional Interfaces beachtet werden.

Timing

In der Animation wie im Leben ist Timing alles. Menschen wissen, wie sich bestimmte Objekte in der realen Welt verhalten. Wir können fühlen, ob sich ein Objekt zu langsam oder zu schnell bewegt und ob die Bewegung natürlich oder unnatürlich ist. Das richtige Timing hilft dabei, die physikalischen Eigenschaften eines Objekts zu definieren. So sollten sich z. B. große Objekte langsamer bewegen als kleine.

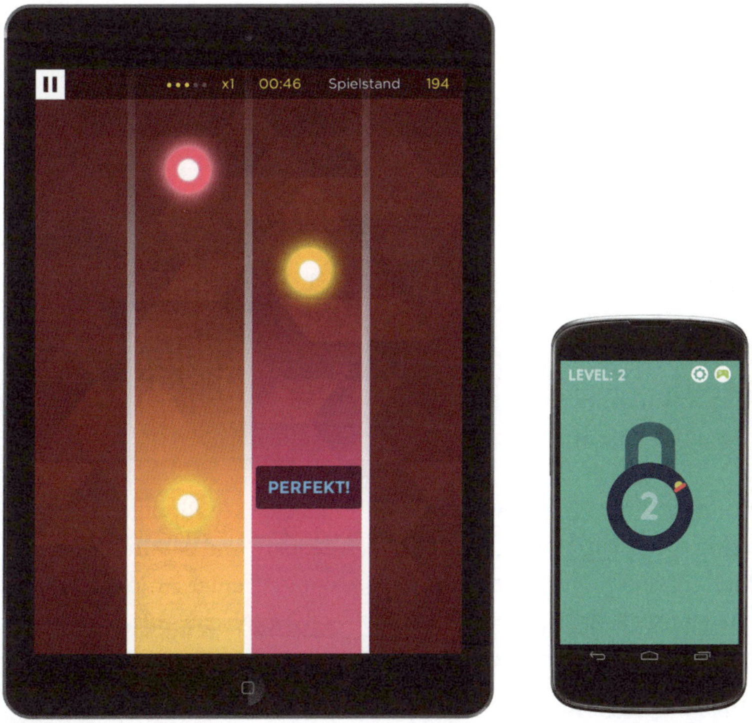

Abbildung 6.18 »Pop the Lock« ist eine App, bei der man den richtigen Zeitpunkt erwischen muss, um ein Schloss zu öffnen.

Easings

Ein Easing beschreibt den Geschwindigkeitsfortschritt zwischen zwei Zuständen einer Animation. Dadurch kann bei Objekten der Eindruck geweckt werden, dass sich Objekte beschleunigen oder abbremsen. Der *Breakdown* einer Animation wird zeitlich verschoben, und somit werden Abbrems- oder Beschleunigungseffekte erzielt. Hier finden Sie einige Beispiele von Easings: *https://easings.net*.

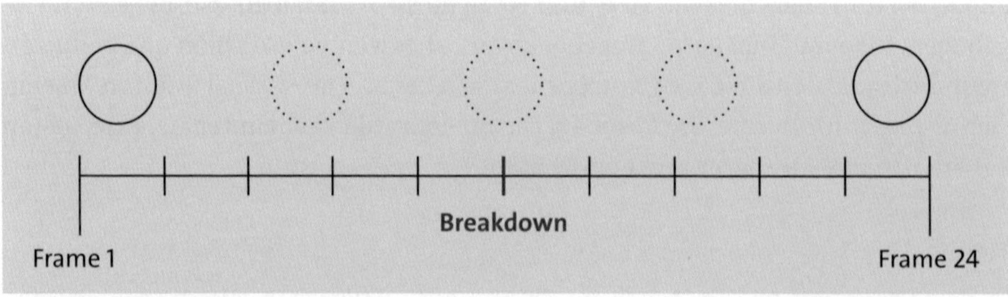

Abbildung 6.19 Lineare Animation

Breakdown

Als Breakdown bezeichnet man den Zeitpunkt, an dem die Eigenschaften (Größe, Geschwindigkeit etc.) des Animationsobjekts im linearen Zustand zur Hälfte abgelaufen sind und die zweite Hälfte beginnt.

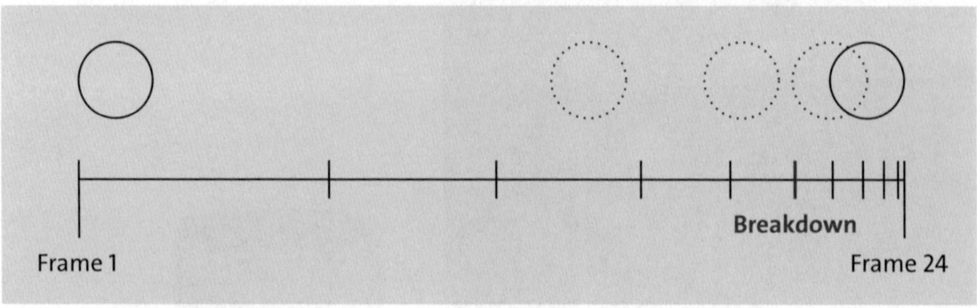

Abbildung 6.20 Ease-out-Animation

Es können auch andere Effekte erzielt werden, so können Objekte abprallen oder elastisch wirken. Easings geben uns das Gefühl, dass sich Objekte und dadurch Transitional User Interfaces natürlich verhalten. Ein linearer Ablauf einer Animation wirkt unnatürlich und nicht realistisch (Abbildung 6.19). Der dynamische Ablauf einer Animation lässt das Interface schneller wirken.

Eine Ease-out-Animation beschreibt ein Abbremsen eines Objekts (Abbildung 6.20). So startet das Objekt mit voller Geschwindigkeit und endet langsam. Ein Ease-in verhält sich genau umgekehrt, es beschleunigt langsam und endet bei voller Geschwindigkeit. Ein Ease-in/out bezeichnet beide Verhalten. Die Anfangs- und Endgeschwindigkeit ist dieselbe.

Dauer

Wenn Sie in Ihrer App Animationen einsetzen, sollten Sie darauf achten, dass diese direkt nach einem ausgelösten *Event* stattfinden und nicht verzögert. Träge Animationen fühlen sich falsch oder defekt an. Animationen von Transitional User Interfaces sollten kurz sein. Tappt der Nutzer auf einen Button, sollte die Animation dann abgeschlossen sein, wenn der Nutzer mit dem Finger schon über dem nächsten Bedienelement ist. Ein guter Richtwert für die Dauer einer Animation sind 0,5 Sekunden.

Event

Ein Event ist eine ausgelöste Aktion von einem User oder von einer Applikation. Diese Events lösen Programmabläufe aus. So ist der Tap auf eine Schaltfläche ein Event, ebenso wie eine Meldung des E-Mail-Clients.

Animationen sollten flüssig ohne Störung ablaufen. Der Nutzer sollte nicht warten, bis eine Animation abgeschlossen ist, um das nächste Bedienelement nutzen zu können. Selbst 300 Millisekunden können unheimlich lang sein. Hier finden Sie einen interessanten Artikel, der die Problematik unter Safari beschreibt: *www.telerik.com/blogs/what-exactly-is.....-the-300ms-click-delay*.

Farb-, Größen- und Formveränderungen

Innerhalb von Animationen können auch Farbveränderungen vorgenommen werden. So können Objekte neu eingefärbt werden, wenn diese einen anderen Status erhalten. Als Beispiel sei hier wieder die Applikation *Clear Todos* genannt. Bei dieser App können durch verschiedene Gesten die Objekte auf dem Bildschirm verändert werden.

Durch eine Swipe-Geste nach rechts färbt sich das entsprechende Element grün ein und signalisiert somit den Abschluss eines To-dos. Mit einem Pinch-out lassen sich alle To-do-Aufgaben gruppieren. Anschließend blendet sich ein blaues Element ein, was eine erfolgreiche Gruppierung signalisiert. Die Clear-Applikation ist ein wunderbares Beispiel für ein gelungenes Zusammenspiel zwischen Animation und Farbveränderungen und dabei eine der wenigen Applikationen, die sich wirklich sehr intuitiv nutzen lassen.

In Animationen können Objekte skaliert oder anderweitig in ihrer Größe oder Form geändert werden. Diese Art von Animation kann verwendet werden, um verschiedene Interaktionselemente zu gruppieren, z. B. können unterschiedliche Inhalte hinter einem Icon versteckt werden.

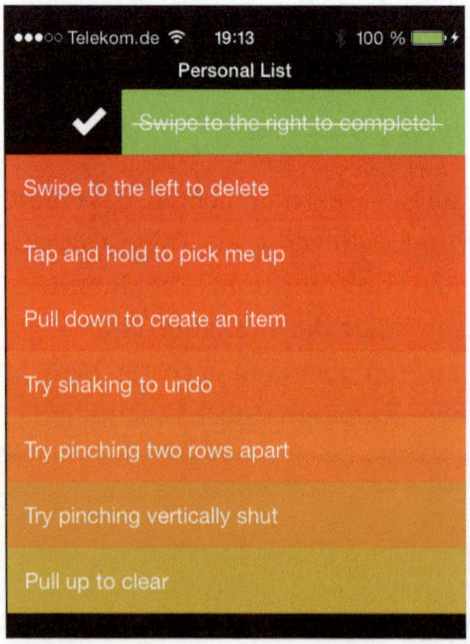

Abbildung 6.21 Das gelungene Transitional Interface der Clear-App

Fazit

Je realer Animationen wirken und sich mit den physikalischen Gegebenheiten der realen Welt decken, desto mehr fühlt sich der Nutzer zu solchen Applikationen hingezogen. Real wirkende User Interfaces geben dem Nutzer ein Gefühl von Sicherheit, da er vermutet, mit seinen Events ein reales System zu beeinflussen.

Beachten Sie aber auch hier den Grundsatz »weniger ist mehr«, und setzen Sie Animationen nur sinnvoll und am besten subtil ein. Ein komplett animiertes User Interface mag zwar interessant aussehen, was aber nicht zwangsläufig bedeuten muss, dass der Nutzer intuitiver mit der Applikation umgehen kann. Versuchen Sie, Ihre Animationen so einzusetzen, dass durch sie ein Vorgang besser visualisiert werden kann. Ein zu löschendes Listenelement, das sich perspektivisch wegklappt und verschwindet, ist allemal besser als ein sich permanent drehendes Firmenlogo.

6.4 Benutzerfreundliche Bedienung und Dateneingabe

Zunächst eine grundlegende Bemerkung: Eine gute Sichtbarkeit von Bedienelementen impliziert nicht, dass diese in einer App auch gut bedienbar sind. In die Gestaltung einer App werden oft blind Website-Elemente wie Buttons oder Links übernommen. Doch diese Elemente sind in erster Linie für die Bedienung mit der Maus am Computer und fürs Internet konzipiert und lassen sich präzise auch nur mit derselben bedienen. Zwar mögen die Elemente in der App auf dem hochauflösenden Touchdisplay gut lesbar sein, aber in der Bedienung zeigt sich die einfache

Weisheit, dass Finger keine Mauszeiger sind (siehe dazu auch Kapitel 3, »Think big, but build small«).

Gerade für die Dateneingabe bieten die Plattformen mobiler Endgeräte Controls an, die die besonderen Rahmenbedingungen und hohen Anforderungen an eine gute App-Usability berücksichtigen. Das Thema Controls werde ich in diesem Abschnitt nur kurz anreißen und werde es in Kapitel 8 vertiefen. Wichtig ist, dass Sie in den folgenden Abschnitten ein Gefühl dafür bekommen, wie Sie Ihre Nutzer bei der Bedienung Ihrer App möglichst optimal unterstützen können.

Controls

Controls sind vom Betriebssystem vorgegebene UI-Elemente, die in den Applikationen von Anwendern genutzt werden, um Daten einzugeben. Es besteht aber auch die Möglichkeit, Controls von verschiedenen Bibliotheken zu nutzen, die von anderen Entwicklern entwickelt wurden. Auf die verschiedenen Controls von Android und iOS gehe ich ausführlicher in Kapitel 8 ein.

Abbildung 6.22 Beispiele von iOS-Controls: Navigationsleiste (links oben), Switch (links unten), Datepicker (rechts)

Der große Vorteil bei der Nutzung der betriebssystemspezifischen Controls liegt darin, dass der Nutzer diese bereits kennt und deren Funktionsweise versteht. Zusätzlich sieht die App aus, als würde sie zum System gehören.

Control-Elemente kennenlernen

Für Informationen, wie und wofür betriebssystemeigene Controls genutzt werden können, ziehen Sie einfach die entsprechenden Richtlinien zurate:

- Android (Material Design): *https://material.io*
- iOS: *https://developer.apple.com/design/human-interface-guidelines/ios/overview/themes/*

Custom-Controls können hingegen spezifische Probleme lösen, bei denen ein Standard-Control keine zufriedenstellende Lösung bietet. Diese müssen selbst entwickelt werden.

6.4.1 Die richtige Positionierung von Controls

Hauptaktionselemente wie ein Senden- oder Bestätigungs-Button sollten sich auf Smartphones immer im unteren Bereich befinden, immer in Reichweite des Daumens (siehe dazu auch Abschnitt 3.7.3, »Der Daumen als Entdecker«). Sekundäre Aktionselemente können entsprechend weiter entfernt positioniert werden. Am besten nutzen Sie hierbei die vom Betriebssystem vorgeschlagenen Positionen. Unter iOS ist das entweder in der Navigationsbar oder in der Tabbar. Unter Android ist dies in der App-Bar oder auch in der Toolbar.

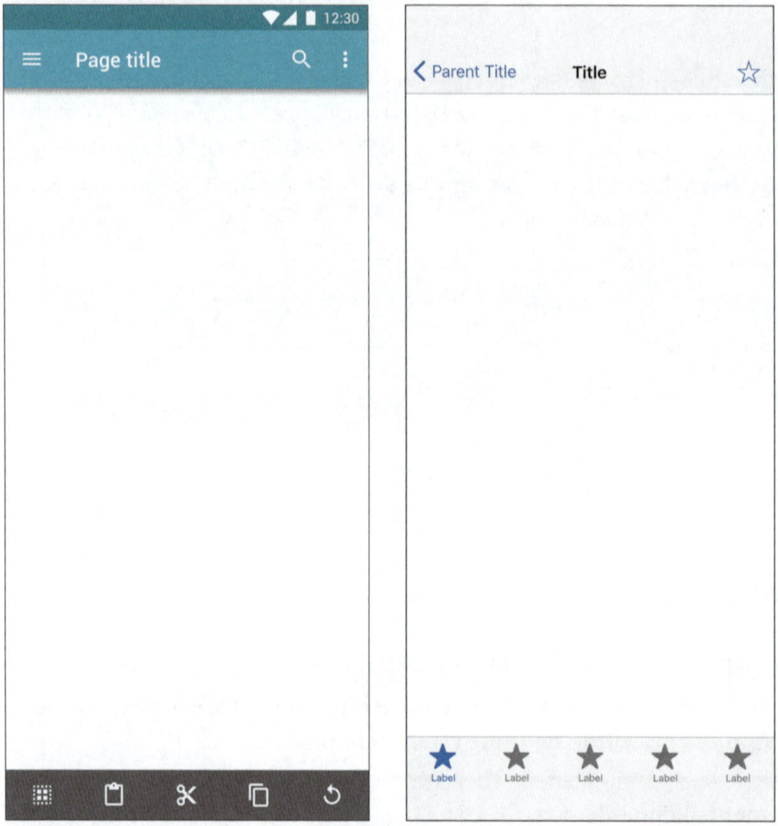

Abbildung 6.23 Beispiele von Navigations- und Tabbars unter iOS (links) und Android (rechts)

Positionieren Sie wiederkehrende Elemente immer an den Stellen, an denen der Nutzer diese vermutet. So werden diese sofort gefunden. Klassisches Element in iOS ist beispielsweise der Zurück-Button oben links oder das Bearbeiten einer Liste oben rechts.

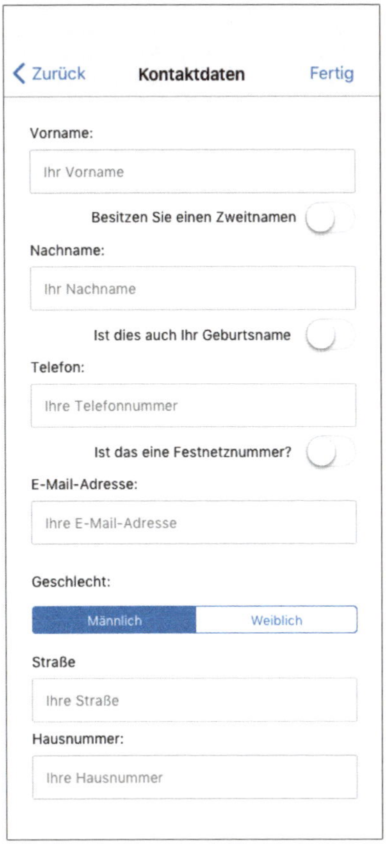

Abbildung 6.24 Zu viele Eingabemöglichkeiten führen zu einem überfrachteten Screen. Benötigen Sie wirklich alle Angaben?

Aufteilen statt Überfrachten

Ein Grundpfeiler guter App-Usability und -Gestaltung ist, dass Sie nicht zu viele Bedienelemente auf einem Screen positionieren. Der Platz auf dem Bildschirm ist spärlich, und die Wahrscheinlichkeit, dass vom Nutzer ein falsches Bedienelement ausgewählt wird, steigt mit der Anzahl der Bedienelemente – gerade wenn es um die Eingabe vieler Informationen geht. Wird dann womöglich noch die Tastatur eingeblendet, ist der Platz noch spärlicher.

Sollte die Eingabe umfangreicher Inhalte nötig sein, achten Sie darauf, die Inhalte logisch über verschiedene Screens zu verteilen. Versuchen Sie, die Schritte schlüssig aufeinander aufzubauen, sodass der Nutzer diese nachvollziehen kann. Geben Sie dem Nutzer auch immer die Möglichkeit, wieder auf die Seiten zuvor zu gelangen, um Korrekturen vorzunehmen. Was zudem wichtig ist: Zeigen Sie dem Nutzer vor Abschluss der Dateneingabe alle gesammelten Informationen an.

Abbildung 6.25 Solides und aufgeräumtes Kontaktformular mit allen nötigen Angaben. Verzichten Sie auf Daten, die Ihnen in der App nichts nutzen.

6.4.2 Der Einsatz von Custom-Controls

Custom-Controls werden meist genutzt oder entwickelt, um dem Nutzer die Eingabe von Daten oder das Bedienen von Apps zu erleichtern. Auf diese Weise entstanden durchaus Controls, die heute gängig in vielen Applikationen genutzt werden.

Es gibt Controls, die sehr spezifisch sind und die ganz bestimmte Anwendungsprobleme lösen, viele können aber von jeder Applikation genutzt werden. Lassen Sie sich von den Custom-Controls inspirieren. Die Barkbuddy-App ist für ein gelungenes Bedienkonzept mit Custom-Controls ein gutes Beispiel. Hier streicht der Nutzer nach rechts, wenn ihm das Foto des Hundes gefällt, und nach links, wenn es ihm nicht gefällt. Alternativ kann dieselbe Funktionalität über Buttons ausgeführt werden. Dieses Control des Ziehens eines Elements nach rechts bzw. links wird nun öfter genutzt, wenn es darum geht, eine positive oder negative Entscheidung zu treffen. Sie kennen dieses Control bereits, haben sie eine Vermutung?

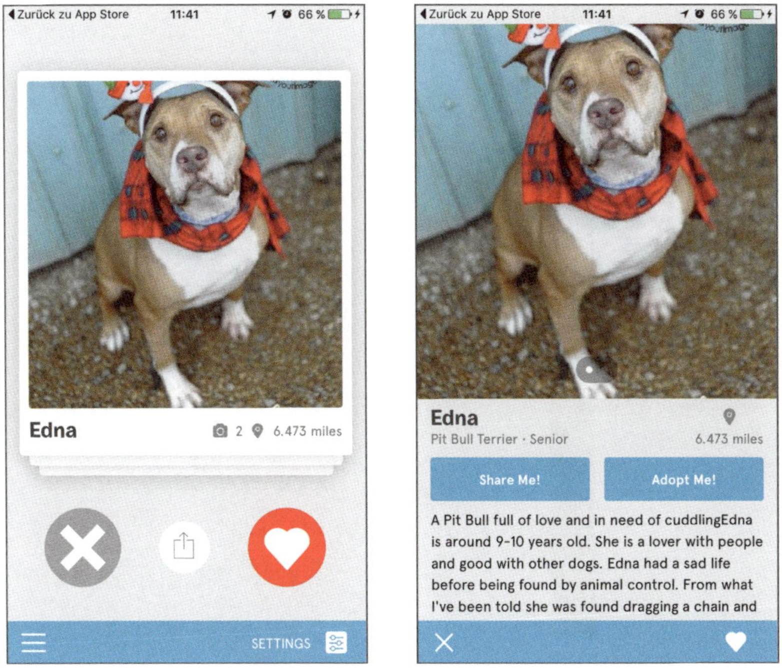

Abbildung 6.26 Tinders Swipe-to-Choose in der Barkbuddy-App

6.4.3 Kontextbezogene Bedienelemente und Navigation

Ein gutes Beispiel für eine kontextbezogene Navigation ist das klassische Burger-Icon-Menü. Viele vermuten, es sei eine Erfindung von Facebook & Co.

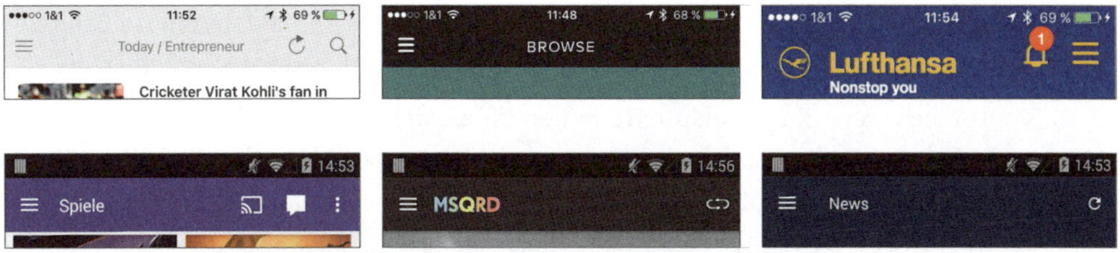

Abbildung 6.27 Burger-Icons in Apps von oben links nach unten rechts: Feedly, Spotify, Lufthansa, Twitch, MSQRD und Motor-Talk.

In Wahrheit ist das Burger-Icon schon über 25 Jahre alt und wurde von Norm Cox, einem der Entwickler des Xerox Stars, des ersten Computers mit einem grafischen User Interface sowie Computermaus, erfunden. Dieses Konzept wurde gerade bei mobilen Apps aufgegriffen.

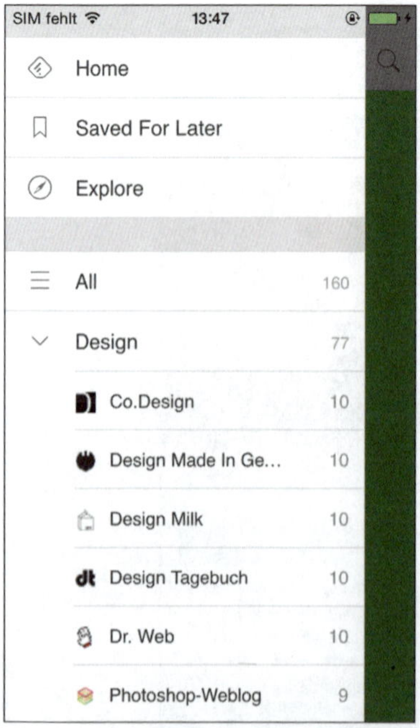

Abbildung 6.28 Feedlys Fly-over- bzw. Sidemenü

Das Burger-Menü findet sich meist als Gruppierungselement der Navigation wieder, meist oben link, neuerdings auch rechts oder in den Tabbars unten als »More«-Tab, unter dem sich mehr Menüeinträge verstecken. Bei Berührung öffnet sich meist links eine neue Fläche und schiebt den momentanen Screen auf die rechte Seite oder überlagert diesen wie in der Feedly-App. Die neue Fläche zeigt nun die Hauptnavigation an, und von dort aus kann der Nutzer durch die App navigieren. Im Falle des »More«-Tabs wird ein neuer Screen aufgerufen und zeigt weitere Menüeinträge.

Kontextbezogene Bedienelemente helfen dabei, den Screen nicht zu überfrachten, und erscheinen nur dann, wenn der Nutzer eine weiterführende Aktion ausführen möchte. Als Beispiel seien hier die Listenelemente mit sogenannten »Leave Behinds« der Mail-App von Apple genannt (Abbildung 6.29).

Ein Swipe eines E-Mail-Listenelements nach links zeigt Funktionen wie Löschen oder Markieren an. So kann der Nutzer schnell eine E-Mail löschen – in diesem Fall sogar, wenn er einfach weiter nach links wischt. Mit einem Swipe nach rechts markiert man die Mail als ungelesen. Insgesamt handelt es sich hier um ein sehr intuitives Bedienelement, das die Vorzüge der mobilen Plattform samt den Gesten voll ausnutzt.

Nutzen Sie in jedem Fall Eigenheiten und Controls bzw. Bedienelemente vom Betriebssystem. Wenn Sie vor einem konkreten Problem stehen, für das Sie eine wesentliche einfache Bedienung benötigen, entwickeln Sie Ihre eigenen Controls, oder bedienen Sie sich aus den frei verfügbaren Bibliotheken.

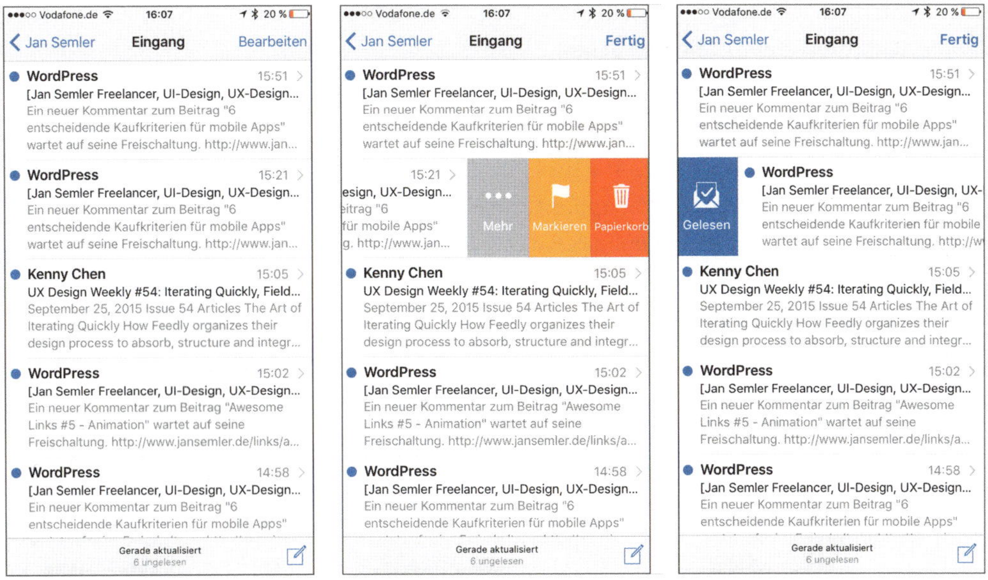

Abbildung 6.29 Verdeckte Aktionen unter einem Listenelement in der iOS-Mail-App, die durch eine Swipe-Geste hervorgerufen werden.

Setzen Sie die Bedienelemente so ein, dass sie in Ihrer App-Gestaltung wiederkehrend auftauchen und dass der Nutzer diese kontextbezogen nutzen kann.

6.5 Informieren Sie den Nutzer darüber, was passiert

Eine Regel guter Usability und User Experience von Apps ist, dass sämtliche Interaktionen, die zwischen App und Nutzer stattfinden, mit einer direkten Rückmeldung verbunden sein sollten. Berührt der Nutzer etwa eine Schaltfläche, sollte diese entsprechend Feedback geben und anzeigen, dass Sie tatsächlich aktiviert worden ist. Das *Feedback*, das der Nutzer erhält, kann unterschiedlich realisiert sein, etwa visuell durch eine farbliche Hinterlegung oder durch ein akustisches Signal oder durch die Vibration nach Ausführen einer Aktion etc.

In diesem Abschnitt möchte ich zunächst auf verschiedene Feedback-Formen eingehen und anschließend einen Überblick über die verschiedenen Notification-Arten in Android und iOS geben, damit Sie später besser Entscheidungen treffen können, wann eine Notification Sinn macht.

6.5.1 Formen von Feedback

Feedback über den Status des Systems ist eine der Grundregeln guter UX. Zu einem guten App-Erlebnis gehört es auch, dass der Anwender stets weiß und sieht, was er gerade macht. Es gibt verschiedene Wege, dem User Feedback über das erfolgreiche Ausführen einer Aktion zu geben.

Visuelles Feedback

Das visuelle Feedback spielt gerade in der Gestaltung von Webapplikationen eine wichtige Rolle. Was für Webapplikationen gilt, kann auch für mobile Apps gelten. In unserem Fall fällt das visuelle Feedback des Mouse-over leider aus, aber die anderen drei Zustände haben weiterhin ihre Daseinsberechtigung. Hier sind vier Zustände für Schaltflächen zu unterscheiden:

1. der Normalzustand
2. der Mouse-over-Zustand
3. der Clicked-Zustand
4. der Disabled-Zustand

In der Regel haben diese vier Zustände eine unterschiedliche visuelle Erscheinung. Diese Unterschiede ermöglichen es dem Nutzer zu erkennen, wie der Zustand dieser Schaltfläche ist. Ist eine Schaltfläche z. B. disabled (nicht nutzbar), ist diese meist ausgegraut. Dadurch wird dem Nutzer signalisiert, dass diese Schaltfläche derzeit nicht bedienbar ist. In der Gestaltung mobiler Apps können wir uns an diesem Prinzip orientieren. Zwar fällt hier das visuelle Feedback des Mouse-over aus – der Nutzer kann ja nicht wie bei einer Maus über Bedienelemente gleiten –, aber die anderen drei Zustände sind auch bei mobilen Apps sinnvoll nutzbar.

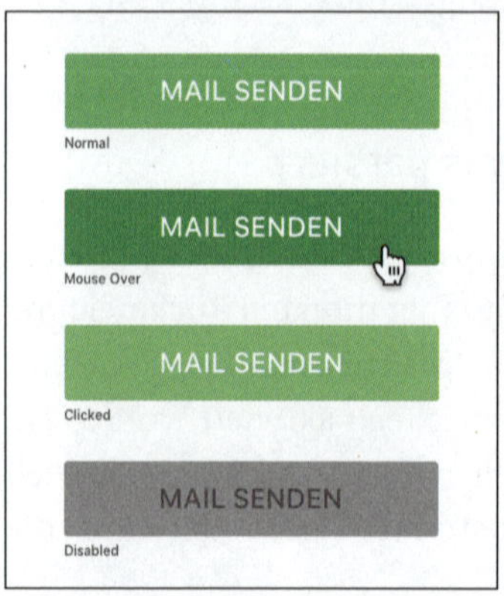

Abbildung 6.30 Zustände von Buttons auf Webseiten

Eine weitere Möglichkeit, Feedback zu geben, ist die Möglichkeit, einen sogenannten Loading-Spinner auf der Schaltfläche anzuzeigen. Meist wird dies bei der Registrierung oder bei einer Authentifikation genutzt, um dem Nutzer zu signalisieren, dass Daten übermittelt werden und auf eine Antwort gewartet wird. Dies ist dann nützlich, wenn Sie nicht abschätzen können, wie lange der Server benötigt, dem Nutzer zu antworten. Manche Bestandteile von Funktionalitäten liegen nicht in der App selber, sondern müssen auf Cloud-Dienste übermittelt werden.

Ein visuelles Feedback lässt sich nicht nur bei Schaltflächen, sondern auch bei anderen Objekten des User Interface realisieren. Durch eine Farbgebung bzw. die Gestaltungsart werden die Eigenschaften eines Objekts angezeigt und vermitteln darüber hinaus auch die Funktionalität des Objekts. So kann ein Nutzer ein Objekt berühren, und ein anschließend erzeugter Schlagschatten signalisiert dem Nutzer, dass man das Objekt per Drag & Drop bewegen kann.

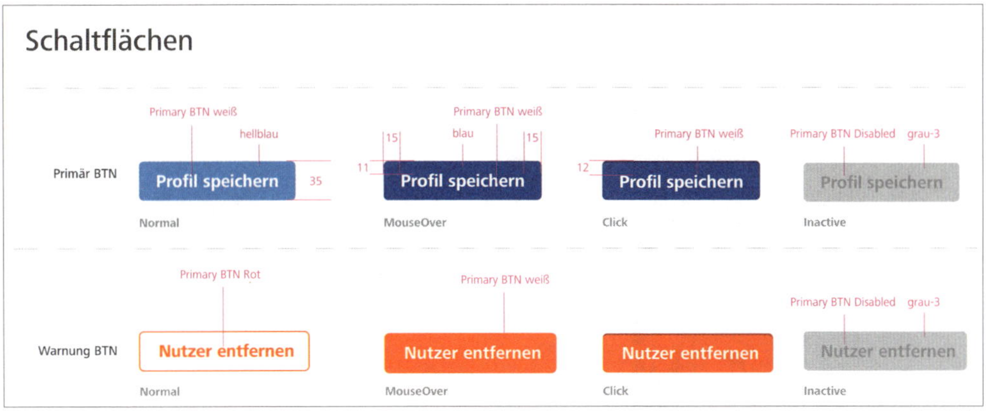

Abbildung 6.31 Auszug eines Styleguides für eine App, bei der Buttons und deren visuelle Erscheinung beschrieben sind

Styleguide

Ein Styleguide beschreibt Elemente eines Corporate Designs. Styleguides werden auch in der Entwicklung von Software genutzt, meist spricht man dann von UI Styleguide oder Design-System. Hierbei werden das UI und dessen Komponenten beschrieben. So hat der Entwickler eine Art Bauplan, um diese Komponenten zu entwickeln.

Wichtig bei solchem visuellen Feedback sind Konformität und Konsistenz. Klassifizieren Sie genau, wie Objekte sich wann verhalten, bleiben Sie in der Verwendung konsistent, und wenn möglich geben Sie diesen Objekten eine klare visuelle Erscheinung. So sind alle primären Aktionen z. B. blau und sekundäre Aktionen dunkelgrau eingefärbt. Elemente, die nicht nutzbar sind, könnten z. B. hellgrau eingefärbt sein.

Initiiertes Feedback

Ein vom Nutzer initiiertes Feedback wird vom Nutzer selbst eingeholt, indem er z. B. kurz den Status einer Funktion abfragt. Dies kann etwa der Aktualisierungsstand innerhalb einer Liste sein oder der Abruf von einem systemseitigen Widget. So kann das Hochladen oder Herunterladen von Dateien eines Servers länger benötigen als erwartet, und der Nutzer möchte sich über den aktuellen Fortschritt informieren, während er sich mit einer anderen App beschäftigt.

Auf der Smartwatch könnte dies über eine sogenannte Companion-App realisiert werden, die den Status der hochzuladenden Datei anzeigt, sobald der Nutzer die Companion-App auf der Smartwatch öffnet (Abbildung 6.32).

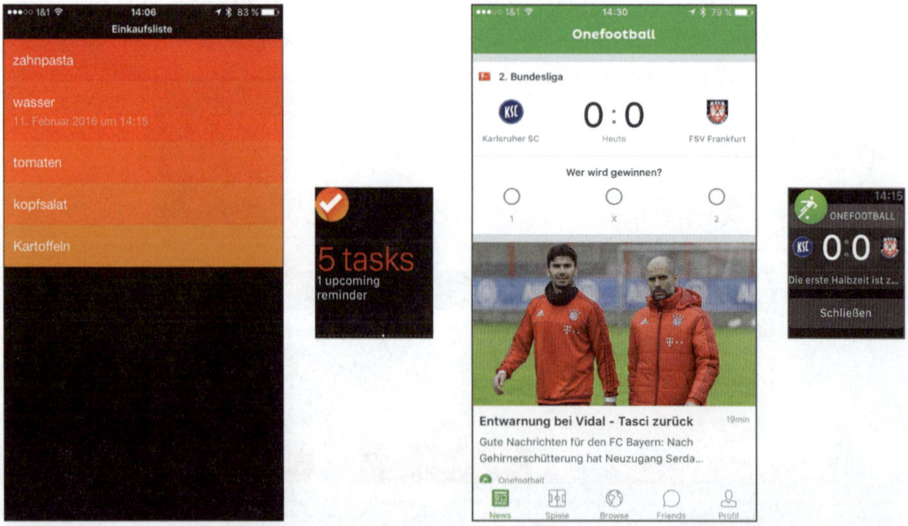

Abbildung 6.32 Links die Clear-App und die korrespondierende Apple-Watch-Companion-App und rechts die Onefootball-App und die korrespondierende Apple-Watch-Companion-App

Eine Companion-App ist eine App auf einer Smartwatch, deren Hauptfunktionalität auf dem Smartphone abläuft. Die Companion-App ist in diesem Fall quasi der verlängerte Arm der Smartphone-App und zeigt nur für den Nutzer relevante Inhalte an. Dies können in unserem Beispiel der Upload- bzw. der Download-Fortschritt sein. Ebenso kann eine Notification gesendet werden, wenn der Vorgang abgeschlossen ist. Diese erscheint dann auf dem Smartphone und/oder auf der Smartwatch.

Systemseitiges Feedback

Eine weitere Möglichkeit, den Nutzer darüber zu informieren, was gerade passiert, sind betriebssystemeigene Dialoge und Push-Notifications. Diese werden systemseitig oder auch von der App ausgegeben. Eine Notification vom Betriebssystem wird mit den betriebssystemeigenen Komponenten gezeigt. Hier hat man nur sehr wenig Einfluss auf die Gestaltung dieser Notifications. In der App hingegen kann man die Notifications frei gestalten, sie sind aber nicht mit den Push-Notifications der Plattform zu vergleichen. Systemseitiger Dialog erfolgt meist dann, wenn vom Nutzer eine Erlaubnis, etwa zum Freischalten einer Funktion, eingeholt werden soll, z. B. der Zugriff der App auf die Kamera oder auf das GPS.

Bei einer Push-Notification handelt es sich um eine Art Erinnerung oder Kurznachricht, die von der App gesendet wird und den Nutzer etwa über den Erhalt einer neuen Nachricht informiert. Eigens kreierte Notifications können lediglich in der App eingesetzt werden und den Nutzer über Zustände und Abläufe informieren. Es empfiehlt sich, diese Notifications im oberen Inhaltsbereich anzuzeigen.

Abbildung 6.33 Links eine WhatsApp-Notification innerhalb einer App, die frei gestaltet ist, und rechts eine Systemnachricht über die Abfrage, ob ein Zugriff auf das GPS erlaubt ist (Waze-App)

Feedback durch Akustik

Auch akustische Signale wie Töne sind ein probates Mittel, um den Vorgang bestimmter Funktionen zu bestätigen. Meist ist dieses Feedback sehr kurz. Diese Töne sind in der Regel Konformitäten, die bestimmte Aktionen symbolisieren, um dem Nutzer unnötige Meldungen zu ersparen. Meist reicht ein kleines akustisches Signal aus, wo eine Infomeldung überflüssig wäre. So ist es z. B. im Facebook-Messenger, in dem der Nutzer hört, ob er gerade auf eine Nachricht antwortet oder eine Nachricht schreibt. Auch hier gilt es, nicht zu übertreiben und nicht aufdringlich zu sein. Gerade Töne, wenn aufdringlich, werden gerne deaktiviert, da sie als sehr störend empfunden werden.

Feedback durch Haptik

Eine weitere Möglichkeit bietet die Vibrationsfunktion bei Smartphones, jedoch würde ich ein solches Feedback nicht bei Eingaben durch den Nutzer empfehlen, da diese Vibrationen sehr unerwartet sind. Es trägt nicht zu einer guten UX bei. Der Nutzer kennt diese nur, wenn ein Anruf oder eine Notification vom System im Locked-Modus auflaufen. Es ist aber nicht ausgeschlossen, dass Sie als App-Designer eine kreative Möglichkeit finden, Vibrationen zu nutzen.

6.5.2 Wann Feedback und Notifications zu viel werden

Auch mit dem Feedback sollte man es nicht übertreiben. Setzen Sie akustisches oder haptisches Feedback nur dann ein, wenn der Nutzer einen Vorteil davon hat. Keiner will eine App nutzen, die ständig vibriert oder Töne abspielt für jede Aktion, die man tätigt.

Feedback ist meist dann sinnvoll, wenn der Nutzer ein Signal braucht, um sicherzustellen, dass seine Aktion übernommen und ausgeführt wird. Ebenso aber auch, wenn eine Aktion nach einer Eingabe nicht durchführbar ist. Ein akustisches oder haptisches Feedback ist dann gut, wenn es fast unbewusst wahrgenommen und als natürlich empfunden wird.

Auch sollten Sie es mit Notifications nicht übertreiben, wer mag schon täglich daran erinnert werden, ein Produkt oder eine neue Funktion zu nutzen, wobei die App vielleicht seit Monaten nicht genutzt wurde? Vergewissern Sie sich, dass bei einer systemseitigen Push-Notification der Nutzer diese sofort bemerkt. Die Frage ist nun: Wie wichtig ist dem Nutzer diese Benachrichtigung oder, anders gefragt, wie wichtig ist Ihnen, den Nutzern gerade jetzt auf den »Geist« zu gehen?

Im Folgenden möchte ich auf Notifications und Widgets von Android und iOS näher eingehen.

6.5.3 iOS-Push-Notifications und Widgets

Notifications und Widgets gibt es viele. Diese können unterschiedlich angezeigt und aufgerufen werden. In diesem Abschnitt werden die Push-Notifications und Widgets unter iOS im Einzelnen vorgestellt.

Unlockscreen-Notifications

Unter iOS wird auf dem Unlockscreen eine Übersicht aller Notifications angezeigt, die der Nutzer in Abwesenheit erhalten hat. Diese Übersicht beinhaltet meist auch eine kurze textliche Vorschau, und die Nachrichten sind nach App gestapelt. Durch einen Tap auf die Notification öffnen sich zunächst alle Benachrichtigungen der App; durch einen weiteren Tap gelangt man direkt in die App zu der entsprechenden Nachricht. Durch einen Swipe nach links kann der Nutzer bestimmen, wie diese Benachrichtigungen behandelt werden sollen.

Abbildung 6.34 Notification Center bzw. Mitteilungszentrale unter iOS auf dem Lockscreen (links), Editierungsmöglichkeiten der Push-Notification (rechts)

In-App-Notification

Auch während das mobile Endgerät in Benutzung ist und z. B. gerade im Internet gesurft wird, können Nutzer eine Push-Notification einer anderen App erhalten. Die eingehende Benachrichtigung schiebt sich im oberen Bereich auf den Screen, informiert den Nutzer kurz und verschwindet wieder. Wenn der Nutzer direkt auf die Push-Notification reagieren möchte, kann er eine Swipe-Geste auf der Push-Notification nach unten ausführen und direkt mit der Push-Notification interagieren, sofern von der App diese Funktionalität bereitgestellt wird. Beispielsweise kann er sich die vollständige Nachricht öffnen lassen und direkt darauf antworten. Ein Tap auf die Nachricht öffnet ebenfalls die App, die die Push-Notification gesendet hat.

Abbildung 6.35 Die In-App-Notification einer WhatsApp-Nachricht

Notification Center (Mitteilungszentrale)

Im Notification Center von iOS erhält der Nutzer einen Überblick über alle erhaltenen Benachrichtigungen der Apps. Der Nutzer gelangt in das Notification Center durch einen Swipe von oben. Der Nutzer hat dann die Möglichkeit, durch eine Swipe-Geste nach links einzelne Benachrichtigungen zu löschen oder durch ein Tap auf das X-Icon gesammelt alle Benachrichtigungen einer App zu löschen. Darüber hinaus kann er je nach App weitere Aktionen ausführen, denn neben der Löschen-Funktion können sich weitere Funktionen befinden. Solche Aktionen verstecken sich wie die Einzellöschfunktion hinter der Swipe-Geste einer Benachrichtigung.

Widgets

Unter iOS befinden sich die Widgets auf dem Homescreen links neben der ersten Seite, also etwas versteckt. Widgets ist ein Begriff, der sich zusammensetzt aus Window und Gadget. Widgets sind keine eigenständigen Programme. Sie benötigen Programmierschnittstellen zu Grundfunktionen und Ressourcen des Ursprungsprogramms. Hier können Sie Ihre App als Schnellfunktion für den Nutzer bereitlegen. Als Beispiel sei der App-Launcher genannt. Diese App stellt eine Fläche bereit, in der der Nutzer z. B. Apps einsetzen kann, die er direkt vom Notification-Center aus starten möchte.

Mit nur wenigen Gesten ermöglicht das Widget, wichtige Apps oder Kontakte zu öffnen, ohne dass der Anwender erst in den Untiefen der Benutzeroberfläche suchen muss. Auch Anrufe, E-Mails und Facetime-Videoverbindungen können hier individuell vorkonfiguriert und abgerufen werden. Zudem können auch spezifischere Aktionen, wie z. B. einen Tweet via Twitter-App zu senden, ausgeführt werden.

Abbildung 6.36 Die App »App-Launcher« erzeugt ein Widget für die Mitteilungszentrale, mit dem z. B. selbst Apps gestartet werden können.

Andere Apps stellen in der Mitteilungszentrale unter dem HEUTE-Bereich Widgets bereit, die Informationen über deren Status liefern, oder bilden anderweitige Funktionalitäten ab, die sich je nach App individuell unterscheiden.

6.5.4 Android-Notifications und Widgets

Die Benachrichtigungen unter Android sind vergleichbar mit denen von iOS. So gibt es auch eine Mitteilungszentrale und Push-Notifications, auch Heads-up-Notifications genannt, die angezeigt werden können.

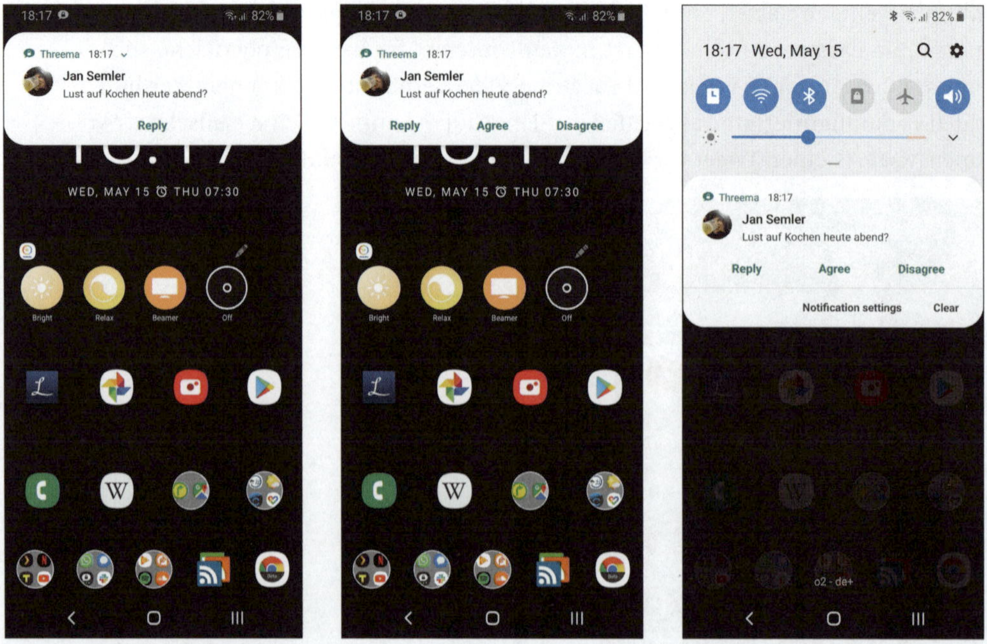

Abbildung 6.37 Heads-up-Notification der Threema-App

Android-Notification

In Android erscheinen die Notifications ebenso auf dem Homescreen, im Lockscreen und als In-App-Notification. Als App-Designer können Sie bestimmen, wie umfangreich eine Notification sein kann. So können Sie die ersten Zeilen einer Nachricht anzeigen oder ein größeres Vorschaubild. Zusätzliche Informationen bieten dem Nutzer einen größeren Kontext, und in manchen Fällen verleiten sie den Nutzer, die Nachricht in vollem Umfang zu lesen. Der Nutzer kann hierbei durch Gesten zwischen Zuständen der Nachricht wechseln. So kann zwischen einem kompakten und einem erweiterten Layout der Notification gewechselt werden. Bei einem erweiterten Layout können zudem auch weitere Elemente angezeigt werden, so können neben Text und Bild auch Aktionsflächen eingebunden werden.

Lockscreen-Notifications

Auch im Lockscreen können alle angefallenen Notifications angesehen werden. Hierbei sollten Sie darauf achten, dass keine privaten Inhalte angezeigt werden. Denn diese Nachrichten sind nicht durch einen Pin-Code bzw. ein Pin-Pattern geschützt. Somit können alle, die lediglich den Lockscreen sehen, die Notifications lesen. Man kann jedoch in der Konfiguration einstellen, dass hier keine Inhalte eingesehen werden sollen, dann wird nur die App genannt.

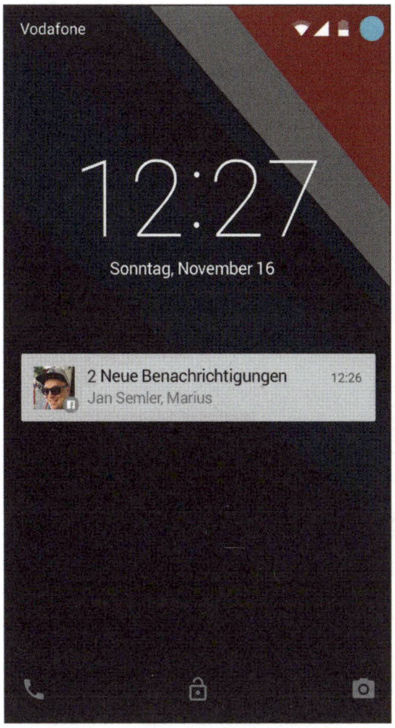

Abbildung 6.38 Links Lockscreen-Notification von der Facebook-App und rechts Notification Drawer bzw. Center in Android

Statusbar/Notification Drawer

Links in der Statusbar unter Android können zudem Nachrichten angezeigt werden. Diese Nachrichten können im sogenannten Notification Drawer eingesehen werden. Zum Notification Drawer gelangt man, wenn man von oben nach unten swipt, jedoch nur, wenn man außerhalb des Bildschirms beginnt. Hierbei werden alle Benachrichtigungen aufgelistet. Benachrichtigungen von einer einzigen App können auch zusammengefasst werden, dadurch hat der Nutzer einen besseren Überblick.

6.5.5 Wann ist der Einsatz von Notifications empfehlenswert?

Eine App sollte niemals aufdringlich sein und ständig Benachrichtigungen senden. Apps, die Nutzer nerven, werden schnell deinstalliert. Denn auch hier findet eine Überforderung statt: Der Anwender ist permanent aufgefordert, die App zu nutzen. Mit jeder Forderung steigt die Wahrscheinlichkeit, dass die App deinstalliert wird. Notifications sollten daher mit Bedacht eingesetzt werden, damit Sie dem Anwender helfen und ihn nicht nerven. Im Folgenden habe ich einige allgemeine Hinweise zum Einsatz von Notifications aufgelistet:

- Die Häufigkeit der Benachrichtigungen sollte niemals auf Kosten der Benutzerfreundlichkeit gehen! Durch eine hohe Anzahl an Benachrichtigungen (>2 pro Tag)

erhöht sich nicht der Wert bzw. die Qualität der App – im Gegenteil. Die Gefahr, dass Nutzer von dem Mitteilungsdrang Ihrer App genervt sind, steigt mit jeder Benachrichtigung (ausgenommen Messenger- bzw. Chat-Apps, hier gehört die hohe Frequenz der Benachrichtigung dazu).

Abbildung 6.39 Zu viele Notifications überfordern den Nutzer.

- Nehmen Sie Rücksicht auf die Akkulaufzeit der Benutzer. Auch wenn der Energiestatus des mobilen Endgeräts niedrig ist, können Benutzer jederzeit Benachrichtigungen empfangen, was dazu führt, dass der Akku noch schneller aufgebraucht ist. Im schlimmsten Fall wird der aufgebrauchte Akku negativ mit Ihrer App in Verbindung gebracht. Es ist zwar nicht die Notification, die die Akkuleistung senkt, aber die App, die im Hintergrund läuft.
- Sinnvoll können Benachrichtigungen bei Warnungen oder Echtzeit-Updates sein. Gerade in sozialen Apps, in denen der Austausch der Nutzer untereinander im Vordergrund steht, sind Echtzeit-Benachrichtigungen erwünscht. Auch wenn im Rahmen Ihrer App z. B. Inhalte bereitgestellt werden sollen, die in regelmäßigen Intervallen aktualisiert werden müssen (z. B. wenn dem Benutzer jeden Morgen ein neues Tagesangebot präsentiert werden soll), bietet sich die Verwendung von Benachrichtigungen an.

Wenn es eilig ist: Push-Benachrichtigungen

Nutzen Sie für zeitkritische Meldungen wie Warnungen oder Echtzeit-Updates, wie z. B. eingeforderte Sportergebnisse während eines Fußballspiels, Push-Benachrichtigungen. Gehen Sie aber auch hier sparsam damit um.

- Versuchen Sie nicht, mit Notifications den Kauf von Produkten zu bewerben (ausgenommen Shopping-Apps). Das wird vom Nutzer als sehr aufdringlich empfunden. Der Nutzer möchte nicht ständig zum Kauf einer Vollversion oder von In-App-Purchases animiert werden, solche Apps verschwinden sehr schnell vom Smartphone oder Tablet.
- Achten Sie darauf, dass Sie Benachrichtigungen einstellen, sobald diese nicht mehr relevant sind. Läuft etwa ein Onlineangebot um Mitternacht aus, sollte es dem Benutzer auch nicht mehr um ein Uhr nachts des nächsten Tages angezeigt werden.

- Wichtig ist, dass Sie dem Benutzer immer auch die Möglichkeit geben, die Benachrichtigungsfunktion anpassen oder gänzlich abstellen zu können. Sie sollten dem Nutzer die Entscheidung überlassen, ob und wann er Benachrichtigungen erhalten will. Geben Sie ihm die Möglichkeit, die Benachrichtigungsfunktion zu deaktivieren bzw. zu aktivieren. Versuchen Sie, die Notifications zu klassifizieren, sodass der Nutzer sich spezifische Notifications senden lassen kann. So möchte er vielleicht nur von bestimmten Nutzern bzw. Freunden Nachrichten erhalten, auf Werbung verzichten oder in einem bestimmten Zeitraum gar nicht gestört werden.
- Einige Apps neigen dazu, Nutzer mit Nachrichten zu bombardieren, sehr zum Ärger des Nutzers. Nicht die Dosis der Benachrichtigungen ist entscheidend, sondern ob eine Information und die daraus resultierende Benachrichtigung im Moment informativ und nützlich für den Nutzer ist. Vergleichen Sie Ihr eigenes Benutzererlebnis mit App-Benachrichtigungen auf Ihrem Smartphone oder Tablet. Sie werden schnell sehen, wie aufdringlich manche Applikationen sein können.

6

Übermittlungsmethode	Beispiel	Gut für ...
Lokal	Eine Timer-App übermittelt dem Nutzer den Abschluss einer voreingestellten Zeit.	... Notifications, die eine App selbstständig und unabhängig von einem Onlinedienst generieren, z. B. Wecker-App, To-do-App, Kalender. Es können aber auch Nachrichten übermittelt werden, die den Nutzer auffordern, die App in den App Stores zu bewerben oder die App wieder zu nutzen.
Geplant	Eine Kalender-App übermittelt eine Nachricht über einen anstehenden, im Kalender eingetragenen Termin. Dies kann über die App direkt geschehen ober über einen integrierten Clouddienst.	... Notifications, die der Nutzer planen kann, z. B. Kalender-App, Wecker-App, die jedoch eine Anbindung an einen Onlinedienst haben können, der die Nachricht übermittelt.
Periodisch	Eine Wetter-App gibt morgens um 8:00 Uhr Auskunft über die aktuelle Wetterlage. Dies kann über die App direkt geschehen ober über einen integrierten Clouddienst.	... Nachrichten, die eine App nach einer vom Nutzer oder System festgelegten Periode anzeigt. Dies können Statusabfragen für das Wetter sein, ein Systemstatus eines Onlinedienstes oder Werbung, die in bestimmten Intervallen an den Nutzer gesendet wird.

Tabelle 6.1 Übersicht verschiedener Arten von Notifications

Übermittlungsmethode	Beispiel	Gut für ...
Push	Eine Sportergebnisse-App übermittelt eine Nachricht über einen aktualisierten Spielstand eines Fußballspiels. Hierbei ist ein Onlinedienst bzw. ein Clouddienst notwendig.	Push-Notifications werden durch einen Onlinedienst gesendet, z. B. WhatsApp, Facebook-Messenger, E-Mail-Apps etc.

Tabelle 6.1 Übersicht verschiedener Arten von Notifications (Forts.)

6.5.6 Pop-ups

Dialoge oder Pop-ups sind Overlays, die über den aktuellen Aktionsbereich eingeblendet und entweder von der App oder dem Nutzer initiiert werden. Von der App ausgehend, können es z. B. Abfragen sein, die notwendige Eingaben vom Nutzer einfordern, um weitere Aktionen ausführen zu können.

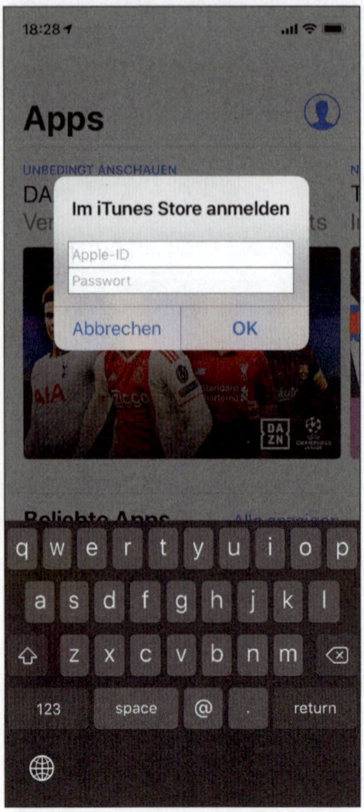

Abbildung 6.40 Eine Pop-up-Meldung vom iTunes Store unter iOS

Diese können auch vom Betriebssystem gestellt werden, z. B. die Abfrage, ob die entsprechende App Zugriff auf den Ortungsdienst bekommen darf.

Pop-up-Dialoge sollten nur dann genutzt werden, wenn eine kritische Funktion ausgelöst wurde und man sicherstellen möchte, dass dies nicht versehentlich passiert ist. So kann z. B. das Löschen eines wichtigen Objekts nochmals durch ein Pop-up nach Bestätigung des Löschvorgangs verlangen. Nutzer haben so die Möglichkeit, Fehleingaben zu korrigieren.

Wann tauchen Pop-up-Dialoge auf?

Pop-up-Dialoge tauchen auch dann auf, wenn eine Entscheidung vom Nutzer erwartet bzw. erzwungen wird, z. B. wenn der Nutzer Passwort, Datum, Nutzername etc. eingeben muss, um mit einer Aktion fortfahren zu können. Pop-up-Dialoge treten auch manchmal mit einer Warnmeldung zusammen auf. Ein Beispiel ist hierbei das Löschen von Dateien.

Viele Entwickler oder Designer neigen dazu, Pop-ups übermäßig oft zu nutzen. Häufig ist dies ein Zeichen für ein schlechtes App-Konzept, da man Probleme, die man mit einem Pop-up zu lösen versucht, in der Konzeptionsphase nicht berücksichtigt oder gar erkannt hat. Oder es sind Lösungen, die in einer späteren Phase hinzuentwickelt wurden. So etwas sollten Sie jedoch nur dann tun, wenn Sie keine andere Möglichkeit haben oder es ein sogenannter Quick-Fix ist. Idealerweise überdenken Sie lieber das aktuell vorliegende Konzept und entwickeln es neu. Das hat den Vorteil, dass Sie sich alten Codes entledigen und an einer soliden Software arbeiten und nicht an Flickwerk.

Pop-up-Fenster tauchen in der Regel unvermittelt auf und überraschen den Anwender. Sie weichen also von den Erwartungen des Nutzers ab, reißen ihn aus dem Kontext und fordern seine Aufmerksamkeit, das muss Gründe haben. Zudem haben Pop-ups durch den übermäßigen Gebrauch in der Webdesign-Szene bereits einen schlechten Ruf und werden nicht selten mit unseriösen Webseiten und Schadsoftware in Verbindung gebracht.

Empfehlungen für Pop-ups

Unterm Strich heißt das für Sie: Pop-ups sollten nur dann genutzt werden, wenn wirklich keine andere Möglichkeit besteht oder wenn ein kritischer Vorgang nochmals bestätigt werden oder eine Entscheidung erzwungen werden muss.

Pop-ups, die vom Betriebssystem initiiert werden, sind oftmals deswegen sinnvoll, weil hier meist Sicherheitsaspekte zugrunde liegen. Der Nutzer kennt diese Pop-ups und vertraut diesen.

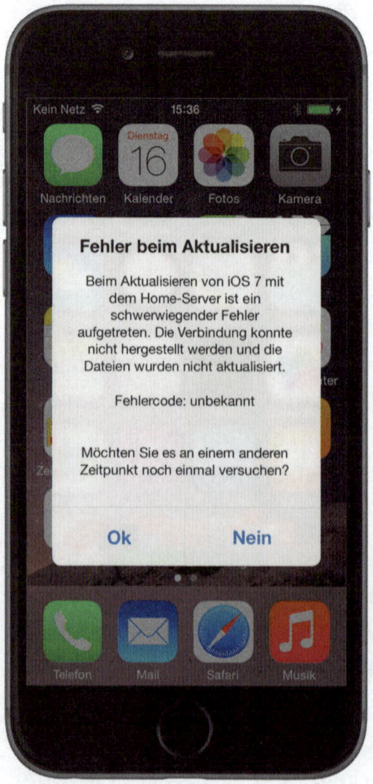

Abbildung 6.41 Ungünstiges Pop-up, zu viele Informationen, die nicht nötig sind

6.5.7 Fehler- und Infomeldungen

Fehler- und Infomeldungen sind in jeder Applikation notwendig. Dies fängt bei Eingabefeldern in Formularen an, dabei spricht man auch meist von Validierung und hört bei kritischen Fehlern innerhalb des Systems auf. Sie sind ein wichtiges Mittel, dem Nutzer zu helfen, Funktionen zu verstehen und sie transparent zu machen. Diese Meldungen sind nicht zu verwechseln mit Notifications. Meldungen sind Statusmeldungen des Systems oder dienen dem Nutzer als Orientierungshilfe innerhalb der App. So kann bei einem progressiven On-Boarding im Registrierungsteil der Fall eintreten, dass bereits zum ersten Mal eine Fehlermeldung gezeigt werden muss. Beispielsweise könnte eine E-Mail-Adresse falsch eingegeben werden.

Fehler- und Infomeldungen sollten farblich codiert sein. In der Regel orientiert man sich in der farblichen Gestaltung am Ampelsystem. Zusätzlich werden die Meldungen durch typische Symbole in Form von Icons gekennzeichnet. Fehler- und Infomeldungen lassen sich in vier Kategorien unterteilen:

1. **Infomeldungen**: Infomeldungen helfen dem Nutzer, sich zu orientieren. Diese geben vorab Hilfestellungen, meist bei der Erstnutzung von Apps. Sie können

auch dazu verwendet werden, den Nutzer über eine neue Version oder Funktion der App zu informieren. Sie dienen dazu, dem Nutzer an notwendigen Stellen vorab Hilfestellung zu geben oder einen Status zu visualisieren. Infomeldungen werden nur vom System selbst gegeben und nicht vom Nutzer initiiert.

Es sollte die Möglichkeit bestehen, diese Infomeldungen zu deaktivieren, um Nutzer nicht unnötig zu stören.

- Beispielphrasen: »Hier können Sie eine Supportanfrage erstellen.«
- Farbcodierung: blau
- Symbolsprache: »i«

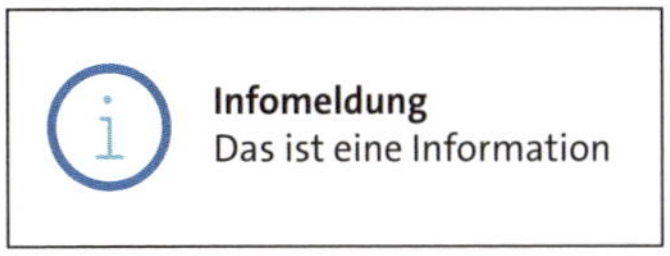

Abbildung 6.42 Beispiel einer Infomeldung

2. **Warnmeldungen**: Warnmeldungen erscheinen dann, wenn eine Aktionsinitiierung vorliegt und der Nutzer vor möglichen negativen Folgen gewarnt werden soll. Eine Warnmeldung könnte erscheinen, wenn der Anwender im Begriff ist, Dateien zu löschen. Diese Warnmeldungen werden angezeigt, bevor Aktionen ausgeführt werden. Anwender haben so die Möglichkeit, den Vorgang noch abbrechen zu können. Diese Warnmeldungen können sinnvoll mit einem Dialog kombiniert werden, in dem eine einfache Abfrage erfolgt. Meist fragt diese Warnmeldung: »Sind Sie sicher, dass Sie XYZ löschen möchten? Dieser Vorgang kann nicht rückgängig gemacht werden.« Andere Anbieter verlangen sogar eine zusätzliche Eingabe von z. B. »DELETE«, um den Löschvorgang zu bestätigen. Das ist ein Hinweis darauf, dass Nutzer gerne Pop-ups oder Meldungen einfach wegklicken.
   - Beispielphrase: »Wenn Sie diesen Vorgang fortsetzen, werden Dateien gelöscht! Sind Sie sicher, dass Sie fortfahren möchten?«
   - Farbcodierung: gelb, orange
   - Symbolsprache: »!«, Warndreieck

Abbildung 6.43 Beispiel einer Warnmeldung

3. **Fehlermeldungen**: Fehlermeldungen erscheinen dann, wenn eine Aktion nicht ausführbar ist oder einen Fehler verursacht hat. Es gibt Fehlermeldungen, die vom

System selbst generiert werden oder die erst durch Interaktion des Nutzers ausgelöst werden.

- Beispielphrase: »Die Aktion konnte nicht ausgeführt werden.«
- Farbcodierung: rot
- Symbolsprache: »X«

Abbildung 6.44 Beispiel einer Fehlermeldung

4. **Erfolgsmeldungen**: Erfolgsmeldungen treten dann auf, wenn eine Aktion erfolgreich ausgeführt wurde. Dies kann eine Meldung sein, die über die erfolgreiche Aktualisierung einer Liste informiert oder über das Versenden einer E-Mail.
   - Beispielphrase: »Ihre E-Mail wurde erfolgreich versendet.«
   - Farbcodierung: grün
   - Symbolsprache: Abhaken, Checklisten-Check

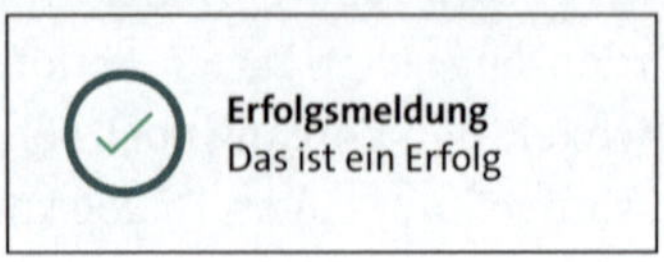

Abbildung 6.45 Beispiel einer Erfolgsmeldung

6.6 Stolperfallen – woran Nutzer die Lust verlieren

Jeder von uns kennt solche Stolperfallen, es sind jene Momente, in denen wir recht schnell frustriert sind und die einzige Lösung kennen – einen erzwungenen Neustart. Wir wissen aber auch, dass solche Vorfälle nicht zu vermeiden sind. Wir haben die Auswirkungen eines Systems nicht voll im Griff, es gibt nun mal Bugs und Fehler in einer App, keine App ist perfekt. Es ist nur eine Frage, wie wir als App-Designer damit umgehen und wie wir dem Nutzer signalisieren, was gerade passiert und auf was er sich einzustellen hat.

Neben Schwachstellen, die in der Entwicklung einer App auftreten, gibt es bei mobilen Apps auch Schwachstellen, die aufgrund einer schlechten Internetverbindung entstehen. Beispielsweise müssen App-Daten aus dem Internet heruntergeladen werden, nachdem der Nutzer bereits die App geöffnet hat. Für den Anwender geht es also gegebenenfalls nicht direkt weiter – eine Wartezeit entsteht. Was nun passiert, liegt in unserer Hand.

6.6.1 In der Warteschleife

Auf Windows-Rechnern rotiert eine Sanduhr, auf dem Mac dreht sich ein Regenbogenball – jedes Betriebssystem hat seine eigene Symbolik, um dem Nutzer anzuzeigen, dass gerade etwas passiert. In mobilen Applikationen soll ein Loader, auch Spinner genannt, diesen Zustand ausdrücken.

Wenn sich das Symbol dreht und dreht und der Anwender nicht weiß, ob sich denn tatsächlich noch etwas tut, dann spricht man von einem *Wheel of Death*.

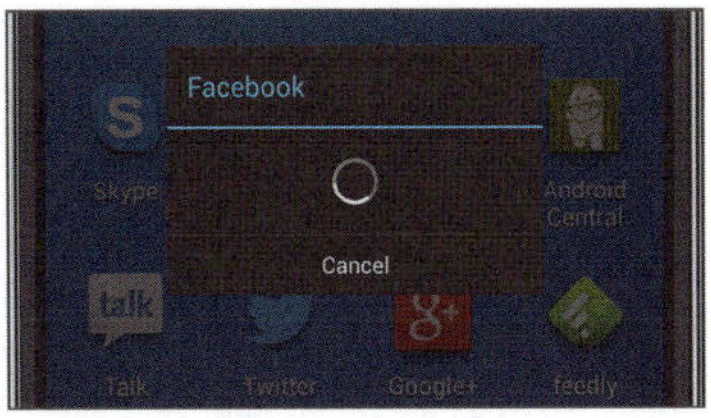

Abbildung 6.46 Loader bzw. Spinner unter iOS und Android

Der Spinner taucht meistens auf, wenn Daten aus dem Internet geladen oder Aktionen ausgeführt werden, die länger dauern, als vom Nutzer erwartet wird. Spinner sind kein besonders gutes UI-Element – der Anwender weiß nicht, ob die Aktion weiter ausgeführt wird oder nicht und wie lange er noch warten muss. Zugegeben, das Spinner-Symbol ist besser, als den Anwender nach Tätigung einer Aktion ohne Feedback zurückzulassen, aber es gibt eine bessere Alternative: den Ladebalken.

6.6.2 Der Ladebalken

Die wohl beste Variante, um dem Nutzer zu signalisieren, dass gerade etwas passiert, ist der klassische Ladebalken mit oder ohne Prozentanzeige. Hierbei erkennt der Nutzer sofort, wie lange etwa das Herunterladen von Daten noch dauert und wie weit fortgeschritten der Ladevorgang bereits ist.

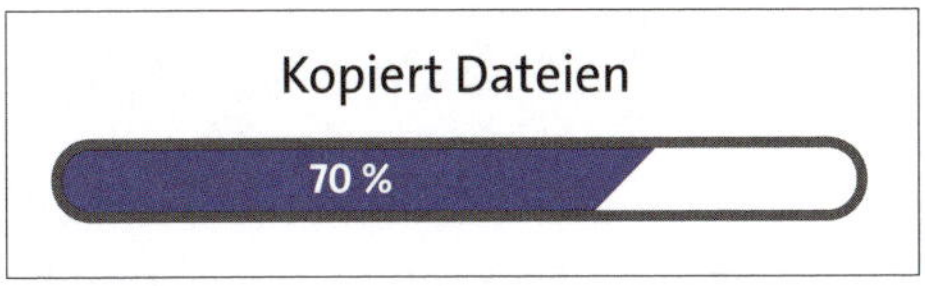

Abbildung 6.47 Ladebalken als Indikator, wie lange ein Vorgang noch dauert

Es ist wichtig, dem Nutzer zu zeigen, wie lange ein Vorgang noch dauert und wann er damit rechnen kann, die App wieder zu nutzen. Manchmal kann ein Ladebalken auch schädlich sein, etwa wenn ein Prozess zu kurz ist, sodass die Balkenanzeige sehr kurz angezeigt wird. Hier ist vielleicht ein Spinner geschickter, denn dieser suggeriert mitunter, dass der Vorgang nur von sehr kurzer Dauer ist.

Checkliste nutzerzentriertes Design

Diese Liste soll Ihnen dabei helfen, mit einfachen Prinzipien das Nutzererlebnis Ihrer App zu verbessern:

- Verlieren Sie nie den Nutzer aus den Augen. Durchlaufen und iterieren Sie die fünf Phasen des nutzerorientierten Designs: Empathisierung, Analyse des Nutzungskontextes, Definition der Anforderungen, Konzeption und Entwurf, Evaluierung.
- Interaktion kann, muss aber nicht immer ein Erlebnis sein.
- Gamification kann genutzt werden, sollte es aber nur, wenn sie zum Produkt passt und einen Mehrwert bietet.
- Bieten Sie in Ihrer App einen On-Boarding-Prozess an, denn dieser ist wichtig, da er einer möglichen aufkommenden Frustration vorbeugt.
- Der On-Boarding-Prozess soll keine Werbeveranstaltung, sondern eine Betriebsanleitung sein.
- Lassen Sie den Nutzer die App frei nutzen ohne Registrierung, fordern Sie erst dann eine Registrierung, wenn es nicht anders möglich ist.
- Eine Registrierung muss schnell ablaufen und darf nicht zu komplexe und umfassende Informationen erfassen.
- Nutzen Sie eine 2-Faktor-Authentifizierung, damit sich Ihre Nutzer sicher fühlen.
- Wenn eine App in ihrer Bedienung frustriert, wird sie deinstalliert. Nutzen Sie, wenn möglich, die vorgegebenen Komponenten der Plattform, denn der Nutzer kennt diese.
- Teilen Sie komplexe Eingaben auf mehrere Seiten auf, und zeigen Sie dem Nutzer immer, wo er sich befindet.
- Nerven Sie Ihre Anwender nicht mit zu vielen Notifications, setzen Sie diese nur ein, wenn sie Sinn machen, und geben Sie den App-Nutzern die Chance, Notifications abzustellen bzw. zu konfigurieren.
- Visuelles Feedback ist Design und zeigt dem Nutzer, was passiert.
- Pop-ups sind oft ein Zeichen für ein nicht durchgeplantes Konzept.

In diesem Kapitel habe ich zu zeigen versucht, wie die Interaktion des Nutzers mit einer App aussieht und wo wir ihn in der Gestaltung einer App unterstützen können. Denn das, was der Nutzer sieht, ist auch das, was er nutzen kann, und das, was wir gestalten können.

Im folgenden Kapitel gehe ich auf das wichtige Thema der Nutzerführung ein. Auch hier gibt es betriebssystemspezifische Konventionen, an denen man sich in der Gestaltung orientieren sollte.

Kapitel 7
UI-Prinzipien und Konventionen

Alle Plattformen für mobile Endgeräte sind zwar recht ähnlich aufgebaut, aber in den Details zeigen sich dennoch die kleinen und großen Unterschiede. Neben UI-Prinzipien sind es vor allem Nutzungskonventionen, die diese Unterschiede ausmachen. Diese Konventionen wirken sich auf alle Apps aus, die für die jeweiligen Plattformen entwickelt werden.

Um als App-Designer für eine Plattform zielgruppengerecht gestalten zu können, ist es wichtig zu wissen, wie die einzelnen Betriebssysteme visualisiert und genutzt werden.

7.1 Jede Plattform ist anders

Ob iOS oder Android, beide Plattformen werden von Anwendern genutzt, um Aufgaben auszuführen, Spiele zu spielen oder beruflich damit zu arbeiten. Jedoch werden diese Aufgaben ganz unterschiedlich von den Plattformen realisiert.

Häufig sind es stillschweigende Nutzungskonventionen, die sich etabliert haben, die aber auf keiner dokumentarischen Basis fußen. Die eine Android-App lässt sich von einer anderen inspirieren, bestimmte Bestandteile werden übernommen und tradiert. Das eine Erfolgsrezept orientiert sich an einem anderen – und das ist auch gut so. Denn auch Anwender übertragen gemachte Erlebnisse auf neue Apps und verlassen sich darauf, dass etwa die Anordnungen von Icons oder Bedienelementen ähnlich sein werden.

7.1.1 Die Erwartungshaltung des Nutzers

Nahezu 100 % der Smartphone-Nutzer verwenden Android- oder iOS-Geräte. Viele App-Designer konzentrieren daher ihre Bemühungen auf diese beiden großen Plattformen. In dem Fall, dass Sie für beide Plattformen eine App entwickeln möchten, sollten Sie die Eigenheiten und die Erwartungshaltung beider Nutzergruppen kennen und diese bei der App-Gestaltung berücksichtigen.

Die Erwartungshaltung des Nutzers können wir nur dann kennen, wenn wir verstehen, wie sich diese Plattformen bei der Nutzung auf den Nutzer auswirken. Daher wollen wir im Folgenden zunächst betrachten, wie bestimmte Aspekte auf den einzelnen Betriebssystemen realisiert sind. Fünf Aspekte sollen miteinander verglichen werden:

- Gestaltung
- Cognitive Load
- Effizienz und Integration
- Individualisierbarkeit
- User Experience Friction

Gestaltung

In der Gestaltung bestehen bestimmte Konventionen, die wiederholt aufgegriffen und deshalb vom Benutzer vermutet bzw. vorausgesetzt werden. Jede Plattform hat dementsprechend ihre ganz eigene typische Optik. Gestalten Sie plattformspezifisch, erfüllen Sie die optische und ästhetische Erwartungshaltung der Plattformen. Bis vor wenigen Jahren gab es gestalterisch große Unterschiede zwischen den Plattformen. In den letzten Jahren bieten alle Plattformen im Zuge des Flatdesigns eine ähnliche gestalterische Basis, zumindest wirken viele Apps ähnlich in der Ausführung bzw. halten sich an stille Konventionen.

Mit iOS 7 wurde eine große Stiländerung auf der iOS-Plattform umgesetzt. Vom realistischen bzw. skeuomorphischen Gestaltungsprinzip wurde abgelassen, bei dreidimensionalen Elementen wurde ab Version iOS 7 nun komplett auf Ornamentik verzichtet (Abbildung 7.1). Das Design ist minimalistischer und orientiert sich an den Grundsätzen des Flatdesigns. Dies gilt auch für das aktuelle iOS 12.

> **Skeuomorphismus**
>
> Skeuomorphismus kommt aus dem Altgriechischen und bedeutet in etwa Behälter, Werkzeug oder Gestalt. Skeuomorphismus ist eine Design-Stilrichtung, bei der Objekte in ihrer Gestaltung die Form eines vertrauten Objekts nachahmen.

Abbildung 7.1 Links ist iOS 9 zu sehen, rechts Android 6.0 Marshmallow.

Es hat einen Grund, warum Apple die UI-Gestaltung nur selten stark verändert – große Veränderungen irritieren den Anwender und fordern von ihm Zeit ein, sich an die neue Gestaltung zu gewöhnen. Besonders wenn man bereits seit Längerem iOS-Nutzer ist, wirkt ein neues Design zunächst sehr fremd und gewöhnungsbedürftig.

In Android mit Marshmallow 6.0 haben die Grundzüge des minimalistischen Flatdesigns bereits etwas früher Einzug gehalten (Abbildung 7.1). Dabei geht Android einen Schritt weiter und erlaubt beim sogenannten Material Design die Nutzung von Ebenen und daraus resultierenden Schlagschatten. Für mich ist das Material-Design-Prinzip interessant, da es sich an der physischen Welt orientiert, ohne skeuomorphistisch zu sein.

Übrigens verfolgte zuerst Microsoft den Flatdesign-Ansatz, und zwar in Windows 10. In Form des viel gefeierten Metro-Designs hat sich dieser auch auf der Desktop-Plattform etabliert.

Abbildung 7.2 Windows war der Vorreiter in Sachen Flatdesign.

Cognitive Load

Der Cognitive Load ist die Summe von Elementen, die der Nutzer kennen muss, um ein Gerät spontan und intuitiv nutzen zu können. Es ist einer der Schlüsselaspekte der User Experience für wenig technisch versierte Nutzer. Er dient als Benchmark der User Experience für Plattformen und Applikationen. Eine von Pfeiffer Consulting

2013 durchgeführte Studie ergab die Ergebnisse aus Tabelle 7.1 zum Cognitive Load der jeweiligen Plattformen.

iOS 7	Android (Samsung)
Cognitive Load Index: 40	Cognitive Load Index: 162

Tabelle 7.1 Cognitive Load (je niedriger die Indexziffer, desto besser; Pfeiffer Report 2013)

Studie zum Cognitive Load

Die Ergebnisse der Studie von Pfeiffer Consulting können Sie unter *www.pfeiffer-report.com/v2/wp-content/uploads/2013/09/iOS7-User-Experience-Shootout.pdf* – allerdings nur auf Englisch – im Detail nachlesen. Momentan gibt es leider keinen Report, der die aktuellen Versionen der Betriebssysteme unter die Lupe nimmt. Jedoch haben sich die Plattformen erweitert, und die Ergebnisse spiegeln sich auch noch heute in den Betriebssystemen ein wenig wider.

Versuchen Sie also, den Nutzer unter Android nicht noch mehr zu verwirren, er hat schon genug mit dem Betriebssystem zu tun. Konzentrieren Sie sich bei Android besonders auf eine gelungene Usability und User Experience. Nutzen Sie beispielsweise die Vorzüge des neuen Material Designs, und versuchen Sie nur sehr wenige spezialisierte eigene Komponenten zu entwickeln.

Das bedeutet nicht, dass Sie diese Aspekte unter iOS etwas schleifen lassen können. Im Gegenteil, die Nutzer erwarten hier auch eine durchdachte und logische Nutzung des Betriebssystems.

Abbildung 7.3 Views bzw. Elemente, die ein iOS-7-Nutzer kennen muss

Im visuellen Vergleich zwischen iOS 7 und Android wird schnell erkennbar, warum Apple beim Cognitive Load so gut abgeschnitten hat. Auch wenn die Studie mittlerweile etwas betagt ist, lassen sich die Ergebnisse grundsätzlich auch auf iOS 12 und Android Pie übertragen.

Behalten Sie aber im Hinterkopf, dass die Betriebssysteme unterschiedliche Ansätze verfolgen, um einen Mehrwert für den Nutzer zu schaffen. Apple versucht bewusst, den Feature-Overload zu reduzieren. Das ist hingegen kein Anliegen von Android. Im

Gegenteil: Android sieht seine Stärke in der Vielzahl an Optionen, Apps, Widgets und Einstellungsmöglichkeiten, die es dem Anwender zur Verfügung stellt. Daran liegt auch das sehr schlechte Abschneiden beim Cognitive Load. Erfahrene Nutzer finden dies vielleicht sehr nützlich, unerfahrene Nutzer jedoch sind schlichtweg überfordert.

Abbildung 7.4 Views bzw. Elemente, die ein Android-(KitKat-)Nutzer unter Samsung kennen muss

Es sei aber noch angemerkt, dass Material Design nicht nur für mobile Applikationen entwickelt wurde, sondern auch für Desktop- bzw. Browseranwendungen. Ziehen Sie also nicht den Schluss, dass Material Design hinsichtlich des Cognitive Loads per se schlecht ist, sondern eher, dass die Anzahl der Komponenten alle möglichen Plattformen (Mobile Apps, Desktop-Apps, Web-Apps, Hybrid-Apps) abdecken kann. Nur bestimmte Komponenten sind relevant für das App-Design, nicht alle.

Eine weitere Anmerkung: Durch die Entwicklung von PWA- oder Hybrid-Apps können Sie Material Design auch für iOS-Apps nutzen! Hier erfahren Sie dazu mehr: *https://material.io/develop/ios/*.

Effizienz und Integration

Pfeiffer Consulting hat in der bereits oben genannten Usability-Studie den Betriebssystemen auch in puncto Effizienz und Integration auf den Zahn gefühlt. Bei diesem Punkt wurde die Integration wichtiger Funktionen wie Multitasking, Benachrichtigungen oder der Kamera getestet.

Hier stehen sich die zwei größten Plattformen in nichts nach (Tabelle 7.2). Sowohl Android als auch iOS schneiden mit 7 von 10 Punkten gut ab. Anwender können in beiden Betriebssystemen wichtige Funktionen einfach erreichen und mit diesen effizient arbeiten.

iOS 7	Android (Samsung)
Effizienzbewertung: 7/10	Effizienzbewertung: 7/10

Tabelle 7.2 Effizienz und Integration (je höher die Wertung, desto besser das Ergebnis; Pfeiffer Report 2013)

Effizienz hat etwas mit der Aufgabe zu tun, die man erledigen möchte. Je schneller diese gelöst wird, desto effizienter arbeitet das Betriebssystem. Mit der vom Betriebssystem geprägten Erwartungshaltung wird der Anwender auch an Ihre App herantreten.

Individualisierbarkeit

Ein weiterer wichtiger Faktor, der für die Usability und User Experience eines Geräts wichtig ist, ist seine Anpassungsfähigkeit an die individuellen Bedürfnisse seiner Nutzer.

Auf allen drei Betriebssystemen sind dem Nutzer Möglichkeiten gegeben, individuelle Anpassungen vorzunehmen. Daran hat sich auch in Android Pie oder iOS 12 nichts geändert. Der Nutzer kann mitunter ein Hintergrundbild wählen oder Schriftgrößen und Schriftschnitte individuell einstellen. Solche Einstellungen ermöglichen es dem Nutzer, sich stärker mit dem Gerät zu identifizieren. Andererseits können diese benutzerdefinierten Anpassungen auch negative Auswirkungen auf die Nutzung des Geräts haben. So kann eine filigrane Schrift für den Nutzer schlecht lesbar sein.

iOS 7	Android (Samsung)
Individualisierbarkeit: 6/10	Individualisierbarkeit: 7/10

Tabelle 7.3 Individualisierbarkeit (je höher die Wertung, desto besser das Ergebnis; Pfeiffer Report 2013)

In diesem Punkt schneidet Android am besten ab (Tabelle 7.3). Android war bereits von Beginn an als ein sehr individualisierbares Betriebssystem konzipiert, der Ursprung liegt im offenen Betriebssystem. Viele Apps bieten außerdem die Möglichkeit, tiefere Eingriffe in das System vornehmen zu können und diese nach individuellen Wünschen anzupassen. Apple hingegen setzt auf ein einheitliches und geschlossenes User-Interface-System, das nur wenig individualisierbar ist und ein einheitliches Look & Feel der Apple-Produkte garantieren soll. Dies hat einen positiven Effekt, da App-Anbieter sich an Apple orientieren können und so zielgerichtet Apps für die iOS-Nutzer entwickeln können. Diesen positiven Effekt gibt es unter Android nicht, das liegt in der Fragmentierung des Betriebssystems. Unter Samsung funktionieren bestimmte Funktionen anders als bei einem Huawei-Smartphone. Beide nutzen nicht die Version von Google, sondern ein Derivat davon.

Unter Android wird der Nutzer erwarten, dass er die App noch weiter anpassen und auf seine Bedürfnisse zuschneiden kann. Unter iOS ist diese Erwartung weniger gegeben, hier geht es restriktiver zu, und der Nutzer bewegt sich innerhalb strikterer Konventionen.

Geschlossenes vs. offenes System

Während Apple mit seinem Betriebssystem ein geschlossenes System anbietet, ist Android eine quelloffene Software. Für Nutzer ergeben sich daraus folgende Unterschiede: Beim Kauf eines Apple-Produkts können nur Dienste und Applikationen genutzt werden, die von Apple angeboten werden. Als Hauptbezugsquelle dient dabei Apples App Store. Anders bei Android: Hier können Hersteller (HTC, Samsung etc.) die Nutzeroberflächen ganz individuell anpassen und damit auch die Wünsche verschiedener Interessengruppen berücksichtigen. Auch können Apps aus unterschiedlichen App Stores bezogen werden.

User Experience Friction (UXF)

Unter dem Aspekt *User Experience Friction* (UXF) werden Stolperfallen bei der Nutzung beschrieben. Es geht um solche Momente, in denen das Gerät nicht das tut, was es soll, in denen es Schwachstellen in der Bedienung hat, oder den Fall, dass eine wichtige Funktion sogar ganz fehlt.

iOS 7	Android (Samsung)
UXF-Faktor: 17	UXF-Faktor: 30

Tabelle 7.4 UXF-Faktor (je niedriger der Wert, desto besser das Ergebnis; Pfeiffer Report 2013)

In der Usability-Studie von Pfeiffer Consulting schneidet das iOS-Betriebssystem bei diesem Punkt am besten ab (Tabelle 7.4). Bei Android sind es vorwiegend Inkonsistenzen innerhalb des Betriebssystems, die Verwirrung schaffen. Versuchen Sie, in Ihrer App derartige Stolperfallen zu vermeiden. Generell sollten Sie dafür sorgen, dass das Interface bzw. dessen gelernte Elemente das tut, was der User erwartet.

7.1.2 UI-Prinzipien der Plattformen

Jede der Plattformen wird mit Multitouch bedient, seit dem iPhone 6S/Plus und der Apple Watch haben diese Geräte zusätzlich einen drucksensitiven Bildschirm, unabhängig davon jedoch unterscheiden sich die Betriebssysteme in der eigentlichen Bedienung. Jedes der Betriebssysteme hat gängige Nutzungskonventionen, die ein Nutzer kennen und entsprechend in Apps anwenden muss.

Wenn Sie mit dem Gedanken spielen, Ihre App auf unterschiedlichen Betriebssystemen realisieren zu wollen, gibt es UI-Prinzipien, die Sie bei der Entwicklung und der Umsetzung Ihrer App-Idee berücksichtigen sollten. Sollten Sie also native Apps für die Plattformen entwickeln, kann das ein sehr umfangreiches Projekt werden, da Ihre

App auf jede Plattform zugeschnitten werden muss. Anders wäre es, wenn Sie eine Hybrid- bzw. PWA-Lösung entwickeln. Hier arbeiten Sie nur in einer Quellcode-Basis.

Obwohl die Grundidee und die Funktionalität Ihrer App sicherlich auf allen Plattformen abbildbar sind, sollten das Interface und die Handhabung der App im Idealfall auf die entsprechende Plattform zugeschnitten sein. Erfüllen Sie die Erwartungshaltung Ihres Nutzers, orientieren Sie sich an den etablierten Design Patterns und den nativen Komponenten, und respektieren Sie die nativen UI-Standards. Die wichtigsten stelle ich Ihnen im Folgenden vor.

Design Patterns

Design Patterns sind bewährte Schablonen. Diese Schablonen können App-Designer nutzen, um wiederkehrende Probleme zu lösen. So sind einige Abläufe, wie z. B. eine Registrierung, ein Stück weit standardisiert und können bei unterschiedlichen Projekten eingesetzt werden.

Zurück-Navigation

Die Zurück-Funktionalität ist eines der wichtigsten Navigationselemente für den Nutzer. Mit der Zurück-Funktion findet der Nutzer in tiefen hierarchischen Strukturen einer Anwendung stets den Weg zurück.

Unter iOS ist die Zurück-Option im oberen linken Bereich in der Navigationsbar angesiedelt, so wie man es von Webbrowsern her kennt. Der Zurück-Button ist ein reines Navigationsbedienelement. Er wird dazu genutzt, um zur vorherigen Seite innerhalb einer App zu gelangen. Die Option wird nicht dafür eingesetzt, um zwischen Applikationen zu wechseln. Seit iOS 9 gibt es zusätzlich einen App-Switcher, der es ermöglicht, zur vorherigen App zu springen. Dies funktioniert jedoch nur dann, wenn der Nutzer z. B. einen Internetlink in einer App wie Twitter berührt und sich daraufhin Safari öffnet. So kann der Nutzer von Safari zurück in Twitter springen. Diese Aktionsfläche befindet sich ganz oben links, wo sich die Anzeigen für Verbindungsstärke und Anbieter befinden (Abbildung 7.5).

Abbildung 7.5 Links die Zurück-Navigation von iOS, in der Mitte von Android und rechts die Aktionsfläche »Zurück zu Twitter«

Zurück unter iOS

Mit iOS 9 wurde ein neues Element eingeführt, das in der Statusbar angezeigt wird und das dann erscheint, wenn man von der einen App in die andere gelangt. So können manche Apps Verlinkungen ins Internet anzeigen. Bei einem Tap auf einen solchen Link wechselt der Nutzer in die Browser-App und kann dann durch den Link in der Statusleiste wieder zurück in die vorherige App gelangen.

Unter Android gibt es eine Up-Funktion und eine Zurück-Funktion. Die Up-Aktion befindet sich in der App-Bar und verhält sich wie die Zurück-Aktion unter iOS. Der Nutzer kann somit innerhalb einer App die Views in einer hierarchischen Struktur zurückgehen.

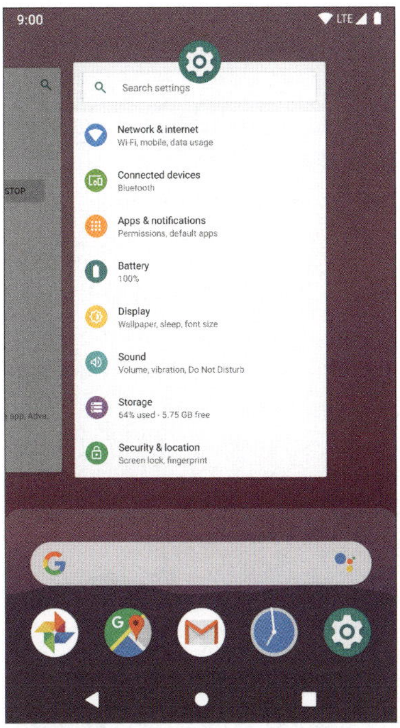

Abbildung 7.6 Multitasking-Ansicht unter Android

Im Gegensatz dazu verhält sich die Zurück-Option anders. Diese befindet sich bei älteren Geräten im unteren Bereich als Hardwareschaltfläche bzw. bei neueren Smartphones mit aktuelleren Betriebssystemen als Touchfläche. Dieser Zurück-Button wandert auch durch zuvor genutzte Hauptscreens zurück. So kann der Nutzer auch durch zuvor angezeigte Apps navigieren, sofern die aktuelle genutzte App in eine andere wechselt. Als Beispiel: Der Nutzer öffnet in der Twitter-App eine Verlinkung in das Internet, und der Browser öffnet sich. Mit dem Zurück-Button gelangt der Nutzer wieder zurück in die Twitter-App.

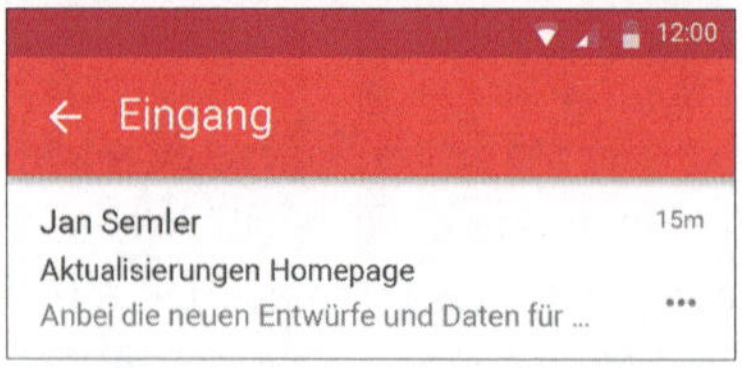

Abbildung 7.7 Up-Button bei Android

Unter Android wird ein Zurück-Button als Hardwareschaltfläche angeboten. Alternativ, wenn keine Hardwareschaltflächen vorhanden sind, kann durch eine Swipe-Geste vom unteren Bereich des Smartphones diese Schaltfläche eingeblendet werden. Auch hier wird chronologisch durch Apps oder besuchte Webseiten zurücknavigiert.

Tab-Navigation

Die Tab-Navigation ist ein Navigationselement, um zwischen Hauptbereichen einer App zu wechseln. Meist werden hier kleine Icons und Labels angezeigt. Bei Apps mit bis zu maximal fünf Seiten ist eine Tab-Navigation ein probates und sinnvolles Navigationsinstrument.

Unter iOS befindet sich die Tab-Navigation im unteren Bereich des Bildschirms. In der Tab-Navigation sollten nicht mehr als fünf Elemente angezeigt werden (warum mehr nicht empfehlenswert sind, erfahren Sie noch in Kapitel 8, »Von Controls, Views und Komponenten bis Atomic Design und Design-Systemen«). In manchen Apps wird hier auch die Toolbar angezeigt, die im Grunde so aussieht wie die Tabbar.

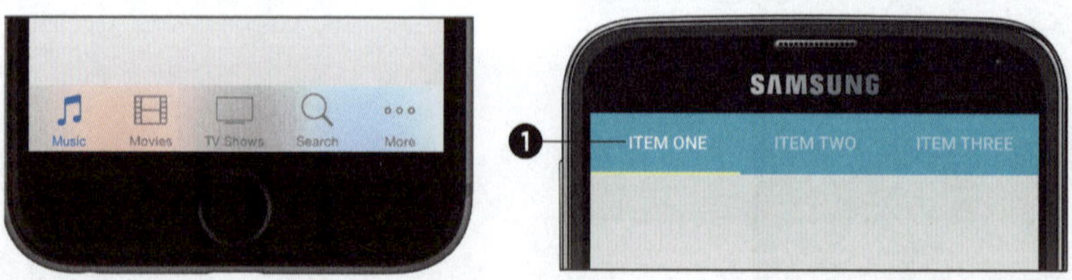

Abbildung 7.8 Tab-Navigation unter den Betriebssystemen (links iOS und rechts Android)

In Android-Apps wird empfohlen, die Tab-Navigation im oberen Bereich des Bildschirms zu positionieren. Dort wird Sie in der Regel von den Android-Nutzern erwartet. Unter Android dürfen mehrere Elemente angezeigt werden, und zwar in einem scrollbaren Container ❶. Der Nutzer muss nur seitwärts scrollen, wenn mehrere Elemente angezeigt werden.

Zusätzlich zur Tabbar unter Android gibt es neuerdings auch die sogenannte Bottom-Navigation. Diese ist im Grunde ähnlich zur iOS-Tabbar und sollte auch maximal fünf Elemente anzeigen.

Sollten Sie mehr als fünf Hauptbereiche in der App haben, können Sie als letzten Punkt den sogenannten More-Tab einfügen. Darunter befinden sich dann andere Bereiche der App. Meist verstecken sich dort sekundäre Funktionen, z. B. Support, Account, FAQ, oder Inhalte, die nicht wesentlich relevant für den Nutzer sind, z. B. Impressum und Rechtliches. Diese Inhalte werden dann in einem neuen View angezeigt.

Wechsel zwischen Ansichten

In iOS-Apps wechselt der Anwender zwischen Ansichten verschiedener Datensätze mittels der sogenannten *Segmented Control*. Ein Datensatz kann z. B. eine längere Liste sein. Jedes Segment innerhalb des Controls steht für eine weitere Ansicht mit Inhalt. So kann z. B. bei einer Shopping-App über die Segmented Control zwischen Beschreibung, Technische Details oder Rezensionen gewechselt werden.

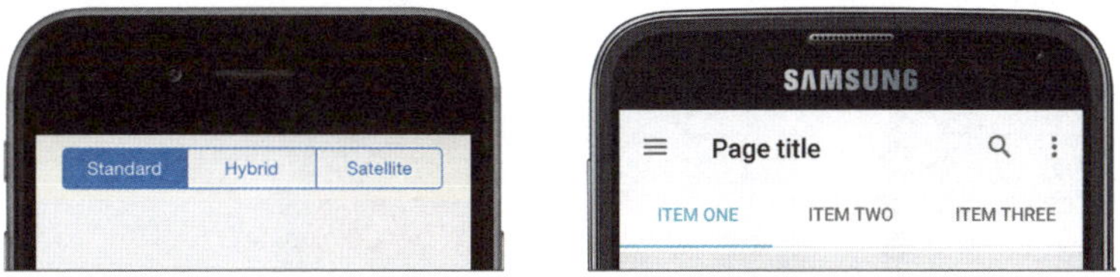

Abbildung 7.9 Ansicht verschiedener Datenansichten

Bei Android-Apps wird der Spinner verwendet. Er funktioniert wie ein Dropdown-Menü und wird vorwiegend in der Action-Bar verwendet, die sich unter der App-Bar bzw. der Systembar befindet. Dieses Element kann auch als Navigationselement genutzt werden, während eine Tabbar genutzt wird, um innerhalb einer Inhaltsseite Ansichten zu wechseln.

Suchfunktion

Unter iOS befindet sich die Suche vorwiegend im oberen Bereich der App.

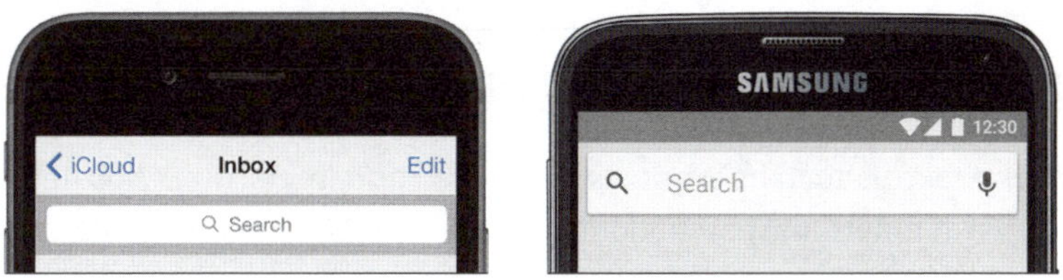

Abbildung 7.10 Suchfeld der Betriebssysteme

In Android-Systemen gibt es verschiedene Möglichkeiten, die Suche zu positionieren:

- als Search-Bar im oberen Bereich der App, ähnlich wie unter iOS; jedoch ist das Suchfeld hier häufig hinter einem Lupe-Icon versteckt, ein Tap darauf öffnet das Suchfeld.

- als Search-Widget; dieses Widget, das eigentlich keines ist, kann überall in der App eingesetzt werden, weshalb es als Widget bezeichnet wird; vorwiegend wird es in der Action-Bar im oberen Bereich positioniert.

Aktionen

Aktionen werden in Regel durch Icons oder Buttons repräsentiert, die bestimmte Funktionen darstellen. Sie erscheinen im Kontext einer View. Es sind dynamische Aktionen, die mitunter nur in bestimmten Screens angezeigt werden. Konkrete Beispiele wären: Speichern, Senden, Teilen, Liken etc.

In iOS-Apps können Aktionen an verschiedenen Stellen positioniert werden. So können Aktionsflächen als Leiste im unteren Bereich erscheinen oder in der Navigationsbar in der rechten oberen Ecke. Alternativ können diese Aktionsflächen natürlich auch im Zentrum des Bildschirms angezeigt werden, je nach Konzeption und Gestaltung der App.

Abbildung 7.11 Action-Bars

In Android-Apps wird empfohlen, die Aktionsflächen in der Action-Bar im oberen Bereich darzustellen. Sollten mehr Aktionen abgebildet werden, so wird ein Action-Overflow-Icon (auch gerne More-Tab genannt) abgebildet (drei übereinander oder nebeneinander stehende Punkte), hinter dem sich weitere Aktionen befinden. Mehr zu der Action-Bar in Kapitel 8, »Von Controls, Views und Komponenten bis Atomic Design und Design-Systemen«.

7.2 Informationsarchitektur und Navigation

Die Informationsarchitektur, auch bekannt als IA, ist das Fundament Ihrer App. Eine gut entwickelte App mit einem ansprechenden ästhetischen Design wird ohne vernünftige Informationsarchitektur nicht erfolgreich sein.

Die IA ist dabei nicht gleichzusetzen mit der Navigation. Zwar hängen diese Konzepte eng miteinander zusammen, und es ist logisch, dass die Informationsarchitektur das Design der Navigation bestimmt. Aber die IA erstreckt sich weit über die App-Navigation hinaus.

Es ist eine Kunst, aus Informationen nutzbare, im Kontext sinnvolle Inhalte zu machen. Eine gute Informationsarchitektur leistet im Idealfall genau das. Eine Informationsarchitektur und die daraus resultierende Navigationsstruktur beschreiben nicht nur, wie welche Informationen strukturiert und angeordnet werden, sondern auch, wie der Nutzer damit interagiert. Das Ganze wird bei mobilen Geräten noch schwieriger, da es verschiedene Plattformen sowie Geräte gibt, die alle unterschiedlichen Interaktionsmodellen folgen.

Ebenso ist es hilfreich, sich frühzeitig mit den Entwicklern kurzzuschließen, wenn Sie eine Informationsarchitektur entwickeln, da diese später eine eigene Architektur der App herstellen müssen und es Schnittmengen in der Architektur geben kann. Änderungen an einer App-Architektur sind im Nachhinein mit größeren Anstrengungen verbunden. Das heißt, wenn Sie Ihre Informationsarchitektur derart ändern, erfolgen entsprechende Änderungen in der Datenbank.

Meist basieren Betriebssysteme auf einer hierarchischen Struktur, der klassischen Ordnerstruktur. In mobilen Apps gibt es zwar kein vollwertiges Ordnersystem, jedoch sind auch hier die Betriebssysteme hierarchisch aufgebaut. Apple bietet über die App-Files eine Ordnerstruktur an, für Android gibt es ebenso Apps, mit denen Sie Ihre Daten in einer Ordnerstruktur betrachten können.

Für Ihre App muss eine hierarchische Struktur jedoch nicht gelten. Gerade für komplexe Tablet-Anwendungen können andere Strukturen besser geeignet sein. Eine Universallösung gibt es allerdings nicht. Hier muss von Fall zu Fall entschieden werden. Egal, für welches Navigationskonzept Sie sich entscheiden, wichtig ist, dass die richtigen Inhalte den Anwender an genau der richtigen Stelle im richtigen Moment erreichen. Eine gute Informationsarchitektur beachtet also auch immer den Kontext, in dem sich der Nutzer befindet.

Als App-Designer sollten Sie einige der gängigsten Navigationsstrukturen, denen immer auch eine gründlich ausgearbeitete Informationsarchitektur zugrunde liegen muss, kennen und einsetzen können. Im Folgenden werde ich näher auf verschiedene Navigationskonzepte eingehen und Vor- und Nachteile vorstellen.

7.2.1 Der Klassiker: die hierarchische Navigation

Die Hierarchiestruktur, oder auch Baumstruktur genannt, ist eine der klassischsten Navigationsstrukturen. Eine hierarchische Navigation liegt dann vor, wenn der Anwender durch Anklicken von Links immer weiter in ein bestimmtes Thema eindringen kann. Sie basiert auf einer Hauptseite, der sogenannten Indexseite, und weiteren Unterseiten. Diesen Unterseiten können wiederum weitere Unterseiten folgen. Nutzer kennen diese Struktur sehr gut, da z. B. Ordnersysteme auf dem Desktop genauso funktionieren.

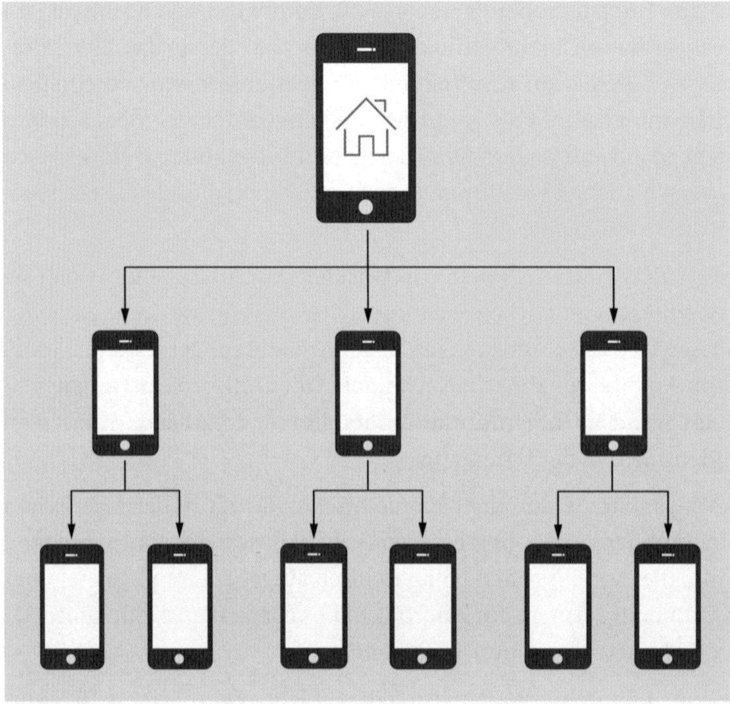

Abbildung 7.12 Schema der hierarchischen Navigation

Indexseite

Eine Indexseite ist der Startpunkt einer Applikation. Es ist der Homescreen bei einer App, entsprechend der Startseite einer Website.

Pro

- gut geeignet zur Organisation komplizierter und vor allem tiefer Strukturen
- optimal für Apps, bei denen der Nutzer in wenigen Schritten sein Ziel erreichen kann

Contra

- Problematisch bei kleinen Screens durch komplexere Inhalte oder verschachtelte Navigation. Der Nutzer kann sich recht schnell verlieren und in die falsche Richtung navigieren.

7.2.2 Jede Seite für sich: Hub & Spoke

Die Hub-&-Spoke-Navigation ist ebenfalls von einem hierarchischen Charakter geprägt. Das Pattern Hub & Spoke hat eine zentrale Indexseite, aus der der Nutzer navigieren kann: den sogenannten *Hub*. Der Anwender sieht also nach dem Starten der App einen Hub-Screen mit Icons. Bei einer Unterseite spricht man von einem Spoke, der wiederum ein Hub sein kann. Möchte der Nutzer nun in einen anderen Spoke wechseln, muss er wieder zurück zum (letzten) Hub.

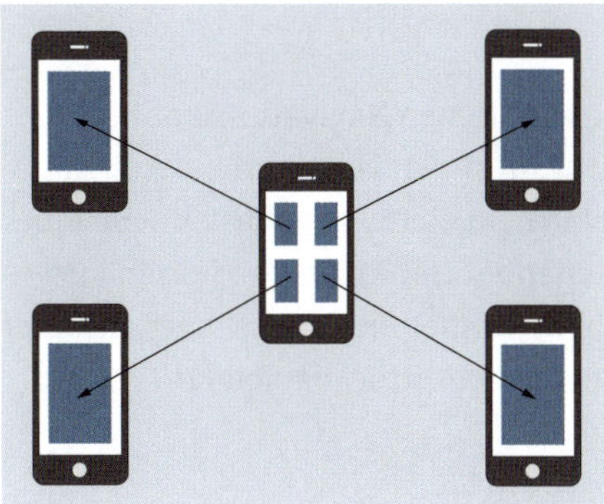

Abbildung 7.13 Schema der Hub-&-Spoke-Navigation

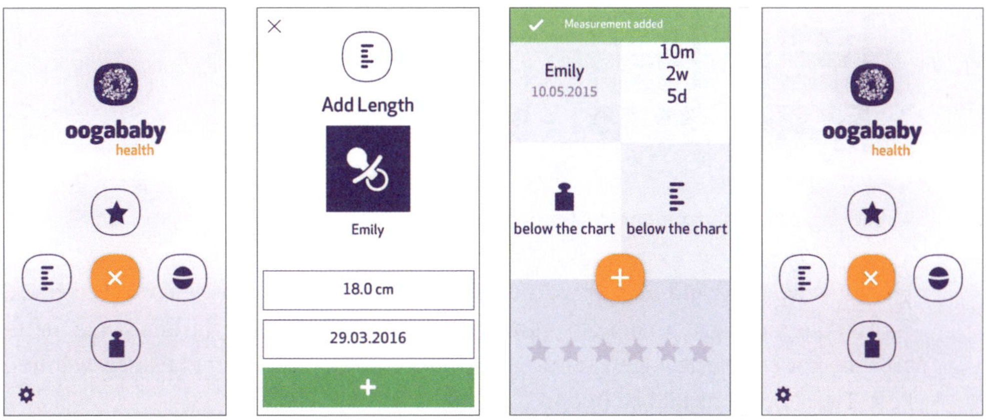

Abbildung 7.14 Hub-&-Spoke-Beispiel in der oogababy-App für iOS

Das klassische Beispiel einer derartigen Navigation sind die Homescreens aller gängigen Apps mit einer Dashboard-Funktionalität. Hier findet der Nutzer eine Übersicht all seiner installierten Apps, die er von hier aus öffnen kann. Durch die Betätigung des Home-Buttons kann der Anwender immer wieder zurück zum Homescreen gelangen.

Pro

- Multifunktionale Tools, jedes für sich mit interner Navigation und Funktion. In einem Spoke kann ein Workflow abgebildet sein, den der Nutzer über mehrere Seiten durchführen muss. Der Anwender kann immer wieder einfach zum Hub zurückkehren.

Contra

- weniger geeignet für Nutzer, die multitasken und zwischen den Spokes hin und her wechseln wollen

7.2.3 Ineinander gestapelt: Nested Doll

Die verschachtelte Matroschka-Puppe gibt dem klassischen Navigationskonzept *Nested Doll* seinen Namen. Die Nested-Doll-Struktur führt den Nutzer in einer linearen Weise zu detaillierterem Content. Der Nutzer startet in einer Listenansicht von einer Startseite, die die Hauptbereiche der App voneinander trennt. Tippt er einen Listeneintrag an, gelangt er zur nächsten Unterseite. Befindet sich der Nutzer in einer schwierigen Situation, kann er stets schnell und einfach zurücknavigieren.

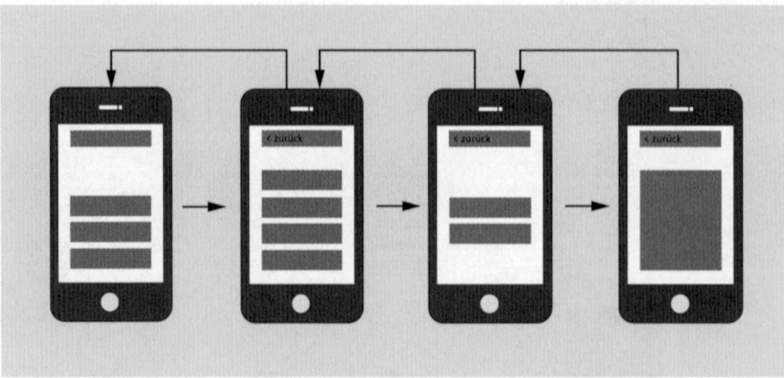

Abbildung 7.15 Schema einer Nested-Doll-Navigation

Ein gutes Beispiel sind hier Apps, die eine Timeline-Funktion haben, wie Facebook, Twitter oder Instagram. Hier gibt es aufgelistete Bereiche, durch die der Nutzer dann auf eine Unterseite gelangen kann. Dort sind weitere Details über den ausgewählten Post, Tweet oder das Bild zu finden.

Pro

- Diese Navigation eignet sich gut für Apps mit einer einfachen Aufgabe.
- Sie kann auch verwendet werden für Unterseiten in anderen Patterns.

Contra

- Der Nutzer kann nicht einfach zwischen Seiten wechseln. Je nach Tiefe eines Nested Dolls muss er entsprechend wieder alle Stufen zurückgehen, um zu einer Übersicht zu gelangen.

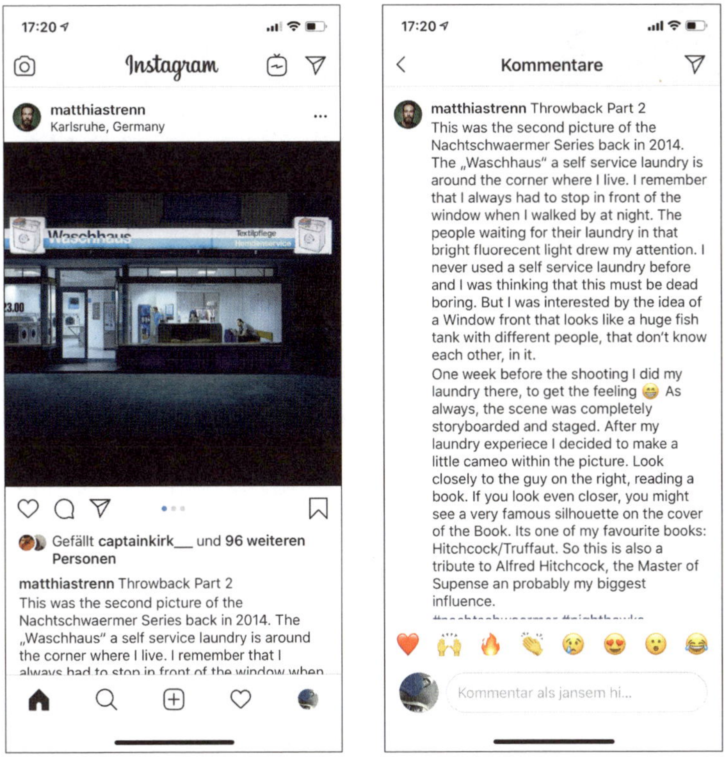

Abbildung 7.16 Nested Dolls auf Instagram

7.2.4 Für Multitasker: Tabbed View

Die Tabbed View ist wohl die bekannteste Struktur unter allen Plattformen. Sie ist die klassische Ansicht mit Tabs am unteren (iOS) oder oberen (Android) Rand des Screens.

Der Nutzer kann schnell zwischen den einzelnen Sektionen hin und her springen. In manchen Apps ist der mittlere Tab der Hauptfunktion vorbehalten, wie z. B. der Auslöser-Button in Foto-Applikationen.

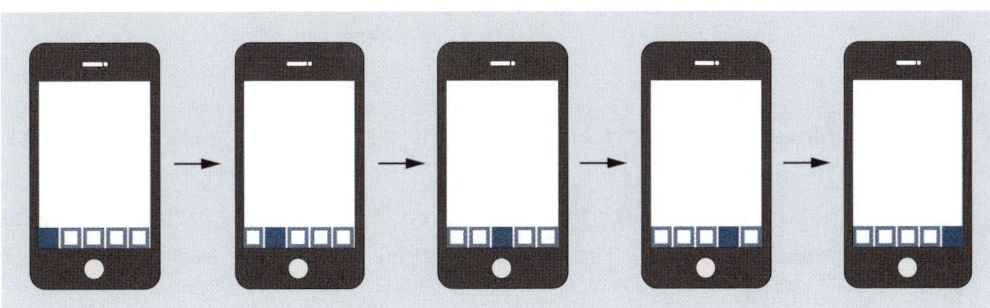

Abbildung 7.17 Schema einer Tabbed-View-Navigation

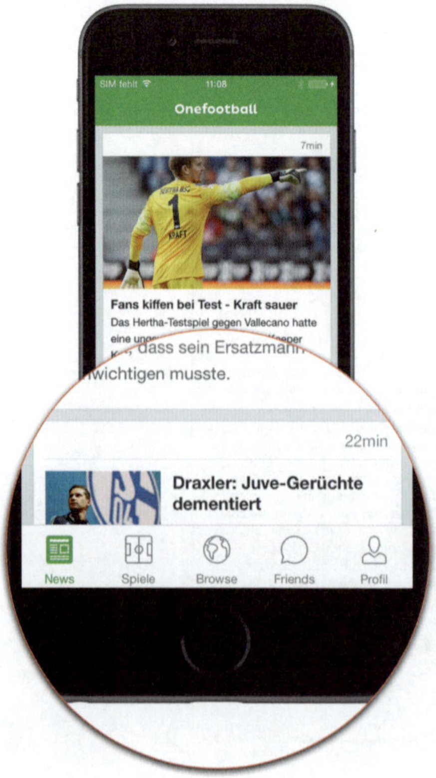

Abbildung 7.18 Onefootball-App mit einer Tabbed View

Ein gutes Beispiel für die Tabbed View ist die Onefootball-App. Im unteren Bereich des Bildschirms kann der Nutzer zwischen den verschiedenen Bereichen der App hin und her wechseln, z. B. NEWS, SPIELE, BROWSE, FRIENDS, PROFIL.

Pro

- Ermöglicht eine schnelle Navigation und erlaubt Multitasking.
- Zudem kennt jeder Smartphone- oder Tablet-Nutzer diese Struktur und weiß auf Anhieb, wie diese zu nutzen ist. Die Struktur funktioniert also auf allen Plattformen.

Contra

- Bei zu komplexen Apps lässt sich diese Struktur nur schlecht realisieren. Die Navigation funktioniert am besten bei einfachen Informationsarchitekturen. Unter iOS sollte man nicht mehr als fünf Tabs verwenden. Sollten Sie mehrere Bereiche haben, nutzen Sie ein More-Tab und verstecken das weitere Menü unter einer neuen Listenansicht.

7.2.5 Mehr Übersicht: Bentobox/Dashboard

Die Bentobox, oder auch Dashboard genannt, bringt kleine, detaillierte Informationen auf der Indexseite unter. Im Grunde ist sie der Hub-&-Spoke-Variante sehr ähnlich. Jedoch werden hier in den Kacheln selber schon detaillierte Informationen angezeigt. Diese Variante eignet sich aufgrund der Screengröße weniger für Smartphones, sondern eher für Tablets. Sie stellt Informationen von Funktionen oder Inhalten auf einer Übersichtsseite dar. Ein Dashboard wird vorwiegend bei Tablets verwendet, auf Smartphones hingegen findet man es seltener.

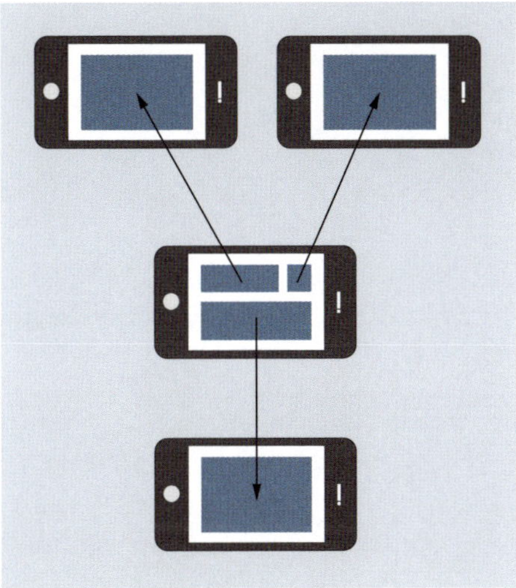

Abbildung 7.19 Schema einer Bentobox- bzw. Dashboard-Navigation

Pro

- Ein Dashboard kann sehr kraftvoll sein, denn es ermöglicht dem Nutzer, auf einen kurzen Blick alle relevanten Informationen zu sehen und primäre Aktionen zu starten.

Contra

- Die Schwierigkeit des Bentobox-Modells liegt in der Darstellung der Informationen. Es muss auf ein gut durchdachtes grafisches Interface-Design geachtet werden.

7.2.6 Der Contentking: Navigation durch Filter

Sollte der Nutzer mit einem großen Umfang von Inhalten arbeiten, empfiehlt sich die sogenannte Filtered View. Zwar ist die Filtered View kein reines Navigationskonzept, sondern besser als Inhaltselement zu verstehen, doch kann sie Nutzer bei der Navigation unterstützen.

Die Filtered View hilft den Nutzern dabei, mittels Aktivierung von Filtern den Inhalt zu konkretisieren. Sie hilft den Nutzern dabei, gezielt nach Inhalten zu suchen bzw. sie zu finden. Hierbei wählt der Nutzer aus einer Reihe von Filtern den gewünschten aus und bekommt sofort geordnete Ergebnisse angezeigt.

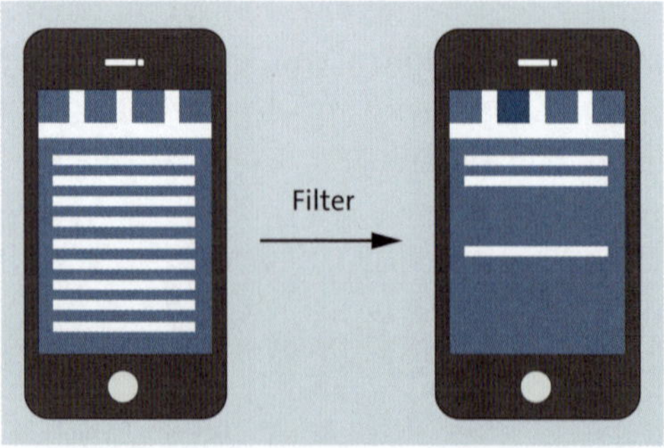

Abbildung 7.20 Schema einer Filtered View

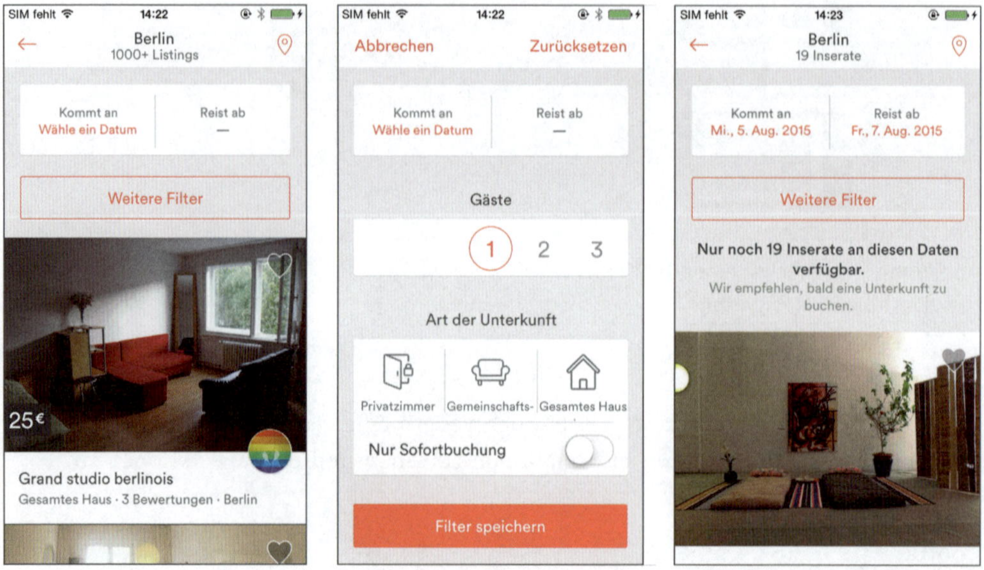

Abbildung 7.21 Filtered View in der Airbnb-App, in der Filtereinstellungen möglich sind. Interaktiv werden Ergebnisse ausgeblendet und nach Setzen des Filters angezeigt.

Pro

- geeignet für Apps mit umfangreichen Inhalten wie Artikel, Bilder oder Videos
- gut geeignet für Shopsysteme auf Tablets
- Funktioniert sehr gut als Unterseite einer der anderen Navigationsstrukturen.

Contra

- Es kann sehr schwierig sein, die Filter auf Smartphones oder Wearables ordentlich darzustellen. Meist sind diese selbst eine Liste, und die Bildschirmgröße reicht meist nicht aus.

7.2.7 Exkurs: Navigation auf Wearables

Über Apple Watch OS Glances hat die App einen kleinen Bereich, in dem Informationen der App angezeigt werden können. Der Nutzer gelangt über diese Glances in die installierte Apple-Watch-App und kann weitere Aktionen ausführen. Man kann die Glances-Ansicht mit der Mitteilungszentrale für das iPhone bzw. iPad vergleichen. Als Beispiel sei die App *Lifesum* genannt (Abbildung 7.22).

Bei *Lifesum* handelt es sich um eine Kalorienzähler-App. Die App zeigt dem Anwender seinen aktuellen Kalorienverbrauch und seine Kalorienaufnahme an. Bei Tap auf die Lifesum-Glance gelangt der Nutzer in die Apple-Watch-App, wo er weitere Aktionen ausführen kann.

Abbildung 7.22 Lifesum-App auf dem Smartphone (links) und die Apple-Watch-App (rechts)

Pro

- Die Dashboard-Navigation ist auf Wearables vor allem sinnvoll, wenn umfangreiche Applikationen vorliegen, die eine Übersichtsseite benötigen. Vorwiegend wird das Dashboard bei Applikationen genutzt, die statistische Auswertungen machen sowie Diagramme oder Kennzahlen darstellen möchten.

Contra

- weniger geeignet für kleinere Applikationen, die keinen großen Funktionsumfang besitzen

7.2.8 Der Kombinator: Navigationskonzepte miteinander kombinieren

Wie Sie vielleicht schon erkannt haben, können die verschiedenen Navigationsstrukturen miteinander kombiniert werden. Versuchen Sie, maximal zwei Navigationsstrukturen zu nutzen. Kombinieren Sie zwei Navigationsstrukturen, sollten Sie mit einer Hauptnavigationsstruktur arbeiten und die andere Struktur nur untergeordnet verwenden.

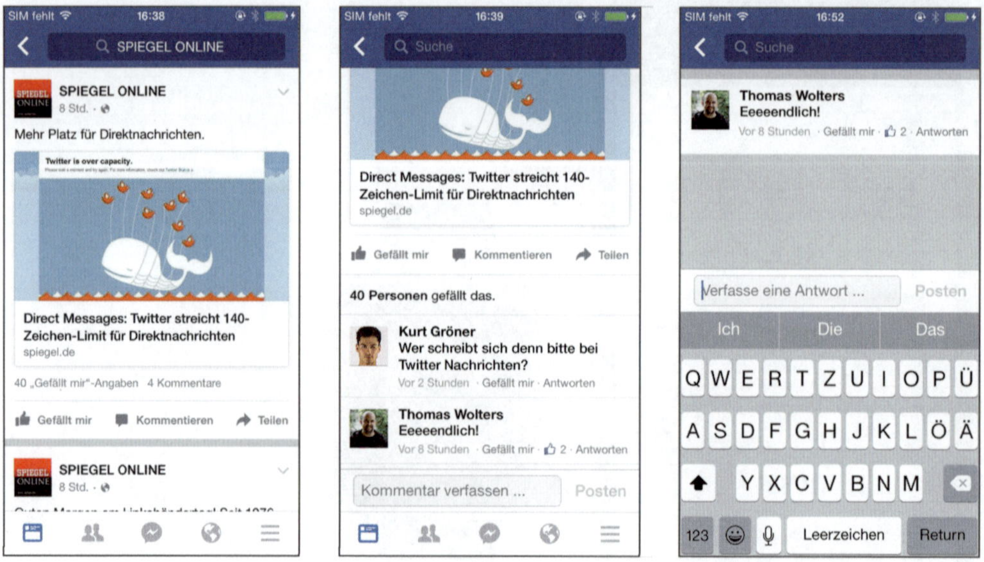

Abbildung 7.23 Eine alte Version der Facebook-App mit einer Nested-Doll-Struktur

In der Facebook-App finden Sie z. B. eine Kombination von Navigationsstrukturen. Elemente aus der Timeline verhalten sich nach Regeln der Nested-Doll-Navigation, die Hauptnavigation der App folgt allerdings der Tabbed View. In der Tabbar werden alle Hauptseiten der Applikation angezeigt, der Nutzer kann hier zwischen den einzelnen Bereichen hin und her wechseln.

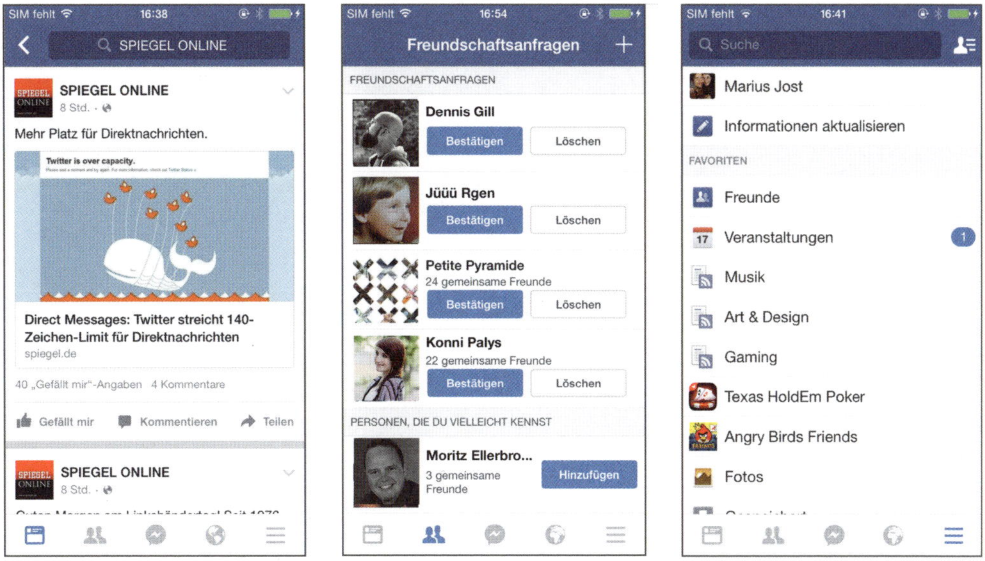

Abbildung 7.24 Eine alte Version der Facebook-App mit einer Tabbed View

Pro

- Eine Kombination verschiedener Navigationskonzepte bietet sich bei komplexen Applikationen an, wenn verschiedene Werkzeuge und Inhalte miteinander kombiniert werden müssen.

Contra

- Navigationskombinationen sollten nicht erstellt werden, um Probleme im Konzept oder in der Informationsarchitektur zu lösen.

Checkliste: Konventionen beachten

- Adaptieren Sie keine iOS-Prinzipien auf die Android-Plattform oder umgekehrt.
- Reduzieren Sie den Cognitive Load. Unterschiedliche Elemente für die gleiche Funktion erschweren die Nutzung Ihrer App. Simplifizieren Sie!
- Erarbeiten Sie sich eine Informationsarchitektur. Diese stellt die Basis für die Navigation in Ihrer App dar und hilft dem Nutzer, Bereiche zu verstehen.
- Erlernen Sie die verschiedenen Informationsarchitekturen und Navigationsarten, und wenden Sie diese an.

In diesem Kapitel haben Sie einiges zur Informationsarchitektur von Apps gelesen. Im folgenden Kapitel werde ich Ihnen die verfügbaren Komponenten auf den beiden Plattformen vorstellen und zeigen, wofür diese gedacht und auch genutzt werden sollten.

Kapitel 8

Von Controls, Views und Komponenten bis Atomic Design und Design-Systemen

Jedes Betriebssystem hat, wie bereits im vorherigen Kapitel beschrieben wurde, seine hauseigenen Standard-Controls. Diese ermöglichen es, recht schnell Applikationen zu erstellen. Alle benötigten Controls bzw. Views sind direkt bei der Entwicklung verfügbar und können sofort vom Entwickler implementiert werden. Doch woher weiß der Entwickler, wie eine Komponente aussieht und was diese zur Komponente macht, wie diese gebaut wird und welche Zustände diese hat?

Dieses Kapitel mag etwas trocken aussehen, viele der vorgestellten Elemente werden Ihnen als iOS- oder Android-Nutzer bereits vertraut sein. Doch ist es wichtig, diese Komponenten wirklich gut zu kennen und zu verstehen, was sie tun, um zu wissen, wann sie eingesetzt werden sollen. Im späteren Verlauf dieses Kapitels stelle ich Ihnen die wichtigsten Komponenten der jeweiligen Plattform vor. Danach gehe ich auf zwei wichtige Themen ein: zunächst auf Atomic Design und dann werde ich Ihnen zeigen, was ein Design-System ist, wie man eines erstellt und wozu es dient.

8.1 Was sind Controls und Views?

Controls und Views gibt es auf allen Plattformen. Diese bilden die visuelle Schnittstelle zwischen dem System und dem Nutzer. Controls werden über das jeweilige Betriebssystem hinweg genutzt, daher sind viele Anwender bereits mit der Nutzung und dem Umgang dieser Controls vertraut. Ein Control ist ein Element, mit dem der Nutzer Eingaben tätigen kann, z. B. ein Eingabefeld oder ein Slider. Eine View ist immer ein Element, das sichtbar auf dem Screen ist, z. B. ein Textfeld oder ein Bild.

8.1.1 Zusammenhang von Controls und Views

Im Grunde ist eine View alles, was auf dem Screen zu sehen ist. Selbst ein Control ist im Grunde genommen eine View. Wenn Designer von einer View sprechen, meinen sie den kompletten Screen und dessen Inhalte. Das ist nicht ganz richtig, und es wäre besser, vom Layout der View zu sprechen. Denn wenn ein Entwickler von einer View spricht, redet er von den einzelnen verschachtelten Views, die zusammengefasst eine ganze View ergeben. So können auf dem Screen mehrere Views erscheinen, und dort können ebenso die zuvor genannten Controls eingesetzt werden. Eine View ist im Grunde ein Container weiterer einzelner Views und Controls.

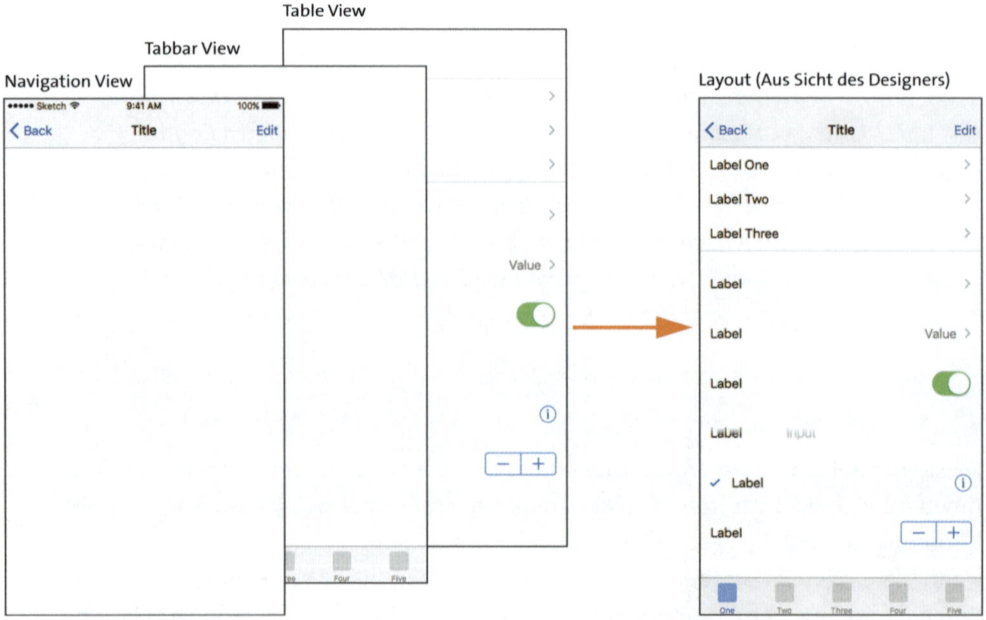

Abbildung 8.1 Mehrere Views werden zu einem Layout zusammengebaut.

> **Neue Controls**
>
> Bei jedem größeren Versionssprung können bei den Plattformen natürlich neue Controls hinzukommen. In der Regel ändert sich die visuelle Erscheinung einer Plattform jedoch selten, und bekannte Controls bleiben erhalten.

Die Plattformen empfehlen den Einsatz der bekannten systemeigenen Controls, die zu Views zusammengebaut werden, um eine Applikation zu erstellen. Jede Plattform gibt ihre Empfehlungen für den Einsatz dieser Controls. Es ist wichtig, sich an diese Empfehlungen zu halten, um der Erwartungshaltung der Nutzer gerecht zu werden, und zudem Voraussetzung, um eventuell im App Store gefeaturt zu werden. Apps, die die Konventionen einhalten, werden bevorzugt von Google und Apple gepusht (Ausnahmen bestätigen natürlich die Regel, meist ist der Erfolg einer App maßgebend).

Das bedeutet jedoch nicht, dass Sie keine eigenen Controls entwickeln können, wenn dies bei Ihrer Applikation erforderlich ist. Im Regelfall werden Sie jedoch die Standard-Controls, die in diesem Kapitel vorgestellt werden, vermehrt nutzen, um Ihre Applikation zu gestalten. Hierbei ist es wichtig zu verstehen, was diese Controls tun und wozu sie verwendet werden.

8.2 Die Standard-Controls von iOS

Seit iOS 7 konzentriert sich das Apple-Betriebssystem inklusive der Gestaltung der UI-Controls auf den Inhalt. Der vorherige »Chrome-Look« von iOS 6 ist in iOS ab Version 7 deutlich abgeschwächt, da auf Attribute und Ornamentik wie Konturen, Farbverläufe oder Schlagschatten verzichtet wurde. Mit Chrome-Look ist nicht das Aussehen des Chrome-Browser gemeint, sondern tatsächlich glänzender Chrome. Unter Chrome im Design versteht man das Prinzip, durch Farbverläufe, Texturen oder Ornamentik Objekte zu verschönern. Chrome ist ein Mittel des Skeuomorphismus und ein mittlerweile eher antiquiertes Gestaltungsprinzip der iOS-Plattform. Die neuen Icons und das eingeführte Flatdesign sollen den Blick des Nutzers auf den Inhalt vereinfachen, da mehr Inhalte abgebildet werden können.

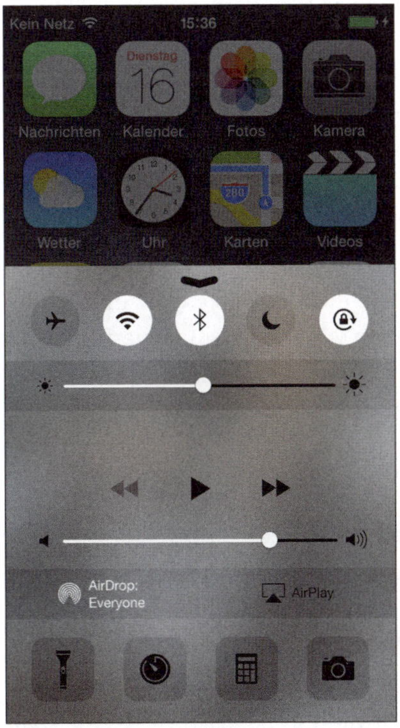

Abbildung 8.2 Transluzente Flächen ab iOS 7

Anstelle von konturierten Flächen, wie Schaltflächen sie haben, werden Farben genutzt, um UI-Elemente voneinander zu trennen. Die Farbhintergründe vieler Elemente des User Interface sind transluzent, etwa die Navigations-, Status- oder Toolbar.

Apple iOS Human Interface Guidelines

In den »Apple iOS Human Interface Guidelines« finden Sie weiterführende Informationen zur Handhabung der Komponenten und zum Aufbau und Strukturieren von Apps, wie Apple sie vorgibt:

https://developer.apple.com/design/human-interface-guidelines/ios/overview/themes/.

Diese Transparenz sorgt dafür, dass Elemente, die sich unterhalb der Fläche befinden und durchscheinen, weichgezeichnet erscheinen, ähnlich einem Milchglas-Effekt. Das vermittelt dem Nutzer ein Gefühl von Tiefe, wobei der semitransparente Hintergrund stetig an den Kontext des Inhalts erinnert. Neben der sehr minimalistischen Darstellung der Controls hat sich auch die Farbgestaltung geändert. Es werden vorwiegend knallige und gesättigte Farben eingesetzt. Auch die Typografie ist seit iOS 7 anders. So werden die filigraneren Schriftschnitte der Helvetica eingesetzt und seit iOS 9 die hauseigene San Francisco.

In der Designer-Szene wurde das Redesign der iOS-Oberfläche gespalten aufgenommen und hat für aufgeregte Diskussionen gesorgt. Die seit iOS 7 erschienenen Design- und Control-Anpassungen sind überschaubar: In iOS 8 hat das grafische User Interface lediglich einen neuen Farb- und Formanstrich erhalten, wesentliche Neuerungen gab es eher in neuen Komponenten innerhalb des Betriebssystems. Unter iOS 9 gab es nur sehr wenige Änderungen. Man bezeichnet iOS 9 eher als ein Sicherheits- und Powerupdate.

In den folgenden Versionen von iOS 10 bis iOS 12 gab es Neuerungen im Betriebssystem. So wurden in iOS 10 die Widgets aufgefrischt, die Möglichkeit der Installation weiterer Keyboards samt Emoji-Keyboard wurde eingeführt, Siri wurde verfügbar für die Entwicklung, und Sprachbefehle können für Apps genutzt werden, Support für Voice over IP (Internet-Telefonie), Apple Pay wurde eingeführt, HomeKit hatte seinen Auftritt, Split Views für das Tablet.

In iOS 12 hatte ARKit einen bemerkenswerten Auftritt bei der WWDC Keynote. Ebenso wurde ein Filesystem für iOS-Geräte eingeführt, hiermit können Nutzer nun Dateien abspeichern und verwalten. Die Stifteingabe wurde verbessert und erweitert, ebenso erfahren die Tablets weitaus mehr Multitasking-Funktionen. Ebenso wurde der App Store komplett neu gestaltet und hält mehr Funktionen und Möglichkeiten für Entwickler und Nutzer bereit.

Im Folgenden sollen die gängigsten Standard-Controls und Views von iOS vorgestellt werden.

8.2.1 Navigationsbar

Die Navigationsbar, auch Navigationsheader genannt, befindet sich bei iOS-Geräten im oberen Bereich. Dieses Element ist, wie der Name schon sagt, für die Hauptnavigation des Geräts verantwortlich. Darüber befindet sich die sogenannte Statusbar, die wir grafisch nicht ändern können. Sie können die Statusbar aber systemseitig deaktivieren oder die Inhalte der Statusbar schwarz oder weiß einfärben, je nach Hintergrundfarbe entsprechend der besseren Lesbarkeit. Innerhalb der Navigationsbar können verschiedene Elemente positioniert werden.

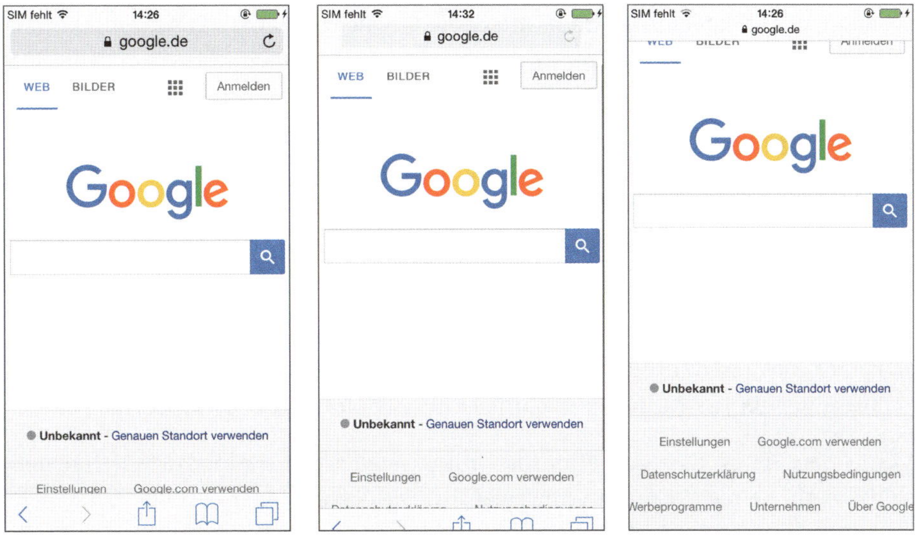

Abbildung 8.3 Navigationsbar vom großen zum verkleinerten Zustand

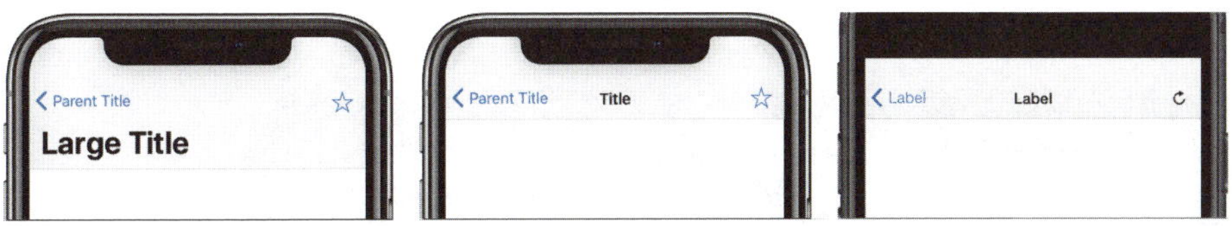

Abbildung 8.4 Navigationsbar links: Large Title, Mitte: Standard, rechts: bis iOS 11.

Die Navigationsbar ermöglicht dem Nutzer die Navigation durch die Informationsarchitektur sowie alternativ die Handhabung der Inhalte der angezeigten Seite. Die Navigationsbar hat folgende Eigenschaften:

- Sie ist transluzent.
- Sie erscheint immer im oberen Bereich unter der Statusbar (sofern diese aktiviert ist).
- Sie kann im Landscape-Modus nur in einem Teilbereich angezeigt werden in Form eines Splitscreens.

- Sie kann versteckt werden, sobald das Keyboard erscheint.
- Sie kann verkleinert werden, sobald der Nutzer vertikal swipt, wobei hier die Fläche zur Darstellung des Inhalts vergrößert wird.
- Sie kann weiß oder schwarz eingefärbt werden.

Einsatz der Navigationsbar im App-Design

Nutzen Sie die Navigationsbar, um dem Nutzer die Navigation zwischen verschiedenen Seiten, sogenannten Views, zu ermöglichen.

Wenn gewünscht, bieten Sie dem Nutzer die Möglichkeit, eine Aktion auszuführen, und platzieren Sie diese Aktion im rechten Bereich der Navigationsbar, denn dort erwartet der Nutzer unter iOS die Aktionen für den entsprechenden Screen. Wenn mehrere Aktionen ausführbar sein sollen, verwenden Sie besser die Toolbar, denn dort können mehrere Aktionen hinterlegt werden. In der Navigationsbar sollten sich nicht mehr als zwei Aktionen befinden. Wenn der Nutzer in der Navigationsstruktur eine Ebene tiefer gehen soll, sollten zwei Dinge passieren:

- Der Titel der View sollte in der Navigationsbar erscheint.
- Ein Zurück-Button sollte im linken Bereich der Navigationsbar erscheinen, alternativ kann dieser Zurück-Button auch ein Label beinhalten. So kann ein Pfeil nach links oder ein Text(-Label) mit »Zurück« oder beides angezeigt werden.

Vermeiden Sie es, die Navigationsbar mit zusätzlichen Controls zu überfrachten, selbst wenn genug Freiraum vorhanden ist. Die Navigationsbar sollte nicht mehr enthalten als den Titel der View, einen Zurück-Button und ein Aktionselement für die angezeigte View. Unter iOS hat sich auch das Burger-Icon mitunter als Vertreter des Hauptmenüs eingebürgert. Alternativ zum angezeigten Titel kann auch ein Segmented Control (siehe Seite 350) angezeigt werden.

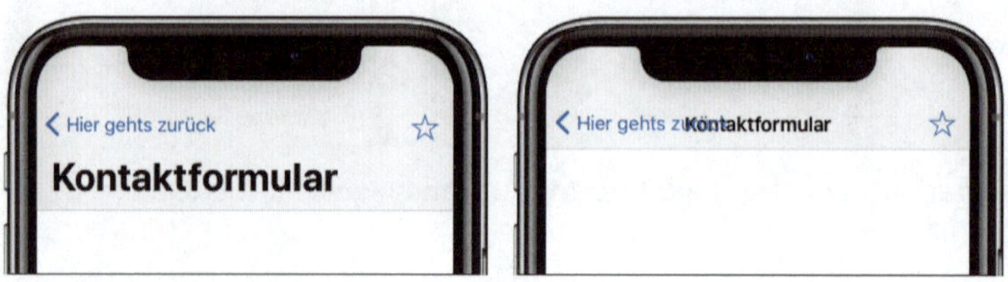

Abbildung 8.5 In diesem Beispiel ist der View-Titel viel zu lang, es ist zu viel Text zu sehen. So etwas sollten Sie vermeiden.

Sollten die UI-Elemente in Ihrer Navigationsbar Labels beinhalten, stellen Sie sicher, dass diese genug Abstand voneinander haben und nicht ineinanderlaufen. Das sieht nicht nur unschön aus, schlimmer ist, dass der Nutzer nicht mehr sauber zwischen diesen Elementen unterscheiden kann.

8.2.2 Toolbar

Die Toolbar beinhaltet Schaltflächen, die kontextabhängige Aktionen basierend auf den Inhalten der View ausführen. In der Toolbar können verschiedene Elemente sowie Text eingesetzt werden.

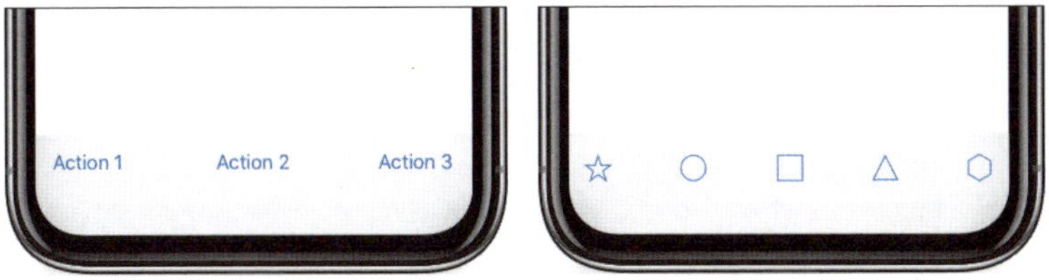

Abbildung 8.6 Toolbar links: mit Text-Aktionen, rechts: mit Icons

Eine Toolbar hat folgende Eigenschaften:

- Sie ist transluzent.
- Sie erscheint bei einem iPhone immer im unteren Bereich der View.
- Sie kann bei einem iPad im oberen Bereich erscheinen.
- Sie kann verkleinert werden, sobald ein Nutzer vertikal swipt, wobei hier die Fläche zur Darstellung des Inhalts vergrößert wird.
- Sie kann eingefärbt werden.
- Sie kann mit Icons, Text oder beidem genutzt werden.

Einsatz der Toolbar im App-Design

Verwenden Sie die Toolbar, um den Nutzer eine Reihe von Aktionen innerhalb des Kontextes ausführen zu lassen. Nutzen Sie hierbei nur Aktionen, die innerhalb des Kontextes Sinn ergeben, binden Sie hier nach Möglichkeit keine Funktionen ein, die vom Anwender nur gelegentlich genutzt werden. Der Nutzer sollte sich nicht mit Aktionen auf einem Screen beschäftigen müssen, die mit diesem nichts zu tun haben. Warum sollte man, wenn man ein Foto editiert, zeitgleich die Möglichkeit haben, das Benutzerprofil zu ändern?

Wenn Sie bei einer iPhone-App mehr als drei Elemente in der Toolbar einsetzen wollen, sollten Sie besser Icons verwenden. Textliche Elemente können genauso wie bei der Navigationsbar ineinanderlaufen und die Unterscheidung und Bedienung der Elemente erschweren.

In der Toolbar können Sie ebenfalls ein Segmented Control verwenden, um verschiedene Modi der angezeigten View darzustellen. Wenn Sie dem Nutzer die Möglichkeit geben wollen, zwischen verschiedenen Views zu wechseln oder Zugriff auf verschiedene Hauptbereiche bzw. Hauptfunktionen zu erhalten, nutzen Sie dazu besser die Tabbar.

8.2.3 Tabbar

In der Tabbar hat der Nutzer die Möglichkeit, zwischen verschiedenen Unteraufgaben, Views oder Modi in einer App zu wechseln. Die Tabbar, die sich am Fuß des Displays befindet, verwaltet also die Views, die über die Tabs in der Tabbar ausgewählt werden können. Es ist ein UI-Control, das sehr oft verwendet wird, da sich hier Teilbereiche innerhalb einer App sehr gut zusammenfassen lassen. Neben dem Burger-Menu ist die Tabbar eines der wichtigsten Controls.

Abbildung 8.7 Tabbar

Eine Tabbar hat folgende Eigenschaften:

- Sie ist transluzent.
- Sie erscheint immer im unteren Bereich der View.
- Sie zeigt nicht mehr als fünf Tabs zur selben Zeit an. Wollen Sie mehr als fünf Tabs anzeigen, sollten vier Tabs angezeigt werden und zusätzlich ein »Mehr«-Tab, der die weiteren Tabs in einer neuen View anzeigt.

Abbildung 8.8 Die Tabbar des Homescreens der Facebook-App in einer früheren Version

Abbildung 8.9 Die Tabbar mit einem Badge, welches zwei neue Nachrichten anzeigt.

- Sie behält dieselbe Höhe in allen Ausrichtungen (Portrait- und Landscape-Modus).
- Ein Tab kann ein Badge (Notification-Zähler) beinhalten, das App-spezifische Informationen anzeigen kann. So können Sie signalisieren, dass innerhalb eines Tabs eine neue Information vorliegt.
- Die Tabbar kann farblich frei umgestaltet werden.

Einsatz der Tabbar im App-Design

Nutzen Sie die Tabbar, um Ihre Informationsstruktur zu organisieren. Eine Tabbar eignet sich sehr gut als Startpunkt Ihrer App. Sie ermöglicht dem Nutzer, direkt nach dem Öffnen der App in die gewünschte Kategorie zu navigieren.

Nutzen Sie die Tabbar nicht, um dem Nutzer die Möglichkeit zu geben, Inhalte in der View zu ändern oder zu editieren. Die Tabbar ist dafür gedacht, um zwischen verschiedenen Seiten zu navigieren. Im Idealfall sind Aktionen im Haupt-Content-Bereich oder in der Navigationsbar zu finden. Für solche Fälle sollten Sie die Toolbar verwenden.

Entfernen Sie einen Tab nicht aus der Tabbar, wenn seine Funktion aktuell nicht verfügbar ist. Wenn Sie einen Tab entfernen, wird Ihr App-User-Interface für den Anwender instabil und unvorhersehbar. Die Orientierung fällt schwer. Besser ist es, immer alle möglichen Tabs der App anzuzeigen und derzeit nicht verfügbare Funktionen auszugrauen. Erklären Sie in dem Fall, dass keine Funktion vorliegt und warum dies so ist. Sie können aber auch den Tab aktiv belassen und zeigen dann im entsprechenden View einen sogenannten Empty State an. Als Beispiel sei eine Chat-App genannt. Wenn Sie nun auf den Tab-Chat gehen und noch keinen gestartet haben, können Sie dort zeigen, wie ein Chat zu starten ist. Hierbei handelt es sich um den sogenannten Empty State. Alternativ oder je nach Anwendung können Sie hierbei beispielsweise eine Notification zeigen, die mitteilt, dass dieser Dienst aufgrund von Wartungsarbeiten oder einer technischen Störung gerade nicht verfügbar ist.

8.2.4 Label, System-Button, Refresher & Co.

Die in diesem Abschnitt aufgeführten Elemente können Aktionen beinhalten und entsprechend Werte ändern oder hinzufügen. So ist ein Button oder ein Eingabefeld ein Control, mit dem eine Aktion ausgeführt oder in das ein Text eingegeben werden kann.

Label

Ein Label zeigt einen statischen Text und sollte eingesetzt werden, um Controls zu beschriften. Labels sind nicht dafür gedacht, ein Textfeld zu sein. Labels beschreiben Controls, Textfelder oder Views.

Abbildung 8.10 Textlabels sollten klar lesbar sein.

Ein Label hat folgende Eigenschaften:

- Es zeigt statischen Text.
- Es hat keinerlei Funktion, außer dass man diesen Text eventuell kopieren kann.
- Es sollte klar lesbar sein und keine Zierschriften beinhalten.
- Es kann umgefärbt und mit einer anderen Schriftart genutzt werden.

Wie werden Labels eingesetzt?

Nutzen Sie ein Label, um Teile des User Interface zu beschreiben. Labels eignen sich hervorragend, um kleine Textteile anzuzeigen.

System-Button

Ein System-Button führt eine App-spezifische Aktion aus. Er hat folgende Eigenschaften:

- Er hat standardmäßig keinen Rahmen oder Hintergrund.
- Er kann ein Icon oder einen Text beinhalten.
- Er unterstützt benutzerdefinierte Dekorationen wie Rahmen oder Hintergrundbilder.
- Er kann umgefärbt und mit einer anderen Schriftart genutzt werden.

Abbildung 8.11 Buttons sind auch als reiner Text oder mit Einsatz einer Hintergrundfarbfläche bzw. des Rahmens oder Icons möglich

Inspiration für Buttons

Inspiration für schöne Buttons finden Sie hier:

- *https://dribbble.com/search?q=button*
- Suchen Sie auf *pinterest.com* nach »button«.

Wie werden System-Buttons eingesetzt?

Nutzen Sie den System-Button, um Aktionen vom Anwender initiieren zu lassen. Sollten Sie einen System-Button in textlicher Form nutzen wollen, sollten Sie Verben (speichern, aktualisieren, löschen etc.) verwenden. Damit signalisieren Sie dem Anwender klar, welche Aktion der System-Button bei Betätigung ausführt. Verwenden Sie wenn möglich kurze Wörter. Grafisch sollten Buttons so gestaltet sein, dass diese signalisieren, ob sie eine Hauptaktion oder eine Nebenfunktion ausführen. Eine Hauptfunktion wäre z. B. das Versenden einer Nachricht, eine Nebenaktion der Abbruch des Vorgangs. So können etwa beide Schaltflächen nebeneinander gezeigt werden, wobei die Senden-Schaltfläche vollflächig blau und der Abbrechen-Button grau konturiert eingefärbt ist. Durch die blaue Farbe signalisieren Sie die Hauptfunktion und durch das konturierte Grau die Nebenfunktion.

Textfeld

Ein Textfeld ist ein Nutzereingabefeld. Hier kann der Nutzer über die Tastatur Inhalte an die App übertragen. Ein Textfeld hat folgende Eigenschaften:

- Es hat eine fixe Höhe und beinhaltet einen Rahmen mit abgerundeten Ecken.
- Es zeigt automatisch das Keyboard, sobald der Nutzer das Element berührt.
- Es kann vom System gestellte Schaltflächen beinhalten.
- Es kann gewählte Schriftarten darstellen.
- Es kann umgefärbt werden.

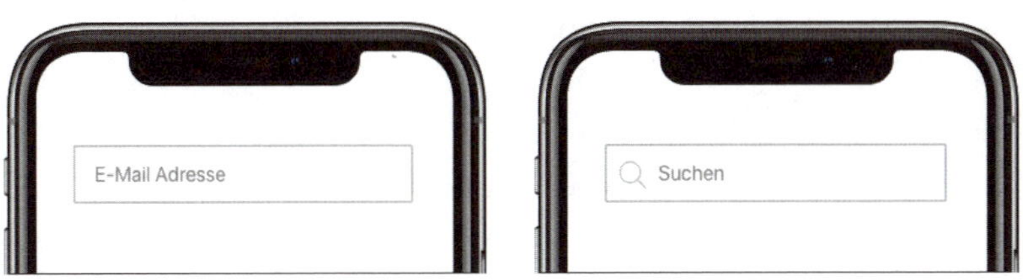

Abbildung 8.12 Inputfield bzw. Eingabefeld (links) und Textfeld mit Platzhalter und Icon (rechts)

Wie werden Textfelder eingesetzt?

Nutzen Sie das Textfeld, um den Nutzer eine begrenzte Menge an Informationen eingeben zu lassen. Das Textfeld kann als Klartextfeld oder als Passwortfeld genutzt werden. Zeigen Sie in jedem Fall an, welche Art von Informationen vom Nutzer angegeben werden sollen. Dies kann mithilfe eines Icons geschehen. So können Sie bei einem Suchfeld eine Lupe abbilden, die die Funktion des Textfeldes besser erklärt. Alternativ können Sie ein Label verwenden, das das Textfeld beschreibt. Zeigen Sie links den Zweck des Textfeldes an und rechts eine dazugehörige Aktion. Eine Aktion könnte eine Schaltfläche sein, bei der Sie den Inhalt im Textfeld speichern. Zeigen Sie innerhalb des Textfeldes eine Möglichkeit, um den eingegebenen Inhalt wieder zu löschen ❶.

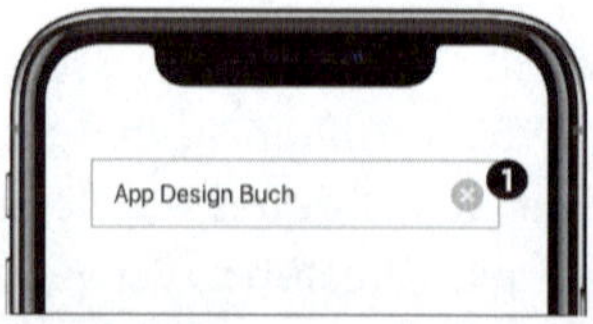

Abbildung 8.13 Der Inhalt des Textfeldes kann durch eine Berührung des X ❶ geleert werden.

Sie können auch innerhalb des Textfeldes selbst einen Hinweis platzieren, der anzeigt, welche Art von Informationen vom Nutzer einzugeben sind. Zeigen Sie immer das zum Kontext passende Keyboard zum Textfeld an. Wenn der Nutzer z. B. eine Telefonnummer eingeben muss, sollte direkt das Zahlen-Keyboard erscheinen.

Activity Indicator

Ein Activity Indicator zeigt, dass eine Aufgabe, die vom Nutzer oder vom System initiiert wurde, verarbeitet und in Kürze ausgeführt wird. In iOS wird die Komponente Activity Indicator genannt, in anderen Bereichen auch Loader, Spinner, Rotator, Loading Circle etc. Der gängigste Begriff ist Spinner.

Abbildung 8.14 Der Activity Indicator zeigt, dass eine Aufgabe initiiert wurde (links). Rechts ein Beispiel für einen farbig gestalteten Activity Indicator.

Ein Activity Indicator hat folgende Eigenschaften:

- Er dreht sich, während die Aufgabe ausgeführt wird, und verschwindet, sobald die Aufgabe ausgeführt wurde.
- Er erlaubt keine Interaktion mit dem Nutzer.
- Er kann durch eine selbst entwickelte Lösung ersetzt werden.

Wie wird ein Activity Indicator eingesetzt?

Nutzen Sie den Activity Indicator in der Toolbar oder in der Main View, um zu zeigen, dass eine Aufgabe ausgeführt wird, ohne zu signalisieren, wann diese Aufgabe beendet wird. Setzen Sie den Activity Indicator dann ein, wenn Sie technisch nicht erfassen können, wie lange ein Prozess dauert. Zeigen Sie keinen statischen, sich nicht bewegenden Activity Indicator. Das würde dem Nutzer signalisieren, dass eine Aufgabe ins Stocken geraten ist. Der Acitivity Indicator sollte also dynamisch und in Bewegung sein, um den Nutzer zu beruhigen, dass eine Aufgabe oder ein Prozess arbeitet und das es vorangeht.

Abbildung 8.15 http://samherbert.net/svg-loaders bietet verschiedene Loader zum Download an.

Passen Sie das Aussehen des Activity Indicators an, sodass er mit der Gestaltung Ihrer App harmoniert. Hier finden Sie coole Beispiele für Activity Indicator:

- *http://samherbert.net/svg-loaders*
- *https://dribbble.com/search?q=loader*
- Suchen Sie auch bei *pinterest.com* nach »button« oder »Loader«.

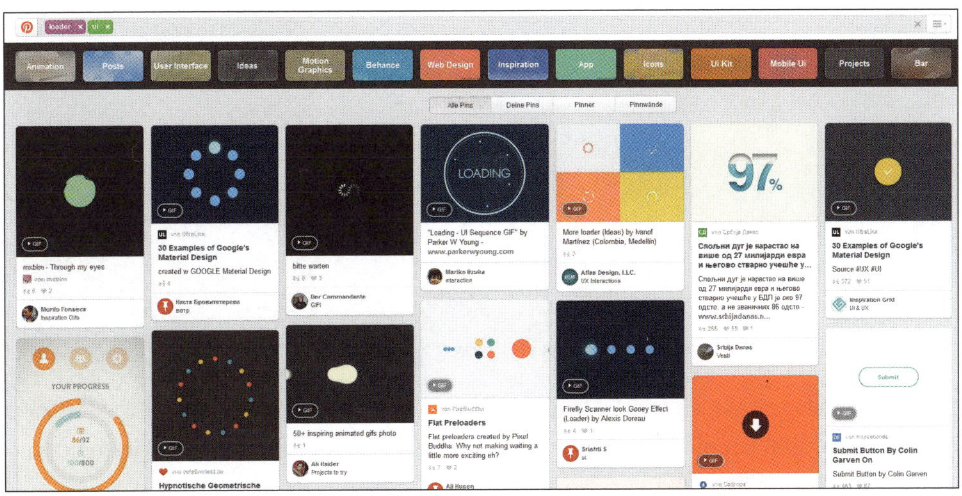

Abbildung 8.16 Auch bei Pinterest finden Sie viele inspirierende Beispiele für die Gestaltung von Spinnern.

Refresh-Control

Das Refresh-Control führt eine vom Nutzer initiierte Aktualisierung aus, üblicherweise in einer Tabelle oder Liste. Diese wird meist durch eine Swipe-Geste nach unten am oberen Rand der Liste bzw. Tabelle ausgelöst.

Abbildung 8.17 Ablauf eines Refresh-Controls

Ein Refresh-Control hat folgende Eigenschaften:

- Es sieht ähnlich aus wie der Activity Indicator.
- Es kann einen Titel haben.
- Es ist standardmäßig versteckt, bis der Nutzer eine Aktualisierung initiiert.
- Es kann durch eine selbst entwickelte Lösung ersetzt werden.

Wie wird ein Refresh-Control eingesetzt?

Nutzen Sie das Refresh-Control, um dem Nutzer die Möglichkeit zu geben, eine Liste oder Tabelle sofort zu aktualisieren, ohne dass er auf eine automatische Aktualisierung warten muss. Beschreiben Sie aber nicht, wie das Refresh-Control zu nutzen ist.

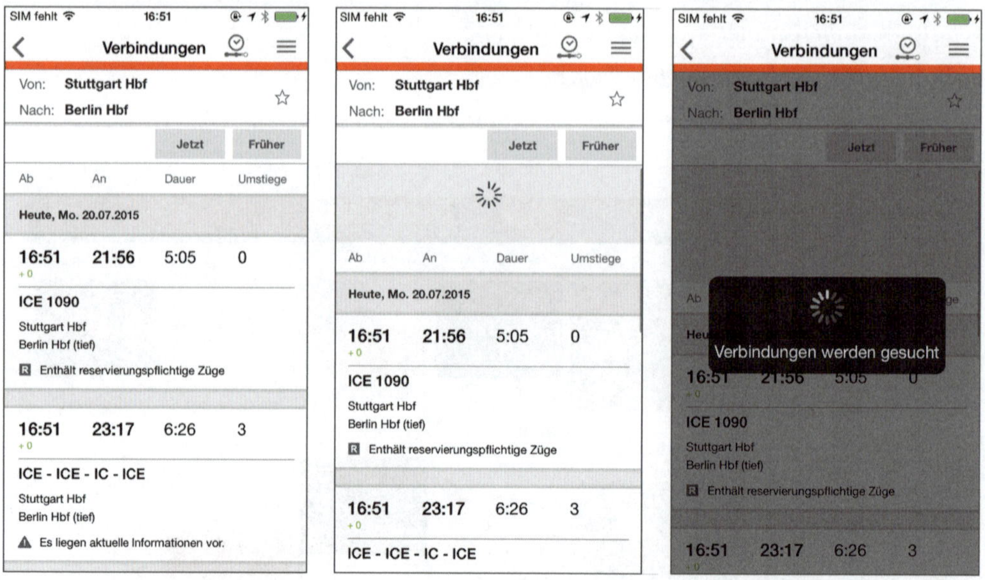

Abbildung 8.18 Kombination der Nutzung des Refresh-Controls und des Activity Indicators in der Deutsche-Bahn-App

Integrieren Sie aber in jedem Fall auch eine automatische Aktualisierungsfunktion, sobald der Nutzer den Screen aufruft. Verlassen Sie sich nicht darauf, dass der Nutzer eine Aktualisierung durch ein Refresh-Control ausführt, denn nicht jeder Anwender kennt bzw. nutzt diese Funktion. Fügen Sie stattdessen eine kurze Mitteilung ein, wenn der Aktualisierungsvorgang automatisiert läuft.

Inspirationsquellen:

- *https://de.pinterest.com/lindforsadam/pull-to-refresh-inspiration/*
- *https://dribbble.com/search?q=pull+to+refresh*

Page-Control

Das Page-Control zeigt die Anzahl der verfügbaren Views innerhalb einer View an. Ebenso zeigt das Page-Control an, welche View gerade zu sehen ist.

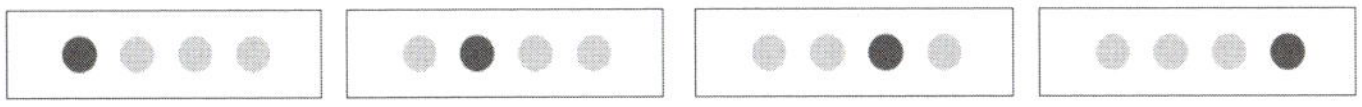

Abbildung 8.19 Klassisches Aussehen des Page-Controls

Ein Page-Control hat folgende Eigenschaften:

- Es zeigt für jede verfügbare View einen Punkt an. Diese Punkte sind aufgereiht von links nach rechts. Die Reihenfolge bestimmt die Anordnung der Views.
- Standardmäßig repräsentiert der opake Punkt die aktuell angezeigte View. Transluzente Punkte repräsentieren die nicht angezeigten, aber vorhandenen Views.
- Der Nutzer sollte die Views in einer sequenziellen Reihenfolge aufrufen können.
- Verringern Sie nicht den Abstand zwischen den Punkten, um mehrere Views anzeigen zu können.
- Implementieren Sie keine Navigation zwischen den Views bei der Nutzung eines Page-Controls. Der Nutzer muss von View zu View navigieren.

Wie wird ein Page-Control eingesetzt?

Nutzen Sie das Page-Control, wenn es wichtiger ist, dem Nutzer zu zeigen, wie viele Views geöffnet sind, als dem Nutzer zu helfen, eine der Views auszuwählen. Das Page-Control wurde entwickelt, um gleiche oder ähnliche Views in einer Reihenfolge anzuzeigen.

Ein Page-Control sollte immer zentriert und unterhalb einer View dargestellt werden. So stört das Element den Nutzer nicht, und das Page-Control bleibt gut sichtbar. Nutzen Sie das Page-Control nicht, um eine Hierarchie oder ein anderes komplexes Arrangement von Views anzuzeigen. Ein Page-Control zeigt nicht, welche Bereiche in einer App miteinander in Verbindung stehen. Das Page-Control ist kein Navigationselement innerhalb einer App.

Abbildung 8.20 Page-Control von View zu View

Vermeiden Sie es, zu viele Punkte anzuzeigen. Mehr als zehn Punkte sind vom Nutzer schwer zu bedienen, und die Betrachtung von mehr als 20 Views ist sehr zeitintensiv. Nutzen Sie nicht mehr als 7 Seiten in einem Page-Control.

Wenn Sie mehr als 20 Views verwenden wollen, ist es generell nicht zu empfehlen, ein Page-Control zu nutzen. Wenn Sie mehr Seiten zeigen wollen, sollten Sie sich eine Struktur der Applikation überlegen. Hierbei kann Ihnen Kapitel 6, »Nutzerzentriertes Design«, helfen. Schauen Sie sich die hierarchische Struktur, die Bentobox etc. genauer an. Das kann Ihnen helfen, einen besseren strukturellen Aufbau einer App zu entwickeln.

Segmented Control

Das Segmented Control ist ein lineares Set von Segmenten. Jedes Segment funktioniert hierbei wie eine Schaltfläche und zeigt eine entsprechende View. So kann eine View nach einem bestimmten Filtertyp gefiltert werden, beispielsweise um bei einer Profilansicht eines Nutzers zwischen Kontaktdaten, Nutzerbeschreibung und letzten Nachrichten zu wechseln, ohne die View zu verlassen.

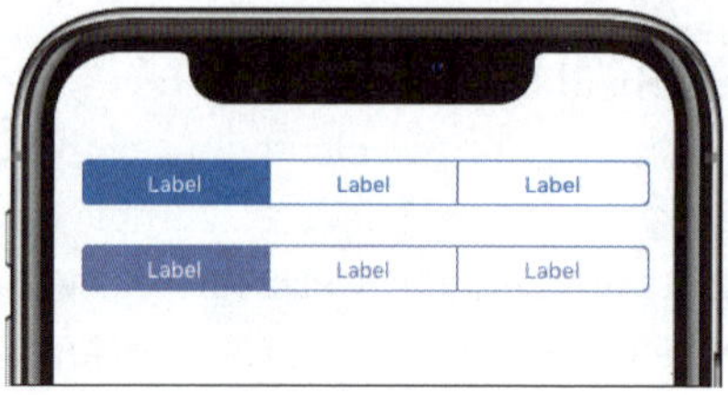

Abbildung 8.21 Ein klassisches Segmented Control

Ein Segmented Control hat folgende Eigenschaften:

- Es besteht aus zwei oder mehr Segmenten, deren Breiten proportional bezogen auf die Gesamtzahl der Segmente sind.
- Es kann Icons oder Text anzeigen.
- Es kann eingefärbt werden.

Wie wird ein Segmented Control eingesetzt?

Nutzen Sie ein Segmented Control, um eine Auswahl zu ermöglichen, die nahe beieinander liegt, sich aber gegenseitig ausschließt. Stellen Sie sicher, dass jedes Segment leicht zu berühren ist. Bei einer iPhone-App sollten nicht mehr als fünf Segmente angezeigt werden.

Versuchen Sie, die Größe jedes Segments so gut wie möglich konsistent zu halten. Jedes Segment innerhalb eines Segmented Controls besitzt dieselbe Breite, es sieht nicht gut aus, wenn das eine Segment kaum und das andere komplett gefüllt ist. Vermeiden Sie es, Texte und Bilder miteinander zu vermischen, auch wenn dies möglich ist. Vermeiden Sie es ebenfalls, klare Inhalte, ob Text oder Bild, mit einem grafischen Element zu verschönern. Zu viele Informationen der gleichen Art verwirren den Nutzer.

Inspirationsquellen:

- *https://dribbble.com/search?q=segmented+control*
- Suchen Sie bei Pinterest nach »segmented control«.

Switch

Ein Switch stellt zwei sich gegenseitig ausschließende Auswahlmöglichkeiten dar. Man kann einen Switch mit einem Lichtschalter vergleichen, bei dem es nur die zwei Zustände »an« oder »aus« gibt.

Abbildung 8.22 Switch in einer Tabellenansicht

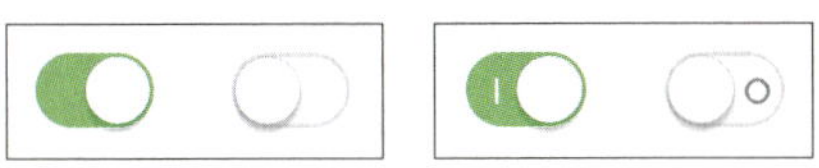

Abbildung 8.23 Switch-Einstellung aktiv (grün – 1) bzw. inaktiv (weiß – 0)

Ein Switch hat folgende Eigenschaften:

- Er gibt einen binären Zustand eines Elements an.
- Er wird nur in Tabellen angezeigt.
- Er kann farblich und in der Form frei gestaltet werden.

Wie wird ein Switch eingesetzt?

Nutzen Sie den Switch in einer Tabellenzeile, um dem Nutzer die Wahl zwischen zwei Möglichkeiten zu geben, im Sinne von ja/nein bzw. an/aus.

Inspirationsquellen:

- Suchen Sie bei Pinterest nach »switch«.
- *https://dribbble.com/search?q=switch*

Slider

Ein Slider erlaubt es dem Nutzer, Einstellungen an einem Wert oder einem Prozess innerhalb einer definierten Grenze vorzunehmen. Der Slider ist vergleichbar mit einem Lautstärkeregler an einer Hi-Fi-Anlage oder einem Mischpult.

Abbildung 8.24 Oben ein klassischer Slider und unten ein Lautstärke-Slider mit Icons

Ein Slider hat folgende Eigenschaften:

- Er besteht aus einer horizontalen Spur und einem Knauf (kreisförmiges Control), mit dem man über die Spur gleiten kann.
- Optional können jeweils links und rechts Bilder oder Icons angezeigt werden, die die entsprechenden Werte repräsentieren.
- Er füllt die horizontale Spur zwischen dem minimalen Wert (typischerweise links) und dem Knauf.

Wie wird ein Slider eingesetzt?

Nutzen Sie den Slider, um dem Anwender die Möglichkeit zu geben, Werte fein graduiert einzugeben oder ändern zu können.

Sie können folgende Änderungen vornehmen, um die visuelle Erscheinung zu ändern: Sie können die Erscheinung des Knaufs ändern, sodass der Anwender auf einen Blick erkennen kann, ob der Slider aktiv ist. Wenn Sie Icons links und rechts des Sliders hinzufügen, können Sie die Auswirkungen der Einstellung visualisieren. Typischerweise stehen diese Werte korrespondierend für einen Minimum- und einen Maximum-Wert. Soll der Slider z. B. ermöglichen, die Größe eines Bildes zu verändern, dann kann links ein kleines Bild-Icon stehen, während rechts ein großes Bild-Icon zu sehen ist. Natürlich haben Sie auch die Möglichkeit, die Spur abhängig von der Position des Knaufs einzufärben, sodass der aktuelle Zustand des Sliders deutlich erkennbar wird.

Picker

Ein Picker zeigt ein Set aus Werten, aus denen der Nutzer wählen kann.

Abbildung 8.25 Im Picker wird immer eine Spalte durch den Nutzer verändert.

Ein Picker hat folgende Eigenschaften:

- Er zeigt ein oder mehrere Drehscheiben mit Werten an.
- Im Zentrum der Drehscheiben wird der ausgewählte Wert in dunklem Text angezeigt.
- Ein Picker kann nicht in der Größe verändert werden (er hat dieselbe Größe wie das iPhone-Keyboard).

Wie wird ein Picker eingesetzt?

Nutzen Sie den Picker, um Ihren Anwendern die Eingabe auch komplexer Daten möglichst einfach zu gestalten. Durch einen Datum-Picker können Anwender z. B. keine fehlerhaften Eingaben beim Datums- oder Zeitformat machen.

Der Picker sollte nicht genutzt werden, um mehrere unterschiedliche Werte auf einmal zu ändern. So kann ein Datum geändert werden und in einem anderen Fall eine Uhrzeit, aber nicht zwangsläufig beides gleichzeitig. Der Picker sollte immer einem Werteumfang entsprechen, z. B. Datum, Uhrzeit, Mengenangaben. Und er sollte immer sichtbar sein, wenn der Wert geändert wird. Der Anwender sollte also nicht zu einer anderen View navigieren müssen, um Werte zu ändern.

Inspirationsquellen:

- *https://dribbble.com/search?q=picker*
- Suchen Sie bei Pinterest nach »picker«.

Alert

Ein Alert oder auch Pop-up ist eine View, die dem Nutzer wichtige Informationen zeigt, die die Funktionalität der App beeinflussen.

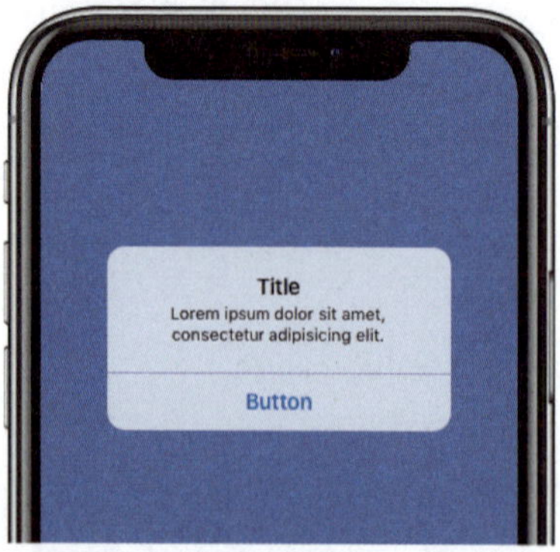

Abbildung 8.26 Ein einfacher Alert

Ein Alert hat folgende Eigenschaften:

- Er zeigt einen benötigten Titel und optional eine Nachricht.
- Er beinhaltet eine oder mehrere Schaltflächen.

Wie wird ein Alert verwendet?

Es wird empfohlen, die Anzahl der Alerts auf ein Minimum zu beschränken, damit diese vom Nutzer auch ernst genommen werden. In Form von Alerts sollten nur sehr wichtige Informationen angezeigt werden. Zudem können Alerts dabei helfen, wichtige Voreinstellungen zu treffen. Der Nutzer kennt diese Alerts und weiß, dass hier eine Abfrage kommt, die mitunter kritisch sein kann. So erscheint unter iOS beispielsweise ein Alert nach dem erstmaligen Öffnen einer App, die eine GPS-Ortung benötigt. Dieser Alert fragt den Nutzer, ob diese Applikation die GPS-Ortung nutzen darf.

Vermeiden Sie es, unnötige Alerts zu zeigen. Alerts sind unnötig in folgenden Szenarien:

- wenn lediglich Informationen zur Standardfunktion der App an den Nutzer weitergegeben werden sollen
- wenn dem Nutzer vermittelt werden soll, dass sich ein Prozess oder eine Aufgabe normal verhält
- wenn nachgefragt wird, ob eine unkritische, vom Nutzer initiierte Aufgabe ausgeführt werden soll
- wenn der Nutzer über ein Problem informiert wird, an dem er nichts ändern kann

Verwenden Sie beim Titel wenn möglich stets eine kurze Formulierung. Beschreiben Sie das Problem oder die Hauptinformation in einem kurzen Satz. Lange Titel sind vom Nutzer schwerer zu verstehen oder zu lesen. Nutzen Sie bei umfangreicheren Beschreibungen einen Textteil unter dem Titel. Halten Sie sich wenn möglich auch hier kurz.

Abbildung 8.27 Verschiedene Beispiele von Alerts unter iOS

Soll der Alert eine Abfrage enthalten, die vom Nutzer eingegeben werden soll, verwenden Sie eine Frageform im Titel und eine kurze Beschreibung über die Auswirkungen im Textteil. Versuchen Sie auch in einem solchen Fall, die Schaltflächen so zu benennen, dass diese Fragen damit beantwortet werden. Im Idealfall sollte der Begriff ein Verb sein. Sie können auch ein Textfeld innerhalb eines Alerts anzeigen. Verwenden Sie in einem solchen Fall nur ein Eingabefeld.

Inspirationsquellen:

- *https://dribbble.com/search?q=alerts*
- Suchen Sie bei Pinterest nach »alerts«.

Action Sheet

Ein Action Sheet zeigt ein Set von Auswahlmöglichkeiten zu einer Aufgabe, die vom Nutzer initiiert wurde.

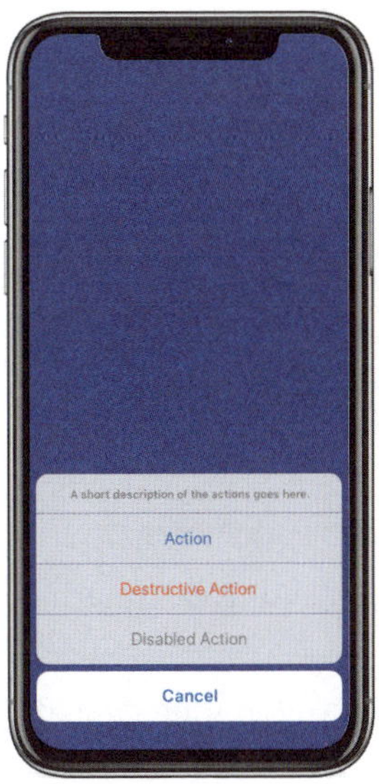

Abbildung 8.28 Action Sheet, das ein Set möglicher Aktionen zeigt

In einer kompakten horizontalen Umgebung (Landscape-Modus) erscheint das Action Sheet im unteren Bereich des Bildschirms.

Im Portrait-Modus erscheint das Action Sheet in einem Pop-over.

Ein Action Sheet hat folgende Eigenschaften:

- Es erscheint infolge einer Aktion des Nutzers.
- Es zeigt zwei oder mehr Buttons.

Wie wird ein Action Sheet eingesetzt?

Nutzen Sie das Action Sheet, um dem Nutzer alternative Wege zu geben, eine Aufgabe auszuführen. Durch ein Action Sheet besteht die Möglichkeit, mehrere Aktionen im Kontext der Aufgabe darzustellen, ohne dass diese Platz innerhalb des grafischen User Interfaces benötigen.

Verwenden Sie in einer kompakten horizontalen Umgebung eine Abbrechen-Schaltfläche, sodass der Nutzer das Action Sheet wieder schließen kann. Positionieren Sie die Schließen-Schaltfläche im unteren Bereich des Action Sheets, sodass der Nutzer zunächst die Auswahlmöglichkeiten erkennt und anschließend eine Wahl treffen kann.

In einer regulären horizontalen Umgebung sollte der Nutzer das Action Sheet auf demselben Weg wieder schließen können, auf dem er es geöffnet hat.

Nutzen Sie für destruktive Vorgänge wie das Löschen eines Objekts eine rote Schriftfarbe. Positionieren Sie ein solches Element an der Spitze der Liste, dadurch wird es vom Nutzer sofort erkannt.

Vermeiden Sie es, dass der Nutzer innerhalb eines Action Sheets scrollen muss. Das Scrollen führt einerseits dazu, dass der Nutzer Schwierigkeiten hat, die Auswahlmöglichkeiten zu unterscheiden, und andererseits kann es dazu führen, dass versehentlich durch eine Berührung eine Auswahl getroffen wird.

Modal View

Eine Modal View ist eine View, die in einer modalen Ansicht im Kontext einer Aufgabe oder eines Workflows dargestellt wird.

Eine Modal View hat folgende Eigenschaften:

- Sie kann den kompletten oder nur einen Teil des Bildschirms einnehmen.
- Sie beinhaltet Text und Controls, die benötigt werden, um die Aufgabe innerhalb der Modal View abzuschließen.
- Sie beinhaltet üblicherweise Schaltflächen zum Abschließen oder Abbrechen der Aufgabe.

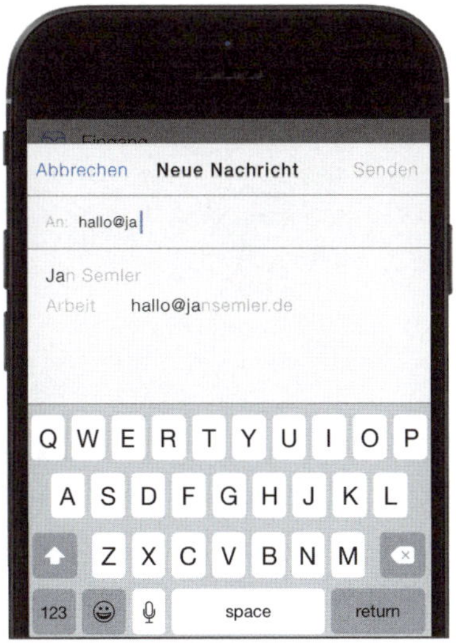

Abbildung 8.29 Modal View für das Erstellen einer E-Mail

Wie wird eine Modal View eingesetzt?

Nutzen Sie die Modal View, wenn Sie eine in sich geschlossene Aufgabe ausführen lassen möchten, die im Bezug zur Hauptfunktionalität der aktuell angezeigten View steht. So haben Sie z. B. Feedback-Funktionalität in Ihrer App. Durch einen Tap auf FEEDBACK öffnet sich die Modal View, und der Nutzer kann direkt eine Feedback-E-Mail schreiben. Die Modal View schließt sich, und der Nutzer landet wieder in der Kontaktübersicht.

Eine Modal View ist speziell dazu geeignet, mehrstufige Teilaufgaben darzustellen, die UI-Elemente beinhalten, die nicht in den Hauptbereich der App gehören. Im Fall der Feedback-Mail verdeckt der Modal View nicht den kompletten Screen, sondern nimmt zwar einen großen Raum ein, zeigt jedoch noch Teile der vorherigen View. Es gibt jedoch auch Fälle, bei denen die Modal View auf dem kompletten Screen angezeigt wird. Meist wird dies genutzt, um Scroll Views zu zeigen, die mehr Inhalte bereithalten.

Zeigen Sie eine Modal View nicht über ein Pop-over an. Nur Alerts sollten mithilfe von Pop-overs dargestellt werden. In dem Fall, dass Sie eine Modal View anzeigen möchten, die aus einer Eingabe eines Pop-overs resultiert, schließen Sie das Pop-over, bevor Sie die Modal View anzeigen.

Table-View

Eine Table-View repräsentiert Daten in einer scrollbaren einspaltigen Liste. Es ist ein Tabellenelement mit einem einspaltigen Layout. Weitere Spalten werden über andere Views gezeigt.

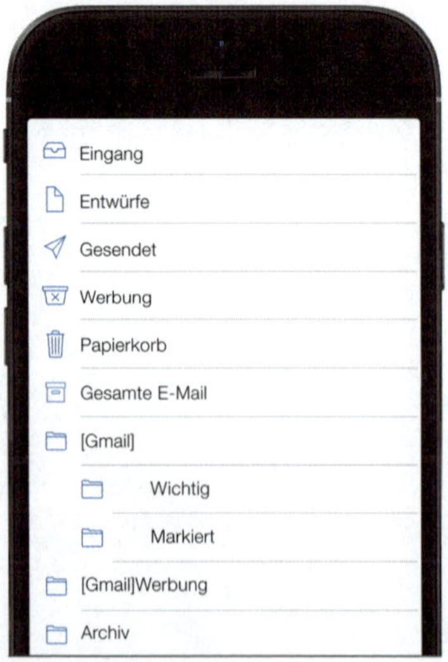

Abbildung 8.30 Table-View

Eine Table-View hat folgende Eigenschaften:

- Sie zeigt Daten in Zeilen an, die durch Sektionen unterteilt oder durch Gruppen getrennt werden.
- Sie bietet Controls, die es dem Nutzer ermöglichen, Zeilen hinzuzufügen oder zu entfernen. Ebenso werden Controls geboten, um mehr Informationen über die Zeile zu erfahren oder eine weitere Tabellen-View zu öffnen. So können Sie den Switch, Stepper, Textfelder, Icons oder Buttons in Tabellen nutzen.

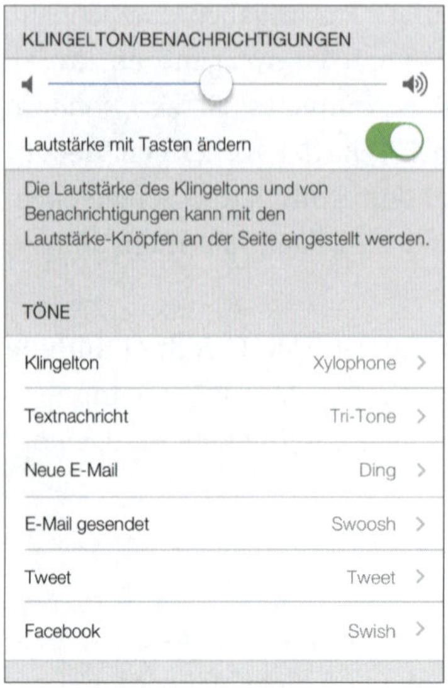

Abbildung 8.31 Gruppierter Table-View

Es gibt zwei Arten der Tabellenansicht unter iOS:

- **Einfach:** Im einfachen Stil können Zeilen durch Label-Sektionen getrennt werden.

  Optional kann hierbei vertikal ein Index (ABCDEF... bei Kontakten) angezeigt werden. Ein Header oder ein Footer kann innerhalb der Liste angezeigt werden.
- **Gruppiert:** Im gruppierten Stil werden die Zeilen in Gruppen zusammengefasst. Diese Gruppen können ebenfalls einen Header oder Footer enthalten. Jede Gruppe benötigt mindestens eine Zeile. Eine gruppierte Table-View (siehe Abbildung 8.31) beinhaltet keinen Index.

In beiden Stilen wird das Zeilenelement farblich hervorgehoben, wenn der Nutzer eine Zeile durch eine Berührung markiert. Sollte das jeweilige Zeilenelement eine neue View hervorrufen, wird das Zeilenelement farblich hervorgehoben, während zeitgleich die neue View in den Hauptbereich des Bildschirms gleitet. Wenn der Nutzer aus dieser View wieder zurück in die Tabellenansicht gelangt, wird ebenfalls die zuvor angewählte Zeile hervorgehoben, sodass der Nutzer daran erinnert wird, was zuvor ausgewählt wurde.

Wie wird eine Table-View eingesetzt?

Nutzen Sie die Table-View, um eine große oder geringe Menge an Informationen klar und effizient darzustellen, z. B. wenn Sie dem Nutzer eine Liste mit Optionen anbieten möchten. So können Sie ein Häkchen (Checkmark) nutzen, um dem Nutzer zu zeigen, dass eine Auswahl getätigt wurde.

Abbildung 8.32 Table-View als Checkliste

Nutzen Sie entweder eine einfache oder eine gruppierte View, um eine Auswahlliste anzuzeigen, sobald der Nutzer eine Zeile in der Table-View berührt. Zeigen Sie eine einfache Tabelle, um eine Liste von Auswahlmöglichkeiten darzustellen, sobald der Nutzer das Element berührt, wenn es keine Table-View ist.

Zeigen Sie hierarchisch strukturierte Informationen in einer Table-View an. Die einfache Tabellenansicht ist hierfür gut geeignet. Jedes Listenelement kann zu einer weiteren Untergruppe von Informationen innerhalb einer neuen Table-View führen. Der Nutzer folgt so sukzessive einem hierarchischen Pfad, indem er nach und nach eine

Auswahl in einer Table-View tätigt. Sie erinnern sich an die hierarchische Informationsarchitektur aus Kapitel 7? Genau das wird mit den Table-Views abgebildet.

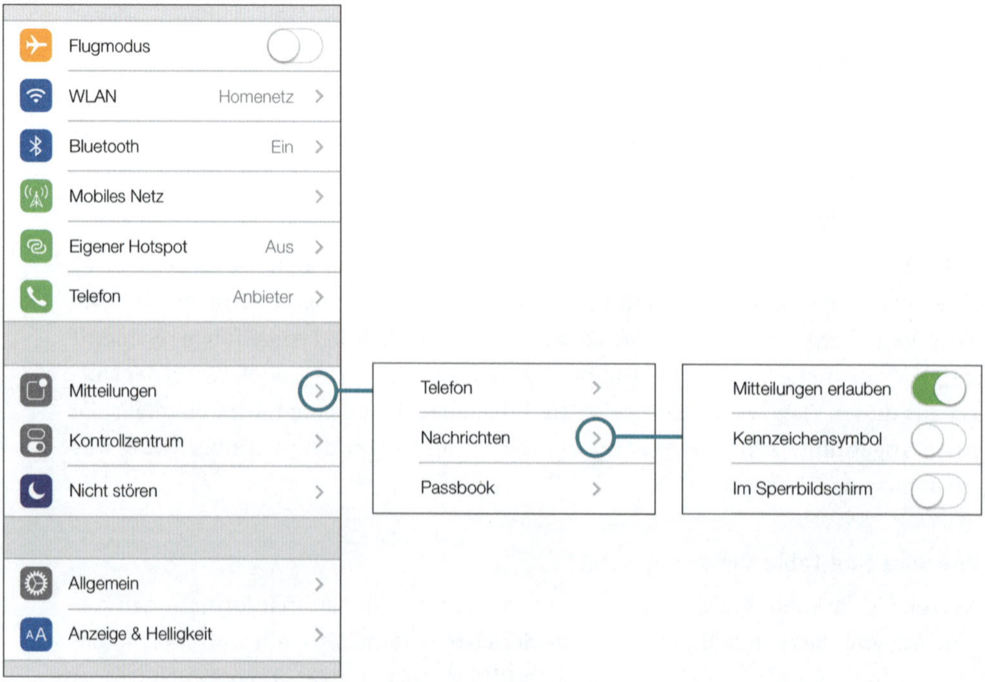

Abbildung 8.33 Hierarchischer Ablauf einer Table-View

Folgen Sie diesen Richtlinien, wenn Sie eine Table-View nutzen:

- Zeigen Sie dem Nutzer immer ein visuelles Feedback an, sobald er eine Zeile auswählt. Nach der Auswahl erwartet der Nutzer eine neue View oder dass das Listenelement ausgewählt ist.
- In dem Fall, dass umfangreiche Daten geladen werden müssen, zeigen Sie dies mit einem Activity Indicator an. Leere Zeilen suggerieren dem Nutzer, dass die App nicht ordnungsgemäß funktioniert.
- Vermeiden Sie, lange Texte zu verwenden, denn längere Texte werden abgeschnitten. Die sogenannte *Text Truncation* ist automatisiert. Arbeiten Sie also immer mit einzeiligen Texten, und halten Sie sich kurz.

Text-View

Eine Text-View zeigt und übernimmt statische oder dynamische Textinhalte und zeigt diese an. Eine Text-View ist nicht zu verwechseln mit einem Textfeld bzw. Eingabefeld. Eine Text-View zeigt nur Text an, kann aber durch Aufruf mit einer Tastatur und einem dazugehörigen Textfeld editiert werden.

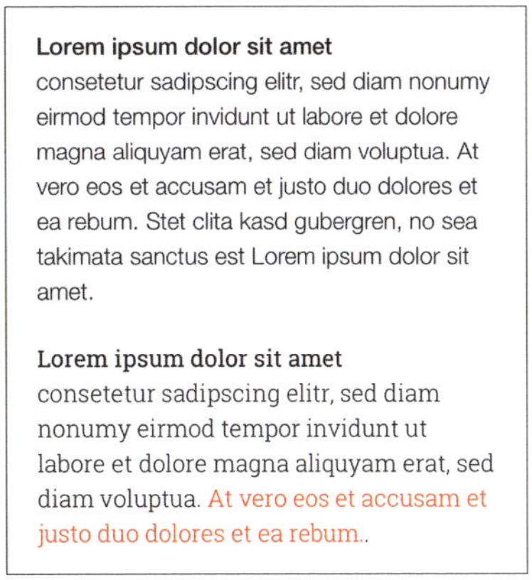

Abbildung 8.34 Text-View

Eine Text-View hat folgende Eigenschaften:

- Sie ist rechteckig, ohne definierte Höhen- und Breitenangabe.
- Sie ist ein scrollbarer Inhalt innerhalb definierter Grenzen.
- Sie unterstützt jede Art von Schriftarten, Farben, Ausrichtungen.
- Eine Tastatur mit Eingabefeld erscheint, sobald die Text-View in einer Zeile editiert werden kann.

Wie wird eine Text-View eingesetzt?

Stellen Sie sicher, dass der Text einfach zu lesen ist. Zu kleine Texte können vom Leser nicht erfasst werden.

Spezifizieren Sie abhängig vom Inhalt der Text-View, welches Keyboard gezeigt werden muss. So sollte bei einer PIN-Nummerneingabe direkt ein Zahlenkeyboard eingeblendet werden und bei Textinhalten ein klassisches Keyboard.

8.2.5 Exkurs: Komponenten der Apple Watch

2015 wurde die Apple Watch auf den Markt gebracht. Auch für die Apple Watch gibt es »Human Interface Guidelines«. In diesen Guidelines werden die Komponenten erklärt und deren Einsatz beschrieben. Im Folgenden werden wir alle Komponenten im Einzelnen betrachten.

Apple Watch Human Interface Guidelines

Auf der folgenden Webseite finden Sie weitergehende Informationen zur Gestaltung von Apple-Watch-Apps und den Verwendungsmöglichkeiten der Komponenten:

https://developer.apple.com/design/human-interface-guidelines/watchos/overview/themes/

Notifications auf der Apple Watch

Notifications auf der Apple Watch sind ein schneller Weg, um Informationen an den Nutzer zu übermitteln. Die Anzeige der Notifications erfolgt in zwei Stufen – dem Short Look und den Long Looks. Der Short Look erscheint, nachdem die Taptic Engine den Nutzer durch eine Vibration informiert.

Sobald der Nutzer den Arm hebt, um die Apple Watch zu betrachten, sieht er den Short Look. Die angezeigten Informationen zeigen eine kurze, aber aussagekräftige Nachricht. Sobald der Nutzer den Arm wieder senkt, verschwindet dieser Short Look wieder. Sollte der Nutzer seinen Arm nicht senken, zeigt die Apple Watch die Long-Look-Variante der Notification an. Die Long-Look-Variante beinhaltet mehr Informationen.

Sollte Ihre iOS-App Notifications für die Apple Watch unterstützen, so wird die Apple Watch automatisch einen standardisierten Short bzw. Long Look auf der Apple Watch anzeigen. Sie können den Long-Look entsprechend Ihrer Gestaltung anpassen, so können Sie Bilder, Animationen, zusätzliche Inhalte, Aktionen oder eine eigene Farbpalette verwenden.

Short Looks

Short Looks erscheinen kurz und geben dem Nutzer die Möglichkeit, auf die Schnelle eine Notification zu betrachten. Der Short Look zeigt, welche App diese Notification sendet und was der Inhalt ist. Die Apple Watch definiert das Aussehen der Nachricht zusammen mit dem Titel der Notification sowie dem App-Namen und -Icon. Die Farbe des App-Namens wird aus der global festgelegten Farbe der App generiert.

Der Titel der Notification sollte kurz und leicht zu verstehen sein. Der Platz des Titels ist limitiert. Behalten Sie die Privatsphäre im Hinterkopf. Short Looks sollten diskret sein und nur eine grundlegende Information bieten. Vermeiden Sie, sensible Inhalte im Titel der Notification anzuzeigen.

Abbildung 8.35 Links eine Notification der Nachrichten-App im Short Look (»Nachricht« ist hier der Typ der Benachrichtigung, »Jan Semler« der Absender, also der Titel), rechts die Nachricht im Long Look

Long Looks

Long Looks bieten die Möglichkeit, detailliertere Informationen darzustellen. Der Long Look erscheint, sobald der Nutzer weiterhin den Arm für die Notification gehoben oder den Short Look berührt hat. Long Looks verschwinden, sobald der Nutzer den Arm wieder senkt.

Selbst erstellte Long Looks gibt es in einer statischen oder einer dynamischen Version. Die statische Variante zeigt die Nachricht der Notification mit einem statischen Text oder einem Bild. Die dynamische Variante ermöglicht einen kompletten Zugriff auf den Inhalt der Notification und bietet Gestaltungsmöglichkeiten des Elements.

Abbildung 8.36 Hintergrundfarben des Sash sind änderbar.

Der Inhaltsbereich einer statischen oder dynamischen Variante ist anpassbar, jedoch die Gesamtstruktur einer Notification nicht. Der vom System vorgegebene sogenannte Sash (auf Deutsch etwa Fensterrahmen bzw. Trennleiste) zeigt das App-Icon und den App-Namen. Die Hintergrundfarbe des Sash ist anpassbar, ebenso die Hintergrundfarbe der Notification. Buttons erscheinen unterhalb des Inhalts. Es können bis zu vier Buttons verwendet werden. Das System platziert unterhalb dieser Buttons einen Schließen-Button, um dem Nutzer die Möglichkeit zu geben, die Notification ohne eine Aktion zu schließen. Der Nutzer kann die Inhalte der Notification durch eine Swipe-Geste oder mit der digitalen Krone scrollen.

Checks in der Dock

Checks – die »Widgets« der Apple Watch – sind einseitige Views von zeitnahen oder kontextuell relevanten Inhalten aus den favorisierten Apps des Nutzers. Nicht alle Apps benötigen einen Check. Der Anwender kann wählen, welche Checks angezeigt werden sollen. Der zuletzt aktive Check wird durch einen Double Tab auf die digitale Krone aufgerufen. Durch Betätigen der Drucktaste auf der Apple Watch werden die verfügbaren Checks in einer Multitasking-Ansicht gezeigt. Entsprechend sollten Checks nur dann entwickelt werden, wenn diese auch einen Mehrwert für den Anwender haben. Der beste Check zeigt einen Inhalt, der durchdacht gestaltet ist.

Abbildung 8.37 Multitasking-Ansicht der Dock und der Checks auf der Apple Watch

Machen Sie Checks kontextuell relevant. Ein Check sollte dem Anwender immer nützliche Informationen geben. Als Beispiel können der aktuelle Ort und die Zeit relevant sein, um bestimmte Inhalte in diesem einen Moment anzuzeigen. Nutzen Sie einen Check nicht als einen App-Launcher, der eine App starten soll.

Abbildung 8.38 Links der Herzfrequenz-Check und rechts der Trainings-Check

Checks sind schnell und einfach zu lesen und zu verstehen. Nutzen Sie größere Schriften und wenig Worte oder Bilder, um Ihre Idee eines Check darzustellen. Ein Check sollte den Nutzer nicht dazu verleiten, kurz stehen zu bleiben und sich näher mit dem Check zu beschäftigen. Ein Check ist allein für einen kurzen Blick des Nutzers gestaltet.

Bei der Gestaltung sollten Sie darauf achten, Ihre Elemente linksbündig zu positionieren. Der obere rechte Bereich ist dem Systemstatus-Indikator der Apple Watch vorbehalten, der signalisiert, ob Inhalte des Checks geladen werden.

Navigation

Eine WatchKit-App (Apple-Watch-App) kann mehr Views beinhalten. Sofern dies der Fall ist, gibt es zwei Möglichkeiten eines Navigationsmodells: ein seitenbasiertes (Abbildung 8.39) oder ein hierarchisches Modell (Abbildung 8.40). Es können beide Modelle miteinander kombiniert werden. Zum besseren Verständnis: Ein seitenbasiertes Modell wäre unter iOS eine Page-Control-View.

Abbildung 8.39 Seitenbasiertes Modell, Schritt 1 bis Schritt 3

Das seitenbasierte Modell eignet sich am besten für einfache Kollektionen von Informationen. In einer seitenbasierten Navigation wird jede Seite einzeln auf dem Bildschirm angezeigt und horizontal angeordnet. Durch eine Swipe-Geste nach links bzw. rechts können so die weiteren Seiten angezeigt werden. Die Punkte unterhalb der Seiten veranschaulichen, welche der Seiten angezeigt wird und wie viele vorhanden sind. Es sollte eine angemessene Anzahl von maximal sechs Seiten gezeigt werden.

Abbildung 8.40 Hierarchisches Modell, Schritt 1: Tap auf Bluetooth, Schritt 2: Einstellungen Bluetooth

Eine hierarchische Navigation eignet sich am besten für eine grundlegende Navigation. Sie präsentiert eine Liste von Optionen, unter denen wiederum beispielsweise eine seitenbasierte Navigation vorhanden sein kann. Sobald der Nutzer ein Element in einer hierarchischen Navigation berührt, erscheint eine neue Ansicht. Der Nutzer gelangt durch eine Swipe-Geste vom Rand der Apple Watch wieder auf die vorherige View, alternativ durch eine Berührung auf das Zurück-Icon im oberen linken Bereich. Vermeiden Sie tiefe hierarchische Strukturen in einer Apple-Watch-App. Halten Sie Views stets kurz, und vermeiden Sie das Scrollen von Inhalten. Nutzen Sie wenn nötig Modal Sheets, um das Interface zu erweitern.

Modal Sheets

Ein Modal Sheet ist eine Fullscreen-View, die über den Hauptbereich des App-Interface gleitet. Sie können Modal Sheets nutzen, um Inhalte anzuzeigen oder dem Nutzer die Möglichkeit zu geben, eine Aktion auszuführen. Der obere linke Bereich des

Modal Sheets ist für das Schließen bzw. Abbrechen des Vorgangs reserviert. Vermeiden Sie an dieser Stelle andere Darstellungen oder Funktionen. Vermeiden Sie ebenso zwei sich überlagernde Modal Sheets.

Abbildung 8.41 Modal Sheet

Complications

Complications sind vergleichbar mit den Komplikationen auf einer echten Uhr, zeigen sie doch beispielsweise das Datum an oder auch Mondphasen.

In der Apple Watch ist es nicht wesentlich anders, lediglich haben wir die Möglichkeit, alle möglichen digitalen Inhalte anzuzeigen. Ihre App liefert hierbei Daten für eine Komplikation in Form einer Zeitleiste. Das System wird diese Zeitleiste nutzen, um zu bestimmen, welche Daten basierend auf der Tageszeit angezeigt werden. Die Aktualisierung sowie Speicherung dieser Daten (Zeitleiste und Einträge) ist pro Tag begrenzt.

Abbildung 8.42 Abgesehen von der Zeitanzeige besteht der Rest aus Complications.

Complications zeigen zeitliche und relevate Informationen über eine App auf dem Apple Watch Homescreen an, je nachdem welches Watch Face ausgewählt wurde. Es gibt verschiedene Arten von Complications, die sich in Größe und Form unterscheiden. Jedes Watch Face gibt an, welche Complication genutzt werden kann. Es gibt mehrere Arten von Complications:

- Circular
- Modular Small
- Modular Large
- Utility Small
- Utility Large
- Extra Large
- Graphic Corner
- Graphic Circular
- Graphic Bezel
- Graphic Rectangular

Hier finden Sie Darstellungen zu Complications im Human Interface Design Guide von Apple: *https://developer.apple.com/design/human-interface-guidelines/watchos/app-architecture/complications/*. Bitte beachten Sie, dass nicht jede Complication auf der Apple Watch verfügbar ist. So werden in Teilen nur Apple-Watch-Series-4-Geräte unterstützt.

UI-Elemente der Apple Watch

Labels

Labels sind statischer Text und bestehen aus einem kleinen Textteil. Sie sind eines der am meisten genutzten UI-Elemente auf der Apple Watch. Diese können mehrere Zeilen umfassen und von Programmseite aktualisiert werden.

Abbildung 8.43 Labels

Wenn Sie ein Label gestalten, fokussieren Sie sich auf eine gute Lesbarkeit. Nutzen Sie helle Farben, und gestalten Sie das Label so, dass es skalierbar sein kann. So sollte das Label auf einem größeren Screen auch größer dargestellt werden. Denken Sie daran: Es gibt vier Screengrößen der Apple-Smartwatch (38mm – 136 × 170 px, 40mm – 162 × 197 px, 42mm – 156 × 195 px, 44mm – 184 × 224 px). Nutzen Sie die implementierten Schriftarten, wie z. B. die SF Compact, die für die Apple Watch entwickelt wurde. Diese gewährleisten eine gute Lesbarkeit und unterstützen die Funktion *Dynamic Type*, mit der das Betriebssystem dafür sorgt, dass der Text bestmöglich angezeigt wird. Wenn Sie eine eigene Schriftart verwenden möchten, achten Sie darauf, keine komplexe Schriftart zu wählen. Eine Schreibschrift wird wohl sehr ungeeignet sein.

Denken Sie daran, dass die Aufmerksamkeitsspanne auf einer Smartwatch extrem kurz ist. Nutzen Sie in keinem Fall Zierschriften.

Images

Ein Image-Element kann zum einen ein Bild zeigen oder zum anderen eine Bildersequenz, was einer Animation entsprechen würde. Hierbei werden verschiedene Formate unterstützt, bevorzugt wird aber das PNG-Format. Eine Bildersequenz kann von Programmseite her gestartet und gestoppt werden.

Abbildung 8.44 Bilder können eingefügt und genutzt werden, hier die Apple-Watch-App »Fotos« von Apple.

Stellen Sie für alle Apple-Watch-Varianten (38 mm, 40 mm, 42 mm, 44 mm) Bilder bereit. Sie können ein einziges Bild für beide Varianten anbieten, sofern es der Klarheit dient.

Kreieren Sie Bilder in einer @2x-Auflösung. Die Apple Watch besitzt ein Retina-Display, hier ist es nicht nötig, eine Standardvariante (@1x) anzubieten.

Groups

Groups oder Gruppen helfen dabei, Elemente wie Bilder und Labels zu strukturieren und zusammenzufassen. Eine Gruppe hat Attribute, die die Position, Größe, Abstände und andere layoutspezifische Eigenschaften bestimmen. Ebenso kann eine Gruppe ein Hintergrundbild haben, eingefärbt werden, oder der Eckenradius kann geändert werden. Somit kann eine Gruppe eine visuelle Einheit bilden.

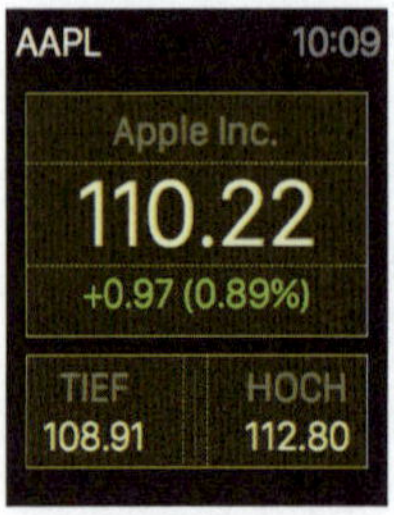

Abbildung 8.45 Groups in Apple Watch OS

Nutzen Sie Gruppen, um Elemente vertikal oder horizontal anzuordnen. Alle Elemente in einer Gruppe sind auf derselben vertikalen oder horizontalen Linie angelegt. Nutzen Sie Abstände innerhalb und außerhalb der Gruppe, um die Elemente übersichtlich zu positionieren und die Elemente bzw. Gruppen klar voneinander zu trennen. Sie können Gruppen miteinander verschachteln. So können Sie mehrere vertikale Gruppen in einer horizontalen Gruppe vereinen.

Tables

Tables präsentieren Inhalte in einer einspaltigen Tabelle. Eine Tabellenzeile kann dynamisch konfiguriert werden und ihr Inhalt je nach Funktion geändert werden. Tabellen sind scrollbar, unterstützen eine Reihe von Interaktionen und können durch ein Hintergrundbild oder eine Farbe visuell geändert werden.

Abbildung 8.46 Tables

Nutzen Sie Tabellenzeilen in einer konsistenten Weise, und beachten Sie, dass das Erscheinungsbild der Tabelle einheitlich sein sollte. Nutzen Sie jede Zeile für einen klaren Zweck. Nutzen Sie nicht mehr als 20 Zeichen. Zeigen Sie die wichtigste Zeile zu Beginn.

Buttons

Ein Button führt eine App-spezifische Aktion aus. Buttons können eingefärbt oder mit einem Hintergrundbild versehen werden. Ebenso ist es möglich, den Eckenradius zu bestimmen. Buttons besitzen ein Label, ein Bild oder ein Gruppenobjekt. Der Hintergrund eines Buttons wird Platter genannt. Sie können diesem Platter ein Hintergrundbild oder eine Farbe zuweisen.

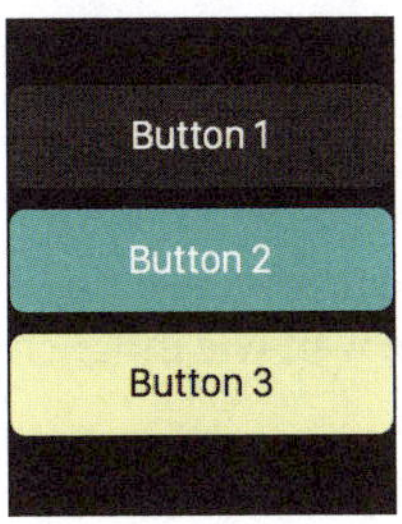

Abbildung 8.47 Schaltfläche bzw. Button

Wenn möglich, sollte ein Button die komplette Breite des Bildschirms der Apple Watch einnehmen. Wollen Sie Buttons nebeneinander positionieren, sollten sie dieselbe Breite und Höhe aufweisen. Nutzen Sie eine vertikale Anordnung mehrerer Buttons. Auch hierbei sollten Sie darauf achten, dass die Größe aller Buttons übereinstimmt, außer ein Button unterscheidet sich maßgeblich in seiner Funktion von den anderen Buttons.

Switches und Sliders

Ein Switch ermöglicht es dem Nutzer, zwischen zwei Eigenschaften auszuwählen, wie z. B. ja/nein oder an/aus. Es sollte immer links ein Label positioniert werden, das den Status des Switches beschreibt.

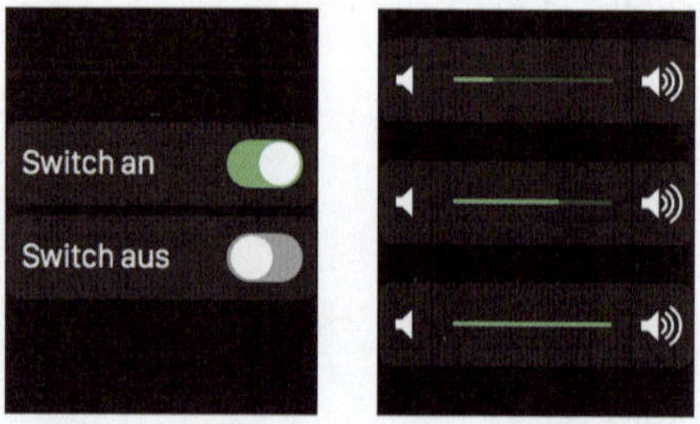

Abbildung 8.48 Links Switches und rechts Slider auf der Apple Watch

Mit einem Slider ist der Nutzer in der Lage, Einstellungen durch Taps auf die jeweiligen Icons vorzunehmen, die links und rechts des Sliders positioniert sind. Alternativ besteht die Möglichkeit, den Slider durch die digitale Krone zu bedienen, zuvor muss jedoch das Element durch ein Tap auf den Slider aktiviert werden. Dieser wird dann durch einen farblichen Rahmen als bedienbar gekennzeichnet.

Maps

Maps sind Screenshots eines geografischen Ortes. Eine Map ist kein interaktives Element, sondern ein statisches Objekt. Die Karte ist nicht durch eine Geste verschiebbar. Ein Tap auf die Map öffnet jedoch die Maps-App.

Sie können die Map mit Anmerkungen versehen, um einen Point of Interest zu markieren. Hierbei können Sie den standardmäßigen grünen oder den roten oder pinken Pin verwenden, ebenso eigene Bilder.

Die Größe eines Map-Elements sollte den kompletten verfügbaren Bildschirm einnehmen. Der Apple-Watch-Träger sollte in der Lage sein, die komplette Map zu sehen, ohne dabei scrollen zu müssen. Konfigurieren Sie die Karte so, dass alle wichtigen Regionen größtmöglich angezeigt werden. Zoomen Sie also so weit wie möglich in die Karte.

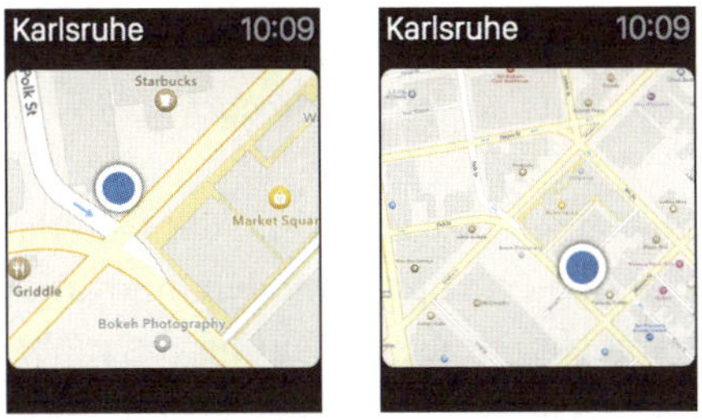

Abbildung 8.49 Die Maps-Integration auf der Apple Watch, rechts der Mapscreen der Apple Watch

Menüs

Ein Force-Touch auf das Display der Apple Watch ruft ein Kontextmenü auf. Ein Menü kann vier Aktionen für die angezeigte View beinhalten. Nutzen Sie ein Menü nur für relevante Aktionen der angezeigten View. Menüs sind optional. Sollte kein Menü hinterlegt sein, wird der aktuelle Screen leicht verkleinert und so dem Nutzer vermittelt, dass kein Menü vorhanden ist. Nutzen Sie neben einem Label auch ein Icon, das die ausführende Aktion erklärt. Zweizeilige Texte sind möglich, jedoch sind einzeilige zu empfehlen.

Abbildung 8.50 Force-Touch-Kontextmenü

8.3 Die Standard-Controls von Android

Natürlich gibt es auch auf der Android-Plattform Standard-Controls. Viele weisen Parallelen zu den in iOS verfügbaren Controls auf, andere sind in ihrer Art ganz eigen und nicht auf der iOS-Plattform zu finden. Im Folgenden möchte ich zunächst auf die Gestaltungsprinzipien und die Navigationselemente und weiterführend auf Controls und Views von Android eingehen.

Material Design Guidelines

Bei den »Material Design Guidelines« finden Sie neben den Informationen zu Android auch Informationen zur Gestaltung von Webapplikationen. Diese Guidelines sind sehr umfassend und zudem auch sehr schön anzuschauen, ein Besuch lohnt sich allemal: *https://www.google.com/design/spec/material-design/introduction.html.*

Mit Android 5.0 Lollipop führte Google ein neues Interface-Design ein: das Material Design. Das neue Design verbindet klassische Design-Prinzipien mit den Innovationen der Informationstechnologie. Es beeinflusst nicht nur die Gestaltung von mobilen Applikationen, sondern auch die von Webapplikationen, Tablet-Apps und quasi auch den gesamten Markenauftritt von Google.

Abbildung 8.51 Links: eine E-Mail-Applikation im Material Design; rechts: verschiedene Ebenen im Material Design

Positives Feedback

Androids Material Design wurde mit großer Begeisterung aufgenommen, und die Kritiken waren durchweg gut bis sehr gut. Mit dem Material Design ist es Google gelungen, die Grenzen des Flatdesigns zu durchbrechen und die Benutzeroberfläche durch Animationen und Transitions wesentlich dynamischer und interaktiver wirken zu lassen. Objekte können im Material Design auch transformiert werden. So kann aus einem Kreis ein abgerundetes Quadrat werden oder gar ein großes Rechteck. Mittels Animation kann man sehr gut die hierarchische Tiefe eines Objekts und dessen Inhalts vermitteln.

Die visuelle Sprache des Material Designs ist minimalistisch und bedient sich grundsätzlich der Elemente des Flatdesigns. Es erinnert ein wenig an Papierbögen, die – in unterschiedlicher Ausprägung – übereinanderliegen. Daher ist das Design nicht wirklich flach, sondern besitzt eine dreidimensionale Bühne, auf der die Elemente über-, unter- oder nebeneinanderliegen. Dabei ist ein Element jedoch nie dicker als ein anderes, sondern stets 1 dp hoch. Der Tiefeneffekt entsteht durch den Schattenwurf.

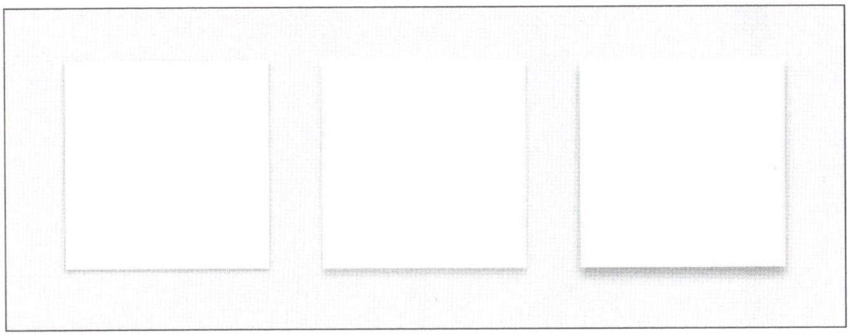

Abbildung 8.52 Das Material Design »lebt« und wird dynamisch durch einen richtigen Schattenwurf.

Nicht Farbverläufe suggerieren Tiefe, sondern Schlagschatten, die die Position der Elemente im dreidimensionalen Raum definieren. Je höher das Objekt erscheinen soll, desto weicher und weitläufiger ist sein Schlagschatten.

Neben den starken Farben und der klaren ästhetischen Struktur sind auch Animationen ein wesentlicher Bestandteil des Material Designs. Wie bereits in Kapitel 3, »Think big, but build small«, beschrieben, eignen sich *Transitional Interfaces* gut, um dem Nutzer deutlich zu visualisieren, in welchen Bereichen er sich befindet. Im Material Design ist dies der Fall, hier können Layouts bzw. Views miteinander kombiniert werden und somit herausragende Animationen und Transitions, also Übergänge, entstehen.

8.3.1 Layoutprinzipien

In Material Design werden Controls, wie sie unter iOS genannt werden, Komponenten genannt. Im Folgenden sollen das grundlegende Layoutprinzip und anschließend die Material-Design-Komponenten vorgestellt werden.

UI-Regions

In Android sind Apps in UI-Regionen strukturiert. Es gibt eine permanente App-Bar und einen Floating Action-Button. Eine optionale Bottom-Bar kann für zusätzliche Funktionalität hinzugefügt werden. Dies soll als Zentrum einer App verstanden werden.

Abbildung 8.53 Oben: App-Bar, unten: Floating Action-Button

Papier

In Material Design werden die physischen Eigenschaften von Papier auf einen Bildschirm übertragen. Der Hintergrund eines Papiers gleicht der flachen und undurchsichtigen Textur eines Blatt Papiers.

Das Verhalten einer App imitiert die Möglichkeiten von Papier. Elemente wie die Statusbar oder Systembars verhalten sich allerdings anders als Papierelemente innerhalb der App, um deutlich anzuzeigen, dass es sich um interaktive Elemente handelt. Man unterscheidet zwischen zwei Arten von Papier bzw. Papern:

- **Seams:** Bei Seams liegen zwei Seiten Papier so nebeneinander, dass eine Kante entsteht. Sobald beide verbunden sind, bewegen sich auch beide gleichzeitig. Beide Seiten befinden sich auf derselben z-Achsen-Position. Die z-Achse beschreibt die Tiefe in dem dreidimensionalen Bereich.
- **Steps:** Steps sind zwei sich überlappende Seiten Papier. Beide Seiten besitzen unterschiedliche z-Achsen-Positionen. Beide bewegen sich unabhängig voneinander. Es können auch Seams überdeckt werden.

Floating Action-Button

Der Floating Action-Button ist eine kreisrunde Schaltfläche, die unabhängig von der Toolbar agiert. Er repräsentiert lediglich die primäre Hauptaktion einer aktuellen

View. So kann er dafür verwendet werden, bei einer Liste einen neuen Eintrag hinzuzufügen oder bei einer Kamera-App eine Foto zu machen. Ein Floating Action-Button sollte immer nur eine Funktion beinhalten und nicht mehrere. Dem Nutzer sollte immer durch die aktuelle View klar sein, was der sichtbare Floating Action-Button ausführt. Es hat sich aber eingebürgert, den Floating Action-Button für mehrere Aktionen zu nutzen. Hierbei werden über eine Liste verschiedene Aktionen gezeigt. Ein Tap auf den Floating Action-Button zeigt dann diese Auswahlmöglichkeit.

Abbildung 8.54 Beispiele für Floating Action-Buttons

Ein Floating Action-Button kann zwei Seams miteinander verbinden, sofern die Inhalte beider Seiten des Seams im Bezug zueinander stehen. Ein Floating Action-Button kann auch über einen Step positioniert werden.

Abbildung 8.55 Ein Floating Action-Button verbindet den Seam.

Abbildung 8.56 Ein Floating Action-Button über einem Step

8.3.2 System-, App- und Toolbar

Drei Barleisten spielen eine wichtige Rolle in der Gestaltung und Bedienung von Android-Apps: die System-, die App- und die Toolbar.

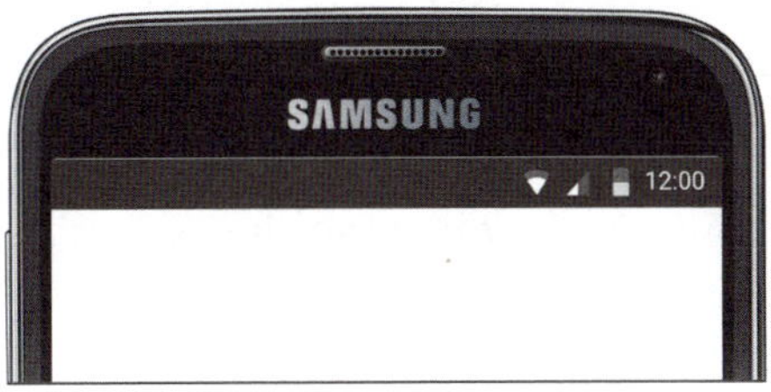

Abbildung 8.57 Die Systembar

Systembar

Die Systembar unter Android beinhaltet Benachrichtigungs-Icons und System-Icons. Standardmäßig ist die Systembar in einem dunkleren Ton eingefärbt als die App-Bar. Die Farbe kann auch geändert werden und sogar transluzent dargestellt werden. Die Systembar wird vom Betriebssystem generiert und stellt alle wichtigen Inhalte über das Betriebssystem für den Nutzer dar.

Abbildung 8.58 Verschieden eingefärbte Systembars

App-Bar

In früheren Versionen von Android nannte man sie noch Action-Bar, seit Android 6.0 Marshmallow wird sie nun App-Bar genannt. Die App-Bar kann man mit der Navigationsbar in iOS vergleichen. Die App-Bar ist eine spezielle Toolbar, die für das Branding der App, aber auch im Wesentlichen für die Navigation, die Suche und für Aktionen verwendet wird. Die App-Bar befindet sich unterhalb der Systembar.

Abbildung 8.59 Die App-Bar

Das Navigations-Icon, das in der App-Bar zu finden ist, kann unterschiedlich aussehen. Es kann

- ein Control-Element zum Öffnen einer seitlichen Navigation sein, z. B. in Form des klassischen Burger-Icons,
- ein Pfeil nach oben oder nach links sein, der es einem ermöglicht, durch die Hierarchie zu navigieren, oder
- ganz entfallen, wenn kein Navigationselement für die View benötigt wird.

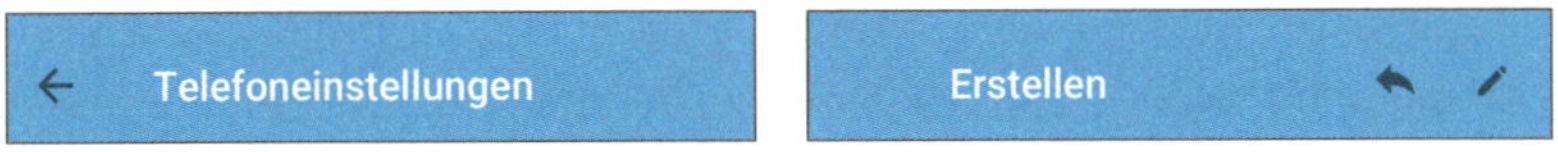

Abbildung 8.60 App-Bar als Single View (links) und mit Aktionen (rechts)

Der Titel der App-Bar reflektiert den Inhalt der momentanen View. Alternativ kann der Titel selbst ein Menü sein, dies wird in der Regel durch ein Filter-Icon angezeigt. Hier kann der Nutzer weitere Views öffnen oder die entsprechende Ansicht filtern.

Icons, die auf der rechten Seite positioniert sind, sind App-bezogene Aktionen. Das Menü-Icon öffnet ein Overflow-Menü, das sekundäre Aktionen beinhaltet, wie z. B. Hilfe, Einstellungen oder Feedback.

Die App-Bar wird in den Hauptseiten der App angezeigt und dient als Hauptnavigationselement. Alle Icons in der App-Bar besitzen dieselbe Farbe. Der Titel hingegen kann eine andere Farbe besitzen, sofern es der hierarchischen Struktur der App dient. Versuchen Sie, einen starken Kontrast zwischen der App-Bar und den unterhalb liegenden Elementen zu erzeugen. Durch die Trennung kann der Nutzer besser zwischen dem Hauptbereich und der Navigation unterscheiden. Hierbei kann die App-Bar je nach Wunsch des Entwicklers bzw. App-Designers eingefärbt werden.

Abbildung 8.61 Falsch – achten Sie auf einen hohen Kontrast der Aktionsflächen. Die Icon-Farben Rot, Grün und Blau sind hier schwer zu erkennen.

Toolbar

Die Toolbar ist eine der vielseitigsten Komponenten unter Android. Hier befinden sich die Aktionsflächen der aktuellen View. Eine Toolbar

- beinhaltet Icons, um Aktionen auszuführen,
- kann vielseitig eingesetzt werden,
- kann ein Kontextmenü einer View sein,
- kann unterhalb der App-Bar angezeigt werden,
- kann im unteren oder oberen Bereich des Bildschirms angezeigt werden,
- kann entsprechend gleich eingefärbt werden wie die App-Bar.

Abbildung 8.62 Links eine Bottom- und rechts eine Top-Toolbar

Nutzen Sie die Toolbar, um verschiedene Aktionen gruppiert zusammenzufassen. Sie können die Toolbar auch als Navigationselement verwenden. Nutzen Sie die App-Bar primär für Hauptfunktionen und die Navigation der gesamten App, und setzen Sie die Toolbar eher für den aktuellen Kontext der View ein.

8.3.3 Bottom-Navigation

Die Bottom-Navigation ist im Grunde die gleiche Variante der Tabbar unter iOS. Die Bottom-Navigation zeigt zwischen drei und fünf Tabs an. Jeder Tab wird durch ein Icon und ein Text-Label repräsentiert. Berührt der Nutzer einen der Tabs, wird der entsprechende View angezeigt.

Eine Bottom-Navigation sollte dann genutzt werden, wenn

- Hauptbereiche der App in der App überall verfügbar sein sollen,
- Sie zwischen drei und fünf Hauptbereiche haben.
- Nutzung nur für das Smartphone und Tablet

Eine Bottom-Navigation sollte nicht genutzt werden für

- eine Aufgabe, z. B. das Betrachten einer einzigen Mail
- Nutzer-Einstellungen.

Abbildung 8.63 Bottom-Navigation unter Android

8.3.4 Seitennavigation

Die Seitennavigation ist ein temporäres Element, das von links oder von rechts eingeblendet werden kann. Hierbei kann sie permanent oder temporär eingeblendet und nach einer Aktion geschlossen werden.

- Von links repräsentiert die Side-Navigation die primäre Navigation der App.
- Von rechts repräsentiert die Side-Navigation die sekundäre Navigation der App und versteht sich als Unternavigation einer View.

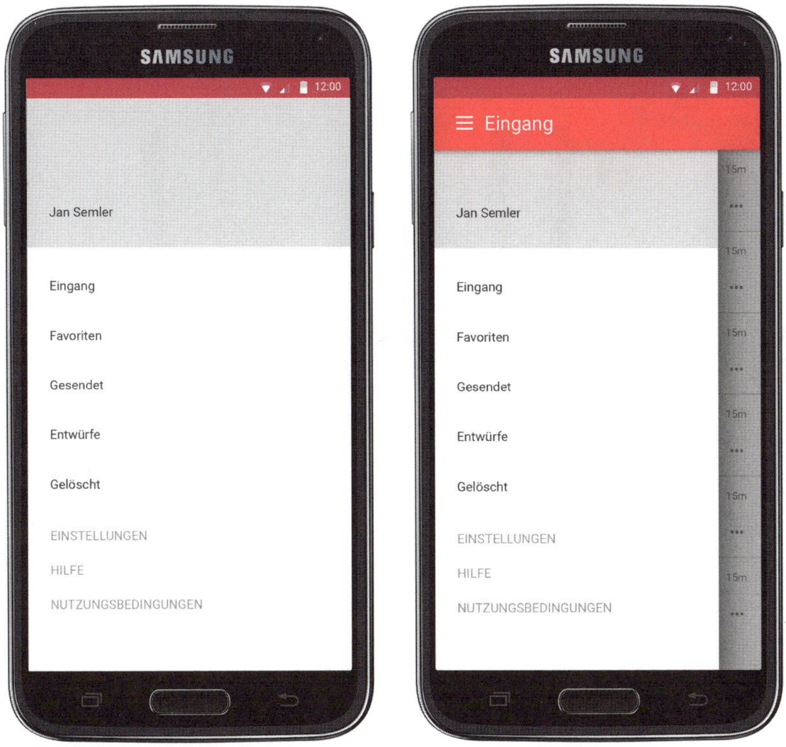

Abbildung 8.64 Links überlagert die Seitennavigation die komplette View, rechts ist die Seitennavigation unter der Action-Bar positioniert.

Wie wird die Seitennavigation eingesetzt?

Eingeblendete Seitennavigationsbars können permanent oder temporär als Overlay angezeigt werden. Die Bildschirmgröße determiniert systemseitig, ob die Seitennavigation als Overlay – also kurzeitig – oder permanent angezeigt wird. Bei einem Tablet kann die Seitennavigation aus Platzgründen permanent angezeigt werden, während sie bei einem Smartphone eher als Overlay erscheint.

8.3.5 Komponenten

Komponenten sind Teile der App, die Funktionen ausführen und dem Nutzer dabei helfen, zielgerichtete Aktionen durchzuführen. Sie sind gleichzusetzen mit den Controls unter iOS.

Bottom Sheets

Ein Bottom Sheet ist eine Seite, die von unten nach oben gleitet und ein Set von simplen und klar strukturierten Aktionen anzeigt. Ein Bottom Sheet kann eine Liste von Aktionen darstellen, wobei jedes Element ein links ausgerichtetes Icon und eine textliche Beschreibung beinhaltet. Zusätzlich kann ein Untertitel erscheinen, der dem Element mehr Kontext gibt. Bottom Sheets können wenn nötig Separatoren beinhalten, um Aktionen zu gruppieren.

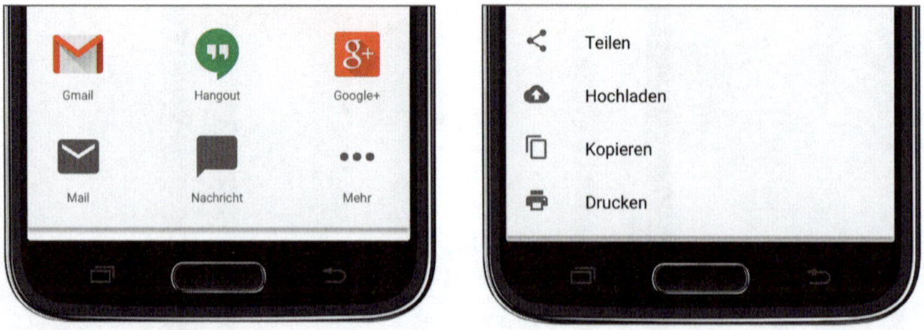

Abbildung 8.65 Bottom Sheet mit verschiedenen Aktionen zur Auswahl. Rechts ein Bottom Sheet als Liste

Wie wird ein Bottom Sheet eingesetzt?

Bottom Sheets eignen sich hervorragend, um drei oder mehr Aktionen anzuzeigen, die kaum oder keine Beschreibung benötigen. Falls weniger als drei Aktionen oder eine detaillierte Beschreibung benötigt werden, verwenden Sie lieber ein Menü oder einen Dialog.

Bottom Sheets können als Liste- oder Grid-Layout gestaltet sein. Grid-Layouts sind in diesem Fall leichter vom Auge zu erfassen und können mit großen, komplexen Icons befüllt werden.

Buttons

Ein Button unter Android signalisiert eindeutig bei einem Tap, dass eine Aktion ausgeführt wird. Ein Button unter Android kann Text und/oder ein Bild enthalten.

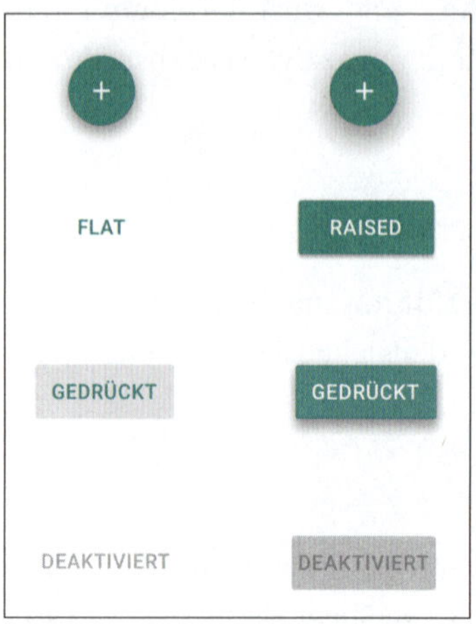

Abbildung 8.66 Buttons und ihre Zustände

Er sollte in Übereinstimmung mit der Hauptfarbe der Applikation stehen, ist aber frei gestaltbar. Google empfiehlt in den Guidelines jedoch, die Hauptfarbe der Applikation zu verwenden, um den Nutzer eindeutig erkennen zu lassen, welcher Button eine Aktion beinhaltet.

Ein Button hat folgende Eigenschaften:

- Er kann kreisrund (Action Float Button), rechteckig mit abgerundeten Ecken (Raised Button) oder ein reiner Text (Flat Button) sein.
- Ein Raised Button befindet sich immer auf einer z-Achsen-Position, während ein Flat Button auf der untersten Ebene positioniert ist.

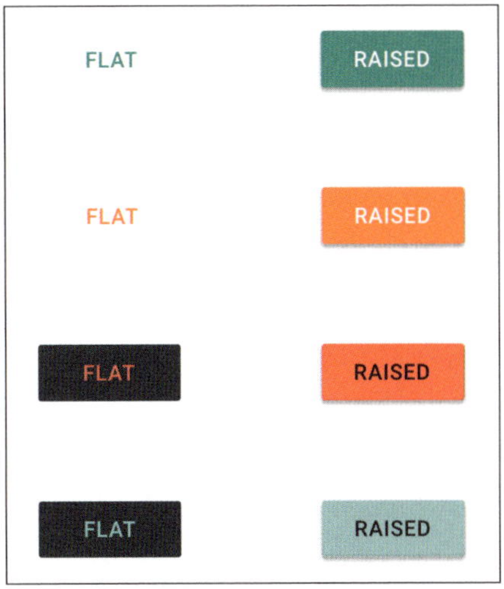

Abbildung 8.67 Buttons in verschiedenen Varianten (links: Flat, rechts: Raised)

Wie werden Buttons eingesetzt?

Die Art des Buttons unterliegt einer bestimmten Hierarchie, die sich aus der z-Position heraus ergibt. So steht z. B. der Raised Button für Aktionen, die eine neue View oder einen Dialog öffnen – also eine neue Ebene in der z-Achse. Hierbei kann durch eine Animation ein neues Paper in der entsprechenden z-Achse entstehen. Der Flat Button hingegen öffnet keine neuen Aktionen oder Ebenen, sondern bestätigt oder führt Aktionen in derselben Ebene aus. Drei Buttons werden unterschieden:

- Der Floating Action-Button ist der primäre Button und bildet nur eine Aktion, und zwar die Hauptaktion ab.
- Der Raised Button steht für sekundäre Funktionen bereit und öffnet eine neue Ebene. Dieser kann innerhalb verschiedener Views angezeigt werden.
- Der Flat Button liegt in der Hierarchie an der dritten Position und wird meist in Dialogen genutzt, um diese zu schließen.

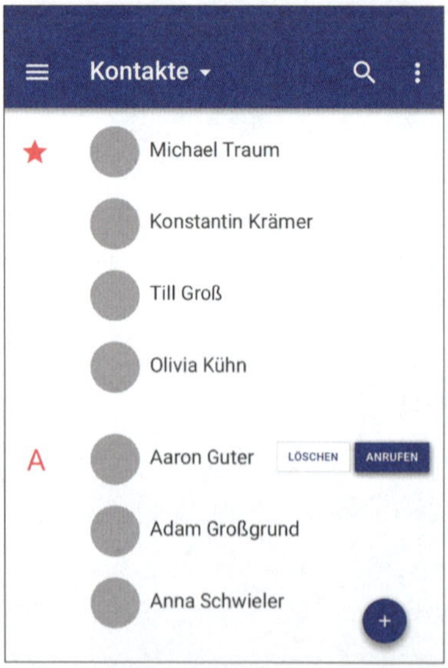

Abbildung 8.68 Dieser Screenshot zeigt die z-Achse und die Positionen der verschiedenen Buttons.

Cards

Eine Card ist ein Papier bzw. Paper mit einem bestimmten Daten-Set, das einen Einstiegspunkt repräsentiert, um detailliertere Informationen über diese Card zu bekommen. Es dient dazu, dem Nutzer in möglichst kurzer Form detaillierte Informationen zu geben.

Eine Card hat folgende Eigenschaften:

- Sie kann ein Foto, einen Text und einen Link zu einem bestimmten Thema beinhalten.
- Sie hat eine konstante Breite und eine variable Höhe. Die maximale Höhe ist limitiert durch die Höhe des Raums der jeweiligen Plattform.
- Sie kann sich temporär ausklappen, um beispielsweise ein Kommentarfeld anzuzeigen.
- Sie kann sich nicht um die eigene Achse drehen, um weitere Informationen anzuzeigen.

Wie werden Cards eingesetzt?

Cards sind eine bequeme Möglichkeit, Inhalte aus verschiedenen Elementen zu vereinen und gleichzeitig anzuzeigen. Sie eignen sich hervorragend dazu, Elemente, die sich durch Größe oder in der Aktion unterscheiden, wie z. B. Fotos oder längere Beschreibungen, zusammenzuführen.

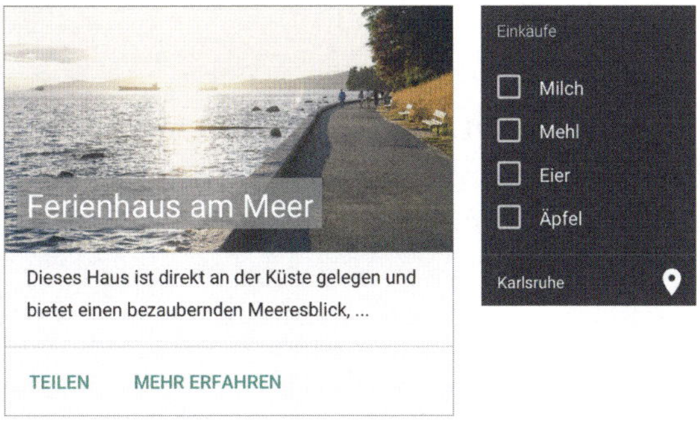

Abbildung 8.69 Beispiele für Cards

Nutzen Sie Cards ...

- ... als eine Kollektion von Karteikarten mit unterschiedlichen Inhalten wie Film, Fotos oder Text.
- ... nicht, wenn sie mehrere unterschiedliche Inhalte über die Cards hinweg haben sollen. Mehrere Cards mit Bild und Text sind in Ordnung, jedoch eine Card nur mit Text und eine andere nur mit Bild sind nicht in Ordnung.
- ... wenn sie Kommentare oder anderweitige angereicherte Inhalte enthalten.
- ... wenn sie Interaktionen erlauben wie Kommentier- oder Like-Funktion.

Dialoge

Dialoge informieren den Nutzer über kritische Informationen und fordern zu einer direkten Aktion auf. Setzen Sie Dialoge sparsam ein, denn sie stören den Nutzungsfluss der App. Nicht jede Auswahl, Einstellung oder jedes Detail benötigt ein Dialogfenster. Alternativen zu Dialogen sind Menüs. Sie stören den Nutzungsfluss des Anwenders nicht.

Abbildung 8.70 Ein Dialog

Ein Dialog hat folgende Eigenschaften:

- Er überlagert alle darunterliegenden Views und ist fix positioniert.
- Er sollte immer im Fokus bleiben und erst nach einer Aktion verschwinden.

- Er kann verschwinden, wenn man außerhalb des Dialogs tapt.
- Er kann verschiedene Komponenten beinhalten.
- Er kann scrollbar sein, solange es sich um keinen Alert handelt. Jedoch ist der Titel des Dialogs fix positioniert, und der scrollbare Inhalt befindet sich darunter. Aktionen innerhalb eines Dialogs bleiben ebenfalls fix positioniert.

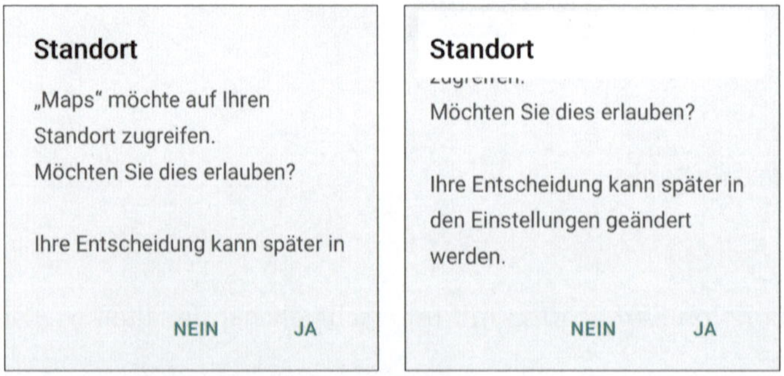

Abbildung 8.71 Dialog mit scrollbaren Inhalten

Wie werden Dialoge eingesetzt?

Unter Android gibt es verschiedene Arten von Dialogen, die unterschiedlich eingesetzt werden. Unterschieden werden Alerts und Simple Menus, Simple Dialogs, Confirmation Dialogs und Fullscreen Dialogs.

- *Alerts:* Alerts informieren den Nutzer über eine Situation oder Aktion, die eine Bestätigung erfordert, bevor die Aktion weiter ausgeführt werden kann. Die Alerts unterscheiden sich in der Erscheinung basierend auf ihrer Dringlichkeit und dem Einfluss der enthaltenen Nachricht. Alerts unterbrechen, sind dringlich und hindern den Nutzer am Fortschreiten einer Aktion, bis er eine Entscheidung trifft.

Abbildung 8.72 Dialog als Alert bei einem Verbindungsfehler

- *Simple Menus:* Simple Menus werden bei Tablets oder Smartphones in Listenansichten genutzt, um Optionen für ein Listenelement bereitzustellen. Simple Menus zeigen sofort Auswahlmöglichkeiten zur getätigten Auswahl und werden durch einen Tap außerhalb des Dialogs wieder geschlossen.

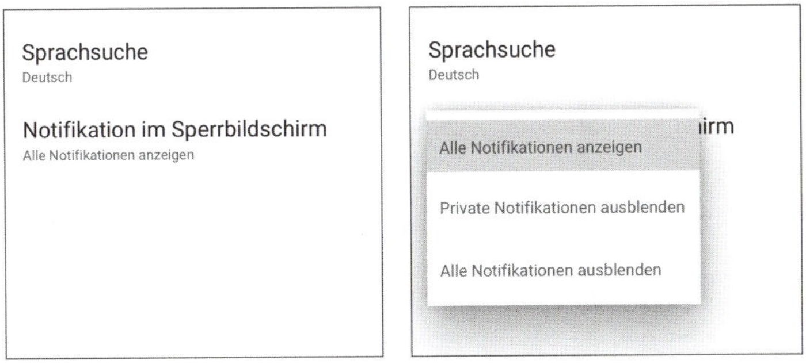

Abbildung 8.73 Dialog als Simple Menu

- *Simple Dialogs:* Simple Dialogs können zusätzliche Details eines Listenelements präsentieren oder liefern Aktionen in Bezug zu einer Primäraktion. Simple Dialogs können Avatare, Icons oder Text beinhalten. Ebenso helfen sie dabei, orthogonale Aktionen durchzuführen, wie z. B. das Hinzufügen eines Accounts innerhalb einer Liste.

  Simple Dialogs müssen nicht zwingend einen Button oder Komponenten beinhalten. Sie können durch einen Tap außerhalb des Dialogs geschlossen werden. Simple Dialogs unterbrechen den Nutzungsfluss stärker als Simple Menus und sollten deshalb nur sparsam eingesetzt werden.

Abbildung 8.74 Simple Dialog bei einer Teilen-Funktion

- *Confirmation Dialogs:* Confirmation Dialogs fordern eine explizite Bestätigung durch den Nutzer ein, bevor eine Aktion getätigt wird. Hierbei kann innerhalb des Dialogs über eine Checkliste zuvor eine Auswahl getroffen werden. Ein Confirmation Dialog beinhaltet immer eine Schaltfläche zum Bestätigen der Aktion oder einen Cancel Flat Button, um den Dialog wieder zu schließen. Confirmation Dialogs können neben Listen auch einen Datum-Picker oder andere Komponenten beinhalten. Sie sollten aber immer für eine spezifische Aufgabe genutzt werden. Es sollten keine multiplen Eingabemethoden verwendet werden. Pro Dialog sollte immer nur eine auszuführende Aktion zur Verfügung stehen.

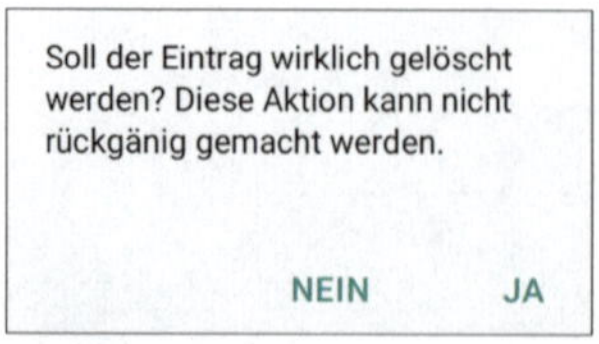

Abbildung 8.75 Links: Confirmation Dialog, rechts: Mini-Datum-Picker als Dialog

- *Fullscreen Dialogs:* Fullscreen Dialogs gruppieren komplexe Aufgaben. Ein Beispiel hierfür ist ein Eintrag, der in einen Kalender geschrieben werden muss. Für den Termineintrag werden verschiedene Komponenten genutzt. Fullscreen Dialogs ermöglichen komplexe Layouts. In der linken oberen Ecke eines Fullscreen Dialogs sollte der Dialog durch das X-Icon geschlossen werden. Im oberen rechten Bereich des Dialogs sollte die Eingabe der Inhalte innerhalb des Fullscreen Dialogs bestätigt werden. Nutzen Sie hierbei Begriffe wie Speichern, Senden, Hinzufügen, Teilen etc. Achten Sie darauf, dass bei einer Fullscreen-View die eingegebenen Daten erst übertragen werden, wenn der Nutzer dies durch eine Eingabe bestätigt.

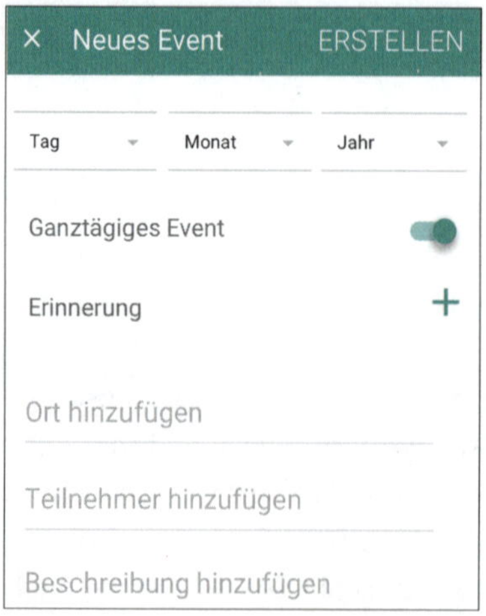

Abbildung 8.76 Fullscreen Dialog

Lists

Lists oder Listen präsentieren eine vertikale Anordnung von Elementen in einer potenziell scrollbaren View. Eine Liste hat folgende Eigenschaften:

- Sie kann aus Texten, Bildern, Icons und anderen Komponenten bestehen.
- Sie kann scrollbar sein.
- Sie kann sich aufteilen für eine primäre und eine sekundäre Aktion.
- Sie besteht aus einer vertikalen Anordnung aus Reihen, in denen Tiles aufgespannt werden können. Die Höhe eines Tiles kann innerhalb einer Liste variieren.

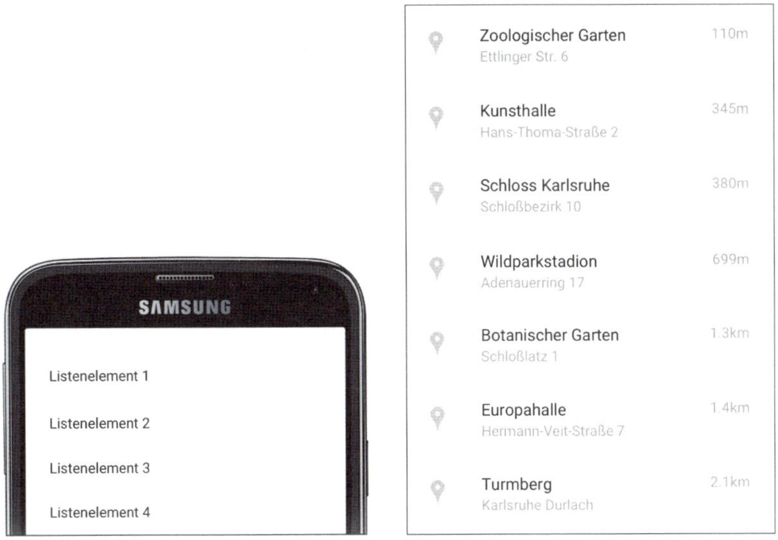

Abbildung 8.77 Hier ein Beispiel einer gut strukturierten Liste.

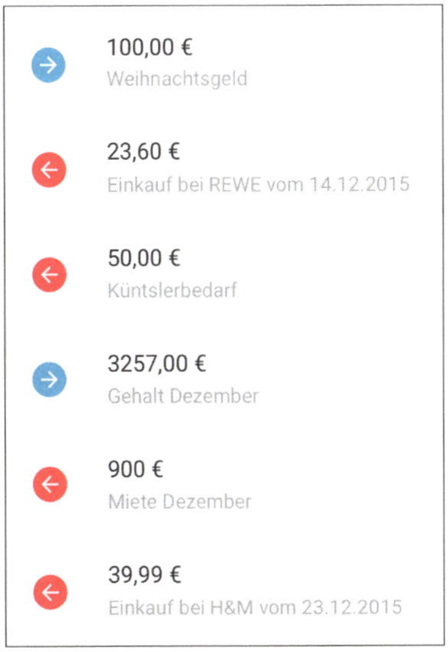

Abbildung 8.78 Beispiel einer Liste mit Indikatoren

Wie werden Listen eingesetzt?

Listen eignen sich am besten für die Präsentation eines homogenen Datentyps oder ein Set aus Datentypen wie Bildern und Text. Ein Listenelement sollte für eine schnelle Erfassbarkeit der Elemente optimiert sein. Sollten mehr als drei Zeilen Text in einem Tile dargestellt werden, nutzen Sie besser eine Card. Sollte der Fokus auf Bildern liegen, sollten Sie eine Grid List verwenden.

Das wichtigste Unterscheidungsmerkmal – Bild oder Aktion? – sollte im linken Bereich positioniert werden. Der rechte Bereich sollte für weniger wichtige Elemente bereitstehen.

List Controls

List Controls sind Icons, die auf der rechten oder linken Seite eines Listenelements erscheinen. Diese kennzeichnen den Status eines Elements oder dienen als Action-Element. Sogenannte Leave-behinds sind List Controls, die erst durch eine Swipe-Geste erscheinen. Dabei rutscht das Listenelement zur Seite und zeigt die entsprechende Aktion des Listenelements.

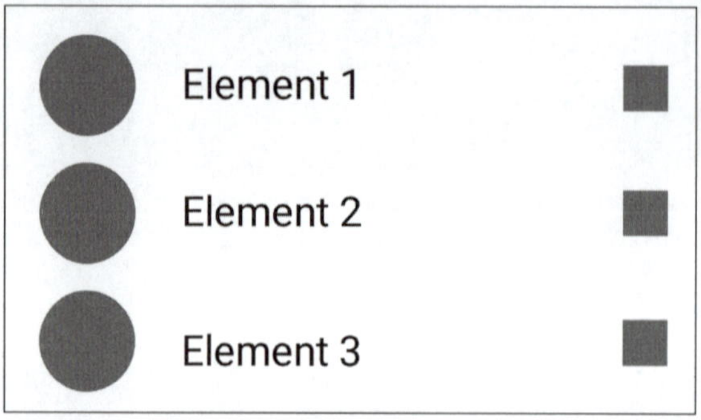

Abbildung 8.79 Beispiel einer Liste mit primären Aktionen (links) und sekundären Aktionen (rechts)

List Controls haben folgende Eigenschaften:

- Sie stellen den Status des Listenelements dar.
- Sie können primäre Aktionen beinhalten.
- Sie können sekundäre Aktionen beinhalten.
- Sie können sekundäre Informationen beinhalten.

Wie werden List Controls eingesetzt?

Trennende Elemente sollten immer links angeordnet sein. Der Status und die primäre Aktion sind links neben dem Titel des Listenelements positioniert. Texte innerhalb eines Listenelements sollten immer ein Teil der primären Aktion sein. Platzieren Sie nicht zwei Icons oder Aktionen nebeneinander. Sobald ein Listenelement ein Navigationselement ist, sollte kein Icon verwendet werden. Der Kontext, in dem sich das Listenelement befindet, sollte ausreichend sein, um das Ziel der Aktion zu kommunizieren.

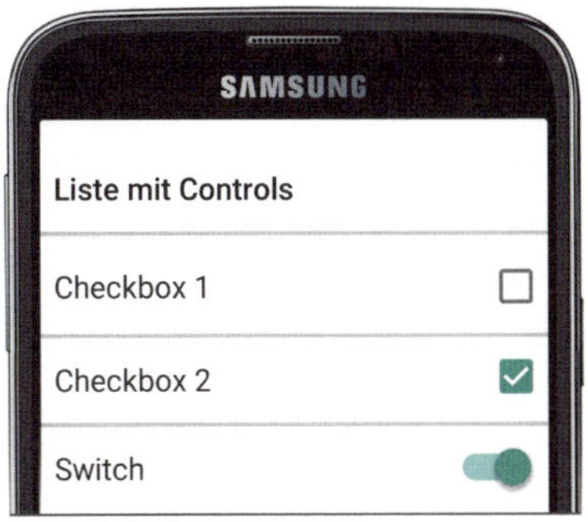

Abbildung 8.80 Beispiel einer Liste mit rein sekundären Aktionen (links)

Sekundäre Aktionen und Infos sollten auf der rechten Seite im Listenelement erscheinen. Sekundäre Aktionen sollten immer von der Hauptaktion getrennt angezeigt werden. Es gibt verschiedene mögliche Listenelemente. Einige davon möchte ich hier kurz vorstellen:

- **Checkbox** (Typ: primäre oder sekundäre Aktion): Eine Checkbox kann eine primäre oder eine sekundäre Aktion sein. Als primäre Aktion sollte es auf der linken Seite erscheinen, als sekundäre auf der rechten Seite.

Abbildung 8.81 Checkboxen für sekundäre Aktionen (links) und eine Aufgabenliste mit Checkboxen als primäre Aktion (rechts)

- **Switch** (Typ: sekundäre Aktion): Ein Switch dient dazu, ein Listenelement zu aktivieren. Gerade in den Einstellungsmenüs von Smartphones und Tablets ist dieses Element oft zu finden, um beispielsweise die WLAN-Funktion des Geräts ein- bzw. auszuschalten.

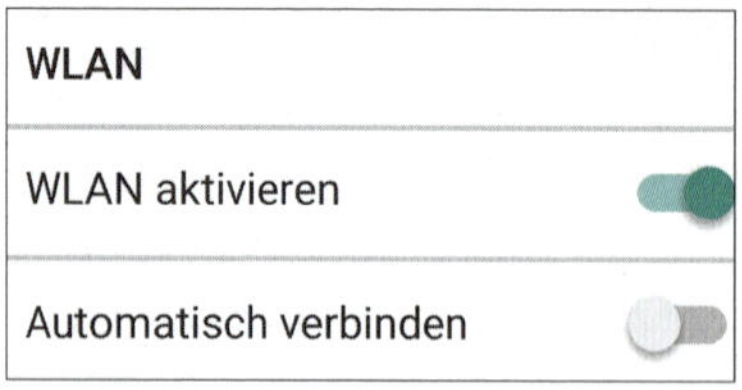

Abbildung 8.82 Switch in einer Liste

- **Reorder** (Typ: sekundäre Aktion): Das Reorder-Element dient dazu, die Reihenfolge einer Liste mit Drag & Drop zu ändern. Hierbei muss der Nutzer ein Press & Hold auf das Element durchführen und kann dann das Element innerhalb einer Liste verschieben.

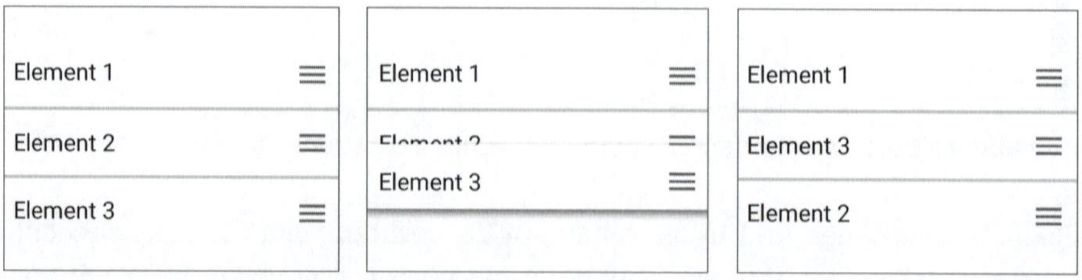

Abbildung 8.83 Ablauf eines Reorders in einer Liste

- **Expand/Collapse** (Typ: sekundäre Aktion): Das Element Expand/Collapse wird auf der rechten Seite positioniert. Ein Tap auf dieses Element öffnet eine untergeordnete Liste und zeigt weitere Inhalte unterhalb des Listenelements an.

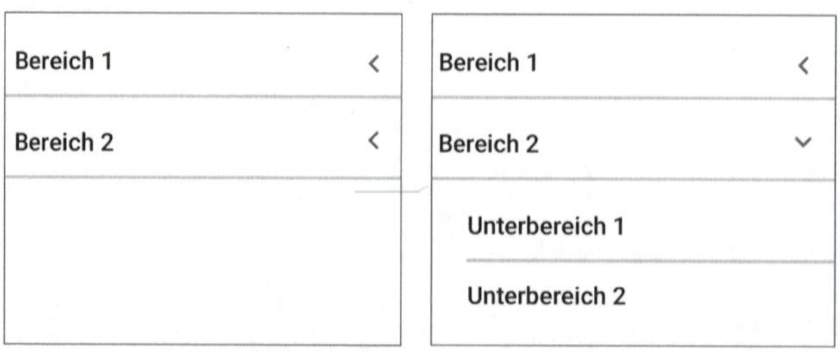

Abbildung 8.84 Aus- oder Einklappen eines Listenelements

- **Leave-behinds** (Typ: andere): Ein Leave-behind ist ein informatives Element, das durch eine Swipe-Geste geöffnet wird. Hierbei können nach dem Swipe weitere Aktionen erscheinen und durch einen Tap ausgeführt werden.

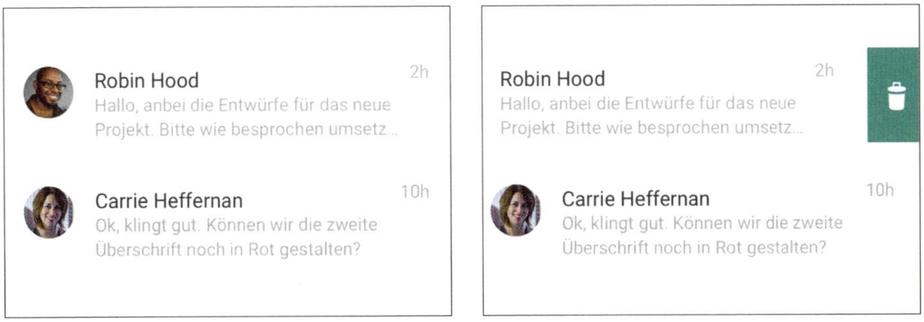

Abbildung 8.85 Ablauf eines Leave-behinds

- **Check** (Typ: Status): Ein Check beschreibt, dass ein Listenelement ausgewählt wurde. Nun kann eine Aktion mit allen markierten Listenelementen ausgeführt werden.

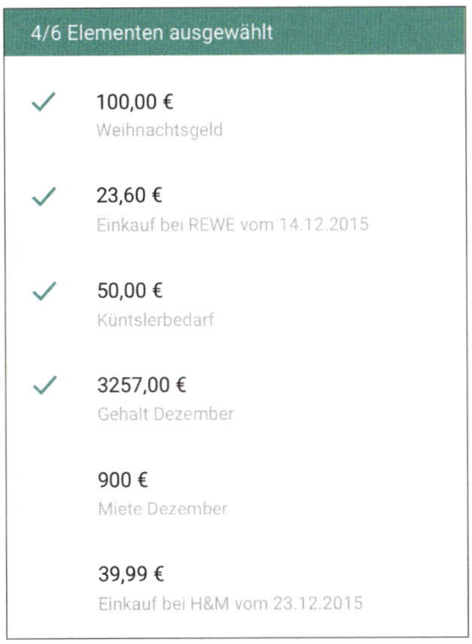

Abbildung 8.86 Selektierte Listenelemente

Menüs

Menüs erlauben es dem Nutzer, eine Aktion durchzuführen. Die Aktionen werden hierbei temporär in einer Liste angezeigt. Ein Menü hat folgende Eigenschaften:

- Es ist ein temporäres Element, das durch einen Tap auf einen Button, durch eine Aktion, einen Pointer oder durch ein anderes Control erscheint.
- Es beinhaltet Elemente, die die aktuelle View oder ausgewählte Elemente beeinflussen.
- Es sollte nicht als Hauptnavigationselement genutzt werden.

- Es erscheint immer über allen anderen UI-Elementen.
- Es verschwindet, sobald man außerhalb des Menüs oder auf eine Aktion im Menü tappt.

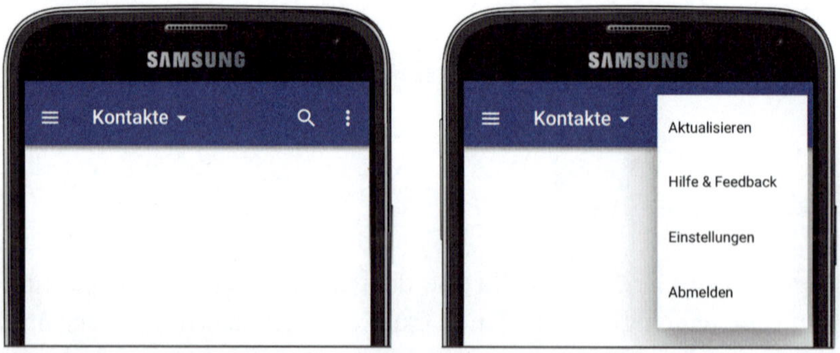

Abbildung 8.87 Beispiel für ein Menü der App-Bar

Wie wird ein Menü eingesetzt?

Das Label des Buttons, über den das Menü aufgerufen werden kann, sollte dem Nutzer klar anzeigen, was für Aktionen sich dahinter verbergen. Bei einem Smartphone wird meist das Overflow-Icon (ähnlich dem Burger-Icon, nur mit Punkten) verwendet, um sekundäre Aktionen anzuzeigen.

Kontextuelle Menüs können, basierend auf dem Status der App, die verfügbaren und aktivierten Menüelemente dynamisch ändern. Es ist empfehlenswert, Menüelemente, die im aktuellen Kontext für den Nutzer irrelevant sind, zu entfernen.

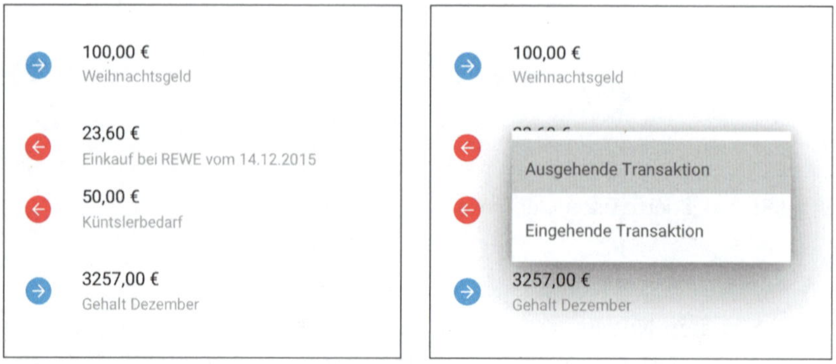

Abbildung 8.88 Overlay-Menü in einer Liste

Pickers

Pickers bieten eine simple Möglichkeit, eine Auswahl in einem bestimmten, definierten Rahmen zu treffen. Pickers funktionieren am besten, sobald sie in einem Confirmation Dialog angezeigt werden.

Ein Picker hat folgende Eigenschaften:

- Er sollte immer in einem Confirmation Dialog angezeigt werden.
- Er passt sich in der Darstellung an den Landscape- oder Portrait-Modus an.

Es werden zwei Varianten von Pickern unterschieden:

- Date Picker: Ein Date Picker oder Datum-Picker wird genutzt, um ein Datum anzugeben. Der selektierte Tag wird durch einen Kreis angezeigt. Der aktuelle Tag wird durch eine unterschiedliche Farbe und eine andere Schriftstärke angezeigt. Durch einen Swipe kann der Nutzer durch die Monate navigieren. Durch einen Tap auf das Jahr kann man durch die Jahre navigieren.
- Time Picker: Ein Time Picker oder Uhrzeit-Picker wird genutzt, um eine spezifische Zeit auszuwählen. Die Auswahl wird durch einen Kreis angezeigt. Um zwischen der Stunden- und Minutenauswahl zu wechseln, tappt man im Titel auf die entsprechende Anzeige im oberen Bereich.

Abbildung 8.89 Links: ein Datum-Picker, rechts: ein Uhrzeit-Picker

Selection Controls

Selection Controls erlauben es dem Nutzer, aus verschiedenen Optionen z. B. innerhalb einer Liste auszuwählen.

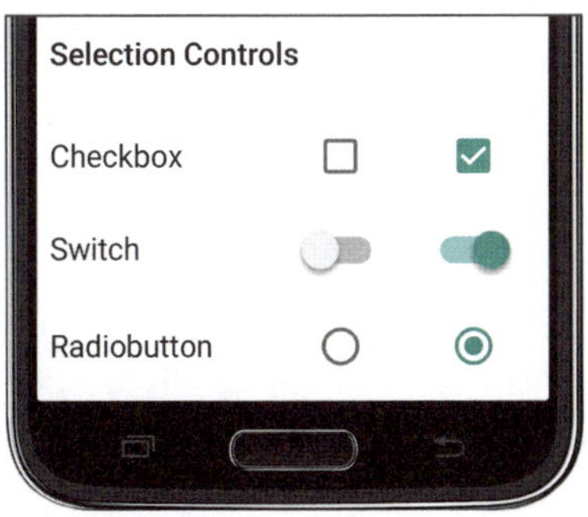

Abbildung 8.90 Selection Controls (Checkbox, Switch, Radiobutton)

Es gibt hierbei drei Arten:

- **Checkboxen**: Checkboxen erlauben dem Nutzer, eine Mehrfachauswahl aus Optionen zu tätigen. Checkboxen sind platzsparender als Switches und sollten für eine Mehrfachauswahl genutzt werden. Sollte es nur eine Option geben, nutzen Sie besser den Switch.

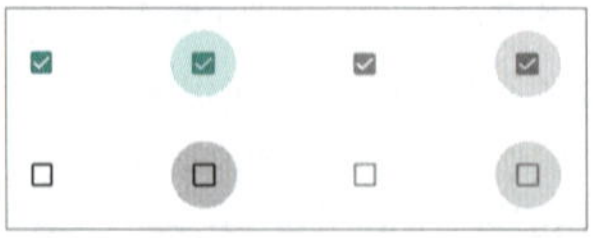

Abbildung 8.91 Checkboxen und ihre Zustände

- **Switches**: Switches ändern den Status einer Option (an/aus). Die Option, die durch den Switch geändert wird, sollte so präzise wie möglich im Titel beschrieben sein.

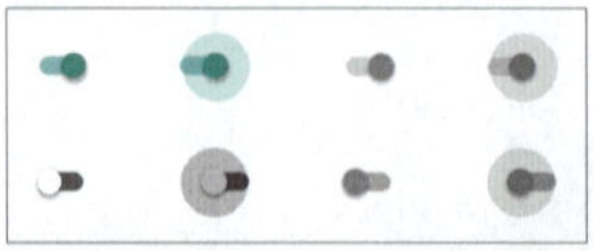

Abbildung 8.92 Switches und ihre Zustände

- **Radiobuttons**: Radiobuttons erlauben dem Nutzer eine Auswahl aus einem Set von Optionen. Radiobuttons empfehlen sich bei einer überschaubaren Anzahl von Optionen. Nutzen Sie eine Dropdown-Liste, wenn eine Darstellung der Auswahlmöglichkeiten zu umfangreich ist.

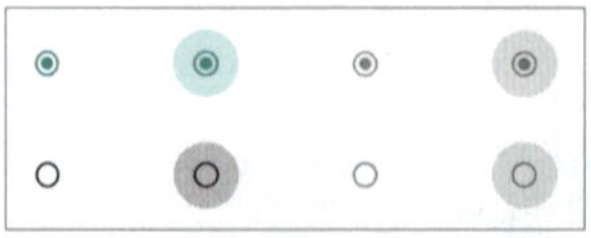

Abbildung 8.93 Radiobuttons und ihre Zustände

Sliders

Sliders lassen den Nutzer einen Wert durch einen Schieberegler eingeben. Der kleinste Wert befindet sich stets auf der linken Seite, der größte Wert auf der rechten. Es werden zwei Slider-Arten unterschieden: Continuous und Discrete Slider.

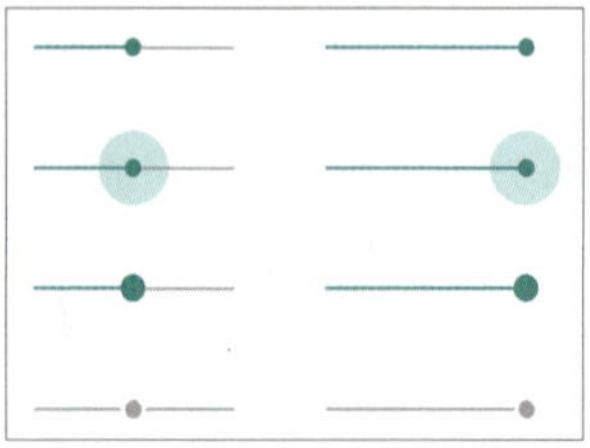

Abbildung 8.94 Sliders

Der Countinuous Slider

- hat links den kleinsten und rechts den größten Wert und
- kann Icons auf der linken bzw. auf der rechten Seite haben, die den entsprechenden Wert symbolisieren.

Der Discret Slider

- hat ebenfalls links den kleinsten und rechts den größten Wert und
- richtet sich entlang der Spur an festgelegten Werten aus.

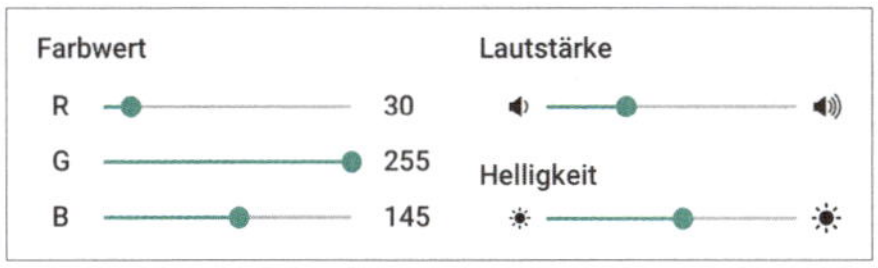

Abbildung 8.95 Die beiden Bilder links zeigen Continous Slider. Die beiden Bilder rechts zeigen Discret Slider.

Wie werden Sliders eingesetzt?

Ein Slider eignet sich hervorragend, um fließend Einstellungen vorzunehmen, wie z. B. Lautstärke, Helligkeit, Kontrast usw. Nutzen Sie einen Slider, um Werte zu erhalten, die nicht spezifisch sind, sondern intuitiv vom Nutzer eingegeben werden sollen.

Discrete Slider eignen sich für die Eingabe von konkreten Werten. Hier sollte jede einstellbare Stufe für den Nutzer erkennbar sein.

Snackbars

Snackbars sind kurze, einfache Rückmeldungen über eine laufende oder durchgeführte Operation. Sie zeigen eine bündige Nachricht und können um eine Aktion ergänzt werden.

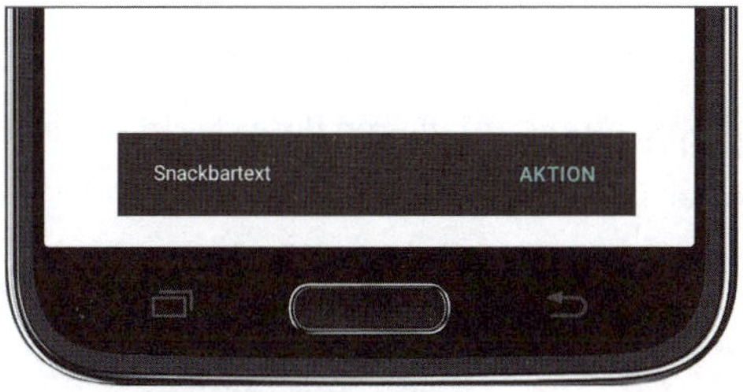

Abbildung 8.96 Snackbar

Eine Snackbar hat folgende Eigenschaften:

- Sie wird immer nur einzeln auf dem Bildschirm angezeigt.
- Sie erscheint immer im unteren Bereich des Bildschirms.

- Sie befindet sich in ähnlicher z-Achsen-Position wie der Floating Action-Button.
- Sie wird überlagert von Dialogen, Buttons, Sheets und Navigation Drawern.
- Sie blockiert keine aktuelle Eingabe des Nutzers.
- Sie verschwindet durch eine Swipe-Geste oder automatisch nach einer bestimmten Zeit.
- Sie beinhaltet nur Text und eine Aktion.
- Sie blockiert nicht den Floating Action-Button, sondern verschiebt diesen.

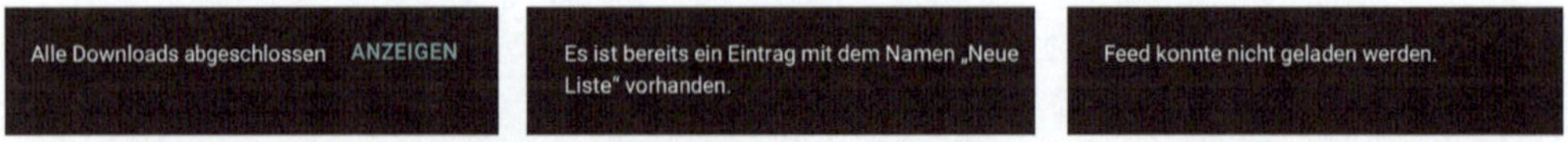

Abbildung 8.97 Beispiele für Snackbars

Tabs

Tabs sind vergleichbar mit der Tabbar unter iOS. Sie ermöglichen einen schnellen Wechsel zwischen unterschiedlichen Views oder funktionalen Teilen einer App.

Abbildung 8.98 Tabs unter der App-Bar

Tabs haben folgende Eigenschaften:

- Sie bieten die Möglichkeit, Inhalte gruppiert darzustellen.
- Sie beinhalten Labels, die die Inhalte der entsprechenden View beschreiben.
- Sie befinden sich immer unterhalb der App-Bar oder im oberen Bereich einer View.
- Sie sind scrollbar und können mehrere Tabs beinhalten.
- Sie können Text oder Icons beinhalten.

Abbildung 8.99 Beispiele für Tabs

Wie werden Tabs eingesetzt?

Nutzen Sie Tabs, um Ihre Inhalte zu organisieren. So können Sie unterschiedliche Sektionen einer Zeitschrift (Politik, Sport, Kultur etc.) über Tabs verteilen. Nutzen Sie Tabs, um Benutzer zwischen Gruppen von Inhalten navigieren zu lassen.

Verzichten Sie auf Tabs, wenn Inhalte auf einer View mittels Gesten kontrolliert werden müssen, etwa bei einer Map. Um zwischen Tabs zu navigieren, werden Swipe-Gesten genutzt.

Text Fields

Text Fields oder Eingabefelder ermöglichen dem Nutzer die Eingabe von Inhalten. Hierbei gibt es einzeilige oder mehrzeilige Eingabefelder. Ein Tap auf ein Eingabefeld öffnet automatisch das Keyboard, und der Nutzer kann sofort mit der Eingabe beginnen.

Abbildung 8.100 Text Fields bzw. Eingabefelder

Ein Eingabefeld hat folgende Eigenschaften:

- Es gibt unterschiedliche Typen von Eingabefeldern, solche für Nummern, Text, URLs usw. Sie rufen ein entsprechend angepasstes Keyboard auf.
- Es beinhaltet verschiedene Darstellungen (Single-Line Text Field, Floating Labels, Multiline Text Field, Full-Width Text Field).

Es werden verschiedene Arten von Text Fields oder Eingabefeldern unterschieden (Abbildung 8.102 und Abbildung 8.101):

- **Single-Line Text Field:** Single-Line Text Fields scrollen automatisch den eingegebenen Inhalt von rechts nach links. Dabei verschiebt sich bei längeren Texten der Inhalt nach links und verschwindet aus dem sichtbaren Bereich.
- **Floating Labels:** Das Label des Text Fields wandert nach einem Tap über das Eingabefeld. Somit weiß der Nutzer weiterhin, welche Inhalte einzugeben sind.

- **Multiline Text Field:** Bei einem Multiline Text Field wird das Eingabefeld bei einem längeren Text umbrochen. Das Eingabefeld wandert vertikal mit der Eingabelänge des Inhalts.
- **Full-Width Text Field:** Full-Width Text Fields erstrecken sich über die komplette Breite des Bildschirms.

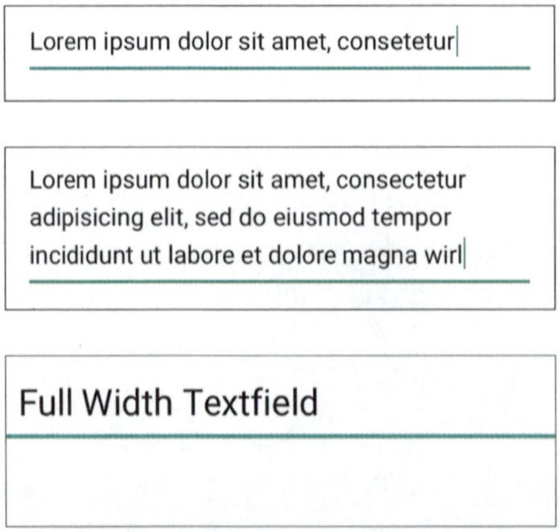

Abbildung 8.101 Von oben nach unten: Single-Line Text Field, Multiline Text Field und Full-Width Text Field

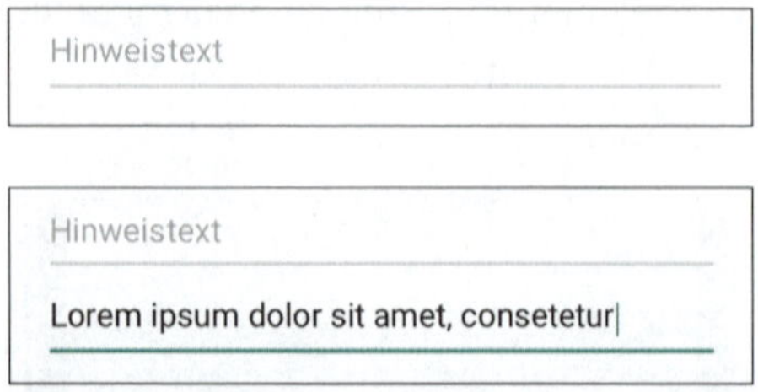

Abbildung 8.102 Oben: Floating Labels vor der Animation, unten: Floating Labels nach der Animation und der Dateneingabe

8.4 Custom-Controls und Custom-Components

Custom-Controls (iOS) und Custom Components (Android) sind individuell programmierte Interface-Elemente, die eine komplett neue Funktionalität in einer App bieten können. Meist werden Custom-Controls genutzt, um Funktionalitäten abzubilden, die nicht mit hauseigenen Controls der Plattform realisiert werden können. Denn manche Controls können nicht so im Look & Feel geändert werden, wie es das Branding der App vielleicht erfordern würde. Die entsprechenden Controls müssen also selbst entwickelt und programmiert werden. Custom-Controls können aber auch den hauseigenen Controls nachempfunden sein.

Custom-Controls

Custom-Controls sind Elemente, die nicht von der Plattform aus verfügbar sind, sondern selbst entwickelt werden, um etwa ganz spezifische Probleme zu lösen, die nicht durch ein Standard-Control gelöst werden können.

Im Internet sind unzählige Custom-Controls zu finden. Coca Controls ist z. B. ein Anbieter, der recht viele Custom-Controls für iOS-Geräte anbietet. Diese lassen sich in der Gestaltung verändern. Für Android finden Sie über die Suche auf GitHub Repositorys für Custom-Controls, aber auch sicherlich für iOS oder für Windows. Im Folgenden möchte ich einige der bekannteren Custom-Controls bzw. Components (oder Komponenten) vorstellen.

8.4.1 Side-Menü

Auf iOS-Geräten sind leider die Side-Menüs, die auf Android-Geräten als Komponente vorhanden sind, standardmäßig nicht verfügbar. Hier verstecken sich Side-Menüs meist hinter einem sogenannten Burger-Icon.

Side-Menüs waren recht weit verbreitet, jedoch finden sich heute wieder vermehrt Apps mit der Tabbar bzw. Bottom-Navigation wieder. Nutzer kennen dieses Control und wissen, dass es die Hauptanlaufstelle ist, um innerhalb der App zu navigieren. Es gibt verschiedene Arten von Side-Menüs, die sich von links einblenden und den Inhalt überlagern oder verschieben. Für iOS benötigt der Entwickler ein Custom-Control, das er in iOS integrieren kann. Wie bereits erwähnt, findet er solche Controls auf GitHub oder Cocoa Controls.

Cocoa Controls

Cocoa Controls ist eine Plattform für UI-Komponenten für iOS. Hier können Entwickler Quellcode von Custom-Controls bzw. Components downloaden und in ihre Apps integrieren. Mehr auf: *www.cocoacontrols.com*.

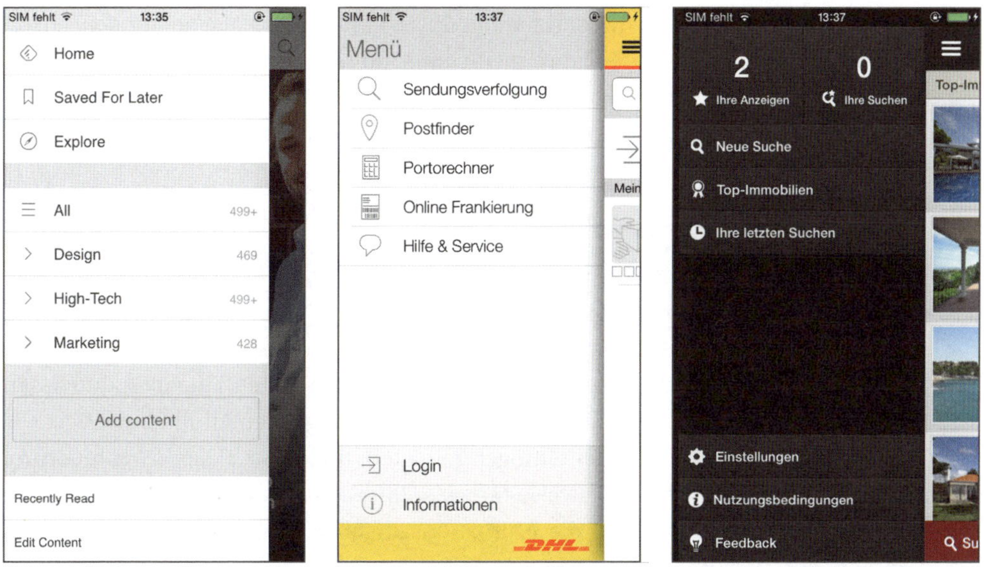

Abbildung 8.103 Typische Fly-out-Menüs unter iOS (Feedly-App, DHL-App, Luxery-Estate-App)

8.4.2 Swipe to Choose

Das Swipe to Choose ist ein Control, das gerade in letzter Zeit – auch dank berühmter Apps wie Tinder – sehr beliebt geworden ist. Dieses Control fühlt sich in der Bedienung sehr natürlich an und lässt sich intuitiv bedienen.

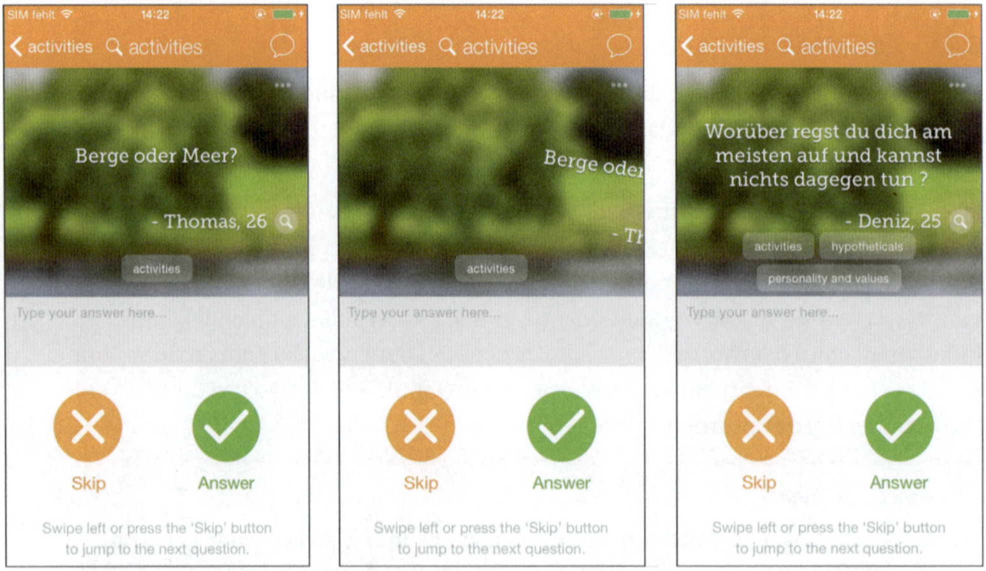

Abbildung 8.104 Swipe to Choose, bekannt aus der Tinder-App, hier in der Willow-App

Es ist ein noch sehr junges Control, das aber in immer mehr Apps Verwendung findet. Vorwiegend wird es eingesetzt, wenn durch den Nutzer Entscheidungen getroffen werden sollen. Gerade dann, wenn eine hohe Anzahl von Entscheidungen benötigt wird, bietet sich dieses Control an, denn große Datenmengen lassen sich mit der typischen Wischbewegung nach links oder rechts zügig abarbeiten.

8.4.3 Animiertes On-Boarding

Gerade für On-Boarding-Prozesse werden mitunter sehr komplexe Controls entwickelt. Klassische On-Boardings sind reine Seiten, die nacheinander angezeigt werden, andere werden aufwendig mit parallaxenartigen Animationen dargestellt. Bei einem progressiven On-Boarding werden mitunter schon die ersten Eingaben durch den Nutzer abgefragt. Benötigen Sie nun für Ihr On-Boarding einen Animationseffekt wie eine Parallaxe, in der Sie Bilder einfügen möchten, finden Sie sicherlich ein Control auf *www.github.com*, beispielsweise *https://github.com/mamaral/Onboard*, das Sie nutzen können. Hierbei sind die Animationsaufgaben bereits entwickelt, und der Entwickler muss lediglich die Bilder einfügen.

Abbildung 8.105 On-Boarding in der Babbel-App

8.4.4 Diagramme

Mitunter ist die Darstellung von Diagrammen in Apps notwendig. Hierbei können Entwickler auf verschiedene Frameworks zurückgreifen und eigene Controls und Components dazu entwickeln.

Als Designer sollten Sie sich mit dem Entwickler darauf einigen, welche Frameworks genutzt werden sollen. Entsprechend dieser Frameworks gibt es Grenzen bei der Darstellung von Diagrammen, und daran sollten Sie sich halten.

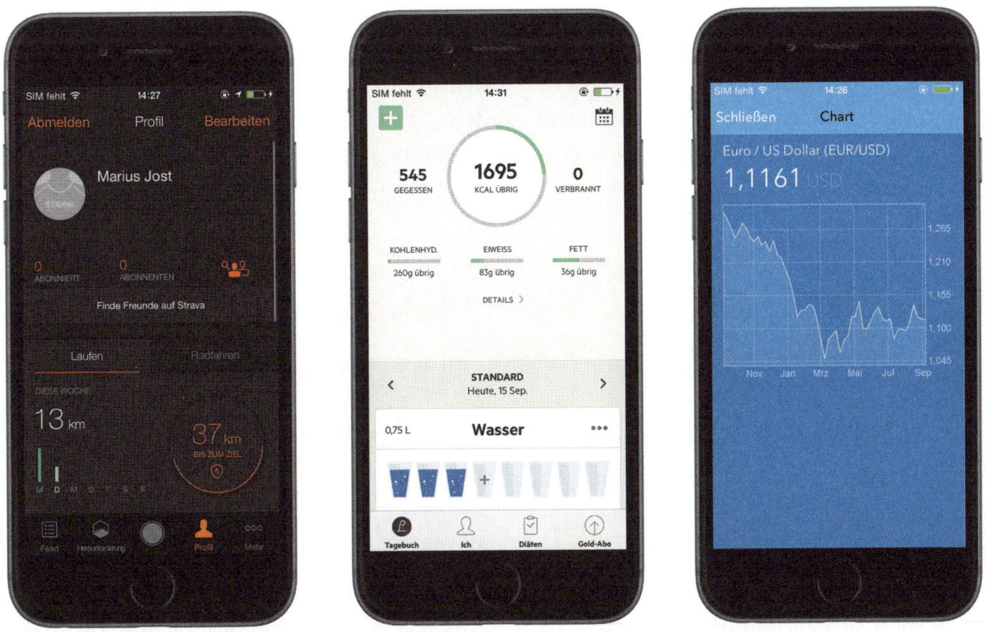

Abbildung 8.106 Charts in verschiedenen Apps: »Strava«, »Lifesum« und »Währung«

Geben Sie sich bei der Darstellung von Charts große Mühe, vor allem bei Smartphone-Apps. Charts sind höchst komplexe Elemente und aufgrund der vielfältigen Darstellungsweisen schwierig im Aussehen vorherzusagen. Hierbei sollten Entwickler und Designer sehr eng zusammenarbeiten.

8.4.5 Erstellen Sie individuelle Controls

Wenn Sie ein eigenes Control entwickeln möchten, machen Sie sich bewusst, dass ein Custom-Control ein Bedienungsproblem lösen sollte, das sich entweder nicht mit einem Standard-Control lösen lässt, oder dass das von Ihnen entwickelte Control-Element die bisherige Bedienung der App stark vereinfachen sollte.

Stellen Sie sich dieses Control physisch vor, und stellen Sie sich die Frage, wie Sie das Problem in der realen Welt lösen würden. Mit realen Objekten? Nutzen Sie physische Objekte auf dem Tisch, und lösen Sie das Problem intuitiv mit Ihren Händen. Arrangieren Sie die Objekte durch Bewegungen durch natürliche Gesten. Versuchen Sie hierbei, eine natürliche Geste abzulesen, und adaptieren Sie diese für Ihr Control. Nutzen Sie die sensorischen Fähigkeiten des Geräts, um clevere Eingaben zu ermöglichen.

8.5 Atomic Design

Atomic Design hat zunächst mal nichts Gefährliches, Radioaktives, also keine Angst. Atomic Design ist eine von Brad Frost entwickelte Methode zur Verwaltung und Systematisierung von User-Interfaces. Es wird dazu genutzt, um Design-Systeme zu erstellen, welche ich im folgenden Abschnitt näher erläutern werde. Zunächst möchte ich Ihnen die Prinzipien des Atomic Designs näherbringen.

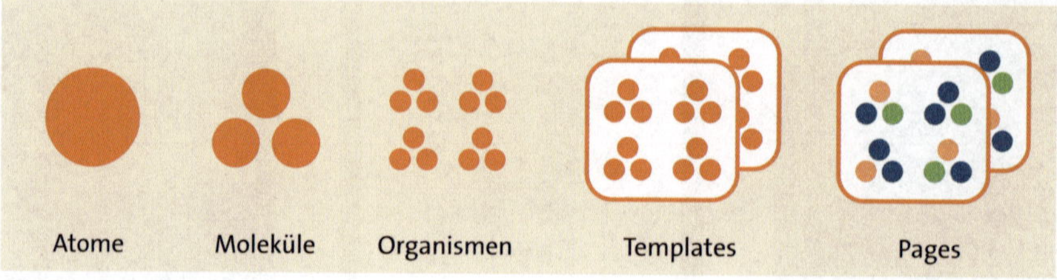

Abbildung 8.107 Atomic-Design-Schaugrafik

Atomic Design bietet eine klare Methodik für die Erstellung von Design-Systemen. Atomic Design gibt uns die Möglichkeit, vom Abstrakten zum Konkreten überzugehen. Aus diesem Grund können wir Systeme erstellen, die Konsistenz und Skalierbarkeit fördern und gleichzeitig Dinge in ihrem endgültigen Kontext darstellen. Wenn Sie sich näher mit Atomic Design beschäftigen wollen, empfehle ich einen Besuch bei Brad Frost: *http://bradfrost.com/blog/post/atomic-web-design/*. Er ist da sehr tief in der Materie und bietet auch Tools für die Verwaltung von Design-Systemen an.

Es gibt fünf unterscheidbare Ebenen im Atomic Design:

- Atome
- Moleküle
- Organismen
- Templates
- Seiten

Atome

Atome sind die Grundbausteine der Materie. In unserem Fall stellt ein Atom ein kleinstmögliches Objekt dar. Dies können ein Label, ein Button oder ein Textfeld sein. Ebenso zählen Icons dazu.

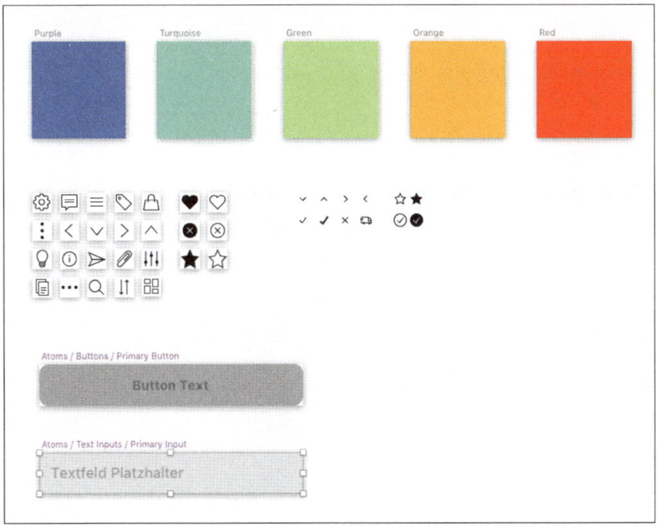

Abbildung 8.108 Beispiele für Atome (Farben, Icons, Buttons, Eingabefelder)

Atome können auch abstrakte Inhalte enthalten wie unterschiedliche Farben, z. B. bei Textfeld-Validierungen oder Animationen. Wie in der Natur auch sind Atome für sich gesehen erst mal recht nutzlos und funktionieren erst dann, wenn sie in einem größeren Zusammenhang auftreten. Das ist in unserem Fall auch der Punkt.

Moleküle

Nun wird es ein wenig interessanter. Sobald wir Atome miteinander kombinieren, entstehen komplexere Moleküle. Moleküle sind Gruppierungen von Atomen zu einem logischen Konstrukt. Als Beispiel nehmen wir die Newsletter-Anmeldung einer Website oder den Login einer App. Hier werden Atome in Form von Labels, Textfeldern und Buttons zu einem Objekt zusammengefasst – unserem Molekül.

Diese Moleküle übernehmen ihre eigenen Eigenschaften und bilden das Rückgrat unseres Design-Systems. Moleküle können recht komplex werden, eine Hilfestellung hierbei: Halten Sie es simpel. Je komplexer ein Molekül wird, umso unflexibler wird es sein.

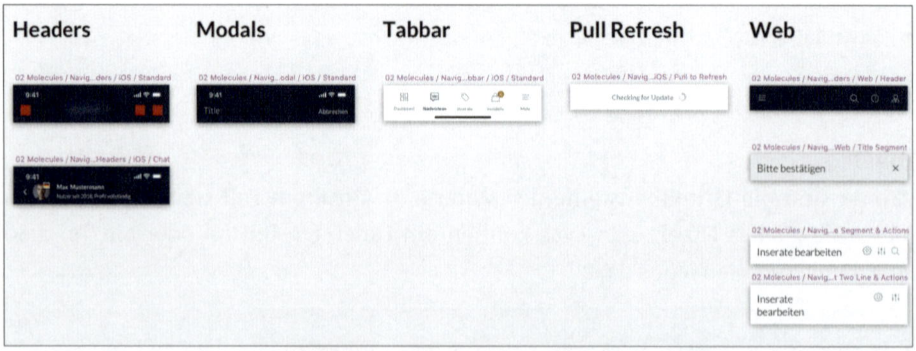

Abbildung 8.109 Molekül-Beispiel: Navigationsheader und Tabbars

Organismus

Atome geben uns das Rohmaterial, während Moleküle die Bausteine sind, mit denen wir unsere Organismen entwickeln. Organismen sind Gruppen von Molekülen, die zu einem relativ komplexen Objekt innerhalb eines Interfaces verbunden werden.

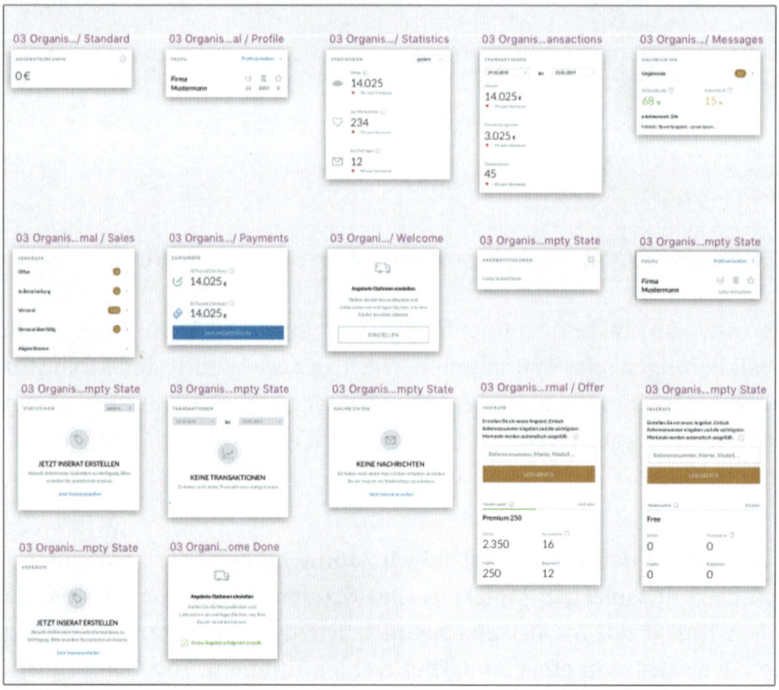

Abbildung 8.110 Organismen-Beispiel: größere Listenelemente und Karten für ein Dashboard

Moleküle für sich sind recht uninteressant, bei Organismen hingegen sehen wir bereits erste Funktionalitäten und Bereiche einer App. Organismen können aus ähnlichen und/oder unterschiedlichen Molekülarten bestehen. So kann ein Navigationsheader aus einem Zurück-Icon bestehen, einem Titel und zwei Aktionen. Eine andere Variante wäre der Navigationsheader, bestehend aus Titel, Suchfeld und Aktion. Somit kann ein Organismus unterschiedliche Ausprägungen haben. Ebenso kann ein »Produkt-Grid«, also ein Kachelelement mit Bildern, aus einem Atom bestehen, welches immer unterschiedliche Bilder zeigt.

Durch den Aufbau von Molekülen zu Organismen können eigenständige, tragbare und wiederverwendbare Komponenten hergestellt werden.

Templates & Pages

Hier brechen wir mit der Chemie-Analogie und widmen uns wieder dem Designersprech zu. Templates, oder auch Vorlagen genannt, bestehen hauptsächlich aus Gruppen von Organismen, die zu Seiten bzw. kompletten Views zusammengefügt werden. Hier fangen wir an, unser Design zusammenzubringen. Hier sehen wir zum ersten Mal ein fertiges Layout.

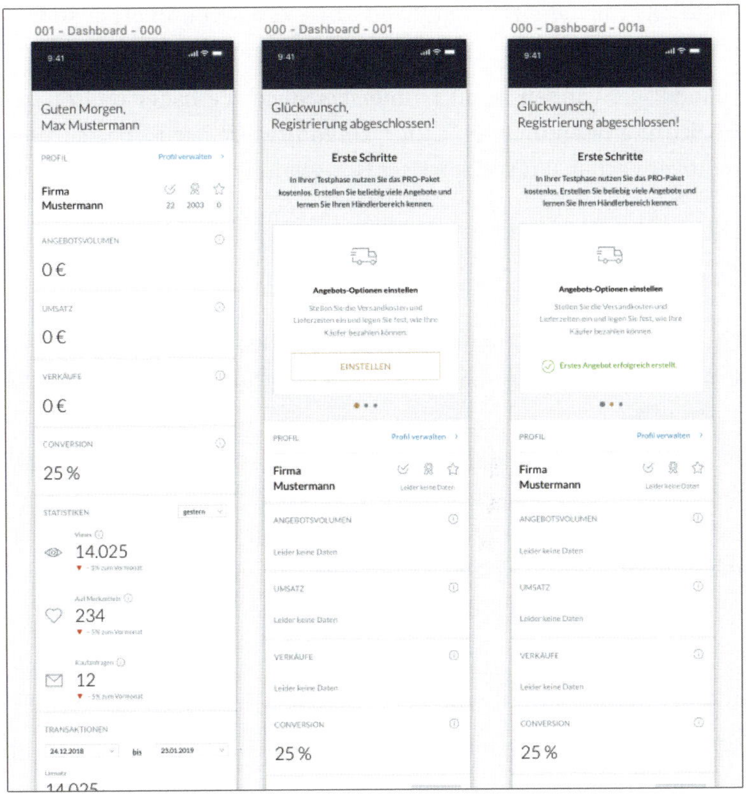

Abbildung 8.111 Beispiel für Pages & Templates einer App

Templates sind sehr konkret und bieten Kontext zu all diesen relativ abstrakten Molekülen und Organismen. Vorlagen sind auch der Platz, an dem Kunden das endgültige Design betrachten. Der Grad von Templates zu Pages ist fließend. Einige bevorzugen es, dass Templates noch keine Inhalte in Form von Bildern oder echtem Text beinhalten. Diese Inhalte werden erst in der Page-Phase eingefügt. Darin liegt im Grunde auch der Unterschied zwischen Templates und Pages.

Pages, oder auch Seiten genannt, sind also eher als Instanzen von Vorlagen zu verstehen. So hat ein Dashboard evtl. mehrere Zustände, z. B. einen Empty State, einen normalen Zustand und einen Zustand im Fall eines On-Boardings. Der Rahmen des Views ist die Page, die sich ändernden Inhalte (Empty State und Co.) sind die Templates. Ich tausche also unterschiedliche Templates innerhalb einer Page aus und erhalte verschiedene Zustände.

Pages haben die höchste Wiedergabetreue, da sie am besten greifbar sind, sind sie es doch, die das User-Interface erst klar zeigen.

Die Pages sind von wichtiger Bedeutung, da hier die Wirksamkeit des Entwurfssystems getestet wird. Wenn wir alles im Kontext betrachten können, haben wir die Möglichkeit, eine Iteration unseres Designs vorzunehmen. Hier können wir dann auf die Atome, Moleküle, Organismen und Templates zurückgreifen und diese ändern und unserem Kontext anpassen.

Mittels Templates und Pages können Sie auch unterschiedliche Verhaltensweisen testen. So können Sie Schriftgrößen und den Umbruch von zweizeiligen Überschriften testen. Ein weiterer toller Vorteil: Wir können User Flows damit recht einfach kreieren.

8.6 Design-Systeme

So, nun wissen Sie, was eine Komponente, Control, View und Atomic Design sind. Wie behalten wir nun den Überblick? Wie arbeiten wir mit diesen Komponenten, Atomen, Organismen usw.?

Das Stichwort ist hierbei: Design-System. Design-Systeme sind im Grunde nichts weiter als eine Sammlung von Regeln, Einschränkungen und Prinzipien, implementiert in Design und Quellcode. Diese drei Attribute erfüllen unterschiedliche Funktionen und bieten eine kohärente, systematische Reihenfolge in Systemen von Buttons bis hin zu Anwendungen mit nur einer Seite.

Beispiel:

- **Regel:** Muss einen visuellen Hinweis oder Text enthalten, der auf CTA hinweist.
- **Einschränkung:** Es können nur drei eindeutige Typen angegeben werden – Primär, Sekundär und Standard.
- **Prinzip:** Sollte für bestimmte Benutzerinteraktionen verwendet werden.

8.6.1 Sind Design-Systeme nicht Styleguides?

Kurze Antwort: Jein. Styleguides fokussieren sich lediglich auf die Marke, den sogenannten Brand. Hier werden bestimmte Attribute festgelegt, die nicht zwangsläufig mit denen der App übereinstimmen müssen. In Styleguides werden Hausschrift, Hausfarben und andere markenrelevante Informationen festgehalten. Diese dienen meist dafür, dass externe Unternehmen die korrekten Hausfarben und Stilmittel übernehmen und nutzen. Zudem hat ein Styleguide wesentlich mehr Relevanz hinsichtlich des Marketings, beschreibt es doch auch, wie Anzeigen, Broschüren und andere Medien zu gestalten sind. Durch die zunehmende Systematisierung des Designs zu einem Design-System werden Styleguides hinsichtlich des User Interface Design weniger relevant.

8.6.2 Also was sind Design-Systeme dann?

Ein Design-System ist eine Verschmelzung von Stil, Komponenten und Tonalität. Im Grunde ist es ein Styleguide für Ihre App, der nicht ein PDF oder ein Dokument ist, sondern von Ihnen genutzt, verwaltet und mit Leben gefüllt wird. Ein besseres Beispiel wäre: Lego! Hoffentlich sind Sie als Kind in denselben Genuss gekommen, mit Lego zu spielen. Sicherlich haben Sie auch eine Aufbau-Anleitung für ein Lego-Produkt als Kind durchgeackert. Dann wissen Sie, dass es sehr unterschiedliche Bausteine für spezielle Lösungen gibt. Genauso verhält es sich mit einem Design-System. Sie stellen Ihnen die Bausteine bereit und erklären, wie diese einzusetzen sind.

8.6.3 Wann soll ich ein Design-System nutzen?

Zunächst spart ein Design-System Ihnen viel Zeit und Geld. Es mag zunächst unnötig klingen fügen Sie Ihrer Design-Abteilung eine weitere Ebene der Verwaltung hinzu, jedoch trügt der Schein. Das Aufsetzen eines Design-Systems mag mitunter sehr komplex und zeitintensiv sein. Jedoch haben Sie hinten raus in der Weiterentwicklung Ihrer App ein klares System, das Ihre Komponenten verwaltet und beschreibt. Neue Funktionen oder Verbesserungen an bestehenden Komponenten werden extrem vereinfacht, und Sie kennen immer den aktuellen Stand des Designs der App.

Als App-Designer habe ich in verschiedenen Projekten gearbeitet und kenne die Tücken im Design-Prozess. Die Idee von einem finalen Layout oder einem endgültig fertigen Design mag vielleicht für ein Corporate Design in Form von Logo, Hausfarben und Schrift in Teilen stimmen, ist es beim App-Design nicht so. Eine App lebt und wird weiterentwickelt, wenn diese Erfolg hat. Sollten Sie klassisch gesehen einfach stetig nur neue Layouts produzieren, laufen Sie Gefahr, ein inkonsistentes Nutzererlebnis zu kreieren, und Ihr Nutzer könnte den Weg zum Konkurrenten suchen.

Meist trifft dies ein, wenn Sie weitere Mitarbeiter in Ihr Design-Team holen oder ein wichtiger Designer Ihr Unternehmen verlässt. Ein einzelner Designer mag sein eigenes System nutzen, was ist jedoch, wenn genau dieser einen neuen Kollegen bekommt oder das Unternehmen verlässt? Der App-Designer verwaltet Ihr Design, im Grunde das Produkt. Das Design einer App ist immer ein Resultat aus verschiedenen Disziplinen: Produktentwicklung, Marketing, Geschäftsführung, Design, Entwicklung, usw. Jedoch ist es der Designer, der alle Disziplinen zu einem Ergebnis zusammenführt und verwalten muss. Behalten Sie das im Hinterkopf. Wenn nun der Designer kein Design-System führt, sondern nur Layouts entwickelt, wird's kompliziert. Bei größeren Teams empfehle ich immer die Entwicklung eines Design-Systems, weil hierbei wesentlich mehr Personen davon profitieren als nur der Designer. Gerade der Entwickler profitiert sehr davon. Zudem ist gesichert, dass die App auch so umgesetzt wird, wie sie gedacht und gestaltet wurde.

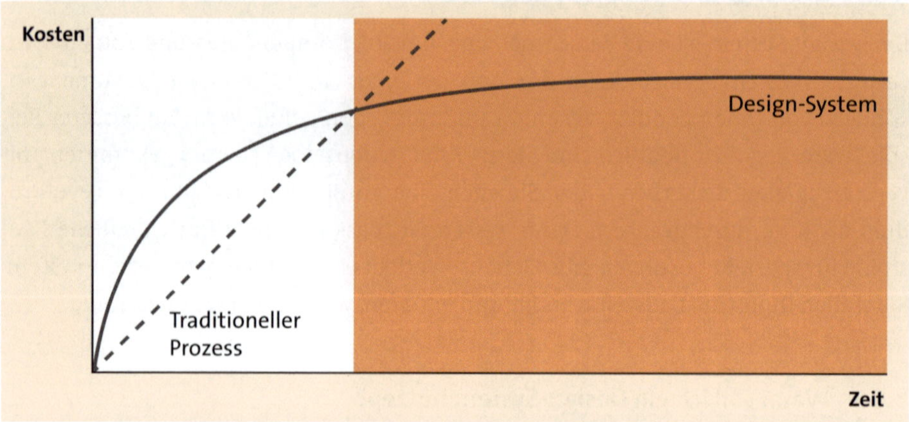

Abbildung 8.112 Design-Prozess traditionell vs. Design-System

Hier vier Fragen, die Sie sich stellen sollten, um zu beurteilen, ob ein Design-System in Ihrem Fall sinnvoll wäre:

- Skalierung: Gestalten Sie eine App, welche mehr als 200 Screens hat? Wird sich Ihr Unternehmenswachstum positiv gestalten?
- Konsistenz: Möchten Sie, dass Ihre App ein konsistentes Auftreten hat, welches einem einzigartigem Look and Feel samt großartiger User Experience entspricht?
- Effizienz: Möchten Sie, dass Ihre Visual-User-Experience-Designer und Entwickler schnell und mit wenig Kosten arbeiten?
- Teamwork: Ist Ihr Unternehmen so gestaltet, dass es viele sogenannte Hand-Offs zwischen Designer und Entwickler gibt?

Sollten Sie nur eine der Fragen mit »Ja« beantworten, sollten Sie ein Design-System in Ihrem Unternehmen etablieren.

Erste Überlegungen für ein Design-System:

Setzen Sie sich für Ihr Design-System Ziele. Wichtig hierbei ist es, alle Prozess-Beteiligten an Bord zu holen. Das ist wichtig, da diese auch später mit dem System arbeiten müssen. Nachträgliche Anpassungen und Änderungswünsche sind wiederum mit Kosten und Aufwand verbunden.

Folgende Ziele könnten sich entwickeln:

- standardisierte Elemente und ein einheitliches Design-System für unsere Apps unabhängig von den Plattformen
- ein 1:1-Design-System, welches die Komponenten in Form von Quellcode und Sketch-Symbolen abbildet
- Komponenten sollten einfach zu aktualisieren bzw. zu verbessern sein ohne große Wartezeiten für Entwickler und Designer.

In diesem Zeitpunkt der Diskussion werden meist die ersten Tools und Prozesse eingeworfen, die sich nutzen lassen. Hier möchte ich zunächst bewusst darauf verzichten und Ihnen lediglich weitere mögliche Ziele nennen. Für Entwickler wird es wichtig sein, dass das Design-System das widerspiegelt, was die Entwickler umsetzen. Es macht durchaus Sinn, die Komponenten von den Entwicklern benennen zu lassen. So können Entwickler Klassennamen nutzen, um die Komponenten zu benennen. Designern wird die Flexibilität des Design-Systems wichtig sein, ebenso eine einfache und durchdachte Struktur. Produkt-Manager möchten einen schnellen Einblick bzw. Überblick über aktuell genutzte Komponenten haben. Jeder Stakeholder wird Wünsche äußern, sie sollten sich bewusst sein, dass nicht jeder Wunsch in Erfüllung geht.

Bevor wir nun ans Eingemachte gehen, zunächst ein paar Informationen bzgl. der Handhabung von Design-Systemen in Sketch. Sie können in Sketch sogenannte Libraries nutzen. Eine Library ist im Grunde eine normale Sketch-Datei. Diese Datei können Sie in Cloud-Diensten wie Dropbox oder der Owncloud ablegen und mit anderen Nutzern teilen. Die in dieser Datei unter der Symbolseite abgelegten Symbole bilden Ihr Design-System.

8.6.4 Die Design-System-Logik unter Sketch

Wie Sie in Abschnitt 8.5, »Atomic Design«, gelesen haben, benötigen wir für unser Design-System Atome, Moleküle, Organismen, Templates und Pages. Je nach Größe des Projekts bzw. der App ist es durchaus sinnvoll, diese Library-Sketch-Dateien in verschiedene Sketch-Dateien aufzuteilen.

Abbildung 8.113 Unter »Datei • Add as Library« können Sie die aktuelle Sketch-Datei als Library hinzufügen.

So hätten Sie eine Datei für Farben- bzw. Formstile, eine andere für Schriftstile, eine für Atome usw. Es besteht aber ebenso die Möglichkeit, lediglich eine Library-Datei zu nutzen. Wichtig hierbei: Die Symbole sollten sich in allen Dateien widerspiegeln. Das heißt, die Atome-Datei benutzt die Farb- und Formstile der jeweiligen Library-Sketch-Datei und beinhaltet keine eigenen Stile.

Sollten Sie keine Library nutzen, sondern ein kleines Projekt bearbeiten, können Sie ganz normale Symbole erstellen innerhalb eines Dokumentes. Die erstellten Symbole finden Sie stets unter SYMBOLE • DOKUMENT • IHRE SYMBOLE.

Ich hoffe, Sie haben das Prinzip verstanden: Sie erstellen unter der Symbol-Seite Ihre Komponenten als Symbole und speichern diese als Library ab.

Nehmen wir an, wir haben bereits ein Design-System etabliert und nutzen es. Wie funktioniert das? Nun, Sie können unter den Einstellungen in Sketch eine Library hinzufügen (Abbildung 8.113). Anschließend haben Sie die Möglichkeit, über den Menü-Punkt SYMBOLS diese Symbole anzuwählen. Sollten Sie keine Library nutzen und Ihre Symbole und Templates/Pages in einer Datei verwalten, finden Sie Ihre Symbole unter: DOKUMENT. Importierte Libraries werden darunter angezeigt (siehe Abbildung 8.115).

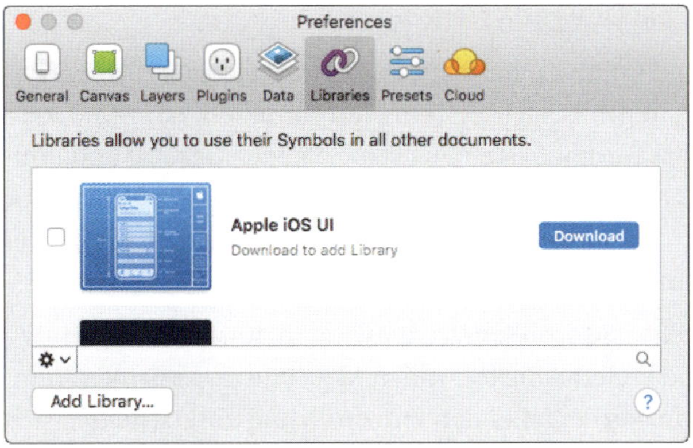

Abbildung 8.114 Library-Einstellungen. Hier können Sie Ihre Librarys verwalten, aktivieren und aktualisieren.

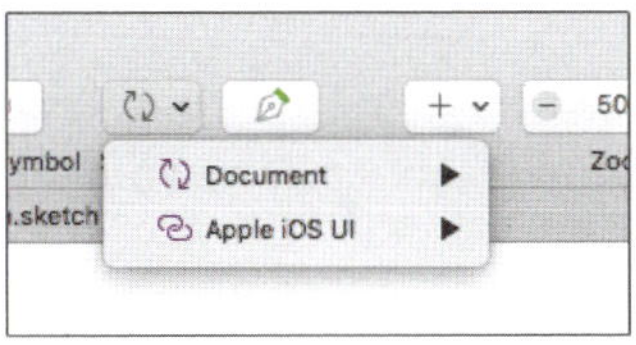

Abbildung 8.115 Unter »Dokument« finden Sie Symbole innerhalb der aktiven Sketch-Datei, darunter alle verknüpften Libraries.

Ich persönlich nutze das Plugin *Sketch Runner* (*https://sketchrunner.com*), um Symbole zu platzieren. Mit dem Plugin erhalte ich durch einen Shortcut eine Kommandozeile und kann nach Symbolen suchen. Dabei wird mir das entsprechende Symbol angezeigt. Durch ein *Enter* auf der Tastatur hängt das Symbol an meinem Mousecursor, und ich kann das Symbol an die gewünschte Stelle platzieren und nutzen.

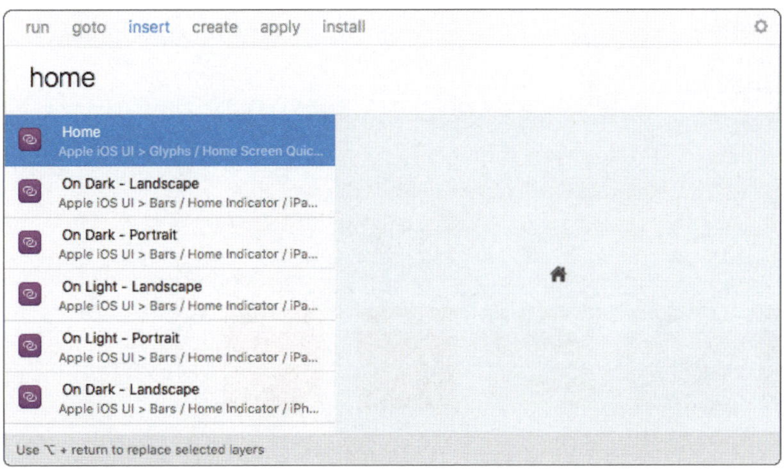

Abbildung 8.116 Sketch Runner Plugin, eine Kommandozeile für Sketch

8.6.5 Los geht's: wir bauen ein Design-System

Nun beginnen wir, ein Design-System zu entwickeln. Sie werden sicherlich verstehen, dass ich die Entwicklung eines Design-Systems nur anreißen kann und kein komplettes abbilden kann. Jedes Design-System hat seine eigenen Gesetze und Prinzipien, es gibt keine Best Practice, die generell funktioniert. Von daher gehe ich nur auf die Grundprinzipien ein, die in Sketch möglich sind, also die Erstellung und Handhabung von Symbolen und Stilen.

Ich werde zunächst eine Farben- und Icon-Library entwickeln. Anschließend entwickeln wir die ersten Atome und kreieren die folgenden Moleküle. Organismen, Templates und Pages leiten sich vom vorhergehenden Prinzip ab und unterscheiden sich lediglich in der Komplexität der Komponente, soll heißen, die Prinzipien sind in der Regel immer gleich.

Quarks und Elektronen

Moment, werden Sie sagen, es gibt keine Quarks und Elektronen im Design-System. Ja, da haben Sie recht, jedoch benötigen wir diese Stufe, um unsere Atome zu bilden. Sie werden sicherlich gleich verstehen, was ich meine.

Im ersten Schritt beim Aufbau eines Design-Systems werden meist die Farben für die App definiert. Diese erstellen wir als Form- bzw. Farbstil unter Sketch. Der einfachste Weg ist es, Artboards in einer bestimmten Größe zu kreieren und darin eine Farbfläche zu platzieren und in einem Stil umzuwandeln. Bitte erstellen Sie für jede Farbe einen Stil. Sollten Sie in Ihrer App auch Objekte haben, die lediglich aus einer Kontur bestehen, erstellen Sie hierfür auch einen eigenen Farb- bzw Formstil.

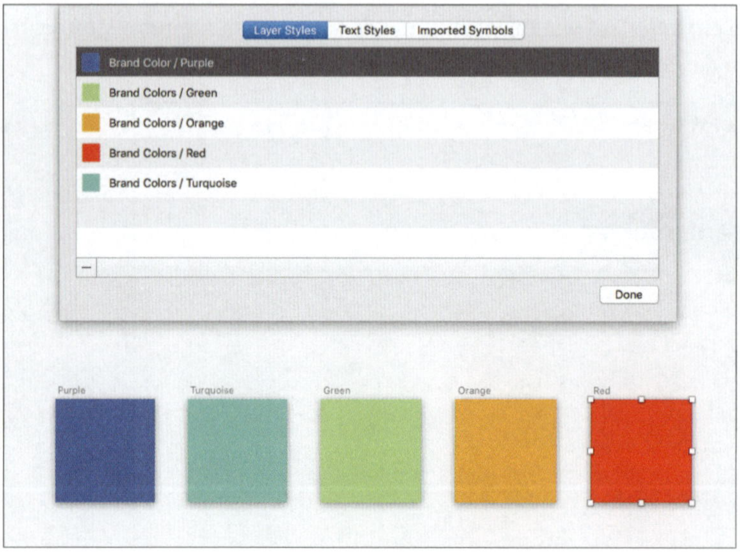

Abbildung 8.117 Farben und ihre Stile in Sketch

Sobald Sie einen Stil erstellen, können Sie hierbei einen Namen vergeben. Zusätzlich haben Sie die Möglichkeit, eine Baumstruktur zu etablieren, nutzen Sie hierbei das Zeichen /, um eine tiefere Ebene zu kreieren. Wie ein Design-System ordentlich zu benennen und zu strukturieren ist, kann man schwer standardisieren. Es hängt maßgeblich von Ihrem Unternehmen und Ihren Prozessen ab.

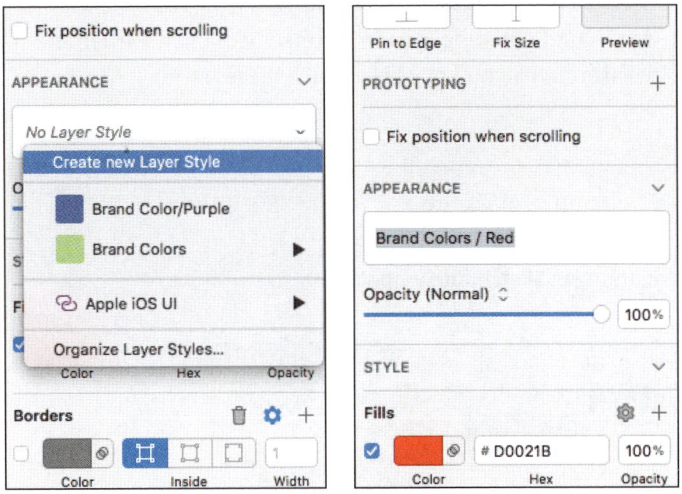

Abbildung 8.118 Erstellung der Stile in Sketch über den Inspector

Kompliziert wird es, wenn Sie mehrere Plattformen bedienen, z. B. Web-App, React-Native-PWA-App und native App. In solch einem Fall ist die Erzeugung und Entwicklung dieser Struktur die größte Herausforderung. Denn manche Komponenten wird es nur für die native iOS-Variante geben, manche nur für das Web. Hier gilt es, die Struktur so aufzubauen, dass diese für alle Beteiligten verstanden wird. Es gibt hier keine Best Practice.

Als nächsten Schritt etabliere ich eine Icon-Library. Hierbei achte ich darauf, dass jedes Icon auf einem Artboard mittig platziert wird und das jedes Artboard dieselbe Größe hat. Meist nutze ich 16 × 16 px- und 24 × 24 px- Icons und platziere diese auf die entsprechenden Artboards.

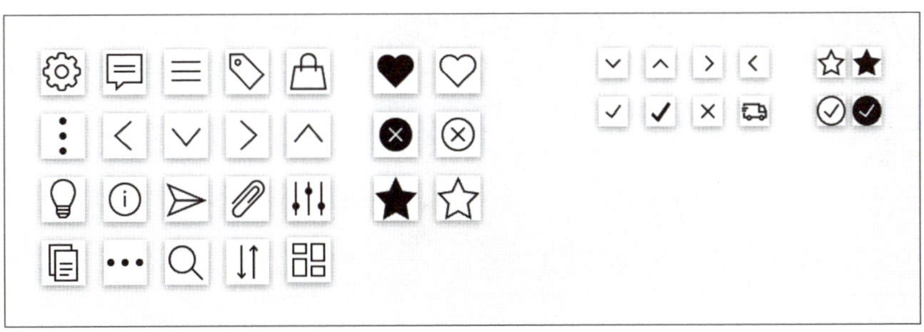

Abbildung 8.119 Icons für das Design-System

Die Icons erhalten einen Farbstil, den ich entsprechend bei den Farben ergänze, die Farbe ist Schwarz. Warum, werden Sie sich fragen. Nun, Entwickler von Apps haben die Möglichkeit, diese Icons einzufärben. Dies geschieht dadurch, dass die App Icons nur dort einfärbt, wo auch Farbinformationen liegen, transparente Flächen werden nicht eingefärbt. Stimmen Sie sich hier am besten mit dem Entwickler ab, wie er diese Assets gerne aufbereitet hätte. Früher musste man tatsächlich alle Assets einfärben, was total unsinnig war, da ein und dasselbe Icon in unterschiedlichen Farben mehrfach eingesetzt wurde. In unserem Fall haben wir lediglich dieses eine.

Abbildung 8.120 Icon-Benennung in Sketch für Symbole

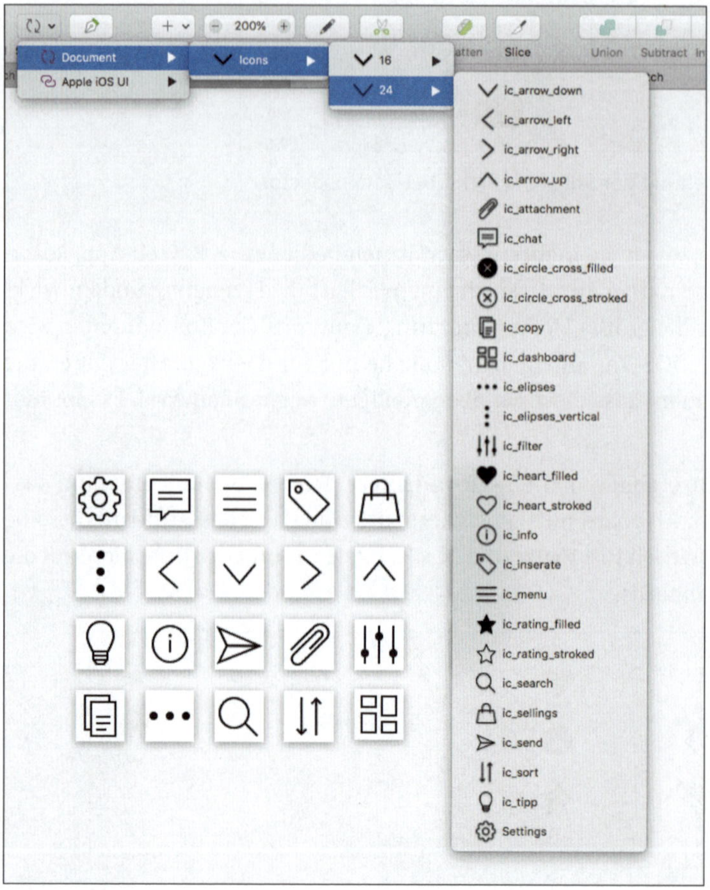

Abbildung 8.121 Wie Sie Symbole finden und platzieren können ohne Sketch Runner, hier beispielhaft für Icons

Um die Icons in eine Systematik ähnlich zu den Farben zu bringen, benenne ich die Artboards der Icons folgenderweise: Icons / 24 / ic_settings. Jetzt finden Sie diese Icons unter: SYMBOLE • DOKUMENT • ICONS • IHRE ICONS.

Nun haben wir die ersten Elemente, also die Quarks und Elektronen erstellt und können beginnen, die ersten Atome zu kreieren.

Atome im Design-System

Sie werden sicherlich verstehen, dass ich hier kein vollwertiges Design-System beispielhaft für Sie entwickeln werde. Ich werde mich also auf zwei Atome beschränken: Buttons & Eingabefelder.

Abbildung 8.122 Oben der Button und unten das Eingabefeld

Ich gestalte nun einen Button und ein Eingabefeld. Den Button färbe ich mit einem Formstil ein. Für den Text erstelle ich ein Textstil und benenne diese: Overrides / Buttons / Normal.

Abbildung 8.123 Disabled-Zustand des Buttons

Anschließend gestalte ich den Button zu einem Disabled-Zustand um und erstelle hierzu die entsprechenden Stile:

- Text: Overrides / Buttons / Disabled
- Form: Overrides / Buttons / Disabled

Für das Eingabefeld erstelle ich ebenso Textstile und Formstile:

Normal-Zustand

- Text: Overrides / Text Input / Placeholder
- Form: Overrides / Text Input / Normal

Disabled-Zustand

- Text: Overrides / Text Input / Disabled
- Form: Overrides / Text Input / Disabled

Ergänzend erstelle ich noch den Textstil für das Textfeld für eine Eingabe und benenne diese: Overrides / Text Input / Filled.

Als Anmerkung: Die Grautöne habe ich nicht in den Farbstilen platziert, es wäre aber möglich, diese dort zu ergänzen, in unserem Fall verzichte ich zunächst darauf. In Abbildung 8.125 können Sie sehen, wie nun meine Stile aufgebaut sind.

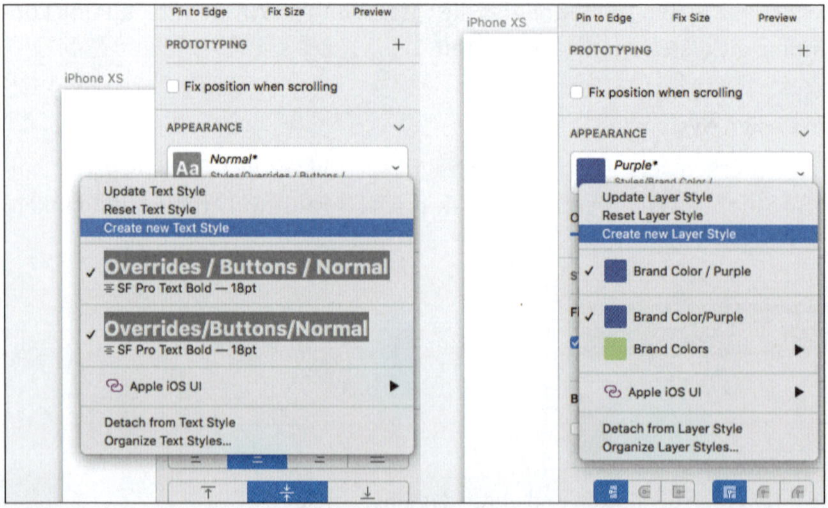

Abbildung 8.124 Links: Mit »Create new Text Style« erzeugen Sie einen neuen Textstil. Rechts: Mit »Create new Layer Style« erzeugen Sie einen neuen Formstil.

Sie fragen sich nun, warum ich die anderen Stile erstellt habe? Vielleicht gibt Ihnen der folgende Screenshot etwas mehr Auskunft:

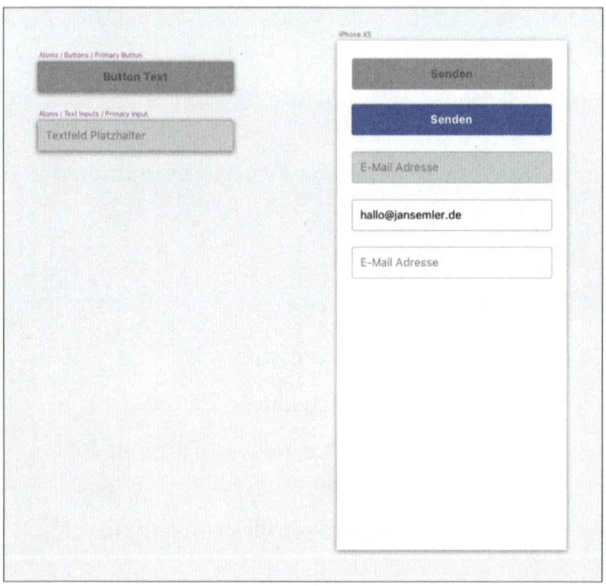

Abbildung 8.125 Zwei Symbole, fünf Möglichkeiten. In Kombination mit Stilen ist vieles möglich.

Wie Sie vielleicht sehen, kann ich mit zwei Symbolen (Button & Text Input) wesentlich mehr Fälle abdecken. Sie müssen also zwangsläufig nicht alles für sich gesehen als Symbol umwandeln. Sie benötigen kein Symbol für einen normalen Button und einen für einen Disabled-Button. Sie können das über die Stile lösen. Jeder App-Designer hat hierzu seine eigenen Techniken. Ich kenne auch Projekte, in denen jedes Element einzeln als Symbol hinterlegt ist. Deshalb machen Sie es so, wie es für Sie oder Ihr Team sinnig und logisch ist.

Möchten Sie nun, dass Ihre Buttons nicht abgerundet sind, sondern eckig, passen Sie einfach die jeweiligen Stile an. Das heißt, Sie steuern über Stile das Aussehen und somit das Verhalten der Komponente. Ich mache das lieber so, da dadurch weniger Komponenten entstehen und der Überblick gewahrt bleibt.

Natürlich würde ich nun weitere Atome entwickeln, die mein Interface benötigt und die entsprechenden Stile in meinem System sichtbar machen, wie ich es mit den Farbstilen tat.

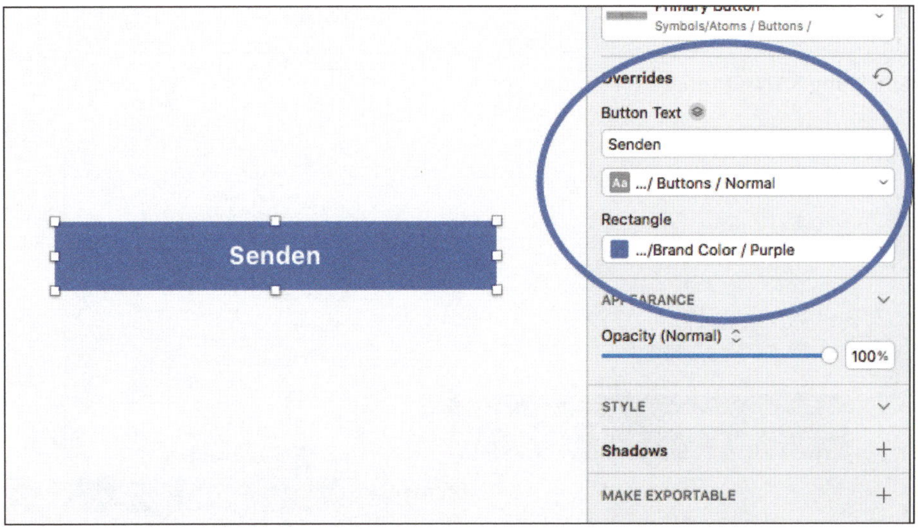

Abbildung 8.126 Override-Möglichkeiten für das angewählte Symbol

Sie fragen sich an dieser Stelle sicherlich: Moment, wie erstelle ich die anderen Varianten? Hierzu platzieren Sie das jeweilige Symbol auf Ihr Artboard und betrachten den Inspector (rechte Menüleiste). Dort finden Sie Felder und Dropdowns, bei denen Sie das Symbol mittels sogenannter Overrides verändern bzw. anpassen können. Bei komplexen Symbolen mit vielen Feldern können Sie auch mit der Maus im Symbol Texte oder Objekte markieren, und im Inspector wird der jeweilige Override angezeigt. In der aktuellen Version von Sketch können Sie bereits Texte direkt im Layout editieren, wie es in Adobe XD oder Figma möglich ist. Hierzu müssen Sie lediglich mehrfach doppelt klicken, bis Sie den entsprechenden Text markiert haben. Für Text-

und Farbstile kommt uns die Baumstruktur zur Hilfe. Sofern wir sinnig und sorgsam damit gearbeitet haben, finden wir dort strukturiert unsere Stile.

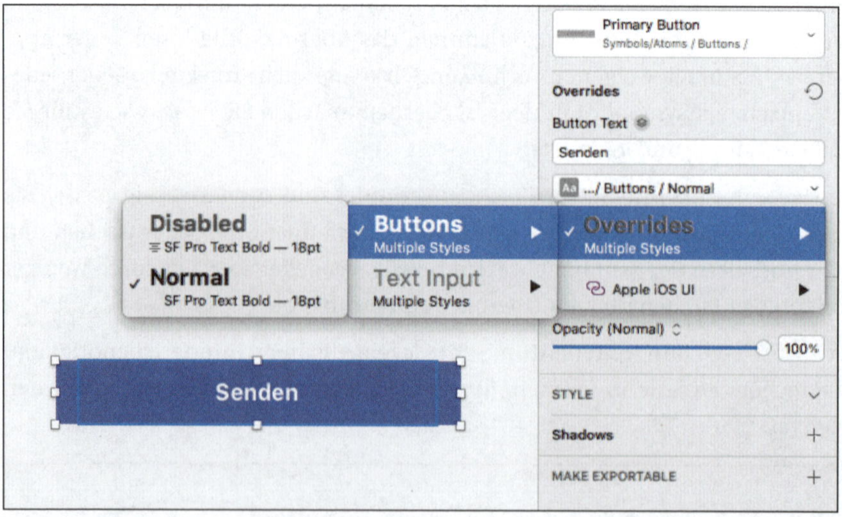

Abbildung 8.127 Overrides für Texte

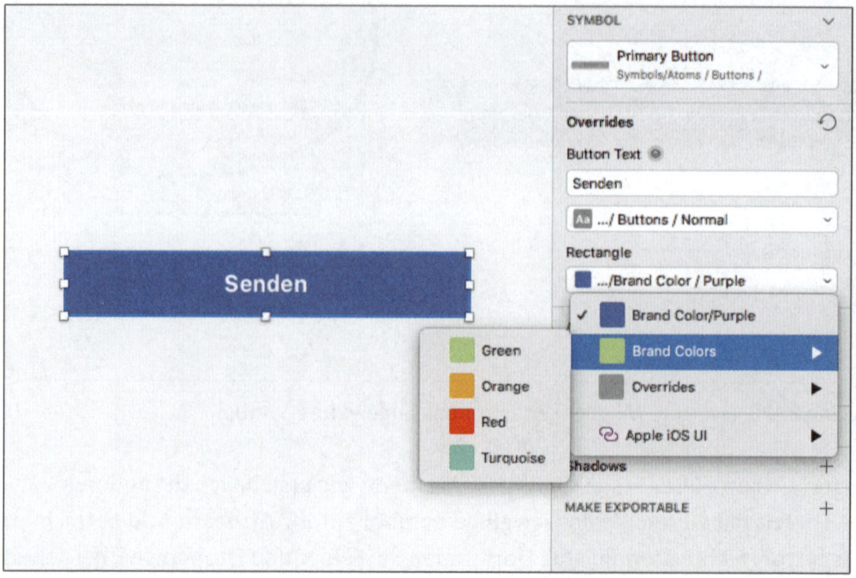

Abbildung 8.128 Overrides für Form- bzw. Formstile

Es gibt noch eine kleine Möglichkeit, ein Symbol noch flexibler zu machen. Wir können nämlich Symbole in Symbolen platzieren. Hierzu habe ich ein Platzhalter-Symbol erzeugt in der Größe von 24 × 24 px. Warum die Größe wichtig ist, verrate ich Ihnen gleich. Dieses Platzhalter-Symbol färbe ich so ein, dass es sehr schnell auffällt, und platziere es in einem neuen Textinput-Feld und nenne es: Helpers / 24 / Placeholder. Betrachten Sie nun die Overrides, die für diesen Platzhalter möglich sind:

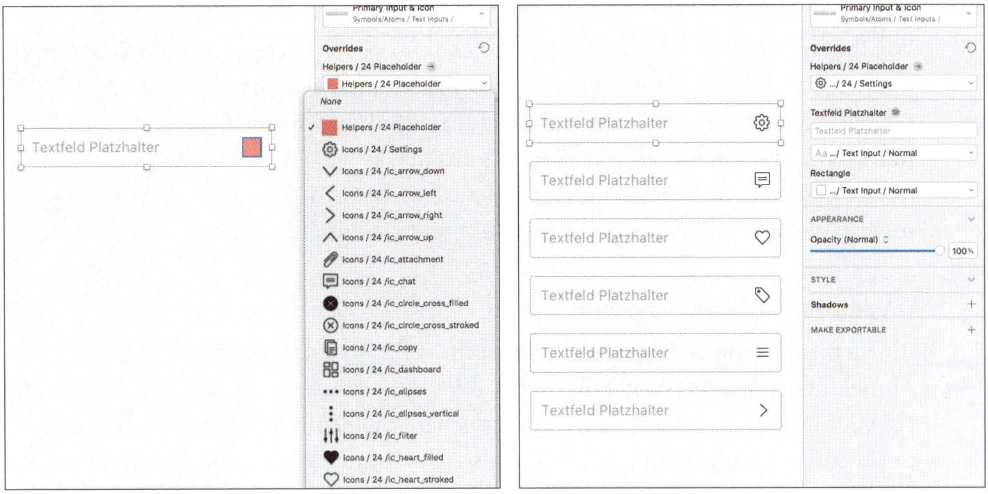

Abbildung 8.129 Symbole austauschen und Moleküle noch flexibler gestalten!

Cool, oder? Sie können also Symbole innerhalb von Symbolen austauschen. Ein wichtiger Hinweis hierzu! Es ist wichtig zu wissen, dass diese Austauschbarkeit der Symbole nur dann funktioniert, wenn die jeweiligen Symbole dieselbe Symbolgröße haben. In unserem Fall ist es die Symbolgröße 24 × 24 px. Sie können in diesem Fall keine 16-px-Icons platzieren. Hierzu müssten Sie wieder eine Variante des Textinputs erstellen und einen Platzhalter von 16 × 16 px platzieren.

Moleküle im Design-System

Im nächsten Schritt würde man die Atome zu Molekülen verbinden. So können wir die ersten Elemente basierend auf den Atomen kreieren. Hierzu zählen Tabellenelemente inkl. Controlls und Icons. Wenn Sie Moleküle richtig entwickeln und strukturieren, ist das die halbe Miete, denn im Regelfall arbeiten Sie vorwiegend mit diesen Elementen und schieben diese wild in Ihrem kreativen Prozess hin und her.

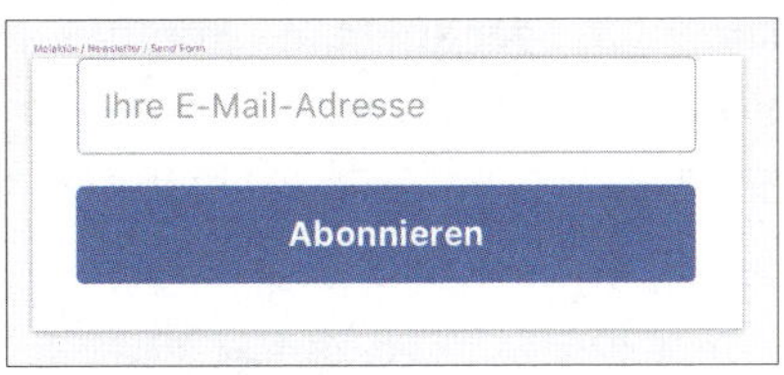

Abbildung 8.130 Organismus-Beispiel

In unserem Fall möchte ich ein Newsletter-Anmeldeformular entwickeln. Ich konzentriere mich hierbei lediglich auf das Eingabefeld und den Sende-Button. Hierzu kreiere ich ein Artboard und platziere beide Atome darauf, korrigiere Abstände und nutze die entsprechenden Stile für einen Normalzustand. Entsprechend benenne ich das Molekül: Moleküle / Newsletter / Send Form.

Wie Ihnen vielleicht auffällt, hat das Molekül im oberen Bereich keinen Whitespace, unten jedoch schon. Warum habe ich das so gemacht? Nun, damit spare ich mir später Zeit. Ich definiere bei der Erstellung des Symbols bereits die Abstände zum nächsten darunterliegenden Objekt. Somit muss ich es später, sobald ich das Molekül nutzen möchte, nicht tun. Merken Sie sich: Je mehr Sie in den Symbolen vorbereiten, umso einfacher wird es später in der Weiterentwicklung!

Organismus im Design-System

Ab hier wird eine Bebilderung etwas schwierig. In unserem Fall der Newsletter-Anmeldung wäre das Molekül bereits ein Organismus, da er schon selbstständig funktioniert. Organismen sind umfangreichere Moleküle. So zählt hier ein Navigationsheader oder ein Kontaktformular als Organismus. Wann eine Komponente ein Organismus oder Molekül ist, müssen Sie im Team entscheiden.

Wenn wir die Webseiten-Analogie heranziehen würden, würden wir den Navigationsheader einer Website samt Suche, Menü und Logo als Organismus bezeichnen, während die Suche, das Menü und Logo für sich gesehen Moleküle sind.

Templates & Pages im Design-System

Bleiben wir bei der Webseiten-Analogie und dem Webseiten-Header. Als Templates würden wir den Aufbau einer kompletten Website bezeichnen, also zusammengesetzt aus Organismen, im Fall der App einen kompletten Screen.

Pages wären dann der Zustand, in dem auch die konkreten Inhalte wie Bilder, Icons und Texte angezeigt werden. In der Regel ist es jedoch so, dass von Beginn an mit konkreten Inhalten gearbeitet wird.

Einen kleinen Tipp habe ich für Sie. Versuchen Sie bei der Entwicklung eines Design-Systems in Sketch komplett auf Bilder zu verzichten. Erfahrungsgemäß leidet die Performance in Sketch, sobald eine hohe Anzahl an Bitmaps im Dokument enthalten ist. In meinen Fällen arbeite ich mit Platzhalterelementen oder direkt mit Empty States und schlage zwei Fliegen mit einer Klappe. Sobald ich ein Design vor Kunden präsentieren muss, platziere ich konkrete Bildinhalte. Idealerweise nutze ich hierfür die Austauschmöglichkeit der Symbole.

Design-System im Alltag

Nun nehmen wir an, Sie haben ein umfangreiches Design-System etabliert und arbeiten damit. Wie ist die richtige Vorgehensweise? Nun, das ist recht einfach. Binden Sie die Library in Sketch ein. Öffnen Sie ein leeres Dokument, und platzieren Sie Ihre Symbole. Lösen Sie ggf. das Symbol auf, um Änderungen vorzunehmen (Detach-Symbol im Kontextmenu). Erledigen Sie Ihre Aufgabe. Sind Sie im Team unterwegs, holen Sie sich Feedback und lassen anschließend das neue Design freigeben. Erst wenn das Layout in die Entwicklung geht, aktualisieren Sie Ihre Library-Datei und passen entsprechend die Symbole an.

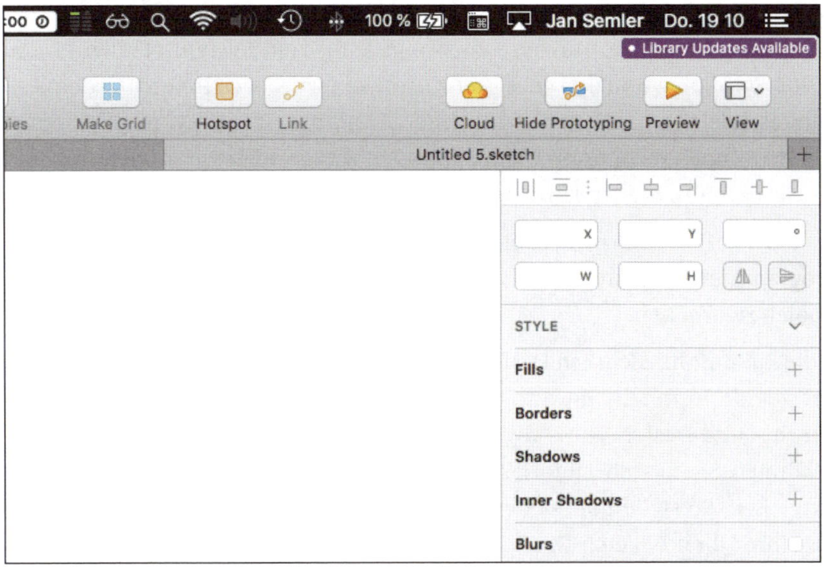

Abbildung 8.131 Rechts oben in der Ecke die Benachrichtigung bzgl. einer Library-Aktualisierung. Einfach draufklicken.

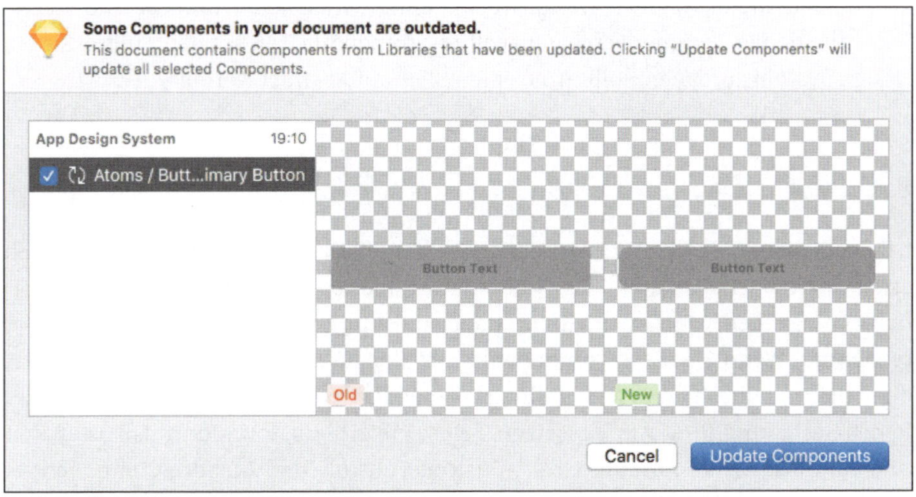

Abbildung 8.132 Vergleich der alten mit der neuen Komponente

Die anderen Team-Mitglieder erhalten dann eine Nachricht im oberen rechten Bereich in Sketch, dass die Library-Datei aktualisiert wurde, und können entsprechend Änderungen nachvollziehen.

Zukunft des Design-Systems

Ich konnte Ihnen hier nur einen kleinen Einblick in die Entwicklung eines Design-Systems unter Sketch geben. Jedes App-Projekt ist anders und hat andere Anforderungen. Für kleine Projekte müssen Sie zwangsläufig kein System etablieren. Die Nutzung von Symbolen und den gezeigten Techniken würde ich Ihnen in jedem Fall empfehlen, es erleichtert die Arbeit ungemein. Anfangs, wenn Sie mit Symbolen arbeiten, wird es noch recht unnötig und komplex wirken, aber Sie werden mir danken, wenn Sie damit umgehen können.

Adobe XD und Figma bieten gleiche bis ähnliche Funktionalitäten, sodass Sie auch in diesen Programmen ein System etablieren können. Scheuen Sie sich nicht, auch dort mit Symbolen zu arbeiten.

Was hält die Zukunft hinsichtlich Design-Systemen bereit? Der UI-Design Toolmarkt explodiert gerade förmlich. Ein Anbieter sei angemerkt: Abstract. Abstract ist ein Versionierung- und Design Workflow Tool, das im Grunde ein Git für Design ist. In Abstract können Sie Sketch Libraries oder Sketch Files hinterlegen und in einen Workflow gießen. So stellen Sie sicher, dass keine Fehler passieren. Sollten Sie beispielsweise Ihre Library-Sketch-Datei über die Cloud syncen, kann es passieren, dass Sie nicht die aktuelle Version haben, da jemand die Library-Datei nicht aktualisiert hochgeladen bzw. synchronisiert hat. Mit Abstract können Designer ihre Sketch zuverlässig versionieren und verwalten. Durch die Nutzung und Erweiterung der Git-Technologie bietet Abstract Design-Teams einen einfachen Workflow und stabile Tools, mit denen Designer vertrauensvoll zusammenarbeiten können. Sollten Sie ein Design-System aufbauen, sollten Sie einen Blick auf Abstract werfen!

8.7 Fazit

Uff! Sie haben es geschafft! Zugegeben, das war jetzt ein hartes und vielleicht auch etwas anstrengendes Kapitel. Ich wollte Ihnen aber die Komponenten der Plattformen so vorstellen, wie diese im Rohzustand sind, und zwar aus einem ganz bestimmten Grund: Wenn Sie diese Komponenten im Rohzustand kennen und wissen, was diese tun und für welchen Anwendungsfall diese gedacht sind, können Sie sie besser in der Gestaltung Ihrer App einsetzen. Selbst kreierte Custom-Controls kosten Zeit und sind, wie Sie in Abschnitt 8.4, »Custom-Controls und Custom-Components«, gesehen haben, auch oft nicht sinnvoll.

In vielen Situationen ist es ratsam, auf die Komponenten der Plattformen zurückzugreifen. Sie werden jetzt vielleicht sagen: »Ja, aber dann sieht das so nach Standard aus!« Das mag in Teilen richtig sein, aber hinsichtlich Budget, Zeit oder auch je nach Zielgruppe ist dies häufig die beste Möglichkeit. Auch haben Sie etwa durch die spätere Farbgestaltung (siehe Kapitel 12) und die Verwendung von passender Typografie (siehe Kapitel 11) durchaus die Möglichkeit, der App ein ganz individuelles Design zu verleihen, das dabei nicht gegen etablierte Konventionen verstößt.

Hoffentlich konnte ich Ihnen zudem noch Atomic Design und Design-Systeme näherbringen und Sie verstehen die Notwendigkeit dieser Methodik. Hilft diese doch vor allem bei der Weiterentwicklung der App, um ein konsistentes Nutzererlebnis zu schaffen.

Im kommenden Kapitel widmen wir uns ganz konkret dem ersten Entwurf Ihrer App und betrachten einige Werkzeuge, die Sie nutzen können. Es geht also ans Reißbrett und den ersten konkreten Entwurf Ihrer App.

Kapitel 9

Vom Papier zum interaktiven Prototyp: Wireframe, Mock-up & Co.

Jetzt fängt der bunte Teil der Gestaltung an. Sie haben Ihre Idee evaluiert, Zielgruppe und Konzept dingfest gemacht und sich ausführlich mit der gewünschten Plattform und deren Möglichkeiten und Prinzipien beschäftigt. Sie kennen alle Rahmenbedingungen und wissen, dass die Idee, die Sie als App umsetzen wollen, ein Problem löst und es dafür Nutzer gibt.

Jetzt geht's ans Reißbrett und an die Gestaltung der App. Hierbei können verschiedene Phasen des Prototypings durchlaufen werden. Bei jedem Schritt werden Sie sich näher mit den Inhalten der App beschäftigen und somit am Ende einen visuellen, eventuell sogar funktionstüchtigen Prototyp entwickelt haben.

Die Gestaltung einer App beginnt nicht in Adobe XD, Figma, Sketch oder in Xcode. Sie beginnt mit der Evaluierung einer Idee und der stetigen Konkretisierung und Formulierung der App selbst. Prototypen sind Ihr Wegbegleiter auf der Reise von der Idee zur ersten Version Ihrer App.

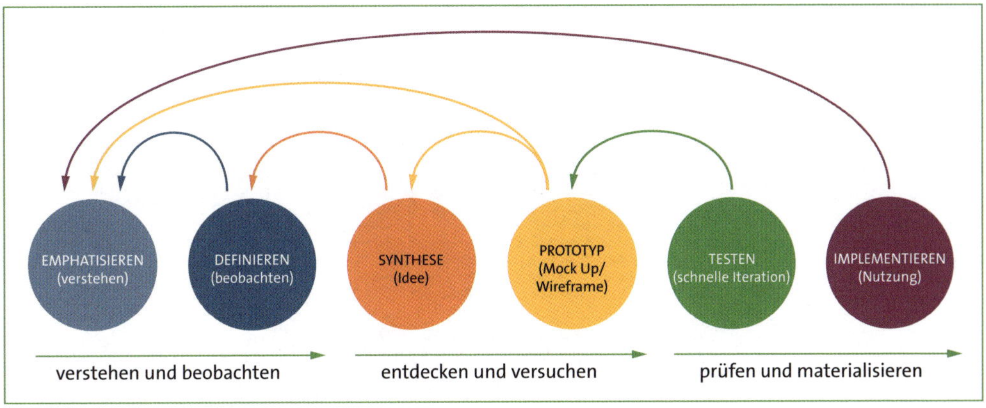

Abbildung 9.1 Produktiteration nach Design Thinking

Im Groben können folgende Prototypphasen unterschieden werden:

1. **Entwurfsskizzen**: Zunächst sollten Sie Ihre App skizzieren, denn eine interaktive Anwendung ist immer im Wandel. Layouts müssen daher in verschiedenen Abläufen getestet werden. Gerade Skizzen lassen sich schnell anpassen und erweitern. Egal, ob Sie eine App alleine entwickeln oder in einer Gruppe, die erste Konkretisierung findet idealerweise auf Papier statt. Sie können aber natürlich auch digital in einem Grafikprogramm loslegen. Hauptsache, Sie arbeiten mit einem Tool, das sich vertraut anfühlt und das bei Ihnen die Kreativität anregt. So bietet beispielsweise Affinity den Affinity Designer für das iPad an. Mit dieser App können Sie recht einfach Layouts mit Standard-Komponenten für Apps erstellen. Es gibt aber viele weitere Apps, die Sie hier unterstützen können. Einige stelle ich noch später in diesem Kapitel vor.

Abbildung 9.2 »Adobe Comp«-Wireframing-Layout

2. **Wireframes**: Aus den Skizzen wird anschließend ein Wireframe entwickelt, in dem die Inhalte und die Funktion genauer beschrieben und miteinander verknüpft werden. Im Vergleich zur Skizze sind Wireframes der erste schematische Design-

entwurf der App. Hier wird jedoch noch nicht konkret grafisch gearbeitet. Der Sinn hierbei ist es, genau zu erkennen, wie die User Journeys sich abbilden. Dort können die ersten Optimierungen vorgenommen werden. Hier lassen sich die ersten Fehler erkennen, verbessern und optimieren.

3. **Design-Mock-ups**: Der nächste Schritt zur finalen Darstellung ist das Mock-up, in dem das User Interface der App visuell und grafisch dargestellt und die visuelle Gestaltung getestet wird. Auch in diesem Stadium ist es möglich, Iterationen durchzuführen und erste funktionale und emotionale Ergebnisse zu erhalten. Diese werden dann meist in Grafikprogrammen wie Adobe XD, Adobe Illustrator, Bohemian Sketch, Figma oder Invision Studio erstellt und sollen das finale Design zeigen.

Iteration

Eine Iteration beschreibt einen sich wiederholenden Prozess, bei dem gleiche oder ähnliche Handlungen durchgeführt werden. Im Falle eines Designs oder eines Wireframes wird hierbei versucht, das Layout oder den User Flow zu optimieren.

9.1 Der iterative Design-Prozess

Wie Sie vielleicht erkannt haben, lassen sich unterschiedliche Arten von Prototypen einsetzen. Idealerweise nutzen Sie jedes der Modelle nach und nach. Bei kleinen, sehr überschaubaren Projekten kann es sinnvoll sein, den Wireframe-Prozess zu überspringen. Bei langwierigen Kick-off-Projekten mit umfangreichen Prozessen innerhalb eines Teams ist es aber sinnvoll, den kompletten Umfang des Prototypings zu durchlaufen.

Der ideale Design-Prozess einer App ist iterativ. Die App sollte möglichst früh prototypisiert werden. Dabei sollten die Design-Entwürfe wiederholt anhand von prototypischen Realisierungen eines Interfaces evaluiert werden. Iterationen können zum einen im Wireframe-Stadium und zum anderen im Design-Stadium durchgeführt werden und auch nacheinander erfolgen. Hierbei gibt es keinen wirklichen Königsweg, aber es lassen sich Gründe finden, unter welchen Bedingungen und in welchen Situationen der eine oder der andere Weg besser ist.

Die Wireframe-Iteration

Eine Wireframe-Iteration ist bei technischen Produkten im B2B-Bereich sinnvoll, bei denen es weniger um Branding und eine emotionale Ansprache geht. Hier stehen rein funktionale Aspekte der App im Mittelpunkt. Sollten Sie also etwa eine App für einen Wartungsdienstleister von Rauchwarnmeldern erstellen, wäre dieses Iterationsmodell wahrscheinlich das geeignetere. In meinen Projekten ist es meist so, dass wir uns zunächst über die grundsätzliche Struktur Gedanken machen, bevor wir in die visuelle Ausarbeitung gehen. Erfahrungsgemäß ist es so, dass, wenn man ein fertiges Design vor Augen hat, auch über visuelle Inhalte diskutiert wird. So wird über Farben, Formen oder die Schrift diskutiert, aber nicht über die Funktionen und Struktur der App. Somit verlieren Sie Zeit und haben eine unnötige Diskussion geführt, ohne am wirklichen Problem gearbeitet zu haben.

B2B-Apps

Eine B2B-App (Business-to-Business) ist eine App, die vorwiegend in Unternehmen genutzt wird. Zum einen können das vertriebsunterstützende Apps sein oder Apps, die im eigenen Unternehmen genutzt werden. Ein Beispiel wäre eine App, mit denen man Prozesse oder Maschinenanlagen in der Produktion steuern kann.

Die Design-Iteration

Auch der Design-Prozess sollte iterativ sein: Nach einer initialen Design-Phase wird die App potenziellen Nutzern präsentiert, und deren Verhalten und Reaktionen werden beobachtet. Hierbei sollen im Wesentlichen die emotionalen Aspekte der App getestet werden. Im Falle einer B2C-App – also einer App, die ein Produkt bewerben soll – sollte dieser Iterationsprozess öfter durchlaufen werden, um die App besser an die Vorstellungen der Zielgruppe anzupassen, denn neben der Funktion ist die Gestaltung hierbei eines der wichtigsten Merkmale für das Verstehen des User Interfaces.

B2C-Apps

Eine B2C-App (Business-to-Costumer) ist eine App, die ausschließlich Konsumenten ansprechen soll. Ein Beispiel wäre eine App von McDonalds, in der es Rabattgutscheine für Hamburger gibt.

9.1.1 Warum überhaupt Iterationen?

Digitale Medien werden zunehmend iterativ entwickelt. Es liegt in Ihren Händen zu entscheiden, welche Vorgehensweise Sie bevorzugen. Manchmal müssen Sie mehrere Iterationsvarianten ausprobieren, bevor Sie entscheiden können, welches für Sie das effektivste Verfahren darstellt. Der Standard ist der Weg von der Idee bzw. Skizze über den Wireframe und das Mock-up bis zur Entwicklung. In beiden oben genannten Varianten sollte der integrierte Iterationsprozess in jedem Fall durchlaufen werden. Es stellt sich nur eine Frage: Wie viele Iterationen sind sinnvoll?

Diese Frage hängt zum einem von Ihrem Budget und den erzielten Ergebnissen ab. Eins steht aber fest: Der iterative Gestaltungsprozess Ihrer App durch User Tests,

Feedback von anderen Projektbeteiligten oder vom Kunden hilft Ihnen, eine App zu realisieren, die in Design und Usability überzeugt. Dabei ist es gut, so früh wie möglich iterative Prozesse in einem Projekt zu etablieren, denn hier gewonnene Erkenntnisse legen frühzeitig Probleme und Fehler im Design offen und ermöglichen Ihnen, schnell darauf zu reagieren. Im Grunde sollten ständig Iterationen Ihrer App gemacht werden, selbst wenn diese längst im App Store verfügbar ist und bereits Nutzer hat. Denn es ist doch so, dass es stetig neue Funktionen oder Anpassungen gibt, die nicht zwangsläufig von Ihnen als Designer kommen. Entwickler optimieren die App und machen diese perfomanter und einfach wartbar. Hierbei müssen oder können bestehende Funktionen verbessert und optimiert werden oder sogar komplett neu gedacht werden. Denken Sie daran, eine App oder Software ist nie fertig, sie lebt und passt sich an.

Iterationen sollten immer im Kontext stattfinden, d. h., wenn die Funktionalität der App iteriert werden soll, sollten gestalterische Themen in diesem Vorgang ausgeklammert werden, und umgekehrt. Es ist ärgerlich, wenn schon gestaltet wird, obwohl parallel noch keine Funktionsweise beschrieben wurde. Ebenso ist es sehr ungünstig, während der ästhetischen Gestaltungsphase noch funktionale Änderungen vorzunehmen. Versuchen Sie, die Wireframe-Phase abzuschließen und erst dann mit der Gestaltung der App zu beginnen. Das spart Zeit, Nerven und Kosten.

9.2 Stift und Papier – eine erste Skizze der App

Nun geht's los. Die erste richtige Visualisierung Ihrer App-Idee steht bevor. Bevor Sie loslegen, noch eine kleine Checkliste:

1. Bietet die App-Idee eine Lösung für ein Problem?
2. Haben Sie Ihre Zielgruppe definiert? Haben Sie Personas identifiziert?
3. Was sind Ihre Erkenntnisse aus der User Research?
4. Haben Sie die Marktsituation gecheckt und mögliche Konkurrenzprodukte angeschaut?
5. Für welche Plattform haben Sie sich entschieden?
6. Kennen Sie Ihre Plattform (iOS, Android)?
7. Haben Sie Stift und Papier bereitliegen?

Können Sie all diese Fragen positiv beantworten, kann es losgehen. Einen Radiergummi brauchen Sie übrigens tatsächlich nicht – wenn Sie in dieser Phase einen »Fehler« machen, ist das vollkommen in Ordnung. Zeichnen Sie einfach neu. Sobald Sie anfangen zu radieren, beschäftigen Sie sich eher mit der Zeichnung als mit Ihrer App. Zeichnen Sie ruhig wild, es ist kein Schulunterricht, wo es Noten gibt. Bringen

Sie Ihre Idee so auf das Blatt Papier, dass Sie es anderen zeigen können und diese Ihre Idee nachvollziehen können.

Abbildung 9.3 Die erste Visualisierung der App. Zeichnen Sie grob, und verlieren Sie sich nicht in Details.

Es gibt auch bereits vorgefertigte Schablonen von Smartphones, Tablets & Co. auf dem Markt, in denen Sie Ihre App skizzieren können. – Ich rate Ihnen allerdings davon ab, diese zu Projektbeginn zu nutzen, da sie bereits einen einengenden Rahmen vorgeben.

Schablonen

Unter *http://www.uistencils.com* finden Sie z. B. Schablonen, die Sie kaufen können, um Sie dann bei der Gestaltung auf Papier zu nutzen.

9.2.1 Die erste Skizze

Zunächst sollten Sie eine grobe Skizze Ihrer App-Idee anfertigen. Zeichnen Sie nicht zu kleinteilig oder sehr konkretisierte Elemente. Dem Detail Aufmerksamkeit zu schenken, ist natürlich wichtig – zu Beginn Ihres Projekts sollten Sie sich allerdings nicht in den Details verlieren. Es geht im ersten Schritt darum, eine grobe Vorstellung davon zu bekommen, wie Ihre App strukturiert ist.

Mittlerweile kennen Sie einige Apps sowie die Funktionsweisen der verschiedenen Plattformen. Nutzen Sie diese Kenntnisse bei der Visualisierung Ihrer App auf Papier.

Sie finden die Darstellung der Timeline von Twitter sehr gut und benötigen eine ähnliche Visualisierung? Kopieren und alterieren Sie. Sie müssen das Rad nicht neu erfinden, sondern nur soweit anpassen, dass es Ihren Anforderungen genügt. Es gilt nun, Ihre Problemlösung auf Papier zu bringen, und zwar mit den Rahmenbedingungen, die Sie bereits kennen.

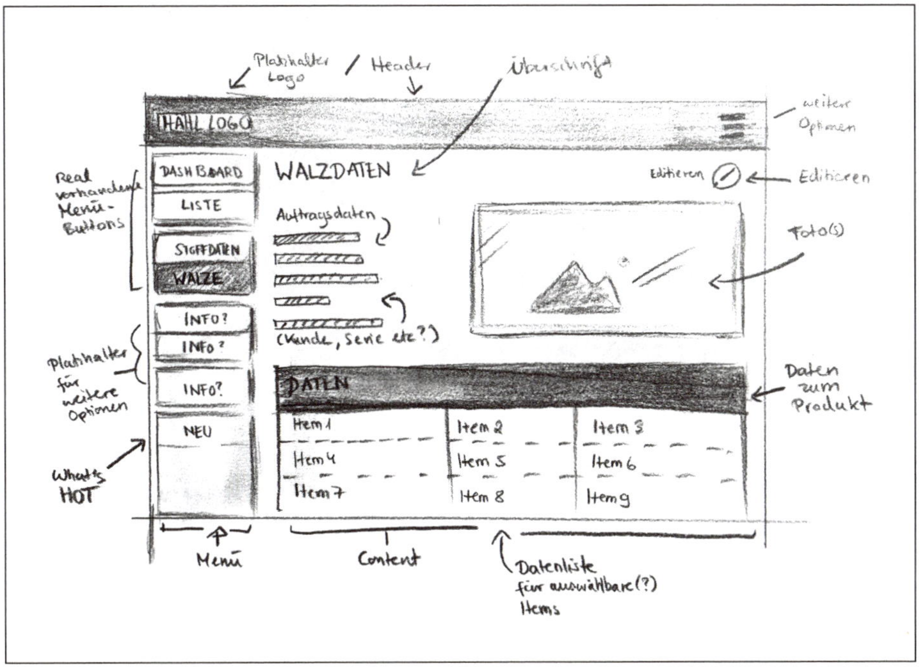

Abbildung 9.4 Zeichnung einer iPad-App

9.2.2 Storyboard

Anschließend sollten Sie mit *Storyboards* – also kurzen textlichen Beschreibungen und einfachen Skizzen Ihrer App-Bestandteile – arbeiten. Ein Storyboard unterscheidet sich von einer Skizze dahingehend, dass es eine Vielzahl von Skizzen aneinanderfügt und einen Ablauf zusammenhängend darstellt. Storyboards im App-Design stellen Use Cases von Anwendern nach. Es sind die Problemfälle, für die Ihre App die Lösung bietet. Bei Storyboards geht es darum, dass alle möglichen Problemfälle abgebildet werden. Ziehen Sie hierbei auch die entwickelten Personas heran. Sie helfen Ihnen dabei, die Problemfälle zu konstruieren und Fehlerstellen zu erkennen.

Storyboards funktionieren am besten, wenn sie tatsächlich eine Geschichte erzählen. Darin sollten Ihre Personas als Hauptdarsteller fungieren. Stellen Sie sich vor, wo der Nutzer Ihre App am häufigsten nutzen wird und wie die äußeren Umstände sind: Ist es Nacht? Befindet sich der Akteur in einer Werkshalle? Oder gerade im Schwimmbad? Spielen Sie mehrere solcher Fälle für jede Ihrer Personas durch.

Versuchen Sie nun, in Ihren Storyboards die zentrale Stelle zu finden, die alle Problemfälle miteinander vereint. Das wird der Startpunkt Ihrer App sein. Haben Sie keinen? Nun, dann wissen Sie, was noch fehlt.

Abbildung 9.5 Spielen Sie verschiedene Nutzungsszenarien durch, und machen Sie sich dabei Notizen.

Hauptscreen skizzieren

Ich fange hier immer mit dem Hauptscreen an, also der Ansicht, die nach dem Start der App erscheinen soll. Es ist die zentrale Anlaufstelle, von der alle anderen Screens abzweigen: Einstellungen, Profil, On-Boarding usw. So erhalte ich schnell Überblick über die Bereiche der App. An diesem Hauptscreen arbeite ich in der Regel recht oft bzw. fasse diesen wiederholt an, ist es doch meist so, dass, während ich andere Bereiche der App gestalte, der Hauptscreen um Inhalte erweitert wird, da sich neue Inhalte auf anderen Ansichten ergeben.

Wie bereits zuvor erwähnt, geht es darum, die Struktur der App zu verstehen. Hier werden Sie schnell erkennen, wie umfangreich und aufwendig die Umsetzung Ihrer App wird. Sie erkennen die ersten technischen Probleme, die von Ihrem Entwickler gelöst werden sollen. Sie sollten Ihre angefertigten Skizzen in jedem Fall allen, die an dem Projekt beteiligt sind, zeigen. Versuchen Sie, die Kenntnisse und Lösungen der Beteiligten in Ihre App einfließen zu lassen.

Nebenscreens skizzieren

Nachdem Sie den Hauptscreen skizziert haben, zeichnen Sie alle anderen notwendigen Screens. Sollen Prozesse abgebildet werden, zeichnen Sie auch diese ein. Bei Prozessen wie z. B. dem Hinzufügen eines Elements, z. B. eines Kalendereintrags, sollten Sie versuchen, alles auf einer View abzubilden. Sollte der Nutzer eine hohe Anzahl von Eingaben tätigen müssen, verteilen Sie diese kategorisiert über mehrere Seiten. Kein

Nutzer möchte durch eine lange Liste scrollen und in 20 Eingabefeldern Daten über seine Person eintragen. Zu viele Seiten sollten es natürlich auch nicht sein, für die Anzahl gibt es aber keine universalgültige Empfehlung. Je kompakter, desto besser.

Versuchen Sie nicht, die Anzahl der Screens als einen Messgrad für die UX zu nehmen. Die Anzahl der Screens ist nur ein kleiner Teil vom Ganzen. Bei der Abbildung von Prozessen sollten Sie versuchen, die Wege, die der Nutzer gehen muss, nach Möglichkeit abzukürzen, aber so, dass die Usability nicht darunter leidet. Vielleicht können Sie bereits durch Abfragen im On-Boarding-Prozess die wesentlichen Informationen des Nutzers registrieren, sodass dieser seine Daten nur einmal eingeben muss. Oder Sie nutzen für den Registrierungsprozess den *Social Connect* über Facebook (siehe dazu Abschnitt 6.3.2, »Die Registrierung«). Hier sparen Sie sich als Designer, dem Entwickler und dem Nutzer Zeit.

Flowcharts

Ein Flowchart, auch Flussdiagramm genannt, ist eine grafische Abbildung der logischen Schritte eines Problems oder eines Ablaufs innerhalb eines Programms. Mit sogenannten Flowcharts können Sie die »Reise des Nutzers« darstellen, also alle Wege, die der Nutzer in der Applikation gehen kann.

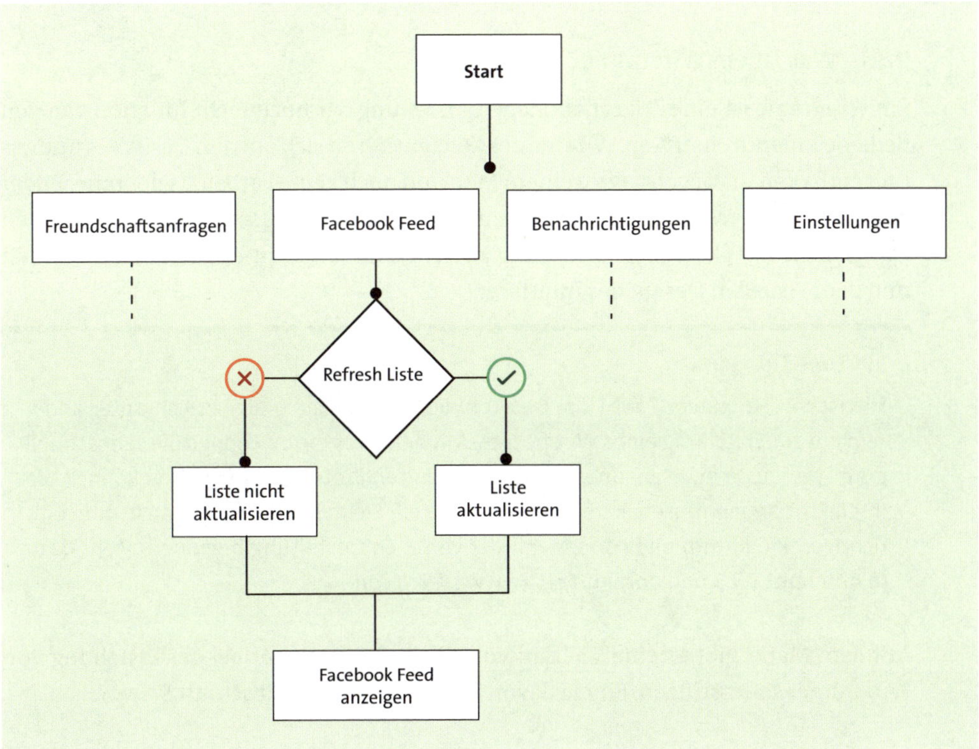

Abbildung 9.6 Flowcharts in der Facebook-App, hier exemplarisch der Beginn des Facebook-Feed-Prozesses

Klickdemos

Mit Klickdemos können Wireframes getestet werden. Hierbei wird die grundlegende Nutzerführung getestet und erlebt. So werden verschiedene Wireframes durch Klickflächen miteinander verbunden.

Dabei können auch höchst komplexe und verwinkelte Wege und daraus resultierende Funktionalitäten abgebildet werden. Das hilft Ihnen, schnell zu erkennen, wo sich Probleme auftun können oder wo noch Verbesserungsbedarf besteht. Es ist im Grunde die Blaupause Ihrer Applikation – mit all Ihren Facetten und Möglichkeiten.

9.3 Wireframe – es wird konkreter

Nun gilt es, Ihre ersten Überlegungen, die Sie bereits skizziert und gegebenenfalls in einem Storyboard festgehalten haben, weiter zu konkretisieren. Hierbei helfen sogenannte *Wireframes*. Ein Vorteil von Wireframes ist, dass ohne Programmieraufwand ein einfacher Prototypen erstellt werden kann. So können Sie sich ganz auf Ihre konzeptionellen Fähigkeiten konzentrieren.

9.3.1 Was ist ein Wireframe?

Ein Wireframe ist eine skizzenähnliche Darstellung der noch nicht funktionsfähigen Bedienelemente einer App. Wireframes konzentrieren sich auf den Design-Grundriss und enthalten im Gegensatz zu einem Mock-up noch keine Farben, Typografie, Bilder oder Grafiken. Wireframes sind sozusagen die Blaupausen Ihres ästhetischen Designs. Ihr Zweck ist die Verbindung zwischen der konzeptionellen Funktionalität und dem visuellen Design des Interface.

Ein Tool-Tipp vorab

Hier schon ein kurzer Tool-Tipp: Das Tool *Bohemian Sketch* eignet sich unter anderem gut zur Erstellung eines Wireframes. Mit dem Programm können Sie sehr schnell gute Ergebnisse erzielen, und mit der integrierten Prototyping-Funktion können Sie Ihren Prototypen umsetzen. Ein weiterer Vorteil: Sie haben Ihre Blaupause direkt im richtigen Programm und können mit der visuellen Gestaltung beginnen. Mehr dazu in Abschnitt 9.7.3 und unter *https://www.sketch.com*.

Auf dem Markt gibt es eine Vielzahl von Tools, die Designer bei der Erstellung von Wireframes unterstützen. Einige davon stelle ich Ihnen in Abschnitt 9.6 vor.

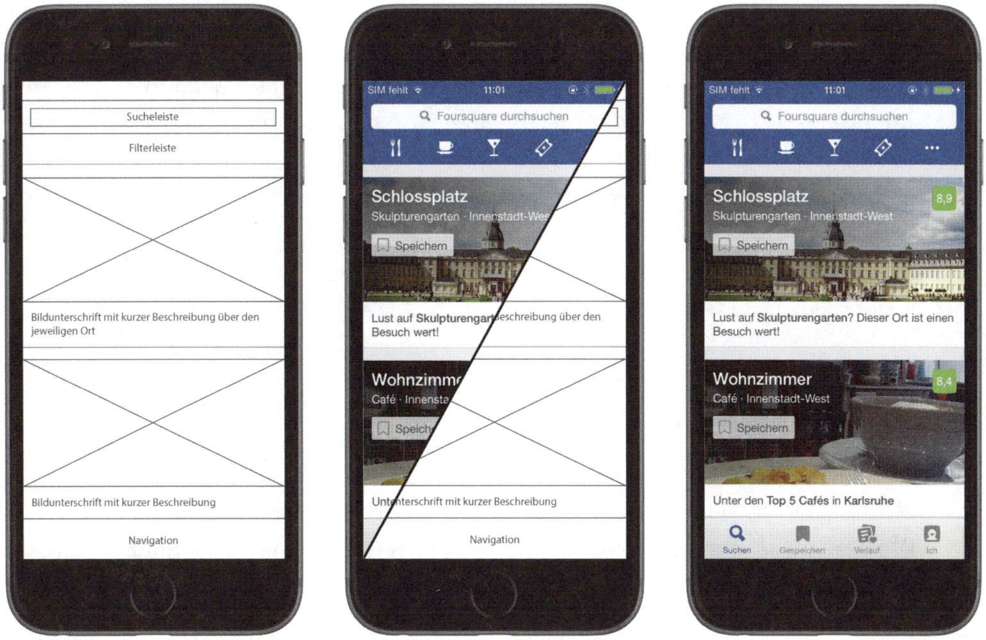

Abbildung 9.7 Vom Wireframe zum Design in der Foursquare-App

Ein gut ausgearbeiteter Wireframe sollte über folgende Inhalte Auskunft geben können:

1. Struktur: In welcher Relation stehen die einzelnen Screens zueinander?
2. Inhalt: Was zeigt jeder einzelne Screen?
3. Informationsstruktur: Welche Navigationsstruktur liegt zugrunde? Wie werden die Informationen organisiert und dargestellt?
4. Funktionalität: Wie funktioniert jeder einzelne Screen?
5. Verhalten: Wie interagiert der Anwender mit dem Screen? Und wie verhält sich dieser Screen?
6. Sind Empty States und Fehlermeldungen in den Wireframes inkludiert?

Wireframes sind keine Repräsentation des visuellen Designs. Lassen Sie sich in einem solchen Wireframing-Tool nicht dazu verleiten, mit der Gestaltung zu beginnen. Verzichten Sie hier auf Farbe, Icons und die konkrete Anordnung der einzelnen App-Bestandteile, außer es dient Ihnen dabei, Ihre Idee besser zu erklären. Es geht hier nur darum herauszufinden, ob die Funktionalität und die richtige Nutzerführung in der App gewährleistet sind und sich die App-Idee auch richtig »anfühlt« oder nicht. Ein Wireframe fühlt sich dann gut an, wenn Sie erkennen, dass der Nutzer nur wenige Schritte durchführen muss, um zu seinem Ziel zu gelangen.

Sollten Sie im Team arbeiten, vereinfacht ein solches Wireframing-Tool auch die Teamarbeit. Sie können Ihre sogenannten *Drafts* an Kollegen weitergeben, die Ihre Idee testen und Ihnen Verbesserungsvorschläge unterbreiten können. Das hilft Ihnen, kreativ zu arbeiten, denn so erhalten Sie eine neue, unverfälschte Perspektive auf Ihr mögliches Produkt.

Draft

Ein Draft ist ein Entwurf. Dieser dient als Diskussionsgrundlage für Teammitglieder oder den Kunden.

Wireframes zeigen die hierarchische Struktur der App, diese Struktur kann aus folgenden Eigenschaften bestehen:

- Größe: Je größer ein Objekt, desto wichtiger und zentraler ist es.
- Kontrast: Die Stärke des Kontrasts bestimmt die Unterscheidbarkeit der Elemente.
- Duktus: Die Stärke der Kontur einer Fläche oder auch die Einfärbung beschreibt die Funktionalität.
- Stil: Beschreibt das Verhalten von Elementen. Ein abgerundetes Rechteck wird z. B. eher als eine Schaltfläche wahrgenommen als ein normales Rechteck.
- Gruppe: Gruppierte Objekte stehen unter einem Motto.
- Konsistenz: Wiederkehrende Elemente werden vom Nutzer schnell erlernt.
- Symmetrie: Gefällt dem Auge und schafft Ordnung.

9.3.2 Wann werden Wireframes eingesetzt?

Der Zweck eines Wireframes hängt davon ab, wer einen solchen Wireframe entwickelt. Von einem Wireframe können viele Projektbeteiligte profitieren; betrachten wir diese Beteiligten und ihre Intention genauer.

Interaktions- und UX-Designer

Interaktions- und UX-Designer nutzen Wireframes, um User Journeys zwischen den Seiten darzustellen. Typischerweise sind diese Wireframes eine Kombination aus der Informationsarchitektur, aus Storyboards und Wireframes. Auf diese Weise sollen die Schwachstellen zwischen den einzelnen Screens und Abläufen innerhalb einer App erkennbar und die User Flows optimiert werden.

User Flow

Ein User Flow beschreibt den Weg, den der Nutzer innerhalb einer Applikation beschreitet, um eine Aktion durchzuführen. Hierbei wird jeder mögliche Schritt abgebildet.

Grafik- und GUI-Designer

Grafik- und GUI-Designer nutzen Wireframes als Blaupause für ihre visuellen Designs. Die Erstellung von Wireframes inspiriert Designer, was zu einem flüssigeren kreativen Prozess führen kann. Hierbei greift der Designer vorwiegend auf Papier oder Tools wie *Balsamiq Mockups* oder auf vorgefertigte Vorlagen für Sketch oder Photoshop zurück. Eine gute Anlaufstelle für solche Vorlagen ist z. B. bezüglich Sketch *http://www.sketchappsources.com*, *http://www.dribbble.com* oder *http://www.behance.com*. Für Balsamiq Mockups finden Sie sogenannte Stencils unter *https://mockupstogo.mybalsamiq.com/projects* oder auf der Balsamiq-Website *https://balsamiq.com*.

Back-End- und Front-End-Entwickler

Back-End- und Front-End-Entwickler nutzen Wireframes, um die Funktionalität einer App darzustellen und zu testen. Sie erkennen Zusammenhänge, Abläufe sowie Bedingungen, die von einem Screen in einen anderen resultieren. Sie erkennen Schwachstellen und liefern Lösungen.

Während Front-End-Entwickler sich an den Wireframes von Designern orientieren, da diese es ja sind, die technisch umgesetzt werden müssen, orientieren sich Back-End-Entwickler an der Funktionalität der App.

Produkt- und Projektmanager

Produkt- und Projektmanager begutachten Wireframes, um sicherzustellen, dass Projektziele eingehalten und umgesetzt werden. Während sich Designer und Entwickler auf ihre spezifischen Aufgaben konzentrieren, versuchen Produkt- und Projektmanager, einen Überblick vom großen Ganzen zu erhalten.

9.3.3 Was sollte ein Wireframe leisten?

Ein Wireframe sollte funktionieren und alle benötigten Screens enthalten. Jedes Nutzerszenario sollte abgebildet werden, auch Sonderfälle. Dies können Fehlermeldungen sein, die entstehen, wenn bestimmte Bedingungen für einen Funktionsablauf nicht gegeben sind oder Eingaben vom Nutzer fehlen. Sie werden mitunter nicht sofort diese Sonderfälle erkennen, besonders wenn diese technischer Natur sind, deshalb sollten Sie eng mit Ihrem Entwicklerteam zusammenarbeiten.

Iterieren Sie bereits hier mit den Projektbeteiligten Ihre Entwürfe. Versuchen Sie, komplexe Screens oder Prozesse zu vereinfachen und zu optimieren. Am besten führen Sie bereits jetzt erste Tests mit Ihrer Zielgruppe durch. Hier können Sie eine kleine Fokusgruppe aus Freunden zusammenstellen oder auch mit Kunden Ihre App testen. Versuchen Sie vorab, bevor Sie Ihren Wireframe zeigen, den Kunden zu befragen.

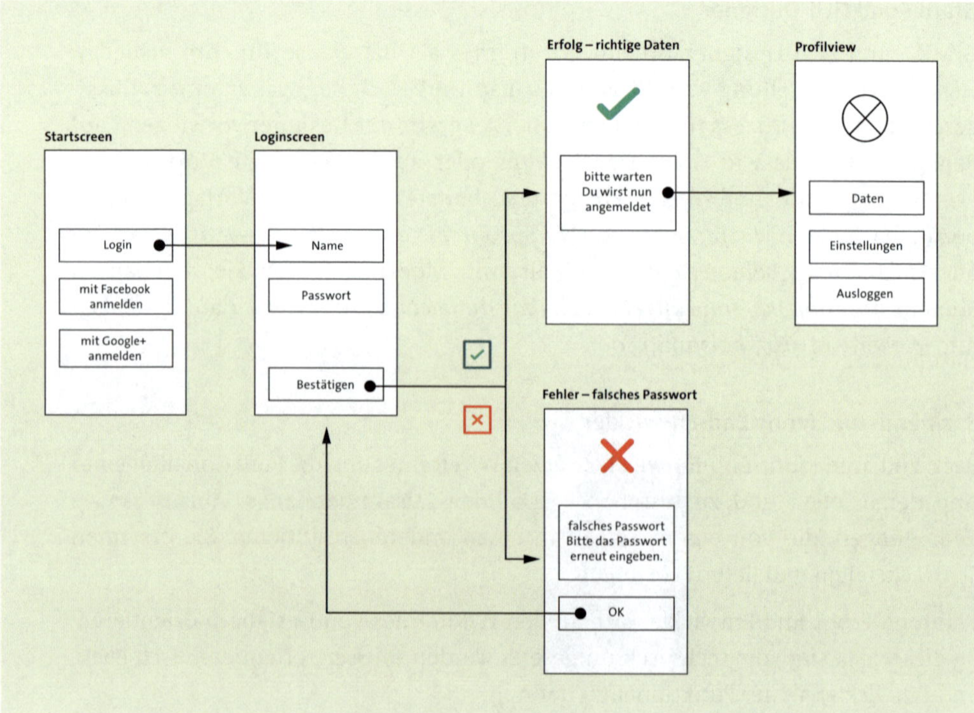

Abbildung 9.8 Sonderfälle wie Fehlermeldungen sollten in Wireframes skizziert werden.

Stellen Sie Fragen wie: Wie nutzen Sie die App *Wunderlist*, was müsste eine App, die Aufgaben sammeln soll, tun? Wann nutzen Sie Ihr Smartphone? Zeigen Sie danach Ihren Wireframe bzw. den aktuellen Stand der App. Versuchen Sie herauszufinden, ob Ihre Testgruppe Ihren Wireframe versteht. Jede Anmerkung bringt Sie und Ihre App weiter. Wireframes helfen Ihnen, die Gewichtung der Inhalte und die Nutzerführung herauszufiltern.

Optimieren Sie in dieser Phase Ihr Interface, sparen Sie sich im späteren Verlauf Zeit. Da Sie sich jede Entwicklungsstufe eines Wireframes vom Kunden oder Stakeholder absegnen lassen können, wird die Gefahr, die App in eine falsche Richtung zu entwickeln, reduziert. Eine tolle App, mit der Sie solche Tests machen können, ist *POP – Prototyping on Paper* (*https://marvelapp.com/pop*), auf die ich später genauer zu sprechen kommen werde. Mit ihr können Sie die gezeichneten Scribbles leicht zu einem kleinen Prototyp verwandeln.

9.4 Mock-ups – jetzt wird's bunt

In dieser Phase arbeiten Sie im Idealfall auf Basis eines fertig ausgearbeiteten Wireframes, in dem alle Funktionalitäten und Zustände der App abgebildet sind. Basierend auf diesen Wireframes wird nun ein *Mock-up* erstellt. Die Basis von Mock-ups ist also eine konzeptionelle Grundlage, die Designer benötigen, um visuelle Konzepte zu liefern.

Ein Mock-up ist eine detailgetreue Nachbildung einer App. Mock-ups dienen dazu, dem Entwickler Vorgaben zu geben, wie die App zu programmieren ist. Hier konkretisieren Sie Farben, Formen, Typografie und sogar Ton. Im dritten Teil des Buchs werde ich verstärkt auf diese Aspekte eingehen und alle Facetten der Gestaltung näher beleuchten. An dieser Stelle möchte ich Ihnen nur grundlegend Mock-ups und deren Funktion erläutern.

Mithilfe von Mock-ups können Sie das Design- und User-Experience-Konzept Ihrer App diskutieren, bevor mit der aufwendigen technischen Implementierung der Funktionen begonnen wird.

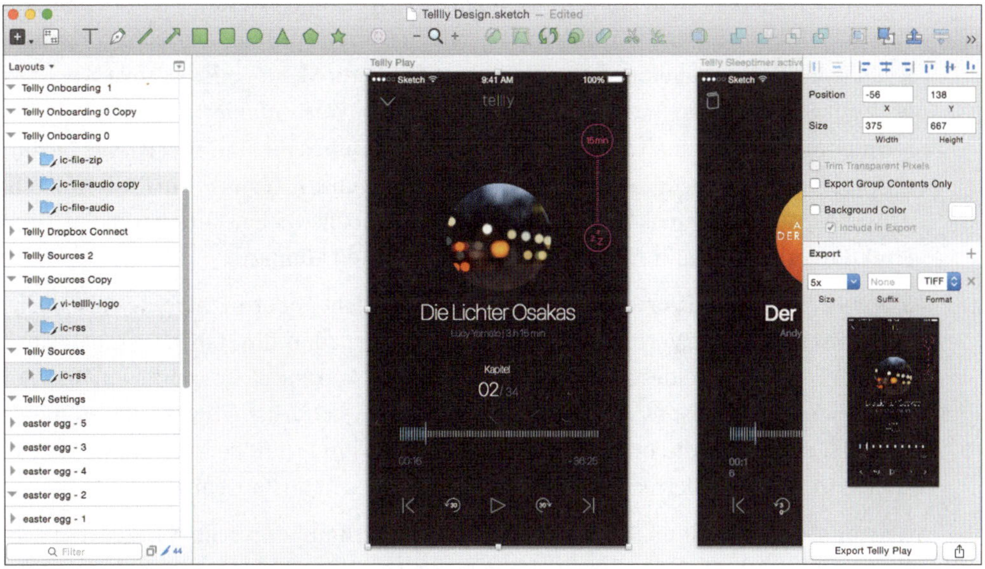

Abbildung 9.9 Das Mock-up einer App in Sketch

9.4.1 Mit richtigen Inhalten arbeiten

In dieser Phase neigen Designer dazu, das Mock-up mit einem pixelperfekten Interface ausstatten zu wollen. Es wird an der optimalen Textlänge und -größe geschraubt, dekorative Elemente werden in der App platziert und schöne Bilder eingebunden. In der Regel wird hier jedoch mit Platzhaltertext (»Lorem Ipsum«) und -grafiken gearbeitet, was nicht optimal ist. Versuchen Sie, so früh es geht, mit den richtigen Inhalten der App zu arbeiten. Es kann vorkommen, dass Texte doch deutlich länger werden als geplant oder Bilder nicht farbig, sondern nur schwarzweiß vorliegen.

Hier bietet Sketch beispielsweise eine sogenannte Daten-Funktion an. Hierbei können Sie Bilder und Text-Dateien laden, die dann in entsprechenden Feldern gezeigt werden. Hier könnte Ihnen beispielsweise der Entwickler bereits bestehende Daten zukommen lassen, und Sie können diese ohne große Mühe in Ihren Designs integrieren.

Statische und dynamische Inhalte

Die Inhalte einer App können in statische oder dynamische Inhalte eingeteilt werden. *Dynamische Inhalte* sind weniger berechenbare Inhalte. Sie können über verschiedene Schnittstellen – sei es von der App selber, durch externe APIs oder durch den Nutzer – generiert werden. Es sind also Inhalte, die auch über das Internet nachgeladen werden und schwer zu kategorisieren sind.

Mit Nutzerdaten kann in der App recht leicht umgegangen werden, dennoch finden sich auch hier unerwartete Hindernisse, die ein Design komplett verändern können. Nicht jeder Nutzer hat einen kurzen Namen wie »Peter Maier« oder »Kanye West«, es gibt mit Sicherheit auch einige »Karl-Wilhelm von Westenfelder«. Es gestaltet sich leichter mit kurzen Inhalten, aber in der realen Welt ist es nicht immer so, wie Gestalter es sich wünschen. Kreieren Sie auch den »Worst Case«: Wenn Sie in Ihrer App z. B. Anwendern die Möglichkeit geben wollen, Fotos hochzuladen, simulieren Sie diese Funktion mit den schlimmsten Bildern, die Sie finden können.

Statische Inhalte sind vorwiegend Inhalte, die sich nicht ändern. Sie werden also nicht dynamisch über eine Verbindung wie das Internet geladen. Ein statischer Inhalt kann ein Label eines Textfeldes sein oder auch Assets der App wie ein Icon oder ein Bild. Bei statischen Inhalten ist es wichtig, darauf zu achten, sich frühzeitig auf diesen Inhalt festzulegen, sodass die Inhalte früh in das Layout integriert werden können. Diese sollten in standardisierten Größen vorliegen und leicht austauschbar sein.

Als App-Designer sollten Sie sich also frühestmöglich mit den echten Daten, die später in der App dargestellt werden sollen, auseinandersetzen. Auch in der Mock-up-Phase sind Iterationen wichtig, da durch eingehendes Feedback zum einen die visuelle Gestaltung optimiert werden kann und zum anderen eventuell letzte Fehler erkannt und verbessert werden können, die in der konzeptionellen Phase nicht aufgefallen sind. Mehrsprachigkeit einer App zählt hierbei genauso. So kann es sein, dass statische Inhalte wesentlich länger sind als gedacht.

9.5 Interaktive Prototypen – der erste echte Eindruck

Wie Sie in den vorherigen Abschnitten gelesen haben, ist ein klassisches Mock-up bzw. ein Wireframe statisch. In manchen Fällen möchte man jedoch ein interaktives Model testen, bevor man es richtig entwickelt.

Mock-up-Tools

- Framer: *framerjs.com*
- InVision: *invisionapp.com*
- Principle (für Mac): *principleformac.com*
- Flinto for Mac: *flinto.com*
- ProtoPie: *protopie.io*
- Marvel App: *marvelapp.com*
- Adobe XD: *adobe.com/de/products/xd.html*
- Bohemian Sketch: *sketch.com*

Mehr zu diesen Tools erfahren Sie in Abschnitt 9.6, »Wireframe- und Mock-up-Tools«.

9.5.1 Was ist ein interaktiver Prototyp?

Ein interaktiver Prototyp ist z. B. dann sinnvoll, wenn ein eigenes Control entwickelt wurde. Moderne Mock-up-Tools wie Framer, InVision, Principle, Flinto for Mac, ProtoPie, Marvel App, aber auch Design-Programme wie Adobe XD und Sketch ermöglichen genau diese Integration interaktiver Funktionen wie etwa Verlinkungen zu den Screens, sodass sie je nach Komplexität zu den Low- bis High-Fidelity-Prototypen gerechnet werden. Die Grenze zu dynamischen Prototypen ist hier fließend.

Nachdem Sie sich durch erste grobe Skizzen Schritt für Schritt hin zu digitalen und realen Modellen gearbeitet haben, stehen in dieser Phase Tests mit einem Prototyp mit funktionierendem Interface an. Hierbei werden Verhalten und Funktionalität der App simuliert. In dieser Phase können Sie testen, ob die Lösungen, die zuvor entwickelt wurden, auch wirklich so funktionieren, wie es gewünscht war.

Interaktive Prototypen sind die letzte Bewährungsprobe Ihrer App. Der Aufwand bei der Entwicklung derartiger Prototypen ist unter Umständen sehr hoch und erfordert gegebenenfalls Programmierkenntnisse. Im Entwicklungsprozess gibt es verschiedene Stellen, an denen es sinnvoll ist, mit solchen Prototypen zu arbeiten. Komplexe, mehrteilige Mock-ups sind eine gute Basis, um interaktive Prototypen zu entwickeln, die je nach Ausarbeitung zu den sogenannten Low- bis High-Fidelity-Entwürfen gezählt werden. Diese Formen von Prototypen sind immer interaktiv und enthalten, je nach Ausführung und Entwurfsstadium, schon viele Darstellungen der geplanten App.

9.5.2 Low Fidelity – ein Wireframe-Prototyp

In der Low-Fidelity-Version wird ein rudimentärer Prototyp in der Wireframe-Phase entwickelt und geprüft. So können Konzepte sehr früh im Designprozess validiert werden. Durch erste Klickdemos werden die User Flows getestet und auf Schwachstellen hin geprüft. Es handelt sich hierbei um sehr grundsätzliche und grobe Tests.

Bei diesen Prototypen werden durch Interaktionen Seiten angezeigt, teilweise gibt es hier schon einfache Animationen für Seitenübergänge. Eigene neuartige Controls oder Elemente können hier nicht animiert werden. Bei den Low-Fidelity-Prototypen geht es vor allem darum, die Informationsarchitektur zu testen.

Abbildung 9.10 Low-Fidelity-Prototyp: Der Übergang von links nach rechts erfolgt statisch, die rechte Seite wird einfach nur angezeigt.

Low-Fidelity-Prototypen bieten App-Designern die Möglichkeit, schwerwiegende und große Probleme frühzeitig zu identifizieren und zu lösen. In dieser Phase können sehr schnell Iterationen von Konzepten durchgeführt werden.

Die Nachteile sind, dass solche Low-Fidelity-Prototypen nicht die kleinen, sondern eher die großen Probleme identifizieren und dass die emotionalen Komponenten nicht konkret getestet werden können. Lediglich die Frustration oder das Erfolgsgefühl des Nutzers können identifiziert werden. Das sind aber nicht die einzigen Emotionen, die ausschlaggebend sind für den emotionalen Wert einer App.

Klickdemos bzw. Low-Fidelity-Prototypen werden vorwiegend bei Wireframes eingesetzt und werden schon teilweise im iterativen Prozess des Wireframings genutzt. Dadurch hat man in der Gestaltung einer App bereits frühzeitig die Möglichkeit, Probleme zu erkennen, die sich auf die Weiterentwicklung der App auswirken können.

9.5.3 High Fidelity – Design-Prototyp

In der High-Fidelity-Version wird eine App mit ausgearbeitetem Design und mit schon recht ausgereiften Animationen getestet. Allerdings kann der Nutzer hier noch keine realen Daten abrufen oder eingeben. Wir dürfen aber gespannt sein, was die Zukunft in den Prototypen-Tools bringen wird.

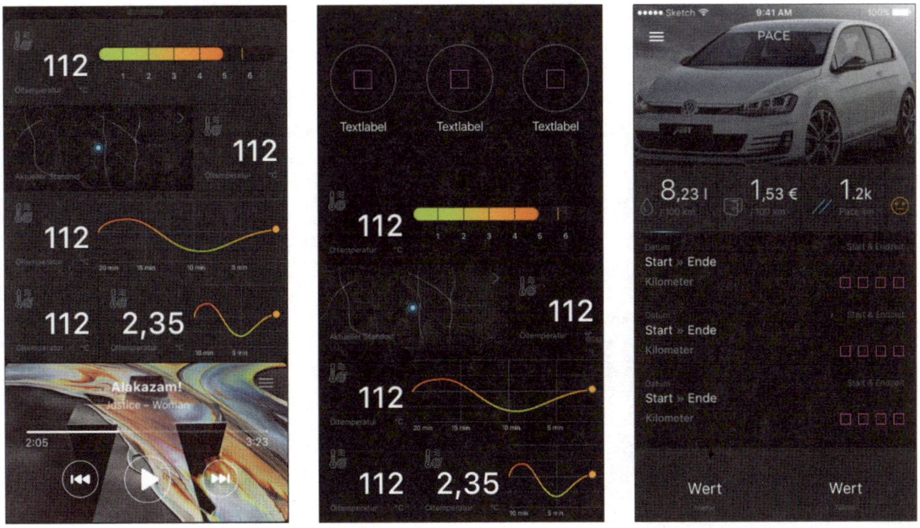

Abbildung 9.11 High-Fidelity-Prototypen, bei denen auch Teile des Interfaces animiert (Bild Mitte) sind, sobald es genutzt wird.

High-Fidelity-Prototypen sind mitunter recht aufwendig zu entwickelnde Prototypen. Es können komplette Applikationen als Prototyp entwickelt werden oder nur Teilbereiche der App. High-Fidelity-Prototyping eignet sich gerade für die Ausarbeitung kleiner Details der App, die für die User Experience entscheidende Auswirkungen haben. So wurde mit Sicherheit das *Swipe to Choose* von *Tinder* frühzeitig genau so getestet.

Es ist immer empfehlenswert, selbst erstellte Custom Controls mit solchen Prototypen zu testen. Große und selbstverständliche Funktionalitäten können hier natürlich auch überprüft werden, aber vielleicht sind diese bereits so selbsterklärend, dass hierfür kein Prototyp notwendig ist. Ein Side-Menü bzw. Fly-out-Menü kennt z. B. der Nutzer, Sie müssen es nicht neu erfinden.

High-Fidelity-Prototypen werden dann eingesetzt, wenn man gerade die emotionalen Komponenten einer App testen möchte, auch weil hier bereits mit dem »echten« Design gearbeitet wird. Für den Test der User Experience einer App kann ein High-Fidelity-Prototyp ein wichtiger Gradmesser sein, der hilft, kritische Stellen bei Nutzerführung, Inhalten und Funktionen der App zu erkennen und darauf aufbauend konkrete Optimierungsansätze zu erarbeiten.

Es sei noch angemerkt, dass manche App-Designer High-Fidelity-Prototypen als Dead End ansehen. Gemeint ist dabei, dass ein Mock-up nicht mehr editierbar ist, sobald er sich in der Prototyping-Phase befindet. Dies liegt im genutzten Tool begründet: So sind Änderungen im Design zunächst wieder in der Mock-up-Phase angesiedelt. Das heißt, größere Änderungen müssen wieder in dem Tool gemacht werden, in dem das Mock-up erstellt wurde. Danach müssen Sie wieder einen komplett neuen High-

Fidelity-Prototypen entwickeln. Sie verstehen nun vielleicht, warum alle wichtigen Punkte in der Wireframe-Phase abgeschlossen sein sollten.

Egal, ob Sie einen Low- oder einen High-Fidelity-Prototypen testen, verwenden Sie keinen Emulator, und führen Sie die Tests immer auf einem echten Endgerät aus, denn es macht einen gravierenden Unterschied, ob Sie ein Interface mit der Maus oder mit Touchbedienung testen bzw. testen lassen. In der Regel bieten alle Tools zur Entwicklung von interaktiven Prototypen eine App an, mit der Sie die Prototypen auf echten Endgeräten testen können.

Abbildung 9.12 Testen Sie Ihr Design direkt auf dem Endgerät.

Checkliste: Prototypen

- Erst eine Skizze, dann ein Wireframe und zum Schluss das Mock-up – nicht umgekehrt!
- Iterieren Sie in jeder Konzeptionsphase.
- Widerstehen Sie in den frühen Phasen der Versuchung, zu konkret zu werden und Farben, Icons und die konkrete Anordnung der einzelnen App-Bestandteile final zu planen.
- Teilen Sie im Team frühzeitig die Ergebnisse, und geben Sie jedem Teammitglied die Möglichkeit, am Projekt zu partizipieren.
- Arbeiten Sie bei den Mock-ups mit echten Inhalten.
- Interaktive Prototypen helfen dabei, das Look & Feel der App zu erleben und zu testen.
- Nutzen Sie Low-Fidelity-Prototypen für das große Ganze.
- Nutzen Sie High-Fidelity-Prototypen fürs Kleine, um z. B. Custom Controls zu prüfen.

9.6 Wireframe- und Mock-up-Tools

Für die Erstellung von Skizzen, Wireframes, Mock-ups und interaktiven Prototypen gibt es viele Tools, die Designern und Entwicklern helfen, und täglich kommen neue Werkzeuge hinzu. Im Folgenden möchte ich Ihnen einige der populärsten Tools vorstellen.

Den ersten Tool-Tipp haben Sie sicher bereits bei sich im Büro liegen: Zu Beginn ist ein leeres Blatt Papier vollkommen ausreichend, um erste Prototypen zu entwickeln. Nicht wenige Designer führen ein Sketchbook als treuen Begleiter ständig mit sich.

Abbildung 9.13 Nichts ist flexibler als ein Blatt Papier und ein Bleistift.

Natürlich besteht auch die Möglichkeit, Ihre Ideen mit einem Grafiktablett oder mit einem Tablet digital festzuhalten. Hauptsache, Sie arbeiten mit dem Werkzeug, das sich vertraut anfühlt und das Ihrer Kreativität entgegenkommt. Je freier Sie sich dabei fühlen, desto besser.

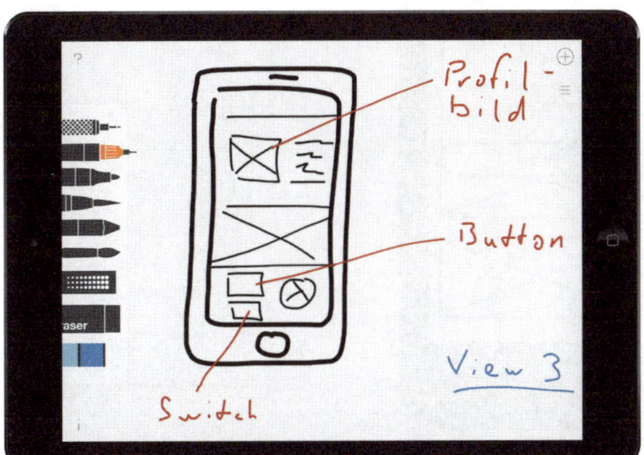

Abbildung 9.14 Sie können auch Zeichen-Apps auf Ihrem Tablet nutzen, um Ihre Ideen zu skizzieren. Hier wurde dafür die iOS-App »Tayashu Sketches Pro« genutzt.

Jetzt aber zu den Empfehlungen für Programme, mit denen Sie Wireframes und Mock-ups erstellen können. Mit einigen Tools lassen sich lediglich Wireframes erstellen, andere Wireframe-Tools ermöglichen darüber hinaus die Erzeugung interaktiver Low-Fidelity-Prototypen. Einige Programme sind komplett kostenlos, andere bieten die Möglichkeit, Trial-Versions herunterzuladen, mit denen sich das Programm für einige Tage kostenlos testen lässt. Nutzen Sie diese Möglichkeit, um das richtige Tool für sich zu finden.

9.6.1 Balsamiq Mockups

Balsamiq Mockups ist ein Programm, das das schnelle Erstellen von Konzeptskizzen für User Interfaces erlaubt. Die Software enthält bereits vorgefertigte Elemente wie Buttons, Listen oder andere Komponenten, die sich per Drag & Drop frei positionieren lassen. In ihrer Anmutung erinnern diese Elemente an Handzeichnungen. Es lassen sich weitere sogenannte Stencils herunterladen, die das Aussehen und den Stil der Elemente verändern. Auch schön: Controls, die Sie selber entwickelt haben, können Sie innerhalb des Programms archivieren.

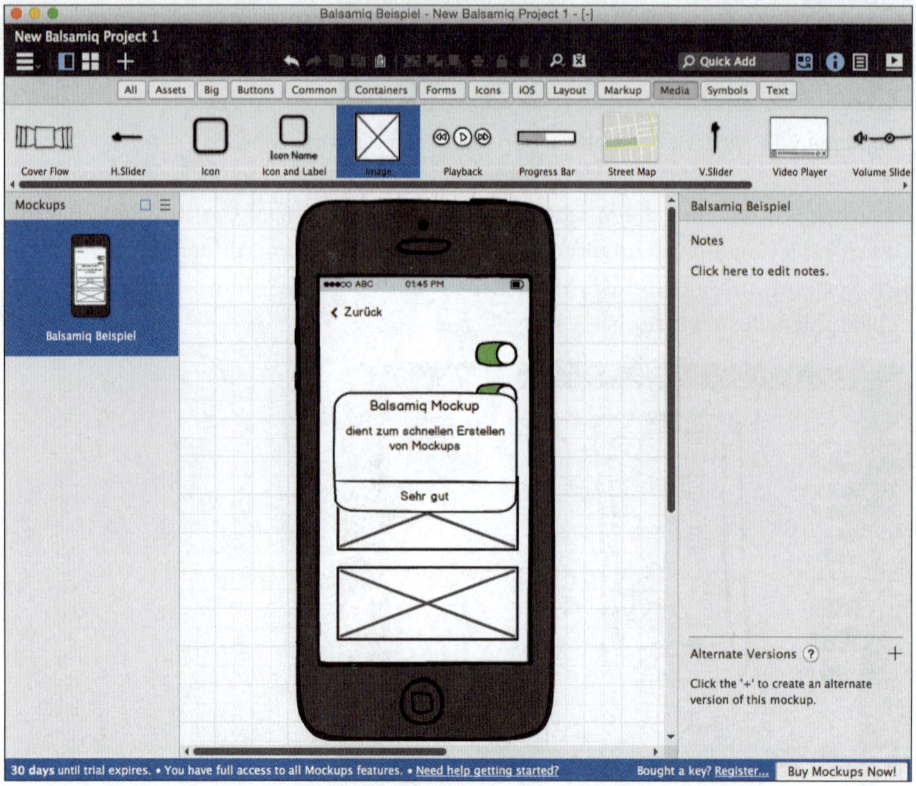

Abbildung 9.15 Für schnelle Konzeptskizzen: Balsamiq Mockups

- verfügbar für: macOS, Windows, Linux und als Browserversion
- offizielle Website: *https://balsamiq.com/wireframes/*

9.6.2 Omnigraffle

Omnigraffle ist ein Wireframe-Programm, das ähnlich funktioniert wie Balsamiq Mockups. Jedoch bietet Omnigraffle weitere Möglichkeiten: Es eignet sich für das Erstellen von Skizzen, Mindmaps, Klassendiagrammen und mehr. So können hier auch Flowcharts erstellt werden, was gerade beim Skizzieren von sehr detaillierten User Flows hilfreich sein kann. Auf diese Weise können recht komplexe Verhältnisse und Abläufe abgebildet werden.

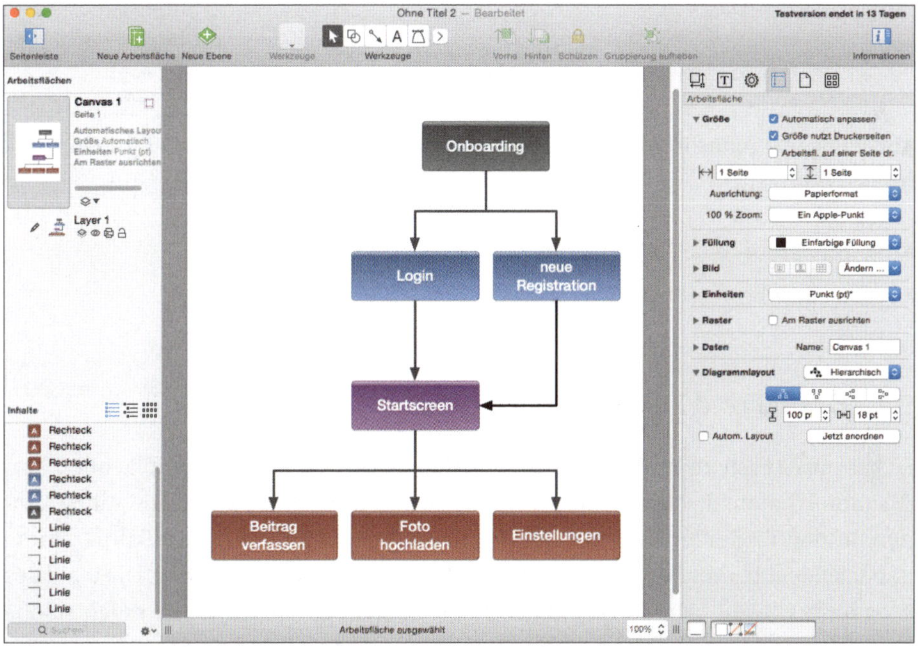

Abbildung 9.16 Mindmaps, Diagramme und mehr: Omnigraffle

- verfügbar für: macOS, iPad
- offizielle Website: *https://www.omnigroup.com/omnigraffle*

9.6.3 Axure

Mit dem Prototyping-Tool Axure kann fast alles getestet werden. Axure bietet die Möglichkeit, interaktive Prototypen zu entwickeln. So können Sitemaps und unterschiedliche Widgets erstellt werden. Es ist sogar möglich, den erstellten Wireframe auf dem eigenen mobilen Endgerät zu betrachten und zu testen.

Abbildung 9.17 Axure ist ein vielseitiges Prototyping-Tool, mit dem fast alles getestet werden kann.

- verfügbar für: macOS, Windows
- offizielle Website: *http://www.axure.com*

9.7 Grafik- und Zeichenprogramme

Sicher müsste ich vielen Lesern dieses Buchs nicht erklären, was die folgenden Programme können, da sie die meisten Tools sicher aus ihrem beruflichen Alltag kennen. In den folgenden Abschnitten möchte ich dennoch einige Grafikprogramme näher beleuchten und detaillierter auf die Vor- und Nachteile eingehen. Die Wahl des Programms bleibt selbstverständlich Ihnen überlassen. Vorgestellt werden Adobe XD, Figma und Sketch. Es gibt noch weitere Programme wie Invision Studio oder Framer, jedoch sind diese Tools leider noch nicht so weit, um wirklich produktiv genutzt zu werden.

Empfehlungen

Auf YouTube finden Sie viele wirklich sehr gute Tutorials, die Ihnen alle möglichen Kniffe in Photoshop, GIMP & Co. zeigen. Für Photoshop ist auch PSD-Tutorials eine gute Anlaufstelle im Netz, ebenso das Tutplus-Netzwerk. Bevorzugen Sie Bücher, sind die Bücher aus dem Rheinwerk Verlag zu empfehlen.

- *www.youtube.de*
- *www.rheinwerk-verlag.de/grafik-design*
- *www.psd-tutorials.de*
- *http://tutsplus.com*

Gerade für Entwickler, die ohne zusätzlichen Designer an einem App-Projekt arbeiten, kann das Design einer App eine große Herausforderung sein. Gestaltungsprinzipien müssen erlernt und Kenntnisse in Grafikprogrammen erworben werden. Es gibt viele gute Sachbücher oder Websites, die Sie bei dem Erlernen dieser Programme unterstützen.

9.7.1 Pixel vs. Vektor

Photoshop ist ein *pixelbasiertes* Gestaltungsprogramm, das zunächst für die Bildbearbeitung vorgesehen ist. Dort können pixelgenau Fotomontagen oder Retuschen von Bildern erstellt werden, die später in verschiedenen Medien verwendet werden, egal ob Print oder digital.

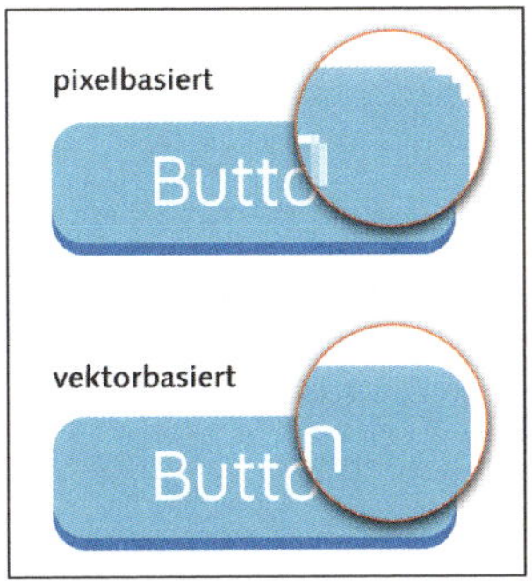

Abbildung 9.18 Pixel vs. Vektor

Die Darstellung eines Bildes basiert auf einzelnen aneinandergereihten Pixeln. In der Anfangsphase des Internets gab es keine Programme, mit denen man grafisch Websites gestalten konnte. Viele Webdesigner griffen daher auf Photoshop zurück. Noch heute wird Photoshop für die Gestaltung von Websites und User Interfaces verwendet. Der Grund: *What you see is what you get.* Ein pixelbasiertes Webdesign, das man in Photoshop gestaltet hat, lässt sich eins zu eins auf anderen Monitoren darstellen, vorausgesetzt es wurde die richtige Auflösung und Größe eingestellt.

In Illustrator und Sketch arbeiten wir vorwiegend mit Vektoren und nicht mit einzelnen Pixeln. Der Vorteil ist dabei, dass vektorbasierte Grafiken frei und vor allem verlustfrei skaliert werden können. Um jedoch zu sehen, wie diese Grafiken tatsächlich später am Monitor aussehen, muss man unbedingt eine Pixelvorschau verwenden. Denn die vektorbasierten Grafiken werden später als Pixel-Bilddateien exportiert, da Bildschirme die Bildinhalte in einzelnen Pixeln darstellen. Grafiken, die im Vektorprogramm immer schön und scharf aussahen, können nun Kacheleffekte aufweisen und unschön aussehen, und Schriften können dadurch nicht mehr lesbar sein.

Gerade die gute Lesbarkeit einer App ist wichtig. Es sind also Werkzeuge nötig, die Sie bei der Gestaltung unterstützen. Im Folgenden möchte ich Ihnen entsprechende Programme vorstellen.

9.7.2 Adobe Illustrator für Interface Design?

Adobe Illustrator ist ein vektorbasiertes Illustrationsprogramm. Mit ihm können Sie Illustrationen, Logos oder Infografiken auf *Vektorbasis* gestalten. Der Vorteil von vektorbasierten Grafiken ist die verlustfreie Skalierbarkeit.

Das Programm eignet sich im Grunde recht gut für die Gestaltung von Apps, jedoch ist der Export von Assets recht kompliziert und zeitintensiv. Exportierte Assets sind mitunter nicht scharf genug, und aufgrund von Anti-Aliasing werden Grafiken an der Rändern weichgezeichnet dargestellt. Designer, die sich mit der Gestaltung von Icons beschäftigen, nutzen vorwiegend Illustrator.

In neueren Versionen von Illustrator und Photoshop wurden neue Werkzeuge ergänzt, die den Designer bei der Entwicklung unterstützen. Ich persönlich rate Ihnen jedoch bei großen Projekten davon generell ab. Leider ist das Programm nicht sehr flexibel. Probleme gibt es vor allem beim Export von Grafiken. Doch Funktionen wie die Artboards und die sehr guten Kontur- und Formwerkzeuge können bei der Gestaltung einer App gute Dienste erweisen. Ich persönlich verwende Illustrator vorwiegend für die Gestaltung von aufwendigen Illustrationen, die ich dann per Copy & Paste in Sketch einfüge.

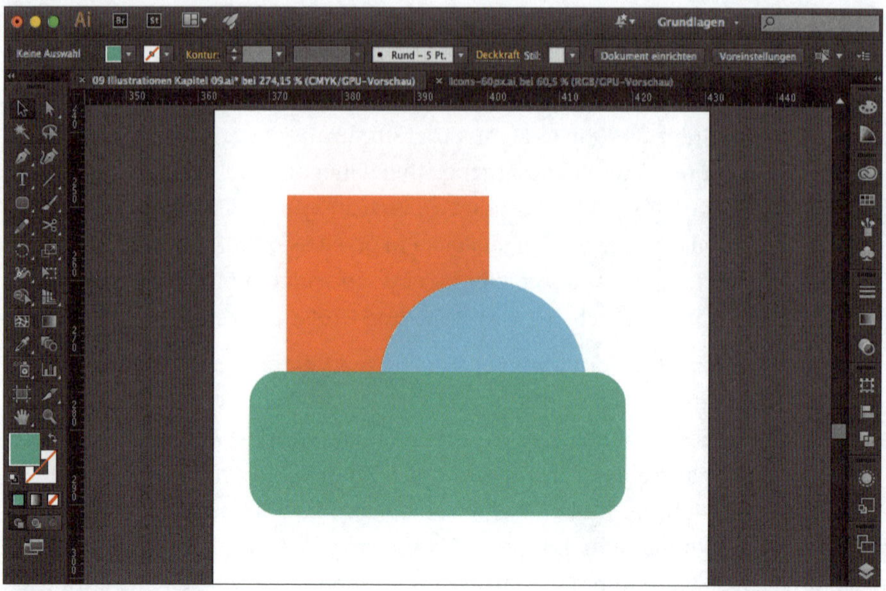

Abbildung 9.19 Adobe Illustrator ist nach wie vor ein beliebtes vektorbasiertes Grafik- und Zeichenprogramm.

Export- und Dithering-Probleme

Weitere Probleme bereitet der Export von Assets, der mithilfe eines veralteten Slice-Tools bewerkstelligt wird. Störendes Anti-Aliasing ist die Folge.

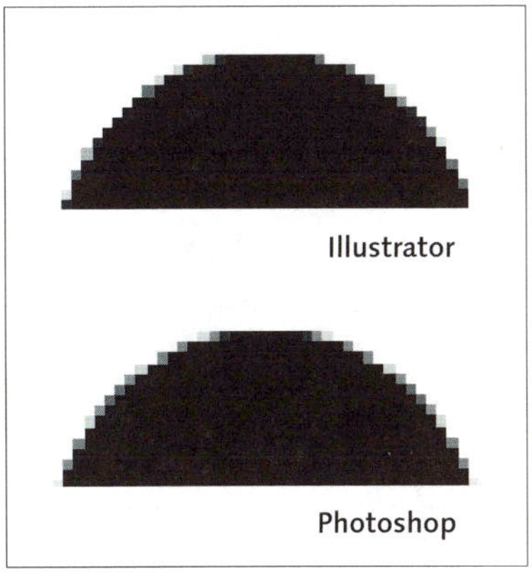

Abbildung 9.20 Anti-Aliasing bei exportierten Assets in Photoshop und in Illustrator. Achten Sie auf die Unterschiede der Kanten.

Bei Farbverläufen macht das fehlende Dithering Probleme, das Farbverläufe blockig darstellt.

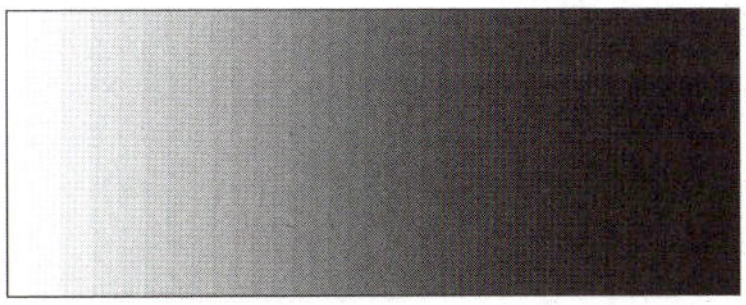

Abbildung 9.21 Farbverlauf ohne Dithering

Abbildung 9.22 Farbverlauf mit Dithering

Dithering

Das Dithering ist eine Technik, die bei der Bildverarbeitung verwendet wird, um z. B. Farbverläufe, die aufgrund technischer Restriktionen blockig bzw. hart verlaufen, zu optimieren. Hierbei werden Farbanteile vermischt und so ein homogener Farbverlauf erzeugt.

Unterm Strich eignet sich Illustrator vor allem, um komplexe Illustrationen zu erstellen, die als Grafiken in einer App genutzt werden können.

- verfügbar für: macOS, Windows
- offizielle Website: *www.adobe.com/de/products/illustrator.html*

9.7.3 Bohemian Sketch

Sketch ist mittlerweile der Star am Sternenhimmel der UI- und UX-Designer. Es ist ein vektorbasiertes Programm, das explizit für die Gestaltung von Interfaces und Websites entwickelt wurde. Es besteht auch die Möglichkeit, die Darstellung der Layouts auf Pixelbasis zu betrachten. Elemente werden numerisch auf Pixelkoordinaten positioniert. Das Programm ist sehr performant, es lassen sich blitzschnell Layouts kreieren.

Sketch ist ein vielseitiges Tool, das nicht nur App-Designern, sondern auch App-Entwicklern viele nützliche Arbeitserleichterungen bietet, so etwa die sehr gute Unterstützung im Workflow mit SVG-Dateien und vieles mehr.

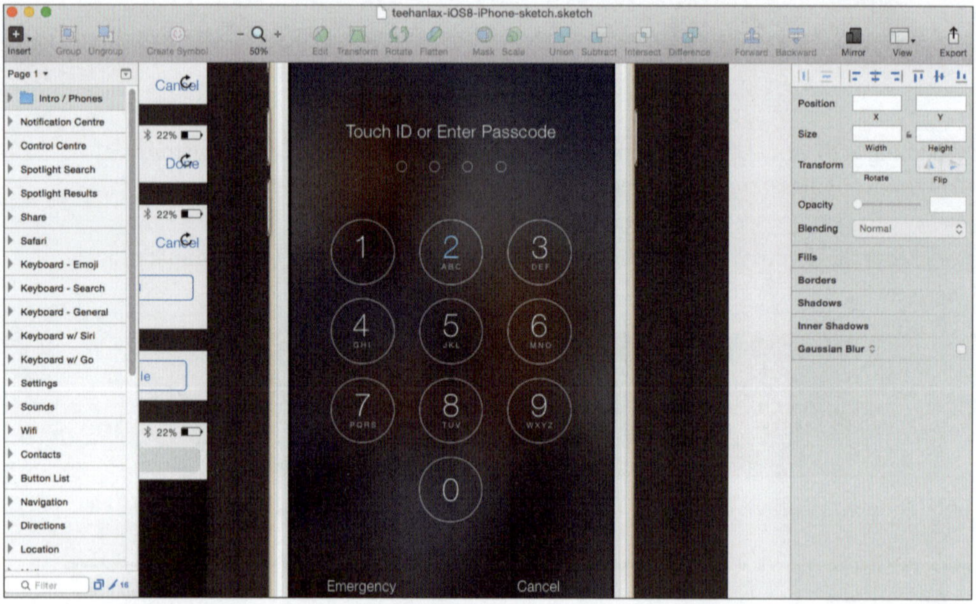

Abbildung 9.23 Sketch ist ein vielseitiges Tool.

Symbole

Symbole können verschiedene Kombinationen aus Elementen sein, die global bei jedem Layout eingesetzt werden können. Das können z. B. Icons, Schaltflächen oder weitere Symbole sein. Bei der Veränderung eines der Symbole ändern sich auch alle anderen Symbole des gleichen Typs. Die Idee dahinter ist es, ein Symbol, z. B. ein Icon, zu nutzen. Dieses Symbol samt Icon kann dann beim Gestalten genutzt werden. Nun setzen Sie dieses Icon mehrfach in Ihren Layouts ein, was ist jedoch, wenn Sie das Icon ändern möchten? Theoretisch müssten Sie nun jedes Layout begutachten und das Icon mit dem Neuen austauschen. Da Sie jedoch ein Symbol nutzen, müssen Sie lediglich im Symbol das Icon austauschen, und überall, wo Sie dieses Symbol-Icon eingesetzt haben, wird mit dem neuen Icon aktualisiert. Die Symbole befinden sich auf einer eigenen Seite und können dort editiert werden. Der sehr große Vorteil ist: Es lässt sich damit ein vollwertiges Design-System entwickeln, das Ihnen eine Weiterentwicklung der App sehr erleichtert. Ich bin in Kapitel 8 detailliert auf die Entwicklung eines Design-Systems eingegangen.

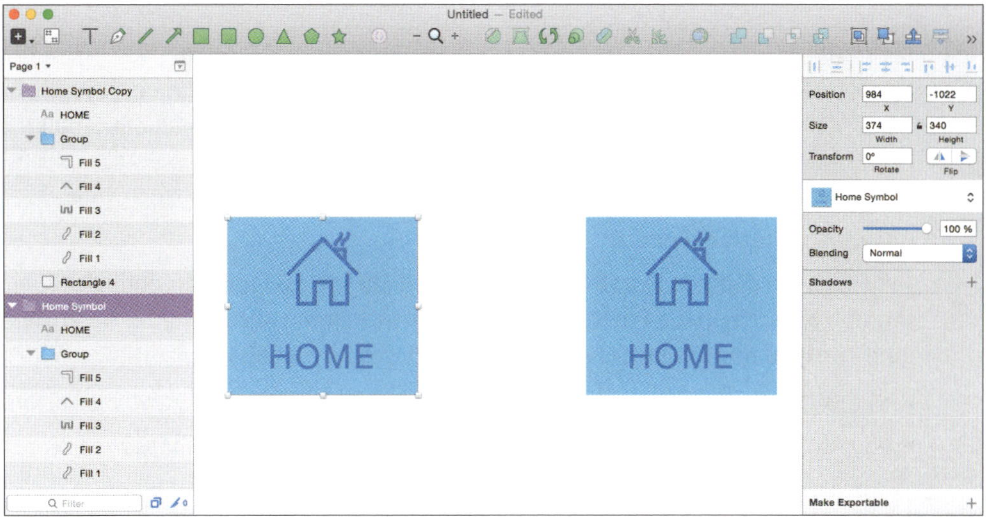

Abbildung 9.24 Ein Symbol in Sketch

Stile

Stile enthalten die Eigenschaften eines Elements. So können z. B. Texte oder Schriften eingefärbt und mit einem Schlagschatten versehen werden. Ein solcher globaler Stil kann auf andere Elemente appliziert werden. Sobald z. B. für den Stil eine andere Farbe gewählt wurde, verändern sich farblich auch alle Elemente mit demselben Stil. Diese Stile können auf Texte und Formobjekte und Konturen angewendet werden.

Symbol Overrides

Wenn Sie Stile und Textfelder in Ihren Symbolen nutzen, können Sie diese mittels sogenannter Overrides überschreiben. Als Beispiel nehmen wir ein Textfeld samt Stil, der die Box definiert, und einen hellgrauen Platzhaltertext. All das ist in einem Symbol zusammengefasst. Sie können nun weitere Stile definieren, z. B. ein Style für ein Fehlertextfeld, also ein Error State des Textfeldes durch Falscheingabe. So können Sie ein Symbol für mehrere Fälle nutzen durch Überschreibung des Urzustands. Auf die Overrides bin ich in Kapitel 8 eingegangen.

Artboards

Ebenso gibt es Artboards und vorgefertigte Templates für Smartphones und Tablets sowie für die Apple Watch. Ein großer Vorteil von Sketch ist zudem der sehr einfache Export von Assets. So reichen wenige Klicks, und alle markierten Icons, Visuals oder andere Elemente werden für die spezifischen Plattformen exportiert.

Prototyping

Sketch beinhaltet eine Funktion, mit der sich Low-Fidelity-Prototypen entwickeln lassen. Diese können dann auf dem Smartphone, Browser oder in einem Emulator getestet werden.

Bohemian Sketch erweitern

Neben den vielfältigen Exportfunktionen bietet Sketch eine große freundliche Community, die stetig neue Plugins für Sketch entwickelt. Zu Sketch gibt es auch viele gute Vorlagen und Plugins. Hier lohnt es sich durchaus, ein bisschen zu stöbern:

- Die Sketch Toolbox bietet eine große Auswahl an Plugins: *http://sketchtoolbox.com*.
- Ein Blick lohnt sich auch auf die Sketch App Sources: *www.sketchappsources.com*.
- Auch auf GitHub sind Plugins zu finden: *https://github.com/sketchplugins/plugin-directory*.

Einige Plugins generieren sogar Styleguides, in denen alle Textstile, Symbole und Farben gesammelt werden, was sehr beim strukturierten und ordentlichen Anlegen von Layouts hilft. Die Vielfalt der Sketch-Plugins ist recht hoch, und es finden sich stetig neue, mitunter sehr interessante Plugins.

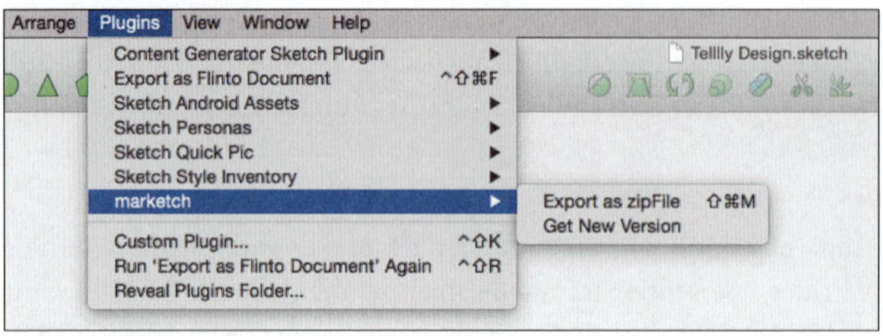

Abbildung 9.25 Das Plugin »Marketch« erstellt eine lokale Website, die quasi wie ein Styleguide fungiert.

Sketch hat jedoch auch einige Nachteile. So gibt es immer noch kleine Fehler bei der Nutzung und dem Umgang mit Bitmaps. Bitmaps bzw. Bilder können nur maskiert oder mit Überblendeffekten genutzt werden. Eine Bildbearbeitung wie in Photoshop ist nicht möglich. Die Entwickler sind jedoch sehr bemüht, alle Fehler auszubügeln und neue Features zu implementieren. Auch ist das Programm leider nur für den Mac verfügbar. Sketch kündigte jedoch Anfang 2019 eine Webversion sowie ein Collaborations Feature für Sketch an, was bedeutet, dass es auch auf Windows lauffähig sein wird.

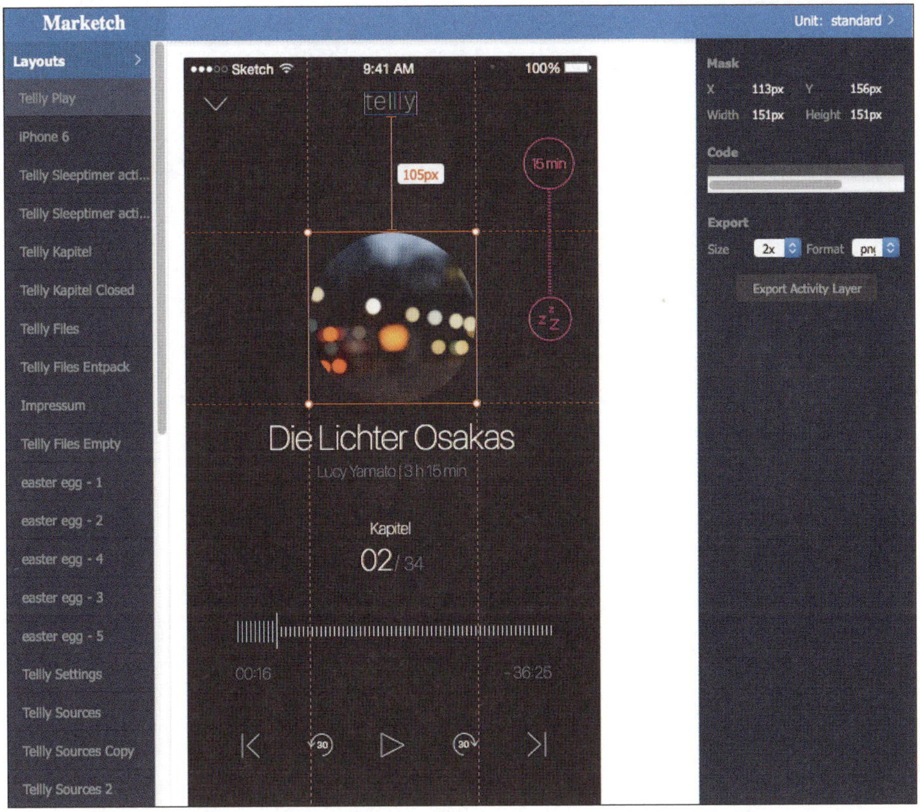

Abbildung 9.26 Ansicht der lokalen Website von »Marketch«. Hier können Elemente eines Layouts genauer betrachtet und Farben und Abstände abgelesen werden.

Ich rate dennoch jedem Interessierten, das Programm einmal zu testen. Anfangs war ich skeptisch, mittlerweile gestalte ich alle meine Apps in Sketch und bin schneller als zuvor und habe mehr Zeit für den kreativen Teil des Jobs.

- verfügbar für: macOS
- offizielle Website: *www.sketch.com*

9.7.4 Adobe XD

Adobe XD wurde von Designern für Designer entwickelt. Mit Adobe XD können Sie digitale Designs für Apps, Websites und Prototypen entwickeln. Die Oberfläche erinnert sehr an Sketch. Man muss auch gestehen, dass die »Kopie« wohlmöglich so gewollt ist, ist doch Adobe XD die Antwort auf Sketch, seit viele Designer von dem langsamen und mühsamen Photoshop/Illustrator zu Sketch gewechselt sind. Das Tolle ist jedoch: Adobe XD ist kostenlos.

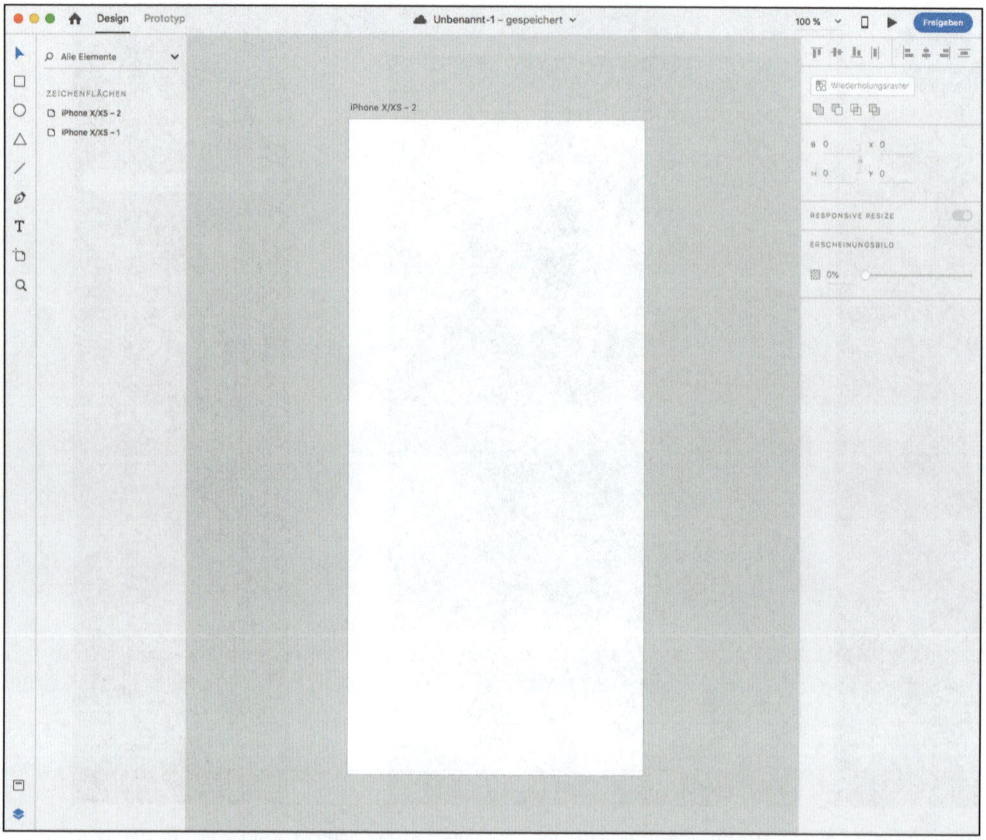

Abbildung 9.27 Adobe XD Nutzeroberfläche

Adobe XD unterscheidet zwischen zwei Ansichten: dem Design-Modus und dem Prototypen-Modus. Der Anwender kann zwischen diesen Ansichten im oberen Tab-Bereich wechseln.

Neuerdings verfügt Adobe XD über die Möglichkeit, Plugins zu installieren. Leider ist der Umfang dieser Plugins noch sehr gering. Aber sicherlich werden wir in den kommenden Jahren noch mehr Plugins für Adobe XD erhalten.

Für Adobe gibt es auch ein Mirror-Programm, welches in den App Stores verfügbar ist, sowie die Möglichkeit, *Zeplin.io* zu nutzen. Mit Zeplin können Sie erstellte Layouts, Assets und Styleguides samt Komponenten an Ihre Entwickler übermitteln.

Komponenten

Adobe XD verfügt ebenso über Symbol-Funktionalitäten wie Sketch, jedoch werden diese Symbole Komponenten genannt. Diese verhalten sich aber anders als jene in Sketch. So gibt es eine Master-Komponente und Instanzen. Instanzen sind Kopien der Komponenten und enthalten nur die rudimentären Informationen, wie Position oder Schriftart. Overrides können Sie direkt in den Instanzen selber machen. Hier finden Sie ein gutes Video, das die Funktionalität beschreibt: *https://www.youtube.com/watch?v=PCICHoZDxhM*. Mir persönlich gefällt die Lösung von Sketch besser, da jedes Symbol gleich ist und nicht zwischen Master und Instanz unterschieden wird.

Stile

Wie in Sketch auch können Farb-, Form- und Textstile erstellt werden. Ebenso wird hier mit Artboards gearbeitet, und diese können auch wie in Sketch zu einem einfachen Prototypen verknüpft werden.

Overrides

Overrides funktionieren in Adobe XD anders als in Sketch. In Adobe XD können Sie in den Instanzen die Inhalte ändern, ohne dies im Inspektor zu tun. Im Grunde ist es so, als würden Sie ganz normal arbeiten und keine Dropdowns bedienen. Textänderungen werden direkt im Textfeld gemacht, Farbänderungen ebenso.

- verfügbar: macOS, Windows
- offizielle Website: *www.adobe.com/de/products/xd.html*

9.7.5 Figma

Figma ist das erst All-in-one-Design-Tool, welches im Browser genutzt wird. Hierbei können Teams zusammen in einem Dokument arbeiten. Sie sehen sogar den Cursor Ihres Teammitglieds. Ebenso bietet Figma auch eine App ihres Tools an, welche jedoch in einem Browser-Container abläuft.

Sicherlich liegt die Zukunft von Apps in Browsertechnologien, jedoch bin ich im Falle von Figma noch nicht ganz überzeugt, sind es doch Performance-Probleme, die das Arbeiten mit Figma ein wenig trüben. Jedoch hält Figma viel tolle Features bereit, die sicherlich auch demnächst in anderen Programm-Tools enthalten sein werden.

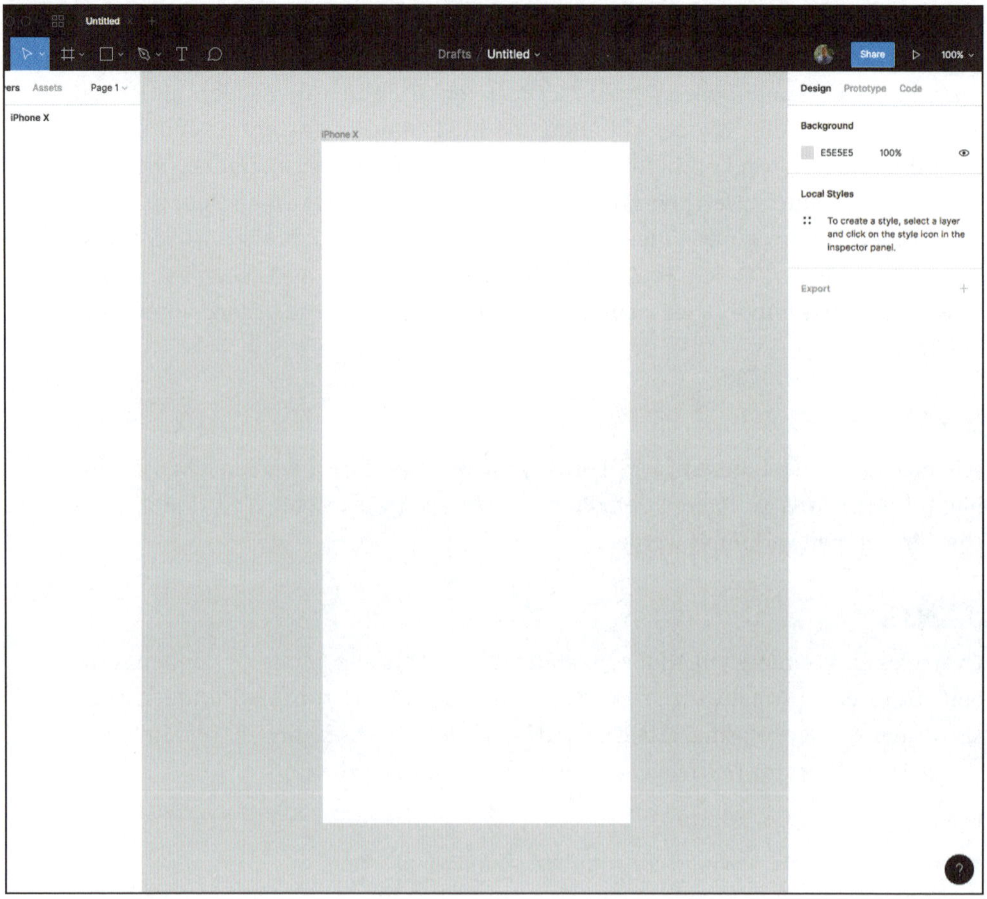

Abbildung 9.28 Figma Nutzeroberfläche

Komponenten

In Figma gibt es wie in den Programmen zuvor Komponenten bzw. Symbole. Auch hier arbeitet Figma ähnlich zu Adobe XD und nutzt eine Master-Komponente und die jeweiligen Instanzen. Änderungen an der Master-Komponente sorgen für Änderungen aller Instanzen. Änderungen an Instanzen bleiben auch nur bei Instanzen.

Overrides

Bei folgenden Objekten sind Overrides möglich: Text-Eigenschaften, Farbfüllungen, Konturen, Effekte und – das ist besonders interessant – Bounding Box. Ausgeschlossen von Overrides sind Größe, Positionen, Rotation, Constraints, Layer Hierarchy, Kurvenpunkte und -position. Overrides werden wie auch in Adobe XD auf der Bühne direkt gemacht. Hier finden Sie Näheres zu Komponenten unter Figma: *https://www.youtube.com/watch?v=k74IrUNaJVk*.

Stile

Ähnlich Sketch oder Adobe XD verfügt Figma über Farb-, Form- und Textstile. Hier erfahren Sie mehr über Stile in Figma: *www.youtube.com/watch?v=gtQ_A3imzsg.*

Weitere Features

Sie haben die Möglichkeit, mit anderen Team-Mitgliedern an einem Projekt zu arbeiten. Sie sehen in der Tat, woran die anderen Mitglieder arbeiten, und befinden sich im selben Dokument. Sollten Sie Google Docs kennen, dann ist es genauso.

Das Bearbeiten von Vektorgrafiken erreicht bei Figma eine neue Dimension und wurde so bisher nicht von den großen Grafiktools umgesetzt. Ich hoffe, andere Anbieter schneiden sich davon eine Scheibe ab. Der Clou dabei: Ein Vektorpunkt kann mehrere Verknüpfungen haben. Wer sich dieses sogenannte Vector Networks mal anschauen möchte: *www.youtube.com/watch?v=b-xDRjf5B-8.*

Figma verfügt ebenso über eine Komponenten-Library. Hierbei können Team-Mitglieder neue Komponenten hinzufügen oder alte verbessern bzw. überarbeiten samt Versionskontrolle. Ebenso ein inkludiertes Hand-Off für die Entwicklung.

- verfügbar: macOS, Windows, Linux
- offizielle Website: *www.figma.com*

9.7.6 Mirror-Programme

Sketch verfügt über einen sogenannten *Mirrormodus*, und auch Adobe bietet mit Adobe XD for iOS/Android ein Mirror-Programm an. Mit der Mirror-Funktion können Sie sich Ihre aktuellen Interface-Designs direkt auf Ihr mobiles Endgerät spiegeln und live Anpassungen im Design anzeigen lassen.

Abbildung 9.29 Mirror-Applikationen wie Sketch Mirror, Adobe XD, Skala Preview oder Crystal erlauben das Begutachten des Designs direkt auf dem mobilen Gerät.

Im Grunde handelt es sich um einen erweiterten Bildschirmmodus. Alle Änderungen, die Sie im Layout auf dem Desktop-Bildschirm vornehmen, werden aktualisiert auf dem Endgerät dargestellt. So können Sie quasi auf dem Smartphone oder Tablet designen. Es gibt auch andere Entwicklerstudios, die solche Lösungen bieten, z. B. Skala Preview von Bjango.

- Skala Preview: *https://bjango.com/mac/skalapreview*
- Adobe XD for iOS: *https://itunes.apple.com/de/app/adobe-experience-design-preview-your-prototypes/id1146597773?mt=8*

- Adobe XD for Android: *https://play.google.com/store/apps/details?id=com.adobe.sparklerandroid&hl=de*
- Sketch Mirror für iOS: *https://itunes.apple.com/de/app/sketch-mirror/id677296955?mt=8*
- Crytal für Sketch unter Android: *https://play.google.com/store/apps/details?id=com.smithyproductions.crystal&hl=de*

Der Vorteil solcher Mirror-Programme liegt klar auf der Hand: Farben, Formen, Schriften und Schriftgrößen werden direkt auf dem Endgerät dargestellt und können also im »echten Kontext« begutachtet werden. So wird der klassische Fehler, nur auf dem Desktop-Monitor zu gestalten und sich am Ende zu wundern, dass Schriften zu klein, Farben falsch dargestellt oder Formen zu klein oder zu groß sind, vermieden.

Die Größe der Bedienelemente ist eines der entscheidenden Kriterien bei der Touch-Bedienung. Mit solchen Mirror-Programmen kann die Größe exakt ermittelt werden, und insgesamt bekommen Sie als Designer so ein besseres Gefühl für die Gestaltung und Bedienung der App.

Ob Adobe XD, Figma oder Sketch – egal, welche Programme Sie für Ihre Gestaltung bevorzugen, entscheiden Sie sich für die Software, die Ihren Bedürfnissen am besten entgegenkommt. Ich persönlich bin auf den Bohemian-Sketch-Zug aufgesprungen. Für mich ist in dieser Software der UI-Design-Workflow am besten gelöst.

9.8 Tools für das Rapid Prototyping

Neben dem High- oder Low-Fidelity-Prototypen gibt es das sogenannte *Rapid Prototyping*. Im Rapid Prototyping werden zum einen Micro-Interaktionen für Custom Controls und zum anderen komplette Screens entwickelt. An sich handelt es sich dabei um High-Fidelity-Prototypen, die sich jedoch nur auf einen spezifischen Teil der App konzentrieren. Es gibt unzählige Applikationen oder Tools, die Sie beim Erstellen von Low- oder High-Fidelity-Prototypen unterstützen. Von einfachen Programmen, die selbst solche Prototypen generieren, bis zu komplexen Tools, für deren Verwendung Programmierkenntnisse benötigt werden, ist alles zu finden.

9.8.1 POP – Prototyping on Paper

POP (Prototyping on Paper) von Marvel App ist ein Tool für das iPhone, mit dem man Aufnahmen von einzelnen Seiten eines Papier-Prototyps logisch miteinander verlinken kann. Alternativ können auch Designs geladen und ebenso miteinander verlinkt werden. Ebenso können Sie direkt auf dem Smartphone Ihre App zeichnen. Zudem können hier neben Taps auch Swipe-Gesten simuliert werden. Andere Screens können also einfach eingeblendet oder hereingefahren werden. Zwar ist der verfügbare Animationsumfang recht gering, dennoch reicht er, um ein Gefühl dafür zu bekommen, ob der geplante User Flow gut oder schlecht funktioniert.

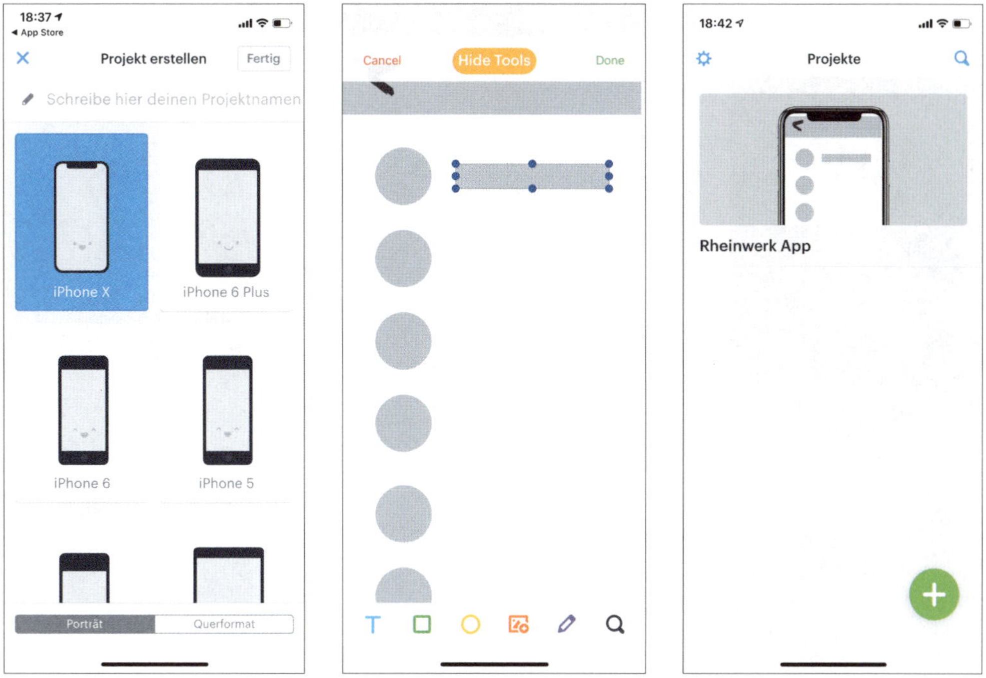

Abbildung 9.30 Mit POP lassen sich Aufnahmen von einzelnen Seiten eines Papier-Prototyps logisch miteinander verlinken oder direkt auf dem Gerät erstellen.

POP ermöglicht Low-Fidelity-Prototypen mit eingeschränktem Umfang. Es eignet sich nicht für individuelle Lösungen und Konzepte. So können keine scrollbaren Listen oder interaktive Elemente dargestellt werden, lediglich einseitige Layouts. Das Tool erfordert vom Anwender keinerlei Programmierkenntnisse. Es ist einfach zu bedienen, und man kann recht schnell einen einfachen Prototypen entwickeln.

- verfügbar für: Webapplikation, iOS, Android
- offizielle Website: *https://marvelapp.com*

9.8.2 Pixate

Pixate ist ein Prototyp-Entwicklungsprogramm, das über einen größeren Funktionsumfang verfügt als POP. Mit Pixate können Sie schnell interaktive Prototypen für mobile Endgeräte erstellen. Dabei können Sie individuelle Listen und zusammenhängende Animationen erstellen. Entwickeln Sie z. B. ein Swipe-to-Choose-Element oder anderweitig scrollende, sich bewegende einzelne Objekte. Auch bietet das Programm einen Mirror-Modus an, mit dem die erzeugten Prototypen direkt auf das Endgerät übertragen und getestet werden können.

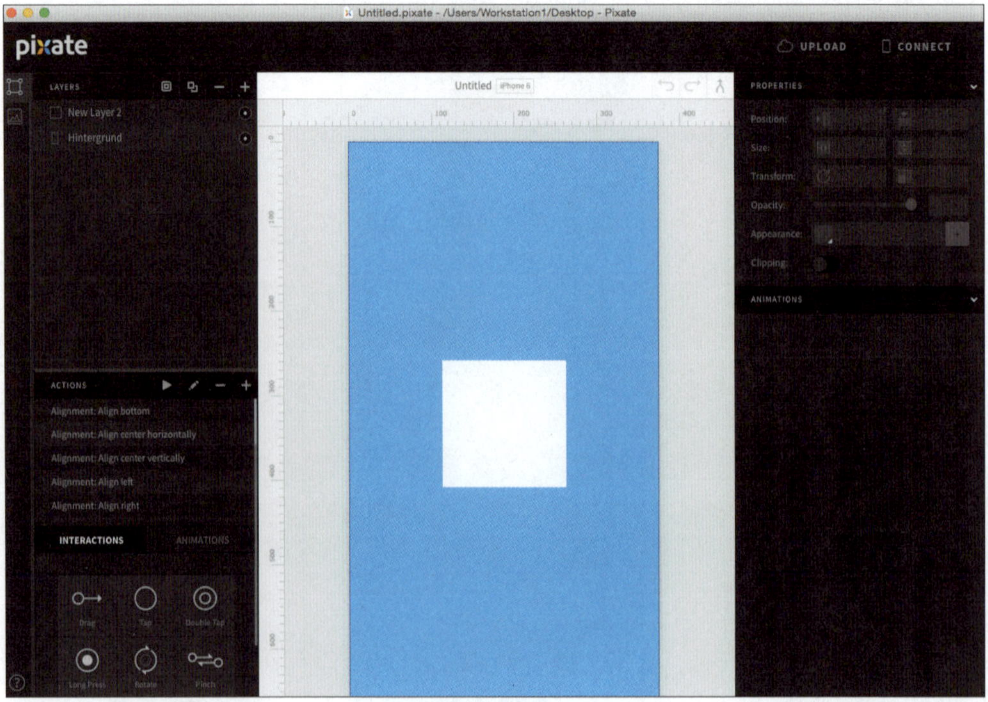

Abbildung 9.31 Mit Pixate können interaktive Prototypen für mobile Endgeräte erstellt werden.

Pixate ermöglicht es, High-Fidelity-Prototypen zu entwickeln, die mehr können, als nur Screens anzuzeigen.

In Pixate lässt sich zwar vieles über Drag & Drop erledigen, um einen umfangreichen Prototypen zu erstellen, benötigen Sie jedoch ein wenig Programmierkenntnisse. Pixate macht es allerdings sehr einfach, das Nötige zu erlernen. Im Netz finden sich ausführliche Tutorial-Videos und Beispielprojekte zum Herunterladen.

- verfügbar für: macOS, Windows
- offizielle Website: *www.pixate.com*

9.8.3 Framer.js

Framer.js ist ein Open-Source-JavaScript-Framework für Rapid Prototyping. Es handelt sich also um ein Prototyp-Tool, das Programmierkenntnisse erfordert. Framer.js bietet neben dem Open-Source-Framework und einer Bedienoberfläche, die Adobe XD sehr ähnlich ist, eine kleine, aber feine Entwicklungsumgebung mit dazugehörigem Viewer. Ebenso gibt es Mirror-Programme für die jeweiligen Endgeräte.

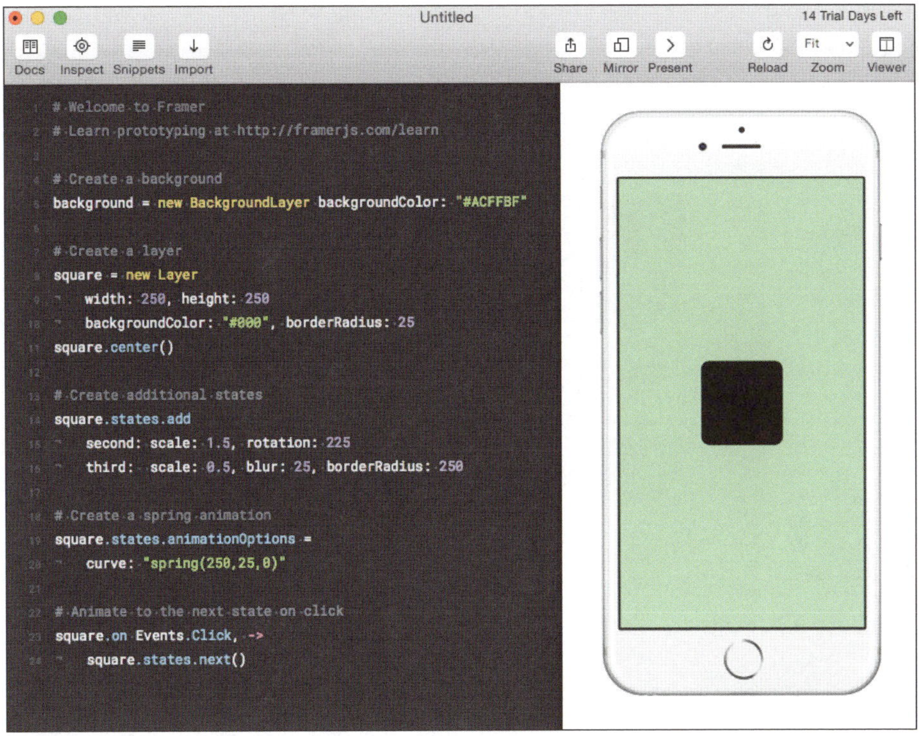

Abbildung 9.32 Screenshot Framer.js

Der Einstieg in das interaktive Prototyping mit Framer ist gar nicht so schwer, wie man vermuten würde. Sie gestalten Ihre Applikation und können diese in einfache Prototypen umwandeln. Dabei können Sie Animationen oder Transitions programmieren oder fertige Module nutzen, um Ihr Ziel zu erreichen. Komplexere Animationen und Funktionen lassen sich dann mit JavaScript realisieren. Wenn ausreichend Programmierkenntnisse vorhanden sind, können sehr komplexe Animationen und Controls umgesetzt werden.

Einen Nachteil hat Framer: Die entwickelten Prototypen sind nur auf WebKit-Browsern wie Safari oder Chrome lauffähig. Mit Firefox sind diese Prototypen aktuell nicht kompatibel.

- verfügbar für: macOS, Windows (demnächst)
- offizielle Website: *www.framer.com*

9.8.4 Flinto for Mac

Flinto for Mac ist eine macOS-Applikation, mit der sich High-Fidelity-Prototypen entwickeln lassen. Hier können komplette User Flows abgebildet werden. Auch können Artboards von Sketch importiert und animiert werden.

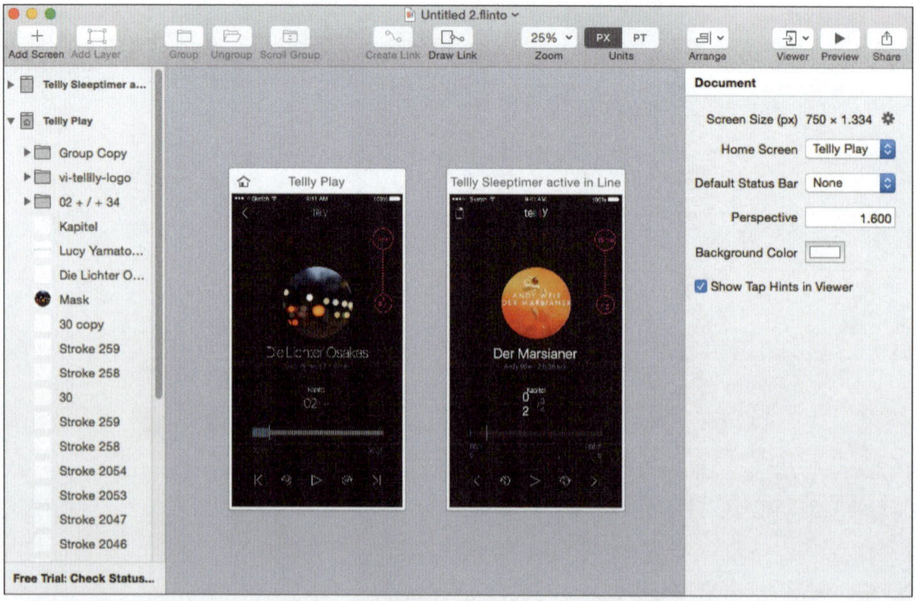

Abbildung 9.33 Flinto-for-Mac-Oberfläche

Die App verbindet einzelne Screens miteinander, sodass Sie eine einfache Klickdemo erhalten. Anschließend können Sie den Übergang zwischen den zwei Screens mit dem sogenannten Transition Designer definieren, wobei Sie die Elemente auf dem Screen in vielfältiger Weise verändern können. So sind Rotationen, Vergrößerungen und Verkleinerungen möglich.

Ebenso sind 3D-Manipulationen der Elemente möglich, und es können sogenannte Behavior-Objekte erstellt werden. Sie stellen quasi eine weitere Interaktionseben zur Verfügung, die vergleichbar mit den Symbolen unter Sketch ist.

Diesen Prototypen können Sie mit der entsprechenden App nun auf dem Smartphone testen. Durch den Import und die sehr einfache Nutzung ist Flinto eines der besten Tools für das Erstellen von High-Fidelity-Prototypen. Ein weiterer sehr großer Vorteil ist, dass Sketch-Dateien mit entsprechendem Flinto-Plugin problemlos in Flinto importiert werden können. Ein Klick reicht aus, und in wenigen Sekunden stehen die Designs in Flinto zur Verfügung.

- verfügbar für: macOS
- offizielle Website: *www.flinto.com/mac*

9.8.5 Principle

Principle ist eine Mac-Applikation zum Erstellen von High-Fidelity-Prototypen. Während bei Flinto nur rudimentäre Animationen zwischen den Screens erstellt werden können, können Sie in Principle komplexe Animationen gestalten. Diese werden mittels einer Timeline dargestellt, auf der Sie die Animationen genau definieren und gestalten können.

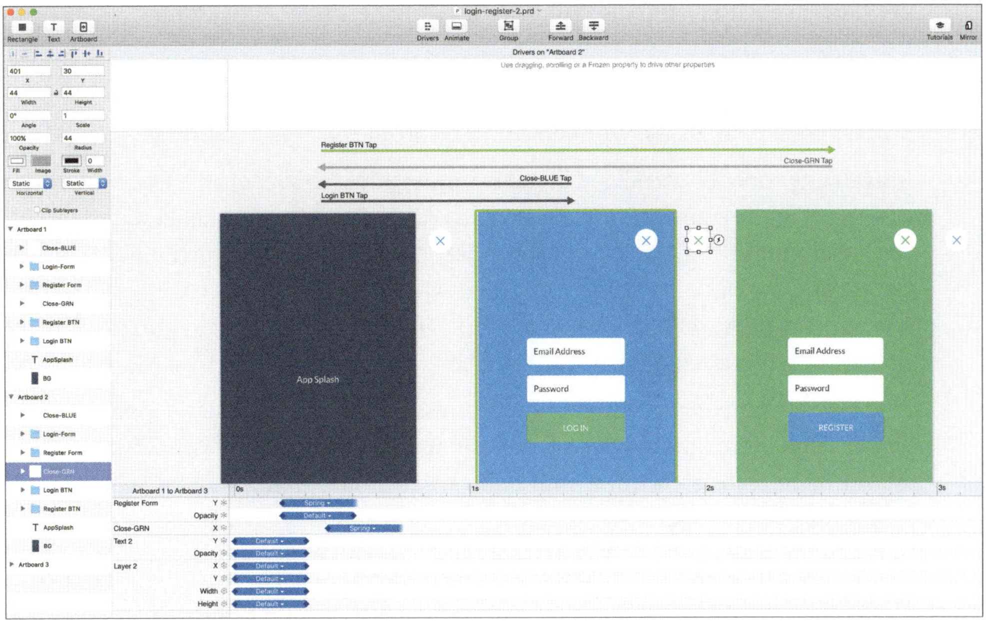

Abbildung 9.34 Principle-App for Mac

Neben der Animations-Timeline gibt es eine weitere Timeline über dem Hauptbereich, die sogenannte Drivers enthält. Mit Drivers lassen sich Animationen auf Basis von Gesten o. Ä. erstellen. Sogar das Erstellen von Micro-Interaktionen ist möglich, ebenso wie die Gestaltung einer Swipe-to-Choose-Geste wie in *Tinder*. Ebenso sind keine 3D-Animationen möglich.

- verfügbar für: macOS
- offizielle Website: *http://principleformac.com*

9.8.6 Design- und Entwicklungsperspektive

Als App-Designer müssen Sie sich zwangsläufig mit der Perspektive des Designers und der des Entwicklers auseinandersetzen.

Wunsch der Designerseite ist es, eine ästhetisch ansprechende App umzusetzen, die gefällig animiert ist und dem Auge schmeichelt. Die Entwicklerseite wünscht sich einen sauber strukturierten Quellcode, der gut kommentiert und flexibel genug ist, um neue Funktionen einfach zu implementieren. In der Regel kommt es zwischen diesen beiden Perspektiven zu Konflikten und zu manchmal schlechten Kompromissen, die oft nicht zugunsten des Nutzers ausfallen und sich negativ auf die User Experience auswirken.

»Prioritäten lenken Leben«, sagt ein Sprichwort. Die Priorität einer App sollte immer der Nutzer sein und nicht die Wünsche des Designers oder Entwicklers.

Arbeiten Sie zusammen, holen Sie frühzeitig alle Projektbeteiligten mit ins Boot. Denn auch in der Konzeptionsphase haben Entwickler sehr gute Ideen, die den Designprozess ungemein fördern können, und ich spreche hier aus Erfahrung.

Als Designer oder Entwickler sollten Sie immer auch versuchen, die Perspektive des jeweils anderen einzunehmen, und im Fokus Ihrer Bemühungen dabei stets den Nutzer haben. Im optimalen Fall versteht der Entwickler immer auch ein wenig von Design und der Designer etwas von der Entwicklung von Apps. Die Verwendung von Personas (siehe Abschnitt »Personas« auf Seite 216) ist hierbei ein gutes Mittel, an strittigen Stellen einen Konsens zu finden.

Eine gute App entsteht nicht aus Kompromissen, sondern durchläuft einen Prozess, der wiederkehrend Phasen der Konzeption und des Testens umfasst. Eine gute App, die im Team realisiert wird, ist nur dann wirklich gut, wenn sie zum Schluss eines zeigt: gutes Teamwork.

Weiter geht's

In den folgenden vier Kapiteln nehmen wir das grafische App-Design unter die Lupe. Wir beschäftigen uns neben den Trends und Stilrichtungen mit Grafiken, Icons, Typografie, Formen und Farben.

Kapitel 10
Inspiration und Trends

Sich immer wieder Inspiration zu holen, ist auch während der Gestaltungsphase einer App wichtig. Bevor ich in den Kapiteln 11, 12 und 13 detailliert auf Typografie, Farbe, Icons und Bilder in der App-Gestaltung eingehe, möchte ich in diesem Kapitel einen Blick auf aktuelle Trends werfen und Ihnen einige Hinweise und Tipps geben, die Ihnen dabei helfen, kreativ zu bleiben und nicht den Spaß an der Sache zu verlieren.

10.1 Inspiration im Netz

Sie finden Inspiration auf vielfältigen Wegen. Bei mir reicht ein kurzer Spaziergang, bei dem ich meinen Gedanken freien Lauf lassen kann. Konkretere Inspirationen bietet das Internet. Der regelmäßige Besuch verschiedener Plattformen, Blogs oder bestimmter Newsfeeds bringt stets neuen Input. In diesem Abschnitt werde ich Ihnen einige Websites vorstellen, auf denen ich mir regelmäßig Inspiration hole.

Wenn es um neue Features und Technologien geht, sind gerade die jährlich stattfindenden Developer-Konferenzen interessant. Bei uns im Büro ist das sogar ein Gemeinschaftsereignis: Wir schauen uns den Livestream des Events zusammen in unseren Büroräumen an und essen dabei Pizza.

Für Apple-Produkte ist die Worldwide Developer Conference (WWDC) maßgeblich und für Google-Produkte die Google I/O. Die Präsentationen sind später auch im Internet verfügbar.

- WWDC 2019: *https://developer.apple.com/wwdc19/*
- Google I/O 2019: *https://events.google.com/io/*

Es ist empfehlenswert, diese Videos und die Hauptpräsentation anzuschauen. Das inspiriert und hilft Ihnen, auf dem Laufenden zu bleiben.

10.1.1 Inspiration für Designs

Farbe, Form, Muster, Anordnung, Raster, Kontrast – auf zahlreichen Websites können sich App-Designer Inspiration für die Gestaltung ihrer App holen. Ein paar dieser Sites möchte ich hier nun vorstellen.

Dribbble

Dribbble ist eine Designer-Community, in der sich Designer frühzeitig Meinungen von anderen Designern einholen können. In der Community können die Nutzer sogenannte *Shots* – Screenshots ihrer Werke im Format 400 × 300 Pixel (Retina: 800 × 600 px) – hochladen. Mittlerweile können auch GIFs oder 24-Sekunden-Videos hochgeladen werden. Größere Bilder können angehängt werden. Die Dribbble-Community hat dann die Möglichkeit, das Werk zu kommentieren.

Dribbble

Rich Thornett und Dan Cederholm aus Amerika sind die Gründer von Dribbble. Zwischenzeitlich war die Mitgliedschaft nur noch über eine direkte Einladung möglich. Gerade diese Beschränkung verursachte einen regelrechten Hype. Mittlerweile steht die Community wieder allen Nutzern offen.

Die Idee der Website ist recht simpel und doch genial: Nutzer können so Ausschnitte ihrer Designs hochladen und anderen Designern zeigen. Diese können diese Shots dann liken, kommentieren oder rebounden. Ein Rebound ist als eine Art Hommage des Ursprungsbildes zu sehen. Hier wird das Bild anders interpretiert bzw. nachgebaut.

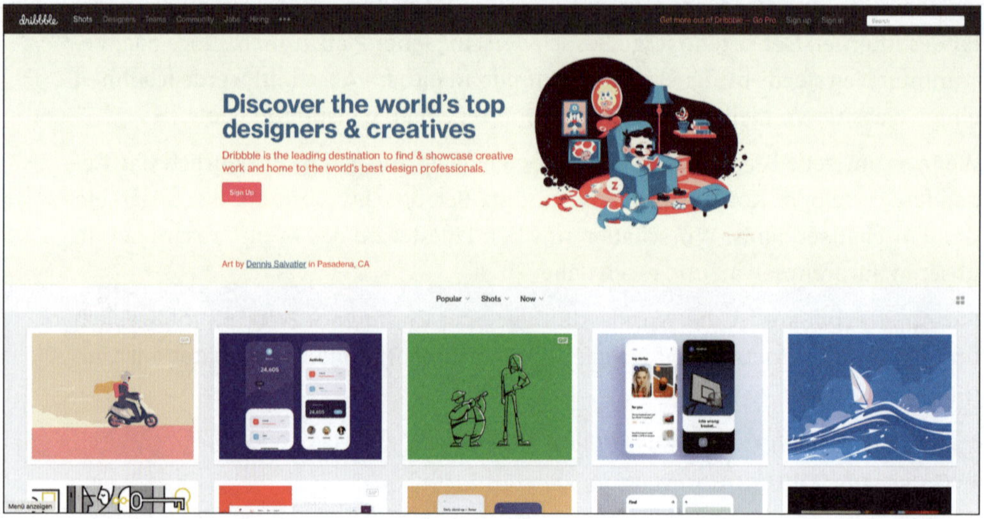

Abbildung 10.1 Die Startseite von dribbble.com

Ein Vorteil dieser Plattform ist, dass viele Shots sich mit dem Thema App-Design oder mit UI-Design im Allgemeinen beschäftigen. Durch den Einsatz von Videos oder GIFs können wir kurze Ausschnitte sehen, in denen z. B. ein Interface animiert ist.

Das Feedback der Community erlaubt es, den Erfolg einer Idee oder einer Gestaltung vorab zu testen und Verbesserungen vorzunehmen. Dies führt zu einer ständigen kreativen Weiterentwicklung der eigenen Idee, die mit Dribbbles Rebound-Funktion (Upload von Variationen des Designs) nachhaltig unterstützt wird.

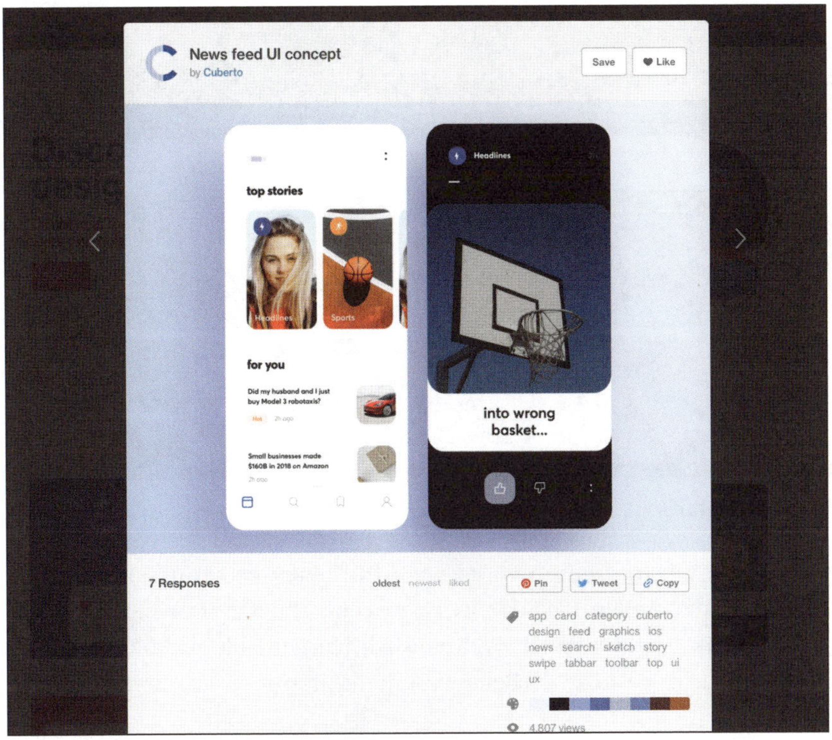

Abbildung 10.2 Ein »Dribbble-Shot«

Für mich ist die Dribbble-Plattform immer die erste Anlaufstelle, wenn es um ein digitales Produkt geht, wie z. B. bei Apps oder Webdesign. Man kann nach Farbschemen oder bestimmten Begriffen suchen oder einfach in Sammlungen anderer stöbern. Ebenso kann man als Nutzer anderen Nutzern folgen und erhält in seiner Übersichtsseite die aktuellsten Shots. Dribbble eignet sich hervorragend dafür, nicht nur Gestaltungsansätze zu entdecken, sondern auch funktionale Inspiration und konstruktives Feedback zu erhalten. Die Möglichkeit, GIF- bzw. Video-Animationen hochzuladen, ist ein äußerst gelungenes Extra.

- *www.dribbble.com*

Behance

Behance ist eine Designer-Community, auf der Mitglieder ihre Portfolios online präsentieren können. Die Plattform ist dabei durchaus vergleichbar mit Dribbble, bietet jedoch einen größeren Funktionsumfang. Was bei Dribbble lediglich kleine Shots sind, sind bei Behance große individuell gestaltete Projektsammlungen. Behance ist eine Plattform für alle kreativ Schaffenden aus verschiedenen Branchen; von der Architektur über das klassische Print bis hin zu App-Design findet alles statt.

Abbildung 10.3 Die Startseite von Behance

Ich nutze Behance, um Inspiration vorwiegend für neue Gestaltungsansätze oder Ideen für Typografie zu finden. Bei Behance geht es eher um den Look-&-Feel-Aspekt und weniger um die Funktionalität. Während ich bei Dribbble nach konkreteren Lösungsansätzen suche, besuche ich Behance, um Inspiration für das Branding einer App zu finden.

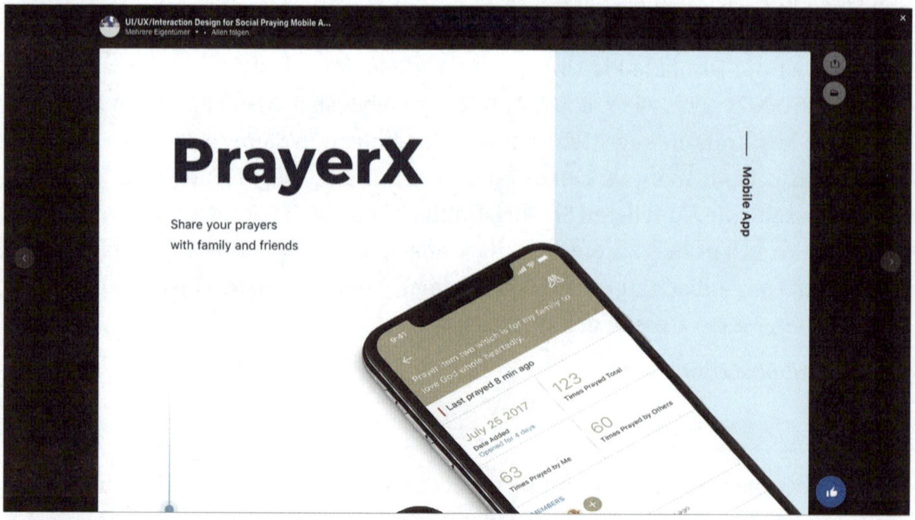

Abbildung 10.4 Die Projektseite eines Behance-Mitglieds

- *www.behance.net*

Pttrns

pttrns.com ist eine Website, die sich mit User Flows für mobile Apps beschäftigt. In der linken Navigation finden Sie zu jedem Thema bzw. User Flow ein Design. Ebenso haben Sie die Möglichkeit, nach anderen User Flows zu suchen.

Abbildung 10.5 Die Pttrns-Startseite

Sollten Sie also einmal beim User Flow in einer Sackgasse stecken, bietet *pttrns.com* gegebenenfalls inspirierende Lösungsansätze. Die Suchergebnisse lassen sich nach Gerätetyp filtern und bieten bei Auswahl weitere Grafiken, die den Prozess bzw. den User Flow abbilden.

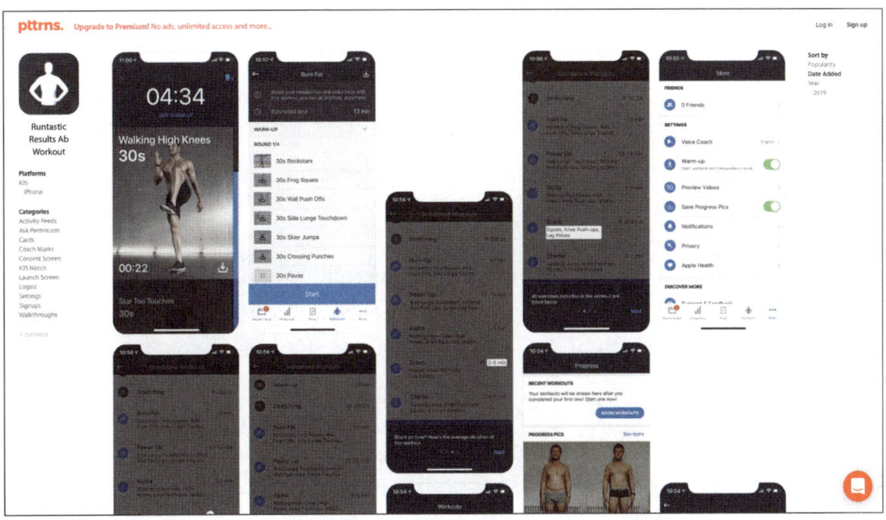

Abbildung 10.6 Beispiel-Pattern auf pttrns.com

- *www.pttrns.com*

Little Big Details

»The details are not the details. They make the design.« (Charles Eames)

Manchmal sind es gerade die kleinen Dinge, die etwas zu etwas Besonderem machen. Und genau diesen kleinen Dingen widmet sich Little Big Details. Little Big Details ist eine recht unscheinbare Website, die sich mit Fundstücken kleiner, oftmals humorvoller oder sehr cleverer Details einer Website oder einer App beschäftigt, die eine Anwendung erst interessant oder gut bedienbar machen. Diese kleinen Funktionen sind mitunter so clever oder so charmant, dass sie gar nicht auffallen oder gar erst sichtbar werden, wenn z. B. bestimmte Fehlerseiten erscheinen.

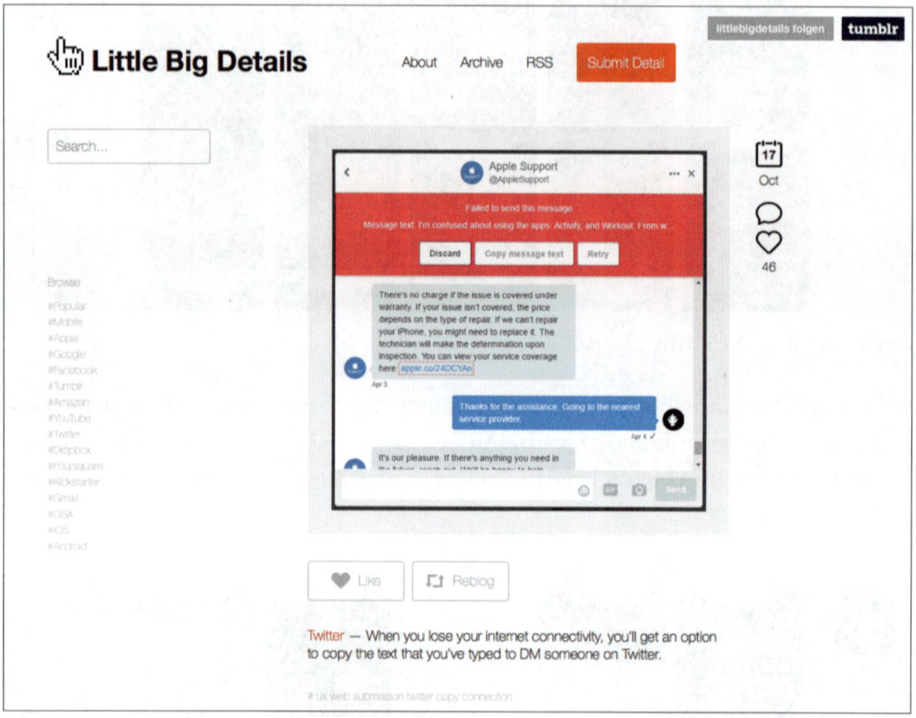

Abbildung 10.7 Die Startseite von Little Big Details

Die entdeckten Details sind in Kategorien eingeteilt, wodurch sich die Einträge zusätzlich filtern lassen. Bei Little Big Details finde ich keine konkrete Inspiration, es hilft mir aber dabei, Funktionen auf eine andere Art und Weise zu sehen.

Abbildung 10.8 Hier wird ein gefundenes, gelungenes Detail präsentiert.

Little Big Details erinnert mich daran, den kleinen Dingen eine genauso große Bedeutsamkeit zukommen zu lassen wie dem großen Ganzen. Auf Little Big Details entdecke ich immer wieder neue Facetten, die mich wieder inspirieren bei der Gestaltung eines Bedienelements.

- *www.littlebigdetails.com*

Smashing Magazine

Smashing Magazine ist ein Blogformat, das sich im Wesentlichen mit Web- und Mobilthemen auseinandersetzt. Beiträge gibt es zu nahezu allen Themen im Bereich Web- oder App-Design. So werden Themen zu UX, aber auch zu Animation oder Typografie behandelt.

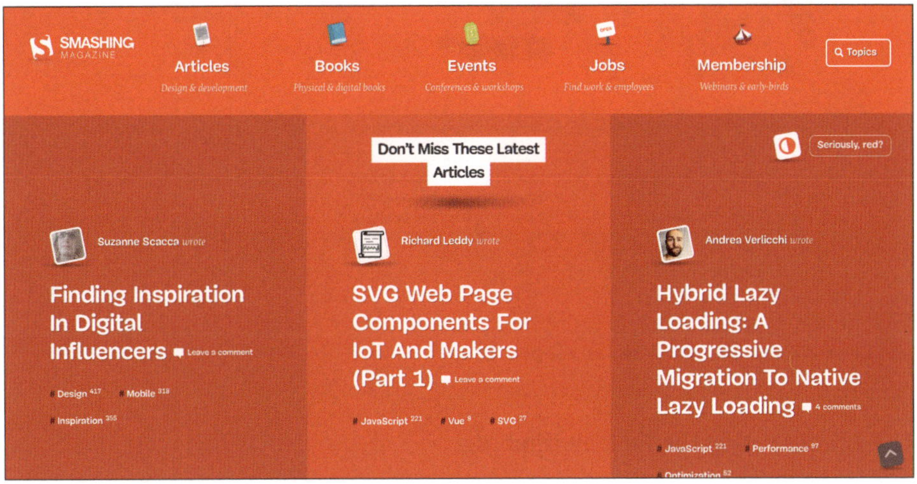

Abbildung 10.9 Smashing-Magazine-Startseite

Das Smashing Magazine zeichnet sich durch eine hohe und breite Themenvielfalt und die fundierten Artikel aus. Zuvor konzentrierte sich das Blogmagazin vorwiegend auf Webthemen, aber in letzter Zeit gibt es auch vermehrt Artikel im App-Bereich.

- *www.smashingmagazine.com*

Android Developers Blog

Das Android Developers Blog beschäftigt sich mit allem rund um das Thema Android. Hier werden technologische Neuerungen von Google vorgestellt, aber auch Tipps und Tricks rund um die Android-Entwicklung und -gestaltung gegeben. Ebenso werden neue und hilfreiche Tools für Entwickler vorgestellt sowie neue Open-Source-Libraries.

- *https://android-developers.googleblog.com*

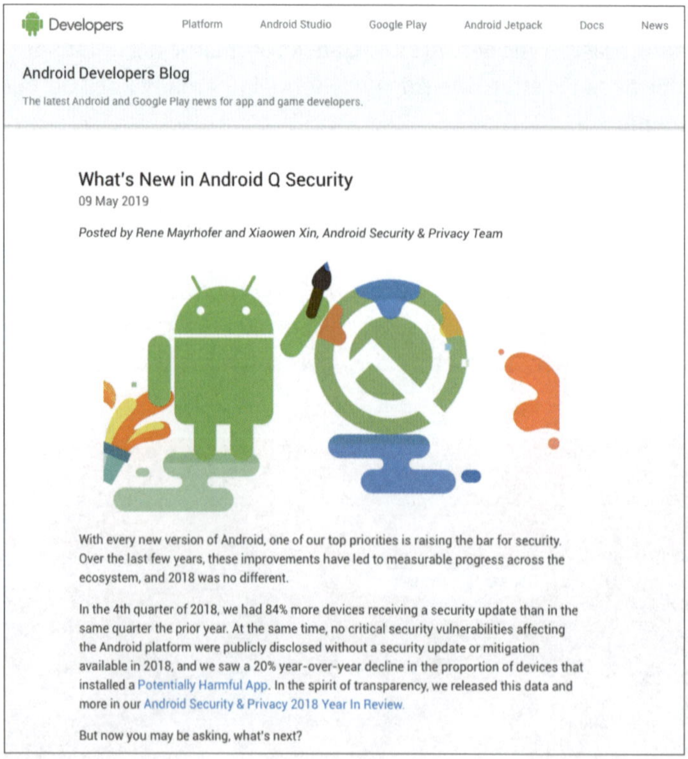

Abbildung 10.10 Das Android Developers Blog

10.1.2 Inspiration für die Ideenfindung

Neben der Inspiration für Designs sollte man sich auch Anregungen für neue App-Ideen holen. Auch hier gibt es einige Anlaufstellen. Manchmal führt eine fremde Idee, die man sieht, zu einer Problemlösung einer eigenen Idee oder zu einer komplett neuen Idee.

Product Hunt

Product Hunt ist eine Website, auf der Nutzer Informationen zu neuen Produkten veröffentlichen, mit Link zum Produkt und einer kurzen Beschreibung. Andere Nutzer haben die Möglichkeit, dieses Produkt zu bewerten und zu kommentieren.

Start-up des Jahres 2014

Product Hunt wurde 2013 gegründet und eroberte die Tech-Szene im Sturm. Für viele technologiebegeisterte Internetnutzer ist die Seite mittlerweile zu einer täglichen Anlaufstelle geworden. So überrascht es nicht, dass Product Hunt im Rahmen der Crunchies-Awards zum besten neuen Start-up des Jahres 2014 gekürt wurde.

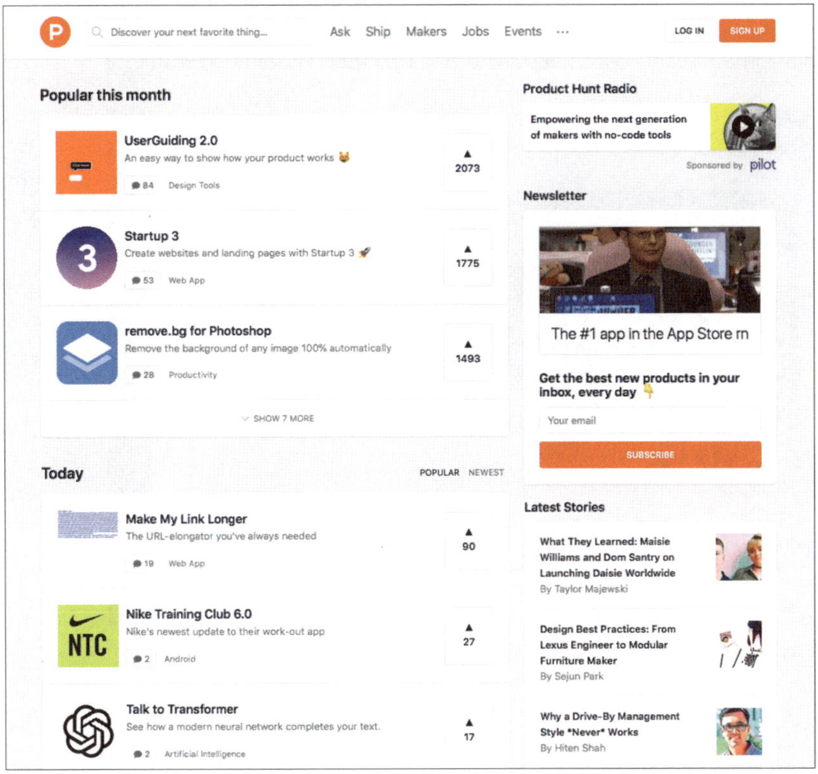

Abbildung 10.11 Die Startseite von Product Hunt

Nutzer können aus allen Produkten Sammlungen anlegen. Die vorgestellten Produkte sind nicht nur mobile Apps, sondern auch Webapplikationen oder coole Gadgets. Die Produkte werden in einer Timeline angezeigt und kategorisiert. Die Besucher finden auf der Seite jeden Tag Kurzbeschreibungen und Links zu 20 bis 30 neuen Produkten vor.

Product Hunt zeigt Produkte für sehr innovative und kreative Lösungsansätze. Ich besuche die Seite einige Male im Monat, um mich über neue Apps und Produkte zu informieren.

Product Hunt hat sich auch zu einer starken Plattform für Start-ups entwickelt. Der virale Faktor, den Product Hunt generiert, sorgt für eine schnelle und kostenlose Verbreitung. Viele Projekte, die es im Product-Hunt-Ranking ganz nach oben schaffen, gehen später viral durch die Decke. So werden Kosten für aufwendige Marketing- und Werbemaßnahmen eingespart. Auf Product Hunt werden vorzugsweise technikaffine Besucher oder Early Adopters angesprochen.

- *www.producthunt.com*

Abbildung 10.12 Eine auf Product Hunt vorgestellte neue App

BetaList

BetaList stellt ähnlich wie Product Hunt neue Produkte vor, jedoch mit dem Unterschied, dass die vorgestellten Applikationen zuvor kuratiert werden.

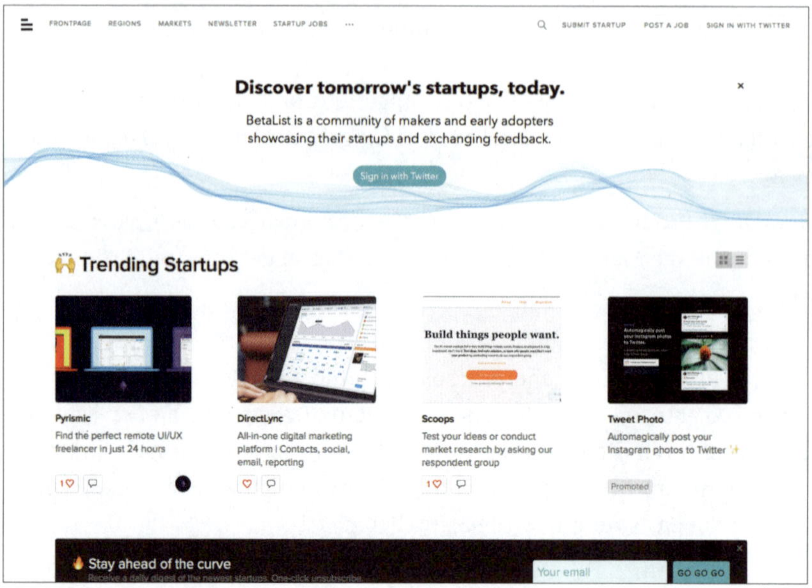

Abbildung 10.13 Die Startseite der BetaList

Auch hier kann ich wie bei Product Hunt Produkten folgen und diese so archivieren. Es ist ein guter Weg, weitere Applikationen kennenzulernen, jedoch bevorzuge ich Product Hunt aufgrund der einfachen Nutzung und der großen Anzahl täglich neuer Apps.

- *www.BetaList.com*

Designernews

Eine Webseite, die ich jeden Tag mehrfach besuche. Wie der Name schon verrät, geht es hier um »Designer News«. Die Seite ist vom Nutzungsprinzip recht ähnlich aufgebaut wie Reddit.

So können Nutzer Themen starten und andere mitdiskutieren oder kommentieren. Auch werden neue Tools vorgestellt, eigene Projekte gezeigt sowie Feedback gesammelt, oder man tauscht sich einfach mit den anderen Mitgliedern der Plattform aus. Die News werden nicht durch ein Unternehmen veröffentlicht, sondern die Nutzer tragen dazu bei, indem sie diese Nachrichten dort veröffentlichen.

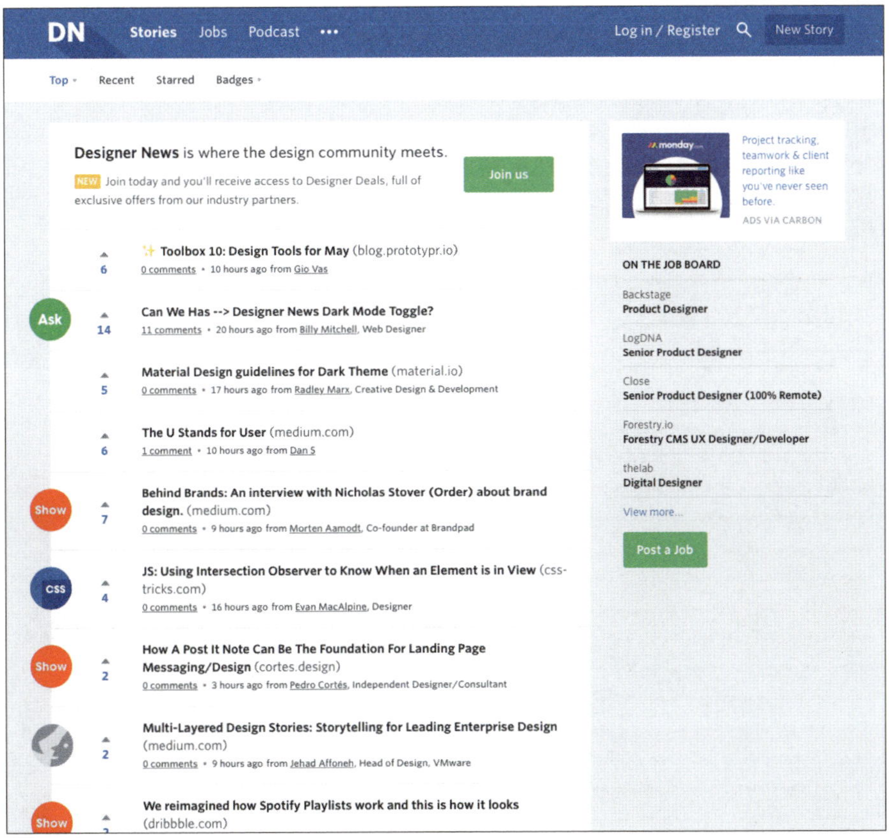

Abbildung 10.14 Die Startseite von Designernews.co

Die Themen sind hier vielfältig, so gibt es den digitalen Rundumschlag mit News zu Apps, Web-Technologien, Design-Prinzipien, Design-Systemen, User Experience, App-Design uvm.

Ich kann wirklich jedem angehenden App-Designer nur empfehlen, sich auf dieser Plattform zu registrieren und dort teilzuhaben.

- *www.designernews.co*

Ycombinator News aka Hacker News

Keine Angst, hier werden Sie nicht gehackt oder erhalten Tools zum Hacken. Nein, es ist im Grunde die Designernews-Variante für Entwickler. Hier erhalten Entwickler aktuelle Informationen aus der Entwickler-Community. Einen Schwerpunkt gibt es nicht, alles, was für Entwickler relevant ist, wird dort veröffentlicht. Mitunter sind auch humorvolle oder andere interessante Themen dort zu finden. Die Inspirationsquelle ist natürlich eher etwas für die Entwickler und weniger etwas für Gestalter.

- *https://news.ycombinator.com*

Abbildung 10.15 Die Startseite von Hacker News bzw. ycombinator News

10.2 Das Moodboard

Das Moodboard ist eines der wichtigsten Mittel in der Designbranche. Es hilft dabei, visuelle Konzepte zu entwickeln und ein gutes Gefühl für das Endresultat zu bekommen. Man spricht hierbei von einer *Anmutungsqualität*, die die Atmosphäre oder die Stimmung eines Entwurfs visualisiert. Es stellt einen intuitiven Gesamteindruck dar und keine inhaltlichen Details oder die Vollständigkeit des Designs.

Abbildung 10.16 Beispiele für Moodboards

Mit Moodboards im Interface-Design können neben dem Look & Feel auch Zusammenhänge erklärt werden, ohne dabei den Raum für die Entwicklung neuer Ideen zu nehmen. Moodboards können digital (z. B. über Adobe Photoshop) oder auch materiell (z. B. ein mit Bildern beklebter Papierbogen) vorliegen.

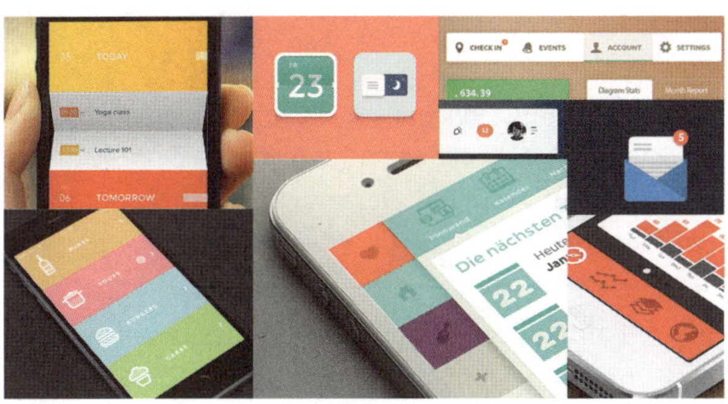

Abbildung 10.17 Moodboard für eine Fitness-App

Moodboards eignen sich sehr gut bei einer Auftragsarbeit für einen Kunden. Ein Moodboard kann meist ohne großen Aufwand erstellt werden, um dem Auftraggeber zügig eine visuelle Vision der Auftragsarbeit zu präsentieren. Rahmenbedingungen der App-Gestaltung können so mit dem Kunden zielgerichtet geklärt werden. Auch helfen Moodboards, eine Richtung einzuordnen. Was der Kunde unter »verspielt« versteht, muss sich nicht zwangsläufig mit der Auffassung des Designers decken. Bei Moodboards geht es auch häufig darum, Begrifflichkeiten und Vorstellungen abzugleichen.

Schwieriger ist es, den Kunden mit einem fertigen Design zu konfrontieren und ihn davon zu überzeugen; manchmal hat der Kunde einfach andere Vorstellungen. Sehr ärgerlich, denn Sie haben als Designer ja bereits viel Zeit und Energie in die Ausarbeitung des Designs gesteckt.

10.2.1 Quellen

Woher bekomme ich Inhalte für ein Moodboard? Für ein Moodboard brauchen Sie natürlich geeignetes Bildmaterial. Die in Abschnitt 10.1, »Inspiration im Netz«, genannten Inspirationsquellen bieten sich hier an, aber auch in der nicht digitalen Welt finden Sie Objekte, Farbmuster und Layouts, die Sie für die Gestaltung von Moodboards verwenden können. Beachten Sie jedoch, dass Sie an den Inhalten aus dem Internet nicht die Rechte besitzen. Veröffentlichen Sie in keinem Fall solche Moodboards, nutzen Sie sie nur für interne Zwecke.

Und natürlich können Sie auch selbst Bildmaterial anfertigen. Sicherlich haben Sie stets Ihr Smartphone dabei und somit auch immer eine Kamera zur Hand. Sehen Sie ein interessantes Objekt oder ein interessantes Farbmuster, fotografieren und archivieren Sie es.

Es gibt viele Apps, die Ihnen dabei helfen, diese Inhalte zu archivieren. Hier sei z. B. *Evernote* genannt. Die plattformübergreifende Applikation ermöglicht das Erstellen eines großen Wissensarchivs. Die Inhalte dieses Archivs können verschlagwortet und kategorisiert werden, sodass sie später leicht auffindbar sind.

»Inboard«-App

Ein anderes Programm, das hilfreich sein kann, ist *Inboard*. Hier lassen sich Screenshots, Bilder usw. archivieren und verschlagworten. So können Sie Bilder nach Projekten sammeln und später zu einem Moodboard gestalten. Derzeit ist *Inboard* leider nur für Mac erhältlich: *https://inboardapp.com*.

Ebenso bietet *Evernote* die Möglichkeit, Inhalte oder Bilder einer Webseite durch einen Klick über ein Browser-Plugin zu archivieren. Die Smartphone- bzw. Tablet-App von

Evernote hingegen kann außerdem Fotografien verwalten und in den *Evernote*-Account integrieren. Aus diesen Inhalten können Sie später Moodboards entwickeln.

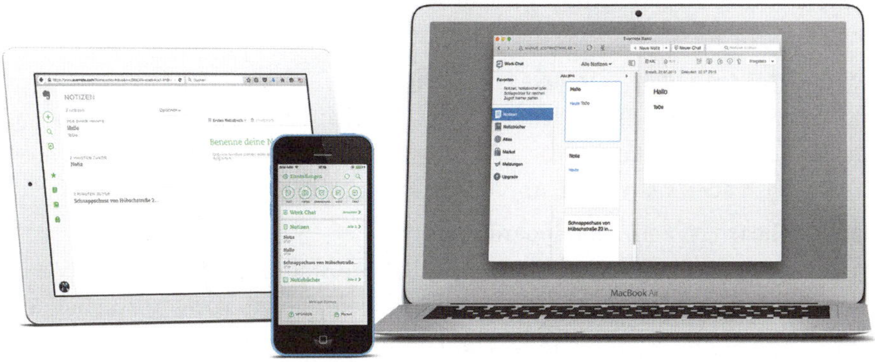

Abbildung 10.18 »Evernote« als Moodboard-Verwaltung

10.2.2 Regeln für gute Moodboards

Es gibt einige Dinge, die Sie bei der Entwicklung eines Moodboards beachten sollten. Im Folgenden habe ich sieben Kniffe gesammelt, die Ihnen bei der Erstellung eines Moodboards helfen bzw. Ihnen Anregungen geben sollen. Die Liste erhebt keinen Anspruch auf Vollständigkeit, hat sich aber in meinem Arbeitsalltag als durchaus praktikabel erwiesen.

1. **Was man weglässt, ist genauso wichtig wie das, was man integriert**
   Bei der Zusammenstellung eines Moodboards sollten Sie die Inhalte nicht wild zusammensuchen, sondern auswählen. Sie sind ein Kurator, jemand, der gezielt Inhalte wählt und somit von Bild zu Bild die Stimmung und das Thema zum Ausdruck bringt.
2. **Das zentrale Bild**
   Finden Sie bei Ihrem Moodboard das zentrale Thema, und versuchen Sie, hierfür das große Ganze darzustellen. Egal, ob Sie ein digitales oder ein physisches Moodboard erstellen, das Layout sollte die Schlüsselbilder in den Fokus rücken. Drumherum sollten Sie leere Stellen mit sekundär wichtigen Inhalten befüllen, die das Thema unterstützen und einen Interpretationsspielraum lassen.
3. **Keine Angst vor Text!**
   Unterschätzen Sie nicht die Kraft von kleinen aussagekräftigen Wörtern im Moodboard. Wörter auf Moodboards sprechen kurzzeitig den Verstand und weniger die Emotionen an. Natürlich sollten Sie das Moodboard nicht mit Wörtern zupflastern, aber versuchen Sie doch einmal bei komplexeren Projekten, in denen ein Kunde eine hohe Erwartungshaltung hat, Schlüsselwörter in das Moodboard einzuarbeiten.

4. **Haben Sie Spaß!**
   Der komplette Gestaltungsprozess eines Moodboards sollte Spaß machen. Hier können Sie Ihren Ideen komplett freien Lauf lassen und auch über den Tellerrand schauen.
5. **Moodboards sind nicht nur etwas für Designer**
   Auch Entwickler oder Projektleiter können durchaus mit Moodboards arbeiten, um z. B. auch ein Gespür für das zukünftige Look & Feel der App zu bekommen, was natürlich auch später dem App-Designer zugutekommt.
6. **Ein Moodboard ist kein Moodboard**
   Versuchen Sie nicht, alle Anstrengungen auf die Gestaltung eines einzigen Moodboards zu konzentrieren. Entwickeln Sie mehrere Moodboards, versuchen Sie, relevante Themen der App zu finden und diese in Moodboards auszuarbeiten.

   So können Sie vielleicht drei Moodboards machen mit folgenden Themen:
   - dunkel, glänzend, einfach, modern, eckig, hart, aggressiv
   - weich, leise, rund, elegant, realistisch
   - farbenfroh, zeichnerisch, breit, illustrativ, plakativ

   Versuchen Sie, verschiedene Facetten des App-Designs zu entdecken und zu konkretisieren. Entscheiden Sie sich später in Ihrem Arbeitskreis für einen Favoriten.
7. **Moodboards als Teil des kreativen Ideen-Prozesses**
   Ein Moodboard eignet sich hervorragend innerhalb eines Ideenfindungsprozesses. So können mehrere Teilnehmer in Gruppen an verschiedenen Moodboards arbeiten und diese später vorstellen.

10.2.3 Moodboard-Varianten

Bei Moodboards gibt es im Grunde keine wirklichen Richtlinien oder Gesetze. Es geht darum, die visuelle Idee bzw. das Konzept so gut wie möglich darzustellen, sodass das Gegenüber sieht und ein Gefühl dafür bekommt, in welche Richtung sich die App-Gestaltung bewegen könnte. Im Folgenden möchte ich zwei typische Moodboard-Varianten vorstellen.

Das Moodboard als freie Collage

Die freie Collage ist eine Anordnung aller Bildelemente auf einem Moodboard. Hierbei können alle Inhalte frei positioniert werden.

Die freie Collage eignet sich hervorragend dafür, Stimmungsbilder zu erzeugen, besonders dann, wenn noch keine konkretisierte Idee für die Gestaltung einer App erarbeitet wurde. Hier ist die freie Collage ein guter Startpunkt mit einem großen Ideenraum, der später in weiteren Prozessen konkretisiert werden kann.

Abbildung 10.19 Eine freie Collage für eine Rezepte-App

Das Moodboard mit Vorlage

Sollte Ihr Kunde erst wenig mit Designern zusammengearbeitet haben oder sehr detailorientiert sein, sollten Sie für das Moodboard eine formalere Grundlage wählen. In diesem Fall können Sie eine Vorlage erstellen, die dann mit Inhalten befüllt wird.

Abbildung 10.20 Das Moodboard für eine Rezepte-App nach Vorlage

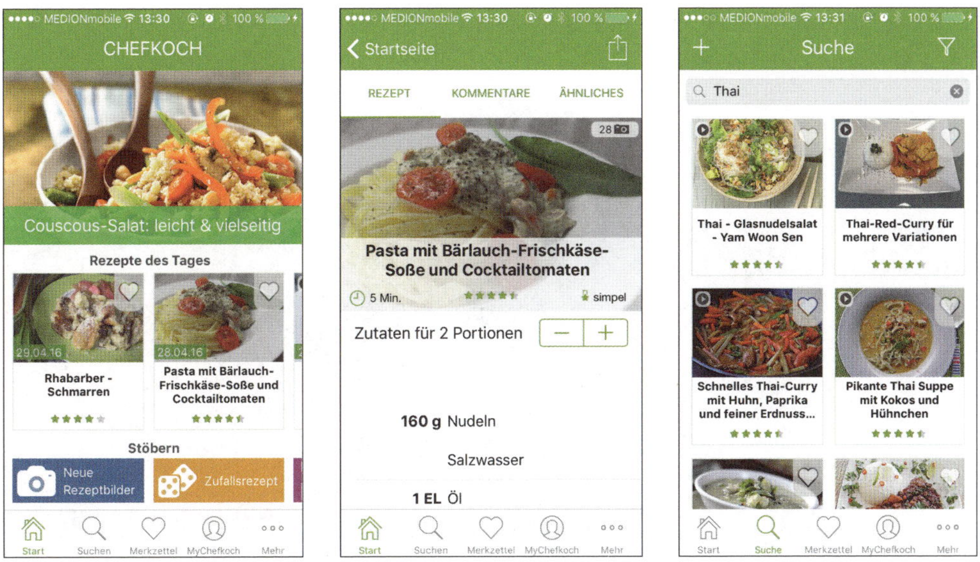

Abbildung 10.21 Die Gestaltung einer früheren Version der Chefkoch-App könnte z. B. aus dem Moodboard in Abbildung 10.20 entstanden sein.

Hierbei können Sie eine Farbpalette, Schriftarten, Stile oder Fotos verwenden. Bei einer Vorlage sollten Sie keine Inhalte miteinander vermischen. Hierbei geht es eher als bei einer freien Collage darum, Inhalte zu konkretisieren. Im Grunde kann man das Vorlagen-Moodboard als weitere Stufe in einem kreativen Gestaltungsprozess verwenden. Hierbei kann die Stilrichtung der App konkretisiert werden, bevor die Arbeit am Design beginnt.

10.3 Aktuelle Trends, Stilrichtungen

Im App-Design haben sich in den letzten Jahren einige Stile etabliert. Trends im App-Bereich sind notwendig, aber man sollte nicht auf jeden Zug aufspringen und in der Gestaltung Trends hinterherjagen. Gestalten Sie so, wie es für Ihre Nutzer am besten ist. Vergewissern Sie sich bei jedem Gestaltungsprinzip, ob dieses Ihrer App einen Mehrwert bringt oder nicht.

Ich möchte Ihnen in diesem Abschnitt die gängigsten Gestaltungsstile vorstellen und deren Vorzüge, aber auch Nachteile aufzeigen.

10.3.1 Flat Design – der Minimalist

Flat Design ist im Grunde nichts Neues. Es ist ein minimalistischer Stil, der an Grafik-Design-Stile von Bauhaus oder an das Schweizer Design erinnert. Flat Design zeichnet sich durch einfache Formen und Farbflächen aus, es setzt auf Einfachheit und Reduktion. So wird komplett auf Dekorationen und Effekte verzichtet. Ein Flat Design ist nüchtern und wirkt technisch. Je nach Farbeinsatz kann es aber auch sehr farbenfroh und liebevoll wirken.

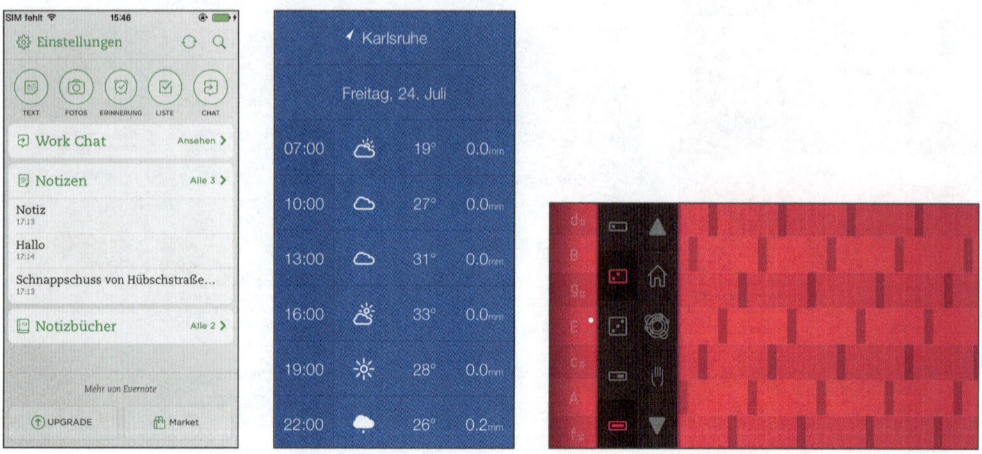

Abbildung 10.22 Von links nach rechts einige Beispiele für Flat Design: »Evernote«, »Weathercase« und »SoundPrism«

Der Einsatz der Gestaltungselemente erfolgt in einem zweidimensionalen Raum. So wird auf Schlagschatten, dreidimensionale Effekte und Texturen komplett verzichtet. Solche Ornamente haben keinen funktionalen Aspekt und stellen somit ein Hindernis in der User Experience dar. Es wird versucht, mit klarer Formsprache die Funktionalität der App darzustellen.

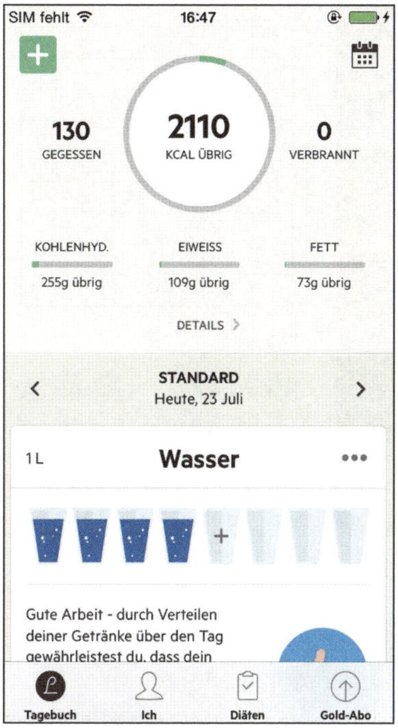

Abbildung 10.23 Schönes Beispiel für gut umgesetztes Flat Design: die App »Lifesum«

Jedoch hat Flat Design auch seine Tücken. So sind Bedienelemente nur schwer zu identifizieren. Der Nutzer erkennt mitunter Schaltflächen oder anderweitige Navigationselemente nicht als solche.

Vorteile:

- einfach vom Entwickler umzusetzendes Design
- gut für technische Apps
- klare visuelle Sprache

Nachteile:

- Bedienelemente sind schwer zu erfassen.
- Sieht schnell nicht gut aus.
- Das Farbspiel muss harmonieren.

10.3.2 Skeuomorphismus – der Realist

Skeuomorphismus ist im App-Design vergleichsweise ein »alter Hut«, der aber heute noch in einigen Apps verwendet wird. Skeuomorphismus ist eine Design-Stilrichtung, die vertraute reale Objekte nachahmt.

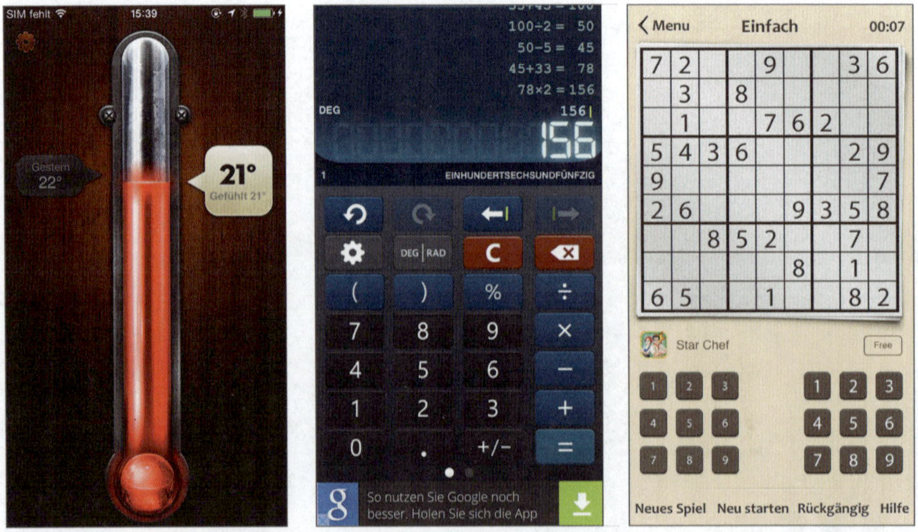

Abbildung 10.24 Skeuomorphismus von links nach rechts: »Thermo«, »Rechner HD+« und »Sudoku«

Bekannt wurde diese Stilrichtung vor allem durch Apple-Applikationen wie z. B. die Notizbuch-App. Dort wurden Ledertexturen und Nähte verwendet, um die Optik eines realen Notizbuchs nachzuahmen. Auch Spiralbindungen oder das Umblättern von Seiten wird in solchen Apps nachgeahmt.

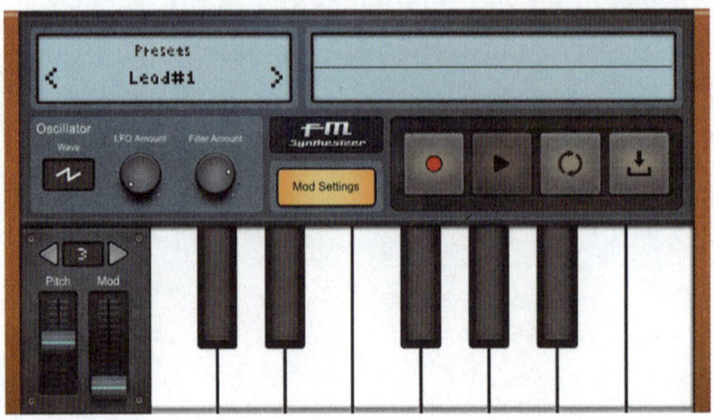

Abbildung 10.25 Die FM-Synthesizer-App

Vorwiegend wird heute der Skeuomorphismus in Musik-Apps wie Synthesizer-Apps verwendet, um Vertrautheit zu schaffen. So soll eine intuitive Handhabung der App gewährleistet werden. Der Gegenpol von Skeuomorphismus ist das Flat Design.

Vorteile:

- hilfreich für Nutzer ohne App-Erfahrung
- geeignet für den Transfer von Produkten in die digitale Welt (Beispiel: Synthesizer-App)

Nachteile:

- wirkt derzeit unmodern
- schwer zu realisieren
- kein platzsparendes Design und unnötige Effekte

10.3.3 Fashioned – der Modische

Der Fashioned-Stil ist ein Vertreter des Flat Designs. Jedoch werden hier vorwiegend Bilder abgebildet; sie bilden den Mittelpunkt der App. So werden Bilder mithilfe von Effekten eingefärbt oder weichgezeichnet.

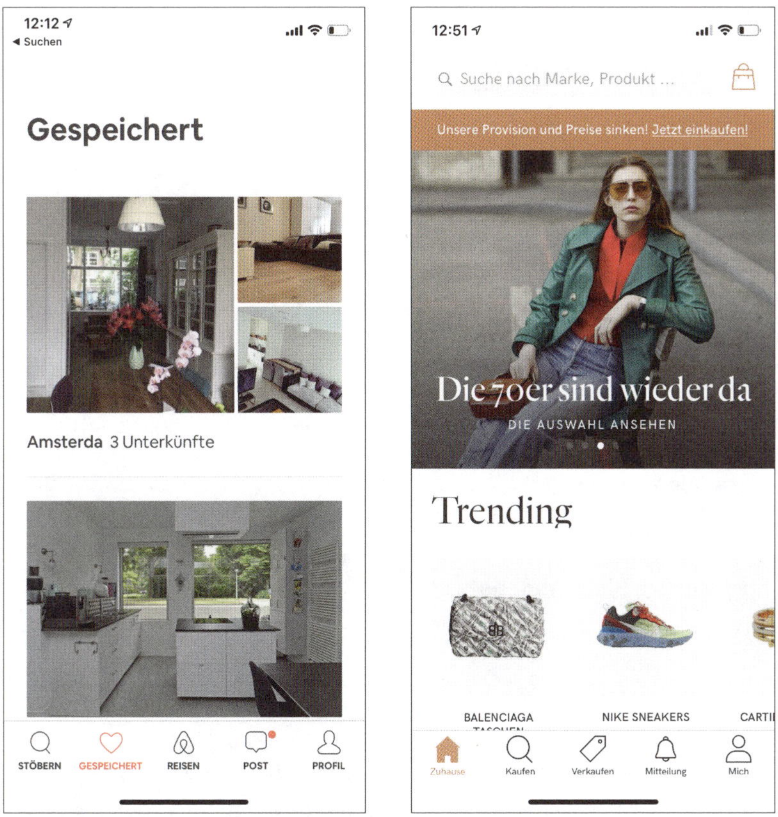

Abbildung 10.26 »Airbnb« und »Vestiaire« setzen auf Bilder.

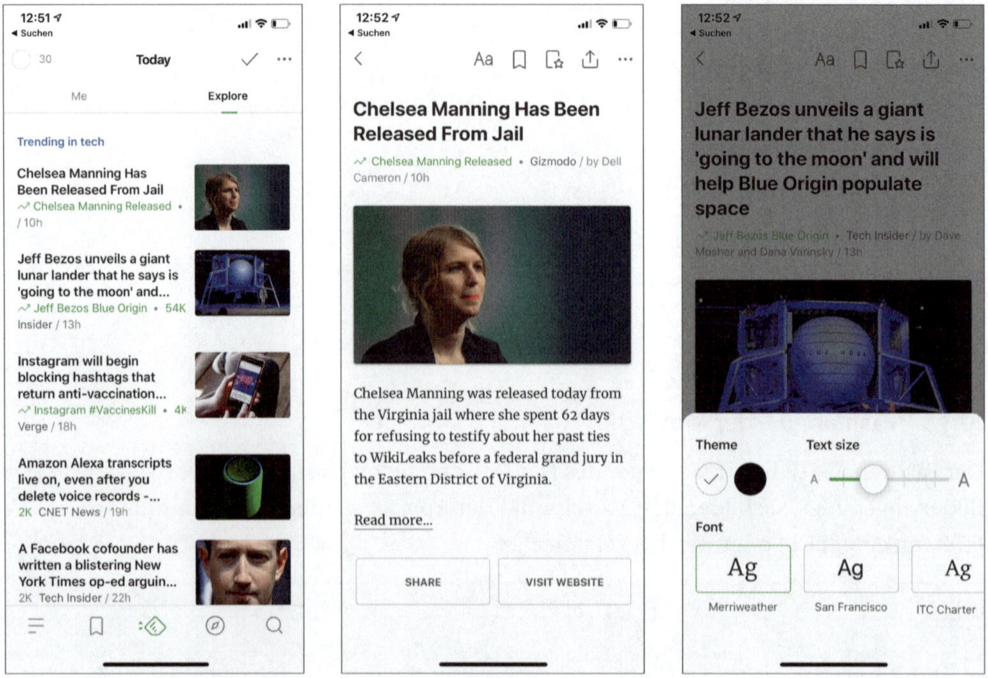

Abbildung 10.27 »Feedly« überzeugt mit seinem magazinartigen Layout.

Vorwiegend findet man solche Apps im Editorial- oder Fashion- bzw. Mode-Bereich. Meist werden knallige Farben und filigrane Konturen verwendet. In diesem Stil steht das Bild im Mittelpunkt, entsprechend ist alles andere nur Beiwerk. Solche Apps haben meist einfache Navigationsstrukturen und einen überschaubaren Funktionsumfang.

Vorteile:

- geeignet für magazinähnliche Apps
- leicht zu erlernende Stilrichtung

Nachteile:

- Qualitativ hochwertige Bilder sind notwendig.
- Einsatz von Typografie wird erschwert.

10.3.4 Deep Flat

Deep Flat stellt eine weitere Evolutionsstufe von Flat Design dar. Flat UI-Design ist seit über fünf Jahren ein vorherrschender Trend und hat sich nicht wirklich sonderlich geändert. In letzter Zeit haben wir eine deutliche Verschiebung hin zu mehr Tiefe und Dimension für flaches Design erlebt, ohne jedoch die Grundidee zu ändern. Die Tiefe jedoch ermöglicht es uns, eine weitere Ebene zu erzeugen, die der Nutzer versteht, da es sich im Verhalten an die reale Welt anlehnt. Ein Vergleich zu Material Design ist in jedem Fall gegeben.

Genutzt wird dieser Stil neuerdings in vielen Designs und ist deshalb keiner besonderen App-Gruppe zuzuweisen. Als Hinweis sei angemerkt, dass diese Art am besten zur Geltung kommt, wenn Animation und Transitions eingesetzt werden.

Vorteile:

- geeignet für vielfältige Anwendungsfälle
- Sieht spitze aus, wenn gut gemacht.

Nachteile:

- komplex in der Umsetzung, da erst wirkungsvoll mit Animation
- Die Erstellung erfordert Erfahrung im Design-Handwerk.

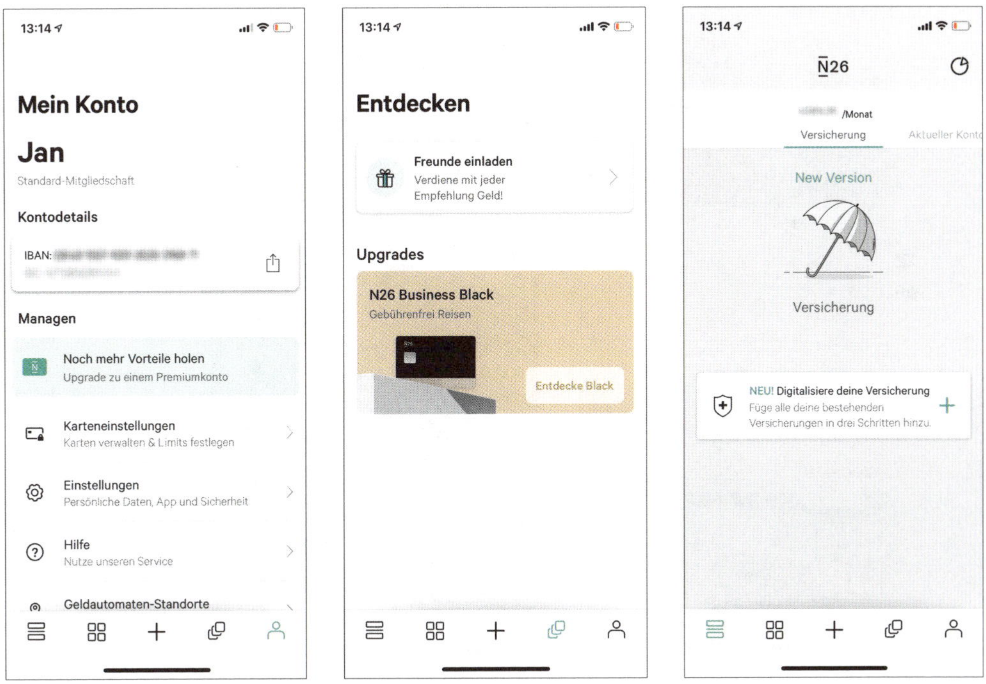

Abbildung 10.28 Die N26 App im Deep Flat Design

10.3.5 3D

Dieser Trend ist weniger ein Trend und mehr als Aufforderung an Sie zu verstehen, sofern Sie App-Designer sind, sich mit 3D zu beschäftigen. Der Trend ist bereits da und wird in den nächsten Jahren bzw. Jahrzehnten nicht verschwinden. Ich rede hier hauptsächlich von AR- und VR-Applikationen. Hierbei müssen 3D-Objekte erstellt werden. Jetzt wäre die perfekte Zeit, sich mit dem Thema 3D zu beschäftigen und dafür Interfaces zu entwickeln. Die Großen wie Apple, Facebook und Google sind bereits dabei.

Mit Apples ARKit oder Googles ARCore können bereits jetzt erste AR-Applikationen für Smartphones und Tablets entwickelt werden. Was wird wohl passieren, wenn Apple oder Google eine AR-Brille veröffentlichen? Meine Prognose: Die Portierung von diesen Apps auf die AR-Brille wird nahtlos und sehr einfach sein. Seien Sie also vorbereitet!

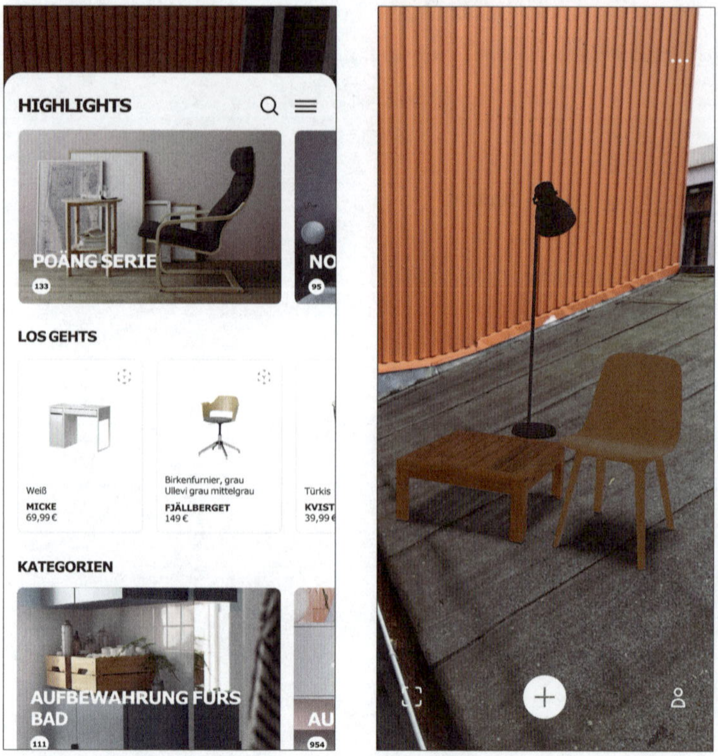

Abbildung 10.29 Die Ikea-App mit ARKit-Unterstützung

Natürlich sind Sie kein vollwertiger 3D-Artist, das verlangt keiner von Ihnen, jedoch schadet es nicht, sich mit dem Thema zu beschäftigen und sich davon für die Zukunft inspirieren zu lassen.

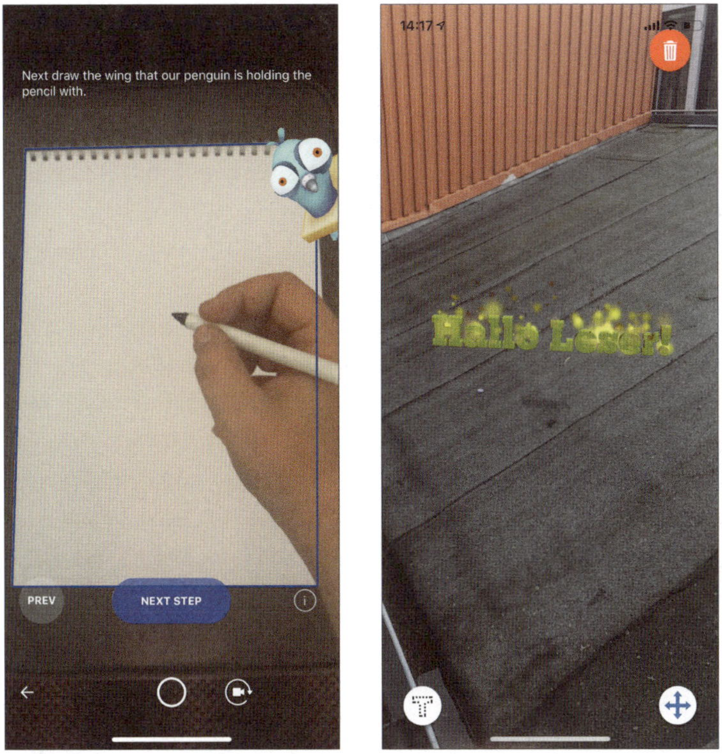

Abbildung 10.30 Die SketchAR (links) unterstützt den Nutzer beim Zeichnenlernen. Mit der SceneCam App (rechts) können Nutzer Texte oder Emojis oder andere Objekte im Raum platzieren.

10.4 Umsetzung und Design

Nun haben Sie ein Konzept und ein Moodboard, das das Look & Feel der App vorgibt. Jetzt geht es darum, Ihr Design zu konkretisieren und zu erstellen. Der Designprozess für eine App ist nicht zu vergleichen mit dem einer Webseite oder eines Printprodukts. Da die Bildschirme, für die wir gestalten, sehr klein sind, ist der Platz für die Gestaltung beschränkt. Präzises Arbeiten ist also eine Grundvoraussetzung für gelungenes Design.

Sollten Sie Webdesigner sein, fällt Ihnen der Einstieg in die Gestaltung einer App vermutlich recht leicht; Gestalter aus dem Printbereich müssen sich wohl erst einmal etwas umgewöhnen. Der Druckprozess ist häufig so standardisiert, dass mit wenigen Klicks ein Druck-PDF erzeugt und gedruckt werden kann. Bei Apps hingegen arbeiten Sie sehr eng mit der Produktentwicklung und dem Entwickler zusammen. Hierbei müssen Sie erst die technischen Rahmenbedingungen und die daraus resultierenden Machbarkeiten erlernen.

10.4.1 Die richtige Auflösung und Größe

Sie haben das Grafikprogramm (siehe Abschnitt 9.7, »Grafik- und Zeichenprogramme«) Ihrer Wahl installiert, fragen sich aber nun, womit Sie anfangen sollen? Welche Größe und welche Auflösung soll das Dokument bzw. Artboard haben? Wie verhält es sich mit Retina-Auflösungen? Soll ein Dokument für das iPhone X mit 2436 × 1125 Pixel bei 458 ppi angelegt werden?

Mit der kleinstmöglichen Größe starten

Als Größe des Dokumentes sollten Sie die sogenannte Baseline verwenden, die die App unterstützt. Warum? Hier kurz ein Negativbeispiel einer iPhone-6-App: Die Einstellungen des Dokumentes sind: 750 × 1.336 px bei 72 ppi. In diesem Dokument werden recht viele Icons verwendet, die alle eine Größe von 135 × 135 px haben.

Gehen wir nun davon aus, dass die Gestaltung an einem Punkt angelangt ist, an dem die Assets exportiert werden sollen. Da für die volle Größe und höchstmögliche Auflösung auf einer @3x-Basis gearbeitet wurde, müssen ebenso Assets für @2x und @1x exportiert werden, wenn auch ältere iPhones unterstützt werden sollen. Nun kommt die Mathematik ins Spiel: Unter Apple-Geräten hat ein @2x-Asset die Hälfte der Abmessungen eines @3x-Assets und ein @1x-Asset wiederum die Hälfte der Abmessungen eines @2x-Assets.

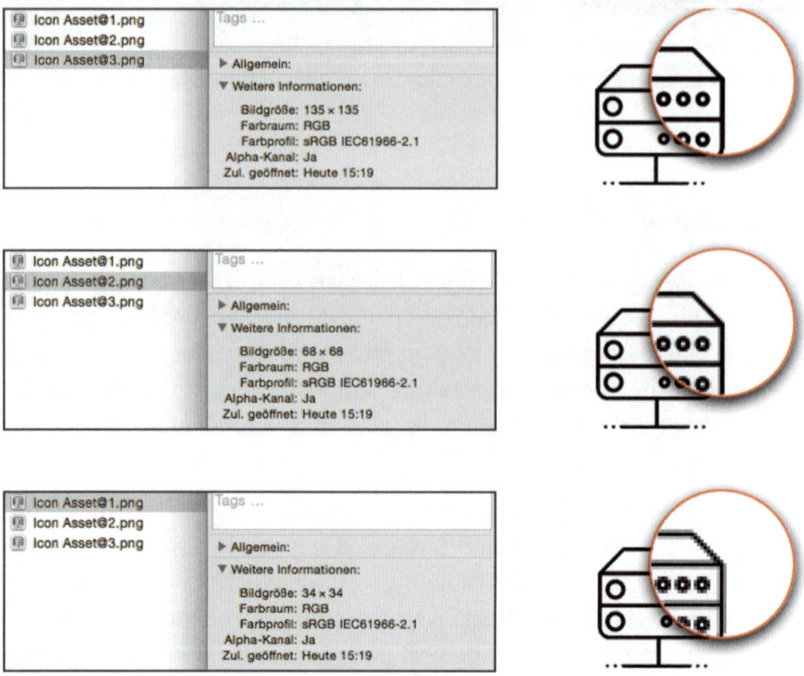

Abbildung 10.31 Downscaling beim Asset-Export

Interpolation

Interpolation gibt es in verschiedenen Ausführungen. In jedem Verfahren werden Bildpunkte beim Herunterskalieren miteinander vermengt oder beim Hochskalieren hinzugefügt. Das Ziel einer Interpolation ist es, Bildanteile hinzuzufügen oder zu reduzieren. Beim Hochskalieren werden Bilder in der Regel unschärfer. Beim Herunterskalieren wird das Bild zwar schärfer, aber Bilddetails gehen verloren.

Somit wird ein Asset mit einer Größe von 135 × 135 px in der Höhe und Breite halbiert. Es ergäben sich also ein @2x-Asset von 67,5 × 67,5 px und ein @1x-Asset von 33,75 × 33,75 px.

Sie erkennen die Problematik? Ein Bildschirm kann keine halben oder Dreiviertelpixel darstellen. Die Programme exportieren entsprechend interpolierte Assets. Interpolierte Assets werden nicht mehr scharf dargestellt, sondern durch einen Anti-Aliasing-Algorithmus komprimiert, wodurch sich verwaschene Icons ergeben. Das Problem hierbei ist, dass gerade auf den Endgeräten mit niedriger Auflösung die Schärfe von kleinen Icons wichtig ist. Sonst sind diese schlichtweg nicht zu erkennen.

Die Lösung dieses Problems ist ein mathematisches. Im oberen Negativbeispiel werden die Assets durch 2 dividiert. Eine Möglichkeit wäre es, in einem @3x-Dokument darauf zu achten, dass Maße immer durch zwei teilbar sind. Ich schlage an dieser Stelle aber einen anderen Lösungsweg vor.

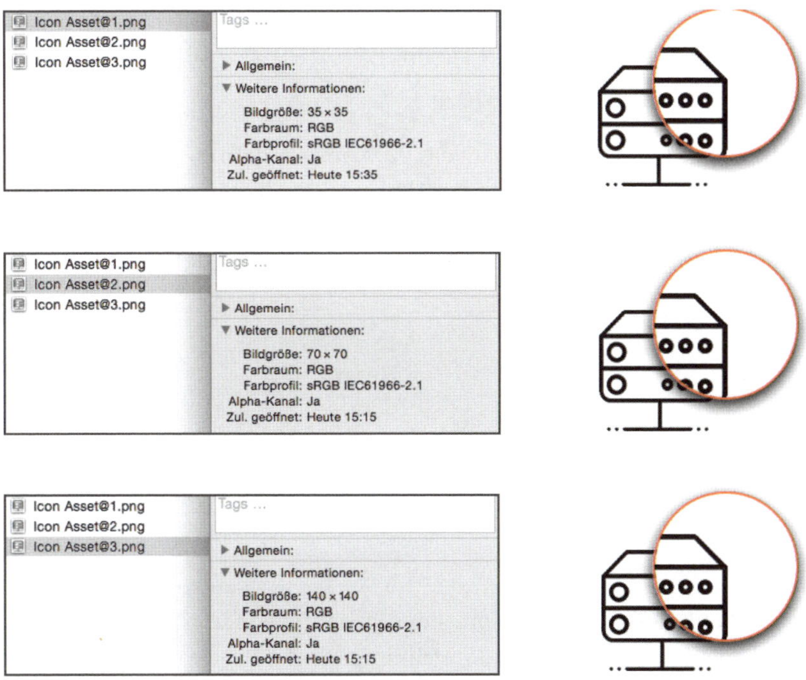

Abbildung 10.32 Upscaling beim Asset-Export

Nehmen wir an, wir haben ein Dokument für eine iPhone-App mit folgenden Dokumenteinstellungen: 320 × 568 px bei 72 dpi. Das ist die kleinstmögliche @1x-Auflösung für das iPhone 5.

In Sketch oder Adobe XD haben wir die Möglichkeit, mit sogenannten Shapes zu arbeiten, das sind Vektorformen, die verlustfrei skaliert werden können. Gestalten wir nun in der kleinsten Größe für die niedrigste Auflösung, ist es egal, welche Größe unser Asset hat. Es wird skaliert mit dem Faktor 2. So wird aus einen @1x-Asset mit 35 × 35 px bei 72 ppi ein @2x-Asset mit 70 × 70 px bzw. ein @3x-Asset mit 140 × 140 px. Dadurch, dass bei dieser Methode verlustfrei skaliert werden kann, werden auf allen Geräten die Assets scharf dargestellt.

Android

Das Prinzip lässt sich ebenso auf die Android-Plattform übertragen. Hier sind es statt @3x eben xxxHDPI usw. Unter Android werden Assets nicht mit @2x benannt, sondern werden in bestimmten Ordnern abgelegt. Diese Ordner stehen für die einzelnen Auflösungen der Geräte. Jede Auflösung verwendet hierbei ihren eigenen Ordner. Die Menge an Bildschirmauflösungen und Pixeldichten für Android-Geräte ist unüberschaubar groß. Um dieser Lage Herr zu werden, teilt Android die Bildschirmgrößen in vier Einheiten auf:

- *xlarge* – Mindestauflösung: 960 dp × 720 dp
- *large* – Mindestauflösung: 640 dp × 480 dp
- *normal* – Mindestauflösung: 470 dp × 320 dp
- *small* – Mindestauflösung: 426 dp × 320 dp

Jedoch sind die Mindestauflösungen nicht das Problem, sondern das Aufbereiten der Assets für die unterschiedlichen Mindestauflösungen. Schließlich soll unsere Android-App bei jeder Mindestauflösung gut aussehen. Um für Android und alle Mindestauflösungen Assets zu generieren, benötigen wir folgende Asset-Stufen samt der Pixeldichten:

- LDPI
- MDPI (160 dpi) – baseline
- HDPI (240 dpi)
- XHDPI (320 dpi)
- XXHDPI (480 dpi)
- XXXHDPI (640 dpi)

Hierbei werden die Dateien nicht entsprechend benannt, sondern in entsprechenden Ordnern abgelegt mit der gleichen Bezeichnung. Bei der Benennung der Dateien dürfen Sie keine Bindestriche oder andere Sonderzeichen nutzen. Verwenden Sie zur

Trennung von Wörtern einen Unterstrich, und beginnen Sie den Namen des jeweiligen Assets mit *ic_asset_name*, sofern es sich um ein Icon handelt. Als Designer sollten Sie mit der Baseline beginnen, also dem MDPI. LDPI wird heutzutage nicht mehr verwendet, die Bildschirmdichte entspricht bei LDPI in etwa der eines herkömmlichen Computermonitors, und solche Smartphones werden gar nicht mehr verkauft oder unterstützen aktuelle Versionen von Android nicht mehr.

Der Export von Android-Assets läuft im Grunde so ab wie unter iOS, allerdings müssen mehr Assets generiert werden, um alle Bildschirmgrößen und Pixeldichten abzudecken.

Vektor-Assets

Beide Plattformen können ebenso mit Vektor-Assets umgehen. Für Android können SVG-Dateien genutzt werden, und unter iOS können PDF-Dateien genutzt werden. Hierzu benötigen Sie aber nicht mehrere Assets für unterschiedliche Geräteauflösungen, sondern lediglich eines. Denn Vektor-Assets lassen sich verlustfrei skalieren. Stimmen Sie sich auch hier vorher mit Ihrem Entwickler ab, wie Sie die Assets übergeben möchten.

Vorgehen in Sketch, Adobe XD oder Figma

Diese Programme setzen genau dieses hochskalierende Prinzip voraus. So sind Templates in Sketch so angelegt, dass man in der kleinstmöglichen Größe mit der Gestaltung beginnen kann. Sketch Mirror stellt dazu entsprechend die skalierten Inhalte auf dem Endgerät bereit und zeigt das Layout in einer skalierten Variante an.

10.4.2 Bilder

Ein großes Problem stellen Bilder in Form von Fotografien dar. Diese können nicht ohne Qualitätsverlust hochskaliert werden. Solche Bilder müssen entsprechend in allen Programmen gesondert exportiert werden. Meist werden Bilder dynamisch genutzt, d. h., sie werden aus einer Datenbank über das Internet geladen. Sind es jedoch statische Bilder, skalieren Sie diese herunter. Beim Hochskalieren von Bitmaps ist immer ein Qualitätsverlust gegeben.

10.4.3 Dokumentgröße

Nutzen Sie die Größen aus Tabelle 10.1 bei der Entwicklung Ihrer iPhone- oder Android-App. Legen Sie Ihr Dokument bzw. Artboard in der kleinstmöglichen Größe an. Das ist der erste Schritt für den Export Ihrer Assets. Sie sparen sich dadurch viel Zeit und Kopfzerbrechen. Bereiten Sie jetzt schon das Dokument auf den Export der Assets vor.

Folgende Größen haben sich als Baseline-Standard etabliert:

Android		Apple	
Tablet 7"	960 × 600 px	iPad / Mini Portrait	1024 × 768 px
Tablet 9"	1024 × 768 px	iPad Air 10.5"	1112 × 834 px
Tablet 10"	1280 × 800 px	iPad Pro 11"	1336 × 1024 px
Mobile Base Android	640 × 360 px	iPad Pro 12.9"	1336 × 1024 px
Pixel 2	732 × 412 px	iPhone 8/6S	667 × 375 px
Pixel 2 XL	720 × 360 px	iPhone 8 Plus	736 × 414 px
Pixel 3	720 × 360 px	iPhone SE/5/5S/5C	568 × 320 px
Pixel 3 XL	740 × 360 px	iPhone XS	812 × 375 px
Galaxy S10/S10e/S10+	760 × 360 px	iPhone XR/XS Max	896 × 414 px
		Apple Watch 38 mm	136 × 170 px
		Apple Watch 40 mm	162 × 197 px
		Apple Watch 42 mm	156 × 195 px
		Apple Watch 44 mm	184 × 224 px

Tabelle 10.1 Dokument- bzw. Artboard-Größen für die jeweiligen Plattformen und Geräte

Als Empfehlung sei angemerkt, dass Sie sich nicht zwingend an diese Größen halten müssen. Diese gelten nur, wenn Sie alle möglichen Geräte abdecken möchten. Sollte sich in Ihrer Analyse Ihrer Nutzer zeigen, dass diese vorwiegend neue und wesentlich größere Smartphones besitzen, können Sie auf die höhere Artboard-Größe zurückgreifen.

10.4.4 Hilfreiche Tipps und Techniken

Im Folgenden möchte Ich Ihnen noch einige Tipps und Techniken mit auf den Weg geben.

Schlagschatten/innerer Schatten

Im Zuge des Flat-Design-Hypes sind Schattenkanten und, schlimmer noch, Schlagschatten zuletzt immer mehr in Verruf geraten. Doch diese Gestaltungselemente haben durchaus ihren Wert, vor allem beim Deep-Flat-Design. Der Einsatz von Schatten kann ein Gefühl von Tiefe vermitteln und somit verschiedene Ebenen innerhalb eines Layouts andeuten. Ebenso helfen Schlagschatten dabei, Elemente innerhalb eines Layouts hervorzuheben. In Android wird ein Schlagschatten sogar vom Betriebssystem selbst generiert. Schlagschatten können auf Konturen, Texte und Formen angewendet werden.

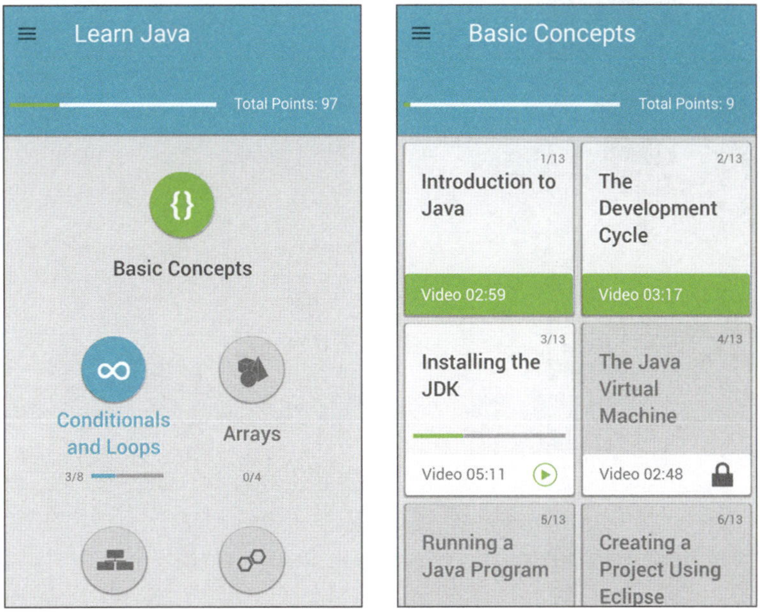

Abbildung 10.33 Die App »Learn Java« zeigt sehr gut, wie man mit einem Schlagschatten eine Tiefe erzeugen kann; dieser wird sogar vom Betriebssystem selber generiert und ist kein Asset, das der Designer exportieren muss.

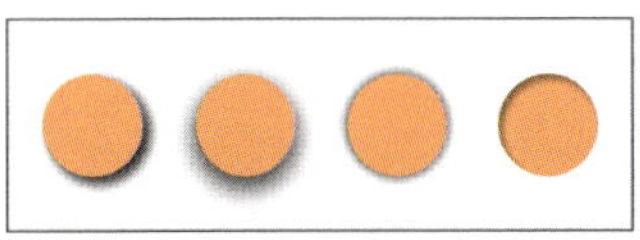

Abbildung 10.34 Schlagschatten nach außen und Schatten nach innen

Schlagschatten sollten Sie jedoch mit Vorsicht anwenden, da der Schatten darunterliegende Objekte verdecken kann. Der Schlagschatten sollte weich in der Intensität und kurz in der Distanz sein.

Abbildung 10.35 Gute und schlechte Beispiele für Schlagschatten auf einer »Fake White«-Fläche

Ein nach innen gerichteter Schlagschatten dient zum einen dazu, einen Verlauf innerhalb einer Form zu erzeugen, um z. B. eine Wölbung zu simulieren oder eine Vertiefung zu erzeugen.

Abbildung 10.36 VinylPlayer-App für iOS. Hier kann man bei den Player-Controls sehr gut Vertiefungen und Wölbungen erkennen.

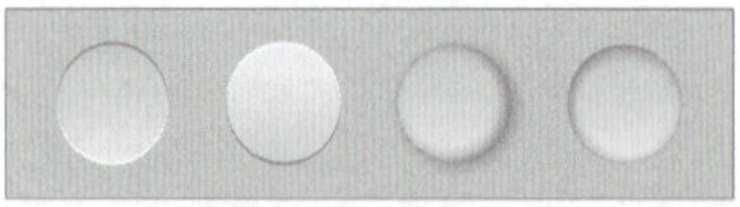

Abbildung 10.37 Wölbungen und Vertiefungen

Schein nach außen oder innen: Glow-Effekte

Glow-Effekte können ebenfalls ein nettes Design-Element für moderne App-Designs sein. Derzeit sind diese Effekte immer mal wieder in Schriftzügen, Buttons oder im Headerbereich einer App zu finden. Ein tolles Beispiel für diesen Effekt ist die App *djay 2*.

Abbildung 10.38 Mit Glow-Effekten lassen Sie Objekte leuchten.

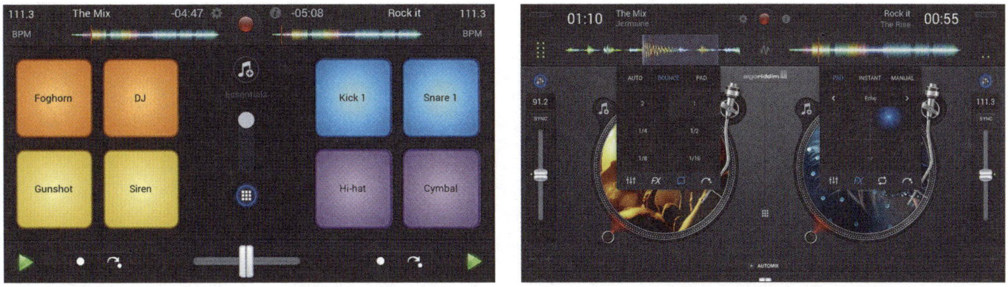

Abbildung 10.39 »djay 2« mit Beispielen für den Einsatz von Glow-Effekten, dem Ansatz von Skeuomorphismus bzw. Realismus. Diese Art der Gestaltung findet man in Apps für Musikschaffende häufig.

Ein Glow kann ebenso auf eine Kontur, Text oder eine Form angewendet werden. Wie der Name schon sagt, sorgt der Effekt dafür, dass es so aussieht, als würde das Element glühen. Hierbei können Sie verschiedene Farben verwenden. Ein Glow eignet sich hervorragend, um wichtige Elemente zu markieren, sodass der Nutzer diese schnell erkennt.

Abgerundete Ecken

Sketch, Adobe XD und Figma bieten die Möglichkeit, Quadrate oder Rechtecke an den Kanten abzurunden. Je nach Gestaltung der App kann es passend sein, z. B. Schaltflächen abzurunden. Neben der markanten Farbe der Schaltfläche kann die Abrundung der Ecken ein weiteres Merkmal sein, das die Schaltfläche hervorhebt.

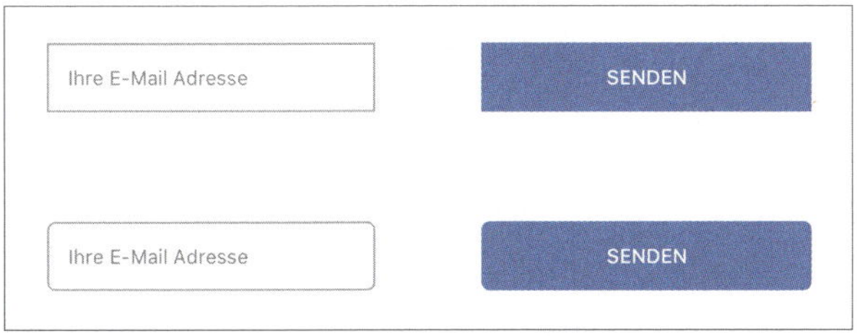

Abbildung 10.40 Eckige oder abgerundete Komponenten

Abgerundete Formen wirken weicher und organischer und können somit zugänglicher sein. Meist findet man abgerundete Ecken in den Komponenten bzw. Controls. Gerade Eingabefelder oder Schaltflächen sind oft abgerundet. Entscheiden Sie sich bei der Gestaltung recht früh, ob Sie abgerundete Ecken nutzen wollen oder nicht, denn wenn Sie sich dafür entscheiden, sollten Sie es zu einem Gestaltungsthema machen und es möglichst durchgängig im Design verwenden. Sie sollten sich recht früh für eine der Varianten entscheiden, wie wäre es mit einer Schräge, also keiner Abrundung bzw. Ecke. Versuchen Sie etwas Neues!

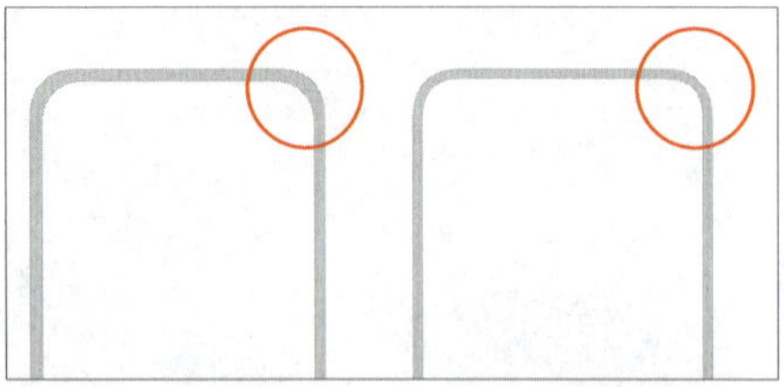

Abbildung 10.41 Gutes (rechts) und schlechtes (links) Beispiel für abgerundete Ecken

Beim Verschachteln von Elementen sollten Sie in jedem Fall beachten, dass äußere Elemente einen größeren Eckenradius besitzen als innenliegende Objekte.

Weiter geht's

Sie wissen nun, wo Sie Inspiration finden und welche Stile und Trends derzeit angesagt sind. Im Idealfall haben Sie nun Gefühl dafür, in welche Richtung das Design Ihrer App gehen wird. In den folgenden Kapiteln befassen wir uns nun mit den drei wichtigsten Eckpfeilern der Grafikgestaltung: der Typografie, der Farbgestaltung und den Grafiken, Icons und Bildern.

Kapitel 11

Typografie für kleine Bildschirme

Typografie ist eines der wichtigsten Themen beim mobilen App-Design. Der Nutzer wird nicht nur mit Symbolen oder Eingabefeldern konfrontiert, sondern auch mit Textinhalten. Aufgrund der Größe von Smartphone, Tablet & Co. haben wir nur eine begrenzte Fläche, um unsere textlichen Inhalte darzustellen. Es tragen viele Faktoren dazu bei, ob ein Text gut zu lesen ist. So zählt die Wahl der Schriftart und der Schriftgröße mit zu den wichtigsten Gestaltungsaspekten einer App.

In der Gestaltung spielt die *Typografie* eine bedeutende Rolle. In unserem Fall möchten wir nur die Facetten betrachten, die für App-Designer wichtig sind. Zunächst ist es hierfür wichtig, eine solide Grundlage zu schaffen und zu klären, was Typografie überhaupt ist. Denn es gibt eine Reihe an Begriffen, die wir benötigen, um vernünftig über Schriften sprechen zu können. Und wie wir wissen, ist eine gemeinsam verständliche Terminologie zwischen App-Designer und App-Entwickler wichtig.

Leser, die sich bereits gut mit Typografie auskennen und direkt zu den Empfehlungen fürs App-Design springen wollen, finden diese in Abschnitt 11.5, »Regeln für gute Typografie im App-Design«, und in Abschnitt 11.6, »Empfehlenswerte Schriften für Apps«.

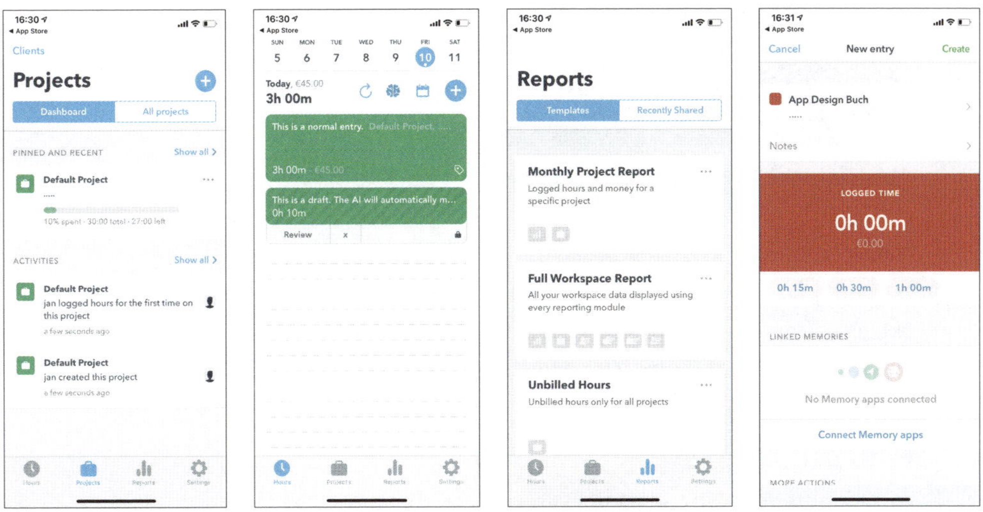

Abbildung 11.1 Die Timely-App zeigt, wie schön man mit Typografie umgehen kann.

11.1 Was ist Typografie?

Typografie bezeichnet zunächst die Kunst und das Handwerk des Druckens mit beweglichen Lettern. Heute ist Typografie ein Prozess, bei dem mittels Schriften, Bildern, Linien, Flächen und typografischem Raum elektronische Medien gestaltet werden.

Man unterteilt die Typografie in zwei Bereiche: die Mikrotypografie und die Makrotypografie, die ich hier nur kurz anreißen möchte.

Literaturempfehlung

Zum Thema Typografie gibt es sehr viel gute Literatur. Für Einsteiger sind etwa der »Grundkurs Typografie und Layout« von Claudia Korthaus (ISBN 9783836240857) und »Erste Hilfe in Typografie« von Hans Peter Willberg und Friedrich Forssman (ISBN 9783874394741) empfehlenswert.

Mikrotypografie

In der Mikrotypografie beschäftigt man sich allgemein gesprochen mit den Regeln für die Gestaltung von Wörtern und Sätzen. Darunter fallen z. B. die Schriftart, Kapitälchen (Großbuchstaben in der Höhe der kleinen Buchstaben) und Ligaturen (hier werden zwei oder mehr Buchstaben in einer Einheit kombiniert, z. B.: »fl« oder »fi«). Ebenso werden in der Mikrotypografie Buchstaben- bzw. Zeichenabstände (Laufweite) und Wortabstände sowie die korrekte Anwendung der Satzzeichen betrachtet.

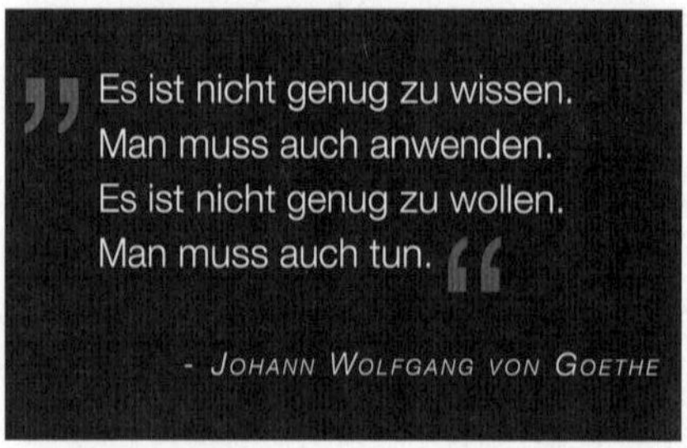

Abbildung 11.2 Mikrotypografie: die Arbeit mit den Buchstaben

Makrotypografie

In der Makrotypografie beschäftigt man sich mit der Gesamtgestaltung eines Textsatzes auf einer Webseite oder einem Druckbogen, in unserem Fall mit der textlichen Gesamterscheinung innerhalb eines Screens. Zur Makrotypografie gehören:

- das Seitenformat
- der Satzspiegel
- Zeilenbreite, -abstand (Durchschuss) und -anzahl
- das Vermeiden von unpassenden Wort- und Absatztrennungen

- die Gliederung der Seite und des Textes
- die Platzierung von Bildern und Tabellen im Text
- das Mengenverhältnis von Text zu Bildern und Tabellen
- die Schriftgröße und Schriftauszeichnung

In der Makrotypografie wird darauf geachtet, dass die einzelnen Elemente des Seitenaufbaus aufeinander abgestimmt werden. Dazu zählen die Wahl der Schriftgröße, der Zeilenabstand und die richtige Positionierung von weiteren Inhalten wie Tabellen und Bildern. Ein anderer Begriff für die Makrotypografie ist *Layout*.

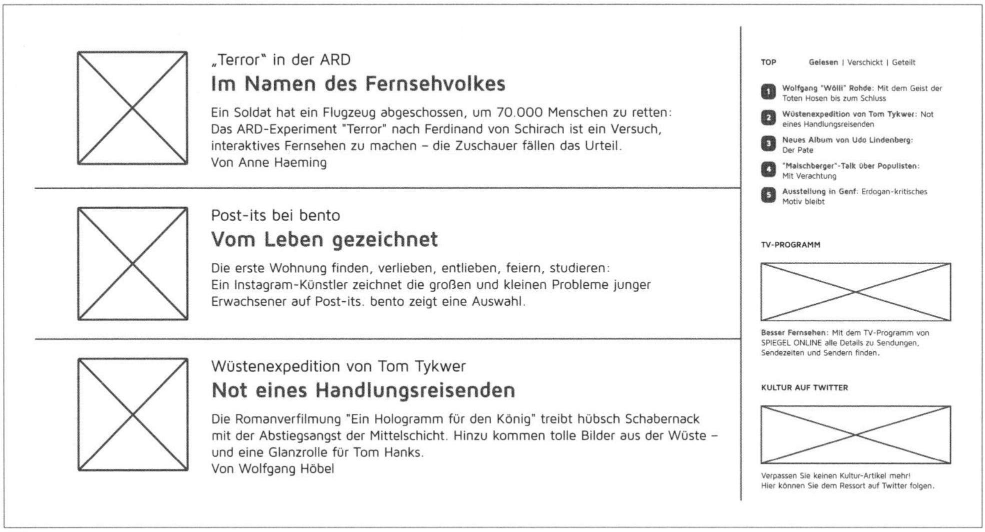

Abbildung 11.3 Makrotypografie: die Arbeit mit längeren Textpassagen und Bildelementen

11.2 Grundsätzliches zur Schrift

Durch Typografie werden Inhalte sowie die Anmutung eines Produkts verdeutlicht. Wo gestaltet wird, da muss auch die Schrift richtig »sitzen«. Im App-Design sollten Sie aber vor allem eine gute Lesbarkeit als Ziel verfolgen.

11.2.1 Typografie in der Anwendung

Gute Typografie lässt den Nutzer den Text gerne lesen. Die perfekte Schriftart gibt es nicht, ebenso wie es ein perfektes Design nicht gibt. In der Gestaltung können Sie aber auf eine sehr gute Lesbarkeit achten, die es dem Nutzer einfacher macht, die Inhalte der App zu erfassen. Beim App-Design sollten wir Fließtexte nicht als bloßes Gestaltungselement betrachten, sondern als ein Element, dass die Funktionalität der App unterstützt und optimiert. Doch bevor wir uns mit der Auswahl und der Optimierung von Schrift im App-Design auseinandersetzen, möchte ich Ihnen zunächst Schriften und deren Parameter ein wenig erklären, sodass ich im späteren Verlauf näher darauf eingehen kann.

11.2.2 Wesentliche Merkmale einer Schrift

Schriften und ihre Eigenheiten lassen sich durch bestimmte Merkmale beschreiben. Die Ausprägung dieser Merkmale trägt zur Lesbarkeit einer Schrift bei und kann uns dabei helfen, eine Schrift für eine App auszuwählen.

1. **Versalhöhe:** Die Versalhöhe beschreibt die Höhe eines Versals, auch Großbuchstabe oder Majuskel genannt. Als Gradmesser wird in der Regel ein E, H oder ein M verwendet.
2. **Oberlänge:** Die Oberlänge ist die Strecke, um die Kleinbuchstaben wie b oder h über die Mittellänge bzw. x-Höhe hinausragen.

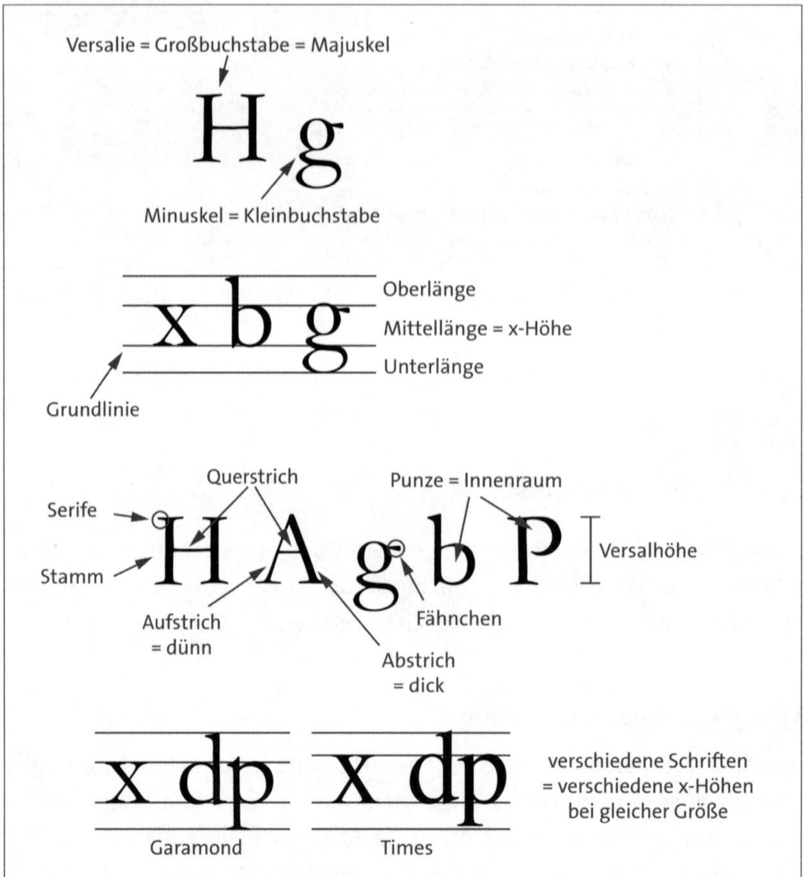

Abbildung 11.4 Merkmale einer Schriftart

3. **Baseline (Grundlinie):** Die Baseline oder Grundlinie ist die Linie, auf der alle Buchstaben aufliegen. Rundungen ragen leicht über diese Grundlinie hinaus.
4. **x-height, x-line:** Die x-Höhe oder auch Mittellinie beschreibt die Höhe der Kleinbuchstaben wie z. B. x, e oder m.
5. **Unterlänge:** Die Unterlänge ist die Strecke von der Baseline bis zur Unterkante eines g, j oder p zur sogenannten p-Linie.
6. **Vor- und Nachbreite:** Die Vor- und Nachbreite bezeichnet den Raum vor bzw. nach einem Zeichen. Dieser Raum wird benötigt, damit Zeichen nicht aneinanderstoßen. Bei manchen Schriftarten ist dies aber gewünscht, wie z. B. bei handschriftlichen Varianten.
7. **Punze:** Die Punze ist der Leerraum innerhalb eines Buchstabens wie o, p oder e.
8. **Dickte:** Die Dickte ist die Breite eines Buchstabens inklusive der Vor- und Nachbreite.
9. **Duktus:** Duktus ist ein Begriff aus der Kaligrafie und bezeichnet den Charakter eines Strichs. Abhängig von der Gestaltung entstehen so Unterschiede in der Strickstärke und Strichführung.

Typografie mit einer App lernen

Wie sollte es anders sein! Natürlich können Sie sich auch mit einer passenden App dem Thema »Typografie« nähern. Der Design-Student Dong Yoon Park entwickelte im Rahmen seiner Promotion die englischsprachige iPad-App *Typography Insight*, mit der die Grundlagen der Typografie gelernt und auch geübt werden können.

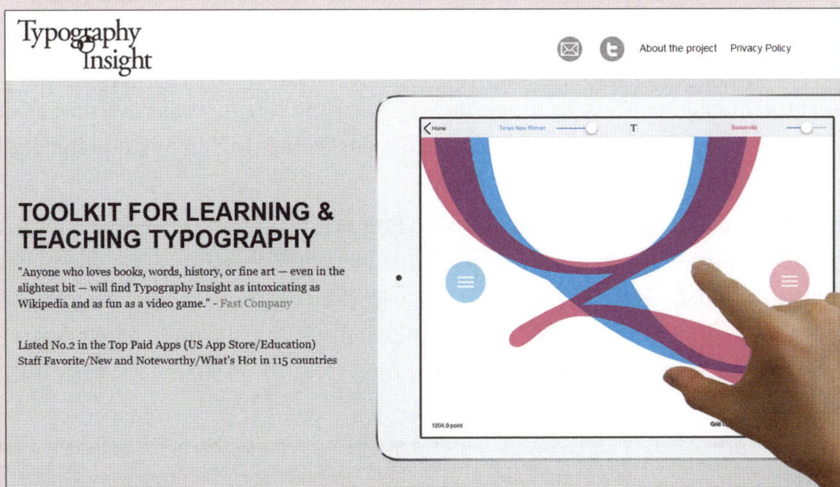

Abbildung 11.5 »Typography Insight« ist eine wahre Spielwiese für Fans der Typografie und die, die es werden wollen (http://typeinsight.org).

11.2.3 Wesentliche Merkmale eines Textlayouts

Auch bei der Gestaltung eines Textlayouts müssen bestimmte Dinge beachtet werden, die bei der Entscheidung der Schriftart bedeutend sind.

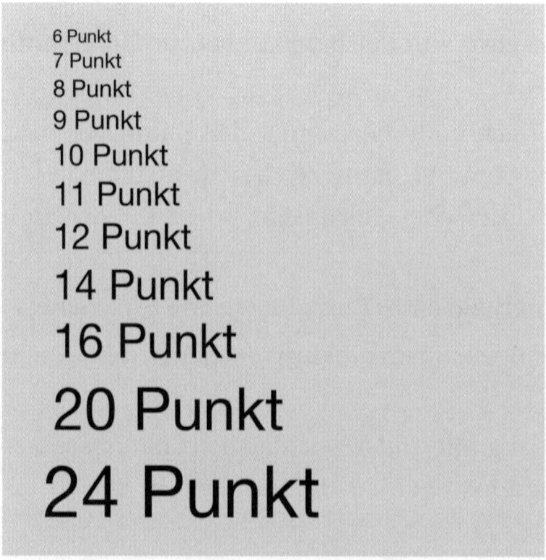

Abbildung 11.6 Die Schriftgrößen

1. **Das Format:** Im Fall des App-Designs ist das Format die Bildschirmgröße bzw. die zu layoutende Fläche.
2. **Zeilenbreite, -abstand, -anzahl:** Die Zeilenbreite wird bestimmt durch die Breite des Textfeldes. Der Zeilenabstand ist der Abstand der Textzeilen eines längeren Textes. Die Zeilenanzahl ist die Anzahl der vorliegenden Zeilen.
3. **Schriftgröße:** Die Schriftgröße beschreibt die Höhe der Schriftart. In iOS wird sie in Punkt (pt) angegeben. Sofern Dynamic Type verwendet wird, passt sich die Schriftgröße automatisch an die Einstellungen, die der Nutzer in den Systemeinstellungen vornehmen kann, an.

   Unter Android können Schriften in Scaled Points (SP) oder in Device-Independent Pixel (DP) angegeben werden. Scaled Points sind dynamische Werte, die je nach Auflösung und Bildschirmgröße vom Betriebssystem selbst angepasst werden. Device-Independent Pixel sind festgelegte Schriftgrößen, die nicht angepasst werden. Tipps zur Schriftgröße folgen in Abschnitt 11.5, »Regeln für gute Typografie im App-Design«.

Dynamic Type

Entwickler können bei der Entwicklung einer App die Funktionalität von Dynamic Type einbinden. Durch Dynamic Type wird die Schriftgröße nicht durch den Entwickler festgelegt, sondern von den Systemeinstellungen in iOS. So werden die Schriftgrößen der App basierend auf den Einstellungen angezeigt. Diese Funktion wird meist von älteren Nutzer so eingestellt, dass diese Texte besser lesen können.

4. **Ausrichtungen:** Die Ausrichtung beschreibt, ob ein Text links, rechts oder zentriert ausgerichtet ist oder es sich um einen Blocksatz handelt.

Abbildung 11.7 Von links nach rechts: linksbündiger Satz, rechtsbündiger Satz, mittiger Satz, Blocksatz

5. **Zeichenbreite und Wortabstände:** Sie können die Zeichenbreite sowie die Wortabstände ändern, um einen ordentlichen rechten Rand bei einem Blocksatz zu erzeugen. Man spricht hierbei von einem *Randausgleich*. Bei einem optischen Randausgleich zählen viele Faktoren dazu; so müssen Zeichen- und Wortabstände angepasst werden, um Silbentrennungen zu optimieren.

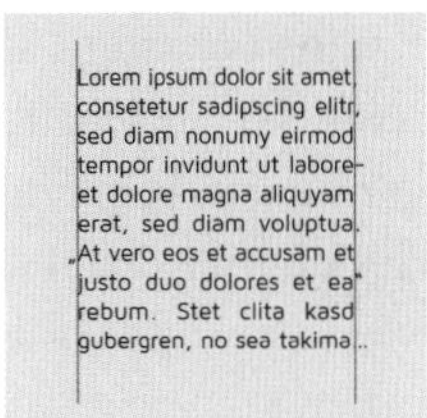

Abbildung 11.8 Randausgleich

11.3 Kategorien von Schriften

Die Geschichte der Schrift geht zurück bis 3.500 v. Chr. So gelten die Sumerer als die Ersten, die Ansätze einer Schrift zusammengebracht haben – die sogenannte Keilschrift. Hierbei handelt es sich um eine Bildschrift, die aus Piktogrammen und Ideogrammen besteht. Heutzutage können wir als App-Designer unzählige Schriften nutzen. In diesem Abschnitt möchte ich Ihnen zunächst die zwei gängigsten Schriftfamilien vorstellen: die Serifen- und die serifenlosen Schriften.

Ursprung der Serife?

Der Ursprung der Serife ist nicht ganz geklärt. Eine Theorie besagt, dass die Serife entstand, weil Schriften früher in Stein gemeißelt wurden und es dabei schwierig war, rechte Winkel zu formen. Einer anderen Theorie zufolge war die Serife durch die Pinselführung und das Ausholen ein zeichentechnisch bedingtes Element. Dieses gestalterische Element übertrug man dementsprechend auf die gemeißelten Buchstaben.

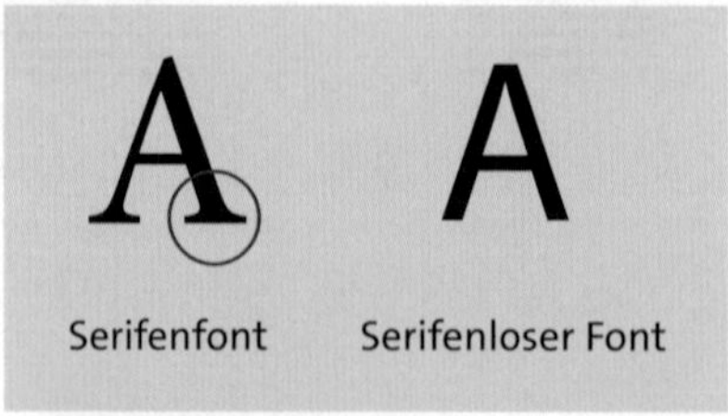

Abbildung 11.9 Unterschied zwischen einer Serifenschrift (links) und einer serifenlosen Schrift (rechts)

11.3.1 Serifenschrift

Eine Serifen-Schriftfamilie zeichnet sich dadurch aus, dass Buchstaben am Ende ihres Strichs eine Serife haben, die quer zur Grundausrichtung steht. Eine bekannte Serifenschriftart ist die *Times New Roman*. Ebenso zeichnet sich eine Serifenschriftart durch eine ungleichmäßige Strichstärke aus. Diese liegt übrigens darin begründet, dass erste Schriften vorwiegend mit dem Pinsel geschrieben wurden und sich durch die Pinselführung unterschiedliche Strichstärken ergeben.

Abbildung 11.10 Verschiedene Serifenschriften (im Kasten ist »Times New Roman« zu sehen)

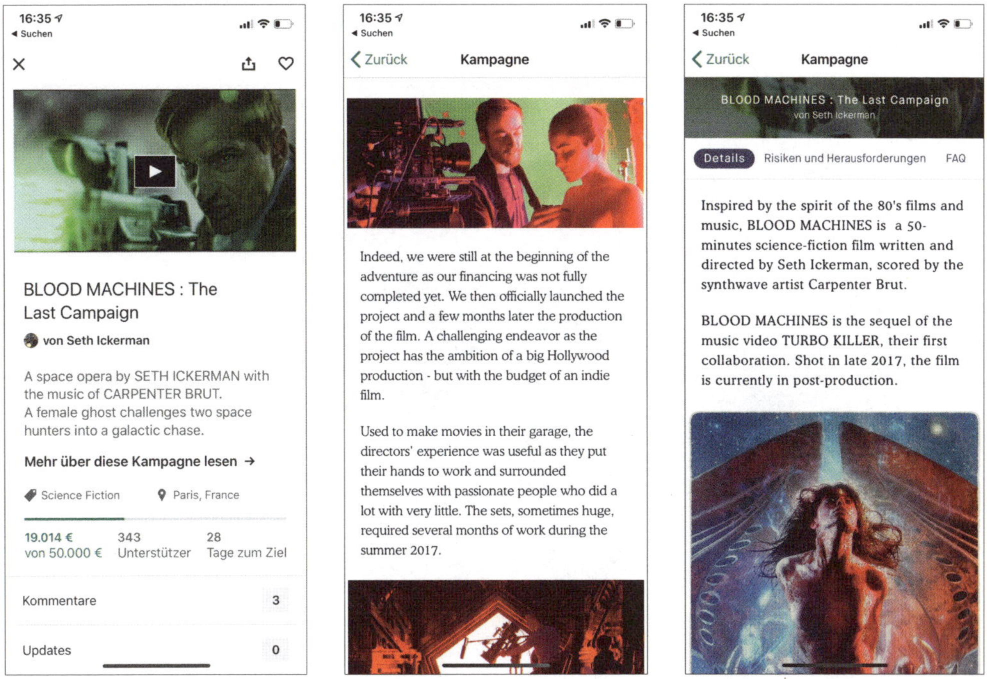

Abbildung 11.11 Im Fließtext setzt die Kickstarter-App auf eine Serifenschrift.

Heutzutage werden Serifenschriften vorwiegend für Druckprodukte verwendet. Sie sind bei Druckprodukten leichter zu lesen, da über den Druckprozess alle Eigenarten der Schriftart dargestellt werden können.

Eine Serifenschriftart zeichnet sich durch starke Individualität der Zeichen (Glyphen) aus, wodurch diese leichter zu erkennen sind. Im App-Design wird weniger auf Serifenschriften gesetzt, da die Feinheiten der Schrift selbst bei hochauflösenden Displays häufig zu einem unsauberen Gesamtbild führen.

Das schließt aber nicht aus, Serifenschriften in Apps zu verwenden. Es gibt einige Apps, die bei Fließtexten auf eine Serifenschrift setzen. Die einzelnen Zeichen einer Serifenschrift sind gut zu unterscheiden, was das Lesen eines Textes erleichtert.

Wirkung: Serifenschriften wirken seriös und ausgewogen und können, wenn richtig eingesetzt, einen Hauch von Luxus vermitteln. Falsch eingesetzt kann eine App, die Serifenschriften verwendet, altbacken wirken.

- bekannte Vertreter der Serifenschriften: *Times New Roman*, *Georgia*, *Garamond*

11.3.2 Serifenlose Schrift

Grotesk oder Sans Serif ist eine serifenlose Schriftfamilie. Hierbei sind die Strichstärken nahezu gleichmäßig. Erst im 19. Jahrhundert entstanden die ersten serifenlosen

Schriftarten. Solche Schriften waren einfach herzustellen, da hierbei keine Ornamente für Bleikegel ausgearbeitet werden mussten.

Bleikegel

Bleikegel sind einzelne Buchstaben, die aus einer Blei-Zinn-Antimon-Legierung gegossen sind. Sie werden aneinandergesetzt und so zum Drucken genutzt. Diese Bleikegel können anschließend wieder entfernt und weiterverwendet werden.

Abbildung 11.12 Bleikegel (Quelle: https://en.wikipedia.org/wiki/Movable_type#/media/File:Metal_movable_type.jpg)

Heutzutage werden serifenlose Schriften vorwiegend für digitale Produkte genutzt, da der Monitor mit seiner niedrigen Auflösung filigrane Ornamente bzw. Serifen nicht optimal darstellen kann und serifenlose Schriften ein sauberes, klares Schriftbild liefern.

Abbildung 11.13 Verschiedene Sans-Serif-Schriften, im Kasten ist die »Helvetica Neue« zu sehen.

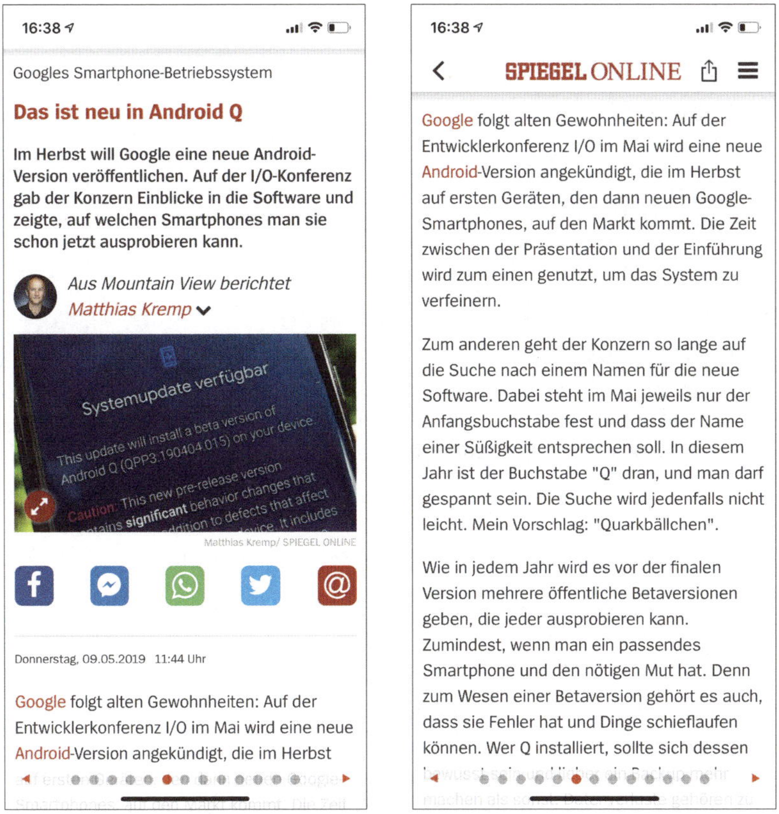

Abbildung 11.14 Einsatz der Sans Serif in der Spiegel-App

Wirkung: Sans-Serif-Schriften wirken modern und technisch. Sie geben der App einen jungen und dynamischen Touch.

- bekannte Vertreter serifenloser Schriften: *Helvetica Neue, San Francisco* (Apple-Systemfont), *Roboto* (Android-Systemfont)

11.3.3 Dekorative Schriften, Handschriften etc.

Es gibt noch viele weitere Schriftarten. Verwenden Sie dekorative Schriften, Handschriftarten oder Scripts nur als Zierschriften. Überfordern Sie Ihren Nutzer nicht mit einem Text, den er kaum entziffern kann. Die oberste Maxime beim Umgang mit Schriften lautet im App-Design: Lesbarkeit! Nutzer sollen Informationen problemlos erfassen können.

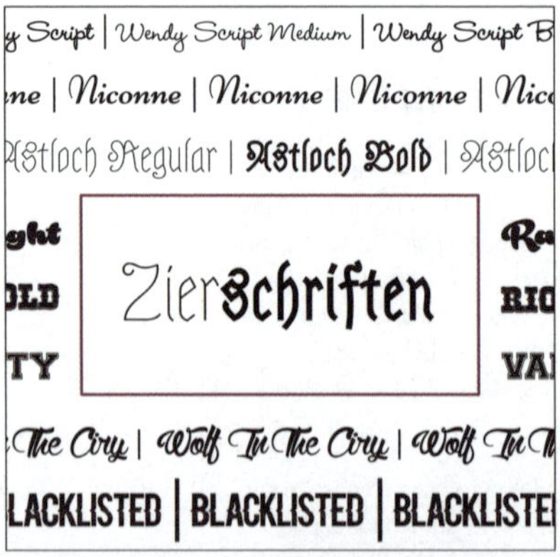

Abbildung 11.15 Schön, aber nur gut dosiert und nicht als Fließtext geeignet für Apps: Zierschriften (Scripts, Handwritten etc.)

Versuchen Sie, mit Zierschriften Akzente zu setzen, die einen Wiedererkennungswert haben. Aber Achtung: Verwenden Sie solche schwer lesbaren Schriften nur für Überschriften und nicht für Fließtext.

App für Typo-Liebhaber

Die App des sozialen Netzwerks *Fontli* ist eine Fundgrube für Typografie-Liebhaber, die Sie bei der Suche nach dem richtigen Font unterstützt. Ähnlich wie bei Instagram können Sie hier Fotos mit typografischem Hintergrund hochladen, liken und kommentieren. Zu jeder Schrift liefert die App nützliche Informationen zu Designer und Schriftart. Lassen Sie sich von den Bildern inspirieren.

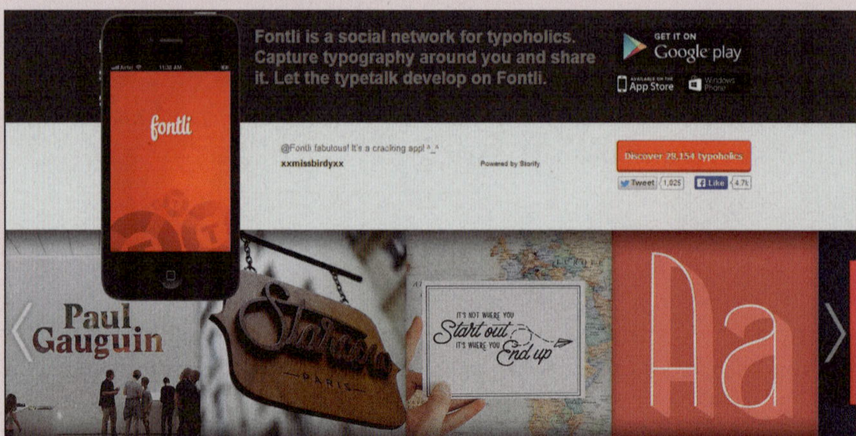

Abbildung 11.16 Für Typoliebhaber: Fontli

11.3.4 Schriftart, Schriftfamilie, Schriftschnitte und Schriftauszeichnung

Als eine *Schriftart* bezeichnet man die Gestaltung einer Satzschrift. Die *Satzschrift* ist ein Zeichensatz, der die Schriftart bildet. Durch Schriftarten differenzieren wir innerhalb einer übergeordneten Schriftfamilie. So unterscheiden wir bei der *Schriftartenfamilie* der Sans Serif Schriftarten wie *Helvetica, Frutiger* oder *Univers*.

Serif

Sans Serif

Slab

Zierschriften

Abbildung 11.17 Hier die typischen vier Schriftarten: Serif, Sans Serif, Slabbed, Zierschriften

Helvetica Neue Thin

Helvetica Neue Regular

Helvetica Neue Italic

Helvetica Neue Bold

Abbildung 11.18 Einige Schriftschnitte der »Helvetica Neue«

Als *Schriftfamilien* bezeichnet man neben der übergeordneten Kategorisierung wie Serif und Sans Serif auch einzelne Schriftarten und deren Schriftschnitte. So hat z. B. die *Helvetica* verschiedene Schriftschnitte wie Light, Regular, Bold und Black.

Kursive sind ebenso eigene Schriftschnitte, auch *Schriftauszeichnungen* genannt. Hierbei werden die Schriftart und die dazugehörigen Schriftschnitte geneigt bzw. schräg dargestellt. Somit ergeben sich weitere Schriftschnitte innerhalb einer Schriftfamilie. Kursive eignen sich hervorragend dazu, innerhalb einer längeren Textpassage bestimmte wichtige Wörter auszuzeichnen.

Sukhumvit Set Light

Myriad Pro Regular

Helvetica Neue Regular

InaiMathi Regular

Abbildung 11.19 Beispiele für die Schriftfamilie Sans Serif

Was ist das für eine Schriftart?

Eine Situation, die jeder Designer kennt: Man sieht eine Schrift auf einem Magazincover, einem Poster oder einem Flyer, die einem auf Anhieb gefällt. Die iOS-App *WhatTheFont* kann anhand eines Fotos oder Screenshots helfen, einen Font zu identifizieren oder zumindest eine Schrift zu finden, die dieser Schrift ähnlich sieht. Leider funktioniert die Font-Erkennung in der Praxis nicht immer so zuverlässig wie gewünscht, kann aber zumindest bei klaren Schriften (Headlines eines Magazins z. B.) ganz solide Ergebnisse liefern.

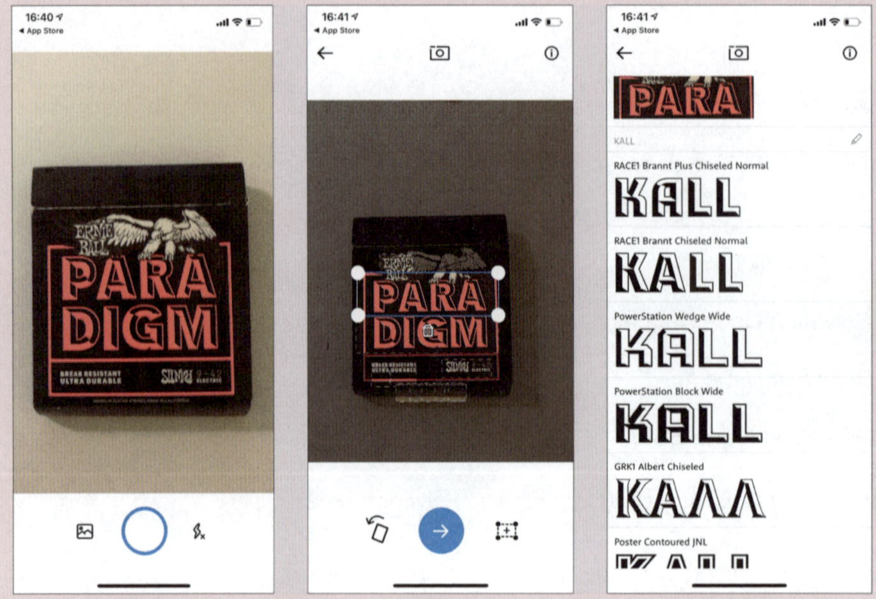

Abbildung 11.20 Mit »WhatTheFont« lassen sich Schriften aus Fotos und Grafiken identifizieren.

11.4 Systemschriften

Systemschriften sind die auf dem jeweiligen Betriebssystem standardmäßig verfügbaren Schriftarten. App-Designer können diese Schriften lizenzfrei in ihren Apps verwenden. Zu den Systemschriften zählen vorwiegend die »üblichen Verdächtigen« wie die SF von Apple (ehemals *San Francisco* unter iOS), *Helvetica*, *Arial*, *Verdana* oder die *Roboto* (unter Android). Hier finden Sie alle verfügbaren Schriften für iOS-Apps: *http://iosfonts.com*. Also klassische Schriftarten, die Sie eventuell schon von der Gestaltung von Webseiten her kennen.

Die *SF* unter iOS oder die Roboto unter Android sind Schriftfamilien, die für den mobilen Einsatz optimiert sind.

Ein Beispiel: Die San-Francisco-Schriftfamilie

In diesem Abschnitt möchte ich Ihnen die Hauptsystemschriftart von Apple vorstellen, die für die Darstellung auf Smartphones, Tablets, Monitor und Wearables optimiert wurde. Betrachten wir die *San Francisco* von iOS 9 und die *San Francisco Compact* für die Watch OS 2 näher.

> **»SF«-Font »seziert«**
>
> Die Bestandteile des *San-Francisco*-Fonts hat Designer Akinori Machino sehr anschaulich und detailliert auseinandergenommen und analysiert: *https://medium.com/@mach/the-secret-of-san-francisco-fonts-4b5295d9a745.*

Die *San Francisco* teilt sich in zwei Familien auf:

- *San Francisco* (SF)
- *San Francisco Compact* (SF Compact)

Die jeweiligen Familien besitzen zudem noch weitere Schriftschnitte: sechs Schriftschnitte für die Textvariante, die für Fließtexte optimiert ist, und neun Schriftschnitte, die für die Darstellung von Überschriften optimiert sind. Die *San Francisco* ist für den Einsatz unter Mac OS X und iOS gedacht, während die *San Francisco Compact* auf der Apple Watch verwendet wird.

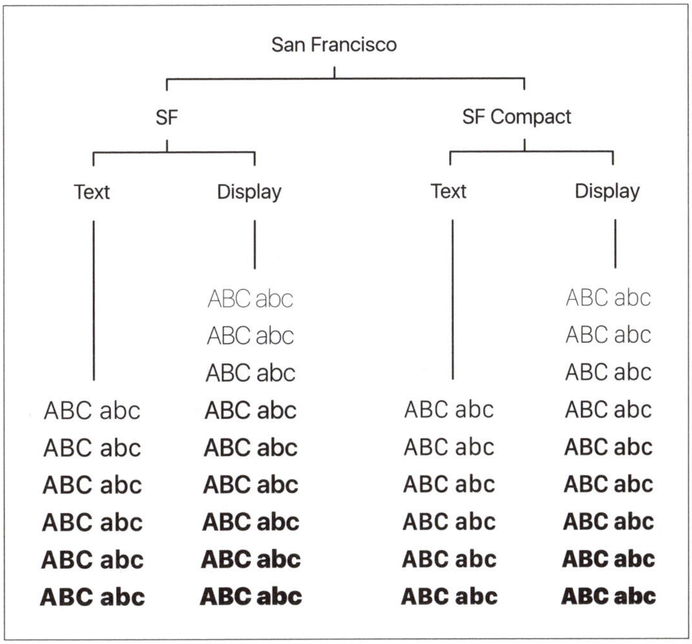

Abbildung 11.21 Strukturierter Aufbau der Schriftart »San Francisco«

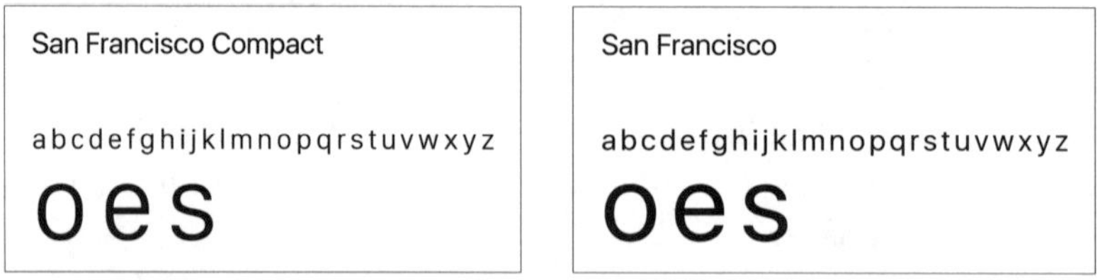

Abbildung 11.22 Vergleich der »San Francisco Compact« (links) und der »San Francisco« (rechts)

Bei der SF Compact sind Rundungen bei Zeichen wie dem o oder dem e begradigt. Hierbei gibt es neben dem stilistischen auch einen funktionellen Grund: Durch die Begradigung der Zeichen ergibt sich mehr Platz zwischen den Zeichen. Dadurch wird die Schrift bei kleinen Textgrößen leichter lesbar, und es passen mehr Zeichen nebeneinander.

Abbildung 11.23 X-Höhe der »San Francisco«

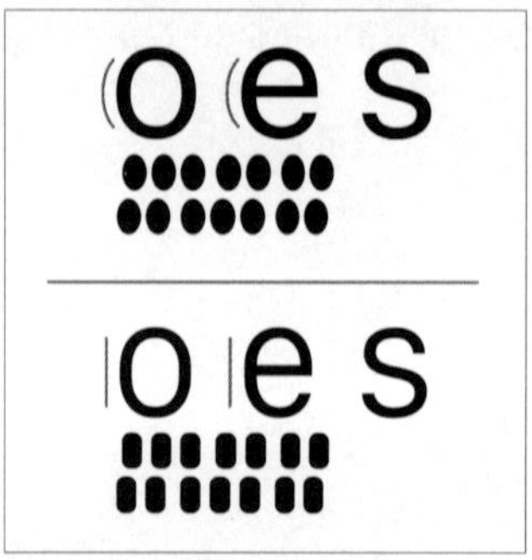

Abbildung 11.24 Unterschiede zwischen der »San Francisco« (oben) und der »San Francisco Compact« (unten)

Ebenso zeichnen sich die SF sowie die SF Compact durch eine größere x-Höhe aus. Das resultiert in größeren Kleinbuchstaben. Dadurch lassen sich gerade Kleinbuchstaben besser erkennen.

Text- oder Display-Variante?

Die SF-Textvariante ist für Fließtexte auf besonders kleinen Bildschirmen gedacht. Hier sind die Abstände zwischen den Zeichen etwas größer und so optimiert, dass diese bei kleiner Bildschirmgröße einfacher zu erkennen sind. Bei der SF-Display-Variante stehen die Zeichen enger zueinander, da sie für eine große Darstellung optimiert ist.

Ebenso gibt es Unterschiede in der Strichführung der einzelnen Zeichen. Es wurde darauf geachtet, dass die SF-Textvariante eine größere negative Fläche besitzt, denn die negative Fläche unterstützt den Leser dabei, einzelne Zeichen besser zu erkennen. Je stärker die Unterschiede der einzelnen Zeichen sind, desto besser sind sie erkennbar.

Abbildung 11.25 Negative Fläche (schwarz) der »San Francisco«

Das iOS-Betriebssystem wechselt bei bestimmten Schriftgrößen automatisch zwischen den zwei Schriftschnitten und der Display- und der Textvariante. Als Designer sollten Sie die Schriftgröße also genau beachten – die Textvariante wird bis 19 pt und die Display-Variante ab 20 pt verwendet. Ebenso stellt das Betriebssystem bei der Nutzung der App das Tracking und Kerning der *San Francisco* und der *San Francisco Compact* automatisch ein. Beim Design Ihrer App z. B. in Photoshop müssen Sie jedoch das Tracking und Kerning selber einstellen, hierzu bietet Apple eine Tabelle an, in der Sie die Werte ermitteln können: *https://developer.apple.com/design/human-interface-guidelines/ios/visual-design/typography/*.

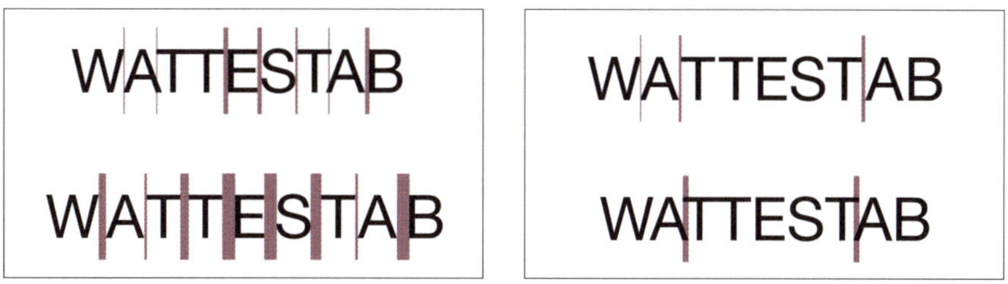

Abbildung 11.26 Links unterschiedliche Varianten des Trackings und rechts des Kernings

Tracking

Der Begriff Tracking entspricht dem Begriff Laufweite. So beeinflusst das Tracking die Laufweite mehrerer Zeichen.

Kerning

Kerning bezieht sich im Gegensatz zum Tracking auf den Abstand zwischen zwei Buchstaben.

Was wir von dieser Schriftfamilie lernen können

Die Darstellung von Überschriften und von Fließtexten sollte unterschiedlich betrachtet werden. Achten Sie darauf, dass Sie für einen Fließtext eine Schriftart mit einem großzügigen, optimierten negativen Raum und einer höheren x-Höhe wählen. Auch sollte der Abstand zwischen den Zeichen und Wörtern größer sein, je kleiner die Schrift wird. Bei Überschriften sollten Sie darauf achten, dass die Zeichen enger beieinanderliegen. Der negative Raum sollte bei Überschriften kompakter sein und somit die Zeichen großzügiger gestaltet sein.

Ist keine Schriftart vorgegeben, können Sie für Überschriften auch eine andere Schriftart verwenden als für den Fließtext. Vergewissern Sie sich aber, dass beide Schriftarten zumindest aus derselben übergeordneten Schriftfamilie stammen und gut miteinander harmonieren (siehe dazu auch Abschnitt 11.5.5, »Schriftmischung und Auszeichnungen«).

11.5 Regeln für gute Typografie im App-Design

In den vorangegangenen Abschnitten haben wir uns mit den grundlegenden Themen der Typografie beschäftigt. Auf den nun folgenden Seiten möchte ich mit Ihnen vor allem die Facetten betrachten, die gerade für App-Designer wichtig sind, denn im App-Design gelten andere Gesetze als im Printbereich. So sind äußerliche Einflüsse und Größe der Schrift und Display wesentliche Punkte, die es näher zu betrachten gilt.

Google und Apple haben in ihren Guidelines spezifische Richtlinien für ihre Hauptsystemschrift. Sicherlich wollen Sie in Ihren Apps aber auch auf andere Schriftarten zurückgreifen, daher möchte ich Ihnen einige Hinweise und Techniken mitgeben, die Ihnen dabei helfen sollen, ein schönes Schriftbild in Ihrer App zu erzeugen.

11.5.1 Wo findet man Schriften fürs App-Design?

Schriften finden Sie auf verschiedenen Plattformen und Portalen. Im Internet stehen viele kostenfreie und natürlich auch zahlreiche kostenpflichtige Schriften zur Verfügung. Kostenpflichtige Schriften haben oft den Vorteil, dass sie sehr umfassend sind und viele Umlaute und Sonderzeichen abdecken. Manchmal fehlen nämlich in kostenlosen Schriften Buchstaben und Zeichen wie ä, ü, ö oder &, ?, #, !.

Die folgende Liste von Plattformen, von denen Sie Schriften beziehen können, ist natürlich unvollständig, zeigt Ihnen aber ein paar gute Anlaufstellen. Wenn Sie eine Schrift herunterladen, beachten Sie bitte immer auch ihre lizenztechnischen Bedingungen, denn diese sind von Plattform zu Plattform unterschiedlich. So kann es sein, dass Sie Schriften nur für eine bestimmte Dauer nutzen können und dann auch nur für den mobilen, aber nicht für den Printbereich.

- Fontsquirrel: *www.fontsquirrel.com*
- Da Font: *www.dafont.com*
- Fontshop: *www.fontshop.de*
- Google Fonts: *https://fonts.google.com*
- Typography: *www.typography.com*

11.5.2 Was Sie bei der Schriftwahl beachten müssen

Die Wahl einer Schriftart hängt von verschiedenen Faktoren ab. Sie kann z. B. davon beeinflusst werden, ob ein Corporate-Design-Guide vorliegt. Sofern dies zutrifft, haben Sie als App-Designer keine andere Wahl, als die dort aufgeführten Schriftarten zu verwenden. Ihre Aufgabe würde darin liegen, die vorliegende gesetzte Schrift für die mobile Darstellung zu optimieren.

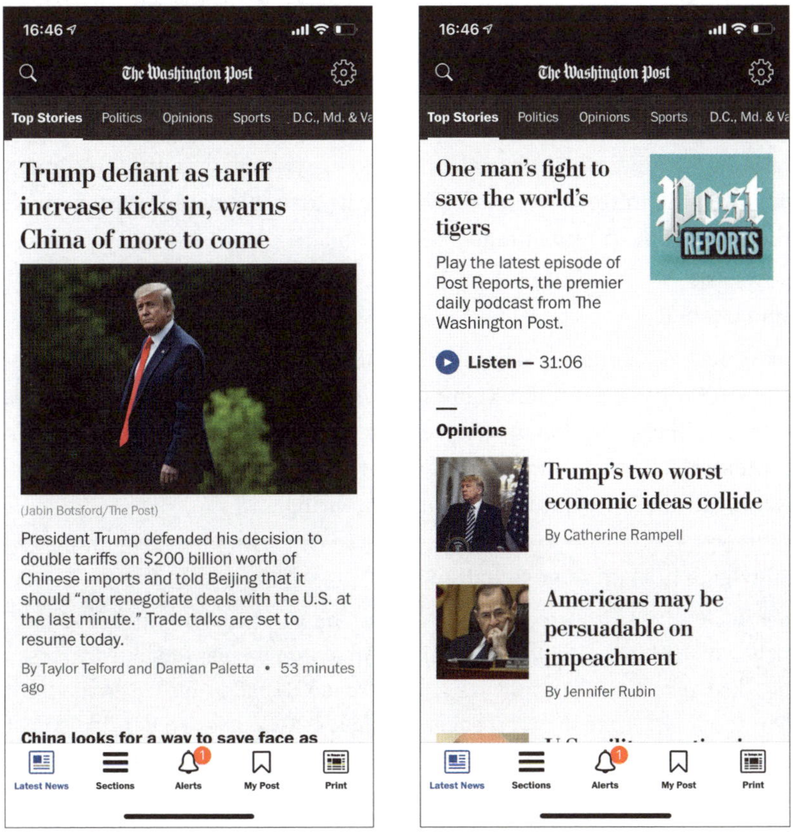

Abbildung 11.27 Auch die Washington-Post-App geht gelungen mit Typografie um.

In der Regel wurden die Schriften in einem Styleguide sorgfältig gewählt, sodass sie für die Darstellung im Print- oder Webbereich optimal sind. Im App-Design können

Sie sich hier an der für das Web optimierten Variante orientieren. Sollten Sie eine andere Schriftart in Erwägung ziehen, klären Sie das bitte unbedingt vorher mit Ihrem Kunden bzw. Vorgesetzten ab!

Sind Sie in der glücklichen Lage, bei der Wahl der Typografie alle Freiheiten zu haben, können Ihnen die folgenden Hinweise bei der Wahl der passenden Schriftart weiterhelfen.

Genügend Schriftschnitte

User Interfaces benötigen in der Regel unterschiedliche Mengen an verschiedenen Schriftgrößen und -schnitten. So benötigen Sie Schriften für Schaltflächen, Labels, Fließtexte und Überschriften sowie Zierschriften. Vergewissern Sie sich, dass die Schriftart auch genügend Schriftschnitte besitzt und Sie diese vielseitig bzw. für eine hierarchische Struktur einsetzen können. Nichts ist ärgerlicher, als endlich die passende Schrift zu finden und dann festzustellen, dass nicht genügend Schriftschnitte vorhanden sind.

Meine persönliche Faustregel: Maximal drei Schnitte pro verwendeter Schriftart: ein regulärer bzw. normaler Schnitt für den Fließtext, eine dünne, sogenannte Light- oder Thin-Variante für Überschriften und eine dicke bzw. fette Variante. Sie können natürlich auch mehr Schnitte verwenden. Wichtig ist, dass Sie darauf achten, diese Schnitte einheitlich für bestimmte Inhalte zu verwenden.

Zielgruppe und Usability

Ein nicht zu vernachlässigender Faktor ist das Alter Ihrer Zielgruppe. Ältere Menschen haben meist Probleme, kleinere Texte zu erkennen. Beziehen Sie Ihre Personas bei der Schriftauswahl und den dazugehörigen Einstellungen ein. Denken Sie neben ästhetischen Merkmalen auch immer an die Usability der App. Es geht darum, eine App zu gestalten, die dem Nutzer hilft und ihn voranbringt.

Lizenzrechte der Schrift im Auge behalten

Es ist immer wichtig, die Lizenzrechte einer Typografie vorzeitig zu prüfen und zu beachten. Ich spreche hier aus eigener Erfahrung. In einem meiner Projekte kam es zu dem Fall, dass eine Schriftart aus lizenztechnischen Gründen nicht verwendet werden konnte. Hierbei hatte die Werbeagentur, die das Grunddesign der App entwickelte, die Typografie für die Web-App auf Basis von Printprodukten gewählt. Leider handelte es sich bei der Schriftart um eine, die nicht für Webseiten und Mobile-Apps optimiert war und von der keine Lizenz für die Nutzung im Web verfügbar war. Als dies der Agentur bewusst wurde, war das Projekt bereits weit fortgeschritten, große Teile der Applikation waren schon in der Entwicklung. Sie können sich sicherlich denken, dass es ein enormer Aufwand war, alle Layouts so zu überarbeiten, dass die neu gewählte Schriftart angemessen funktionierte. Es handelte sich hierbei um rund 400 bis 500 Layouts pro Endgerät. Diese kleine Anekdote soll zeigen, dass Sie sich bewusst und frühzeitig für eine Schriftart entscheiden und sich über die Lizenzrechte Gedanken machen sollten. Denn sobald Sie tief in dem Projekt sind, können Layouts nur schwer und mit enormem Aufwand geändert werden.

11.5.3 Lesbarkeit hat oberste Priorität

Beim Design für mobile Endgeräte sollte im Fokus der Schriftwahl immer die Lesbarkeit der Schrift stehen. Die Schrift muss auch auf einem kleinen Bildschirm und im Idealfall auch bei ungünstigen Lichtsituationen wie z. B. bei direkter Sonneneinstrahlung gut lesbar sein. Wie Sie bereits wissen, werden Apps meist in einer kurzen Zeitspanne verwendet, in der der Nutzer Informationen möglichst schnell und problemlos erfassen will. Zwar ist es auf mobilen Geräten möglich zu zoomen, aber das sollten Sie als Designer Ihren Anwendern niemals zumuten. Niemand möchte unnötig Zeit aufwenden, die in einer App verwendeten Schriften zu entziffern!

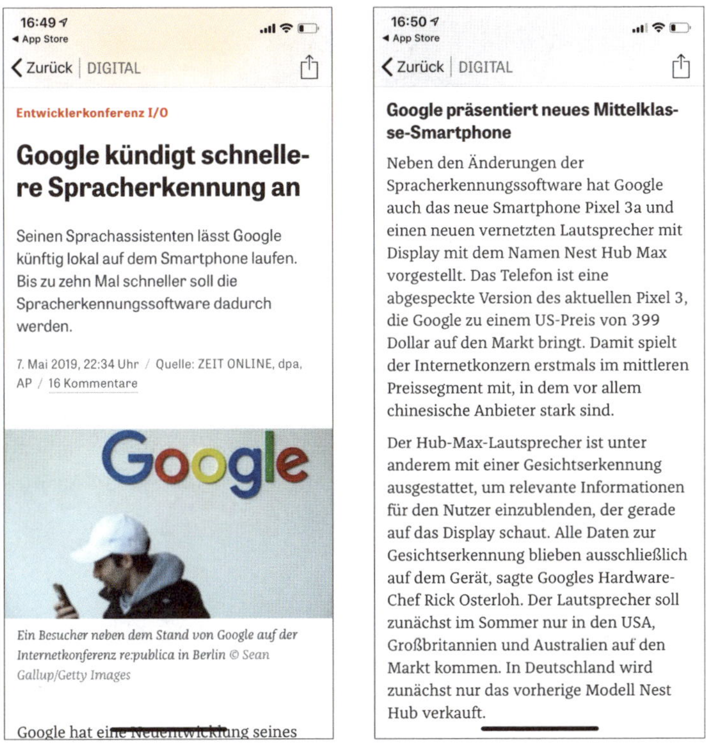

Abbildung 11.28 Die Zeit-Online-App gewährt mit einer Serifenschrift eine gute Lesbarkeit auf kleinen Endgeräten.

Den Textkörper (Body Text) zuerst gestalten

Nutzen Sie eine Schriftart, die gut lesbar ist und zu der Gestaltung Ihrer App passt. Beginnen Sie bei der Gestaltung Ihrer Typografie immer mit dem Body-Text. Verwenden Sie Schriften, die für kleine Darstellungen optimiert sind, z. B. *San Francisco* (Apple iOS) oder *Roboto* (Android). Ebenso können andere Schriften verwendet werden. In jedem Fall soll diese einfach zu lesen sein. Verwenden Sie keine Zierschriften!

Abbildung 11.29 Links ein schlecht lesbarer Body-Text, rechts Body-Text, der sich gut lesen lässt. Zugegeben etwas übertrieben.

Einige Schriftarten sind von Haus aus weniger geeignet, da sie eher schwer unterscheidbare Zeichen nutzen. So ist der Unterschied zwischen einem großen I und einem kleinem l bei einigen Schriften schwer zu erkennen. Achten Sie darauf, dass die Zeichen unterschiedlich ausgeprägt sind, sodass sie klar voneinander unterschieden werden können. Ebenso sollten Sie darauf achten, dass die Schriftart in nahezu jeder Größe gleich gut funktioniert, dass die Überschriften mit Fließtexten harmonieren und dass die Usability nicht beeinträchtigt wird.

Schriftgröße und Laufweite

Leider gibt es keine Faustregel für Schriftgrößen oder die Laufweite für Schriften in Apps. Es kommt immer darauf an, welche Schriftart Sie nutzen, denn nicht jede funktioniert gleich. In der Regel sollten Schriften niemals kleiner als 9 pt sein, wobei 9 pt schon recht klein ist und eher für Text-Labels oder kleine Bemerkungen gedacht ist. Fließtexte sollten größer und leicht zu lesen sein. Eine Schriftgröße zwischen 14 pt und 16 pt hat sich bei mir in vielen Projekten bewährt. Die Standard-Laufweite Ihrer Schriftart ist ein gutes Optimum, aber hier müssen Sie je nach Größe ein wenig justieren. Eine gute Faustregel ist, 30 bis 40 Zeichen pro Zeile bei Fließtexten anzupeilen. Auf Tablets reichen mitunter 50 bis 75 Zeichen pro Zeile aus.

Vermeiden Sie kleine Schriftgrößen oder sehr eng gestellte Zeichen. Wenn eine Überschrift in die zweite Zeile umbricht, wie es häufig bei dynamisch geladenen Inhalten der Fall ist, können Sie das sowieso nicht beeinflussen. Im Grunde gilt auch hier die Maxime: testen, testen, testen. Testen Sie die von Ihnen gewählte Schriftart auf den mobilen Endgeräten. Gestalten Sie Varianten mit zweizeiligen Überschriften oder längeren Fließtexten. Das hilft Ihnen, die richtige Schrift auszuwählen.

Schriftfarbe

Bei der Schriftgestaltung ist auch der Kontext zu beachten, in dem sich der Nutzer der App bewegt. So kann tagsüber das Display stark reflektieren, wodurch hell eingefärbte Schriften nur sehr schwer zu lesen sind. Auch sind filigrane Schriften schwerer zu erkennen, wenn das Display zu hell eingestellt ist.

> **Dark-and-Light-Modus**
>
> Es gibt Apps, die über einen Dark-and-Light-Modus verfügen, um gezielt den Lichtverhältnissen tagsüber bzw. nachts entgegenzukommen. Unter Android ist es möglich, einen Dark-and-Light-Modus für Apps zu entwickeln, demnächst wird es wohl auch für iOS die Möglichkeit geben.

Neben der passenden Wahl des Schriftschnitts ist es daher auch wichtig, die richtige Textfarbe zu bestimmen. So ist klar, dass schwarze Texte auf weißer Fläche am besten tagsüber zu lesen sind. Bei Dunkelheit hingegen ist weiße Schrift auf schwarzem Grund wiederum besser.

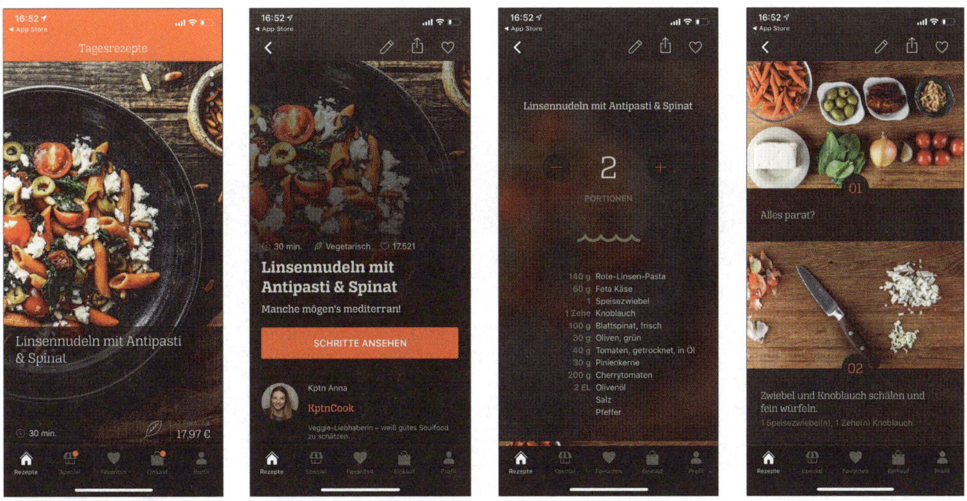

Abbildung 11.30 Schöner Einsatz von Typografie auf dunklem Hintergrund in der KptnCook-App

Am besten funktionieren satte, kräftige Farben für Schriften auf hellem Grund. Ebenso können Farbflächen satt eingefärbt werden und der Text entsprechend dazu in einer Komplementärfarbe oder in Weiß bzw. Schwarz.

Ich werde in Kapitel 12, »Farbe«, näher auf die Farbgestaltung von Apps eingehen. Die dort erwähnten Prinzipien bzgl. des Farbeinsatzes gelten ebenfalls für die Typografie.

Texte hierarchisieren

Eine hierarchische Struktur mit einer Headline, eventuell einer Subheadline, auch Kicker genannt, und einem Fließtext können Sie durch verschiedene Schriftschnitte darstellen. So kann der Leser bestimmte Textteile leichter erfassen, wodurch er leichter durch die App und durch die Informationsarchitektur geführt wird. Denn eine gute Lesbarkeit zeichnet sich nicht nur durch die Gestaltung einzelner Zeichen aus, ein wichtiger Faktor ist die Differenzierungsmöglichkeit durch eine Hierarchie.

Wie bereits gesagt, sollten Sie die Schriftart so wählen, dass sie dank einer ausreichenden Anzahl an Schriftschnitten flexibel ist. So kann ein Light-Schriftschnitt für Überschriften und der Regular-Schriftschnitt für Fließtext eingesetzt werden, wodurch Text bereits einfach hierarchisiert werden kann. Natürlich kann auch ein Bold-Schnitt als Überschrift dienen. Für welchen Schnitt Sie sich bei der Überschrift entscheiden, ist im Grunde egal. Jedoch sollten Sie Fließtexte immer im Regular-Schnitt setzen.

WETTERBERICHT		
Montag	25°C	sonnig
Dienstag	24°C	**leichter Regen**
Mittwoch	26°C	bewölkt
Donnerstag	**29°C**	sonnig
Freitag	25°C	sonnig
Samstag	27C°	bewölkt
Sonntag	**29°C**	**sonnig**

WETTERBERICHT		
Montag	**25°C**	sonnig
Dienstag	**24°C**	leichter Regen
Mittwoch	**26°C**	bewölkt
Donnerstag	**29°C**	sonnig
Freitag	**25°C**	sonnig
Samstag	**27C°**	bewölkt
Sonntag	**29°C**	sonnig

Abbildung 11.31 Links ein nicht empfehlenswerter Aufbau einer Hierarchie, rechts ein guter

Durch verschiedene Schriftschnitte und ihren konkreten und zweckmäßigen Einsatz erreichen Sie eine hierarchische Differenzierung innerhalb des User Interface oder über größere Textabschnitte. Der Nutzer wird auf diese Weise durch längere Inhalte geführt, man spricht hierbei auch vom Leserhythmus. Ebenso hilft dies dem Nutzer, wichtige Inhalte schneller zu identifizieren. So sind Zwischenüberschriften ein gutes Mittel, um Kapitel oder funktionale Elemente voneinander zu trennen.

Ähnlichkeit

Schriftschnitte helfen auch dabei, Zeichen unterschiedlicher Größe miteinander zu vereinen. Hierbei wird versucht, die Strichstärke der Schrift über den Einsatz verschiedener Schnitte zu vereinheitlichen. Es ist ein kleines subtiles Stilmittel. Hierbei sollten Sie darauf achten, dass die Strichstärke für kleinere Texte nicht zu filigran ist.

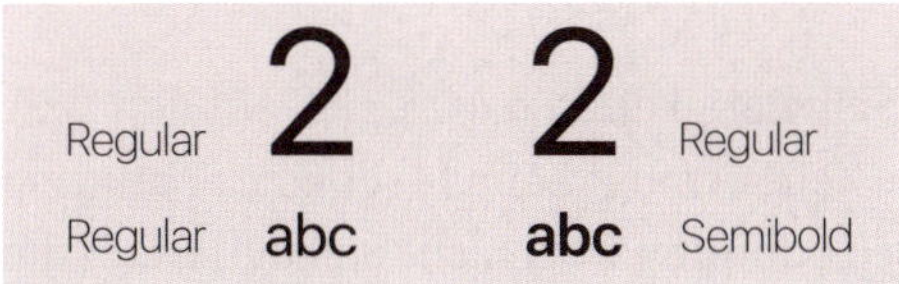

Abbildung 11.32 Vereinigung durch Ähnlichkeit negativ (links) positiv (rechts)

Zeilenabstand, der atmen kann

Der Zeilenabstand sollte sich immer zwischen 120 % und 145 %, abhängig von der Schriftgröße, bewegen. Kurze Abstände schaffen zwar Platz, sind aber schwerer zu lesen. So können Zeilen schwerer voneinander unterschieden werden. Der Nutzer springt so eventuell beim Lesen versehentlich in eine andere Zeile, ist Ihnen sicherlich auch schon mal passiert. Beim nächsten Mal prüfen Sie die Schrift, und versuchen Sie zu identifizieren, warum es im Moment so unleserlich war. Designer trainieren ihr Auge, auch App-Designer tun das.

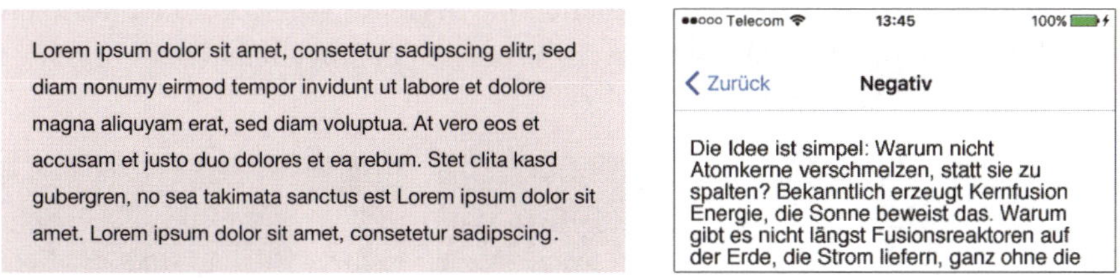

Abbildung 11.33 Links ein zu großer, löchriger Zeilenabstand und rechts ein zu kleiner, enger Zeilenabstand

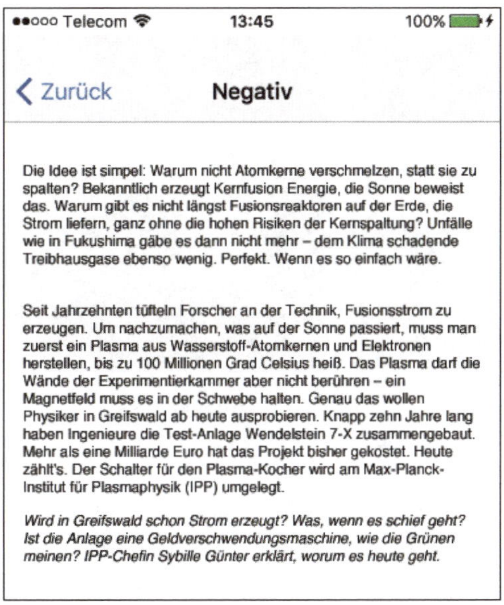

Abbildung 11.34 Leseunfreundlich: kleine Schrift und lange Zeilen

45 bis 90 Buchstaben pro Zeile

Wenn eine Zeile zu lang ist, wird der Leser Schwierigkeiten haben, sich auf den Text zu konzentrieren. Jeder Sprung in eine neue Zeile erzeugt beim Leser eine Spannung auf das, was als Nächstes passiert, und diese Spannung wird nicht erzeugt, wenn die Zeile zu lang ist. Ebenso sind kurze Zeilen sehr anstrengend, und der Leser ist mehr damit beschäftigt, eine neue Zeile zu beginnen, als den Inhalt des Textes zu erfassen.

Behandeln Sie funktionale Texte als Teil des User Interface

Sobald ein Textfeld ein funktionales Element repräsentiert, also kein reiner Fließtext ist, ist es Teil des User Interfaces. All die Praktiken, die Sie über das User-Interface-Design erlernt haben, sollten Sie nun auch auf funktionale Texte anwenden, nicht nur in der Erscheinung, sondern auch im Inhalt.

Sobald ein Text ein Teil des User Interfaces ist, hat er eine bestimmte Funktion, z. B. den User anzuleiten, etwas Bestimmtes zu tun. Eine Funktion sollte immer eindeutig sein. Solche funktionalen Texte werden manchmal begleitet von Icons oder besitzen einen Rahmen, in dem sie »funktionieren«, z. B. bei einem Eingabefeld oder bei einer Schaltfläche.

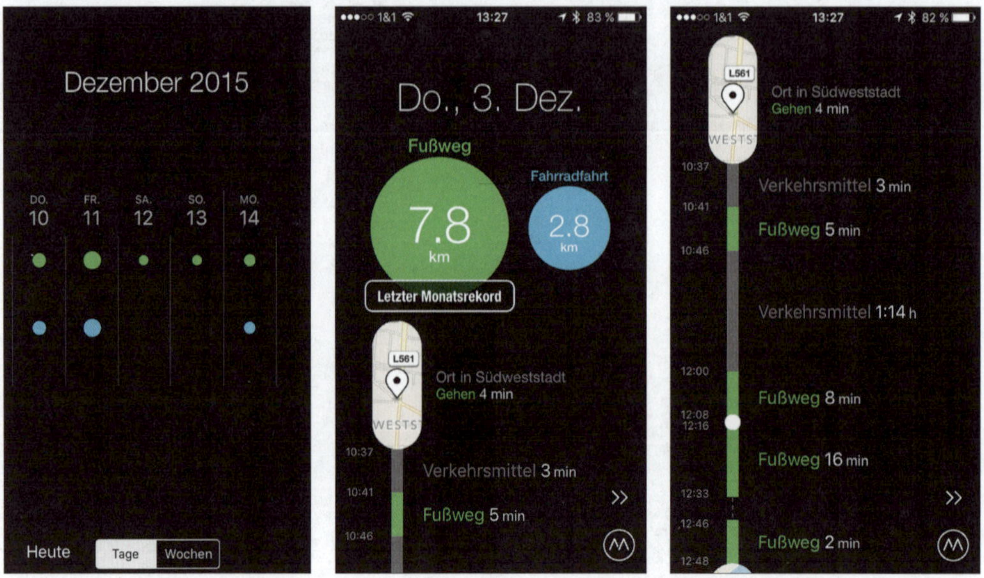

Abbildung 11.35 Die Moves-App für iOS zeigt, wie man mit starker, aussagekräftiger Typografie ein sehr schönes und durchdachtes Interface kreieren kann.

Ebenso sind Überschriften Teil eines User Interface. Sie sollen schnell und leicht zu erfassen sein. Auch hier sollten Sie darauf achten, Überschriften nicht nur gestalterisch, sondern auch inhaltlich und systematisch zu strukturieren. Versuchen Sie, genau zu differenzieren, wann ein Text eine wesentliche Funktion hat oder nur einfacher Inhalt ist. So ist es z. B. möglich, zwei verschiedene harmonierende Schriftarten zu wählen, die aber die funktionale und inhaltliche Ebene unterscheiden.

Abbildung 11.36 Darstellung des Einsatzes von Überschriften und Fließtexten in einem Styleguide

11.5.4 Das Look & Feel der Schrift

Die Optik einer Schriftart beeinflusst den Gestaltungscharakter einer App sehr stark. Die Typo kann eine bestimmte Epoche, Stilrichtung oder ein bekanntes Image ausdrücken. Viele Schriften wurden für einen bestimmten Bereich oder eine spezielle Zielgruppe entwickelt. Stellen Sie deshalb immer sicher, dass Sie eine Schrift nicht zweckentfremden, um nicht die falsche Wirkung beim Betrachter hervorzurufen.

Große Schrift

Im Webdesign werden zurzeit sehr gerne große, fette Schriften verwendet. Hier hat man den Platz und die Zeit, etwas »laut« zu sagen. Im Falle von Apps haben wir diesen Luxus nicht wirklich. Große Schriften ziehen zu stark die Aufmerksamkeit auf sich und beanspruchen kostbaren Platz auf den kleinen Bildschirmen.

Als Gestalter wissen Sie, wie maßgeblich die Wahl der Schriftart die Gestaltung beeinflusst. Das trifft auch auf das App-Design zu. So können Sie durch den unterschiedlichen Einsatz von Schriftschnitten verschiedene Effekte erzeugen. Light-Schnitte etwa wirken leicht und elegant, Bold-Schnitte hingegen massiv und schwer. Eine Kursive hat etwas Dynamisches, eine Serife etwas Antiquiertes.

Abbildung 11.37 Look & Feel: oben links in 3D, rechts daneben in einer App für Kinder, unten links in einer Luxus-App und unten rechts in einer App mit Retro-Design

Abbildung 11.38 In der MocaDeco-App kann der Nutzer seinen Bildern Text in verschiedenen Schriftarten hinzufügen.

Die Wahl Ihrer Schriftart und der Schnitte stellt nicht nur ein UI-Element oder Inhalt dar, sondern erzeugt beim Nutzer ebenso Emotionen. Manche Schriften haben auch einen Wiedererkennungswert und stehen für bestimmte symbolische Themen. So assoziieren wir bestimmte Schriftarten mit Filmpostern oder mit Logos bekannter Firmen.

11.5.5 Schriftmischung und Auszeichnungen

Oft ist es gar nicht notwendig, Schriften zu mischen. Entscheiden Sie sich für eine Schriftart, sollten Sie darauf achten, dass von dieser ausreichend Stile – sogenannte Schriftschnitte – existieren und die Schriftart in verschiedenen Größen zur Verfügung steht. Drei Font-Größen mit einem Mittelwert von 14 bis 16 pt– denn kleiner als

9 bis 11 pt sollte die Schrift im App-Design nicht sein! – erlauben bereits große gestalterische Freiheiten. Allein durch die Veränderung der Schriftgröße und/oder des Schriftschnitts hat der Designer einen breiten Spielraum, Inhalte sinnvoll und ansprechend zu strukturieren.

Abbildung 11.39 Rechts das negative Beispiel einer unangepassten Schriftgröße, links das positive Beispiel. Beachten Sie den Schriftschnitt der beiden Versionen.

Abbildung 11.40 Die App »Namewhale« hilft Start-ups, einen Namen zu finden. Sie zeigt dabei auch mögliche Logos mit Farbkombinationen und verschiedenen Schriftarten an. Der Einsatz von unterschiedlichen Schriftarten ist hier sogar Teil der App-Idee.

Nutzen Sie z. B. bei einer Schriftgröße von 24 bis 36 pt den Schriftschnitt Regular, bei 36 bis 48 pt den Schriftschnitt light, bei 48 bis 64 pt den Schriftschnitt Thin und bei einer Schriftgröße von mehr als 64 pt den Schriftschnitt Ultra Thin. Je größer die Schrift wird, desto filigraner sollte sie in der Erscheinung sein. Fette oder Kursive sollten nur als Auszeichnung innerhalb eines Bodys verwendet werden. Vergessen Sie aber nicht, es ist immer eine Frage des Stils, den Sie sich für Ihre App wünschen.

Faux Bold

In einigen Programmen wie in Photoshop oder auch in Microsoft Word gibt es Schaltflächen, mit denen man den Text fetten kann. Das ist ein sogenanntes Faux Bold. Dieses Faux Bold wird vom System erzeugt. Hierbei wird nicht ein Bold-Schriftschnitt gewählt, sondern die bestehende Schrift einfach fetter gemacht. Das führt mitunter zu einer sehr schlechten Darstellung der Schrift. Verwenden Sie also wann immer möglich den echten Bold-Schnitt, um Text zu fetten.

Nutzen Sie echte Kursive und Fette, keine vom System forcierten!

Abbildung 11.41 Links der übertriebene und rechts der gelungene Einsatz von Auszeichnungen (kursiv, bold)

Entscheiden Sie sich doch dazu, Schriften zu mischen, sollten Sie darauf achten, Schriften aus derselben Schriftfamilie zu wählen, wie etwa *FF Meta* und *FF Meta Serif*.

Sollte darüber hinaus der Wunsch bestehen, Schriften verschiedener Schriftfamilien zu mischen, dann sollte das basierend auf Kontrast, Ähnlichkeit, Extremen oder Ungleichheit passieren. Gerade Kontraste wie große vs. kleine Typo, dicke vs. dünne oder helle vs. dunkle Schrift sind typografisch sehr reizvoll. Am einfachsten ist es jedoch, mit dem Mischen von zwei Schriften zu beginnen, die in ihrer Art und von ihnen Merkmalen her sehr ähnlich sind.

Google Fonts Pairing Tool

Wenn Sie für Ihre App zwei Schriftarten nutzen wollen, beispielsweise eine für eine Überschrift und eine andere für den Fließtext, empfiehlt sich ein Blick auf die Website *http://www.fontpair.co/*. Hierbei werden Schriftarten-Paare vorgestellt, die gut miteinander harmonieren. Einziger Wermutstropfen: Hier werden nur Google-Fonts miteinander kombiniert.

Abbildung 11.42 Fontpair hilft, Schriftarten ansprechend miteinander zu kombinieren.

11.5.6 Wie viel Text ist wirklich nötig?

Wie viel Text benötigt Ihre App wirklich? Ist es eine rein funktionale App mit wenig Text, die sich auf Schaltflächen oder kurze Beschreibungen beschränkt? Dann sind die Schriftgröße und Laufweite recht leicht zu ermitteln. Wenn es sich um eine Systemschriftart handelt, nutzen Sie am besten die Standardvoreinstellungen der jeweiligen Schrift.

Anders verhält es sich natürlich, wenn Sie andere Schriftarten nutzen. Hierbei sollten Sie die gewünschten Parameter dem Entwickler übergeben, sodass die Schrift so dargestellt wird, wie Sie sich das vorstellen. Auch hier ein Tipp von mir: Prüfen Sie im Nachgang diese Parameter. Aus Erfahrung weiß ich, dass manche Entwickler lediglich die Schriftarten implementieren und sich nicht weiter darum kümmern. Achten Sie zusätzlich darauf, dass die Schrift über alle Bildschirmgrößen hinweg gut lesbar ist.

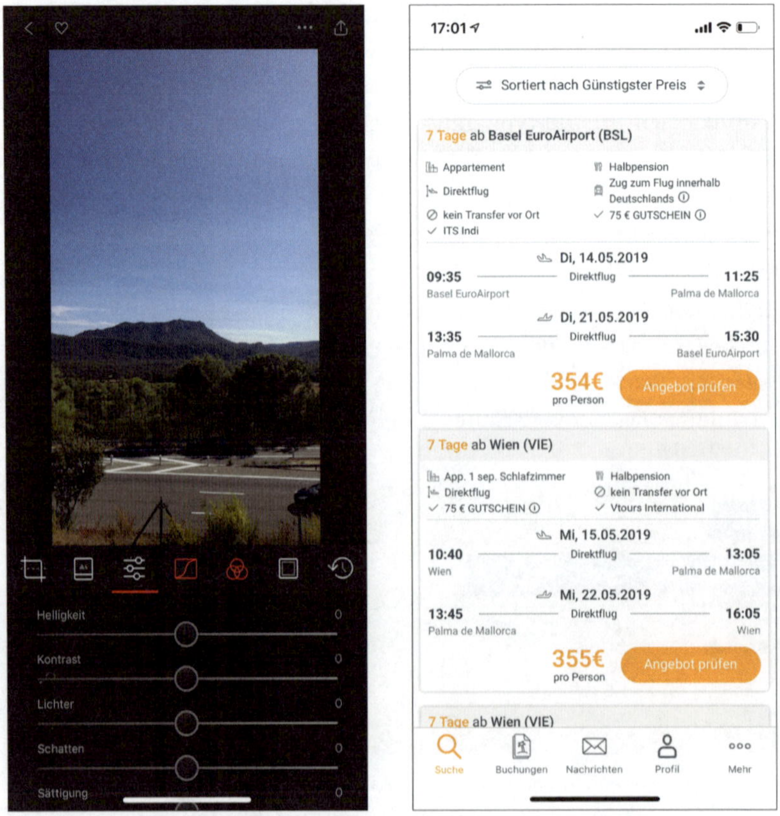

Abbildung 11.43 Links die rein funktionale Nutzung von Typografie in der Darkroom-App und rechts die inhaltliche Nutzung von Typografie in der weg.de-App

Sollte Ihre App im Wesentlichen aus textlichen Komponenten bestehen, dann sollten Sie die Hinweise in Abschnitt 11.5.1, »Wo findet man Schriften fürs App-Design?«, bis Abschnitt 11.5.4, »Das Look & Feel der Schrift«, beachten.

11.5.7 Typografie auf Smartphones, Tablets und Wearables

Es gibt kleine Unterschiede beim Einsatz der Typografie, die auf den unterschiedlichen Bildschirmgrößen fußen.

Typografie auf Smartphones

Smartphones variieren mittlerweile in der Größe der Bildschirme recht stark. Der Raum ist begrenzt, und textlastige Apps haben so ihre Probleme mit der Raumausnutzung. Versuchen Sie nicht, lange Texte in eine View zu pressen, sondern nutzen Sie die Scrollfunktion, denn dafür ist sie da.

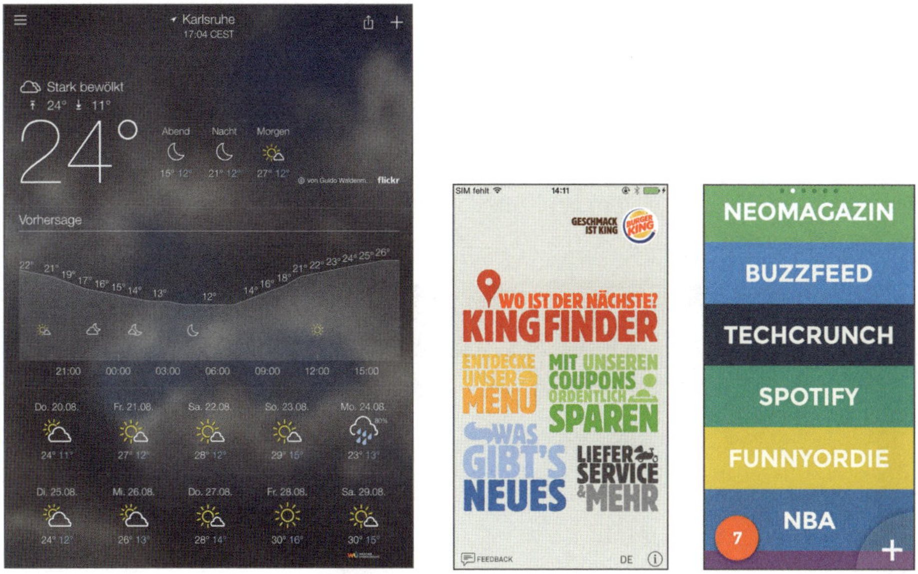

Abbildung 11.44 Gute Typografie in Apps (Wetter-App für iOS, »Burger King«, »YO«)

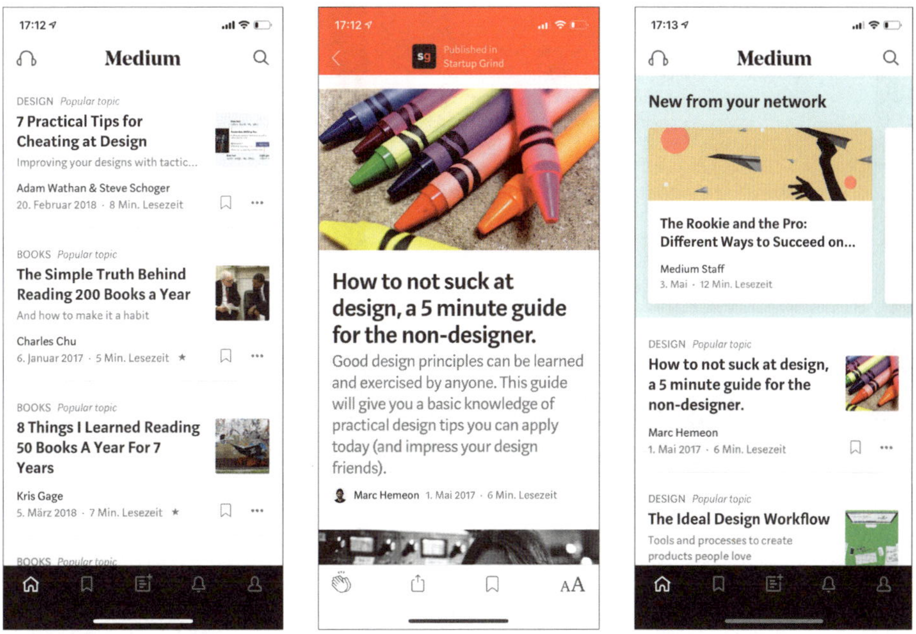

Abbildung 11.45 Die Medium-App zeigt sehr gut, wie man einen Text hierarchisch und strukturiert aufbauen sollte.

Arbeiten Sie bei scrollbaren Texten mit einer guten Hierarchie (siehe dazu auch den Abschnitt »Texte hierarchisieren«). Schaffen Sie klar voneinander getrennte Textabschnitte, und nutzen Sie die volle Bildschirmbreite inklusive eines inneren Abstands für längere Texte. Zentrieren Sie kurze Texte. Arbeiten Sie mit einem Blocksatz oder einer linksbündigen Ausrichtung für längere Texte.

Typografie auf Tablets

Da Tablets größer sind als Smartphones, kann hier typografisch etwas großzügiger gearbeitet werden.

Abbildung 11.46 »Apple Books«-App

Achten Sie aber darauf, nicht allzu schmale und breite Textabschnitte unterzubringen. Ein großer Leerraum verführt meist dazu, Texte mit kleinen Schriftgrößen zu nutzen. Versuchen Sie immer, eine Schriftgröße zu nutzen, die für das jeweilige Bildschirmformat geeignet ist. Was auf einem Smartphone gut funktioniert, mag auf dem Tablet schon zu klein wirken.

Tablets werden vorzugsweise für das Konsumieren von Inhalten genutzt und auch gerne zum Lesen von längeren Texten eingesetzt. Setzen Sie solche Texte gut in

Szene, und positionieren Sie sie prominent. Funktionale Typografie wie die Navigation oder andere Komponenten können sekundär betrachtet werden.

Alternativ können Sie Dynamic Type verwenden, sofern es sich um eine iOS-App handelt, oder sie entwickeln eine Lösung, bei der der Nutzer die Möglichkeit hat, die Schrift für sich zu konfigurieren.

Typografie auf Wearables

Bei der Typografie für Wearables sollten Sie zwei Dinge bedenken: Zum einen werden Apps auf Wearables nur sehr kurz genutzt. Die Aufmerksamkeitsspanne des Nutzers ist dementsprechend gering. Wichtig ist vor allem, dass die Schrift auf dem kleinen Display sich schnell erfassen lässt und sehr gut lesbar ist.

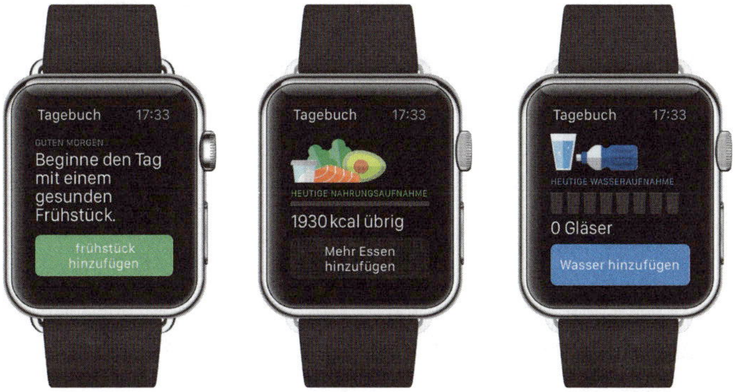

Abbildung 11.47 Apple-Watch-App »Lifesum«: schöne, aufgeräumte, lesbare Typografie

Zum anderen sollte der Text inhaltlich eindeutig gestaltet sein. So sollten vorwiegend Verben genutzt werden, um klar die Funktion zu signalisieren.

11.5.8 Grundlinienraster (Baseline Grids)

Eine gutes Werkzeug bei der Gestaltung einer App sind Gestaltungsraster, sogenannte *Grids*. Baseline Grids enthalten generelle Abstandsregeln über Plattformen und Screengrößen hinweg, die das Erstellen von Designs und die Einhaltung von Dimensionen und Seitenverhältnissen erleichtern. Durch die Layout-Guidelines wird zudem gewährleistet, dass alle Apps ein konsistentes Look & Feel bekommen. Hierbei gibt es auch Baseline Grids für Typografie, die Ihnen dabei helfen, Text angepasst in einem Layout zu positionieren. Wie der Name schon sagt, ist die Baseline der Schriftart die Basis innerhalb eines Baseline Grids.

Grundlinie der Buchstaben

Wie bereits in Abschnitt 11.2.2, »Wesentliche Merkmale einer Schrift«, beschrieben, ist die Baseline die Grundlinie, auf der alle Buchstaben aufliegen.

Abbildung 11.48 Baseline Grid

Unter Android wird ein Grid in mindestens 4-dp-Schritten (vier virtuelle Bildpunkte) für die Systemschrift und Icons vorgegeben, auf anderen Plattformen gibt es keine vergleichbaren Vorgaben. Für Komponenten werden 8 dp vorgegeben. Es können dann verschiedene Schriftgrößen über die Baseline verteilt werden. Die Schriftgröße ist hierbei unabhängig vom Grid zu sehen, es empfiehlt sich jedoch, gerade Schriftgrößen zu verwenden, z. B. 10 pt, 12 pt, 14 pt. Gerade Schriftgrößen passen sich besser an das Baseline Grid an und sorgen für ein optimales Schriftbild. Das Grid bildet zudem die Grundlage für den Zeilenabstand.

Baseline Grids eignen sich hervorragend für Apps, deren Inhalte im Wesentlichen aus Texten bestehen. Grids helfen ebenso dabei, Inhalte zu strukturieren. Die Krux bei der Sache ist jedoch: Struktur ist nicht immer das, was ein gutes Design ausmacht. Grids sind Werkzeuge, die aus dem Printbereich kommen und vorwiegend für umfangreiche Broschüren, Kataloge und Bücher eingesetzt werden. Im App-Design sind sie eher Hilfe als Standard.

Android empfiehlt in den Material Design Guidelines den Einsatz eines Baseline Grids. Unter iOS wird das sogenannte 8px-by-8px-Grid verwendet: *https://developer.apple.com/design/human-interface-guidelines/ios/icons-and-images/image-size-and-resolution/*. Mehr zu den Android Baseline Grids finden Sie unter: *https://material.io/design/layout/spacing-methods.html#baseline*.

11.5.9 Textelemente frühzeitig kategorisieren

In der Regel beginne ich schon bei der Gestaltung der Wireframes damit, die Schriften zu kategorisieren. Hierbei ergeben sich bereits die ersten Überschriften, Fließtexte, Labels usw. Sie bilden die Grundlage für die weitere typografische Gestaltung. Noch bevor ich die ersten Mock-ups entwerfe, beginne ich auf diese Weise damit, die Textelemente zu konkretisieren.

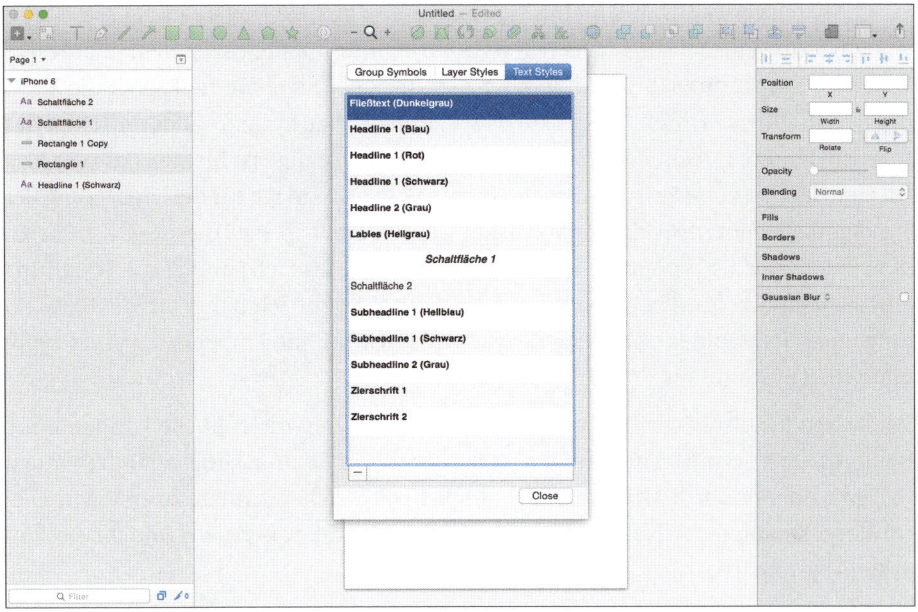

Abbildung 11.49 In Sketch besteht die Möglichkeit, Textstile global im Dokument festzulegen.

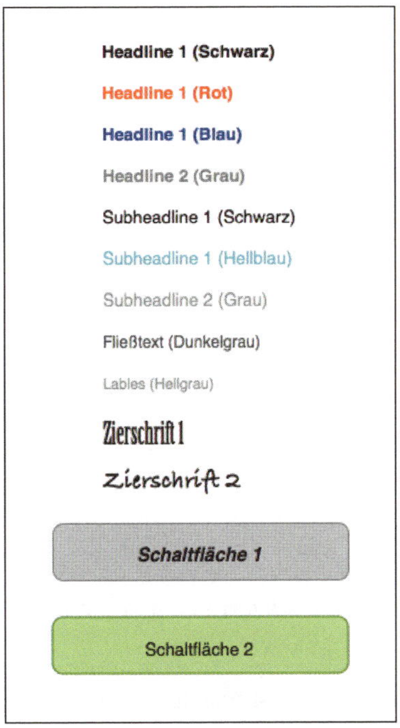

Abbildung 11.50 So könnte eine nicht ganz so umfangreiche typografische Sammlung mit meiner Methode aussehen.

Da ich Sketch verwende und meine Typografie über globale Textstyles definiere, wird jede Änderung, die ich an einem Textstyle vornehme, für alle Textstellen mit diesem Textstyle übernommen. Hierfür lege ich eine spezielle Seite für die Typografie an, in der ich alle Überschriften, Fließtexte usw. sammele. Neue oder geänderte Textstyles füge ich dementsprechend hinzu. Einer der großen Vorzüge ist hierbei, dass der Entwickler, der das App-Design umsetzen muss, diese als Vorlage für die Umsetzung der Typografie in der Entwicklung nutzen kann. Somit dient speziell diese Seite in Sketch dem Entwickler als Typografie-Styleguide. Im Grunde lege ich parallel zur Gestaltung einen Styleguide für den Entwickler an. In Kapitel 8 gehe ich näher auf die Entwicklung eines Styleguides und Designs-Systems sowie auf die Entwicklung eines typografischen Systems ein.

Versuchen Sie, Ihre Schriften schon recht früh zu kategorisieren. Sie können ohne Weiteres neue Schriften hinzufügen oder diese in Größe und Farbe verändern. Auch in Figma oder Adobe XD haben Sie die Möglichkeit, Zeichenformate zu erstellen. Dieses Vorgehen bietet sich an, da Sie dadurch den Überblick behalten und Ihr Design-System systematisieren.

11.6 Empfehlenswerte Schriften für Apps

Neben den Systemschriftarten können Sie auf allen Plattformen Ihre eigenen Schriften einbinden. Beachten Sie hierbei die Hinweise aus dem Abschnitt 11.5, »Regeln für gute Typografie im App-Design«, für die Wahl Ihrer Schriftart. Nicht jede Schriftart ist für die Darstellung auf einem Smartphone, Tablet oder Wearable geeignet. Im Folgenden möchte ich einige Schriften vorstellen, die sich für die Darstellung in einer App eignen. Es handelt sich hierbei ausschließlich um serifenlose Schriftarten.

11.6.1 »Open Sans«

Die *Open Sans* ist eine Sans-Serif-Schriftart, die von Steve Matteson gestaltet wurde. Sie hat eine neutrale und freundliche Erscheinung. Sie wurde sowohl für den Print- als auch für den Web- und Mobile-Bereich optimiert. Die *Open Sans* zeichnet sich durch ihre sehr gute Lesbarkeit aus.

Sollten Sie also eine App gestalten, in der viel Fließtext verwendet wird, ist die *Open Sans* eine sichere Bank. Sie ist wenig verspielt und funktioniert auch gut bei technischen Apps. Sie ist eine gute Alternative zu der *Helvetica* und vermittelt einen nüchternen und sachlichen Eindruck.

- Schriftschnitte: Light, Normal, Semi-Bold, Bold, Extra-Bold sowie die äquivalenten Kursiven

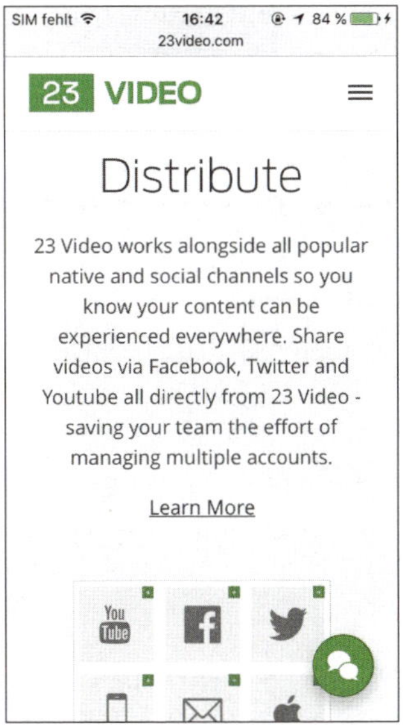

Open Sans

A	B	C	D	E	F	G	H	I	J	K	L	M
N	O	P	Q	R	S	T	U	V	W	X	Y	Z
a	b	c	d	e	f	g	h	i	j	k	l	m
n	o	p	q	r	s	t	u	v	w	x	y	z
1	2	3	4	5	6	7	8	9	0	.	,	;
(	)	&	|	{	}	„	“	?	!	-	_	:

The quick brown fox jumps over the lazy dog.
Hamburgefonstiv

Abbildung 11.51 23video.com; mobile Website mit »Open Sans«-Font

11.6.2 »Ubuntu«

Die *Ubuntu*-Schriftart wurde von Dalton Maag für das Ubuntu-Linux-Betriebssystem entwickelt. Sie ist eine Sans-Serif-Schriftart mit OpenType-Features. Sie steht für eine klare Erscheinung und wurde für den Einsatz an Monitoren und auf Smartphones sowie Tablets optimiert.

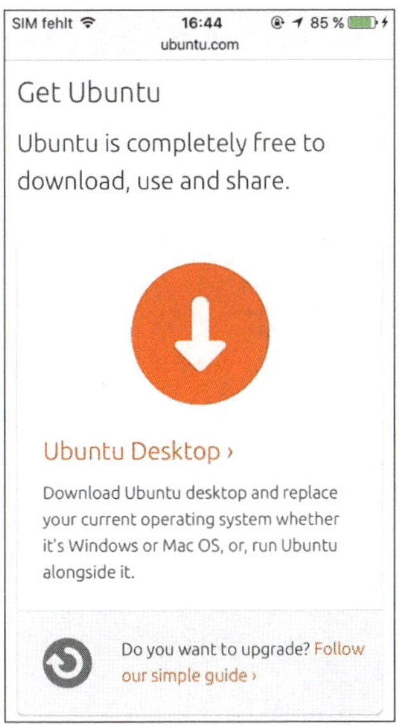

Ubuntu

A	B	C	D	E	F	G	H	I	J	K	L	M
N	O	P	Q	R	S	T	U	V	W	X	Y	Z
a	b	c	d	e	f	g	h	i	j	k	l	m
n	o	p	q	r	s	t	u	v	w	x	y	z
1	2	3	4	5	6	7	8	9	0	.	,	;
(	)	&	|	{	}	„	“	?	!	-	_	:

The quick brown fox jumps over the lazy dog.
Hamburgefonstiv

Abbildung 11.52 https://design.ubuntu.com/font; mobile Website mit der »Ubuntu«-Schriftart

Ebenso wie die *Open Sans* ist sie eine recht technisch, sachlich wirkende Schriftart, wirkt insgesamt aber dynamischer. Die Dynamik entwickelt sich bei der *Ubuntu* durch eigenwillige Schwünge der Buchstaben. Nutzen Sie die *Ubuntu*, wenn Sie einen jungen, dynamischen Eindruck vermitteln wollen.

Monospace

Monospaced Schriften sind nicht proportionale Schriftarten. Sie werden auch Festbreitenschrift oder Konstantschrift genannt. Sie besitzen im Gegensatz zu proportionalen Schriften eine feste Zeichenbreite.

- Schriftschnitte und Schriftfamilien: Light, Regular, Medium, Bold, Extra-Bold sowie die äquivalenten Kursiven. Ebenso sind eine Condensed- und eine Monospace-Version der Schriftart verfügbar.

11.6.3 »Droid Sans«

Die *Droid Sans* ist ebenfalls eine Sans Serif, die von Steve Matteson gestaltet wurde. Sie wurde primär für User Interfaces und somit für den Einsatz im Web- und Mobile-Bereich entwickelt. Die *Droid Sans* war zuvor die Systemschriftart von Android und wurde durch die *Roboto* ersetzt.

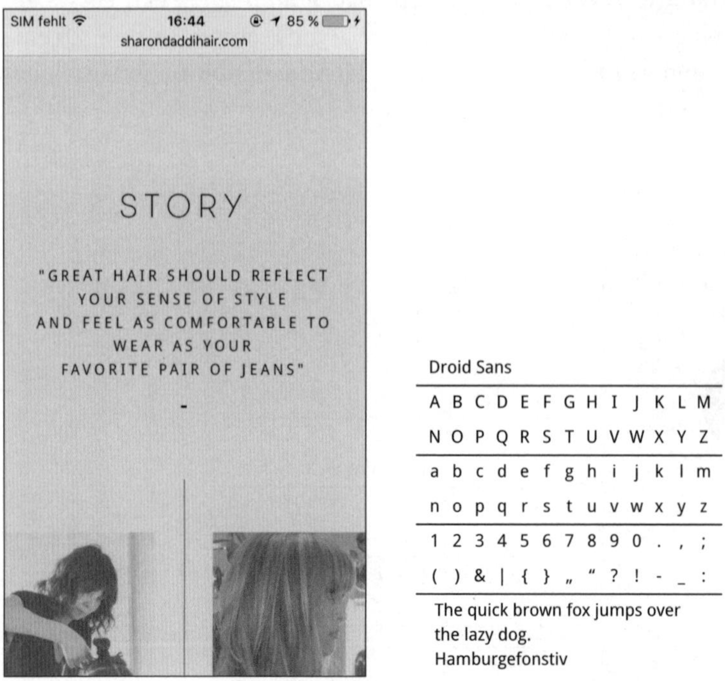

Abbildung 11.53 sharondaddihair.com; mobile Website mit der Schriftart »Droid Sans«

Diese Schriftart eignet sich ebenfalls für die Gestaltung technischer Apps. Sie wirkt nüchtern und klar.

> **Condensed**
>
> Condensed-Schriften sind Variationen der Zeichenbreite oder der Dickte. Somit sind Condensed-Schriften schmale Versionen der Stammschrift.

- Schriftschnitte und Schriftfamilien: Regular, Bold. Ebenso gibt es eine Droid-Serif- und eine Droid-Sans-Monospace-Version. Auch gibt es verschiedene Derivate dieser Schriftart, die auch kursive oder Condensed-Varianten abbilden.

11.6.4 »Source Sans Pro«

Die *Source Sans Pro* ist die erste Open-Source-Schriftart von Adobe. Sie wurde von Paul D. Hunt gestaltet. Die *Source Sans* wurde vorwiegend für den Webbereich entwickelt, kann aber auch zweifelsohne für Apps eingesetzt werden.

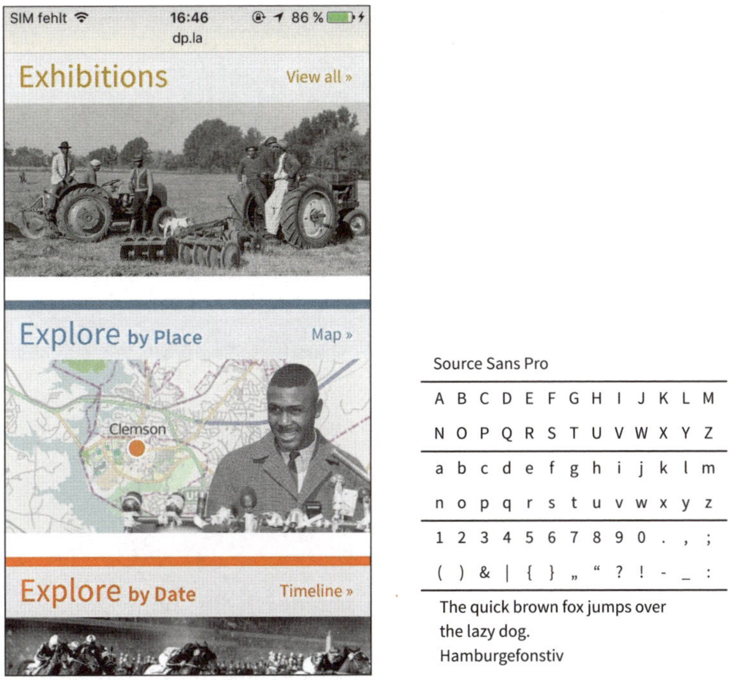

Abbildung 11.54 dp.la; mobile Website mit der Source-Sans-Schriftart

- Schriftschnitte und Schriftfamilien: Extra Light, Light, Normal, Semi-Bold, Bold, Ultra-Bold sowie die äquivalenten Kursiven

11.6.5 »Segoe UI«

Die *Segoe* wurde von Microsoft entwickelt und erstmals für Windows Vista genutzt. Die Schriftart wurde stetig weiterentwickelt und findet heute Einsatz in allen Microsoft-Softwareprodukten. Sie wurde speziell für die Darstellung auf Displays optimiert. Sie wurde kontrovers besprochen, weil sie starke Ähnlichkeiten mit der bekannten *Frutiger*-Schriftart hat.

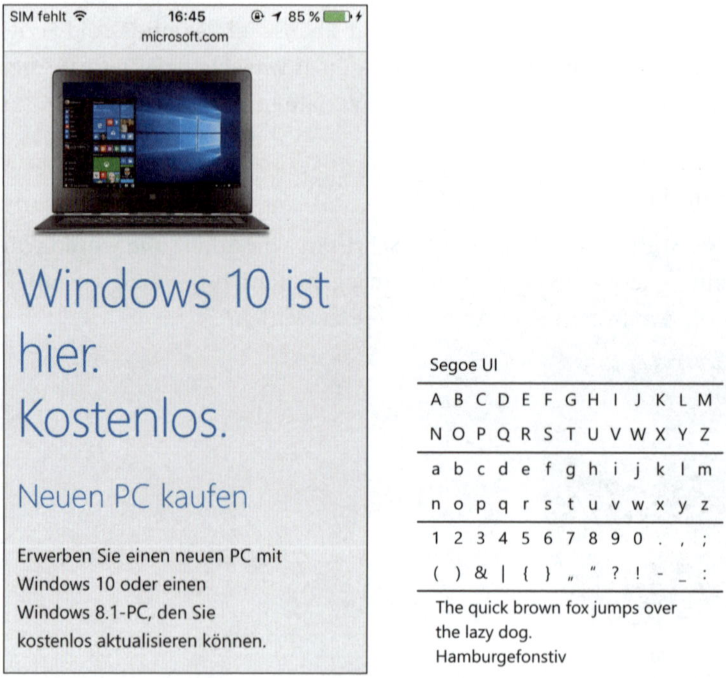

Abbildung 11.55 microsoft.com; mobile Website mit der Schriftart »Segoe UI«

- Schriftschnitte und Schriftfamilie: Light, Semi-Light, Regular, Semi-Bold, Bold sowie die äquivalenten Kursiven

11.6.6 Sonstige Schriften

Die hier vorwiegend gezeigten Schriften zeichnen sich durch eine hohe Lesbarkeit aus. Natürlich können Sie auch eine Schriftart nutzen, die Sie aus hauptsächlich ästhetischen Gründen wählen. Aber auf eine vernünftige Lesbarkeit sollten Sie dennoch immer achten. Versuchen Sie nicht, die Lesbarkeit für eine ästhetische, typografisch schöne App zu opfern.

Abbildung 11.56 pixiegate.com arbeitet mit Zierschriften.

Versuchen Sie, mit Zierschriften oder Slabbed Fonts Merkmale zu setzen, die einen Wiedererkennungswert haben. Verwenden Sie solche »schwerer« lesbaren Schriften für Überschriften – diese haben meist eine größere Schriftgröße als der Fließtext und können somit detailreicher auf dem Bildschirm dargestellt werden, ebenso vermitteln sie Ihre Marke. Im Fließtext sollten Sie jedoch immer die Finger von Zierschriften lassen.

Fazit

Schriften und ihr Einsatz sind ungemein wichtig für das Design einer App. Sie stellen nicht nur den Inhalt dar, sie sind der Inhalt. Ebenso verkörpert die Schriftart die Marke der App. Es lohnt sich also, sich intensiv mit der Typografie und Schriftgestaltung Ihrer App auseinanderzusetzen.

Kapitel 12
Farbe

Farben sind neben der Typografie ein weiteres der wichtigsten Gestaltungselemente im App-Design. Die richtige Farbkombination kann den Erfolg einer App beflügeln. Doch die passenden Farben für seine App zu finden, ist eine Kunst für sich. In diesem Kapitel gehe ich daher speziell auf die Themen Farben und richtige Farbwahl im App-Design ein.

Farben sind kraftvoll und vielfältig. Mit Farben können Sie Informationen strukturieren, Elemente hervorheben, Gefühle hervorrufen, Aufmerksamkeit erregen oder Nutzern helfen, Entscheidungen zu treffen, oder sie zu einer Aktion animieren. Die falsche Farbkombination kann schnell einen unprofessionellen Eindruck machen und damit die Vertrauenswürdigkeit der App untergraben.

Aber bevor wir in die faszinierende Welt der Farben im App-Design eintauchen, ist es zunächst notwendig, eine paar Grundlagen aufzubereiten.

12.1 Grundsätzliches zur Farbe

Farbe ist eine visuelle und individuelle Wahrnehmung, die durch Licht erzeugt wird, das Bild jedoch entsteht in unseren Köpfen vor unserem geistigen Auge. Die vom Menschen wahrnehmbaren Farben liegen in einem bestimmten elektromagnetischen Spektrum. Wenn das Licht der Sonne auf die Oberfläche eines grünen Apfels trifft, so werden bestimmte elektromagnetische Farbspektren absorbiert und andere reflektiert. Die reflektierenden Farbspektren erzeugen demnach die Farbe Grün.

Abbildung 12.1 Ein grüner Apfel absorbiert alle Farben und reflektiert den grünen Anteil im Farbspektrum.

In unserem Fall, also beim App-Design, erzeugt der Bildschirm über Kristalle diese Farben, da der Bildschirm selber leuchtet. So können wir bestimmen, welche Farbe auf dem Bildschirm dargestellt werden soll und welche nicht.

12.1.1 Farbton, Sättigung, Helligkeit und Transparenz

Bevor ich in diesem Kapitel auf die Möglichkeiten der Farbwahl eingehe, beschäftigen wir uns zunächst mit einigen grundsätzlichen Parametern von Farbe. Grundsätzlich können bei einer Farbe drei Eigenschaften unterschieden werden: der Farbton, die Sättigung und die Helligkeit.

Farbton

Der *Farbton*, oder auch *Hue* genannt, ist eine der grundlegenden Eigenschaften einer Farbe, welche vom Menschen wahrgenommen wird. Der Farbton ist die Farbeigenschaft, die mit Wörtern wie Blau, Gelb, Grün usw. bezeichnet wird.

In der additiven Farbmischung werden durch Vermischung der Farben Rot, Grün und Blau (RGB) verschiedene Abstufungen erzeugt.

Abbildung 12.2 Die additive Farbmischung RGB

Sättigung

Die *Farbsättigung* beschreibt die Farbwirkung, Farbintensität, Farbtiefe und die Brillanz einer Farbe. Die Sättigung beschreibt, wie stark ein farbiger Reiz ist. Werden alle drei RGB-Farben zu 100 % gemischt, entsteht Weiß. Reduziert man alle auf 0 %, entsteht Schwarz. Graustufen entstehen durch die Mischung von Rot, Grün und Blau in gleichen Anteilen.

Wertigkeiten einer Farbe wie die Buntheit, Farbigkeit, Chromatizität, Farbtiefe und Brillanz (bzw. Graustich oder Stumpfheit) beschreiben Phänomene für bunte und unbunte Farben. *Bunte Farben* sind Farben mit Buntwirkung, *unbunte Farben* sind Weiß, Schwarz und deren Mischungen in verschiedenen Grautönen, sogenannten Graustufen.

Abbildung 12.3 Bunte Farben; links gesättigt, rechts weniger gesättigt

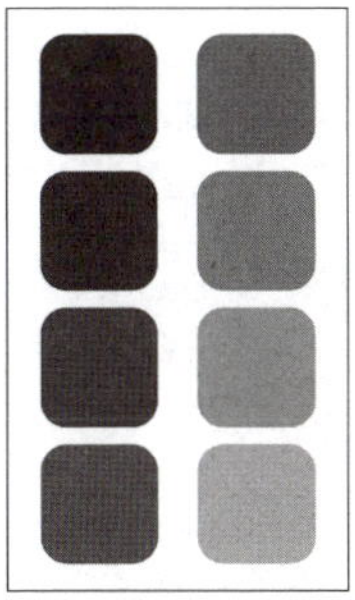

Abbildung 12.4 Graustufen

Abbildung 12.5 Farbsättigung von übersättigt (oben links) bis keine Sättigung (unten rechts) (Quelle: www.istockphoto.com/de/foto/birdhouses-gm146790149-7065492)

Die Farbsättigung hilft uns dabei, etwa Elemente einer App zu hierarchisieren und in den Vorder- oder Hintergrund zu bringen. So generieren stark gesättigte Farben einen höheren Reiz als weniger gesättigte Farben. Fehlermeldungen in Apps arbeiten in ihrer Farbgestaltung z. B. meist mit einer starken Sättigung, die eine hohe Aufmerksamkeit erzeugen soll.

Abbildung 12.6 Beispiel-Warnmeldung; Farben können durch eine Farbsättigung stärker in den Vordergrund gebracht werden.

Helligkeit

Neben dem Farbton und der Sättigung spielt bei der Darstellung einer Farbe auch die Helligkeit eine Rolle. Die Helligkeit beschreibt, wie hell oder dunkel eine Farbe ist.

Abbildung 12.7 Dunkle Farben (links), helle Farben (rechts)

Der stärkste Unterschied besteht bei unbunten Farben zwischen Schwarz und Weiß und bei bunten Farben zwischen Violett und Gelb. Die Helligkeit einer Farbe wird oft verwechselt mit der Farbsättigung, hat aber im Grunde nichts damit zu tun. Helligkeit bezieht sich auf die Strahlungshelligkeit einer Farbe. Farbtöne lassen sich in unterschiedlichen Schattierungen einsetzen.

So kann ein RGB-Wert von R: 100 % G: 0 % B: 0 % – also ein Rot – auf verschiedenen Displays unterschiedlich hell sein. Der Nutzer kann hierbei einstellen, wie hell das Display sein soll, wodurch auch Farben heller oder dunkler angezeigt werden.

Abbildung 12.8 Farbtöne werden auf verschiedenen Geräten unterschiedlich dargestellt.

Transparenz

Die Transparenz einer Farbe beschreibt, ob eine Farbe durchsichtig ist. So werden darunterliegende Elemente ganz oder teilweise sichtbar. Die Transparenz einer Farbe verändert auch deren Farbintensität. So wirken transparente Farben blasser bzw. heller.

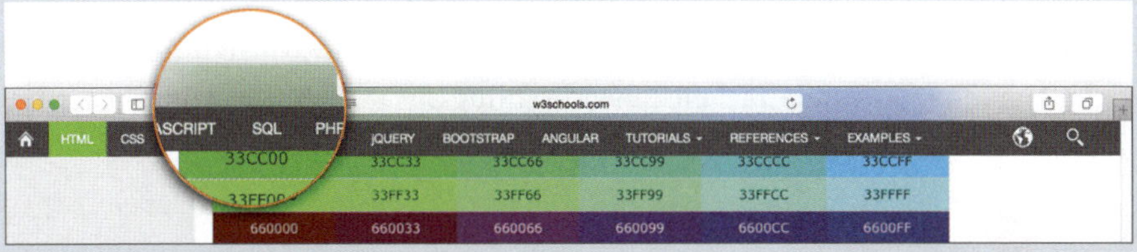

Abbildung 12.9 Transparente Fläche des iOS-Browsers

Elemente mit transparenten Farbflächen eignen sich hervorragend, um dahinterliegende Elemente anzuzeigen. Im Safari-Browser unter iOS sehen wir z. B. unter der Navigations-Bar weichgezeichnete Anteile der Website.

12.1.2 Der Farbkreis und die Primär-, Sekundär- und Tertiärfarben

Ausgehend von der »Drei-Farben-Theorie« sind Rot, Gelb und Blau die Grundfarben, aus denen alle anderen Farben mischbar sind. Für den *RGB-Farbraum* sind es jedoch die drei Farben Rot, Grün und Blau, die auf die Leuchtstoffe eines Displays optimal abgestimmt werden. Diese Farbtöne kann man in einem Kreis gruppieren – einem sogenannten *Farbkreis*.

Abbildung 12.10 Die Sekundärfarben (Cyan, Magenta, Gelb) ergeben zusammen mit den Primärfarben (Rot, Grün, Blau) die sechs verschiedenen Farbbereiche des Farbkreises.

Je nach Farbtheorie gibt es sehr unterschiedliche Farbkreise. Ich möchte mich im Folgenden auf den in Abbildung 12.10 gezeigten Farbkreis konzentrieren. Er hilft dabei zu lernen, wie Farben miteinander kombiniert werden können.

Primärfarben

Die Primärfarben bei einem RGB-Modell sind Rot, Grün und Blau.

Abbildung 12.11 Primärfarben im Farbkreis

Sekundärfarben

Werden zwei Primärfarben in einem additiven Farbsystem wie RGB miteinander vermischt, entstehen Sekundärfarben. Eine Mischung aus Rot und Grün ergibt ein Gelb. Somit ist Gelb eine Sekundärfarbe. Weitere Sekundärfarben sind Violett und Türkis.

Abbildung 12.12 Sekundärfarben liegen den Primärfarben gegenüber.

Tertiärfarben

Vermischt man nun Sekundärfarben mit Primärfarben, ergeben sich Tertiärfarben. Es gibt sechs Tertiärfarben: Blaugrün, Blauviolett, Purpurrot, Orangerot, Dunkelgelb und Hellgrün.

Diese zwölf Basisfarben sind Farben, die wir für unser App-Design nutzen können. Mit ihnen lassen sich Farbschemata entwickeln, auf die ich in Abschnitt 12.3, »Farbschemata«, näher eingehen werde. Zunächst widmen wir uns jedoch der Farbwirkung. Wer noch überhaupt keine Vorstellung von der Farbe seiner App hat, für den ist besonders der nächste Abschnitt über die Farbsymbolik interessant.

12.2 Farben, Stimmungen und Assoziationen

Farben sind mit das Erste, was Nutzer von Ihrer App wahrnehmen. Sie beeinflussen nicht nur die Emotionen Ihrer Anwender, sondern auch deren Handeln. Zwar werden Farben subjektiv unterschiedlich empfunden, sie besitzen aber charakteristische Merkmale und Wirkungen, die sich auf Ihre App-Nutzer übertragen lassen.

12.2.1 Wie Farben wirken

Grelle Farben warnen, warme helle Farben laden ein, kühle Farben wirken beruhigend. Je nach Kontext können wir gezielt mit Farbwirkungen arbeiten. Handelt es sich z. B. um eine Ambiente-Sound-App, mit der Nutzer meditieren wollen, sollte die Farbgestaltung auch zu diesem Nutzungskontext passen und z. B. nicht zu grell und unruhig sein. Hier sollten Sie warme, freundliche und ruhige Farben verwenden. Eine zu grelle oder kühle Farbwahl würde nicht zum Produkt und zu den Erwartungen des Anwenders passen.

Bunt, bunter, Candy Crush

Spiele-Apps sind oft sehr bunt. Nicht ohne Grund: Bunte Apps wirken lebensfroh und haben einen spielerischen Charakter. Auch Apps, die sich hauptsächlich an Kinder richten, greifen meist tief in den Farbeimer. Kinder lieben Farben – in der Regel kann es ihnen nicht bunt genug sein. Unbunte Apps mit gezielt einfacher Farbgestaltung hingegen wirken ruhig und seriös, sind aber auch funktionaler.

Abbildung 12.13 Die App »Oriental« beruhigt durch ihr ruhiges Farbschema und lädt dazu ein, sich auf die entspannende Musik einzulassen.

Als Designer sollten Sie sich immer intensiv mit der Farbwahl auseinandersetzen. Die Farbgestaltung sollte zu der App und dem angestrebten Produktcharakter passen und dem Nutzer helfen, die App zu verwenden. Richtig eingesetzt sollten Farben den Nutzer leiten und ihn bei seiner Tätigkeit unterstützen. Falsch eingesetzte Farben können durchaus zu Konfusion führen, die sich wiederum schlecht auf die Usability und User Experience einer App auswirkt.

Natürlich kann ich Ihnen nicht pauschal sagen, welche Farben für Ihre App die richtigen sind, doch gibt es bestimmte Farbassoziationen, an denen Sie sich orientieren können, denn mit vielen Farben sind Empfindungen verbunden, die in der Regel von der Allgemeinheit geteilt werden. Dunkle und kühle Farben wie Blau und Grau stehen z. B. für Ruhe, Grün wirkt entspannend etc.

Kalte und warme Farben

Farben können in warme und kalte Farben unterteilt werden. In der Regel wird Blaugrün als die kälteste und Rotorange als die wärmste Farbe empfunden.

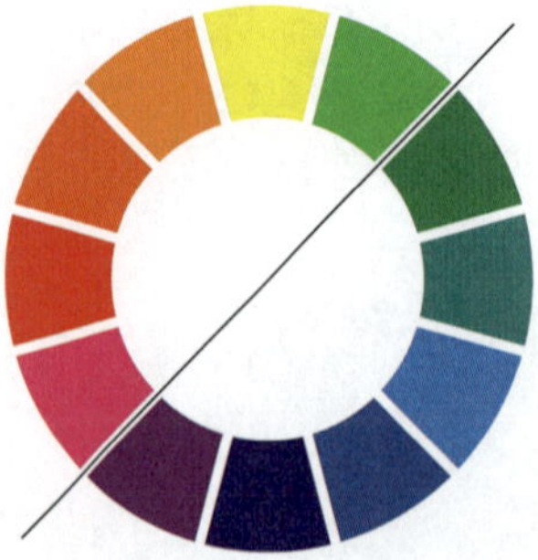

Abbildung 12.14 Oben warme und unten kalte Farben

Forscher gehen davon aus, dass unser menschliches Farbempfinden in ganz elementaren Erlebnisbereichen wie »kalt – Wasser« oder »Eis – Blau« und »warm – Feuer – Rot« seinen Ursprung hat.

Farben und Kultur

Je nach Land und kulturellem Hintergrund haben Farben eine andere Farbsymbolik. Die hier erwähnten Symboliken beziehen sich meist auf die westliche Welt. Manche Symboliken sind jedoch universell. So wird die Farbe Blau generell mit dem Himmel und dem Meer in Verbindung gebracht, ebenso wie Rot mit Feuer, Erde und Energie.

12.2.2 Farbwirkung und Farbassoziationen

Farben haben unterschiedliche Wirkungen. In diesem Abschnitt möchte ich einige Farben nacheinander durchgehen und die allgemein mit diesen Farben verbundenen Assoziationen vorstellen.

Rot

Rot ist die Farbe des Feuers, des Blutes und der Energie. Ebenso die Farbe des Krieges, der Gefahr, der Stärke und der Leidenschaft. Im Christentum steht die Farbe Rot für den Heiligen Geist, aber auch für die Sünde. Politisch steht Rot heute für die Arbeiterbewegung und wird vor allem von sozialdemokratischen, sozialistischen und kommunistischen Parteien eingesetzt.

Rot ist eine sehr emotionale und intensive Farbe. Beim App-Design bringt Rot Texte und Bilder in den Vordergrund.

Rot wird oft als Akzentfarbe eingesetzt, um Menschen zu schnellen Entscheidungen anzuspornen. Die Farbe eignet sich perfekt für Schaltflächen, die vom Anwender eine Aktion einfordern, wie z. B. ein »Jetzt kaufen«-Button. Rot wird auch häufig verwendet, um Sinnlichkeit zu symbolisieren und z. B. körperliche Attribute wie Lippen oder Fingernägel zu betonen.

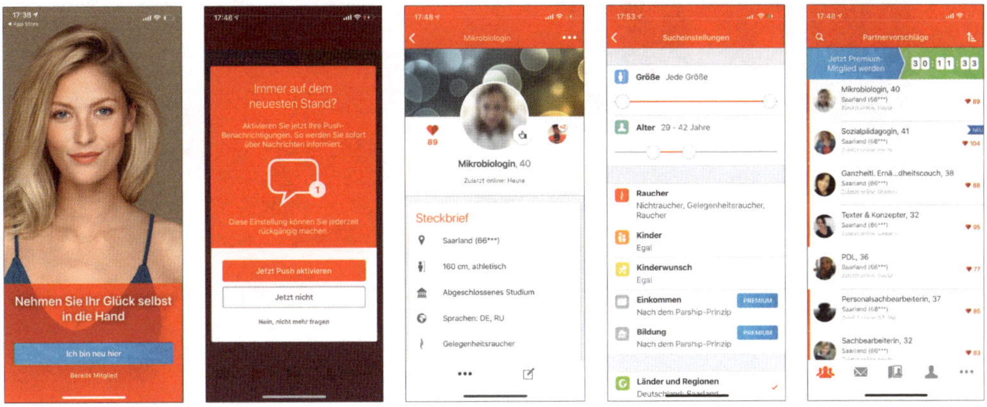

Abbildung 12.15 Die Parship-App arbeitet mit roter Farbe, die für Sinnlichkeit und Romantik steht.

Abbildung 12.16 Rote Farbabstufungen

Die Farbe Rosa ergibt sich aus viel Weiß und blaustichigem Rot. Rosa wird gerne für Produkte, die sich an eine weibliche Zielgruppe richten, eingesetzt. Aber seien Sie mit Gender-Marketing vorsichtig, denn dieses geht mit klaren Rollenvorstellungen einher, die auch Unmut hervorrufen können.

Gender-Marketing

Rosa für Mädchen/Frauen und Blau für Jungen/Männer? Gender-Marketing lebt von Klischees, an denen die Industrie gut verdient. Aber der Schuss kann auch nach hinten losgehen. So steht Ferrero für seine rosafarbenen Überraschungseier nach wie vor stark in der Kritik.

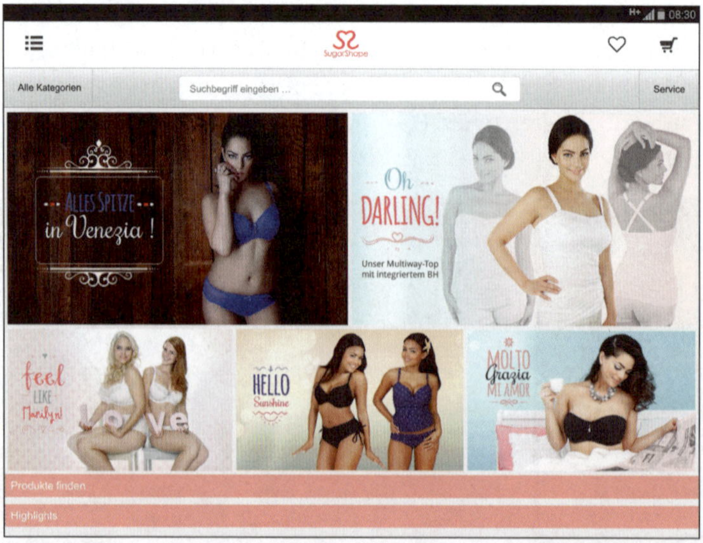

Abbildung 12.17 Die App »SugarShape« ist in Rosa gehalten.

Die Warnwirkung von Rot wird in Apps oder User Interfaces oft für kritische Fehlermeldungen verwendet, meist in Kombination mit einem Warndreieck, X-Symbol oder einem Ausrufezeichen.

Abbildung 12.18 Rot eignet sich ideal für Fehlermeldungen.

- positive Assoziationen von Rot: Freude, Leidenschaft, Liebe, Sexualität, Führung, Sehnsucht
- negative Assoziationen von Rot: Nachdruck, Dominanz, Zorn, Bosheit, Sünde
- Attribute von Rosa: Romantik, Liebe, Freundschaft, Passivität

Gelb

Gelb ist die Farbe der Sonne, der Freude, des Glücks und des Verstands. Ebenso die Farbe der Energie, der Ehre und der Loyalität. Die Farbe Gelb erzeugt einen wärmenden Effekt und stimuliert die geistige Aktivität.

Abbildung 12.19 Gelbe Farbabstufungen

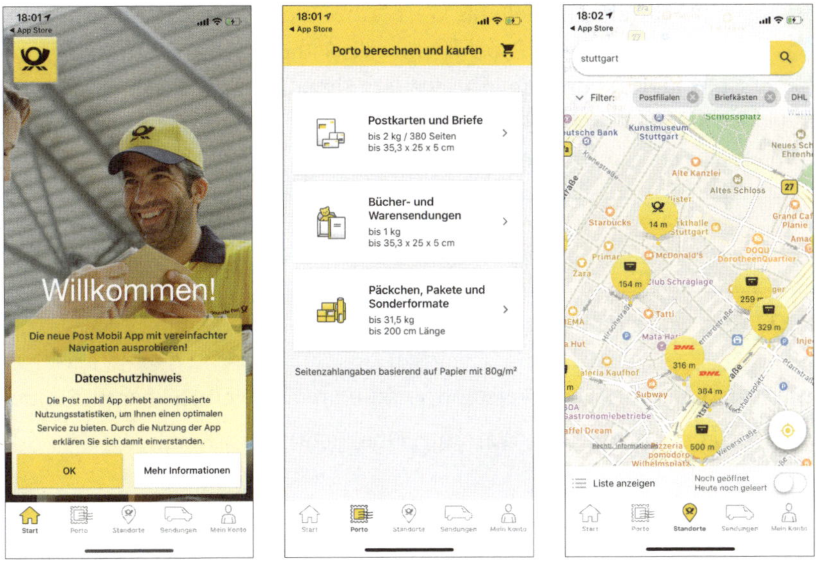

12

Abbildung 12.20 Die Post-App – wie könnte es anders sein – greift auf ihre Corporate-Design-Farbe Gelb zurück.

Beim App-Design werden mit Gelb bestimmte Teile des Designs hervorgehoben. Starke Verwendung findet die Farbe Gelb bei Apps für Kinder. Wenn Sie Gelb bei Apps, die Sicherheit oder Stabilität vermitteln sollen, einsetzen wollen, sollten Sie die Farbe sparsam dosieren. Großflächig eingesetzt wirkt Gelb schnell grell und unseriös. Gelb ist eine sehr schwierige Farbe bei der Darstellung auf Bildschirmen. Das Gelb rutscht bei dunkleren Tönen gerne in ein grünliches Gelb, welches dann dreckig wirkt. So haben Sie vielleicht unter iOS bessere Chancen, die Farbe unter Kontrolle zu halten, da die Anzahl der Geräte noch überschaubar ist, was unter Android eine Mammutaufgabe darstellen würde.

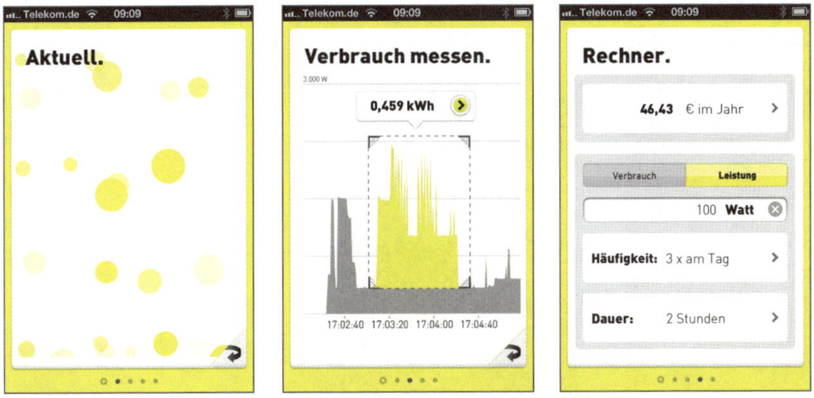

Abbildung 12.21 Auch die Yellow-Strom-App setzte in einer Vorgänger-Version auf Gelb. Mittlerweile sind sie Schwarz.

In Kombination mit Schwarz gilt Gelb als Warnfarbe – sowohl in der Natur (Biene, Wesepen ...) als auch bei Symbolen (Hochspannung, Radioaktivität ...). In Apps wird hin und wieder Gelb, meist aber Orange als weitere Signalfarbe bei Warnmeldungen verwendet. Jedoch handelt es sich hierbei meist weniger um kritische Fehler, sondern eher um klassische Warnmeldungen.

Abbildung 12.22 Gelb wird zum Teil auch für Warnmeldungen verwendet.

- positive Assoziationen von Gelb: Verstand, Frische, Freude, Wärme, Energie, Sonne
- negative Assoziationen von Gelb: Warnung, Eifersucht, Gier, Krankheit

Orange

Orange kombiniert die Farben Rot und Gelb. Meist wird die Farbe mit Freude, dem Sonnenuntergang und Romantik verbunden. Orange wird als sehr warme Farbe empfunden, die aber nicht so aggressiv wie Rot wahrgenommen wird.

Abbildung 12.23 Farbabstufungen von Orange

Abbildung 12.24 Die Fanta-FunTap-App für Android arbeitet mit Orangetönen.

Im App-Design wird Orange gerne für Apps eingesetzt, die die Themen Lebensmittel oder Kinder im Mittelpunkt haben. Auch in der Gestaltung von Unterhaltungs-Apps wird gerne mit der Farbe Orange gearbeitet.

Sowohl im Buddhismus als auch im Hinduismus ist Orange eine spirituelle Farbe, die von Mönchen getragen wird. Hier steht es für den selbstlosen Dienst und Entsagung. In Apps dient Orange ebenso wie Gelb für die Kennzeichnung von nicht kritischen Warnmeldungen.

Eine Sonderrolle kommt der Farbe Gold zu. Gold steht symbolisch für das Beste oder eine Spitzenleistung. Auch »Sonnenglanz« wird mit Gold assoziiert.

Abbildung 12.25 Ebenso wie Gelb eignet sich Orange für einfache Warnmeldungen oder Warnhinweise.

- positive Assoziationen von Orange: Erfrischung, Sonnenuntergang, Frohsinn, Tatendrang, sexuelle Leidenschaft, Begehren, Wärme
- negative Assoziationen von Orange: Misstrauen, Betrug, Aggression, Dominanz, Aufdringlichkeit
- Assoziationen von Gold: Beleuchtung, Weisheit, Reichtum, Qualität, Prestige

Blau

Blau ist äußerst beliebt, knapp 40 % der Deutschen geben Blau als Lieblingsfarbe an. Blau ist die Farbe des Himmels und des Meeres und wird mit Tiefe, Ruhe, Stille und Weite verbunden. Ebenso wird Blau mit Aufrichtigkeit, Stabilität, Vertrauen und Loyalität assoziiert.

Abbildung 12.26 Blaue Farbabstufungen

Blau wird häufig für Produkte rund um Finanzen, Sauberkeit und für Dienstleistungen verwendet. Blau drängt sich nicht auf und vermittelt Seriosität. Nicht eingesetzt werden sollte Blau bei Apps, die Ernährung zum Thema haben, da Blau als nicht appetitanregend gilt, außer Sie verkaufen blaue Nudeln in Ihrer App.

Abbildung 12.27 Die Twitter-App, aber auch »Shazam« arbeitet mit Blau.

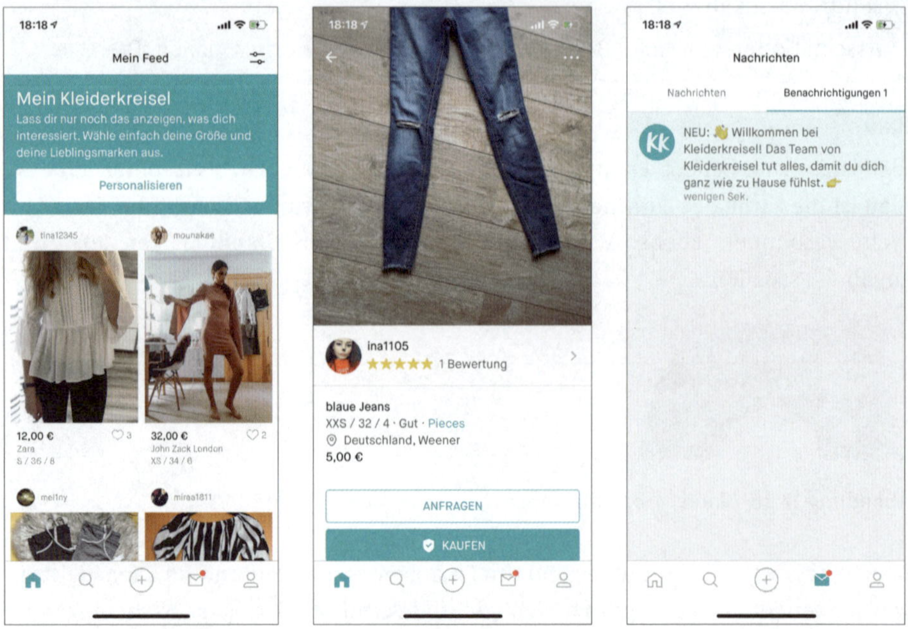

Abbildung 12.28 Die App »Kleiderkreisel« ist in einem türkis Farbton gehalten.

In Apps und User Interfaces wird Blau vorwiegend für Informationen oder Hilfefunktionen verwendet.

Abbildung 12.29 Blau dient meistens für Infomeldungen.

- positive Assoziationen von Blau: Ruhe, Heilung, Gesundheit, Verständnis, Wissen, Integrität, Macht, Seriosität
- negative Assoziationen von Blau: Kühle, Distanz und Zurückgezogenheit

Violett

Violett oder auch Lila gilt als Farbe des Geistes und der Spiritualität. Rund 1 % der Deutschen sagt, Violett ist ihre Lieblingsfarbe. Es symbolisiert Frömmigkeit, Eitelkeit, Extravaganz sowie das Modische und Unkonventionelle. Ebenso steht es für Luxus und Magie.

Abbildung 12.30 Violette Farbabstufungen

Violett gilt als unsachlichste und zweideutigste aller Mischfarben. Je nach Licht ändert sich der Farbeindruck ins Bläuliche oder Rötliche. Deswegen gilt die Farbe auch als Zeichen für Untreue oder Täuschung. Sie ist die Farbe mit der höchsten Ambivalenz.

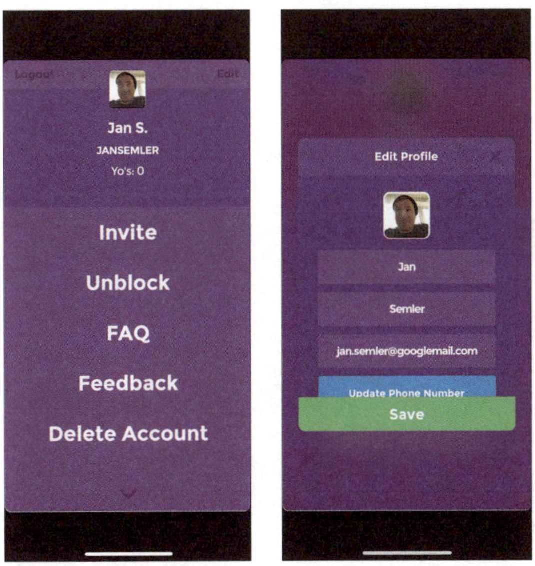

Abbildung 12.31 Eine ungewöhnliche App mit einer ungewöhnlichen Farbe: Die App »YO« setzt auf Violett.

In Interface-Designs kommt die violette Farbe recht selten vor, wohlmöglich aufgrund der Ambivalenz. Doch in aktuellen Apps findet sich die Farbe recht häufig, da sie sehr selten auftaucht.

- positive Assoziationen von Violett: Mystik, Spiritualität, Über-Ich, Individualität
- negative Assoziationen von Violett: Melancholie, Verzicht, Buße, Abkehr, Leid, Verzicht

Grün

Grün ist die Farbe der Natur. Sie steht für Wachstum, Fruchtbarkeit und Frische. Grün wirkt beruhigend auf Menschen, steht für Natürlichkeit und Harmonie und wird oft als Farbe der Hoffnung bezeichnet.

Abbildung 12.32 Grüne Farbabstufungen

Bei technischen Geräten signalisiert Grün den störungsfreien Betrieb.

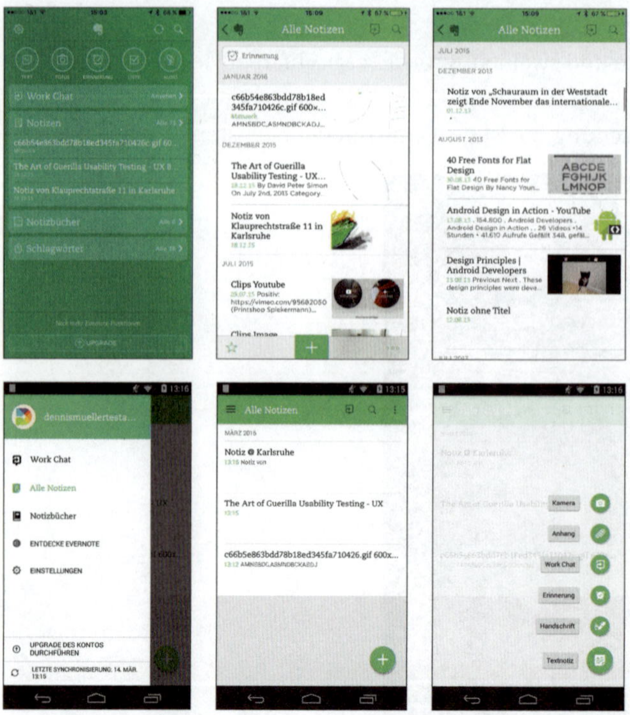

Abbildung 12.33 Die App von »Evernote« in einer vorherigen Version arbeitet klar und stimmig mit Grün als Leitfarbe.

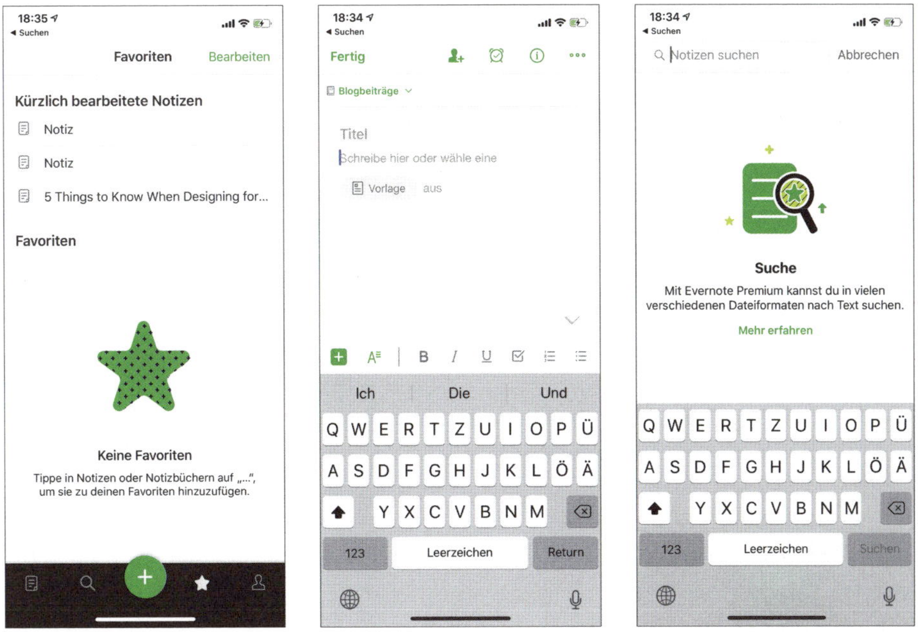

Abbildung 12.34 Die Evernote-App in der aktuellen iOS-Variante

Im App-Design wird Grün häufig für Apps eingesetzt, die Naturverbundenheit vermitteln wollen, z. B. Wanderroutenplaner-Apps.

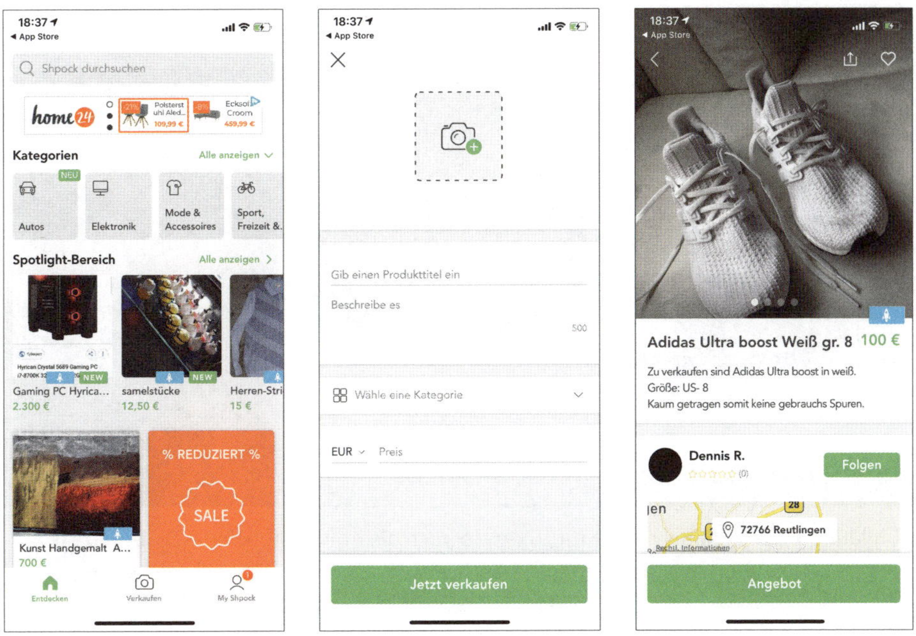

Abbildung 12.35 Auch die Flohmarkt-App »shpock« setzt auf Grün.

In Apps und User Interfaces wird Grün auch als Signalfarbe verwendet, um eine erfolgreich abgeschlossene Aktion zu symbolisieren.

Abbildung 12.36 Grün wird gerne für Erfolgsmeldungen verwendet.

- positive Assoziationen von Grün: Wachstum, Natürlichkeit Heilung, Schutz, Hoffnung
- negative Assoziationen von Grün: Gier, Ehrgeiz, Eifersucht, Krankheit, Feigheit, Zwietracht

Schwarz

Schwarz wird mit Macht, Eleganz und Formalität verbunden. Ebenso werden mit dieser Farbe der Tod, das Böse und das Geheimnisvolle assoziiert.

Abbildung 12.37 Schwarz/dunkle Farben

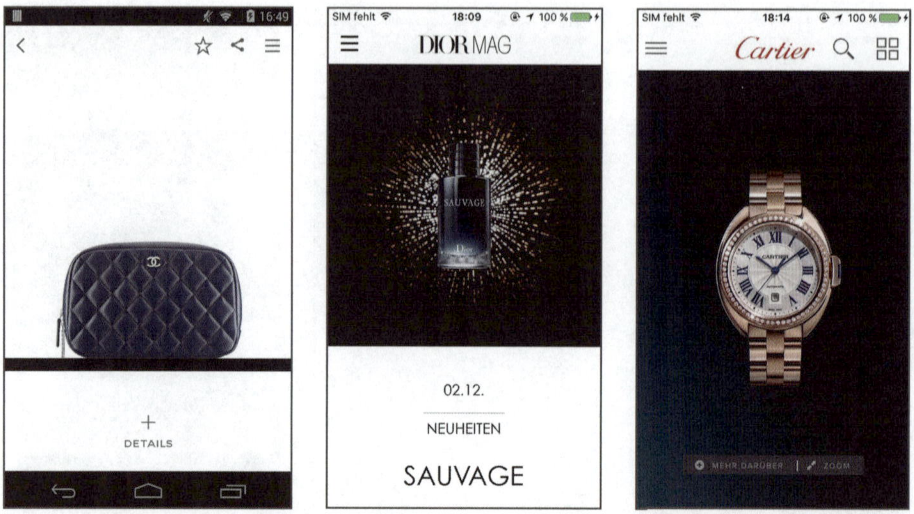

Abbildung 12.38 »Chanel« steht für Luxus, so auch die App. Daneben die Dior- und die Cartier-App, mit denen Nutzer Produkte der Luxusunternehmen betrachten können.

Beim App-Design vermittelt Schwarz ein Gefühl von Tiefe und Perspektive, erschwert aber die Lesbarkeit. Bunte Farben stechen jedoch auf schwarzem Grund besser hervor als auf Weiß. Deswegen setzen auch viele Foto- und Bildbearbeitungs-Apps auf Schwarz.

So hat Sketch unter macOS Mojave einen Dark-Mode. Auch sind Adobe-Applikationen dunkel gehalten. Der Grund dafür ist, dass das dunkle grafische Interface in den visuellen Hintergrund rückt und das erarbeitete Werk besser beurteilt werden kann. Eine helles User Interface sorgt dafür, dass mehr Lichtmengen vom Bildschirm abgegeben werden und somit eine Beurteilung schwieriger wird.

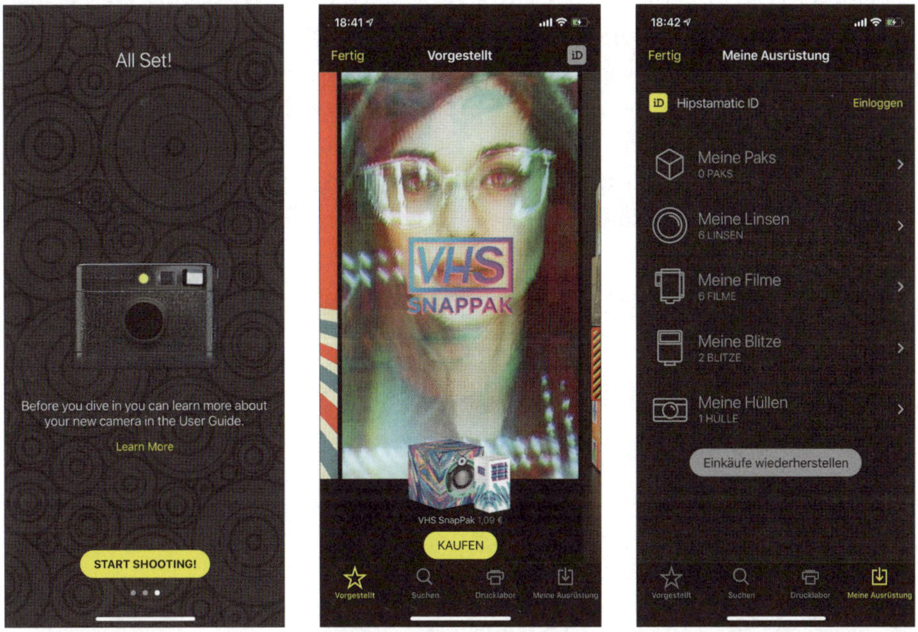

Abbildung 12.39 Auch die App »Hipstamatic« zeigt sehr gut, wie man mit einer dunklen Farbe und lediglich einer Signalfarbe (Gelb) arbeiten kann.

In Apps oder User Interfaces wird Schwarz vorwiegend für textliche Inhalte verwendet. In Luxusgüter-Apps wird Schwarz manchmal auch als Hintergrundfarbe eingesetzt, da abgebildete Produkte so stärker in den Vordergrund rücken.

- positive Assoziationen von Schwarz: Tiefe, Eleganz, Qualität, Seriosität, Modernität, Sachlichkeit
- negative Assoziationen von Schwarz: Tod, negative Gefühle, Angst

Weiß

Weiß ist die Farbe der Reinheit und des Lichts. Sie steht für Güte, Glaube, Unschuld sowie für Vollkommenheit und Sicherheit. Im App-Design wird Weiß meist als Hintergrundfarbe verwendet. Bei High-Tech-Apps symbolisiert Weiß Einfachheit. Ebenso wird Weiß häufig bei Apps verwendet, die sich mit dem Thema Gesundheit beschäftigen.

Abbildung 12.40 Weiß/helle Farben

Im sogenannten Deep-Flat-Design sind Hintergründe meist weiß, jedoch trügt der Schein, es ist im Grunde ein sehr helles Grau. Ich nenne es »Fake White«, meist haben diese Fake-White-Farben einen HEX-Wert um #F9F9F9. Manchmal sind diese auch leicht farblich getönt, je nach Farbwirkung in der App. Der Sinn dahinter ist es, vordergründige Objekte mit echtem weißem Hintergrund inkl. Schlagschatten zu platzieren. Das Fake White hilft dabei, diese weißen Objekte durch den leichten Kontrast mehr aufpoppen zu lassen, und wird dadurch klarer trennbar als mit einem weißen Hintergrund. So wirkt das gesamte Layout weißstichig, jedoch trügt wie gesagt der Schein.

In Apps und User Interfaces stellt Weiß meist die Hintergrundfarbe dar. Es ist eine neutrale Farbe.

- positive Assoziationen von Weiß: Reinheit, Unschuld, Licht, Tugend, Verlässlichkeit, Frieden
- negative Assoziationen von Weiß: Leere, Stille

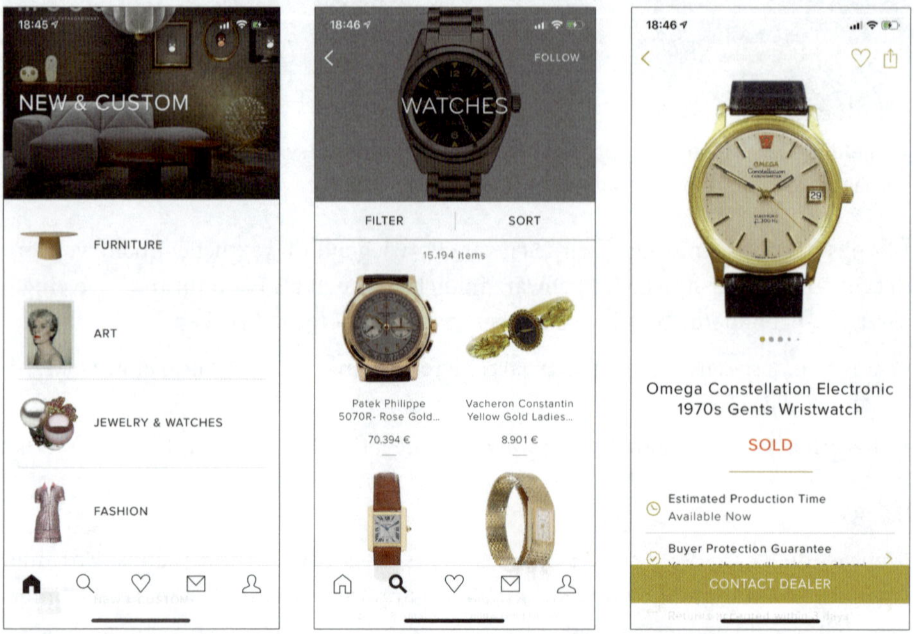

Abbildung 12.41 Die 1stdibs-App arbeitet mit großen Weißflächen und lässt Produkte edel wirken.

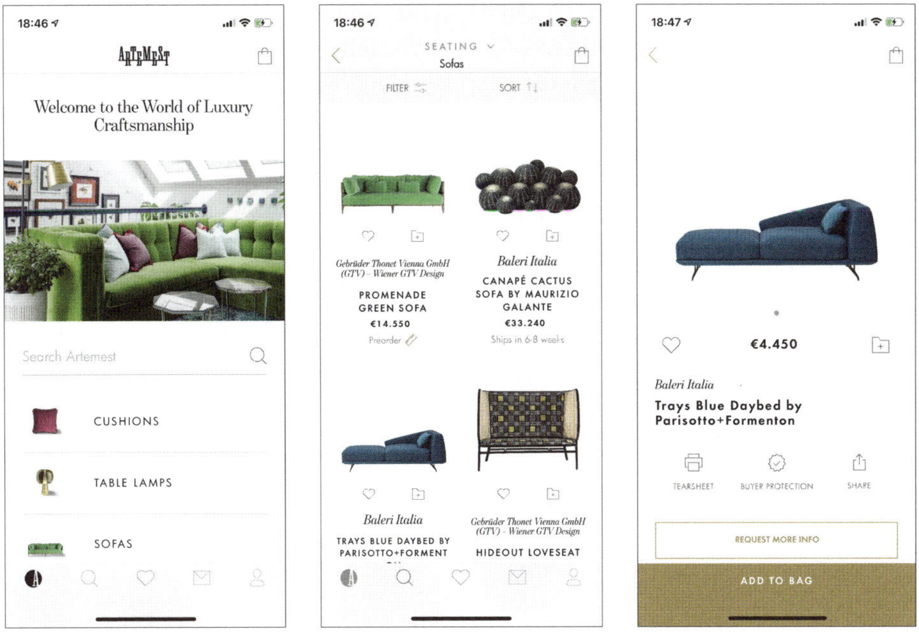

Abbildung 12.42 Die Artemest-App arbeitet ebenfalls mit viel Weißraum.

12.3 Farbschemata

In Abschnitt 12.1, »Grundsätzliches zur Farbe«, haben wir uns bereits mit dem Farbkreis und in Abschnitt 12.1.2, »Der Farbkreis und die Primär-, Sekundär- und Tertiärfarben«, mit den Farbassoziationen auseinandergesetzt. Damit haben wir eine gute Grundlage geschaffen, um uns nun mit dem Finden eines passenden Farbschemas zu beschäftigen.

Natürlich gibt es keine allgemeingültigen Regeln oder Richtlinien, die den Erfolg einer Farbkombination in einer App garantieren können. Doch passen einige Farben besser und andere schlechter zueinander.

Das Definieren eines Farbschemas kann auf einen Anfänger einschüchternd wirken. Meist reicht aber bereits die Kombination von zwei oder drei Farben aus, um ein harmonisches Farbschema zu finden. Wenn Sie bisher wenig Erfahrung im Umgang mit Farben haben, sollten Sie zu Beginn am besten mit wenigen Farben starten und nicht mehr als zwei bunte Farben (ggf. kombiniert mit unbunten Farbtönen) einsetzen.

Bunte und unbunte Farben kombinieren

Unbunte Farben wie Schwarz, Weiß oder Grautöne lassen sich immer mit allen bunten Farbtönen kombinieren. Dabei können unbunte Farben in der Regel problemlos in eine Farbkombination integriert werden.

Im Folgenden möchte ich Ihnen einige Zusammenstellungsarten vorstellen, wie bereits erwähnt sind diese nicht als Regel zu verstehen, sondern als Unterstützung. Wenn Sie diese Zusammenstellungsarten kennenlernen und nutzen, fällt es Ihnen später leichter, Farbschemata zu erstellen.

12.3.1 Monochrome Farbschemata

Ein monochromes Farbschema bildet sich aus den Farbschattierungen desselben Farbtons. Wenn Sie sich z. B. für ein Blau als Hauptfarbe Ihrer App entschieden haben, arbeiten Sie mit den verschiedenen Abstufungen (Aufhellen/Abdunkeln) dieses Blautons. Monochrome Farbgebungen wirken aus einem Guss und vermitteln das Gefühl des visuellen Zusammenhalts.

Abbildung 12.43 Monochromes Blau

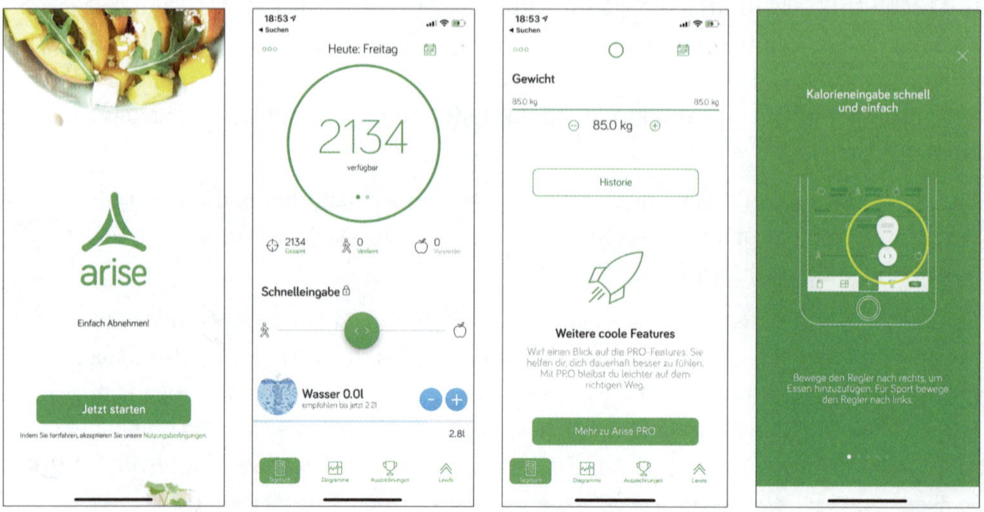

Abbildung 12.44 Die Arise-App mit einem monochromen Farbschema in Grün

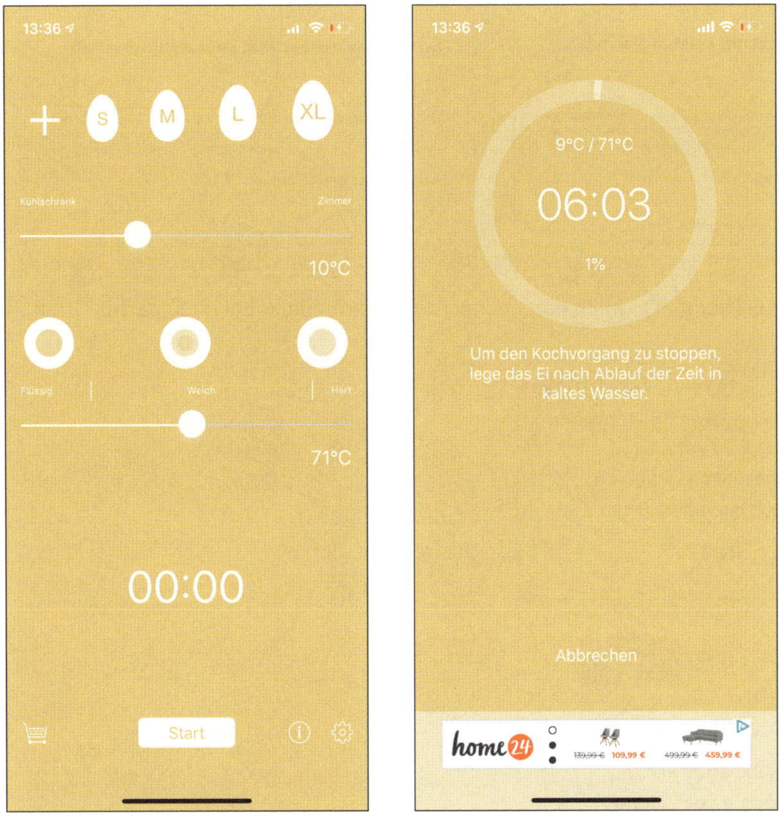

Abbildung 12.45 Die App »Egg Timer+« mit einem gelb-orange monochromen Farbschema

Monochrome Farbgefüge wirken meist sehr wertig und edel, können aber auch, da sie dem Betrachter wenig Reize bieten, etwas langweilig sein. Um optisch Spannung aufzubauen, ist bei der monochromen Farbgebung der richtige Einsatz des Hell-Dunkel-Kontrasts sehr wichtig. Bei einer monochromen Farbgebung können Sie auch zusätzlich mit Schwarz und Weiß bzw. Grautönen arbeiten. Dadurch wird das Erscheinungsbild der App etwas aufgelockert.

Monochrome Farbschemata ermöglichen die Nutzung einer großen Palette von Kontrastfarben und unterstützen den Fokus auf Lesbarkeit. So kann über die Farbstärke die Typografie hierarchisch aufgebaut werden. Ein dunkles Blau etwa erzeugt mehr Aufmerksamkeit als ein helles.

Ebenso können Sie monochrome Farbschemata für Gestaltungselemente einsetzen und mit ihnen eine hierarchische Struktur aufbauen.

Abbildung 12.46 Hierarchie durch eine monochrome Farbreihe (oben Blau, rechts Grau)

Abbildung 12.47 Die Kickstarter-App mit monochromem Farbschema für ein Bedienelement in einer älteren Version

Ein monochromes Farbgefüge ist der einfachste Weg, schnell zu einem optisch ansprechenden Ergebnis zu gelangen. Soll Ihre App mit nur einer Farbe gestaltet werden, wählen Sie eine passende Farbe aus einem Farbkreis aus und vergeben dann Abstufungen dieser Farbe. Natürlich gibt es Tools, die Sie hierbei unterstützen. Empfehlenswert ist z. B. der Color Scheme Designer (*colorschemedesigner.com*), der Ihnen hilft, ein passendes monochromes Farbschema zu entwickeln.

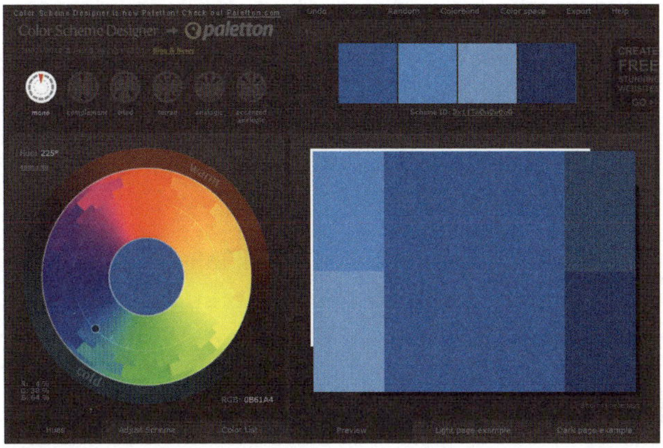

Abbildung 12.48 Beim Color Scheme Designer können Sie zwischen verschiedenen Farbgebungen wählen: monochrom, komplementär, triadisch, tetradisch, analog und analog mit Akzent.

Greifen Sie bei der Farbwahl aber nicht einfach auf Ihre persönliche Lieblingsfarbe zurück. Überlegen Sie, welche Assoziationen den Produktcharakter und die Funktionen Ihrer App unterstreichen. Die Hauptfarbe wird bei der Gestaltung Ihrer App dominieren. Was aber nicht heißt, dass Sie nicht weitere Farben als Blickfänge einsetzen können.

Monochrome Farbschemata sehen wir häufig in Flat-Designs. Sie eignen sich sehr gut für nüchterne technische Applikationen, können aber in Kombination mit anderen Farbschemata wie z. B. der Triade (siehe Abschnitt 12.3.3) sehr farbenfroh und lebhaft wirken.

12.3.2 Analoge Farbschemata

Ein analoges Farbschema enthält Farben, die im Farbkreis nebeneinanderliegen. Sie sollten nicht mehr als drei nebeneinanderliegende Farben bei einem analogen Farbschema verwenden. Wählen Sie einen weiten Abstand zwischen den Farben, kann ein Kontrast entstehen. Je dichter die Farbtöne beieinanderliegen, desto harmonischer und ruhiger werden sie empfunden.

Abbildung 12.49 Analoge Farben

Wählen Sie eine dominierende Farbe für große Bereiche. Die anderen Farben können Sie einsetzen, um farbige Akzente und Blickpunkte zu setzen. Verwenden Sie beispielsweise eine Farbe als Hintergrund und eine weitere Farbe als Highlight, das einen Fokus innerhalb eines Layouts setzt. In der Regel wird eine Primär- oder Sekundärfarbe als dominante Farbe gewählt. Die danebenliegenden Farben werden als Ergänzung zur dominanten Farbe gesehen.

Analoge Farbschemata eignen sich gut, um einen warmen oder kühlen Look zu kreieren, so wie er auch in der Natur vorkommt. So haben Laubblätter im Herbst ein analoges Farbschema aus Gelb, Orange und Rot.

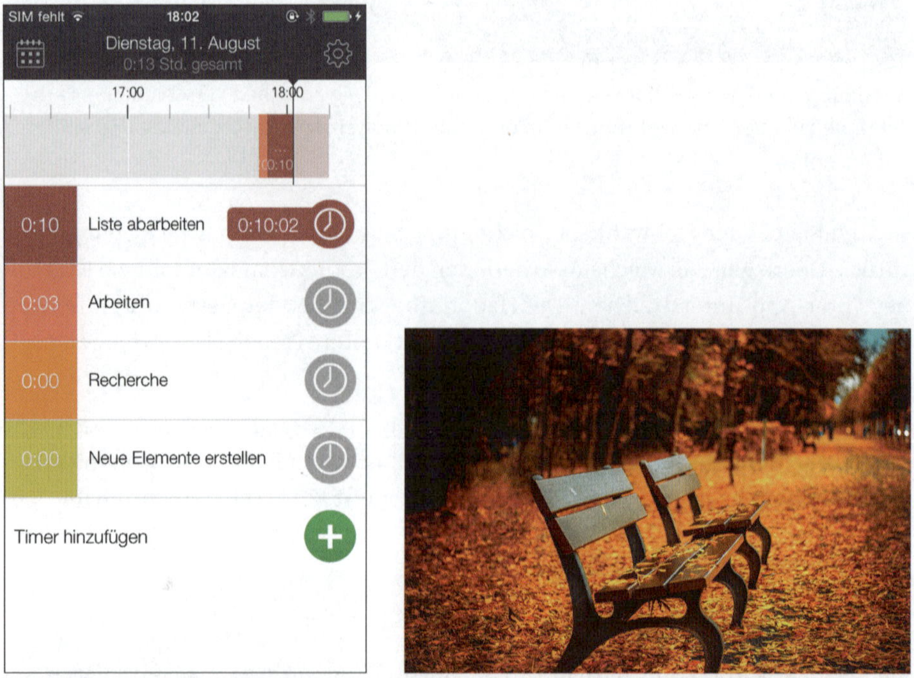

Abbildung 12.50 Das Foto zeigt natürliche analoge Herbstfarben, links ist eine App mit einem analogen Farbschema gestaltet (»Hows«).

Die Farbzusammenstellung eines analogen Farbschemas ist harmonisch, jedoch wirkt es meist weniger lebhaft bzw. dynamisch. Analoge Farbschemata eignen sich hervorragend dazu, verschiedene Elemente zu einem Objekt zusammenzufassen.

12.3.3 Triadische Farbschemata

Ein triadisches Farbschema enthält drei Farben, die gleich weit voneinander entfernt in einem Farbkreis liegen. Triadische Farbschemata wirken in der Regel sehr farbenfroh und lebendig, selbst wenn die Farben teilweise blass gewählt werden.

Abbildung 12.51 Triadisches Farbschema

Wenn Sie ein triadisches Farbschema einsetzen wollen, sollten Sie immer eine dominante Farbe wählen und die beiden anderen Farben als Akzentfarben einsetzen, ansonsten wird das Design schnell zu unruhig und zu bunt. Am besten orientieren Sie sich bei der Gestaltung an der 60-10-30-Regel, auf die ich noch in Abschnitt 12.4.1 zu sprechen komme.

So kann eine Orange-Violett-Grün-Triade, in der Orange die dominante Farbe ist, anders wirken, als wenn Violett als dominante Farbe gewählt wird.

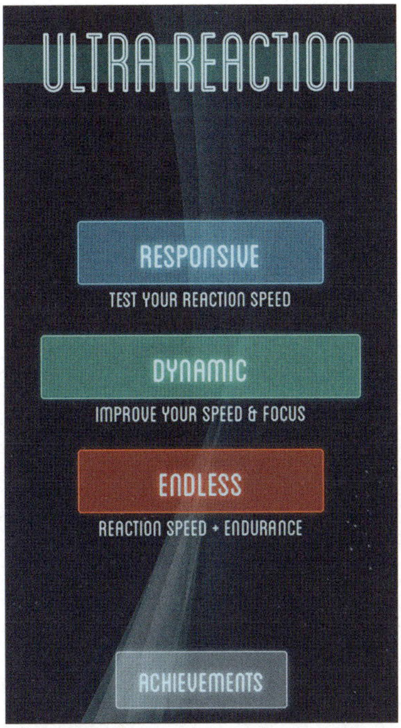

Abbildung 12.52 Das Spiel »Ultra Reaction«, gestaltet mit einem triadischen Farbschema

Triadische Farbschemata eignen sich sehr gut für sehr lebhafte Konsumenten-Apps und weniger für technische Apps für Unternehmen.

12.3.4 Farbkontraste

Eine Farbe steht meist nicht allein, sondern trifft in der Regel auf eine andere Farbe. Gerade an Stellen, an denen Aufmerksamkeit des Anwenders gefordert ist, eignen sich sogenannte *Farbkontraste* sehr gut. Farbkontraste sind ein alltägliches Phänomen und für viele Dinge notwendig. Sie helfen, Wichtiges von Unwichtigem zu unterscheiden und Elemente in einem User Interface zu hierarchisieren.

Komplementärkontrast

Komplementäre Farbschemata bilden sich aus im Farbkreis gegenüberliegenden Farben. So wären Blau und Gelb komplementäre Farben. Werden beide Komplementärfarben nebeneinander positioniert, ergibt sich ein starker Kontrast.

Abbildung 12.53 Komplementäres Farbschema

Komplementäre Farbschemata werden vorwiegend in der Werbung genutzt. Grüner Salat sieht z. B. auf einem rötlichen Hintergrund frischer aus. Beide Farben ergänzen und unterstützen sich.

Abbildung 12.54 Mein-Babybauch-App mit komplementärem Farbschema

Sie können ein komplementäres Farbschema nutzen, um zwei Elemente klar voneinander zu trennen, ohne dem einen eine höhere Gewichtung zu geben als dem anderen. Auch findet ein solches Farbschema im Flat-Design Verwendung und erinnert stark an den Hard-Edge-Stil in der Kunst.

Abbildung 12.55 Hard-Edge-Beispiel

Je nach Anwendung kann aber der Einsatz von komplementären Farben, die aufeinanderliegen, als unangenehm empfunden werden.

Hell-Dunkel-Kontrast

Helligkeit – also Licht und Dunkelheit – ist ein elementarer Bestandteil der menschlichen Natur. Menschen reagieren sehr stark auf einen Hell-Dunkel-Kontrast. Es ist kein wirklicher Farbkontrast, sondern ein Helligkeitskontrast.

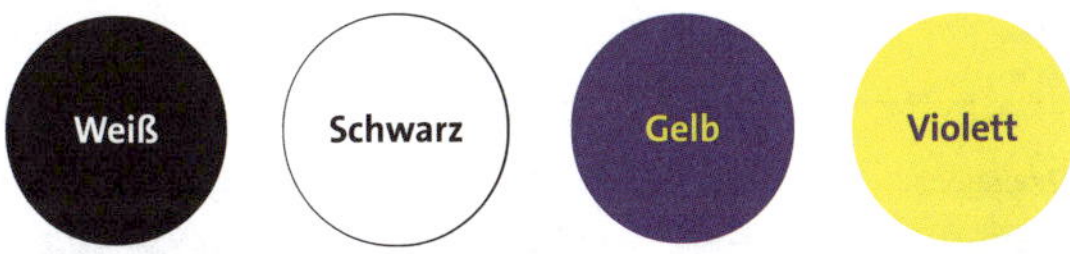

Abbildung 12.56 Links: Hell-Dunkel-Kontrast mit Schwarz/Weiß; rechts: Hell-Dunkel-Kontrast (auch Komplementärkontrast) mit Violett/Gelb

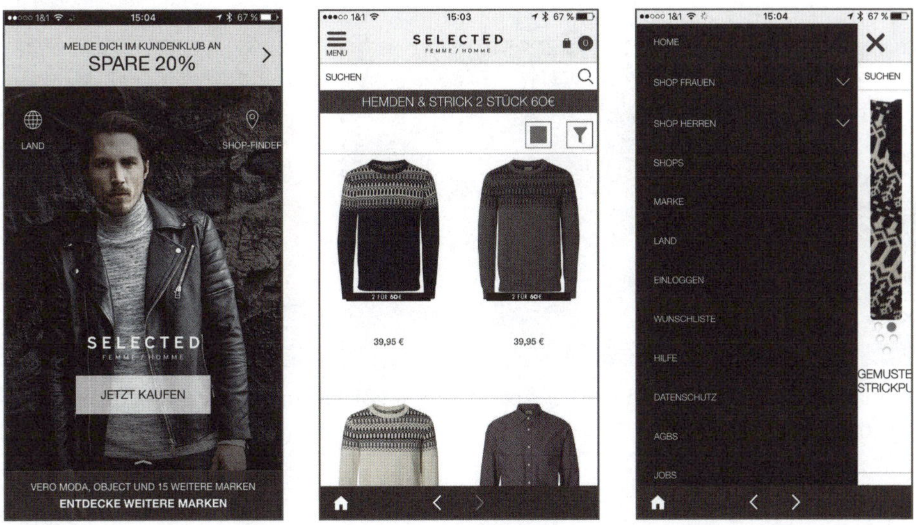

Abbildung 12.57 Die Selected-Shop-App ist ein gutes Beispiel dafür, wie man mit einem Hell-Dunkel-Kontrast arbeiten kann, ohne zu überfordern oder zu langweilen.

Der stärkste Hell-Dunkel-Kontrast wird mit den Farben Schwarz und Weiß erzielt. Der Hell-Dunkel-Kontrast bezieht sich aber nicht nur auf Schwarz und Weiß und ihre Graustufen, sondern auch auf alle anderen Farben, die in ihrer Helligkeit unterschiedlich sind. So ist Gelb eine helle Farbe und Violett eine dunkle Farbe.

Kalt-Warm-Kontrast

Wie stark ein Kalt-Warm-Kontrast empfunden wird, ist in der Wahrnehmung sehr subjektiv. In der Regel wird Blaugrün als die kälteste und ein Rotorange als die wärmste Farbe empfunden. Beide Farbtöne lassen sich sehr gut im Design einer App verbinden. Der Kalt-Warm-Kontrast wirkt direkt und emotional.

Abbildung 12.58 Kalte Farben (links), warme Farben (rechts)

Abbildung 12.59 Die Shade-Weather-App zeigt sehr gut, wie man mit einem Warm-Kalt-Kontrast arbeiten kann.

Farbe-an-sich-Kontrast

Die Komponenten Helligkeit, Farbton und Sättigung erlauben die Beschreibung von Farben. Im Farbe-an-sich-Kontrast steht der Buntheitsgrad der gegenübergestellten Farben im Vordergrund.

Abbildung 12.60 Bunte und weniger bunte Farben

Am besten funktioniert dieser Kontrast mit stark gesättigten Farben. Der Farbe-an-sich-Kontrast wird bereits aus großer Entfernung wahrgenommen und hat eine große Signalwirkung. Daher wird er häufig für Warnmeldungen innerhalb von Apps eingesetzt.

Ebenso kann dieser Kontrast sehr lebensfroh und heiter wirken. Er wird daher häufig für die Gestaltung von Produkten für Kinder eingesetzt.

Abbildung 12.61 Das Spiel »Candy Crush« mit Farbe-an-sich-Kontrast

Farbharmonie

Ebenso wie die Frage nach Farbkontrasten spielt in der Farbgestaltung die Frage nach Harmonie und Disharmonie eine wichtige Rolle. Harmonische Farbgestaltungen sind eine Kombination aus Farben, die miteinander harmonieren und zu einem positiven Gesamtbild führen. Eine gelungene Farbharmonie fesselt den Nutzer und erzeugt innere Ordnung. Schlechte Farbzusammenstellungen wirken langweilig oder im schlimmsten Fall chaotisch. Wie Sie in Abschnitt 12.3.4, »Farbkontraste«, gesehen haben, können Farbschemata, die mit Kontrasten arbeiten, wie etwa der Komplementärkontrast, durchaus harmonisch wirken.

Abbildung 12.62 Kombination von benachbarten Farbtönen

Abbildung 12.63 Kombination von Farben der warmen Farbpalette

Abbildung 12.64 Kombination von Farben der kalten Farbpalette

Abbildung 12.65 Kombination von bunten und unbunten Farben

Abbildung 12.66 Kombination von aufgehellten Farbtönen mit ihrer Vollfarbe

Abbildung 12.67 Kombination von Grau- und entsättigten Farbtönen mit ihrer Vollfarbe

Für Farbliebhaber

In der Spiele-App *TimeFish* wurde sehr schön und kunstvoll mit Farbe gearbeitet. Notizen und Bilder zum Spiel- und Charakterdesign sind auch auf Behance zu finden, hier geht's direkt zur App: *https://itunes.apple.com/de/app/timefish/id960150767?mt=8.*

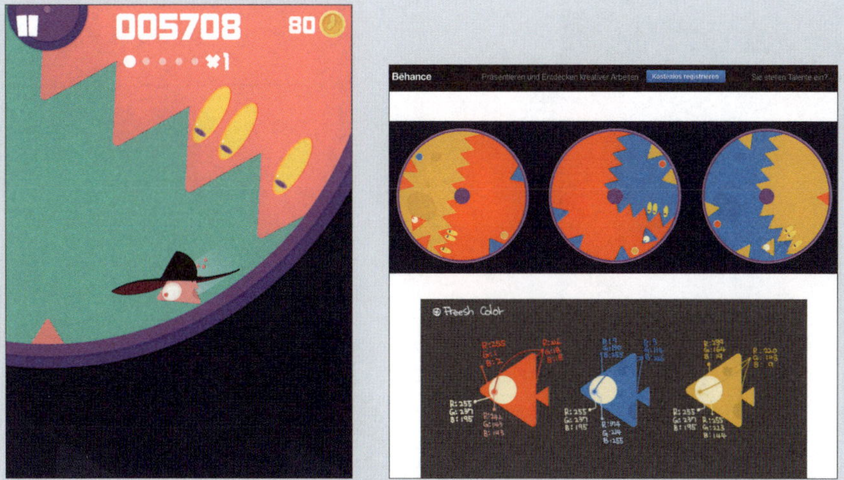

Abbildung 12.68 Während des Spiels ändert sich in »TimeFish«, jedes Mal wenn der Spieler einmal das Spielfeld umrundet hat, das Farbschema. Spannende Informationen zur Entstehung des Spieldesigns finden Sie auf www.behance.net/gallery/28576369/Timefish.

12.4 Farben im App-Design

Auch bei Farben gilt: Weniger ist mehr. Sie sollten Ihr Design niemals mit Farben überfrachten, sondern Farben immer gezielt einsetzen und nur da, wo dies auch sinnvoll ist. Idealerweise haben Sie einen weißen Hintergrund, und auf diesem platzieren Sie Ihre Objekte samt Farben. Denken Sie daran, die Weißfläche ist ebenso ein Gestaltungselement. Achten Sie zudem auf eine Farbzusammenstellung mit harmonischen Farbanteilen. Gerade beim triadischen Farbschema kann es helfen, sich an der sogenannten 60-10-30-Regel zu orientieren.

12.4.1 Die 60-10-30-Regel

Verwenden Sie z. B. eine Triade als Farbschema, sollten Sie die Farben rationieren. Eine gute Gestaltungshilfe ist hierbei die 60-30-10-Regel. Hier wählt man zunächst eine Hauptfarbe, die 60 Prozent der Fläche der App erhält, dies kann Weiß oder Schwarz sein, aber eben auch bunt. Die zweite Farbe erhält 30 Prozent des Layouts, um als Kontrast zur dominanten Farbe zu wirken und visuelles Interesse zu wecken. Die restlichen 10 Prozent bleiben für die sogenannte Akzentfarbe, die Lebendigkeit in die App bringt und Akzente setzt.

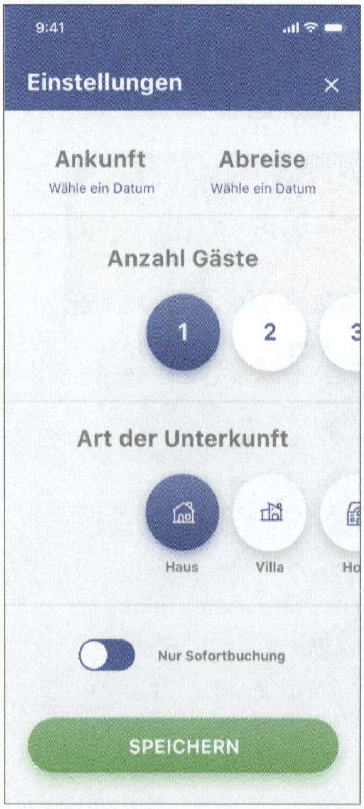

Abbildung 12.69 Die 60-30-10-Regel. Hier sehen Sie, wie eine App-Gestaltung mit dieser Farbgestaltung aussehen könnte. Zusätzlich kommt als Akzentfarbe Lila zum Einsatz.

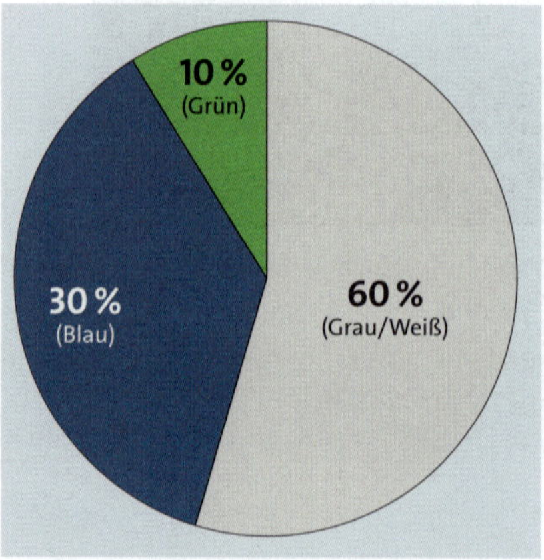

Abbildung 12.70 Entsprechender Chart zur Beispiel-App

Als Beispiel können Sie sich einen Business-Anzug für Männer vorstellen: 60 % machen das Jackett und die Hose aus, 30 % das Hemd und 10 % die Krawatte.

12.4.2 Fragen, die Sie sich bei der Farbgestaltung stellen sollten

Über Farben kommunizieren Sie mit dem Anwender Ihrer App. Und für eine erfolgreiche Kommunikation ist es wichtig, dass man seine Anwender, also seine Zielgruppe, genau kennt. Um ein optimales Farbschema für seine App zu finden, ist also auch hier eine eingehende Recherche zu der Zielgruppe wichtig (siehe auch Kapitel 2, »Konzeption und Ideenfindung«). Bei der zielgruppengerechten Farbfindung können Ihnen folgende kurze Fragen helfen:

Wofür steht meine App? Welche Botschaft möchte ich vermitteln?

Die Botschaft Ihrer App ist natürlich die Lösung des Problems, das Ihre App im Sinn hat. Wenn Sie eine Dating- oder Flirt-App gestalten, ist es weniger sinnvoll, Türkis oder ausschließlich Schwarz zu verwenden – ein Rot, Rosa oder Violett vermitteln eher das Gefühl von Romantik. Farben helfen dabei, Botschaften zu verstärken. Sie haben eine Kochrezepte-App? Dann werden natürliche Farbtöne interessant. Stellen Sie mit Ihrer Farbe Bezug zum Problem bzw. Ihrer App-Idee her.

Wie alt sind die Anwender der App?

Das Alter der Zielgruppe ist wichtig, denn je nachdem, an welche Altersgruppe sich die App wendet, können Sie sich mehr oder weniger in der Farbgestaltung »austoben«. So lassen sich die unterschiedlichen Altersgruppen besonders gut durch bestimmte Farben ansprechen. Jüngere Zielgruppen begeistern sich für junge und moderne Farben. Ältere Zielgruppen favorisieren eher vertraute Farben, die für Werte wie Seriosität, Zuverlässigkeit und Qualität stehen. Und dass gerade Kinder-Apps oftmals knallbunt sind, ist ein offenes Geheimnis.

Welches Gefühl soll bei der Zielgruppe ausgelöst werden?

Farben wirken emotional. Wie bereits in Abschnitt 12.2, »Farben, Stimmungen und Assoziationen«, beschrieben, machen z. B. hellere Farben eher wach, und dunklere entspannen. Rot kann für Leidenschaft und Liebe stehen, aber auch für Aggression etc. Es ist wichtig, die Emotionen, die durch Farben ausgelöst oder verstärkt werden, auch bei der Farbgestaltung zu beachten.

Was genau möchte ich erreichen?

Farben werden auch für Marketingzwecke eingesetzt. Man denke hierbei an einen klassischen »Störer« im Supermarkt, der uns auf Angebote aufmerksam macht. Diese sind meist gelb oder rot eingefärbt und sollen Aufmerksamkeit erregen. Ihr Ziel ist es sicher, dass Ihre App von vielen Nutzern genutzt und geliebt wird. Die Farbwahl kann Ihnen dabei helfen, Aufmerksamkeit zu erregen. Und wenn Sie das Interesse wecken, steigt die Wahrscheinlichkeit, dass die App auch installiert wird.

In welchem Land lebt Ihre Kundschaft?

Farben werden in den unterschiedlichen Kulturen unterschiedlich wahrgenommen. Gerade wenn Sie eine App planen, die sich an ein internationales Publikum richtet, müssen Sie diesen Aspekt berücksichtigen. Sie wollen ja sicherlich nicht in eine ähnliche Falle tappen wie einige Autohersteller: *https://www.oddee.com/item_93544.aspx*.

12.4.3 Farben und das Corporate Design

Sollten Sie für einen Ihrer Kunden arbeiten, der bereits ein Corporate Design oder zumindest ein Logo mit Hausfarben hat, sollten Sie natürlich diese Farben in der App nutzen – keine Frage.

In größeren Unternehmen gibt es Richtlinien, sogenannte *Styleguides* oder *Design-Systeme*, die bestimmen, wie das Corporate Design oder ein digitales Produkt aufgebaut ist. Orientieren Sie sich genau an diesen Richtlinien, erfinden Sie nichts Neues hinzu. Ebenso finden Sie hier auch Informationen zu Typografie und zur Außendarstellung des Unternehmens. Manchmal sind sogar Zielgruppen und Unternehmensbereiche samt Farben definiert.

Agieren Sie bei großen Unternehmen nie auf eigene Faust – Sie spielen hierbei mit dem Identifikationsmerkmal und der Marke eines Unternehmens, das gegebenenfalls jahrzehntelang weiterentwickelt wurde!

Sollte kein Styleguide vorhanden sein, tasten Sie sich gemeinsam mit dem Kunden an die Gestaltung heran, und ergänzen oder erstellen Sie gemeinsam mit dem Kunden einen Styleguide bzw. Design-System. Erfahrungsgemäß verlangen Kunden und Unternehmen keinen Styleguide oder Design-System. Zudem sehen manche darin keine Notwendigkeit oder wirklichen Sinn. Ich erkläre es meinen Kunden meist so: Wenn Sie eine App entwickeln ohne Styleguide oder Design-System, wäre das so, als würde Daimler Benz Autos ohne Bauplan bauen und lediglich die Skizzen der Automotive Designer nutzen.

12.4.4 Mit Farben strukturieren und leiten

Farben helfen dabei, den Nutzer zu leiten und durch eine App zu führen. Hierbei können Hauptbereiche wie die Navigation oder der Inhaltsbereich eingefärbt und voneinander abgegrenzt werden.

Informationen strukturieren

In User Interfaces und somit auch in Apps werden bestimmte Farben verwendet, um App-spezifische Meldungen darzustellen. Hierbei haben sich bestimmte Farben etabliert, die sich am Ampelsystem, das wir aus dem Straßenverkehr kennen, orientieren. In jeder App bzw. in jedem Programm gibt es Fehlermeldungen. Es gilt, diese entsprechend zu kennzeichnen, sodass der Nutzer weiß, um was für einen Fehler es sich handelt und was er zu tun hat.

- Blau oder Grau wird gerne für die Informations- oder die Hilfefunktion einer App eingesetzt. Darunter fallen z. B. Meldungen über den Systemstatus der App oder Erklärungen zu bestimmten Funktionen.
- Grün steht meist für Erfolgsmeldungen, wenn eine Aktion erfolgreich durchgeführt wurde.

- Gelb oder Orange wird häufig genutzt, um Warnmeldungen darzustellen, die nicht systemkritisch sind, z. B. wenn eine Aktion aufgrund von fehlenden Informationen nicht durchgeführt werden kann.
- Rot wird in der Regel für sehr kritische Fehler oder Aktionsabbrüche angewendet. In manchen Apps wird Rot für alle Fehlermeldungen verwendet, also auch Warnmeldungen, die nicht systemkritisch sind. Dies kann gemacht werden, wenn der Umfang an Fehlermeldungen insgesamt sehr gering ist.

Farben erleichtern die Orientierung

Mit Farben können Sie das Navigationskonzept Ihrer App verdeutlichen. Die Farben helfen dabei, den gewünschten Teil der App schnell und gezielt zu finden.

Hierbei können Sie sowohl bei einer monochromen als auch bei einer komplementären Farbwahl mit Kontrasten arbeiten. Hinterlegen Sie z. B. wichtige Bereiche Ihrer App mit einer dunkleren oder kräftigeren Farbe.

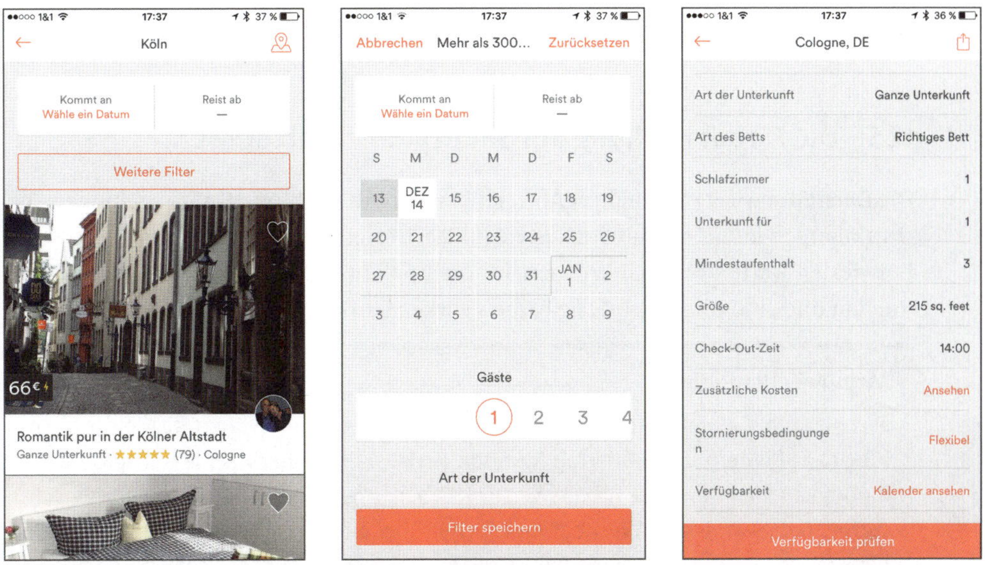

Abbildung 12.71 Die Airbnb-App demonstriert in einer vorherigen Version, wie man durch Farben dem Nutzer signalisieren kann, was Bedienelemente sind und was nicht.

Aufmerksamkeit erregen und Elemente hervorheben

Mit Farbe können Sie wichtige Elemente hervorheben und die Aufmerksamkeit der Nutzer gezielt lenken. So springen kräftiges Rot oder Grün direkt ins Auge. Nutzen Sie solche Farben für dringende Meldungen oder Erinnerungen. Setzen Sie diese Signalfarben aber dosiert und wirklich nur an Stellen ein, wo dies sinnvoll ist.

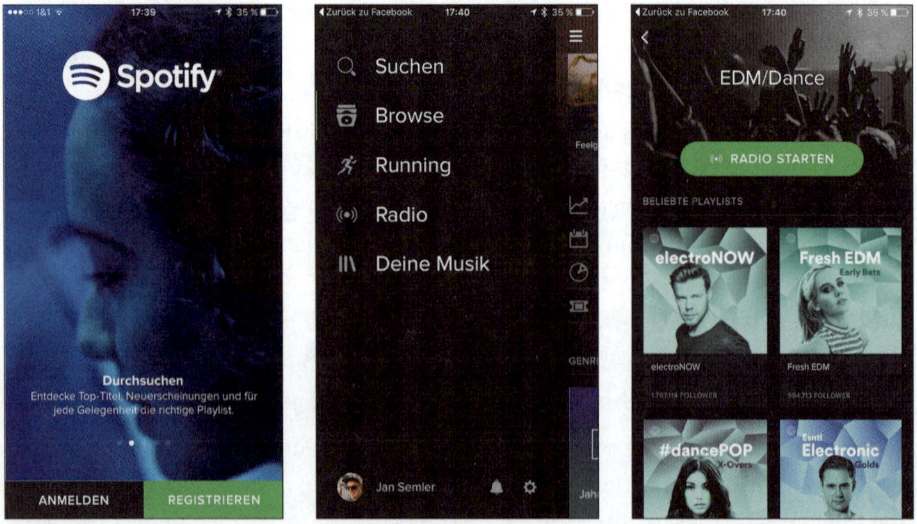

Abbildung 12.72 In einer älteren Version der Spotify-App springen die Schaltflächen direkt ins Auge.

12.5 Die Farbdarstellung auf Smartphone, Tablet & Co.

Die Darstellung der Farben Ihrer App sieht auf einem Desktop-Monitor gelungen aus. Nun übergeben Sie die Layouts, Styleguides/Design-Systeme und Assets an Ihren Entwickler, warten ein paar Wochen, bis die App entwickelt ist, installieren die erste Version und sind überrascht: Die Farben wirken ganz anders. Was tun?

Mein Arbeitsmonitor

Die meisten Gestalter arbeiten vorzugsweise auf einem kalibrierten Monitor. Ich arbeite auf einem unkalibrierten Monitor. Ich gestalte nahezu keine Printprodukte, darum kann ich mir diese Arbeitsweise erlauben. Mehr noch: Meiner Meinung nach verfügen die wenigsten Webseiten-Besucher über einen kalibrierten Monitor, daher habe ich sowie keinen Einfluss darauf, ob die Farben korrekt dargestellt werden.

Ich habe sogar einen recht günstigen Monitor, um eben eine schlechte Darstellung von Farben zu haben. Wenn ich auf solchen Geräten ein gelungenes Design gestalten kann, wird dieses auch auf kalibrierten Monitoren gut aussehen. Das ist zumindest mein Ansatz für Web-Applikationen.

12.5.1 Die verschiedene Display-Typen

Im App-Design gestalten wir zwar auf unseren Desktop- bzw. Mac-Monitoren, jedoch werden die Layouts bzw. die App später programmiert, kompiliert und auf den

Smartphones, Tablets und Wearables ausgeführt. Hier haben wir nur wenig Einfluss darauf, wie die Farben dargestellt werden. Wir können lediglich die Farbwerte, die wir für richtig halten, an unsere Entwickler übermitteln.

Auf den LCD-, IPS-LCD- oder AMOLED-Bildschirmen der mobilen Geräte werden die unterschiedlichen Farben wie z. B. Lila oder Gelb aus der Mischung von Rot, Grün und Blau erzeugt. Ähnlich wie beim Webdesign werden Farben für Android und iOS in RGBA (Rot, Grün, Blau, Alpha) angegeben. Diese Werte werden dann von der Software auf dem Gerät an die Hardware übergeben, und diese stellt die Farbe auf dem Display dar. Jedoch deckt jedes Display einen bestimmten Farbraum ab und kann nur bestimmte Farben darstellen. Zudem hängt die Farbdarstellung von der Art des Displays ab. Hierbei kommt es zu Unterschieden in der Farbdarstellung, obwohl alle Displays die gleichen Ausgangsfarbwerte haben.

Retina-Displays

Wer Designs erstellt, die beispielsweise auf einem Retina-Display oder anderen Screens, die eine hohe Anzahl von Pixeln darstellen können, betrachtet werden, sollte natürlich wenn möglich auch über einen hochauflösenden Monitor verfügen.

Die Displays arbeiten nicht gleich, und jedes hat seine Stärken und Schwächen. So zeichnen sich z. B. IPS-LCD-Bildschirme durch einen hohen Betrachtungswinkel aus, sodass Farben aus jedem Winkel satt und kräftig betrachtet werden können, während bei klassischen LCD-Bildschirmen das Bild komplett verschwindet. IPS-LCD-Bildschirme besitzen zwar eine hohe Farbtreue, jedoch können aufgrund der stetigen Hintergrundbeleuchtung ein tiefdunkles Schwarz oder tiefdunkle Farben schlecht erzeugt werden bzw. werden dunkle Farben heller dargestellt als gewünscht.

AMOLED-Bildschirme hingegen sind sehr dünn und zeichnen sich durch einen starken Farbkontrast und einen hohen Betrachtungswinkel aus. Jedoch bestehen Probleme in der Reproduktion der eigentlichen Farbe. Die RGB-Werte werden meist übersättigt dargestellt und stimmen nicht mit dem ursprünglichen Design überein. Jedoch ist Schwarz auch wirklich schwarz, da hier keine Energie durch den Bildschirm geleitet wird. Toll sieht man das bei den aktuellen Topgeräten.

IPS-LCD-Bildschirme werden vorwiegend bei älteren Apple-Produkten eingesetzt – abgesehen von der Apple Watch und den neuen iPhones ab iPhone X, die einen AMOLED-Bildschirm besitzt.

Während bei Apple die Farbgestaltung etwas einfacher ist, da man davon ausgehen kann, dass Farben über die Geräteversionen relativ gleich dargestellt werden, gibt es bei Android-Produkten aufgrund der Gerätevielfalt größere Probleme.

12.5.2 Farben vorab mit der Mirror-Funktion testen

Als Designer wollen Sie natürlich vorab wissen, ob die Farben, die Sie auf Ihrem Arbeitsmonitor mühsam herausgesucht und aufeinander abgestimmt haben, auch auf Smartphone, Tablet & Co. harmonisch wirken. Aber wie?

Die naheliegende Möglichkeit und wohl auch die praktikabelste sind die Mirror-Funktionen der Programme (siehe hierzu Abschnitt 9.7.6, »Mirror-Programme«). Es ist auch die flexibelste Art, Korrekturen an den Farben vorzunehmen. Alternativ können Sie die Adobe-Color-App (siehe Abschnitt 12.6.1) installieren oder im Browser nutzen, um ein Farbschema zu kreieren, anschließend erstellen Sie das Farbschema auf dem jeweiligen Gerät.

Unter iOS ist es, wie bereits erwähnt, etwas einfacher sicherzustellen, dass die Farben auch auf älteren Geräten angemessen dargestellt werden. Jedoch trifft die Farbe nicht exakt den Ton, den wir uns am Desktop-Monitor erdacht haben. Der Grund liegt darin, dass die Hintergrundbeleuchtung der Displays die Farben auf dem mobilen Endgerät etwas aufhellt.

Bei Android ist die Farbgestaltung aufgrund der Display- und Gerätevielfalt schwieriger. Als Designer kann man nicht garantieren, dass Farben überall gleich dargestellt werden. Es gibt hier keine Normen oder Richtlinien, die – wie im Druckbereich üblich – herangezogen werden könnten. Versuchen Sie herauszufinden, welche Geräte hauptsächlich von Ihrer Zielgruppe verwendet werden, erwerben Sie sie, und testen Sie Ihre Farben darauf.

Wie in der Typografie sollte auch die Farbe auf dem Endgerät getestet werden. Beurteilen Sie niemals ein Design bzw. Layout über den Desktop-Monitor, sondern ziehen Sie immer das Design auf dem Endgerät als Beurteilungsquelle heran, das gilt für alle Entscheidungen.

12.6 Tools, die bei der Farbwahl helfen

In diesem Abschnitt möchte ich Ihnen noch ein paar Tools vorstellen, die Sie bei der Farbwahl unterstützen.

12.6.1 Adobe Color (ehemals Adobe Kuler)

Adobe Color CC ist eine Web-Applikation, die Designern dabei helfen soll, programmübergreifende Farbschemata zu erstellen, die später in allen Adobe-Programmen für die Gestaltung verwendet werden – vorausgesetzt, Sie sind bei Adobe angemeldet und verfügen über eine Adobe-ID.

In Adobe Color können Sie zwischen verschiedenen Farbgebungen wählen, darunter analoge, triadische, auf dem Komplementärkontrast beruhende oder freie Farbschemata. Auch die Erstellung eines monochromen Farbschemas ist möglich. Zudem können hier passende Shades (Schattierungen) erzeugt werden.

Abbildung 12.73 Adobe Color CC – die wichtigsten Elemente

Um ein neues Theme zu erstellen, klicken Sie auf ERSTELLEN. Über FARBREGEL können Sie nun Ihr gewünschtes Farbschema wählen. Im Zentrum befinden sich der Farbkreis und Markierungen, die das Farbschema bilden. Die Markierungen im Farbkreis können Sie nach Belieben bewegen. Unter dem Farbkreis finden Sie die zu Ihren Einstellungen passende fünfteilige Farbpalette mit den entsprechenden RGB-Werten.

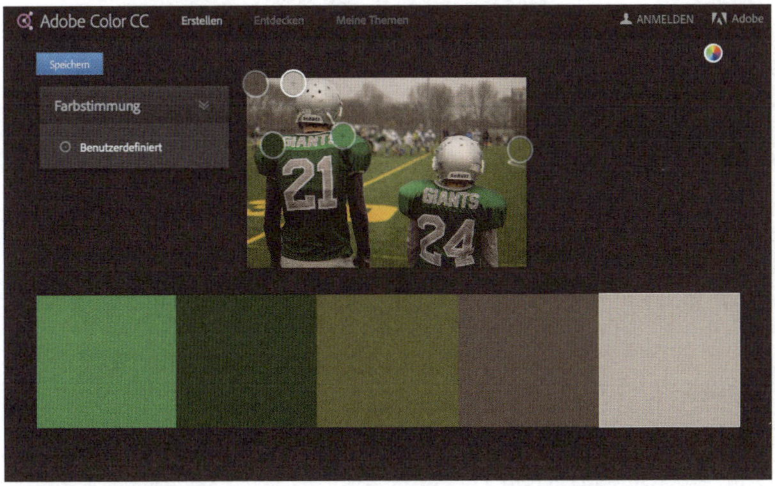

Abbildung 12.74 Farben werden mithilfe eines Foto generiert.

Ein besonders schönes Feature von Adobe Color CC ist die Fotofunktion, die es erlaubt, ein Bild hochzuladen und daraus ein Farbschema zu kreieren. Eine Idee wäre es, wenn Sie ein Foto von der Umgebung machen, in der Ihre App genutzt wird, z. B. auf einer Sportveranstaltung. Dieses Bild könnten Sie anschließend verwenden, um daraus ein Farbschema zu entwickeln.

- *https://color.adobe.com/de/create/color-wheel*

12.6.2 ColoRotate

ColoRotate ist ein sehr interessantes Tool, das die Farbwahl quasi in der »dritten Dimension« ermöglicht. In dem Programm lassen sich mit der 3D-Matrix intuitiv per Trial & Error passende Farbkombinationen ermitteln.

ColoRotate liefert zudem viele Hintergrundinformation zum Thema Farbgebung; ansonsten verfügt es über ähnliche Funktionen wie Adobe Color und erlaubt z. B. die Auswahl bestehender Farbpaletten. Wer ein Apple iPad besitzt, kann auch mit einer App von ColoRotate arbeiten.

- *http://web.colorotate.org*

12.6.3 Copaso

Auch Copaso leistet Hilfestellung bei der Suche nach einem geeigneten Farbschema. Das Onlinetool verfügt über eine einfache Arbeitsoberfläche, die drei Arbeitsmodi (BASIC, ADVANCED und FROM A PHOTO) bietet.

Abbildung 12.75 Im Arbeitsmodus »From a Photo« können Sie sich in Copaso passende Farbpaletten aus Fotos generieren lassen.

Besonders interessant ist der Arbeitsmodus FROM A PHOTO. Ähnlich wie bei Adobe Color CC lassen sich hier Farbplatten aus Fotos auslesen.

- *www.colourlovers.com/copaso/ColorPaletteSoftware*

Sie werden im Internet weitaus mehr Tools finden, die Ihnen bei der Farbauswahl behilflich sind. Hier möchte ich noch einige nennen:

- *https://coolors.co*
- *https://colourco.de*
- *http://colormind.io*
- *www.color-hex.com/color-palettes*
- *https://picular.co*

Kapitel 13
Icons, Grafiken und Bilder

Die Verwendung von Icons, Grafiken und Bildern in einer App ist neben der typografischen und farblichen Gestaltung ein weiteres wichtiges Designmerkmal. Während Icons Funktionen visuell erklären, sind Bilder oder Grafiken ein Träger von Emotionen. In diesem Kapitel gehe ich auf diese grafischen Elemente näher ein und beleuchte, wie sie in der Gestaltung richtig eingesetzt werden.

Der Einsatz von Icons, Grafiken und Bildern ist eines der wichtigsten Designmerkmale im App-Design und bestimmt stark das Branding und somit die Identität einer App. Es spiegelt die Marke wider und verkörpert die Philosophie des Unternehmens. Ebenso sind Icons, Grafiken und Bilder wesentlicher Teil des User Interfaces einer App, da sie den größten gestalterischen Teil ausmachen.

Bilder verbinden Menschen

Seit Smartphone & Co. kann jeder immer und überall Bilder machen, die anschließend häufig mit einer größeren Öffentlichkeit geteilt werden. Es ist kein Zufall, dass sich soziale Netzwerke, die sich auf visuelle Inhalte spezialisiert haben, großer Beliebtheit erfreuen: Instagram, Pinterest, Snap oder Vine leben (gut!) von Bildern und Videos.

Bilder wirken emotional. Sie sind eines der effektivsten Mittel, Emotionalität herzustellen, und eignen sich hervorragend, um eine App anschaulicher und auch persönlicher zu gestalten.

Ohne weitere Worte und Beschreibungen schaffen es Bilder, unsere Aufmerksamkeit zu gewinnen. Sie sprechen uns emotional an – direkter und viel schneller, als es Text je könnte. Das liegt daran, dass die Aussage eines Bildes in der Regel innerhalb eines Bruchteils einer Sekunde transportiert und wahrgenommen werden kann.

Bilder können auch dazu genutzt werden, App-Nutzer in eine bestimmte Stimmung (z. B. in Kauflaune/Kontaktlaune) zu versetzen. Geschickt eingesetzte Produktfotos stimulieren unser Gehirn und erzeugen das Gefühl des »Habenwollens«. Dazu später in Abschnitt 13.3.3, »Produktfotografien«, mehr.

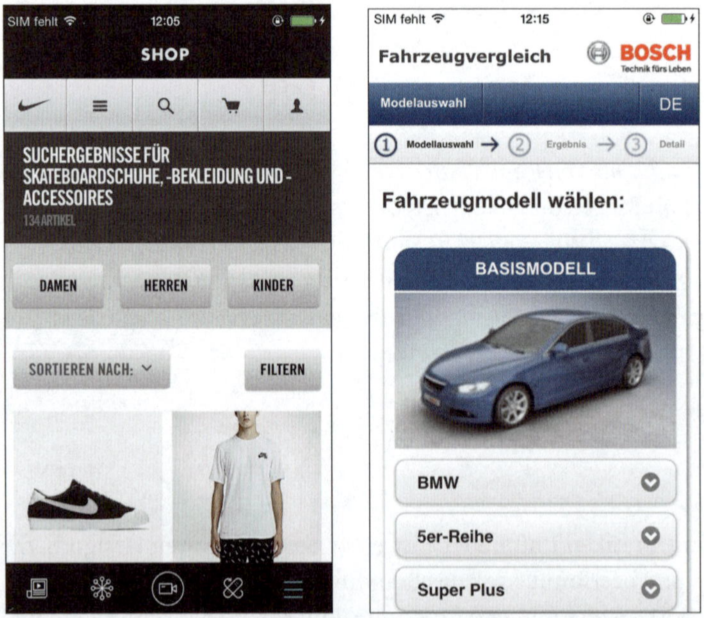

Abbildung 13.1 Eine Nike-App tritt mit einer klaren visuellen Markensprache auf. Die Bosch-App hingegen spiegelt nicht die visuelle Markensprache des Unternehmens wider, sondern bietet ein beliebiges, standardisiertes Design.

Bei der Gestaltung mit Bildern sollte aber ebenso wie bei der Auswahl der Farbwelt oder beim Einsatz der Typografie immer die Funktion der App im Vordergrund stehen.

Bilder bzw. Grafiken können in drei Bereiche unterteilt werden:

- Icons: dienen vor allem dem Interface
- Grafiken/Visuals: unterstützen die User Experience
- Fotografien: dienen als Träger von Emotionen

13.1 Icons

Icons sind kleine Symbole, die eine Aussage auf einen Blick vermitteln können und die unabhängig von Sprache und Kultur verständlich sind. Daher eignen sie sich hervorragend für das App-Design. Im App-Design sind Icons nicht mehr wegzudenken und gerade bei Navigationskonzepten ein wichtiges Hilfsmittel bei der Gestaltung.

Abbildung 13.2 Bahnübergangssymbol im deutschen Straßenverkehr

Man unterscheidet unter anderem zwischen symbolischen und ikonischen Icons. Grundsätzlich sollten Icons ohne zusätzlichen Text verstanden werden können. Typischerweise sind User-Interface-Icons symbolisch oder ikonisch, aber viele liegen irgendwo dazwischen.

Symbolische Zeichen stellen ein Konzept in etwas abstrakter Weise dar. Ein Beispiel wäre das Refresh-Icon, das eigentlich in jedem Browser zu finden ist. Symbolische Zeichen können ohne Vorwissen und Kontext schwer in der Bedeutung erkannt werden. Der Nutzer muss die Bedeutung dieser Zeichen erst erlernen.

Abbildung 13.3 Beispiel für symbolische Icons

Ikonische Zeichen können Konzepte in einer fast wörtlichen Weise darstellen. Die Bedeutung kann in der Regel durch das Allgemeinwissen erschlossen werden. Ein Beispiel hierfür wäre ein Mülleimer. Der Nutzer kann erschließen, dass er über dieses Icon ein Element/einen Eintrag löschen kann.

Abbildung 13.4 Beispiele für ikonische Icons

Nach Möglichkeit sind ikonische Zeichen aufgrund ihrer eindeutigen Bedeutung einem symbolischen vorzuziehen. Versuchen Sie immer, eine visuelle Repräsentation der darzustellenden Funktion zu finden. Nutzen Sie symbolische Zeichen nur dann, wenn es keine physische Repräsentation gibt.

13.1.1 Von guten und schlechten Icons

Icons sind immer Teil des User Interfaces. Icons lassen Ihre App freundlich, einladend und professionell wirken. Aber positionieren Sie nicht einfach Icons, um eine Fläche zu füllen. Icons dienen einem bestimmten Zweck: Sie unterstützen das User Interface, sie sind aber nicht Hauptbestandteil.

Warum sollten Sie Icons nutzen?

Im App-Design geht es immer um Kommunikation. Wenn der Nutzer auf einem kleinen Bildschirm die Inhalte betrachtet, erkennt er Icons schneller als den umgebenden Text. Icons müssen dabei nicht den Text ersetzen, sondern unterstützen. Icons nutzen denselben psychologischen Zweck wie ein Zeilenumbruch in einem Text – sie brechen den Inhalt auf. Das Auge wandert automatisch dorthin.

Abbildung 13.5 Airbnb-App in einer älteren Version mit schön aufgeräumtem UI, und die Icons unterstützen das schnelle Erfassen der Inhalte durch den Nutzer.

Weißraum

Bei Weißraum (auch White-Space genannt) handelt es sich – ganz einfach definiert – um leere Fläche. Weißraum muss nicht zwangsläufig weiß sein. Daher wird er auch als »negativer Raum« oder »Leerraum« bezeichnet und ist der Freiraum zwischen den Elementen, ganz unabhängig von der farblichen Gestaltung. Ausreichend freie Fläche bzw. Weißraum ist ein wichtiger Bestandteil jedes guten Layouts. Als Gestalter arbeiten sie mit dem Weißraum genauso intensiv wie mit den Texten oder anderen Objekten Ihres Designs. Er wird benötigt, um Abstände zwischen Elementen zu schaffen, und sorgt für Übersichtlichkeit und Hierarchie.

Das primäre Ziel eines Icons sollte es sein, den Nutzer effizient Inhalte erkennen und verarbeiten zu lassen. Meist wird dies erreicht durch die gelungene Gestaltung mit Weißraum und die Verwendung von Icons, die den Inhalt nicht stören, sondern unterstützen. Die Vorteile von Icons in User Interfaces sind:

- Icons sind gute Touchziele. Sie sind groß genug, um eine Touchfläche zu sein.
- Icons haben eine Schutzzone (Weißraum) um sich, in ihrer kompakten Darstellungsweise können sie gut aneinandergereiht werden.

- Icons können schnell durch einen kurzen Blick erkannt werden, vorausgesetzt, sie sind eindeutig und gut gestaltet. Das funktioniert in der Regel mit etablierten Icons, die der Nutzer bereits kennt, wie z. B. einer Lupe.
- Icons können international und unabhängig von einer Kultur verstanden werden. So wird ein Briefumschlag international als Symbol für E-Mails verstanden.
- Icons können optisch ansprechend sein und zur Verbesserung der Ästhetik eines Designs beitragen.
- Icons können, wenn sie absolut eindeutig sind, als Ersatz für Texte dienen.
- Icons vereinfachen die Verbreitung der App in unterschiedlichen Sprachen. Die Sprachanpassungen werden minimiert und etwaige Probleme in der Gestaltung damit gelöst: Ein französisches Wort passt vielleicht nicht ins Layout, die deutsche Übersetzung aber vielleicht schon ...

Icons können allerdings auch Usability-Probleme verursachen, wenn sie ohne Rücksicht verwendet werden.

Die Verwendung von Icons

Icons sollten immer einen Zweck kommunizieren und z. B. dort verwendet werden, wo Aktionen ausgeführt werden sollen. Icons sind per Definition eine visuelle Darstellung eines Objekts, einer Aktion oder einer Idee. Wenn das Objekt, die Aktion oder die Idee dem Nutzer nicht klar vermittelt wird, sondern lediglich als ästhetisches Element dient, erzeugt dies »visuelles Rauschen« und damit Frustration.

Visuelles Rauschen

Ein visuelles Rauschen, das z. B. durch zu viele Aufmerksamkeitseffekte und einen Überschuss an visuell Verschiedenem ausgelöst werden kann, ist grundsätzlich zu vermeiden.

Es gibt Icons, die universell sind. Das heißt, sie werden von den meisten Nutzern direkt erkannt. Eine Lupe z. B. wird von Nutzern mit einer Suchfunktion in Verbindung gebracht, während einem Drucker-Icon eine Druckfunktion zugeordnet wird.

Abgesehen von diesen Beispielen gibt es Icons, die für Funktionen stehen, die nicht eindeutig vom Nutzer verstanden werden. Es gibt keine festen Regeln für Icons. Der Nutzer weiß nicht zwangsläufig, welche Funktion hinter einem Icon steckt. Erst durch Nutzung des Interfaces werden Icons nach und nach verstanden. Ein gutes Beispiel hierfür ist das sogenannte Burger-Icon. Dieses Icon wird mittlerweile von vielen in seiner Funktion erkannt. Ein ähnliches Icon sind die sogenannten Elipses oder auch More-Dots genannt. Dies finden Sie vorwiegend in Android-Apps. Es steht in der Regel für ein Hauptmenü einer App oder sammelt weitere Bereiche oder Funktionen in sich. Jedoch gibt es auch Apps, die diese Funktion mit einem Liste-Icon symbolisieren.

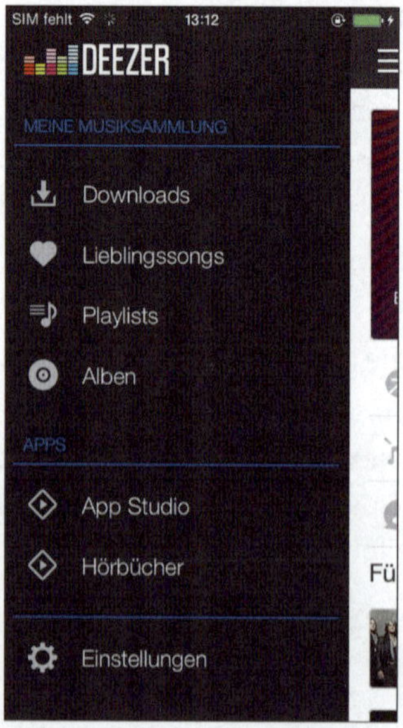

Abbildung 13.6 In der TVPro-App (links) werden sehr missverständliche Icons eingesetzt, ein Uhr-Icon für »Liste«. Die Deezer-App (rechts) macht das schon besser.

Ein weiteres Beispiel ist die Verwendung von Herz- und Stern-Icons. Diese Icons werden verwendet, um Inhalte zu favorisieren, zu bookmarken oder zu bewerten. Der Einsatz variiert von App zu App. Bestes Beispiel: Twitter. Hier wurde »Favorisieren« 2015 von einem Stern in ein Herz verwandelt (und damit auch die Funktionsweise angepasst). Mehr dazu unter *www.theverge.com/2015/11/3/9661180/twitter-vine-favorite-fav-likes-hearts*. Nun repräsentiert es ein Like statt einer Favorisierung. Zwei komplett unterschiedliche Funktionen.

Falsch eingesetzte Icons können den Nutzer in die Irre führen und damit verwirren und frustrieren. Verwenden Sie Icons, die klar und eindeutig die Funktion, die dahintersteckt, symbolisieren. Bei symbolischen Icons, die einen Refresh-Button oder eine Cloud-Funktion darstellen sollen, orientieren Sie sich an bereits etablierten Symbolen.

Icons funktionieren gut in Navigatoren und helfen dabei, Bereiche zu definieren und ein Symbol für ebendiese festzulegen. Ein kleiner Tipp von mir, sollten Sie keinen guten Einfall für ein Icon haben: Ersinnen Sie ein Verb oder einen Begriff des zu suchenden Icons, und nutzen Sie die Google-Bildersuche. Die Suchergebnisse geben Ihnen eine Hilfestellung bei der Wahl des richtigen Icons.

13.1.2 Arten von Icons

Es gibt verschiedene Arten von Icons. Während Icons vor einigen Jahren noch sehr detailliert und realistisch (Stichwort Skeumorphismus) gestaltet und bunt eingefärbt wurden, sind sie derzeit eher flach und reduzierter und insgesamt funktioneller gehalten. Es haben sich zwei Icon-Arten im App-Design etabliert: Stroked und Filled Icons, auch Glyphen genannt.

Stroked Icons

Stroked Icons sind Icons, die aus Konturen bestehen. Sie zeichnen sich durch einen höheren Detailgrad aus als Filled Icons (siehe den nächsten Abschnitt). Sie wirken filigraner und nehmen weniger Raum ein. Sie eignen sich hervorragend für Apps mit detailliertem Design.

Abbildung 13.7 Beispiele für Stroked Icons

Bei Stroked Icons gibt es allerdings Skalierungsprobleme. So weisen skalierte Icons eine größere Strichstärke auf, was zu einem ästhetischen Bruch führt.

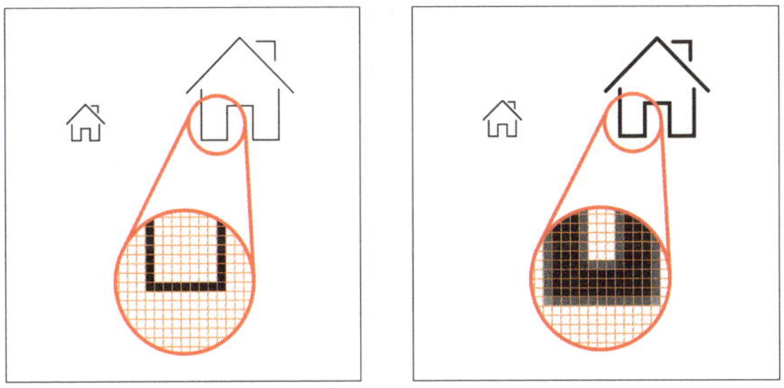

Abbildung 13.8 Links: gleichbleibende Konturstärke bei unterschiedlichen Größen des Icons, rechts: unterschiedliche Konturstärke bei unterschiedlichen Größen des Icons

Bei der Verwendung dieser Icons sollten Sie darauf achten, dass jedes Icon beim Skalieren ggf. die Strichstärke mitskaliert. Für größere Objekte sollten Sie die Strichstärke anpassen, um ein ästhetisch harmonisches Gesamtbild zu erhalten.

Filled bzw. Glyph Icons

Filled Icons oder auch Glyphen genannt sind einfarbige Symbole, die durch eine Fläche entstehen. Hierbei nimmt das Symbol mehr Raum ein als ein Stroked Icon. Filled Icons haben meist weniger Details, sind aber, wenn sie gut gestaltet sind, sehr einfach zu erkennen.

Abbildung 13.9 Beispiele für Filled Icons

Sie eignen sich jedoch hervorragend für einfache Apps, die wenige, aber recht plakative Icons benötigen. Der Vorteil von Filled Icons ist, dass sie keinem Verhältnisfaktor unterliegen, d. h., sie können skaliert werden, ohne dass es einen ästhetischen Bruch gibt. So reicht eine definierte Größe über alle Icons hinweg vollkommen aus.

Filled oder Stroked?

Es gab Untersuchungen (von Curt Arledge von Viget, *https://viget.com/inspire/are-hollow-icons-really-harder-to-recognize-a-research-study*), welcher Stil von Icons schneller vom Nutzer erfasst wird – einen klaren Gewinner gab es hierbei aber nicht.

Grundsätzlich wurde nur bestätigt, dass ein gut gestaltetes Icon, das mit seiner Form die dahinterliegende Funktion deutlich repräsentiert, schneller erkannt wird als Icons, bei denen das nicht der Fall ist. Dabei ist es jedoch unerheblich, welchen Stil das Icon hat. Seien Sie in Ihrer Gestaltung aber konsistent, und wechseln Sie nicht zwischen Filled und Stroked Icons hin und her. Icon-Stile sollten nicht miteinander vermischt werden, denn es erschwert dem Nutzer das Erfassen, da er bei einen Symbol nach bestimmten Charakteristiken sucht. Eine Ausnahme bietet folgendes Szenario: Die App verfügt über eine Favoriten-Funktion. Im Header ist ein Stroke-Stern, der mir symbolisiert, dass ich mit einem Tap die Seite/ein Produkt oder Ähnliches als Favorit speichern kann. Ist die Seite/das Produkt als Favorit gespeichert, so erscheint dieser Stern gefüllt (filled).

Für beide Icon-Arten gilt: Wählen Sie nach Möglichkeit ein ikonisches Icon, das die tatsächliche Funktion darstellt und sich nicht nur symbolisch darauf bezieht. So wird in Abbildung 13.10 das Taschenrechner-Icon links schneller erkannt als das rechte.

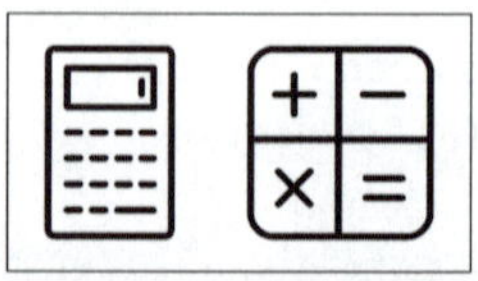

Abbildung 13.10 Taschenrechner gut (links), Taschenrechner schlecht (rechts)

13.1.3 Tipps für gelungenes Icon-Design in Apps

Wenn es an die Icon-Gestaltung Ihrer App geht, ist es sinnvoll, zuvor auch einmal die Icons von Konkurrenz-Apps oder die Ihrer Lieblings-Apps anzuschauen, um sich inspirieren zu lassen. Auch die einschlägigen Portale wie Dribbble, Behance & Co., die ich Ihnen bereits in Kapitel 10, »Inspiration und Trends«, vorgestellt habe, animieren die Vorstellungskraft.

Das App-Icon

Falls Sie sich wundern, warum in diesem Abschnitt das App-Icon nicht erwähnt wird: Da dieses Icon eine Sonderrolle in Bezug auf das Marketing und die Produktkommunikation Ihrer App einnimmt, gehe ich in Abschnitt 14.3, »Warum das App-Icon so wichtig ist«, ganz ausführlich auf die Gestaltung und Platzierung des App-Icons ein. Das App-Icon tritt in direkte Konkurrenz zu anderen Apps und sollte das Markenzeichen Ihrer App sein. Das bedeutet: Es ist ungemein wichtig, dass es sich visuell von der Konkurrenz abhebt und einen hohen Wiedererkennungswert hat.

Wenn Sie selber Icons kreieren, achten Sie darauf, sie leicht erkenn- und merkbar zu gestalten, und folgen Sie dabei am besten folgenden Regeln:

Verzichten Sie auf einen zu hohen Detailgrad

Halten Sie die Gestaltung der Icons einfach und schematisch. Reduzieren Sie die Menge an grafischen Details, und konzentrieren Sie sich auf die grundlegende Charakteristik des Symbols. Oder um hier den berühmten Grafikdesigner Kurt Weidemann zu zitieren: »Ein Zeichen ist gut, wenn man es mit dem großen Zeh in den Sand kratzen kann!«

Seien Sie bei der Gestaltung der Icons also bewusst reduziert, vermeiden Sie ebenso 3-D-Effekte, 3-D-Perspektiven und Schlagschatten an Ihren Icons. Je mehr Effekte ein Icon enthält, desto mehr Zeit benötigt der Nutzer, um das Icon zu interpretieren.

Abbildung 13.11 Links Icon mit 3-D-Perspektive und rechts ohne

Setzen Sie nur eine limitierte Farbpalette ein

Setzen Sie die Farbe für Ihre Icons bewusst und dosiert ein. Eines der Entscheidungsmerkmale bei der Farbwahl Ihres Icons ist die Farbe des Hintergrunds, auf dem das Icon liegt. Versuchen Sie, einen hohen Kontrast herzustellen, am besten einen Hell-Dunkel-Kontrast, wie ich ihn im vorherigen Kapitel angesprochen habe. Je näher die Farbe des Hintergrunds an der Farbe des Icons liegt, desto schlechter wird das Icon beim Nutzer wahrgenommen und erkannt. Beachten Sie hierbei auch Sehschwächen von älteren Nutzern oder Farbenblindheit. Nur ein hoher Kontrast zwischen Hintergrund und Icon garantiert, dass das Icon wahrgenommen wird.

Testen mit Schwarzweiß

Um zu testen, ob ein Icon funktioniert, sollten Sie Ihr Icon am besten zunächst in Schwarzweiß gestalten. Überzeugt ein Icon bereits hier, dann wird es auch in Farbe funktionieren. Ein Icon muss in der simpelsten Darstellungsform und auch immer einfarbig funktionieren.

Für Sketch, aber auch Adobe XD gibt es Plugins, bei denen Sie den Kontrast messen können. Ebenso ist es möglich, Sehbehinderungen zu simulieren und beurteilen zu können. Hier finden Sie zwei Plugins dazu:

- Contrast Analyser (Sketch): *https://github.com/getflourish/Sketch-Color-Contrast-Analyser*
- Stark (Sketch & Adobe XD): *https://getstark.co*

Legen Sie eine einheitliche Größe für Icons fest

Für den Entwickler ist es wesentlich einfacher, Ihre Designs umzusetzen, wenn Ihre Icons immer dieselbe Grundgröße haben. Eine Grundgröße wäre z. B. 16 × 16 px oder 24 × 24 px. Als einheitliche Form sollte immer ein Quadrat genutzt werden, in dem das Icon zentriert platziert wird.

Haben Icons unterschiedliche Größen, müsste der Entwickler für jedes Icon die Größe und Position definieren. Was für Icons gilt, gilt übrigens auch für Grafiken und Fotografien – auch hier sollten Sie nach Möglichkeit Einheitsgrößen festlegen. Bei Grafiken und Fotografien kann es jedoch eine komplett andere Form sein, egal ob Rechteck oder Quadrat. Detaillierter gehe ich in Kapitel 8 bzgl. des Design-Systems darauf ein.

Seien Sie in Ihrer Gestaltung konsistent

Wie bereits in Abschnitt 13.1.2, »Arten von Icons«, erwähnt, sollten Icon-Stile nicht miteinander vermischt werden. Wechseln Sie also nicht wild zwischen Stroked und Filled Icons hin und her, denn dies erschwert dem Nutzer das Erfassen der Icons und lässt die Gesamterscheinung der App nicht konsequent wirken.

Abbildung 13.12 Icons ohne konsistente Gestaltung

Abbildung 13.13 Icons mit konsistenter Gestaltung

Symbolisieren Sie die Aktion durch ein Objekt

Um ein Icon intuitiv zu gestalten, versuchen Sie, ein reales Objekt zu finden, das die Aktion am besten symbolisiert. So kann das Versenden einer Nachricht durch einen Papierflieger symbolisiert werden. Das Blatt Papier steht für die geschriebene Nachricht. Achten Sie darauf, dass Sie ein Objekt verwenden, das der Nutzer erkennt und mit einer entsprechenden Aktion verbinden kann.

Komplexe Icons benötigen ein Text-Label

Ein Text-Label an einem Icon erklärt die Funktion eines Icons klarer. Es hilft vor allem bei komplexen Funktionen, die nicht einfach ikonisch dargestellt werden können. Text-Labels sollten immer sicht- und lesbar sein.

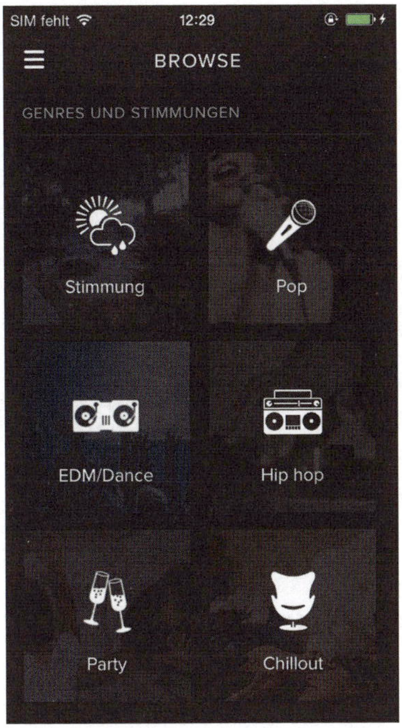

Abbildung 13.14 App mit Labels, die komplexere Icons unterstützen (hier: »Spotify«)

Vermeiden Sie die Nutzung von Icons bei abstrakten Funktionen

Das Erstellen einer E-Mail kann durch einen Briefumschlag oder einen Stift repräsentiert werden. Wie visualisiere ich aber eine abstrakte oder komplexe Funktionalität, z. B. die Prüfung eines Rauchwarnmelders über Bluetooth?

Es ist besser, Symbole für konkrete und klar verständliche Funktionen zu nutzen als für abstrakte. Bei abstrakten Funktionen sollten Sie versuchen, ein Objekt zu finden, das ansatzweise das repräsentiert, was die Funktion auch abbildet. Das Finden eines solchen Objektes ist oft nicht einfach. Erinnern Sie sich an meinen Google-Bildersuche Tipp? Nein? Dann schauen Sie doch kurz vorbei in Abschnitt 13.1.1, Seite 594.

Sehr hilfreich ist auch die Fünf-Sekunden-Regel. Wenn Sie länger als fünf Sekunden brauchen, um das Icon der gewünschten Funktion zuzuordnen, wird das Icon, das Sie gerade betrachten, nicht die Bedeutung kommunizieren.

Abbildung 13.15 Stoppzeichen im Straßenverkehr als klares Zeichen mit der Aufforderung zu stoppen

Kombination von Wort, Form und Farbe bei komplexen Icons

Für Funktionen, die nur abstrakt repräsentiert werden können, ist eine Kombination von Wort, Form und Farbe wirksamer als ein Symbol. Ein gutes Beispiel hierfür ist das Stoppzeichen.

Setzen Sie metaphorische Icons mit Bedacht ein

Seien Sie vorsichtig, wenn Sie metaphorische Icons einsetzen, da Sie Raum für Fehlinterpretationen lassen. Ein Beispiel für ein gutes metaphorisches Icon wäre eine Schere, gegebenenfalls mit dem zusätzlichen Label »Ausschneiden«. Die Schere wird von den meisten Anwendern direkt mit der Funktion »ausschneiden« assoziiert. Ein Kettensymbol jedoch, wie es häufig für Internetlinks steht, könnte missinterpretiert werden. Ein Kettensymbol repräsentiert zuerst einmal eine Kette, also ein verbindendes Element. In einer Liste könnte man das Kettensymbol so interpretieren, dass es z. B. Tabellenzeilen miteinander verbindet.

Halten Sie die Platzierung und die Reihenfolge der Icons konsistent

Nutzer ziehen nicht nur durch die Gestaltung eines Icons Rückschlüsse auf die dahinterliegende Funktion, sondern orientieren sich auch an der Position und Reihenfolge der Icons.

Wenn eines der Icons in einer späteren Version Ihrer App eine andere visuelle Erscheinung hat, wird der Nutzer aller Wahrscheinlichkeit nach dem Icon dennoch die bekannte Funktion wieder zuordnen. Wird das Icon jedoch woanders positioniert, wird es schwieriger; der Nutzer kann sich nicht mehr richtig orientieren. Daraus kann man schließen, dass die Positionierung und die Reihenfolge wichtiger als die visuelle Erscheinung sind. Verändern Sie also nicht einfach die Position und die Reihenfolge der Icons, wenn Sie das Interface neu gestalten oder neue Aktionen hinzufügen müssen.

Icons gruppieren

Icons bzw. Aktionen, die in ähnlicher Weise funktionieren, sollten gruppiert werden. Auf diese Weise hat der Nutzer die Möglichkeit, alle Optionen für seine Aufgabe gesammelt zu finden und zu nutzen. Beispielsweise könnten Sie Editierfunktionen für Text wie Bold, Kursiv, Schriftgröße und Schriftart in einer Gruppe sammeln. So findet der Nutzer alle relevanten Funktionen beisammen.

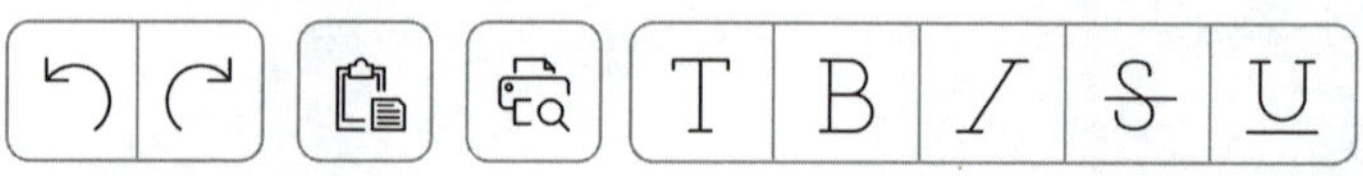

Abbildung 13.16 Sobald Icons bzw. Funktionen nach Ähnlichkeit oder Funktionalität gruppiert werden, lassen sie sich einfacher identifizieren.

Icons mit ähnlicher Funktion nicht nebeneinander platzieren

Platzieren Sie Icons mit ähnlichen Konzepten wie z. B. Aufgaben, Postfach, Benachrichtigungen nicht nebeneinander – dadurch wird die Unterscheidbarkeit der Funktionen und das Erfassen durch den Nutzer verringert.

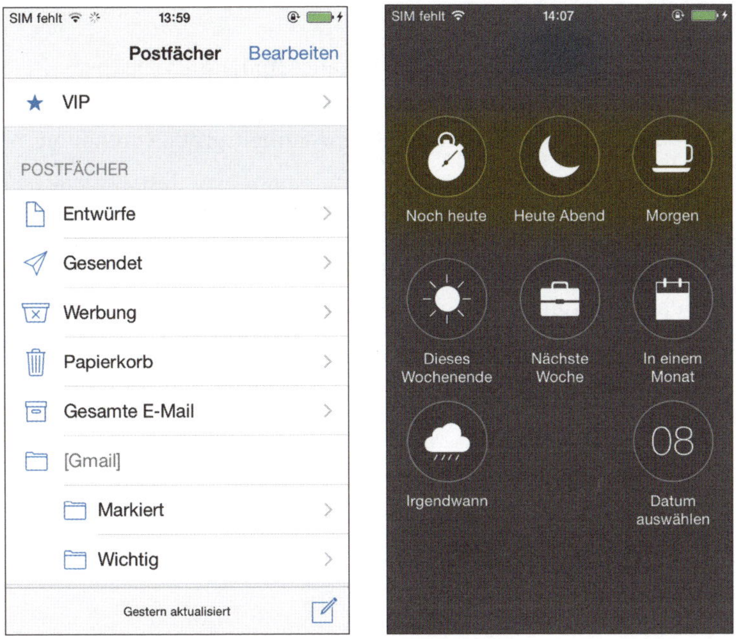

Abbildung 13.17 Links ein gutes Beispiel für eine Side-Navigation, bei der die Icons untereinander angezeigt werden. Rechts ein negatives Beispiel – hier werden die Icons ohne klares System nebeneinander angeordnet.

Icons gleicher Art sollten ein gemeinsames visuelles Motiv haben

Icons derselben Art sollten auch ein gemeinsames visuelles Motiv haben. Ein gutes Beispiel sind die Icons bei Text-Editoren. Hier steht das **B** für einen fett geschriebenen Text, das *K* für einen kursiven Text, das U für einen unterstrichenen Text. Alle drei Icons repräsentieren unterschiedliche Funktionen, jedoch bestehen alle Icons aus einem Buchstaben, dieser ist das visuelle Motiv. Dies hilft dem Nutzer herauszufinden, welche Symbole sich ähnlich verhalten.

Testen Sie Ihre Icons

Testen Sie das Icon. Fragen Sie Kollegen oder Freunde, was sie hinter dem Icon vermuten. Testen Sie Ihre Icons auf Ihre Einprägsamkeit hin. Fragen Sie Nutzer, die Ihre App im Teststadium genutzt haben, welches Icon welche Funktion repräsentiert.

Es gibt viele Vorteile, wenn Sie Icons in Ihrem User Interface nutzen. Ein Vorteil ist, dass sie Platz sparen. Der größte Vorteil ist jedoch, dass, wenn man Icons richtig einsetzt, der Nutzer schneller und leichter das Interface erlernt und die App intuitiver nutzen kann. Nutzer werden nicht von Icons profitieren, wenn diese nicht klar und Intuitiv sind; das erreichen Sie nur, wenn Sie die oben genannten Regeln beherzigen.

13.1.4 Vorgefertigte Icon-Sets

Auf den verschiedenen Portalen wie Dribbble oder Behance finden Sie viele kostenfreie kleinere wenig umfangreiche Icon-Sets. Alternativ können Sie meist umfangreichere Icon-Sets käuflich erwerben, die oft bereits verschiedene Einheitsgrößen enthalten.

Gute Anlaufstellen sind auch verschiedene Portale, bei denen Sie größere Iconsets kaufen oder kostenfrei herunterladen können:

- Auf *Nucleo* können zahlreiche Icon-Sets erworben werden. Zudem können Sie Icons in verschiedenen Ausführungen (Stroked, Filled) in Projekten archivieren. Diese Icons können dann für das PNG-, JPG- und SVG-Format in verschiedenen Größen und Farben exportiert werden. So können Sie eine komplette Bibliothek für ein Projekt aufbauen und behalten den Überblick über die eingesetzten Icons. Webseite: *nucleoapp.com*.

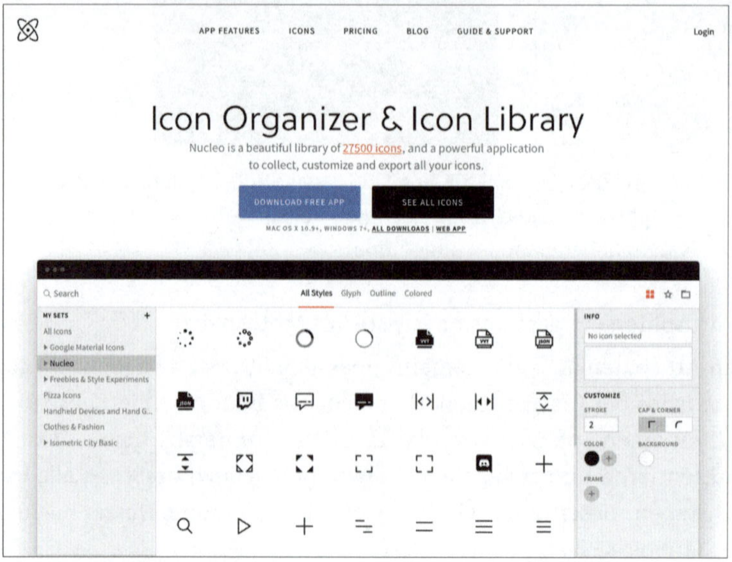

Abbildung 13.18 Nucleo

- *The Noun Project* ist eine praktische Icon-Quelle für Designer, die eine umfangreiche Sammlung kostenloser Icons und Piktogramme für nahezu jedes Themengebiet bietet. Alle auf The Noun Project angebotenen Piktogramme sind kostenlos nutzbar und stehen als Public Domain oder unter der CC-Lizenz zur Verfügung. Webseite: *thenounproject.com*.

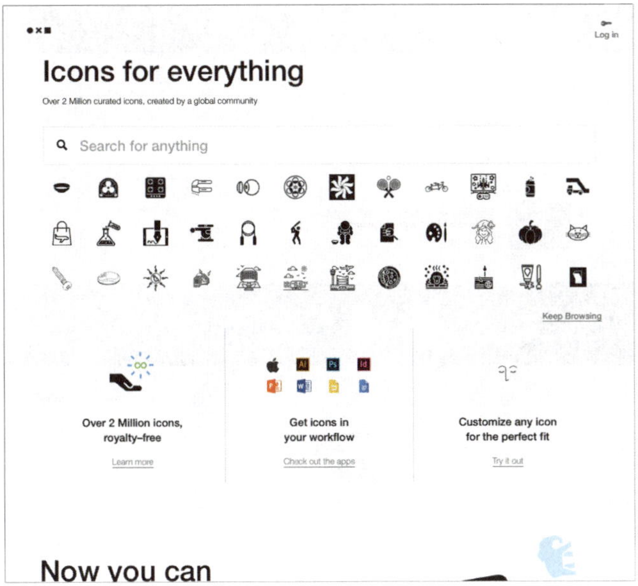

Abbildung 13.19 Webseite Noun Project

- *Streamline Icons* ist ein sehr umfangreiches Set, welches Icons in verschiedenen Ausprägungen anbietet. So gibt es Stroked Icons in verschiedenen Stufen und ebenso Filled Icons. Streamline Icons bietet zudem auch ein Online-Tool zur Verwaltung dieser Icons an, ergänzend auch ein Datei-Format für *IconJar*. Webseite: *https://streamlineicons.com*.

Abbildung 13.20 Streamline-Icons-Webseite

- *iconmonstr* bietet ebenfalls kostenlose Icons und Piktogramme im PNG- und SVG-Format an. Alle Icons sind einfarbig und stark stilisiert bzw. simpel gestaltet. Webseite: *iconmonstr.com*.

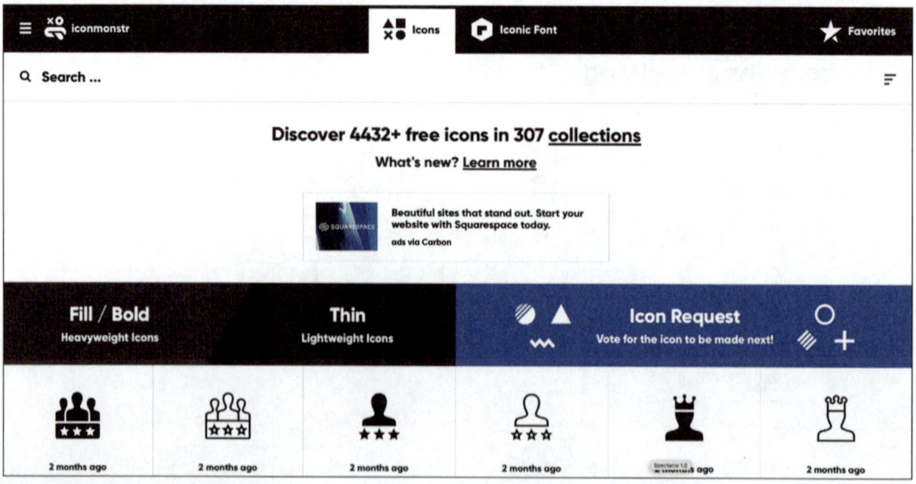

Abbildung 13.21 iconmonstr

Zuletzt möchte ich Sie noch auf ein Tool aufmerksam machen, das ich persönlich nahezu täglich nutze. Es ist das Tool *IconJar*. IconJar ist ein Icon- Verwaltungstool. In diesem können Sie Ihre Icons importieren und verwalten. Der große Vorteil ist, dass Sie per Suche Icons sehr einfach finden und per Drag & Drop in Ihren Grafikprogrammen platzieren können. Es vereinfacht die Arbeit ungemein. Webseite: *https://geticonjar.com*.

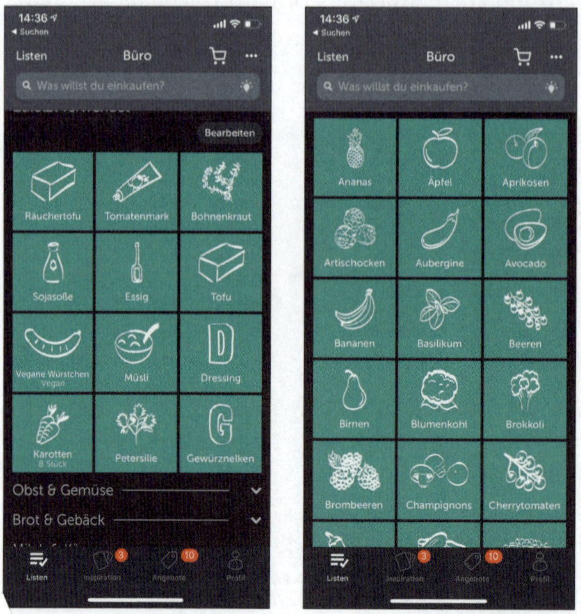

bbildung 13.22 In der Bring!-App zeigen verständliche Icons,
lche Produkte andere App-Nutzer für eine Party mitbringen sollen.

13.2 Grafiken

Grafiken oder Illustrationen sind, wenn man so will, der große Bruder der Icons. Sie sind Illustrationen, die speziell zu bestimmten Themenbereichen gestaltet werden. Während Icons einen entscheidenden Teil des App-User-Interfaces einnehmen und auch wichtig für die Bedienung und Navigation der App sind, sind Grafiken bzw. Visuals nahezu reine Gestaltungselemente und eher als Teil der User Experience zu sehen. Oft findet man solche Visuals im On-Boarding-Prozess einer App.

Grafiken gibt es in vielen Ausprägungen und Stilrichtungen. So sind einige klar als »Flat Design« zu identifizieren und andere als skeuomorphisch. Eine andere Stilrichtung ist der sogenannte Low-Poly-Stil.

Abbildung 13.23 Die Grafik einer Weltkugel in drei unterschiedlichen Stilen: skeuomorphisch bzw. realistisch, Flat Design bzw. minimalistisch und als Low-Poly-3D-Variante

Abbildung 13.24 In der Wetter-HD-Lite-App ist das Hintergrundbild Teil der Funktion: Hier werden je nach Wetter und Tageslage verschiedene Visuals (Wolke mit und ohne Sonne) gezeigt, die das Wetter veranschaulichen.

Im Idealfall ist eine Grafik in der App der große Bruder der Icons. Grafiken sind im Vergleich zu einem Icon in der Regel detaillierter und oftmals auch flächiger und meist mehrfarbig gestaltet. Natürlich sollten die verwendeten Icons und Grafiken in einer App zueinander passen und denselben oder zumindest ähnlichen visuellen Stil verfolgen.

Wichtig ist immer, dass klar zu erkennen ist, was bloß eine Grafik und was ein Icon mit einer Funktion ist. So zeigt beim Öffnen einer Wetter-App diese direkt eine Grafik an, die über die aktuelle Wettersituation Auskunft gibt.

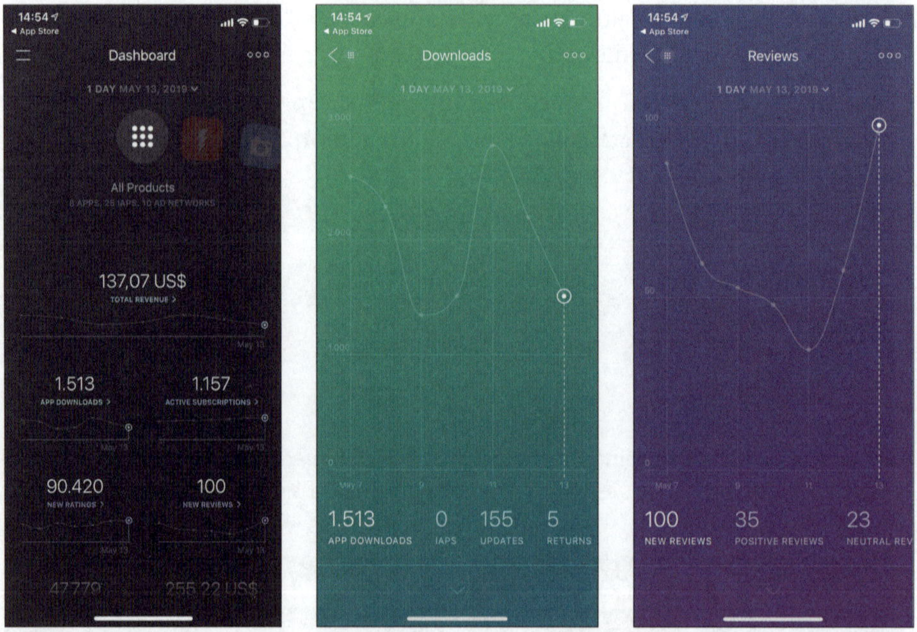

Abbildung 13.25 Die App »appFigures« zeigt sehr gut, wie man mit Diagrammen in einer App arbeiten kann.

13.2.1 Die Grafik als funktionelle Darstellung

Diese Grafikvariante entspricht genau dem Beispiel der Wetter-App. Die Grafik (Wolke mit und ohne Sonne) zeigt das Resultat, das durch verschiedene Parameter und Funktionen erzeugt wird. Es wird nur die Grafik in verschiedenen Variationen und je nach Szenario angezeigt.

Ebenso gibt es Grafiken, die uns dabei helfen, dynamische Inhalte anzuzeigen. So kann z. B. ein Kuchen- oder Kurvendiagramm so gestaltet sein, dass es eine Grafik ist. Es sind eher »lebende« Grafiken, die sich je nach Einstellungen dynamisch verändern.

Ein weiteres Beispiel für die gezielte, funktionelle Verwendung von Grafiken zeigen On-boarding-Prozesse (siehe Abschnitt 6.3.1, »Das On-Boarding«). Hier werden Grafiken sehr häufig verwendet, die stellenweise sogar animiert sind. Diese Grafiken erklären Hauptfunktionen der App. Das On-Boarding wird teilweise auch als »Betriebsanleitung« verstanden; Grafiken dienen hier als eine vereinfachte Darstellung der Funktionen und beschreiben die Nutzung der App.

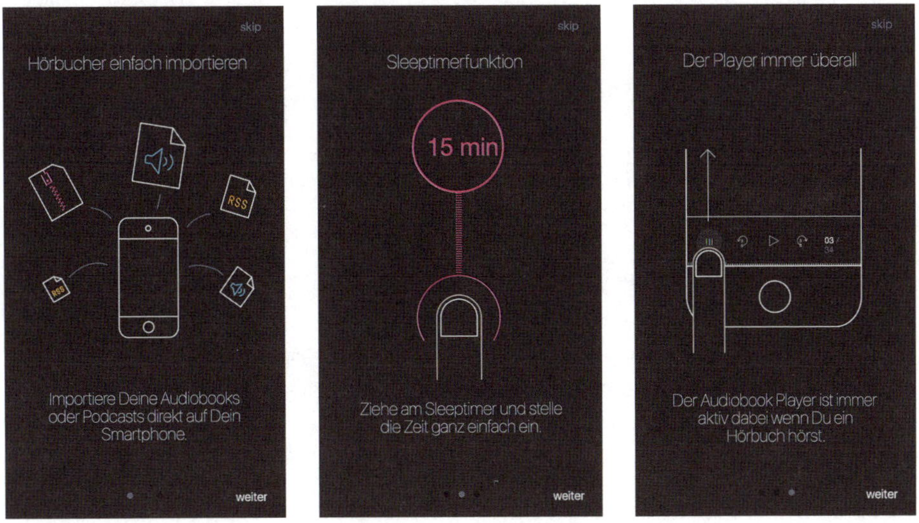

Abbildung 13.26 Visuals im On-Boarding der tellly-Hörbuch-App

> **Grafiken bloß als Schmuckelement?**
>
> Grafiken können natürlich auch »langweilige« Views etwas auflockern. Jedoch sollte eine Grafik in solch einem Fall nie das zentrale Element der View sein. Wenn eine View langweilig ist, dann ist die Lösung niemals ein nettes Visual. Verwenden Sie ein Visual als grafisches Element nur dann, wenn der Nutzer einen wirklichen Nutzen davon hat. So kann anstatt einer leeren Liste ein Visual erscheinen, das erklärt, dass man erst etwas hinzufügen muss.

13.2.2 Die Grafik als Maskottchen

Sie kennen sie vielleicht noch: Clippy, die sprechende Büroklammer von Microsoft Word. Vom Ansatz her war Clippy gar keine schlechte Idee – allerdings scheiterte sie an der nervigen Umsetzung. Heute gibt es Maskottchen in weitaus besserer Form.

Ein Beispiel sind die Figuren der Duolingo-App, vor allem die Eule, die auch das Maskottchen der App ist. Während die Grafiken uns dabei helfen, z. B. die französische Sprache zu erlernen, hilft uns die Duolingo-Eule auf eine andere Art und Weise: Sie hat immer einen netten, ermunternden Spruch auf dem Schnabel und erinnert uns, ohne müde zu werden, an das angestrebte Ziel. Sie ist ein Begleiter und unterstützt uns, ohne aufdringlich zu sein.

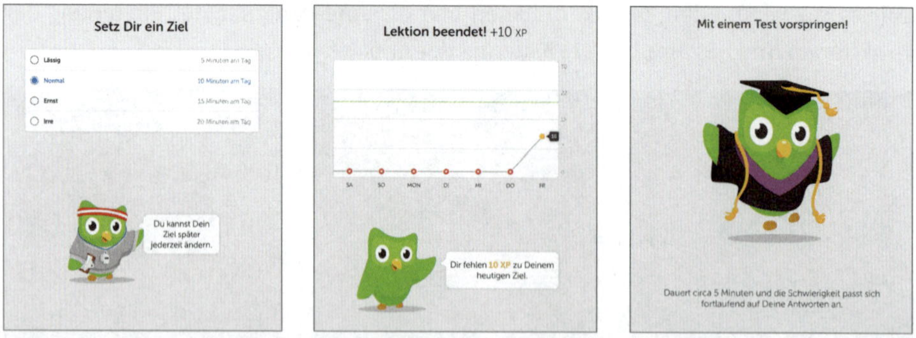

Abbildung 13.27 Der helfende Vogel in der Duolingo-App

Figuren, die uns in der App unterstützen, an Dinge erinnern oder Mut machen, sind ein gutes Mittel, den Nutzer bei Stange zu halten, und prägen zudem die User Experience der App. Figuren können vor allem dort eingesetzt werden, wo der Nutzer direkt angesprochen werden soll.

Sie können aber gänzlich auf Figuren verzichten. Gestalten Sie die App persönlicher, duzen Sie, anstatt zu siezen. Haben Sie hier und da einen lockeren Spruch parat, das lässt die App persönlicher wirken, ohne dass Sie ein eventuell nerviges Maskottchen haben.

13.2.3 Woher Grafiken beziehen?

Als Designer werden Sie sicherlich selber eigene Grafiken erstellen können, vor allem wenn Sie sich selber eine App überlegen und deren Gestaltung in die eigene Hand nehmen. Wenn Sie mit einem Kunden arbeiten, wird dieser Ihnen aber gegebenenfalls selbst die gewünschten Grafiken bereitstellen oder einen Ansprechpartner nennen, von denen Sie diese erhalten.

Alternativ können Sie solche Illustrationen natürlich auch kaufen, und zwar auf Plattformen wie *www.creativemarket.com* und *www.graphicriver.net*. Jedoch kann es sein, das Sie dort nicht das Richtige finden. Dann haben Sie immer noch zwei Möglichkeiten:

- selber machen
- jemanden beauftragen

Qualitativ hochwertige Grafiken sind häufig teuer und kosten Zeit in der Herstellung. Sie sind meist ein Mittel, das im Gestaltungsprozess recht weit hinten angesiedelt ist, und werden erst spät benötigt. Mein Tipp an Sie: Legen Sie in der Konzeptphase fest, ob überhaupt Grafiken nötig sind. Falls dies der Fall sein sollte, planen Sie in den Wireframes Ihrer App ein, wo diese Grafiken auftauchen sollen und was der Sinn dieser Grafik sein soll.

Eigener Stil – auch bei Bildern

Kreieren Sie einen eigenen Stil. Verwenden Sie bestimmte Arten von Icons oder bestimmte Filtereffekte für Bilder, um sich von Ihren Konkurrenten abzuheben und eine gezielte visuelle Sprache zu sprechen, und zwar die Sprache, die von Ihrer Zielgruppe oder besser von Ihren Personas gesprochen wird.

13.3 Fotografien

Bilder sagen mehr als tausend Worte. Durch Fotografien haben wir als App-Designer die Möglichkeit, die Aufmerksamkeit des Nutzers zu gewinnen und unsere Nachrichten zu emotionalisieren. Die visuelle Erscheinung eines Objektes auf einem Bild kann im limbischen System des Gehirns einen positiven Reiz hervorrufen. So haben z. B. Fotografien von schönen Landschaften und lachenden Menschen einen positiven Einfluss auf den Betrachter.

Limbisches System

Das limbische System ist ein Teil des menschlichen Gehirns. Es ist eine Funktionseinheit, die sich um die Verarbeitung von Emotionen kümmert und dem Triebverhalten dient.

Jedoch ist der Einfluss von Bildern auf unsere Emotionen nicht das Einzige, was für eine gute User Experience nötig ist.

13.3.1 Die Verwendung von Fotografien in Apps

Der Einsatz von Fotografien auf mobilen Geräten ist dann sinnvoll, wenn sie auch wirklich benötigt werden. In den meisten Fällen hat eine App verschiedene Ziele und verschiedene Zielgruppen. Die Aufmerksamkeit des Nutzers durch eine emotionalisierende Fotografie zu erregen, hat sicherlich einen Vorteil, ist aber mit dem Nachteil verbunden, dass oft User-Interface-Elemente schwerer zu erkennen und zu nutzen sind. Achten Sie bei der Verwendung der Fotografien darauf, dass durch diese nicht die Nutzung und Usability der App leidet und sich die Fotos nicht gestalterisch zu stark in den Vordergrund drängen.

Abbildung 13.28 Hintergrundbilder der Human-App

So lieber nicht

Die Stock-Fotografien können auch richtig danebengehen. Die besten Fehltritte wurden in unterschiedlichen Blogs gesammelt. Viel Spaß!

- *http://shitstockphotos.tumblr.com*
- *http://weird-stock.tumblr.com*
- *www.reddit.com/r/wtfstockphotos*

Ein positives Beispiel für die Verwendung von Fotografien ist die App *Human*. *Human* ist eine Fitnesstracking-App mit verschiedenen Hintergrundbildern. Weitere Hintergrundbilder sind erst dann verfügbar, wenn bestimmte Fitnessziele erreicht wurden. So kann der Einsatz von Bildern nicht nur eine Emotion hervorrufen, sondern dient auch der Motivation, neue Hintergrundbilder freizuschalten. Die App schafft es, ein aufgeräumtes und klar erkennbares User Interface aufzubauen. Die Fotografie drängt sich nicht in den Vordergrund, sondern bleibt dezent im Hintergrund, welcher durch einen leichten Dunkel-zu-Transparent-Verlauf optimiert wurde, um die Icons kontrastreicher darstellen zu können.

Achten Sie beim Einsatz von Fotografien darauf, keine zu »abgegriffenen« Bildmotive zu nutzen (z. B. eine lächelnde Frau mit Headset). Diese Bilder wirken fad und ideenlos. Man spricht auch gerne von »stockig«. Der Begriff leitet sich von den Bilderportalen ab, wo meist der Begriff Stock auftaucht.

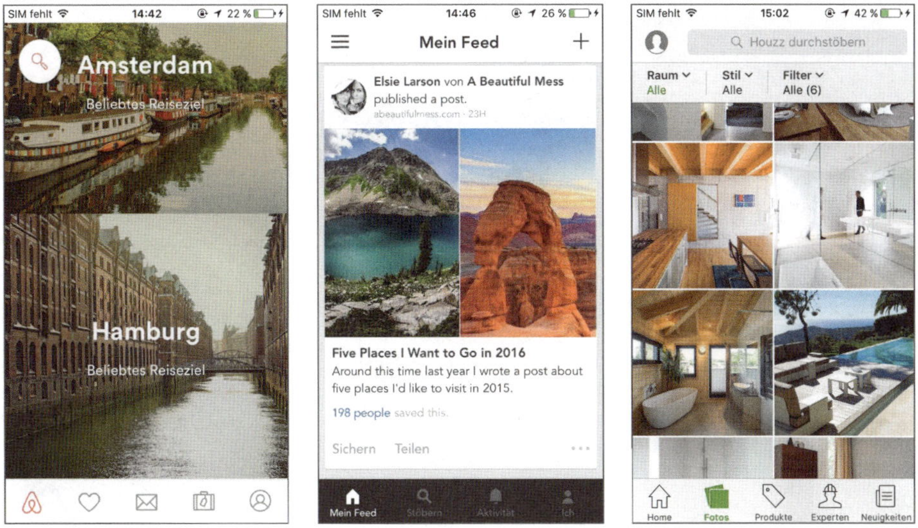

Abbildung 13.29 Bilder wecken mehr Emotionen, als Grafiken oder Icons es können. Von links nach rechts: »Airbnb«, »Bloglovin'«, »Houzz«

13.3.2 Dynamische Bilder

Dynamische Bilder sind Elemente in einem User Interface, die vom Nutzer hinzugefügt werden können. So sind z. B. Facebook-Posts mit Bild ein solcher Fall. Es müssen nicht zwangsläufig Fotografien, sondern können auch Grafiken sein. Als App-Designer haben Sie keinen Einfluss darauf, welche Bilder verwendet werden. Sie haben lediglich die Möglichkeit, die Größe und die Position des Bildes zu bestimmen. In diese Kategorie fallen nicht nur gepostete Bilder, sondern auch Avatare oder Produktplatzierungen.

Abbildung 13.30 Mein Profilbild auf Twitter. Nun haben Sie einen Eindruck von meiner Persönlichkeit, oder?

Die Möglichkeit für den Nutzer, ein individuelles Profilbild zu hinterlegen oder ein Hintergrundbild einzustellen, lässt eine App persönlicher wirken.

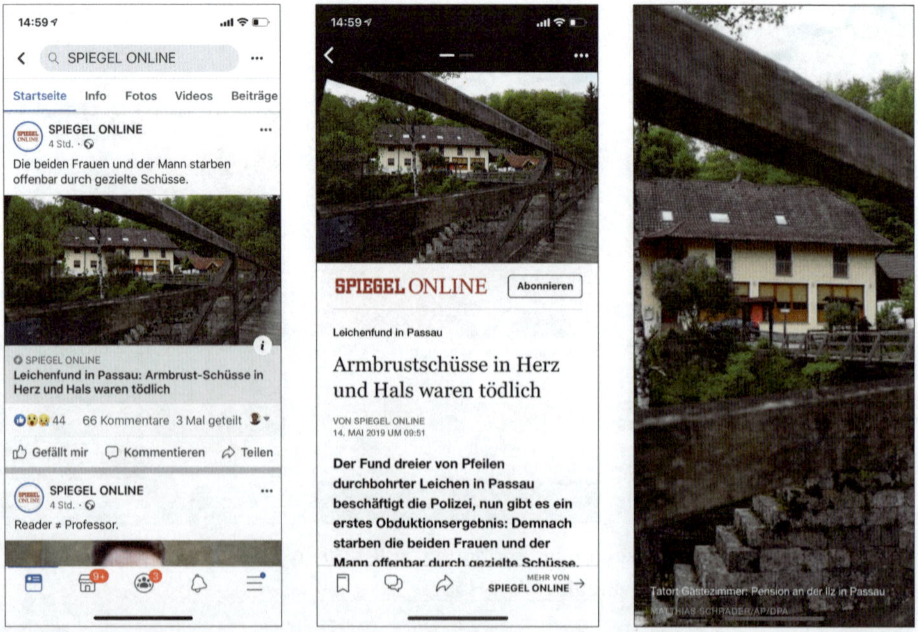

Abbildung 13.31 Dynamische Bilder in der Facebook-App

Das Problem mit dynamischen Bildern ist, dass sie in einem vorher festgelegten Rahmen abgebildet werden müssen, sozusagen einem Platzhalter. Die Applikation befüllt dann diesen Platzhalter mit dem Bild und schneidet dieses je nach genutztem Endgerät zurecht.

Im Grunde sollten Sie bei der Gestaltung darauf achten, dass diese Platzhalterfläche eine Größe hat, die es auf allen Geräten zulässt, den Inhalt des Bildes zu erkennen, ohne dass andere Elemente durch das Bild »verdrängt« werden.

13.3.3 Produktfotografien

Produktbilder sind bei Apps mit Shop-Funktionalität ein wichtiger Punkt. Gerade Fotografien können dazu genutzt werden, App-Nutzer z. B. in eine Kauf- oder auch Kontaktlaune zu versetzen. Die Kaufentscheidung eines Produktes wird maßgeblich von der Fotografie des Produktes geprägt. Der geschickte Einsatz von Produktfotos sorgt im Idealfall dafür, dass das Gehirn stimuliert und ein Gefühl des »Habenwollens« erzeugt wird. In Shops sollten Produktfotos in der Einzelansicht des Produkts so groß wie möglich zu sehen sein.

Verwenden Sie immer das beste und schönste Produktfoto zuerst. Vergessen Sie auch nicht, weitere Produktfotos beizufügen, die Ihr Produkt gut zur Geltung bringen. Bilder tragen stark zur Kaufentscheidung bei; je mehr Details Sie zeigen, umso interessanter ist das Produkt für den Kunden.

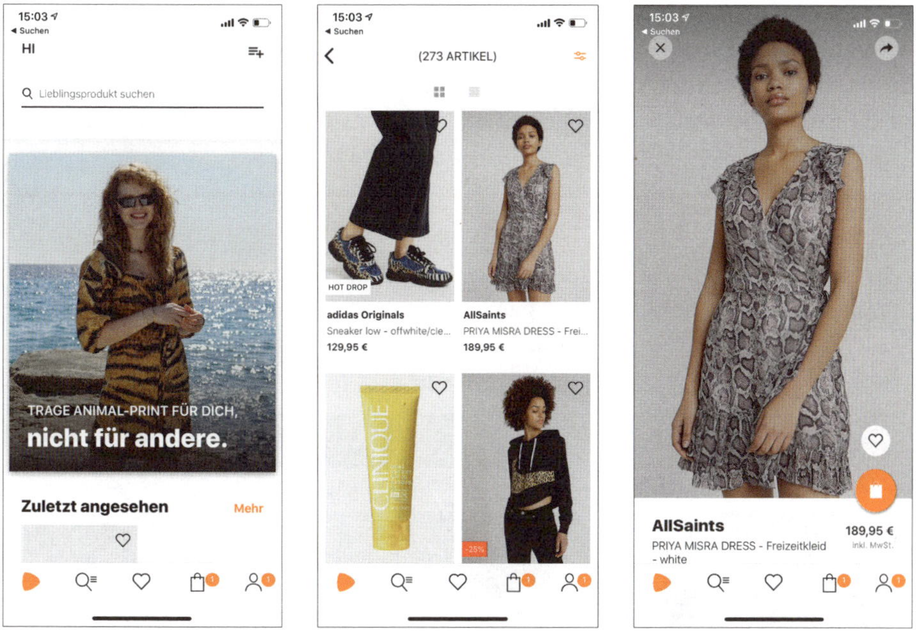

Abbildung 13.32 Schöne Produktfotos in der Zalando-App

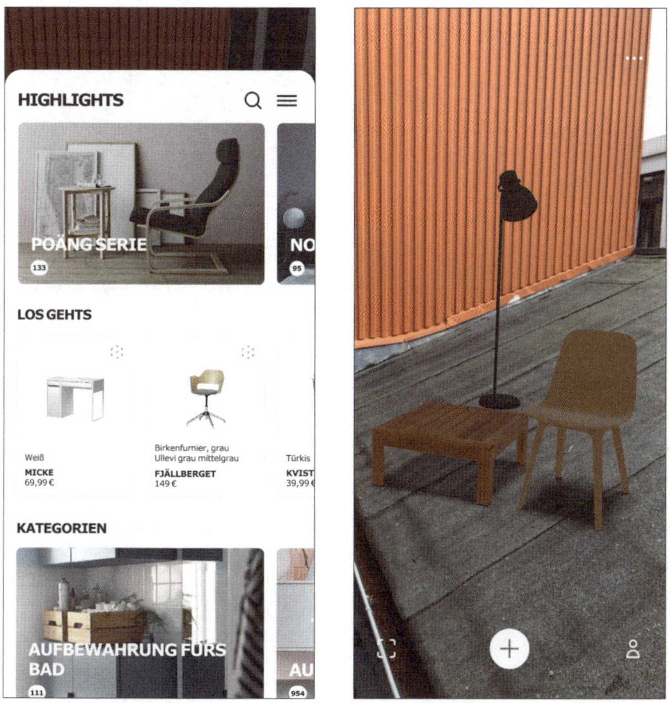

Abbildung 13.33 Mit der IKEA App können Sie Möbel überall in Ihrer Wohnung platzieren, in diesem Fall das Vordach meiner Wohnung.

Sie können aber auch einen Schritt weiter gehen und es wie IKEA machen. Ikea hat bei Veröffentlichung von ARkit von Apple eine App herausgebracht, bei der Sie IKEA-Möbel virtuell in Ihrer Wohnung platzieren können. Das ist sehr beeindruckend und stellt den ersten Schritt für virtuelle Kauferlebnisse dar. Zur iOS-App: *https://itunes.apple.com/de/app/ikea-place/id1279244498?mt=8*.

Apps, die Fotografie und Bildbearbeitung zum Thema haben

Bei solchen Apps ist die Fotografie ein Objekt in einem Prozess, den Sie definieren. Wenn Sie eine derartige App designen wollen, sollten Sie darauf achten, dass die Bildmanipulation kontinuierlich abläuft und der Nutzer sieht, welche Manipulationen er vornimmt. What you see is what you get.

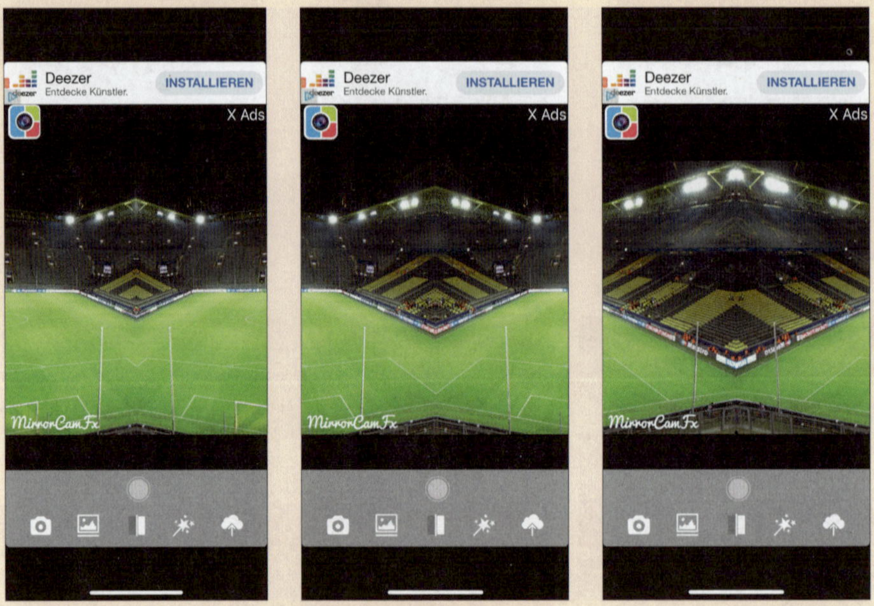

Abbildung 13.34 Bildmanipulationen in der MirrorCamFX App

13.3.4 Woher Fotografien beziehen?

Fotos bekommen Sie aus verschiedenen Quellen. Zum einen gibt es viele Anbieter, die sogenannte *Stock-Fotografien* anbieten, die Sie zum Teil kostenfrei verwenden können. Natürlich können Sie auch jemanden beauftragen, Fotos für Sie zu machen, oder diese selber anfertigen.

Selber machen oder machen lassen

Qualitativ hochwertige Bilder erzeugen auch einen wertigen Eindruck. Dies ist vor allem bei Produktfotografien sehr wichtig. Selbst gemachte Fotos können in der Qualität stark variieren. Wenn Sie leidenschaftlicher Hobbyfotograf sind, ist die Qualität Ihrer Fotos natürlich besser, als wenn Sie keine Kenntnisse haben.

Versuchen Sie, Fotos nur selber zu machen, wenn sie nicht das Hauptmerkmal Ihrer App sind. Als Anmerkung sei gesagt, dass es nicht immer eine teure DSLR-Kamera für Bilder sein muss. Steven Soderbergh, seines Zeichens Hollywood-Regisseur und Macher von Filmen wie »Oceans 11« oder »Erin Brockovich«, drehte 2017 einen Film ausschließlich mit dem iPhone (*https://www.techradar.com/news/steven-soderberghs-new-movie-was-shot-entirely-on-iphones*). Ich will Ihnen damit nur sagen, dass eine teure Kamera nur dann gute Bilder liefert, wenn der Knipser weiß, was er tut.

Für Shopping-Apps empfehle ich, generell professionell erstelltes Bildmaterial zu verwenden. Der Aufwand für professionelle Produktbilder darf nicht unterschätzt werden: Thema finden, Bildaufbau, Bildkonzept, technische Umsetzung, Studio usw.

Kaufen (Fotoagenturen)

Sie können auch Fotos auf diversen sogenannten *Stock-Portalen* kaufen. Hier können Sie in großen Datenbanken nach bestimmten Bildern suchen. Mitunter finden sich qualitativ sehr hochwertige, aber oft auch sehr gestellte, einfache Bilder. Auch sollten Sie ausreichend Zeit einplanen, um das gewünschte Bildmaterial in den Tiefen der Stock-Agentur-Datenbanken zu finden.

Bitte beachten Sie auch die Lizenzbedingungen zu den Bildern; es ist nicht zwangsläufig so, dass jedes Bild auch für alle Medien frei nutzbar ist. Es gibt verschiedene Lizenzmodelle. Jede Plattform hat andere Richtlinien. Folgende Portale gehören zu den größten Anbietern:

- iStock: *www.istockphoto.com*
- Getty Images: *www.gettyimages.com*
- Fotolia: *www.fotolia.com*
- Shutterstock: *www.shutterstock.com*
- Adobe Stock: *http://stock.adobe.com*

Kostenlos (kostenfreie Bilddatenbanken)

Neben den kostenpflichtigen Plattformen gibt es auch Plattformen, die kostenfreie Bilder anbieten. Hierbei sind die meisten Fotografien frei verfügbar und oft auch für den kommerziellen Gebrauch nutzbar. Auch hier sollten Sie die Richtlinien der jeweiligen Plattform beachten. Meist wollen die Fotografen in Ihrer App erwähnt werden. Hierzu können Sie eine Impressumsseite in Ihrer App anlegen und dort den Fotografen erwähnen, ggf. mit Link. Zu den kostenfreien Plattformen zählen unter anderem:

- Flickr: *www.flickr.com*
- Pexels: *www.pexels.com*

- AllTheFreeStock: *http://allthefreestock.com*
- Freeimages: *www.freeimages.com*
- Pixabay: *www.pixabay.com*
- picjumbo: *www.picjumbo.com*
- Unsplash: *www.unsplash.com*

Creative Commons

Creative Commons (CC) ist eine Non-Profit-Organisation, die Lizenzverträge als Hilfestellung für Urheber zur Freigabe von rechtlich geschützten Inhalten anbietet. CC bietet insgesamt sechs verschiedene Standardlizenzen an, die zur Verbreitung kreativer Inhalte wie beispielsweise Fotos, Musikstücke oder Ähnlichem genutzt werden können. Besonders interessant ist der *Creative Commons CC0*: Bilder dieser Lizenzart unterliegen keinem Kopierrecht und können – verändert oder unverändert – kostenlos auch für kommerzielle Anwendungen in digitaler oder gedruckter Form ohne Bildnachweis oder Quellenangabe verwendet werden. Mehr zu Creative Commons: *www.creativecommons.org*.

13.4 Der Export

Haben Sie Grafiken, Icons und Fotografien erstellt und die App so weit vorbereitet, dass sie von einem Entwickler umgesetzt werden kann, benötigt dieser neben einem Styleguide für Farbe und Typografie auch die Icons, Grafiken und Bilder. Diese werden *Assets* genannt.

Assets sind meist Bilddaten im PNG- oder SVG- bzw. PDF-Format. Es sind Dateien, die der Entwickler benötigt, um eine App und ihr grafisches Interface zu entwickeln. Im Grunde baut der Entwickler die Assets zu einem Interface zusammen. Ohne diese Assets gibt es keine Icons, Bilder, Grafiken oder gar Videos.

13.4.1 Styleguide (Gestaltungsrichtlinien)

Ein Styleguide kommt ursprünglich aus dem grafischen Print- und Marketingbereich und beschreibt, wie bestimmte Elemente eines Druckerzeugnisses oder eines digitalen Produkts zu gestalten sind. Styleguides enthalten also generelle Vorgaben für das Design eines Printprodukts oder einer Anwendung. Durch die aufgestellten Richtlinien soll ein einheitliches Erscheinungsbild verschiedener Kommunikationsmittel (Flyer, Broschüre, Website, App etc.) gewährleistet werden, wodurch die Bildung einer Corporate Identity ermöglicht wird.

Folgende Fragestellungen sollen unter anderem mithilfe eines Styleguides beantwortet werden:

- Welche Farben dürfen verwendet werden?
- Welche Schriften werden benutzt? Welche Schriftschnitte?
- Wo wird das Logo positioniert?
- Wie werden Fehler ausgegeben?
- Wie sehen zulässige Interaktionstechniken aus?
- Wie ist das Grid definiert?
- Wie verhält sich die App auf den jeweiligen Endgeräten?
- Was ist erlaubt und was nicht?

Darüber hinaus werden die Zusammenhänge dieser Aspekte erläutert und sogenannte *Dos and Don'ts* gesammelt. Ein solcher Styleguide kann sehr umfangreich dokumentiert sein. Je größer ein Unternehmen, desto umfangreicher ist in der Regel auch der vorliegende Styleguide.

Mit einem Styleguide für eine App verhält es sich ähnlich. Hier werden zusätzlich alle Informationen gesammelt, die ein Entwickler benötigt, um ein Interface umzusetzen. Natürlich sind auch hier Farben, Typografie und das Logo ein wesentlicher Bestandteil des Styleguides. Neben diesen Informationen werden zudem Komponenten und Screens mit geforderter Größe angegeben. So werden Buttons, Eingabefelder, Switches, Navigation, Tab-Bars usw. bemaßt und mit entsprechenden Informationen versehen, die der Entwickler benötigt, um das grafische Interface umzusetzen.

Neben der Bemaßung einzelner Bestandteile der App wie Buttons und Eingabefelder werden auch die Layouts definiert, also Abstände zum bzw. vom Rand des Screens und Positionen der Komponenten.

Gerade wenn mehrere Designer und Entwickler an einer App arbeiten, ist ein Styleguide sehr wichtig. Er ist ein Garant für die Gestaltungskonsistenz und hilft enorm bei der Kommunikation in der Umsetzungsphase.

13.4.2 Assets erstellen

Es gibt einige Dinge zu beachten, wenn Sie Ihre Assets exportieren. Wenn Sie dem Entwickler ohne weitere Erklärung die Quelldatei zuschicken, dürfen Sie nicht erwarten, dass er genau das umsetzt, was Sie sich dabei gedacht haben. Das ist leider ein Wunschtraum, dem viele Designer oft erliegen. Als Designer haben Sie die Verantwortung, dem Entwickler das zu liefern, was er für die Umsetzung benötigt. Nur so garantieren Sie, dass der Entwickler Ihre Ideen auch so umsetzt, wie Sie das geplant haben.

Im Folgenden möchte ich Ihnen zeigen, was Sie beachten müssen und wie Sie Assets in wenigen Augenblicken generieren können. Zu Beginn erläutere ich, welche Einstellungen Sie in den Programmen (hier Adobe XD und Sketch) vornehmen sollten, bevor Sie mit dem Design Ihrer App beginnen.

Anmerkungen für den Export in Adobe XD und Sketch

Vorneweg: Sie müssen sich natürlich nicht sklavisch an die in Abschnitt 13.4, »Der Export«, gezeigten Einstellungen halten.

Ich möchte Sie nochmals darauf hinweisen, dass Sie in jedem Fall ein Layout mit der kleinstmöglichen Auflösung der Plattform kreieren sollten. Sie erinnern sich sicherlich noch an das in Abschnitt 10.4.1, »Die richtige Auflösung und Größe«, beschriebene Skalierungsproblem, wenn mit höheren Auflösungen gearbeitet wird. Das Ziel des Asset-Exports sollte sein, über jede Auflösung hinweg das Optimum an Qualität aus den Assets herauszuholen.

Vektorbasiertes Arbeiten in Adobe XD und Sketch

Wie Sie bereits aus Abschnitt 10.4, »Umsetzung und Design«, wissen, sollten Sie für die Gestaltung einer App nach Möglichkeit immer mit Vektorobjekten arbeiten. Leider ist das nicht immer möglich, vor allem nicht, wenn Sie auch Fotografien in Ihren Designs verwenden. Die Arbeit mit vektorbasierten Dateien erleichtert jedoch vieles. Der größte Vorteil ist, dass sie verlustfrei skalierbar sind. Sketch ist ein vektorbasiertes Program, ebenso Adobe XD und Figma.

Assets und Bounding Boxes

Ein wichtiger Punkt bei der Erstellung der Icon-Assets ist neben der Einheitsgröße (siehe den Abschnitt »Legen Sie eine einheitliche Größe für Icons fest« auf Seite 598) das Bounding der Assets. Man spricht hier auch von *Bounding Boxes*, dem Hüllkörper, in dem sich das Icon befindet. Manche Icons sind schmaler oder niedriger als andere Icons, obwohl diese dieselbe Einheitsgröße haben. Bounding Boxes sorgen dafür, dass ein schmales Icon durch Zugabe von transparenten Bereichen die volle Einheitsgröße erreicht. So erreicht ein Kreis die volle quadratische Einheitsgröße für das Asset, aber ein Oval nicht.

Abbildung 13.35 Links jeweils die Exportgröße ohne Bounding Box und rechts mit Bounding Box (gestrichelte Linie)

Die Exportfunktion von Adobe XD und Sketch wird als Standard immer alle umliegenden transparenten Bereiche des Icons bzw. der Grafik beim Export entfernen. Somit könnte ein schmales Icon mit einer Hüllgröße von 24 × 24 px zu einem Asset mit der Auflösung von 16 × 22 px exportiert werden. Wird nun der Entwickler dieses Icon in der App platzieren, wird es sich nicht harmonisch in andere nebenstehende Icons einreihen. In Adobe XD sowie in Sketch wird die Bounding Box durch die Größe des Artboards bestimmt. Sie benötigen also keine zusätzlichen Masken oder Ähnliches. Einen Hinweis hierzu noch: Deselektieren Sie ggf. Hintergrundflächen, sonst werden diese beim Export mitexportiert.

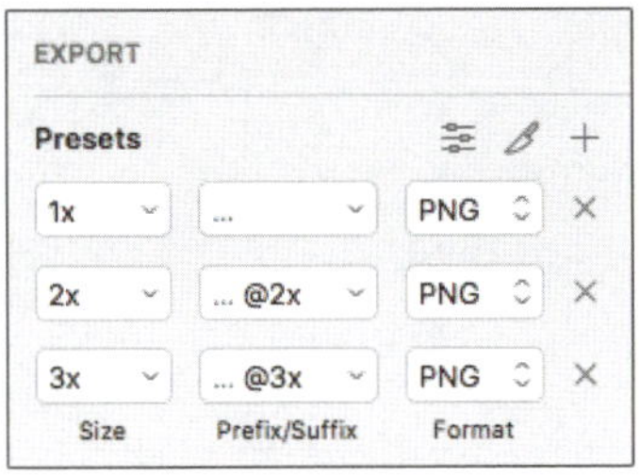

Abbildung 13.36 Die Export-Palette in Sketch

Das Asset Sheet

Jeder Designer hat in der Regel seine eigenen Rezepte, wie er den finalen Schliff an seinen Assets durchführt.

Ich persönlich sammele alle meine Assets und lege sie gesondert ab. In Sketch erstelle ich einfach eine neue Seite im Projekt oder nutze die Symbolseite. Hier reihe ich alle meine zu exportierenden Assets auf. Dabei ordne ich die Elemente in Gruppen an. Alle Grafiken zum On-Boarding werden gruppiert, ebenso User-Interface-Icons usw. Für den Fall, dass ich sehr helle Grafiken verwende, lege ich eine dunkle Hintergrundfläche an, sodass ich die Icons besser erkennen kann. Icons färbe ich immer in Schwarz ein, da Entwickler diese dann später selbstständig durch deren Programmierung einfärben können.

Ich gruppiere alle Icons und Grafiken nach Größe und benenne die Artboards mit dem Namen des Icons. Ich versuche hierbei, einer Systematik zu folgen, und nutze ein Präfix für jede Art von Asset: Für Icons verwende ich »ic_«, für Visuals »vi_« und für Bilder »img_«. Das hat den Vorteil, dass der Entwickler erkennt, um welche Art Asset es sich handelt. Zudem wird bei Android die Voranstellung »ic_« verlangt.

Verzichten Sie auf Umlaute wie ä, ö, ü, da auch sie beim Export zu Problemen führen können. Bei Android-Assets sollten Sie keine Bindestriche verwenden, denn diese können zu Fehlern führen, nutzen Sie stets den Unterstrich _.

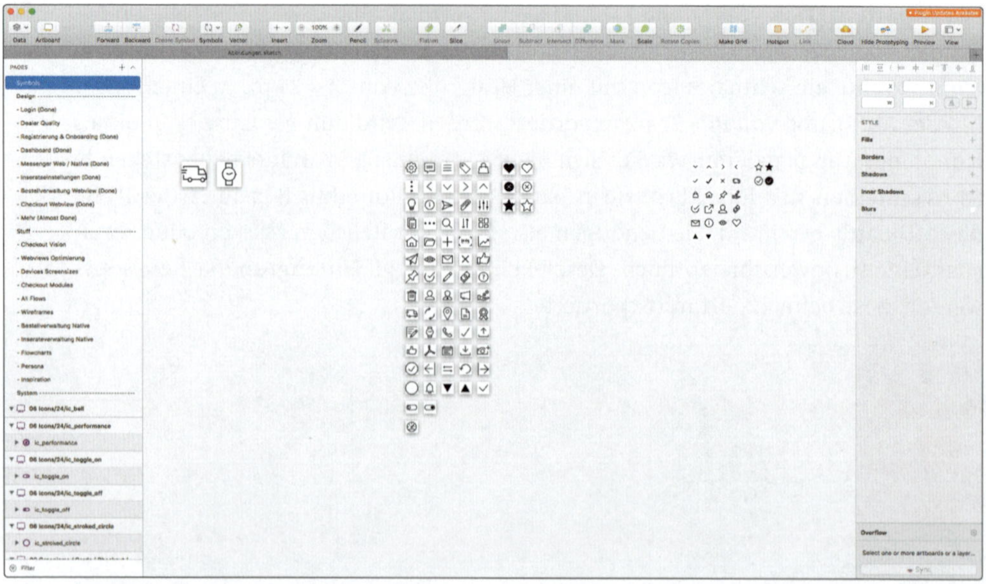

Abbildung 13.37 Symbolseite in Sketch mit vielen Icons bereit zum Einsatz

Im nächsten Schritt kontrolliere ich, ob alle Elemente die entsprechenden Einheitsgrößen haben, falls nötig, nehme ich Optimierungen an den Größen vor. Icons positioniere ich immer mittig, Grafiken je nach Ausrichtung.

Abbildung 13.38 Rechts ist der Pixelmodus in Sketch inaktiv und links aktiv.

Wenn ich mit Sketch arbeite, schaue ich mir jedes Icon im Pixelmodus an. Nun optimiere ich die Icons und sorge dafür, dass sie pixelperfekt positioniert sind, denn im Laufe eines Designprozesses passiert es gern mal, dass einige Icons versehentlich skaliert oder verschoben wurden und nicht mehr im Pixelraster liegen. Wie bereits erwähnt, werden in Sketch Vektoren basierend auf einem Pixelraster ausgerichtet. Durch Skalieren oder Verschieben von Elementen kann es vorkommen, dass Icons nicht mehr an diesem Pixelraster ausgerichtet werden. Das resultiert in einem schlechtem Anti-Aliasing der Grafik, was dazu führt, dass Icons oder Grafiken, wenn sie exportiert werden, nicht mehr scharf dargestellt werden. Hierbei kontrolliere ich ebenso die Farbe sowie im Fall von Stroked Icons die Strichstärke. Nun kann der Export beginnen.

13.4.3 Der Export unter Sketch

Für den Export in Sketch markiere ich zunächst alle zu exportierenden Artboards. Durch ein Klick auf das »Make Exportable« im unteren rechten Bereich werden alle markierten Objekte für den Export definiert. Anschließend können Sie auswählen, ob Sie für iOS oder Android exportieren möchten. Die Auswahl versteckt sich hinter dem Filtersymbol. Sie können in Sketch auch eigene Vorlagen erstellen oder gänzlich andere Formate und Größen exportieren.

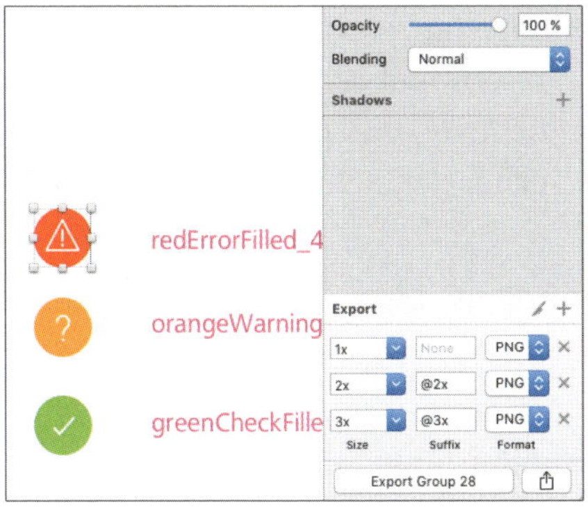

Abbildung 13.39 Unten rechts finden Sie die Exportfunktion in Sketch.

Von Haus aus exportiert Sketch Assets für iOS und Android. Sie müssen nur noch den EXPORT-LAYERS-Button betätigen, und der Export ist erledigt.

Unter iOS werden die unterschiedlichen Geräteauflösungen durch den Suffix (*@2x*) bestimmt, in Android sind es Ordner. Sketch kümmert sich automatisch, je nach Auswahl, um den korrekten Export. Bei einer App mit wenigen Assets ist das noch recht schnell bewerkstelligt. Bei Apps mit sehr vielen Assets dauert das sehr lange. Aber es gibt einen eleganteren Weg. Später dazu mehr.

13.4.4 Der Export unter Adobe XD

Wie unter Sketch platziere ich die Icons für den Export in Adobe XD alle einzeln auf Artboards und gruppiere diese. Im Grunde gehe ich genauso vor wie in Sketch. Um nun die Assets zu exportieren, wähle ich alle Artboards zum Export aus und öffne den Dialog: DATEI • EXPORT • MARKIERTE. Anschließend folgt ein Dialog, bei dem ich bestimmen kann, welches Dateiformat ich wünsche und für welche Plattform ich exportieren möchte. Zudem kann ich die Grundgröße meines Layouts bestimmen. Das ist sehr wichtig, da Adobe XD je nach Ausgangsgröße die Assets angepasst exportieren kann.

Ich glaube, Sie können sich vorstellen, wie aufwendig das Ganze bei einem Umfang von rund 50 Assets wird. Es gibt aber tolle Tools, die den Designer beim sogenannten

Hand-off unterstützen. Eines davon ist das Tool *Zeplin* (*https://zeplin.io*), das ich etwas später noch vorstelle.

13.4.5 Was geht nach dem Export an den Entwickler?

Natürlich braucht der Entwickler Assets. Unter iOS reicht ein Ordner mit allen Assets. Unter Android braucht der Entwickler alle *drawable*-Ordner. Aus Erfahrung heraus kann ich sagen, dass es nie eine einzige, finale Übergabe der Assets gibt. Es gibt immer Nachbesserungen, oder neue Assets kommen hinzu. Einmal ausgeliefert und integriert, können Sie im Teststadium die App testen und den Einsatz Ihrer Assets kontrollieren. Nutzen Sie hier die Möglichkeit, die Assets zu optimieren und zu justieren. Weisen Sie den Entwickler im nächsten Turnus darauf hin, dass er fehlerhafte Assets durch optimierte austauschen soll.

Neben diesen Assets benötigt der Entwickler weitere Assets, die gestaltet werden müssen und die nicht zwangsläufig Teil des Interfaces sind. Dazu gehören das *App-Icon* und das *Launch-Image* der Applikation.

Das App-Icon wird in verschiedenen Größen benötigt. Im Internet gibt es viele Tools, die Ihnen helfen, App-Icons und Launch-Images recht schnell zu erstellen. Ebenso finden Sie Websites, die Ihnen auf Basis eines 1.024 × 1.024 px großen App-Icons die benötigten Größen erstellen. Zwei Tools möchte ich Ihnen hier kurz nennen:

- *Android Asset Studio*: Das Android Asset Studio ist eine Webseite, auf der Sie verschiedene Assets – sei es das Launch-Image, das App-Icon oder sogar Assets für den Entwickler – aufbereiten können. Mehr Infos unter: *https://romannurik.github.io/AndroidAssetStudio/index.html*.
- *App Icon Template*: Unter App Icon Template finden Sie eine Photoshop-Vorlage inklusive Actions, die Sie nutzen können, um Ihr App-Icon für Android zu exportieren. Hier gestalten Sie einfach Ihr App-Icon in dem Photoshop-Dokument, führen anschließend die Aktion aus und exportieren somit die benötigten App-Icons. Mehr Infos unter: *http://appicontemplate.com/android/*.

App-Icon gestalten

Auf die Besonderheiten der Gestaltung des App-Icons gehe ich noch ausführlich in Abschnitt 14.3, »Warum das App-Icon so wichtig ist«, ein.

Größe App-Icon (Android)

Für Android benötigen Sie die folgenden Größen für das Standard App-Icon und Launch-Image:

Verwendung	Größe
MDPI	48 × 48 px
HDPI	72 × 72 px
XHDPI	96 × 96 px
XXHDPI	144 × 144 px
XXXHDPI	192 × 192 px
Playstore App Icon	512 × 512 px

Tabelle 13.1 Größen der App-Icons für Android (rechte Tabelle)

Adaptive Icons/Symbol für Android

Ab Android 8.0 können Entwickler sogenannte Adaptive Icons unter Android nutzen. Durch die enge Auflistung auf dem App Drawer schaffen die App-Icons Unruhe. Um das zu ändern, entwickelte Google das Adaptive App-Icon.

Im Grunde besteht das App-Icon aus zwei Elementen: dem Vorder- und dem Hintergrund. Der Vordergrund beinhaltet das App-Icon, bzw. das Logo oder Signet der App, der Hintergrund besteht aus einer neutralen Grafik, welche die Freifläche entsprechend auffüllt. Das Betriebssystem legt beide dann übereinander, und somit kann das Icon sehr einfach in verschiedene Formen gebracht werden.

Durch die Trennung des Vorder- und des Hintergrunds können Animationseffekte in die Icons gebracht werden. Somit kann das App-Icon in verschiedenen Bereichen unter Android eingesetzt werden, z. B. im Teilen-Overlay oder in den Einstellungen. Hier erfahren Sie mehr über Adaptive Icons: *https://developer.android.com/guide/practices/ui_guidelines/icon_design_adaptive*.

Was Sie bei der Erstellung eines Adaptive Icons wissen müssen:

- Vorder- und Hintergrund haben eine Größe von: 108 × 108 dp.
- Der innere Teil (72 × 72 dp) des Icons erscheint im maskierten Viewport.
- Das Betriebssystem reserviert den äußeren Bereich mit 36 dp an allen vier Seiten, um interessante Animationen wie den Parallaxen-Effekt oder Pulsieren zu nutzen.

Größe Launch-Image (Android)

Verwendung	Größe
MDPI	480 × 320 px
HDPI	800 × 480 px

Tabelle 13.2 Größen der Launch-Images unter Android (linke Tabelle)

Verwendung	Größe
XHDPI	1280 × 720 px
XXHDPI	1600 × 960 px
XXXHDPI	1920 × 1280 px

Tabelle 13.2 Größen der Launch-Images unter Android (linke Tabelle) (Forts.)

Größe von App-Icon (iOS)

Neben dem App-Icon für den Homescreen benötigt iOS weitere Icons für weitere Bereiche innerhalb des Betriebssystems, z. B. in der Spotlight-Suche in iOS.

Verwendung	Größe
iPhone	180 × 180 px (60 × 60 pt @3x) 120 × 120 px (60 × 60 pt @2x)
iPad Pro	167 × 167 px (83.5 × 83.5 pt @2x)
iPad, iPad Mini	152 × 152 px (76 × 76 pt @2x)
iTunes App Store Artworks (das App-Icon, das im App Store angezeigt wird)	1024 × 1024 px (1024 × 1024 pt @1x)

Tabelle 13.3 Benötigte Größen des App-Icons bei Apple

Größe Launch-Image (Apple)

Wird eine App gestartet, wird, kurz bevor die App wirklich geladen ist, ein Bild angezeigt, das sogenannte *Launch-Image*, auch *Splashscreen* genannt.

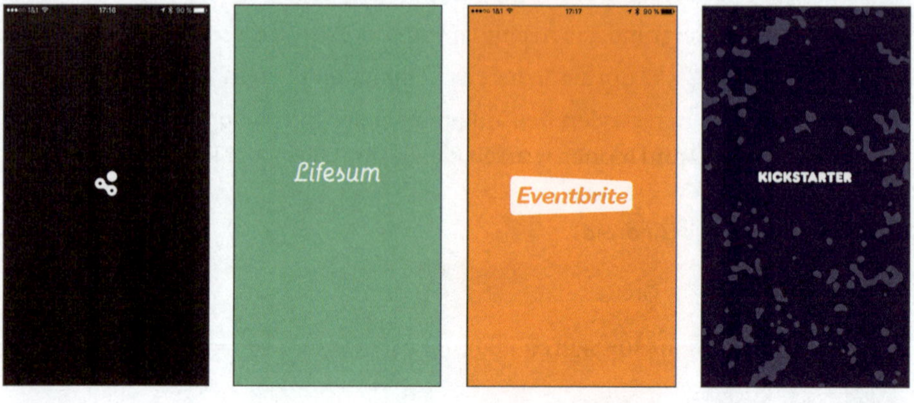

Abbildung 13.40 Splashscreen von »Human App«, »Lifesum«, »Eventbrite«, »Kickstarter«

Verwendung	Größe
iPhone 4, 4S	640 × 960 px
iPhone 5, 5S, 5C	640 × 1136 px
iPhone 6s	750 × 1334 px
iPhone 6s+	1242 × 2208 px
iPhone 7	750 × 1334 px
iPhone 7+	1242 × 2208 px
iPhone 8	750 × 1334 px
iPhone 8+	1242 × 2208 px
iPhone X	1125 × 2436 px
iPhone XR	828 × 1792 px
iPhone XS	1125 × 2436 px
iPhone XS Max	1242 × 2688 px
iPad Mini 4	1536 × 2048 px
iPad 9.7"	1536 × 2048 px
iPad Pro 10.5"	1668 × 2224 px
iPad Pro 11"	1668 × 2388 px
iPad Pro 12.9"	2048 × 2732 px

Tabelle 13.4 Benötigte Launch-Images-Größe für eine Apple-App

13.5 Tools für den Export und Styleguides

Im letzten Teil des Kapitels möchte ich Ihnen noch einige Tools vorstellen, die Ihnen die Arbeit und auch die Übergabe an den Entwickler etwas erleichtern.

13.5.1 Tools & Plugins für Sketch über die »Sketch Toolbox« installieren

Sketchpacks ist ein Sketch-Plugin für Mac, das alle verfügbaren Sketch-Plugins von GitHub sammelt und sich für Sketch installieren lässt. Die Applikation arbeitet unabhängig von Sketch und installiert Plugins für Sketch. Das Programm finden Sie hier: *https://sketchpacks.com*. Hierüber lassen sich etwa folgende nützliche Plugins installieren:

- **Marketch:** Dieses Plugin erstellt einen komplett bedienbaren Styleguide. Hier können Maße, Farben, Größen und Positionen abgelesen werden. Diese Informationen lassen sich dabei ganz einfach über den Webbrowser abrufen. Das ist sehr nützlich, da man hier Abstände und Größen ablesen kann.

Abbildung 13.41 Mit dem »Marketch«-Plugin lassen sich Styleguide-Informationen bequem über den Webbrowser auslesen.

- **Rename IT:** Ein Renaming-Plugin, welches mir ungemein dabei hilft, eine große Anzahl an Artboards oder Objekten umzubenennen. Sie wollen doch nicht gewisse Prä- und Suffixe ständig von Hand ändern, oder? *Rename It* ist verfügbar für Sketch, aber auch für Adobe XD.

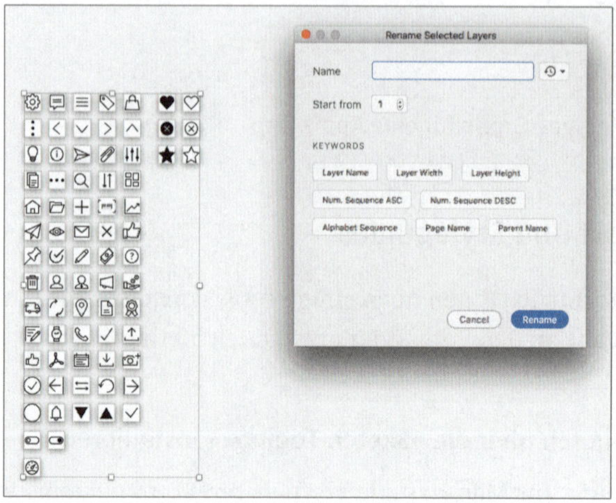

Abbildung 13.42 Rename it-Plugin für Sketch

- **Zeplin oder Sympli:** Beides sind sogenannte Hand-off-Tools und unterstützen den Designer, aber auch den Entwickler dabei, die Designs zu inspizieren. Hierbei werden die erstellten Assets über ein Plugin in Sketch auf die Zeplin-Cloud-Lösung hochgeladen und analysiert. Der Clou? Sie müssen lediglich die Artboards einmal zum Export markieren, vergessen Sie die Einstellungen für iOS oder Android. Zeplin übernimmt und kümmert sich um alles. Ebenso können Farben und Schriften festgelegt werden und mit Variablen Namen der Entwickler benannt werden. Der Entwickler hat nun die Möglichkeit, die Abmessungen zu inspizieren und Assets zu exportieren. Zudem gibt es die Möglichkeit, Kommentare zu hinterlegen.

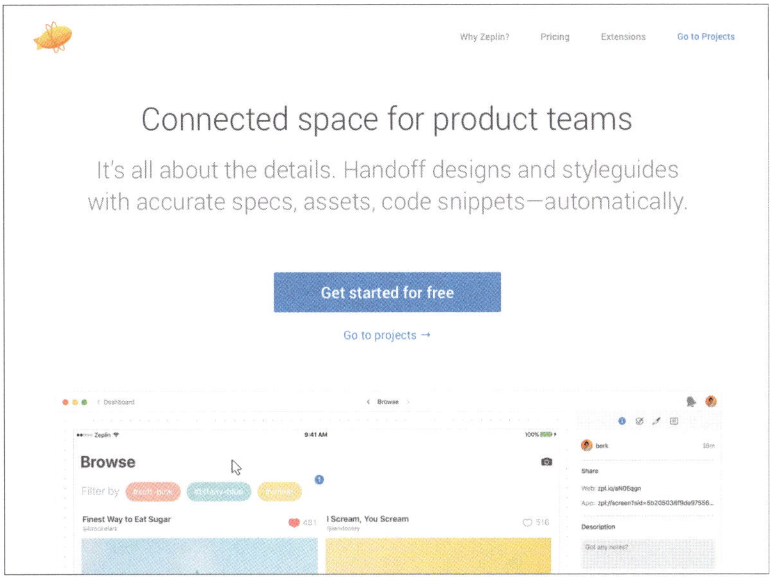

Abbildung 13.43 Zeplin-Webseite

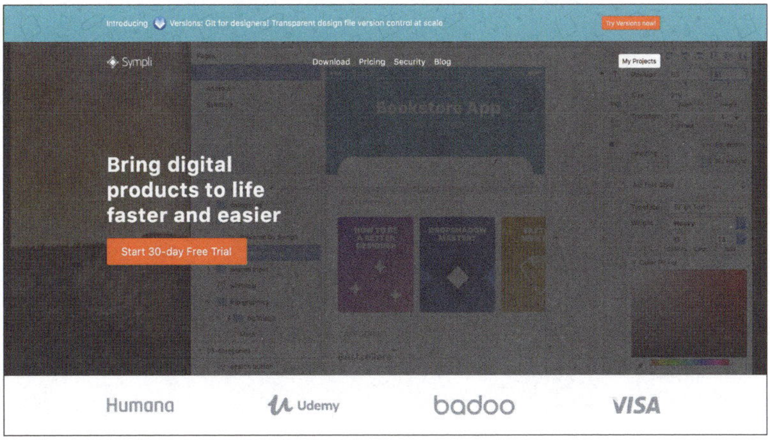

Abbildung 13.44 Sympli-Webseite

13.5.2 Plugins für Adobe XD

Seit Ende 2018 gibt es auch endlich Plugins für Adobe XD. Somit gibt es noch nicht so viele Anbieter und deshalb auch noch nicht sonderlich viele Plugins. Hier finden Sie die aktuellsten: *www.adobe.com/de/products/xd/resources.html.*

Die meisten beschränken sich auf die Erstellung von Grafiken oder andere kleine Helfer. Das Plugin Rename It gibt es bereits und ein Plugin für das Zeplin-Tool. Sicherlich werden wir in den kommenden Jahren weitere Plugins sehen, die uns beim Export unterstützen.

Nach diesem Kapitel sind Sie über alle wichtigen Aspekte der App-Gestaltung informiert und können souverän mit Usability, User Experience, Farbe, Typografie und Bildern jonglieren, ohne dabei den Nutzer Ihrer App aus den Augen zu verlieren. Und auch um den Export Ihrer Assets haben Sie sich schon gekümmert. Jetzt muss die App noch in die App Stores. Hier ist vor allem die ansprechende Präsentation der App, sprich das richtige Marketing, wichtig. Dieses Thema soll den Abschluss dieses Buchs bilden.

Kapitel 14

Apps erfolgreich in App Stores präsentieren

Die App wurde konzeptioniert, gestaltet und umgesetzt. Ihre erste Version ist fertig, und Sie wollen, dass die Welt Ihre App endlich nutzt. Zum Hochladen Ihrer App bieten alle Plattformen App Stores an. Hier können Sie Ihre App einreichen und für Ihre Nutzer verfügbar machen. Doch eine gute App zu haben, muss nicht automatisch heißen, auch in den App Stores gut gefunden zu werden. Um Ihre App dort erfolgreich zu platzieren, sollten Sie einige Dinge beachten.

Zu den bekanntesten App Stores zählen der Google Play Store für Android-Apps und der Apple App Store für iOS-Apps. Für Android-Apps gibt es weitere App Stores, in denen Sie Ihre App platzieren können, beispielsweise der Amazon App-Shop, AndroidHIT und Getjar. Im Folgenden möchte ich mich jedoch auf die beiden zuerst genannten App Stores konzentrieren und ihre Marktlage näher beleuchten. Ich beschränke mich in meinen Ausführungen also auf den *Google Play Store* und den *Apple App Store*, da diese beiden App Stores nach wie vor die Hauptplayer sind.

14.1 Die Marktsituation

Zwei von drei neu verkauften Smartphones nutzen die Google-Software. Damit ist Android mit Abstand das beliebteste mobile Betriebssystem auf der Welt und folglich der Google Play Store der meistfrequentierte App Store. Doch gerade der Vergleich mit dem großen Mitbewerber Apple iOS ist hier interessant: Wie ist der aktuelle Trend auf dem Markt? Lassen sich Tendenzen nach oben oder unten ausmachen? Auf solche Fragen gibt regelmäßig das Kantar Worldpanel, das die Anzahl verkaufter Smartphones in einem bestimmten Zeitraum auswertet, Antwort: *http://www.kantarworldpanel.com/smartphone-os-market-share*.

In der interaktiven Grafik können Sie sich sortiert nach Ländern derzeit durch die Entwicklung der einzelnen Mobilbetriebssysteme von 2012 bis März 2019 klicken.

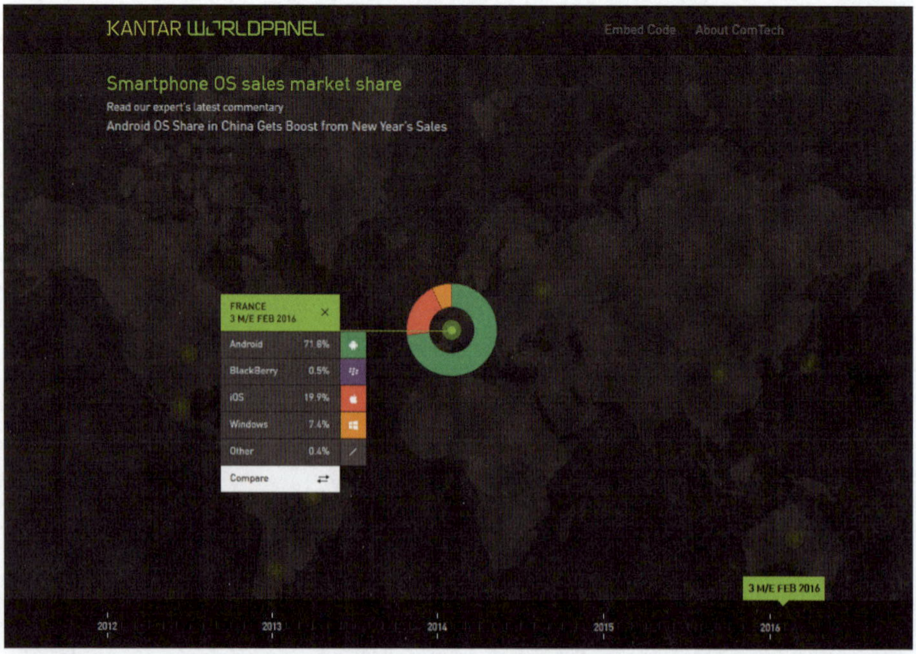

Abbildung 14.1 Wie viele Smartphones wurden mit welchem Betriebssystem verkauft? Die interaktive Grafik von Kantar Worldpanel gibt darauf Antwort.

Android steht auch im März 2019 deutlich an der Spitze, iOS hingegen bewegt sich im 20-%-Bereich. Im Folgenden möchte ich nun einen Blick auf die App Stores der Betriebssysteme werfen, denn da soll Ihre App ja letztlich landen.

Sowohl der Google Play Store als auch der Apple App Store bieten über zwei Millionen Apps an und haben Downloadzahlen in Milliardenhöhe. Meist wird der Erfolg der App Stores genau über diese zwei statistischen Werte definiert:

- Anzahl der vorhandenen Apps im App Store
- Anzahl der Downloads

Apple eröffnete seinen App Store 2008, zu dem Zeitpunkt, als das iPhone 3G vorgestellt wurde. Zu Beginn umfasste der App Store lediglich 500 Apps. Bereits nach drei Jahren wurde der 100-millionste Download erreicht (siehe *www.wired.com/2011/12/mac-app-store-100-million*).

Google startete den Android Market 2008 mit lediglich 2.300 Apps, im Dezember waren es bereits 16.000 Apps (siehe *https://en.wikipedia.org/wiki/Google_Play*). 2012 erhielt der Android Market ein umfassendes Redesign, bei dem aus dem Android Market der Google Play Store wurde.

2014 überholte der Google Play Store erstmalig den Apple App Store bei der Anzahl der verfügbaren Apps und bietet seitdem kontinuierlich mehr Apps an. Das geht aus

Zahlen von AppBrain (*http://www.appbrain.com/stats/number-of-android-apps*) vom 3. Mai 2019 hervor. Nutzer von Android-Geräten können auf Googles Marktplatz bereits zwischen 2,61 Millionen Apps wählen.

Laut Zahlen von Sensortower gaben im ersten Quartal 2018 Nutzer in beiden App Stores rund 34,4 Milliarden Dollar aus. Das ergibt eine Steigerung von 27,8 % gegenüber dem ersten Quartal des Vorjahres. Nutzer gaben rund 22,6 Milliarden in Apples Appstore aus, was rund 90% mehr sind als Nutzer im Google Playstore. Netflix sowie Tinder und Tencent Video sind hierbei die größten Verdiener. Hier können Sie mehr erfahren: *https://sensortower.com/blog/app-revenue-and-downloads-1h-2018*.

14.1.1 Umsätze in den App Stores

Die Anzahl der Apps und die Downloadzahlen innerhalb eines App Stores sagen noch nicht viel darüber aus, welche Plattform mehr Umsatz macht.

Marktforscher von Sensortower haben herausgestellt, dass der Apple App Store mehr Umsatz im Vergleich zum Play Store generiert. Das hat verschiedene Gründe.

Gerade wenn man sich die Verbreitung von Android-Apps gegenüber iOS-Apps anschaut, zeigen die Zahlen, dass iOS-Benutzer eher bereit sind, für Apps zu bezahlen, als Nutzer von Google Play. Dies kann zum einen natürlich daran liegen, dass es für das Apple-Betriebssystem einfach weniger kostenfreie Apps gibt, man als Nutzer also grundsätzlich eher zahlen muss, um eine App herunterladen zu können. Zum anderen kann dies darin begründet sein, dass die Entwickler auf Apples Plattform gezielt auf Paid-Apps setzen, während Android-Entwickler eher auf die Finanzierung durch Werbebanner zurückgreifen. Hier spielt es sicher auch eine Rolle, dass bei Apple die Kreditkartendaten bereits hinterlegt sind. Die Hürde für einen App-Kauf ist für die Apple-Nutzer also sehr gering und der Aufwand minimal.

Viele Entwickler versuchen bei Android also gar nicht erst, Ihre Apps zu verkaufen oder Umsätze durch In-App-Purchases zu generieren, sondern finden andere Wege, um sich zu finanzieren, und der einfachste Weg ist die Platzierung von Werbung in den Apps.

14.1.2 Eine App für alle Plattformen?

Soll ich meine App für Android oder für Apple entwickeln? Oder vielleicht sogar für beide Plattformen? Wenn Sie eine Hybrid- bzw. PWA-Lösung anstreben, klärt sich die Frage von selbst. Sie entwickeln dann automatisch für beide Plattformen. Wenn Sie nativ für jede Plattform entwickeln möchten, bedeutet das natürlich einen größeren Aufwand. Zudem entstehen doppelte Kosten für die Entwicklung.

Wer mit seiner App einen wirtschaftlichen Zweck verfolgt, wird sicher in erster Linie auf die Downloadzahlen achten. Doch gibt es noch weitere Aspekte, die Sie beachten sollten. Als Basis Ihrer Entscheidung, für welche Plattform Sie Ihre App entwickeln möchten, sollten Sie Ihre Zielgruppe heranziehen. Wollen Sie möglichst viele Nutzer und eine eher junge Zielgruppe ansprechen, die vielleicht nicht über so viel Geld verfügt? Dann könnte die Android-Plattform die richtige für Sie sein. Zudem bietet das Google-Betriebssystem mehr Freiheiten für App-Entwickler.

Die iOS-Plattform ist durch die höheren Umsätze attraktiv. Allerdings behält Apple 30 % des Kaufpreises ein, das heißt, nur 70 % der erzielten Umsätze Ihrer App gehen tatsächlich an Sie. Nach eigenen Angaben setzt Apple die 30 % ein, um die Kreditkarten-Abwicklung durchzuführen und eine Qualitätskontrolle der eingereichten Apps vorzunehmen. Sollte Ihre App eine Abo-Lösung sein, also monatliche Gebühren verlangen, sinkt die Abgabe an Apple im zweiten Jahr zu 15 %. Sie behalten also 85 % der Einnahmen ab dem zweiten Abo-Jahr. Genauso verfährt der Google Play Store, er behält auch 30 % respektive 15% und schüttet 70 %/85 % der Einnahme einer App an den Entwickler aus.

Trotzdem erscheinen die meisten Apps vorzugsweise im Apple App Store und mit Verzögerung im Google Play Store. Die Wahrscheinlichkeit, dass eine App monetarisiert wird, ist im Apple App Store höher als im Google Play Store.

iOS wird von vielen aufgrund der Umsätze bevorzugt und weil hier die Entwicklung einer App einfacher ist als für Android. Zu bedenken ist auch, dass Sie auf dem Android-Markt aller Wahrscheinlichkeit nach eine höhere Verbreitung Ihrer App erreichen – es gibt mehr Android- als iOS-Nutzer. Die Frage hier ist, auf welcher Plattform Sie Ihre Nutzer am besten erreichen.

14.2 Wie Sie Ihre App im App Store richtig in Szene setzen

Neben dem Konzept und der Gestaltung Ihrer App sind Sie auch für die Produktpräsentation Ihrer App verantwortlich. Es lohnt, sich im Vorfeld einige Gedanken über die dort gezeigten Screenshots und Preview-Videos Ihrer App zu machen, denn der Nutzer wird meist nicht über einen Direktlink auf Ihre App stoßen, sondern in den App Stores nach Apps suchen. In diesen Suchlisten wird dann Ihre App auftauchen. Alternativ kann der Nutzer durch verschiedene Kategorien stöbern und so auf Ihre App aufmerksam werden.

Bereits an diesen Stellen ist es wichtig, einen guten ersten Eindruck zu machen. Nutzen Sie die Chance, Ihre App klug und ansprechend in Szene zu setzen, zum einen durch die Gestaltung eines gelungenen und interessanten App-Icons (siehe Abschnitt 14.3, »Warum das App-Icon so wichtig ist«) und zum anderen durch ausgesuchte Screenshots und Videos, mit denen Sie den potenziellen Kunden den Mehrwert Ihrer App auf der Produktseite vorstellen.

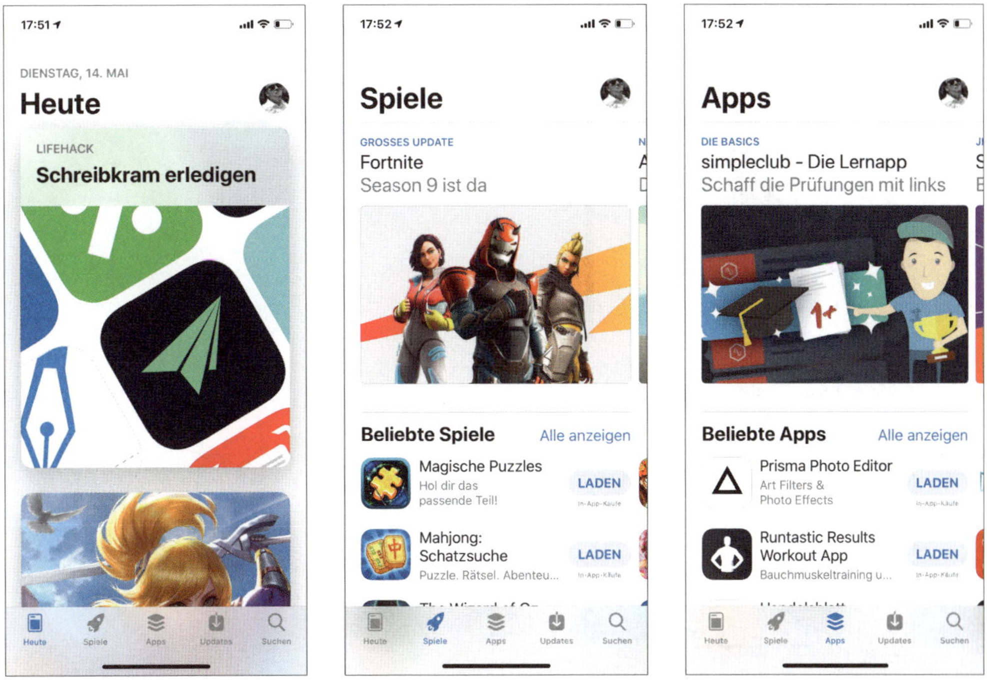

Abbildung 14.2 Apple App Store fürs iPhone und die drei Bereiche (Heute, Spiele und Apps) der Feature Sektion

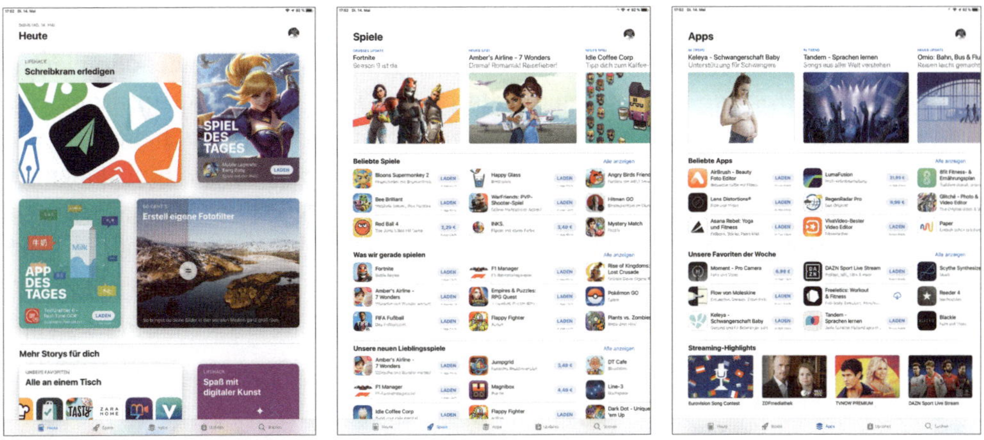

Abbildung 14.3 Apple App Store fürs iPad und die drei Bereiche (Heute, Spiele und Apps) der Feature Sektion

Abbildung 14.4 Apple Watch App Store, in der Companion App auf dem Smartphone aufrufbar

14.2.1 ASO: App Store Optimization

Vielleicht ist Ihnen der Begriff *SEO* geläufig. Mithilfe der Suchmaschinenoptimierung (engl. *search engine optimization*; Kurzform: SEO) kann ein Internetauftritt im Hinblick auf relevante Suchbegriffe für Suchmaschinen optimiert und im Ranking verbessert werden. Für App Stores gibt es einen ähnlichen Begriff. Man spricht hier von ASO – *App Store Optimization*. Gute durchdachte Suchbegriffe und Schlagwörter sind Teil eines Marketingplans, der die Sichtbarkeit der App im App Store und somit die Downloadzahlen steigert.

Bei den ASO-Maßnahmen unterscheidet man zwischen der Steigerung der Visibility (der Sichtbarkeit in den Suchergebnissen) und der Steigerung der Conversion (der Downloads auf der App Product Page).

ASO umfasst viele Elemente und beeinflusst den Erfolg einer App enorm. Gerade bei der Frage, wie die App in Anbetracht der schier endlosen Konkurrenz gefunden wird, ist die App-Store-Optimierung äußerst interessant. ASO ist im Grunde ein sehr umfangreiches Thema, dem man sicherlich ein eigenes Buch widmen könnte, zählen doch auch hier Faktoren, die nichts mit der Entwicklung oder dem Design einer App zu tun haben. Deswegen möchte ich mich auch nur den wichtigsten Inhalte widmen und Ihnen diese näherbringen.

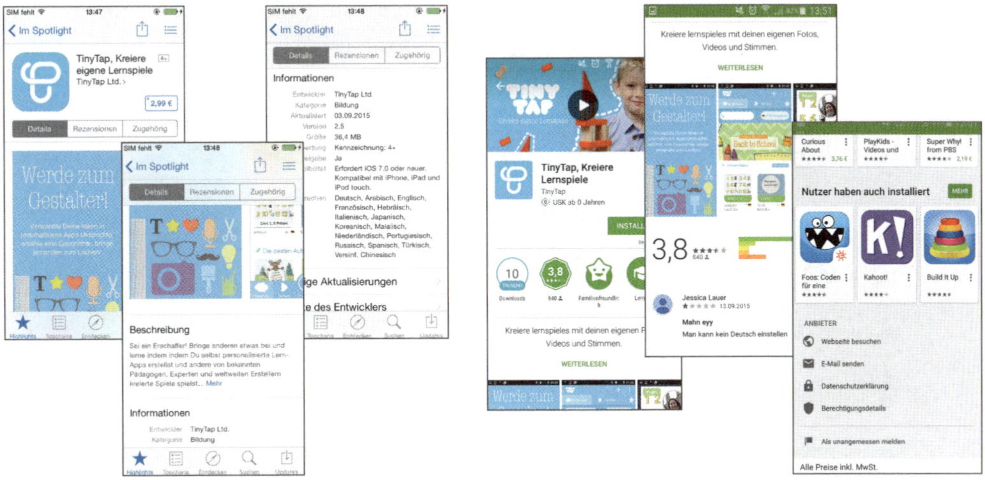

Abbildung 14.5 Ansprechende Präsentation der TinyTap-App (erste drei Bilder: Apple App Store, daneben Google Play Store).

Einen kleinen Tipp gebe ich Ihnen vorab mit. ASOStack entwickelte einen sogenannten App Store Optimization Stack, der Ihnen dabei, hilft alle notwendigen Inhalte, die relevant für die ASO sind, einzusehen. Sie finden dieses Framework hier: *https://asostack.com/the-app-store-optimization-stack-7443936050c5*. Im Grunde ist es ein sogenanntes Cheat Sheet, also ein Spickzettel für ASO-Experten. Es hilft ihnen dabei, besser zu verstehen, welchen Hebel sie ansetzen können, um Ihre App-Store-Präsenz zu verbessern.

Im Folgenden möchte ich darauf eingehen, wie Sie Ihre App klar positionieren und die Downloadzahlen zunehmend verbessern können. Ich werde mich hierbei vorrangig auf die organische App-Store-Optimierung konzentrieren und nicht auf die Möglichkeit, Werbeanzeigen in den Stores zu platzieren. Diese Search Ads sind eine weitere Möglichkeit, mehr Nutzer auf Ihre App Product Page zu leiten. Bei der App Store Optimization kann man zwischen On-Page- und Off-Page-Faktoren unterscheiden.

On-Page-Faktoren

Zu den On-Page-Faktoren zählen alle Komponenten, die direkt auf der App-Seite im App Store erscheinen. On-Page-Faktoren wirken sich direkt auf das ASO aus. Zu diesen Faktoren zählen:

- Keywords im Namen und Titel
- Keywords in der Beschreibung
- das App-Icon
- Screenshots und Video
- Wahl der App-Kategorie

Off-Page-Faktoren

Off-Page-Faktoren haben im Gegensatz zu den On-Page-Faktoren indirekt Auswirkung auf das ASO im App Store. Off-Page-Faktoren sind alle externen Links, die auf die App-Seite verweisen. Sie umfassen auch Nutzerrezensionen, die nicht durch den Publisher der App kontrolliert werden.

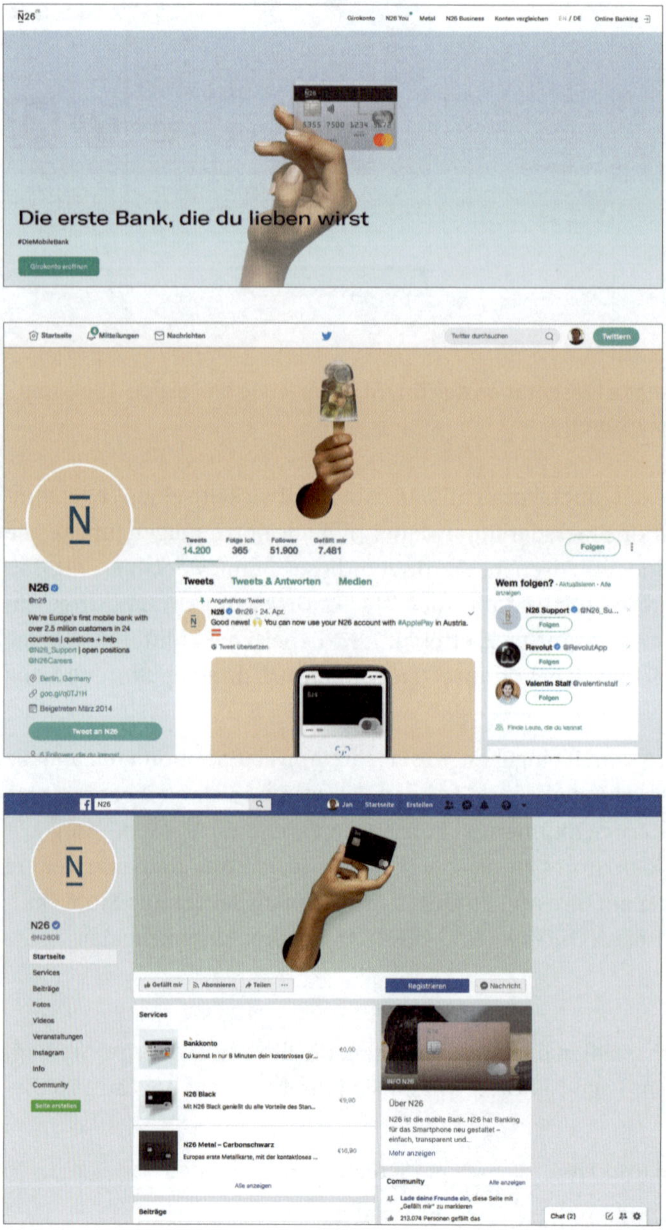

Abbildung 14.6 Off-Page-Beispiele der N26-App: Webseite, Twitter und Facebook

Zu den Off-Page-Elementen gehören:

- App-Bewertungen, Rezensionen und Kommentare
- Empfehlungswebseiten für Apps
- eine dedizierte App-Landing-Page oder -Webseite
- Presseartikel
- Werbung
- Social-Media-Aktivitäten

All diese On- und Off-Page-Faktoren sind empfehlenswert, um eine App erfolgreich zu vermarkten. Auf viele davon gehe ich in diesem Kapitel noch ein. Im Folgenden möchte ich mich dem Thema Screenshots zuwenden, die neben dem App-Icon, auf das ich noch in Abschnitt 14.3, »Warum das App-Icon so wichtig ist«, ausführlich zu sprechen komme, zu den wichtigsten Marketingwerkzeugen zählen.

14.2.2 Präsentation der App über Screenshots

Die Aufmerksamkeitsspanne in der heutigen digitalen Welt ist sehr kurz. Ständig sind die Menschen abgelenkt und können sich auf längere Beschreibungen oder Texte nicht konzentrieren. Bilder hingegen werden vom Nutzer schneller erfasst als Fließtext. Visuelle Kommunikation funktioniert direkter als verbale Kommunikation. Somit werden App-Screenshots sowie kurze Videos zum entscheidenden Kriterium, wenn es um die Vermarktung einer App geht. Ziehen Sie gute Videos vor, Screenshots werden weniger relevant. Die App-Screenshots werden z. B. auf der Produktdetailseite der App in beiden App Stores angezeigt sowie im Apple App Store in den Suchergebnissen. Sie dienen zur direkten Vorschau des Produkts. Sie können aber auch als Erstes ein Video zeigen und danach die Screenshots. Gefällt dem Nutzer die in dem Video in Szene gesetzte App, kann dies ausschlaggebend dafür sein, dass die App tatsächlich heruntergeladen und gekauft wird. Screenshots oder Videos Ihrer App zählen damit zu den wichtigsten On-Page-Elementen.

Welche Screenshots zeige ich?

Natürlich sollten Sie nicht wahl- und kopflos Screenshots verwenden. App-Screenshots sind die beste Möglichkeit, potenzielle Kunden in Käufer zu verwandeln. Die besten Screenshots sind solche, die den Mehrwert Ihrer App angemessen repräsentieren und einen guten Eindruck von der Funktion, dem Design und der Oberfläche der App vermitteln. Je nach App Store können Sie bis zu zehn Screenshots auf der Produktseite der App zeigen. Die Rahmenbedingungen für die Screenshots können Sie Tabelle 14.1 entnehmen.

	Google Play Store	Apple App Store
Größen	entsprechend der Auflösung des unterstützten Geräts	entsprechend der Auflösung des unterstützten Geräts
Dimensionen	minimal maximal 3840 px	entsprechend der Auflösung des unterstützten Geräts
Anzahl der Screenshots	minimal 2 maximal 8	minimal 1 maximal 10
DPI	–	72 dpi
Datenformat	JPG oder PNG	JPG oder PNG

Tabelle 14.1 Rahmenbedingungen für Screenshots in den App Stores

Zeigen Sie die besten und wichtigsten Screenshots Ihrer App als Erstes, denn bekanntlich ist es der erste Eindruck, der am meisten zählt. Die ersten zwei bis drei Screenshots werden unmittelbar auf der Detailseite Ihrer App sichtbar sein. Sorgen Sie also dafür, dass die ersten drei Screenshots sowohl informativ als auch visuell ansprechend sind.

Für die weiteren Screenshots gibt es keine Notwendigkeit, eine bestimmte Reihenfolge einzuhalten. Aber natürlich sollten auch sie möglichst ansprechend sein. Mein Tipp: Versuchen Sie eine Geschichte zu erzählen in welcher Sie beschreiben wie die App ein Problem löst. Menschen merken sich Geschichten besser als eine Aufzählung von Funktionalitäten.

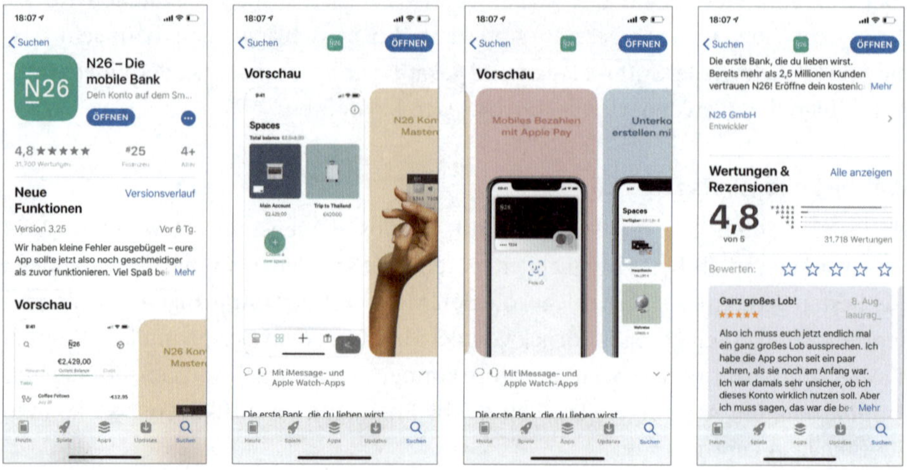

Abbildung 14.7 Screenshots und weitere Details auf der Produktseite der N26-App im Apple App Store

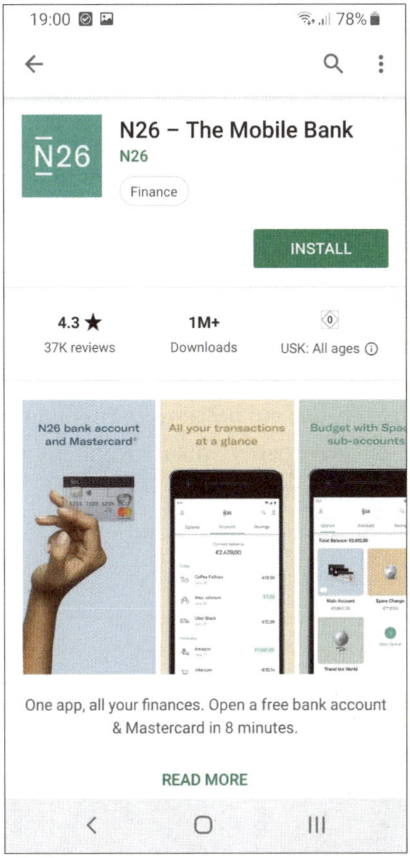

Abbildung 14.8 Screenshots und Details von der Produktseite der N26-App im Google Play Store

Ein gutes Vorgehen, um die Auswahl der Screenshots zu treffen, ist es, sich vorab folgende Fragen zu stellen:

- Welches Problem löst meine App?
- Was ist so einzigartig und speziell an ihr?

Als Faustregel gilt: Wenn Sie diese zwei Fragen mit den Screenshots visuell ansprechend beantworten können, haben Sie Ihre Arbeit gut gemacht.

Der meistgenutzte Screenshot, der zu Beginn einer Reihe von Screenshots gezeigt wird, ist der »Was die App tut«-Screenshot. Er zeigt einen Screen, den der Nutzer sofort verstehen und die Nutzung antizipieren kann. Typischerweise ist dies der Hauptscreen der App in Kombination mit einer schnell erfassbaren Menge an Text.

Tipps für den gelungenen Einsatz von Screenshots

Sie können die Screenshots vorab natürlich auch noch etwas in den einschlägigen Grafikprogrammen aufbereiten und individualisieren:

- Haben Sie eine Landscape-App? Dann zeigen Sie auch Screenshots im Landscape-Format.
- Ergänzen Sie einen *kurzen* und erklärenden Text zum Screenshot. Stellen Sie zudem sicher, dass dieser Text auf kleinen Geräten gut lesbar ist.
- Wenn Ihre App sich in der Bedienung stark von den anderen Apps unterscheidet, scheuen Sie sich nicht, dies zu zeigen. Integrieren Sie die benötigten Gesten als Überlagerung des Screenshots.
- Nutzen Sie (in Maßen) Pfeile oder Vergrößerungen, um auf bestimmte Highlights in der App hinzuweisen. Aber überladen Sie die Screenshots nicht! Wenn Sie es übertreiben, verkehrt sich der positive Effekt in sein Gegenteil.
- Versuchen Sie über die Seiten hinweg eine Geschichte zu erzählen, die dem Nutzer verständlich macht, wie Ihre App funktioniert.

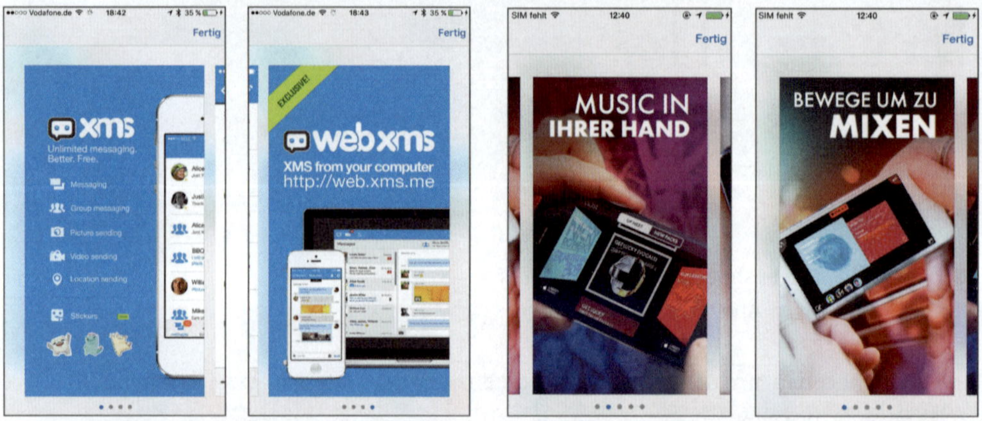

Abbildung 14.9 Die XMS-App präsentiert ansprechend ihre Features. Die Crossfader-App zeigt, wie die App genutzt wird, und macht so Lust aufs Ausprobieren.

- Sie können auch nur die Highlights und Funktionen Ihrer App in Szene setzen. So könnten Sie die Navigation und Teile der App, die sonst nicht auf den Screenshots darstellbar sind, inszenieren (Abbildung 14.10).
- Nutzen Sie für die Screenshots eine ansprechende Hintergrundfläche, und verwenden Sie Screenshots, die den Nutzer emotional ansprechen.
- Für den Fall, dass Ihre App bereits einige Preise gewonnen hat, sollten Sie dies zeigen. Es verleiht Ihrer App Glaubwürdigkeit. Aber achten Sie darauf, Screenshots nicht mit Awards zu überfrachten, sondern diese dezent zu platzieren.

Abbildung 14.10 Trello-App mit klarer Ansage und Ansprache

- Halten Sie die Screenshots grundsätzlich klar und simpel und so selbsterklärend wie möglich.
- Beachten Sie Trends. Schauen Sie sich an, was die großen Apps wie Facebook und Twitter machen und wie Apps, die gefeatured werden, sich präsentieren.
- Setzen Sie so viele Screenshots ein wie möglich.

Seien Sie kreativ! Wie immer im Marketing geht es auch hier darum zu zeigen, dass Ihre App außergewöhnlich ist. Neuartige und kreative Präsentationstechniken fallen auf.

14.2.3 Der Beschreibungstext und Keywords

Zusätzlich zu den Screenshots oder den Preview-Videos, die eingebunden werden können, sollten Sie auch Beschreibungstexte einpflegen, die die Funktion Ihrer App beschreiben. Es ist sinnvoll, zunächst die Funktion der App zu erläutern, anschließend empfehle ich Ihnen, eine Stichpunktliste aufzuführen, die in maximal 15 Punkten die Funktionen und Features der App skizziert. Der Nutzer möchte ungern einen langen Prosatext lesen, sondern er möchte schnell erfahren, ob die App genau das tut, was er sucht.

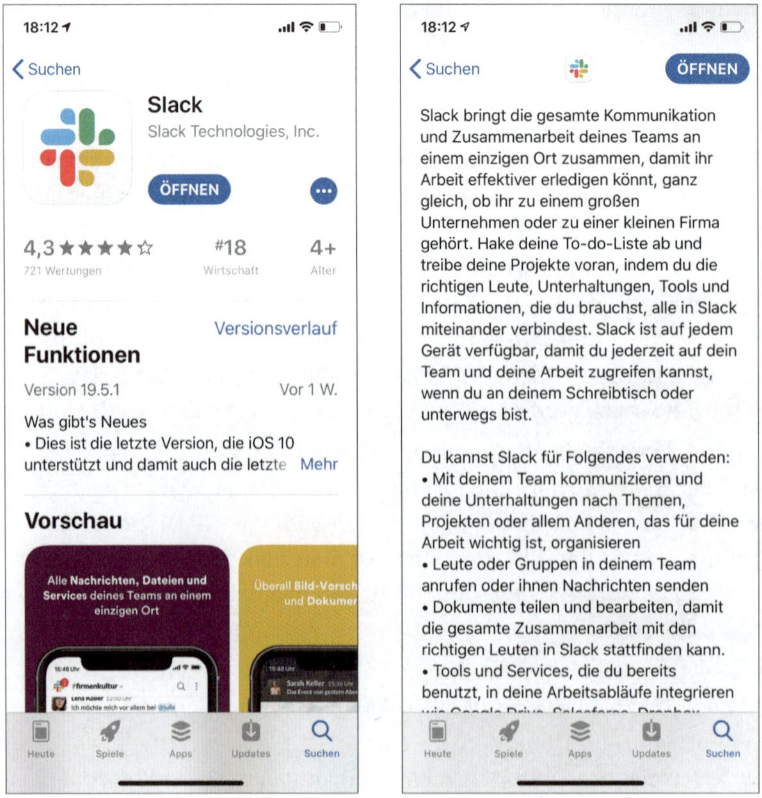

Abbildung 14.11 Die Slack-App im Apple App Store

Diese Beschreibungstexte sind auch ein wesentlicher Bestandteil der Suchmaschinenoptimierung in den App Stores. Die Suchmaschine der App Stores durchforstet alle Beschreibungstexte und zeigt über einen Algorithmus Apps entsprechend den Keywords als Suchergebnis an. Sie sollten daher auch bestimmte Keywords in diese Texten integrieren, damit Ihre App bei entsprechenden Suchbegriffen gefunden wird.

7 Schnelle Tipps für die richtigen Keywords:

- Verwenden Sie keine Leerzeichen, sondern Kommas.
- Nutzen Sie keine Stör-Wörter wie: Billig, Jetzt zuschlagen, Stop.
- Verwenden Sie keine Namen für Zahlen, sondern Ziffern.
- Wiederholen Sie keine Keywords.
- Verwenden Sie kürzere Keywords, um mehr Keywordkombinationen zu erhalten.
- Platzieren Sie die stärksten und relevantesten Schlüsselphrasen im App-Namen.
- Ein App-Subtitel ist wichtig. Dieses zusätzliche Textfeld gibt Ihrer App mehr Relevanz zum Titel

- Nutzen Sie Schreibfehler aus. Sie vertippen sich doch auch bei einer Suche hin und wieder? Erstellen sie dafür auch Keywords.

Eine weitere Möglichkeit ist, sofern vorhanden, Zitate von Fachzeitschriften oder Onlinemagazinen, die über Ihre App berichten, einzubinden.

Tonalität

Der Beschreibungstext zu Ihrer App sollte sich an Ihrer Zielgruppe orientieren. Haben Sie eine App, die von jungen Menschen genutzt wird, so dürfen Sie Ihre Nutzer auch duzen. Ansonsten sind Sie mit »Sie« auf der sicheren Seite.

Beschreiben Sie genau, was Ihre App tut. Ob Sie das locker, cool oder nüchtern und zielorientiert tun, hängt von dem Charakter Ihrer App ab.

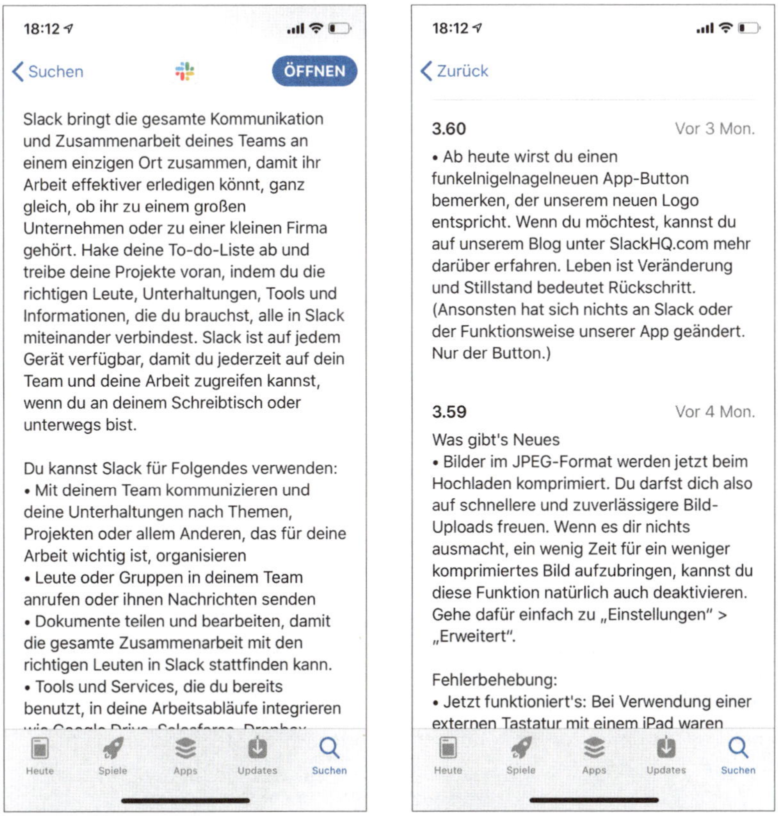

Abbildung 14.12 Beschreibung der iOS-App »Slack«; ein gutes Beispiel, das den Ton und den Sinn der App zusätzlich ergänzt

Ein schönes, kreatives Beispiel ist die iOS-App *Slack*. Die App-Beschreibung ist humorvoll gehalten und duzt den Leser, wie es sich für eine Chat-App gehört, erklärt aber in einfachen Worten, was die App macht. Vielleicht auch hier ein kleiner Tipp:

Versuchen Sie es doch mal mit ASCII-Emoticons wie: ¯_(ツ)_/¯ oder (͡° ͜ʖ ͡°). Das peppt Ihre Beschreibung ungemein auf. Hier finden Sie weitaus mehr dieser Emoticons: *https://upli.st/l/list-of-all-ascii-emoticons.*

14.2.4 Bewertungen

Bewertungen sind ein entscheidendes Kriterium für den Download einer App, ab und an sollten Sie Ihre Nutzer in der App charmant auffordern, Ihre App zu bewerten. Bewertungen können in den App Stores vorgenommen werden. Dabei können Nutzer Sterne vergeben und einen Kommentar verfassen. Diese Bewertungen können helfen, eine App zu pushen und höhere Downloadzahlen zu generieren. App-Bewertungen sind meist entweder sehr gut oder sehr schlecht. Auf authentische Bewertungen reagieren Benutzer sehr sensibel. Sie beeinflussen die Downloadbereitschaft der Nutzer enorm. Als App-Publisher haben Sie auch die Möglichkeit, auf Kommentare zu antworten. Ich würde Ihnen in jedem Fall raten, bei schlechten Bewertungen fachgerecht zu antworten. Nutzer erwarten, dass ihre Meinung gehört wird und das Feedback in die Entwicklung der App miteinfließt. Berücksichtigen Sie das.

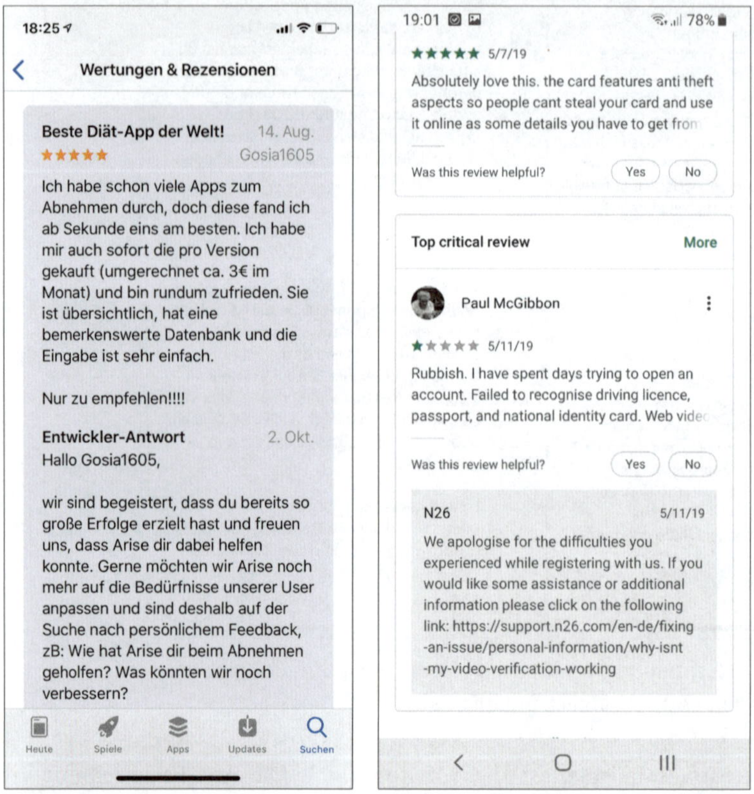

Abbildung 14.13 Authentisches Kundenfeedback beeinflusst die Kaufbereitschaft der Nutzer. Beantworten Sie doch auch gute Bewertungen!

App-Ranking

Für das Ranking im App Store wird nicht nur die Downloadanzahl berücksichtigt, sondern auch Parameter wie die Uninstall-Rate, die Nutzeraktivität und natürlich auch die Nutzerbewertungen von Apps.

An dieser Stelle meine Bitte an Sie: Seien Sie ehrlich. Niemand möchte eine App mit fingierten Benutzerbewertungen herunterladen. Eine gute Bewertung von Freunden, die Ihre App wirklich gut finden und Ihrer App einen guten Start ermöglichen wollen – okay. Aber bezahlte Bewertungen sind ein absolutes No-Go und zerstören jegliche Glaubwürdigkeit Ihrer App, wenn nicht sogar all Ihrer angebotenen Produkte!

Gefälschte Bewertungen

Dass App-Bewertungen gefälscht werden, ist ein offenes Geheimnis. Gefälschte Bewertungen sind in den großen App Stores schon seit Jahren ein wachsendes Problem. Neue Dimensionen erreichten diese Machenschaften vor einigen Jahren, als 2015 das Foto einer Mitarbeiterin eines chinesischen Sweatshops um die Welt ging, die vor einem ganzen Smartphone-Heer sitzt und am Fließband Bewertungen fälscht. Das Foto und mehr Informationen zu diesem Thema finden Sie unter: *https://omr.com/de/gefaelschte-app-bewertungen-so-sieht-das-grosse-problem-der-app-stores-aus*.

14.2.5 Ihre App auf anderen Seiten präsentieren

Mithilfe der Off-Page-Faktoren generieren Sie entscheidend den Traffic auf Ihrer App-Seite in den App Stores. Es gibt verschiedene Wege, wie Sie im Internet auf sich aufmerksam machen.

App-Landing-Page und Website

In jedem Fall sollten Sie für Ihre App zumindest eine Landing-Page einrichten. Eine Landing-Page ist eine Webseite, die nach einem Mausklick z. B. auf ein Banner oder nach einem Klick auf einen Eintrag in einer Suchmaschine erscheint und auf der Sie konkret die Inhalte Ihrer App aufbereiten können. Hier können Sie Ihre App vorstellen und auf ihre Vorteile eingehen. Zudem kann die Landing-Page das Sprungbrett des Besuchers in den App Store sein. Außerdem müssen Sie als Publisher eine Webseite angeben, auf der ein Nutzer sich melden kann, falls er Supportanfragen hat.

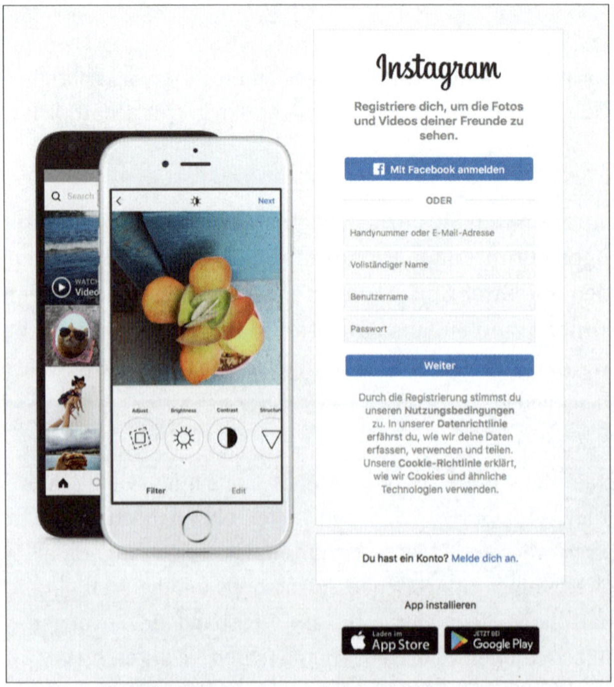

Abbildung 14.14 Landing-Webseite der Instagram-App

Natürlich können Sie auch eine aufwendigere Webpräsenz für Ihre App gestalten, auf der Sie z. B. eine FAQ und einen Support anbieten. Auch ist die Webseite ein gutes Mittel, Ihre App besser zu präsentieren, als dies in den App Stores möglich ist.

Es gibt unterschiedliche Tools, mit denen Sie eine solche Webseite schnell erstellen können. So legen Sie beispielsweise auf *https://instapage.com* oder auf *http://landerapp.com* kostenpflichtig, aber zügig Ihre Landing-Page an. Alternativ können Sie auch eine Wordpress-Webseite erstellen. Auf *http://themeforest.net* können Sie kostengünstig passende Themes kaufen. Wenn Kosten keine Rolle spielen, können Sie sich von anderen Webseiten inspirieren lassen, beispielsweise auf *https://onepagelove.com*, und Ihre eigene Webseite gestalten und von einem Entwickler umsetzen lassen.

Social Media/Blog

Neben der Landing-Page sollte eine produktbezogene Social-Media-Präsenz nicht fehlen. Facebook und Twitter und Co. sind gute Instrumente, um Ihre Zielgruppe zu erreichen und zu aktivieren. So können Sie z. B., wenn Sie eine Audiobook-App haben, Hörbuch-Empfehlungen über Twitter oder Facebook verbreiten. Auf solchen Seiten können Sie auch gezielt mit Rabattaktionen werben oder auf neue Features hinweisen.

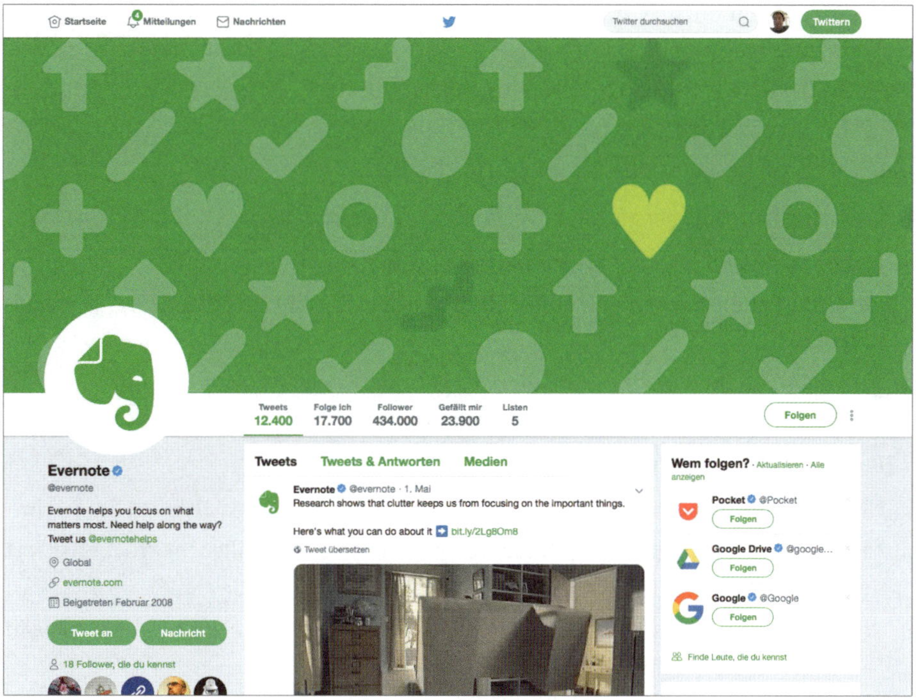

Abbildung 14.15 Die Twitter-Seite von Evernote

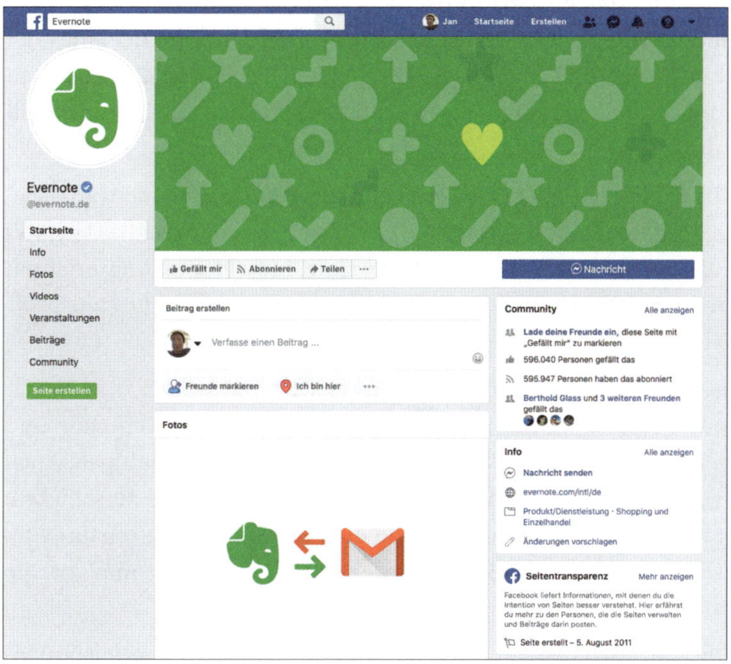

Abbildung 14.16 Die Facebook-Fanpage von Evernote

Social Media eignen sich zudem hervorragend, um direktes Feedback von aktiven Nutzern zu erhalten und die App durch konstruktive Rückmeldungen stetig zu verbessern. Zusätzlich können Sie ein Blog führen und dort Beiträge rund um Ihr App-Thema veröffentlichen. Das generiert Traffic, und Sie profilieren Sie sich als Experte.

Meine 8 Empfehlungen zum Einstieg in Social Media:

1. Legen Sie frühzeitig Profile auf Facebook, Twitter, Instagram & Co. an.
2. Erstellen Sie tolle, schnell erkennbare Profilfotos und Headergrafiken.
3. Veröffentlichen Sie täglich mindestens einmal Inhalte auf Ihren Social-Media-Kanälen.
4. Teilen Sie Inhalte von anderen, denn es geht bei Social Media nicht nur ums Produzieren von Inhalten, sondern auch ums Teilen.
5. Beantworten Sie schnellstmöglich Fragen von Besuchern.
6. Nutzen Sie Ihren Social-Media-Kanal nicht als Nachrichtenkanal. Seien Sie SoMe!
7. Lassen Sie es mit Social Media besser bleiben, wenn Sie nur alle vier Wochen etwas veröffentlichen.
8. Posten Sie keine Inhalte, die offensichtlich Werbung sind. Nutzen Sie in diesem Fall tatsächliche Werbung.

Pressemitteilung

Verfassen Sie Pressemitteilungen, und senden Sie sie an unterschiedliche News-Webseiten, die sich mit dem Thema Ihrer App beschäftigen. Vielleicht wird der eine oder andere einen Beitrag über Ihre App verfassen. Beschreiben Sie in Ihren Pressemitteilungen, was Ihre App leistet, damit der Redakteur diesen Text bequem für einen Beitrag verwenden kann.

Eine Pressemitteilung sollte nie länger als eine Seite sein. Senden Sie zudem aussagekräftige Screenshots und das App-Logo mit, sodass diese in einem Artikel genutzt werden können. Wenn Sie noch mehr über eine gute Pressemitteilung erfahren möchten, schauen Sie sich folgenden Artikel an: *http://www.apptamin.com/blog/write-press-release-app-launch/*.

Sie können die Pressemitteilung im Grunde an alle Zeitschriften senden, die sich mit dem Thema Computer befassen. Noch besser natürlich ist es, sich an Webseiten und Zeitschriften zu wenden, die sich speziell mit dem Thema Apps beschäftigen. Auch kann es hilfreich sein, solche Pressemitteilungen an Fachzeitschriften zu schicken, die zwar keine Apps im Fokus haben, sich aber mit der Problemstellung, die Ihre App löst, beschäftigen. So stellt vielleicht eine Heimwerker-Zeitschrift Ihre App vor, die sich mit dem Thema Rauchwarnmelder-Installation beschäftigt.

Sie können Ihre App aber auch persönlich vorstellen und z. B., falls Sie gezielt jemanden anschreiben möchten, einen Autor zu einer Skype-Konferenz oder einem persönlichen Gespräch einladen. Je interessanter die App ist, desto wahrscheinlicher sind Autoren auch von Blogs geneigt, Ihre App zu präsentieren. Autoren und Zeitschriften freuen Sie immer über solche Anschreiben, und wenn es interessant klingt, sind sie auch willens, einen Artikel zu veröffentlichen.

Schalten Sie Werbung

Natürlich haben Sie auch die Möglichkeit, Werbung zu schalten. Über AdMob z. B. können Sie gezielt Werbung für Ihre Android-App in anderen Android-Apps schalten. Auch Facebook bietet mittlerweile Ads für Apps auf seiner Ads-Plattform an.

- Informationen zu AdMob: *www.google.de/admob*
- Informationen zu Facebook-App-Ads: *https://developers.facebook.com/docs/app-ads/creating-ads*

Werbung in anderen Apps oder auf Plattformen zu schalten, ist mitunter sehr teuer. Mein Tipp: Testen Sie in kleinen Kampagnen Ihre Werbung auf verschiedenen Portalen, und evaluieren Sie, welche Art der Werbung auf welcher Plattform am besten funktioniert. Optimieren Sie Ihre Werbung, und erhöhen Sie langsam und stetig die Reichweite.

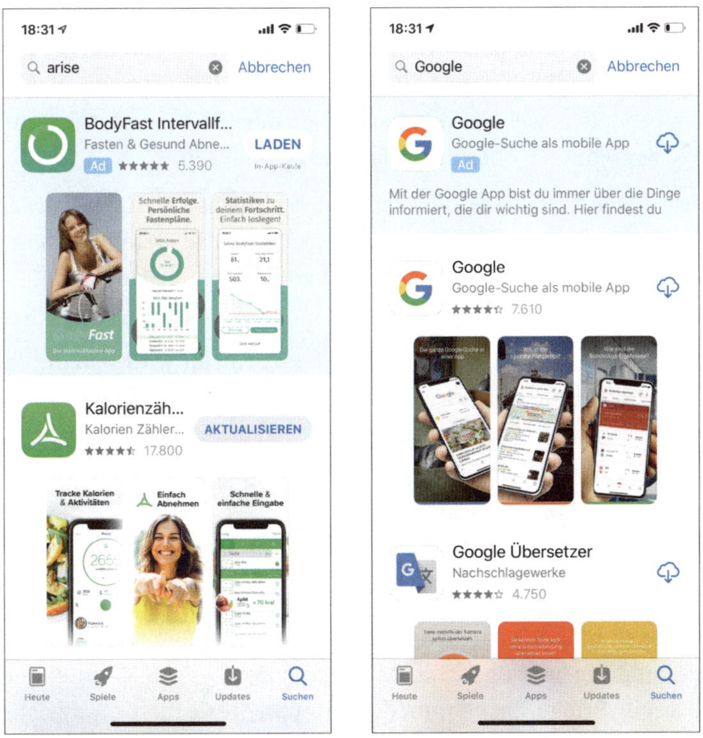

Abbildung 14.17 Search Ads im Apple App Store, prominent als erstes Suchergebnis. Hier einmal eine große (links) und kleine (rechts) Variante.

Der Apple App Store bietet zudem sogenannte Search Ads an. Im Grunde verhalten sich die Search Ads wie eine Google Ad. Werber konkurrieren um Keywords, indem sie einen Maximalbetrag festlegen. Im Grunde verhält es sich wie bei einer Auktion. Hier werden aber keine Kunstwerke verkauft, sondern Werbeplätze. Die Search Ad erscheint prominent in den Suchergebnissen. Somit können Nutzer eine gesuchte App direkt installieren.

Hier können Sie mehr über Search Ads erfahren: *https://searchads.apple.com/de/*.

14.2.6 Preview-Videos

Zusätzlich zu den Screenshots haben Sie in den App Stores auch die Möglichkeit, Ihre App innerhalb eines Preview-Videos in Szene zu setzen. Ein Video kann für einen Nutzer ein starker Anreiz sein, sich Ihre App herunterzuladen und zu testen. Im Apple App Store sind drei Preview-Videos erlaubt, im Google Play Store mehrere. Im Apple App Store dürfen die Videos jeweils maximal 30 Sekunden und im Google Play Store unbegrenzt lang sein.

Was sollte ein App-Store-Video zeigen?

Idealerweise zeigen Sie in dem Video das, was Ihre App als Hauptfunktion bereithält. Sie können aber auch weitere Funktionen zeigen. Je eleganter und verständlicher Ihr Video ist, umso besser werden Ihre Download-Zahlen sein. Ihr Ziel sollte es sein, ein 30-sekündiges Video zu erstellen, welches den Richtlinien der App Stores entspricht und den Nutzer anregt, es zu nutzen oder mehr darüber zu erfahren.

Sicherlich werden Sie verstehen, dass es den Rahmen des Buchs sprengen würde, wenn ich Ihnen erklärte, wie man ein kurzes ansprechendes Video erstellt. Idealerweise bedienen Sie sich eines Storyboards und versuchen darin, Ihre Hauptfunktionen unterzubringen.

Wichtig sind die ersten 5 bis 12 Sekunden. Warum? Nun, der Nutzer wird sich durch den App Store scrollen und hat eine maximale Aufmerksamkeitspanne von 3 bis 5 Sekunden. Da die Videos auf Auto Play eingestellt sind, also direkt abspielen, wenn Sie sichtbar sind, ist es wichtig, direkt in den ersten Sekunden interessant zu sein.

Bei iOS können Sie direkt auf dem Gerät ein Screencapture aufnehmen. Alternativ können Sie Ihr iPhone auch mit Ihrem Computer verbinden und mit Quick Time eine Screencapture aufzeichnen.

Seit Android 5 ist es ebenso möglich, ein Screencapture auf dem Gerät aufzuzeichnen. Bei einer Kabelverbindung benötigen Sie das Android Developer SDK unter der Nutzung der Android Debug Bridge. Ebenso gibt es aber Apps, die sie für die Aufzeichnung verwenden können, z. B. AZ Screen Recorder oder Mobizen.

Anschließend können Sie Ihr aufgezeichnetes Video editieren in Programmen wie Final Cut Pro oder Adobe Premiere. Ebenso können Sie eine musikalische Vertonung hinzufügen. Beachten Sie hierbei auch die Lizenzrechte an dem Musikstück zu besitzen. Bedenken Sie, dass die Videos standardweise lautlos abgespielt werden. Der Nutzer muss aktiv den Ton anschalten.

Musik für die App

Kostenlose Musik finden Sie auf den folgenden Portalen; beachten Sie aber die lizenztechnischen Hinweise der einzelnen Plattformen:

- *www.freestockmusic.com*
- *http://freemusicarchive.org/curator/video*
- *www.jamendo.com/?language=en*
- *www.soundcloud.com*

Kostenpflichtige Musik finden Sie auf verschiedenen Portalen wie:

- *www.istockphoto.com*
- *www.stockmusic.net*
- *https://audiojungle.net*
- *www.premiumbeat.com*

Gerade eine musikalische Untermalung ist ein gutes Mittel, Emotionen hervorzurufen. Meine Tipps für den richtigen Inhalt eines Preview-Videos:

- Behandeln Sie das Video wie ein Screenshot und platzieren Sie es nicht wahllos, platzieren Sie es als erstes Element!
- Fokussieren Sie sich auf die wichtigsten Funktionen, und zeigen Sie maximal zwei bis drei Schlüsselfunktionen der App.
- Zeigen Sie im Video dynamische Interaktionen, die ein statischer Screenshot nicht repräsentieren kann.
- Zeigen Sie keine Rabatte oder Sonderangebote in den Videos; denken Sie daran: App-Preview-Videos sind keine reine Werbeveranstaltung!
- Beachten Sie, dass der Videoinhalt auch für Kinder zugänglich ist. Zeigen Sie also keine Inhalte, die nicht für Kinder geeignet sind oder an denen andere Nutzer in irgendeiner Form Anstoß nehmen könnten.
- Nutzen Sie besser keine Hände oder Finger, um in dem Video zu zeigen, wie die App bedient wird. Sie verdecken somit vielleicht wichtige Bestandteile der App, die der Nutzer sehen möchte.
- Zeigen Sie keine Werbung, Logos, Preise oder andere Marketing-Aktionen.
- Bleiben Sie in der App, zeigen Sie keine »Real Life«-Erlebnisse.

- Erstellen Sie ein anregendes Poster-Frame. Sollte das Autoplay nicht laufen, wird dieses Bild angezeigt.
- Im Google Play Store wird das hochgeladene Video sofort angezeigt, sobald Sie es hinterlegt haben. Sie können auch das Video auf Ihren YouTube-Kanal hochladen und als App-Preview-Video im Google Play Store integrieren. Das heißt, wenn Ihr Video häufig angeschaut wird, steigt es auch im Ranking bei YouTube und ist ebenso in den Suchmaschinen-Ergebnissen von Google präsent. Die Preview-Videos im Apple App Store werden nur in den App-Store-Apps der jeweiligen Geräte angezeigt. Sie können für jedes Gerät drei Videos hinterlegen, z. B. für iPad mini 4 und iPhone 6+.

Während im Google Play Store die Gestaltung der Inhalte nahezu frei ist, ist sie bei Apple stärker reglementiert. Die Preview-Videos dürfen maximal 30 Sekunden lang sein und sollten zu ca. 90 % aus Screen-Captures bestehen. Es darf kein bloßes Werbevideo sein und kann leider nicht für verschiedene Länder lokalisiert werden. Apple wird nur solche Videos zulassen, die bei der Erklärung der App hilfreich sind. Es gibt noch weitere Richtlinien, die Sie unter *https://developer.apple.com/app-store/app-previews* nachlesen können.

Beachten Sie die App Store Policies

Bevor Sie Ihre App hochladen, lesen Sie sich bitte unbedingt die Google Play Developer Program Policies und die iOS App Store Review Guidelines durch. Bei Verstößen gegen die Policies wird Ihre App abgelehnt.

- Google Play Developer Program Policies: *https://play.google.com/about/developer-content-policy/*
- iOS App Store Review Guidelines: *https://developer.apple.com/app-store/review/guidelines/*

14.3 Warum das App-Icon so wichtig ist

Man kann gar nicht oft genug betonen, wie wichtig das App-Icon nicht nur im Zusammenhang mit der Gestaltung, sondern auch für das gelungene Marketing einer App überhaupt ist. App-Icons fungieren als Visitenkarte Ihrer App und vermitteln dem Nutzer ein erstes Gefühl von der Qualität, Glaubwürdigkeit und Funktionalität Ihrer App.

Abbildung 14.18 App-Icons: »Telegram Messenger«, »McDonalds«, »Spotify«, »Twitter«

Das App-Icon sollte das Markenzeichen Ihrer App sein und einen hohen Wiedererkennungswert haben. Es ist das Erste, was der Nutzer im App Store von Ihrer App sieht. Wollen Sie mit Ihrer App im Store nicht sang- und klanglos in der Masse verschwinden, muss das App-Icon in seiner Gestaltung überzeugen und den Anwendern ins Auge stechen.

Das App-Icon tritt aber nicht nur im App Store in Erscheinung. Es wird dauerhaft auf dem Homescreen des Nutzers zu sehen sein und stets mit Ihrer App in Verbindung gebracht werden.

14.3.1 Regeln für gut gestaltete App-Icons

Ein gutes App-Icon sollte simpel, einprägsam und ansprechend gestaltet sein und im Idealfall auch den Zweck der App kommunizieren – kein leichtes Unterfangen!

Inspiration App-Icons

Android-Liebhaber können sich auf *http://webdesignledger.com/android-mobile-app-icons* inspirieren lassen. Bunt gemischte Inspiration für App-Icons auf Apple-Geräten finden Sie unter: *www.hongkiat.com/blog/ios-icon-designs*.

Im Folgenden habe ich die aus meiner Sicht wichtigsten Tipps und Empfehlungen gesammelt, die Ihnen bei der Gestaltung des App-Icons helfen können:

1. Gute Gestaltung braucht Zeit: Nehmen Sie sich ausreichend Zeit, um das App-Icon zu entwickeln und zu gestalten. Das App-Icon wird das Aushängeschild Ihrer App sein.

Abbildung 14.19 Slack-App-Icon. »Slack« ist ein Chat-System für Unternehmen. Das App-Icon fällt durch seine Farbgebung auf und greift die Farben, die auch in der App vorkommen, auf.

2. Das App-Icon sollte zu Ihrer App und zum Design Ihrer App passen. Das bedeutet: Nutzen Sie die gleiche Farbwelt und die gleichen Formen, und auch der Stil des App-Icons – ob nun flat, skeuomorphisch, elegant, verspielt etc. – sollte zum Inhalt der App passen.
3. Verwenden Sie nach Möglichkeit keinen Text in Ihrem App-Icon! Sollte dies nicht vermeidbar sein, stellen Sie sicher, dass sich der Text auf ein Minimum beschränkt und gut lesbar ist. Bedenken Sie dabei auch, dass der Text aufgrund von verschiedenen Auflösungen und Größen beeinflusst wird. Der Name der App (siehe dazu

Abschnitt 13.3.2) wird unter dem Icon angezeigt werden. Vermeiden Sie es, den App-Namen zu zeigen, der steht sowieso unter dem Icon.

Minimalistische App-Icons

Sie lieben reduzierte App-Icons? 30 Beispiele für gelungene minimalistische App-Icons sind auf *http://theultralinx.com/2015/07/30-minimal-app-icon-design* zu finden.

4. Einfachheit: Das Icon sollte einfach gehalten sein und zum Design der App passen. Reduzieren Sie die Gestaltung auf ein simples Element. Vielleicht können Sie das am meisten repräsentative Element Ihrer App einsetzen? Je nachdem, welchen Zweck Ihre App erfüllt, sollte entweder gleich die Funktion der App erkennbar sein oder die App direkt mit Ihrer Firma in Verbindung gebracht werden können.
5. Übertreiben Sie es nicht mit den Farben. Natürlich können Sie unterschiedliche Farben in der Gestaltung des App-Icons einsetzen, meine Empfehlung ist aber auch hier, sich lieber reduziert zu halten. Oft sind zwei, maximal drei Farben völlig ausreichend. Gute Beispiele für App-Icons, die mit einer limitierten Farbpalette arbeiten, sind diejenigen der sozialen Netzwerke wie Twitter, Facebook und Instagram, Snap und Co.
6. Eigentlich selbstverständlich, aber: Arbeiten Sie nicht mit verschiedenen App-Icons! Das App-Icon sollte auf allen Geräten sowie in der kleinen und großen Version einheitlich sein. Es steht wie kein anderes Gestaltungselement für die Marke Ihrer App und sollte einen hohen Wiedererkennungswert haben.

App-Icon testen

Sie können das App-Icon in den verschiedenen Größen auf *https://makeappicon.com* testen. Hier können Sie das Icon beliebig skalieren.

7. Details: Arbeiten Sie mit Details, aber übertreiben Sie es nicht. Da Icons nur in begrenzten Größen und Auflösungen vorgesehen sind, leiden die Details der Gestaltung. Prüfen Sie, ob das App-Icon in den gängigen Größen (57 × 57 Pixel, 114 × 114, 1024 × 1024 für die App Stores etc.) gut erkennbar ist und ansprechend aussieht.
8. Nutzen Sie eine universell gültige Bildsprache, und berücksichtigen Sie bei der Gestaltung kulturelle Besonderheiten. Logos, die bildlich nicht richtig zugeordnet werden können, sind riskant. Dagegen haben sich App-Icons, die sich entweder am Namen oder an der Primärfunktion der App orientieren, bewährt.

Abbildung 14.20 App-Icon der »SoundCloud«. Das Icon veranschaulicht, was die Applikation macht. So steht die Wellenform für den »Sound« und die Wolke für »Cloud«.

9. Verwenden Sie keine Fotos als App-Icon oder realistische Illustrationen, die zu viele Details enthalten. Der Nutzer wird später Schwierigkeiten haben, das Icon auf dem Homescreen wiederzufinden.
10. Runde Ecken: Apple fügt Ihrem Icon immer runde Ecken hinzu, nachdem Sie es in den App-Store hochgeladen haben. Im Google Play Store passiert das nicht. Soll das Symbol in beiden Stores gleich aussehen, müssen Sie die Ecken Ihres App-Icons vorher abrunden. Um die exakten Maße zu treffen, können Sie dafür ein Template (z. B. von hier: *http://appicontemplate.com*) verwenden. Alternativ können Sie aber auch ein Adaptive Icon für Android-Apps oder eine gänzlich andere Form als ein Rechteck mit abgerundeten Ecken nutzen.
11. Prüfen Sie, wie Ihr App-Icon auf unterschiedlichen Hintergründen wirkt. Nicht jeder Nutzer verwendet Schwarz als Hintergrundfarbe. Gerne werden bunte Wallpapers auf dem Homescreen eingesetzt. Das Design Ihres App-Icons sollte auf allen Hintergründen überzeugen.
12. Testen Sie das App-Icon in den entsprechenden Größen immer auch auf den Endgeräten! Platzieren Sie das Icon neben Konkurrenzprodukten, und schauen Sie, ob es sich von diesen abhebt und ins Auge fällt.

Grids: Praktische Helferlein bei der Icon-Gestaltung

Für die iOS- und die Android-Plattform gibt es spezielle Grids, die Sie verwenden können, um Ihr App-Icon zu optimieren. App-Icon-Grids finden Sie hier: *http://appicontemplate.com*.

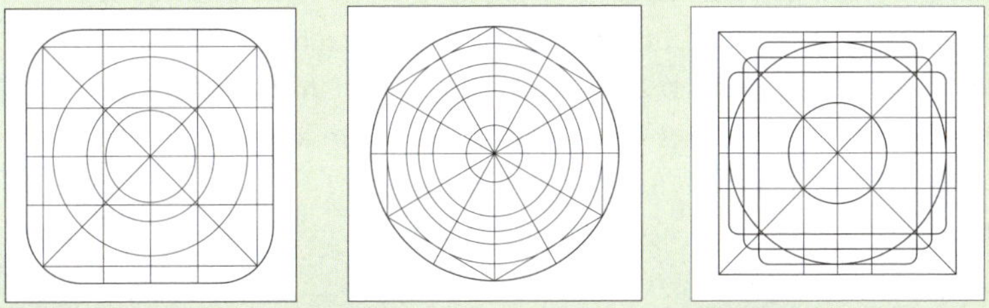

Abbildung 14.21 Icon-Grids: Apple-App, Apple Watch, Android-App

Diese Grids sind Richtlinien der Plattformen; Sie können, müssen sich aber nicht daran orientieren; sie helfen nur, Proportionen zu erhalten. Selbst Apple hält sich nicht zwingend an diese Grids.

14.3.2 Der Name Ihrer App

Ihre App benötigt einen Namen. Die Namensgebung kann ein schwieriges Unterfangen sein. Oft ist es mir passiert, dass der Name, den ich endlich gefunden hatte, schon vergeben oder dafür keine Internetdomain mehr verfügbar war.

Ein App-Name muss nicht nur eingängig und schmissig sein und zu der App passen, sondern auch formal einige Regeln erfüllen. Er sollte nicht mehr als 12 bis 13 Zeichen inklusive Leerzeichen haben, andernfalls wird er auf dem Homescreen unschön beschnitten. Sie können den Namen recht einfach testen, indem Sie einen Ordner erstellen und diesen so benennen, wie Ihre App heißen soll. Umbricht der Name unschön oder wird er abgeschnitten, wird das auch bei der App so sein.

Übersetzungs-Panne

Eine Übersetzungs-Panne im großen Stil passierte der Automarke Ford mit deren Auto »Pinto«. In Brasilien wird Portugiesisch gesprochen, und im Slang bedeutet »Pinto« kleiner Penis.

Bei der Namensgebung ist natürlich auch die Frage wichtig, ob die App international genutzt werden soll. Falls ja, sollten Sie in jedem Fall einen Namen wählen, der auch international verstanden wird. Eine Möglichkeit ist es, die Funktion der App im Namen widerzuspiegeln. Snapchat tut dies z. B.:

- Snap: Snapping, Fotos machen
- Chat: Chatten mit anderen Nutzern

Gut, mittlerweile heißt es Snap, aber Sie verstehen? Auch ist es z. B. möglich, den Kontext der App im Namen zu beschreiben. Beispielsweise spricht sich »Waze« aus wie »Ways« (Wege).

Der Nachteil dieser beiden genannten Namen ist, dass die Lautmalerei von nicht Englisch sprechenden Menschen nicht erkannt wird. Es gibt auch Begriffe, die im Deutschen eine andere Bedeutung haben als z. B. im Englischen. Nehmen wir als Beispiel den englischen Begriff für ein Geschenk: »gift«. Testen Sie also Ihren App-Namen, bevor Sie ihn nutzen, in möglichst vielen Übersetzungen.

Tipps für den App-Namen

An dieser Stelle habe ich noch einige Tipps für den richtigen App-Namen zusammengestellt:

1. Der Name sollte leicht zu merken sein, sodass Nutzer ihn schnell weiterempfehlen können, ohne dass sie nachschauen müssen. Kurze einsilbige Namen wie »deezer«, »feedly«, »timely«, »yo« sind toll.
2. Wenn möglich, bauen Sie ein Keyword, das die Funktion Ihrer App beschreibt, mit ein. Das zeigt dem Nutzer gleich die Funktionsrichtung an und hilft dabei, die App besser im App Store zu finden; Beispiele: »Eventbrite«, »Dropbox«, »appFigures«, »Bandsintown«, »Evernote«.

3. Finden Sie einen einzigartigen Namen. Einen, der unverwechselbar ist. Denken Sie daran: Sie sind dabei, eine Marke aufzubauen, und Sie möchten nicht mit einer anderen App verwechselt werden. Der Unterschied zwischen dem App-Namen *Taschenrechner Pro 2 HD* und dem Konkurrenten *Taschenrechner HD Professional* ist nur marginal.
4. Verzichten Sie auf Zusätze wie »HD«, »Pro«, »Extended«, »Professional«; sie machen eine App nicht besser und vermitteln einen minderwertigen Eindruck.
5. Nutzen Sie einen Namen, der in verschiedenen App Stores einheitlich genutzt werden kann. Erzeugen Sie eine konstante Präsenz, und verzerren Sie nicht die Marke Ihrer App, indem Sie für dieselbe App verschiedene Namen auf verschiedenen Plattformen nutzen.

Hilfe bei der Namensfindung

Es immer besser, nicht auf generierte, sondern auf selbst ausgedachte Namen zurückzugreifen. Sollte Ihnen doch mal partout nichts einfallen, gibt es natürlich auch Tools, die bei der Namensfindung helfen. *Panabee* wäre hier z. B. zu nennen: *www.panabee.com*.

14.4 Kostenlose oder kostenpflichtige App?

Vielleicht werden Sie an den Punkt kommen, an dem Sie mit Apps Umsätze generieren müssen. Es gibt verschiedene Möglichkeiten, dies zu erreichen: Sie können Ihre App z. B. kostenfrei anbieten und werbefinanziert (Werbebanner, In-App-Käufe etc.) arbeiten. Alternativ ist Ihre App kostenpflichtig, und Sie erzeugen pro App-Kauf Umsatz. Bedenken Sie jedoch: Für den Nutzer, aber auch für Sie ist eine kostenfreie App eventuell attraktiver als eine kostenpflichtige. Zumindest stellt es eine geringere Hürde für den Download dar. Ein Download Ihrer App ist schon die halbe Miete.

14.4.1 Kostenpflichtige Apps

Kostenpflichtige Apps sind vermutlich das einfachste Modell. Hier zahlt der Nutzer vor der Nutzung einen bestimmten Kaufpreis für die App. Allerdings müssen Sie hier Ihre Nutzer erst einmal von dem Mehrwert der App überzeugen. Am besten funktioniert dieses Modell, wenn Sie eine etablierte Marke sind oder wenn Sie eine starke App haben, die gut im App Store präsentiert wird. Ein funktionierendes Paid-App-Konzept setzt in der Regel sehr gute Marketingarbeit voraus. Die App kann nur erfolgreich sein, wenn sie sich klar von der Konkurrenz abgrenzen und positionieren kann. Die Features, das Design, die Funktionalität und die Marke der App müssen überzeugend aufbereitet werden.

Vorteile

- Sie verdienen unmittelbar bei jedem Download Ihrer App.
- Nutzer, die für eine App gezahlt haben, sind dazu geneigt, die App weiter zu nutzen und sich dauerhaft damit zu beschäftigen.
- Kostenpflichtige Apps sind in der Regel werbefrei, was für viele Nutzer ein Kaufargument darstellt.

Nachteile

- Eine App zu verkaufen, kann ein harter Job sein, vor allem wenn die Konkurrenz groß und gut aufgestellt ist.
- Kostenfreie Apps sind beliebte Alternativen und werden in der Regel bevorzugt.
- Die App-Store-Anbieter verlangen einen Anteil an den Umsätzen.
- Das Paid-App-Modell ist derzeit ein weniger wichtiges Segment in den App Stores, denn dieses Modell erbringt keine langfristigen kontinuierlichen Einnahmen.

Recherche

Recherchieren Sie immer vorher, ob es eine kostenfreie Version einer Konkurrenz-App gibt!

14.4.2 Apps mit In-App-Käufen

In-App-Käufe sind auf lange Sicht lukrativ. Diese Monetarisierungsstrategie zielt auf den Verkauf von physischen oder virtuellen Gütern innerhalb einer App ab. Gegen Bezahlung kann der Anwender nicht nur den Funktionsumfang der App erweitern, sondern oftmals Lästigkeiten wie Werbebanner aus der App verbannen. Das Modell gibt es sowohl bei iOS- als auch bei Android-Apps.

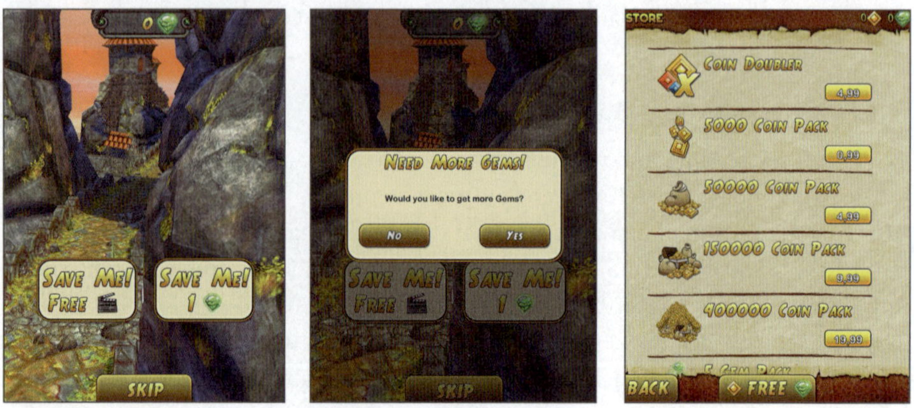

Abbildung 14.22 Das Spiel »Temple Run Freemium«, bei dem Gems gekauft werden können

Meist werden In-App-Käufe in Kombination mit einer Freemium-App-Version eingesetzt. Die Wortkreation *Freemium* setzt sich aus den Begriffen »Free« und »Premium« zusammen. Es können nicht nur virtuelle Güter erworben werden, sondern auch reale Objekte wie Kleidung, Lebensmittel oder andere Produkte. Stellen Sie hierbei sicher, dass ein In-App-Kauf sich »natürlich« anfühlt und Teil der User Experience ist.

Vorteile

- Dieses Modell funktioniert hervorragend für E-Commerce- bzw. M-Commerce-Marken und ist flexibel. Beispiel-Apps: *Wanelo*, *LadenZeile*.
- In-App-Käufe helfen dabei, mit einem geringeren Risiko komfortable Gewinne zu erzielen.
- Der Kauf von virtuellen Gütern, sogenannten *Virtual Goods*, erhöht das Engagement des Nutzers und führt somit zu kontinuierlichen Einnahmen und einer stärkeren Kundenbindung.
- Die Gewinnmarge kann hoch sein; wenn die App einmal entwickelt wurde, erzeugt sie ohne weiteres Zutun Einnahmen. Allerdings müssen ständige Anpassungen an neue Versionen der Betriebssysteme bedacht werden.

Nachteile

- Auch hier behalten die App Stores 30 % der Einnahmen ein und geben 70 % an den Publisher. Das gilt jedoch nur für virtuelle Güter. Sollten Sie Bekleidung oder andere physische Waren an den Kunden liefern, erhält Apple keine Einnahmen.
- Dieses Modell hat einen schlechten Ruf, da z. B. Kinder beim Spielen ohne Wissen der Eltern Geld ausgeben können, sofern die Einstellungen für den Kauf von Apps nicht aktiviert/deaktiviert wurden.
- Apps müssen im App Store anzeigen, dass sie In-App-Käufe enthalten. Für viele Nutzer, die In-App-Käufe generell ablehnen, ist das ein Grund, solche Apps nicht herunterzuladen/zu erwerben.

14.4.3 Apps mit Paywalls

Beim Paywall-Modell (dt.: Bezahlmauer) wird von dem Nutzer der Zugang zu Inhalten freigekauft. Hierbei werden in einer App Inhalte wie z. B. Musikstücke angeboten. Durch eine nicht freigeschaltete Paywall sind dann z. B. nur 30 Titel täglich kostenfrei verfügbar.

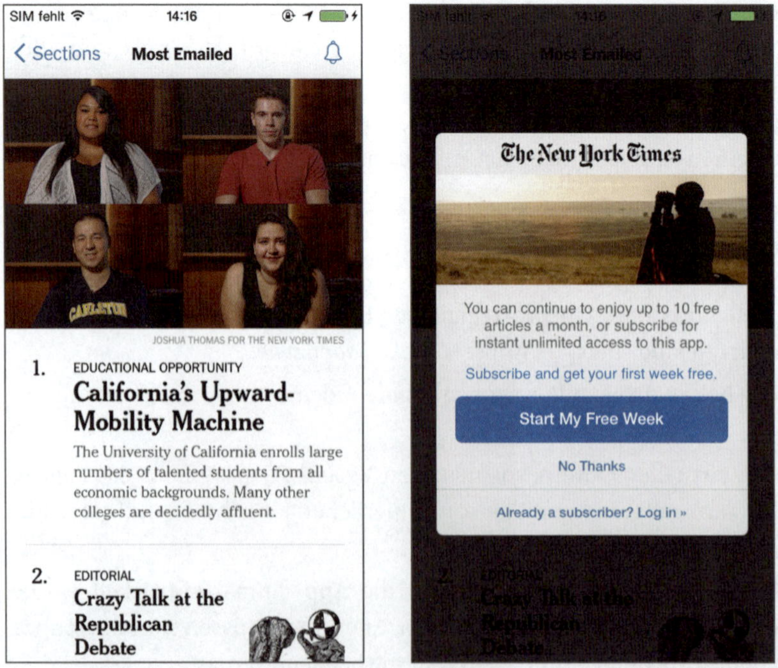

Abbildung 14.23 Eine Woche lang hat man uneingeschränkten Zugriff auf alle Inhalte in der New-York-Times-App. Danach kann sich der Nutzer mit zehn kostenfreien Artikeln im Monat begnügen oder die Premium-Version der App kaufen.

Möchte der Nutzer mehr als 30 Titel hören, kann er ein Abo anmelden und so die Paywall freischalten und den Zugang zu allen Inhalten erhalten.

Vorteile

- Der Nutzer erhält Zugang zu allen Features.
- Dieses Modell endet üblicherweise in einem Abo-Modell, was zu kontinuierlichen Einnahmen führt.
- Nutzer, die bewusst ein Abo-Modell auswählen, sind loyale Kunden.

Nachteile

- Dieses Modell ist nur für bestimmte Typen von Apps geeignet, die sich mit dem Konsum von Inhalten beschäftigen.
- Es ist schwierig zu entscheiden, wann und wie die Paywall eingeschaltet und integriert werden soll.
- Die Absprungrate ist ggf. hoch. Besonders wenn das abgeschlossene Abo z. B. nur auf dem iPhone gilt. Spotify, Netflix, NYT & Co. haben den Vorteil, dass ich mein Abo überall nutzen kann.

14.4.4 Freemium-Apps mit Werbung

Freemium-Apps sind kostenlose Apps mit einer limitierten Funktionspalette. Das Freemium-Modell orientiert sich an dem Prinzip der Shareware. Hierbei können Nutzer eine Testversion einer Software für einen bestimmten Zeitraum kostenfrei nutzen. Nach Ablauf der Frist kann das Programm nur noch eingeschränkt oder gar nicht mehr genutzt werden, es sei denn, man kauft die Software.

Eine gängige Variante des Freemium-Modells ist die Zuschaltung von Werbung innerhalb einer App. Der Nutzer kann die App zwar kostenfrei nutzen, muss aber hin und wieder die Einblendung von Werbung in Kauf nehmen.

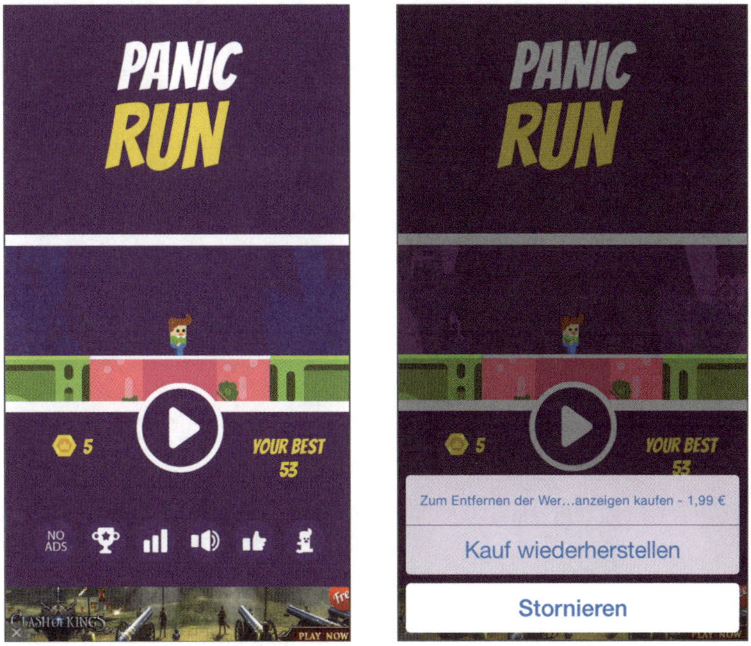

Abbildung 14.24 Kostenfrei, aber die Werbung nervt schon mal: »Panic Run«. Die werbefreie Variante ist allerdings schnell gekauft.

Erst durch den Erwerb der werbefreien Variante der App kann der Nutzer die Werbung abschalten.

Vorteile

- Der Nutzer hat die Möglichkeit, die App vorab zu testen, und kann bei Gefallen die werbefreie Variante kaufen. Ein Fehlkauf wird vermieden.
- Dieses Modell erzeugt sehr schnell eine große Nutzergemeinde.
- Nutzer, die die App zuvor testen können und dann kaufen, sind engagierter.
- Dieses sehr flexible Modell funktioniert mit jeder Art von App.

Nachteile

- Wenn Sie in der Freemium-Version zu wenige oder nur unwichtige Features anbieten, wird die App nicht gekauft werden.
- Wenn Sie zu viele Features kostenlos anbieten, wird es schwierig, dem Nutzer Anreize zu geben, die Premium-Version der App zu kaufen.
- Es gibt Werbungen, die sind fürchterlich und überlagernd. Sie müssen gut darauf achten, dass die Werbung nicht allzu die App stört.

14.4.5 App Store Subscribtions

2016 führte Apple ein Abo-Modell für Apps ein. Der Google Play Store hält ebenso Funktionen für die Abrechnung für Abo-Modelle bereit. So können Nutzer ein Abo abschließen. In einem Subscription-Modell kann der Nutzer über einen in-App-Purchase einen größeren Umfang der App nutzen. Hierbei kauft der Nutzer über einen Zeitraum (meist: 3 Monat, 6 Monate, 12 Monate) die Vollversion der App. Nach Ablauf des Zeitraums wird das Abo automatisch verlängert, sollte der Nutzer dies vorher deaktivieren. Es besteht auch die Möglichkeit, den Zeitraum ohne automatische Verlängerung zu nutzen. Der Nutzer wird vor Ablauf eines Abos benachrichtigt mit der Möglichkeit auf eine Verlängerung.

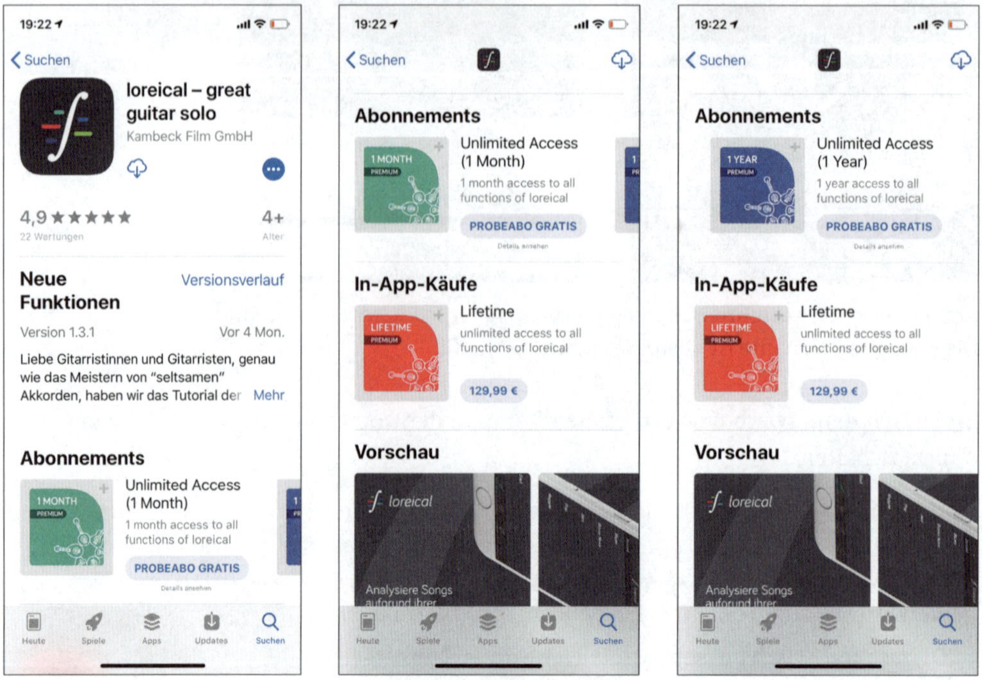

Abbildung 14.25 Abonnements und In-App-Purches der Loreical-App im Apple App Store

Mein Tipp hierfür: Geben Sie dem Nutzer die Möglichkeit, die App kostenfrei für einen bestimmten Zeitraum zu nutzen. Damit steigt die Wahrscheinlichkeit dass der Nutzer sich für ein Abonnement entscheidet. Zudem kann sich der Nutzer vergewissern, ob die App genau das tut, was er sich vorgestellt hat.

Bedenken Sie: Nutzen Sie ein Subscription-Modell nur dann, wenn Sie sicherstellen können, dass die App auch weiter entwickelt wird. Es würde sehr unangenehm auffallen, wenn Sie eine hohe Summe für ein 12-monatiges Abo verlangen, aber nach 2 Monaten die App nicht mehr weiter entwickelt wird und irgendwann nicht mehr verfügbar wäre.

14.5 Die App ist hochgeladen – und dann?

Sie haben es geschafft. Ihre App ist im App Store. Ihre App wird genutzt, und Sie haben mit Ihrer Idee und der richtigen Umsetzung Ihrer App im Idealfall den Nerv Ihrer Zielgruppe getroffen. Doch ich muss Ihnen leider sagen, dass Ihre Arbeit hier noch nicht getan ist, im Gegenteil: Jetzt geht es erst richtig los!

Gerade wenn Sie Erfolg mit Ihrer App haben, wollen Sie an diesen Erfolg anknüpfen, um die Bedürfnisse Ihrer Nutzer weiter zu erfüllen. Es gibt stetig neue Versionen der Betriebssysteme, und es liegt in Ihrem Interesse, dass die App auf den neuesten Versionen lauffähig ist. Es ist unwahrscheinlich, dass Ihre App auf ewig im App Store ist und dauerhaft einwandfrei funktioniert. Nutzer werden sich bei Ihnen melden und Ihnen von Bugs oder Fehlern berichten. Sicherlich werden sich auch Nutzer an Sie wenden, die einen Feature-Request haben. Nehmen Sie das Feedback Ihrer Kunden ernst.

Ich kann nur wiederholen, wie wichtig es ist, nicht bloß auf Kommentare und Bewertungen zu warten, sondern gezielt in der App oder auf der Webseite ein Feedback-/ Support-Kontaktformular zu integrieren. Feedback und Bewertungen sind die Basis für stetigen Erfolg Ihrer App.

14.5.1 Die App stetig verbessern

Natürlich interessiert Sie in erster Linie, wie viele Nutzer Ihre App installiert haben und wie viel Umsatz Sie mit Ihrer App erzielt haben. Das sind aber nicht die einzigen Zahlen, die Sie verfolgen sollten. Wenn Sie wirklich wissen wollen, wie erfolgreich Ihre App ist, benötigen Sie mehr Daten. Es gilt herauszufinden, wann und wo welche Art von Anwendern Ihre App nutzen. Es gibt einige Tools, die Ihnen dabei helfen, solche Werte statistisch zu erfassen.

Was es zu tracken gilt und warum

Zunächst möchte ich kurz das *AARRR-Modell*, auch *Pirate Metrics* genannt, vorstellen. Bei diesem Modell liegt der Fokus auf fünf Bereichen des Nutzerverhaltens:

- **A – Acquisition:** Woher oder durch welchen Kanal kommt der Nutzer?
- **A – Activation:** Wie viel Prozent sind glücklich mit der Ersterfahrung bei der Nutzung der App?
- **R – Retention:** Kommt der Nutzer zurück und nutzt weiterhin die App?
- **R – Referral:** Gefällt dem Nutzer die App gut genug, dass er sie seinen Freunden empfiehlt?
- **R – Revenue:** Kann irgendeines dieser Verhalten monetisiert werden?

Abbildung 14.26 Piraten würden das AARRR-Modell lieben.

Wenn Sie diese Daten messen, erfahren Sie mehr über Ihren Nutzer und können Ihre App verbessern. Um solche Nutzerdaten in Erfahrung zu bringen, können Sie in der User Research Usability Testings durchführen (siehe Abschnitt 4.5.3). Außerdem gibt es bestimmte Tools, die Sie dabei unterstützen. Bevor ich jedoch auf zwei dieser Tools näher eingehe, sollten Sie vorab folgende Dinge beachten:

- Starten Sie das Monitoring, *bevor* Sie Ihre App hochladen und veröffentlichen. Nutzen Sie vorab die Möglichkeit, Ihre App von Betatestern testen zu lassen. Diese Ergebnisse sind immer gute Indikatoren, um Probleme in der App zu erkennen und das Monitoring korrekt einzustellen.
- Tools sollten immer App-spezifisch verwendet werden. Was für eine App ein gutes Tool sein mag, ist für eine andere App möglicherweise nicht geeignet.
- Überprüfen Sie nur das, was für Ihre App und Ihre Zielgruppe Sinn ergibt. Nicht jede App hat dieselben Ziele; entwerfen Sie individuelle Monitoringverfahren.

APM (Application Performance Monitoring)

Monitoring beschreibt einen Vorgang, in dem Daten darüber gesammelt werden, wie ein Nutzer eine Applikation bedient und welche Bereiche er nutzt. Ziel ist es, diese Daten auszuwerten und zu verwenden, um eine bessere User Experience zu entwickeln.

14.5.2 Optimierungstools für In-App-Nutzungsanalysen

Glücklicherweise gibt es eine ganze Reihe an Tools, die Sie bei In-App-Analysen unterstützen. Einige sind kostenfrei, andere sind kostenpflichtig. Bei all diesen Tools werden Sie ein Software Developer Kit (SDK) nutzen können, um die Analyse in Ihre App zu integrieren. Ein SDK ist eine Sammlung an Tools bzw. Programmen, die dazu dienen, Programmteile oder Schnittstellen zu anderen Plattformen zu entwickeln. Zwei Tools möchte ich Ihnen hier vorstellen, bevor ich Sie in die faszinierende Welt des App-Designs entlasse.

Flurry

Flurry ist ziemlich umfangreiches Werkzeug für mobile App-Analysen. Für jede App können Sie ein Classic-Dashboard anlegen. Dort werden Ihnen dann z. B. Informationen über aktive Nutzer, Sessions, die Länge der Session oder die Frequenz der Aufrufe angezeigt. Ebenso erhalten Sie Einblick in demografische Merkmale und die Interessen des Nutzers. Sie können auch sehen, mit welchen Endgeräten die Nutzer unterwegs sind, bei welchem Anbieter der Nutzer angemeldet ist oder etwa welches Betriebssystem verwendet wird.

Die besondere Stärke bei Flurry ist, dass Sie Events definieren können, um diese dann zu analysieren. Events sind ausgelöste Aktionen, welche vom Entwickler vordefiniert werden. Daraus können Sie z. B. erkennen, welche Pfade der Nutzer in der App gegangen ist. Abhängig von den Daten bzw. Diagrammen, die Sie betrachten, können Sie nach Segmenten wie Alter, Nutzung, Land filtern.

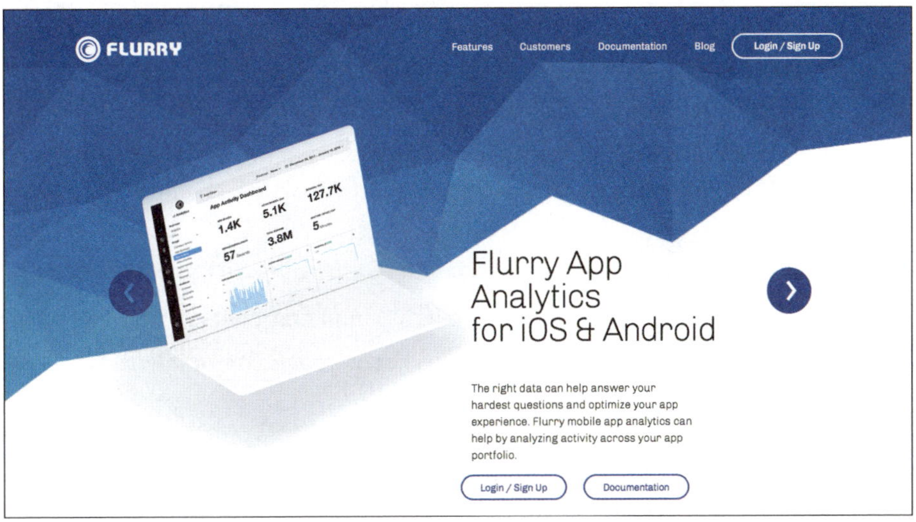

Abbildung 14.27 Flurry hilft Ihnen dabei, In-App-Data auszulesen.

- Flurry steht Ihnen kostenlos als Download zur Verfügung. Es unterstützt iOS, Android, BlackBerry und Java ME.
- mehr Informationen zu Flurry: *www.flurry.com*

Google Universal Analytics

Auch Google hat ein mobiles App-Analyse-Tool veröffentlicht: Google Universal Analytics. Der Vorteil dieses Werkzeugs ist, dass Sie eine Cross-Device-Analyse machen können. In dieser Analyse können Sie etwa erkennen, ob derselbe Nutzer Ihre App über verschiedene Plattformen nutzt. Daten aus der App-Welt können hier mit Daten aus dem Internet vereinigt werden. Wenn Sie zusätzlich zu Ihrer App eine Webapplikation anbieten, ist Universal Analytics ein mächtiges Tool für Sie. Es fügt sich nahtlos in das Google-Analytics-System ein.

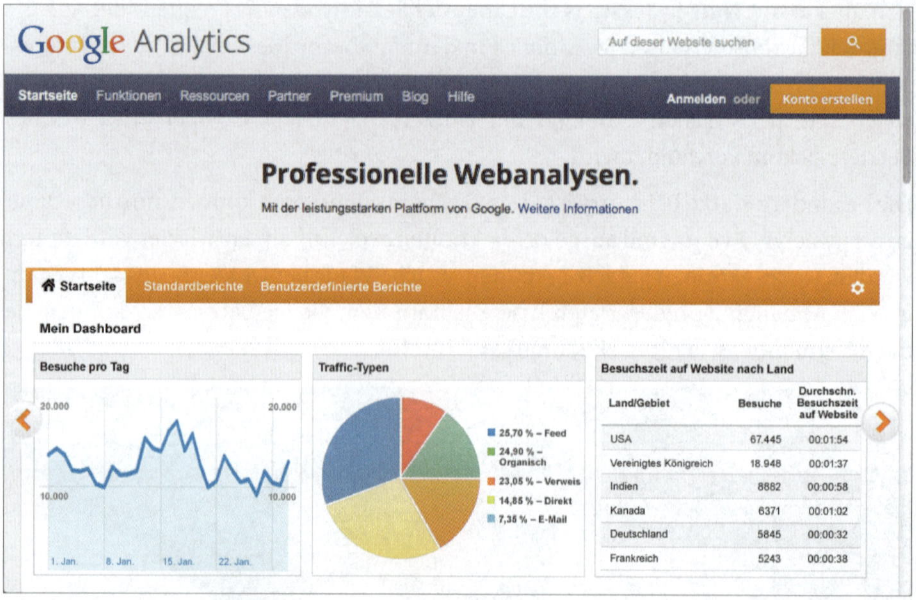

Abbildung 14.28 Google Analytics

- Universal Analytics ist kostenfrei und für die iOS- und Android-Plattform verfügbar.
- mehr Informationen zu Universal Analytics: *www.google.com/analytics*

14.6 Tipps, um im Apple App Store oder im Google Play Store gefeatured zu werden

Es gibt natürlich kein Patentrezept, um in einem App Store gefeatured zu werden. Im Folgenden möchte ich dennoch einige Tipps geben, die dabei helfen können. Ich habe die Tipps nach Plattform sortiert, die meisten davon sind aber im Grunde universell und austauschbar.

14.6.1 Im Apple App Store gefeatured werden

1. **Verstehen Sie, was Apple will**

   Apple wirkt vielleicht wie ein großes, gesichtsloses Unternehmen, das seine Praktiken vor den Entwicklern verbirgt. Zu einem gewissen Grad stimmt das. Das bedeutet aber nicht, dass Mitarbeiter von Apple nicht auf der Suche nach den besten verfügbaren Apps sind, die gefeatured werden sollten. Apple-Mitarbeiter sind überall. Sie kommen zu Gaming Conventions und betrachten die Entwicklung von Entwickler-Communities sehr genau.

   Den Kontakt zu der Marketingabteilung von Apple herzustellen, die sich um die Platzierung im App Store kümmert, ist schwer. Wenn Sie es aber dennoch versuchen möchten, schreiben Sie eine E-Mail an: *appstorepromotion@apple.com*. Ich möchte Ihnen den Mut nicht nehmen, aber höchstwahrscheinlich ist diese Mail zwecklos.

   Was Apple wirklich will, ist, dass Apps, die im App Store gefeatured werden, auch erfolgreich sind. Vor allem dann, wenn absehbar ist, dass Apple eine neue Version eines Betriebssystems oder ein neues Hardwareprodukt veröffentlicht. Einfache Dinge wie die Beseitigung von Bugs, das Einstellen von aussagekräftigen Screenshots oder einem Video und die Lokalisierung Ihrer App in verschiedene Sprachen hilft der Inszenierung Ihrer App enorm.

   Ein weiter noch wesentlicher Aspekt, um gefeatured zu werden ist: Nutzen Sie neue Apple-Technologien! Stellen Sie sich vor, ARKit wäre gestern vorgestellt worden. Dann wäre heute der Tag, an dem Sie sich überlegen sollten, wie relevant diese Technologie für Ihre App ist und wie Sie diese Funktionalität nutzen können. Wenn Sie frühzeitig eine AR Funktion entwickelt haben und das auch noch sehr gut umgesetzt haben, erhöht sich ungemein die Chance auf ein Feature. Warum? Nun, Apple ist sehr daran interessiert, dass seine Technologien genutzt werden, und unterstützt App-Entwickler bei der Bewerbung dieses Features aus eigenem Interesse.

2. **Bereiten Sie Ihre Marketingmaterialien vor**

   Für den Fall, dass Apple sich entscheidet, Ihre App zu featuren, werden sie sich vorher bei Ihnen melden und Sie nach Marketingmaterial, Screenshots, Videos, Beschreibung und Meta-Daten fragen, die Teil des Features sind. Haben Sie alles bereitliegen – Apple wartet nicht, sondern sucht sich eventuell jemand anders.

   Ihre App-Beschreibung sollte überzeugend sein, Ihre Screenshots originell und vielversprechend. Der Wettbewerb ist groß, daher ist gutes Marketingmaterial unverzichtbar.

3. **Nicht der hunderttausendste Angry-Bird-Clon wird gesucht**

   Ihr Ziel ist es, an die Spitze der Charts zu kommen. Durch ein App-Store-Feature erhoffen sich die meisten genau diesen Effekt. Doch die bereits vorhandene Anzahl ähnlicher Apps spielt hier eine wichtige Rolle.

   Nehmen wir als Beispiel die Spielekategorie. Der größte Teil ist unbekannt, ungeliebt und ungespielt. Im Juli 2015 wurden laut *Pocketgamer.biz* 14.886 Spiele-Apps eingereicht. Als Entwickler für Spiele-Apps müssen Sie schon etwas sehr Besonderes entwickelt haben, um aus der riesigen Masse herauszustechen.

   In den Apple iTunes Connect Guidelines werden die Entwickler ermutigt, andere Arten von Apps zu entwickeln. Damit möchte Apple verhindern, dass Copycats in den App Stores auftauchen. So kann Ihre App schon allein deswegen abgelehnt werden, weil es bereits genug Apps dieser Art gibt.

4. **Spielen Sie nach den Regeln von Apple**

   Wenn Sie sich nicht 100 % mit den Apple App Store Guidelines auskennen, empfehle ich Ihnen, sie sich im Detail anzueignen. Oft ist es so, dass die App den Nutzer findet und nicht umgekehrt. Und das wird nur gelingen, wenn Ihre App auf ganzer Linie überzeugt. Es kann hilfreich sein, den Design Guidelines von Apple zu folgen, muss es aber nicht, wie viele andere Apps zeigen.

5. **Ruhm ist harte Arbeit und vergänglich**

   Gefeatured zu werden und erfolgreich im App Store zu sein, ist quasi der heilige Gral der App-Welt. Aber denken Sie nicht, dass Sie sich nach diesem Erfolg entspannt und für immer zurücklehnen können. Sie müssen weiterhin dafür sorgen, dass Ihre App den Bedürfnissen der Anwender entspricht und gerne eingesetzt wird. Keine leichte Aufgabe!

14.6.2 Im Google Play Store gefeatured werden

1. **Befolgen Sie die Google Guidelines**

   Android bietet eine übersichtliche Launch Checklist an, die Sie beachten sollten: *http://developer.android.com/distribute/tools/launch-checklist.html*. In diesen Guidelines sind Empfehlungen, aber auch Pflichten aufgeführt. Unter anderem werden Sie über die Einhaltung der Google Play Policies, also die Geschäftsbedingungen, informiert. Mit der Einhaltung der Launch Checklist stellen Sie sicher, das alle wichtigen Basisinformationen Ihrer App berücksichtigt sind.

2. **Simplizität über Featurewüste**

   Viele Apps versuchen einfach viel zu viel. Ein überladener Funktionsumfang hilft nicht, im Google Play Store gefeatured zu werden! Konzentrieren Sie sich auf die Simplizität Ihrer App, und stellen Sie neue Funktionen nur dann bereit, wenn sie sinnvoll sind und von den Nutzern gewünscht werden.

3. **UI und UX ist entscheidend**

   Um im Google Play Store gefeatured zu werden, ist es wichtig, mit einem ausgezeichneten Benutzererlebnis und einer sehr guten Usability zu punkten. Google will wie Apple nur die besten Apps im Google Play Store präsentieren. Und die besten Apps sind die, die in ihrer Bedienung absolut überzeugen und ansprechend gestaltet sind.

4. **Integrieren Sie Google-Funktionen**

   Integrieren Sie in Ihrer App, wenn möglich, auch Funktionen bzw. Technologien von Google selbst wie z. B. Android Pay, Android Gear oder Android TV. Dadurch steigt die Wahrscheinlichkeit, gefeatured zu werden.

5. **Die Presse kann helfen**

   Wenn Blogs, Zeitschriften oder sogar Product Hunt über Sie berichtet, kann das eine enorme Hilfe sein. Zeigen Sie das auf Ihrer Website und bei den Marketingmaterialien.

Abschließend bleibt zu sagen dass die Google Tipps ebenso auch in Teilen für die Apple App Store Tipps gelten und vice versa. Ein Feature, sollten Sie alle Punkte abhacken können, bleibt dennoch in weiter Ferne. Es gilt hierbei, am Ball zu bleiben und die App und Ihr Unternehmen weiterzuentwickeln. Umso erfolgreicher Sie sind, desto wahrscheinlicher wird ein App Store Feature.

14.7 Schön war's

Wir haben es geschafft. Kira und ich haben ein Buch geschrieben, Sie eines gelesen. Ich hoffe, Sie hatten Spaß dabei und haben auch etwas gelernt. Im Laufe der Arbeit an diesem Buch wurde mir noch einmal richtig bewusst, wie umfassend die Gestaltungs- und Konzeptionsarbeit an einer App wirklich ist. Sie vereinigt viele interdisziplinäre Felder: die Usability und User Experience, also wie eine App konzipiert und aufgebaut werden muss, damit der Nutzer keinen Frust, sondern Spaß an der App hat; die Entwicklung, also worauf man achten muss, damit die App auch technisch umgesetzt werden kann; das Marketing, ohne das eine App nicht erfolgreich sein kann; und schließlich das Design und ein Design-System, das nicht nur gestalterisch anspruchsvoll ist, sondern auch dafür sorgt, dass alle interdisziplinären Felder miteinander vereint werden und Sie zukünftig weiter an der App entwickeln können.

App-Design bedeutet nicht nur, Objekte »schön« zu gestalten, zu dekorieren, sondern heißt, Apps funktional zu konzipieren mit Mehrwert, sodass der Nutzer immer weiß, was und wie er etwas mit einer App tun kann. Als App-Designer machen Sie Dinge nicht nur schön, sondern Sie machen sie *nutzbar*.

Es mag etwas pathetisch klingen, und ich habe es in der Einleitung schon erwähnt, aber vielleicht verstehen Sie mich jetzt besser: Mit einer durchdachten App machen Sie die Welt ein kleines Stück besser, Sie sparen mit Ihrer App dem Nutzer Zeit, verbessern seine Gewohnheiten, helfen ihm beim Abnehmen, bringen Menschen einander näher oder machen Menschen einfach glücklich – gibt es etwas Schöneres?

Wenn Sie Fragen an mich oder an Kira haben sollten, können Sie uns kontaktieren: *@jansemler* (Twitter), *hei@kiratschierschke.com* oder über meine Webseite *www.jansemler.de*. Dort finden Sie auch nützliche Informationen und Links zum Thema App-Design.

Und nun wünsche ich Ihnen einen guten Start und viel Erfolg! Worauf warten Sie noch? Sie haben sich sicherlich 1000 Ideen für Umsetzung Ihrer App notiert, während Sie dieses Buch gelesen haben, oder?

Index

B

J

K

L

M

N

O

P

X

Y

Z